SLAVERY AND SOCIAL DEATH

A Comparative Study

社会死亡
奴隶制比较研究

[美]奥兰多·帕特森 著

梅祖蓉 译

人民出版社

责任编辑:杨美艳

图书在版编目(CIP)数据

社会死亡:奴隶制比较研究/(美)奥兰多·帕特森(Orlando Patterson) 著;
　梅祖蓉 译. —北京:人民出版社,2023.10
ISBN 978 - 7 - 01 - 025491 - 3

Ⅰ.①社…　Ⅱ.①奥…②梅…　Ⅲ.①奴隶制度-研究-世界-现代　Ⅳ.①K15

中国国家版本馆 CIP 数据核字(2023)第 170269 号

书名原文:Slavery and Social Death:A Comparative Study

社会死亡:奴隶制比较研究
SHEHUI SIWANG NULIZHI BIJIAO YANJIU

[美]奥兰多·帕特森(Orlando Patterson) 著　梅祖蓉 译

人民出版社 出版发行
(100706　北京市东城区隆福寺街 99 号)

中煤(北京)印务有限公司印刷　新华书店经销

2023 年 10 月第 1 版　2023 年 10 月北京第 1 次印刷
开本:710 毫米×1000 毫米 1/16　印张:41
字数:692 千字

ISBN 978 - 7 - 01 - 025491 - 3　定价:188.00 元

邮购地址 100706　北京市东城区隆福寺街 99 号
人民东方图书销售中心　电话 (010)65250042　65289539

目　　录

译者序:奴隶制的本质与新概念的诞生 ………………………… 1

中文版序 …………………………………………………………… 17

2018 年版序 ……………………………………………………… 20

1982 年版序 ……………………………………………………… 35

导言:奴隶制的构成要素 ………………………………………… 1

第一部分　奴隶制的内部关系

第一章　权力的惯用语 …………………………………………… 17

　　权力的惯用语与财产概念 …………………………………… 17

　　财产权与奴隶制 ……………………………………………… 21

　　权力惯用语与奴隶制 ………………………………………… 27

　　奴隶制的矛盾 ………………………………………………… 32

第二章　权威、疏离、异化与社会死亡 ………………………… 35

　　权威:象征性控制 …………………………………………… 36

　　两种社会死亡的概念 ………………………………………… 38

　　临界接纳 ……………………………………………………… 45

　　奴役仪式与标记 ……………………………………………… 52

　　拟亲关系 ……………………………………………………… 63

　　宗教与象征性符号 …………………………………………… 66

第三章　尊严与屈辱 ……………………………………………… 78

　　尊严的实质 …………………………………………………… 80

部落民族中的尊严与奴隶制 …………………………………………… 82

前现代发达民族中的尊严与奴隶制 ……………………………………… 87

美国南方的尊严与奴隶制 ………………………………………… 96

黑格尔与奴隶制的辩证法 ………………………………………… 99

第二部分　奴役:一个体制性过程

第四章　从自由人到奴隶 …………………………………………… 107

战争中被俘 ………………………………………………… 107

绑　架 ………………………………………………………… 116

贡奉与缴税 ………………………………………………… 124

负　债 ………………………………………………………… 126

犯罪受罚 …………………………………………………… 128

遗弃与买卖儿童 …………………………………………… 131

自卖为奴 …………………………………………………… 133

第五章　生而为奴 …………………………………………………… 135

阿散蒂模式 ………………………………………………… 138

索马里模式 ………………………………………………… 140

图阿雷格模式 ……………………………………………… 141

罗马模式 …………………………………………………… 142

中国模式 …………………………………………………… 145

近东模式 …………………………………………………… 148

歇尔布罗模式 ……………………………………………… 150

第六章　奴隶的获得 ………………………………………………… 152

外部贸易 …………………………………………………… 152

印度洋奴隶贸易 …………………………………………… 153

黑海与地中海奴隶贸易 …………………………………… 155

中世纪欧洲奴隶贸易 ……………………………………… 157

跨撒哈拉奴隶贸易 ………………………………………… 161

大西洋奴隶贸易 …………………………………………… 164

　　内部贸易 ………………………………………………… 169

　　聘礼与嫁妆 ……………………………………………… 171

　　奴隶当作货币 …………………………………………… 172

第七章　奴役状态 　　　　　　　　　　　　　　　176

　　特有产 …………………………………………………… 185

　　婚姻与其他形式的配偶关系 …………………………… 190

　　杀害奴隶 ………………………………………………… 193

　　第三方伤害奴隶的犯罪 ………………………………… 196

　　奴隶的不法行为 ………………………………………… 199

　　奴隶的整体境况 ………………………………………… 201

　　主动采取行动的奴隶 …………………………………… 202

　　小　结 …………………………………………………… 208

第八章　释免的含义和方式 ……………………………… 212

　　释免的含义 ……………………………………………… 212

　　概念问题 ………………………………………………… 212

　　文化问题 ………………………………………………… 214

　　礼物交换理论 …………………………………………… 214

　　释免仪式 ………………………………………………… 217

　　释免方式 ………………………………………………… 221

第九章　被释免奴隶的身份与地位 ……………………… 242

　　被释免奴隶与前主人 …………………………………… 242

　　被释免的奴隶与生来自由的人 ………………………… 249

第十章　释免模式 ………………………………………… 264

　　释免的发生 ……………………………………………… 264

　　释免率与释免模式 ……………………………………… 273

　　意义重大的因素或变量 ………………………………… 275

　　种族因素的无关紧要 …………………………………… 280

　　文化间的不同模式 ……………………………………… 281

　　普遍因素 ………………………………………………… 288

　　结　论 …………………………………………………… 295

第三部分　奴隶制的辩证法

第十一章　顶级奴隶 ·· 303

　　恺撒的家奴们 ·· 304

　　伊斯兰国家的古拉姆 ·· 312

　　拜占庭与中国的宦官政治 ·································· 319

　　绝对支配的动力学 ·· 336

第十二章　奴隶制:人类寄生关系 ······························ 339

附录　注释　索引

附录 A　统计方法说明 ··· 351

附录 B　默多克样本中 66 个有奴社会 ······················· 356

附录 C　大型奴隶体系 ··· 359

注　释 ·· 375

与附录 C 注释相关的表 ·· 555

索　引 ·· 563

后　记 ·· 608

译者序:奴隶制的本质与新概念的诞生[*]

2012 年 4 月,一个以奴隶制研究为主题,主标题为"Being Nobody"的学术会议在美国布朗大学召开,纪念美国社会学家、哈佛大学约翰·考尔斯荣誉教授奥兰多·帕特森(Orlando Patterson)《社会死亡:奴隶制比较研究》出版 30 周年。为一部学术著作庆生,在学术界本已不多见;更难得的是,与会者绝大部分并不来自社会学界,而是古典学家与历史学家,研究不同时代、不同地区的奴隶制,包括古罗马、古埃及、亚述帝国、汉代中国、奥斯曼帝国、中世纪欧洲、18 世纪美洲、19 世纪西非等。2017 年 11 月,史学家们再度聚会,讨论"社会死亡"概念的深远影响。2018 年,哈佛大学出版社在时隔 36 年之后再版《社会死亡:奴隶制比较研究》,帕特森为此撰写了新版序言。

一位社会学家研究奴隶制的著作为何在古典学与历史学界带来如此强烈的反响? 首先当然在于奴隶制本身也是历史学家关注的题域。然而,社会学家写奴隶制的数不胜数,为什么帕特森特别受关注? 个中原因,恐怕在一定程度上归因于作者浓厚的历史意识。细读全书,不难发现,帕特森总是闯进历史学家的本垒,借助一手文献、史学论著为他的行文论证寻找依据。作为一个在伦敦政治经济学院获得社会学博士学位,同时有经济学教育背景的学者,他却很少使用复杂的图表、模型,似乎一反当代西方社会科学领域崇尚量化分析的主流,回到了以文字叙述为主、讲究叙事技巧的史学著述传统。帕特森本人也一再以历史社会学家自称。不过,仅仅以文献来源、写作风格来定义一个学者的双重身份,未免肤浅、狭隘,真正使他与历史学家一息相通的,是他赋予历史研究的价值。在他

---

* 此文原稿发表于《清华大学学报》(哲学社会科学版)2023 年第 3 期,作为译者序,个别表述稍有更改。

1

看来,"历史至关重要";奴隶制结束没有多久的社会,哪怕已然过去两三个世纪,它的"贫困与不发展都是由过去的奴隶制甚至奴隶制被废除以后的历史所造成的"。[1] 显而易见,史学视野成了帕特森的方法论,成为他认识与解释世界的一把钥匙,他也因此获得历史学界的赞赏。不过,学术著作的分量并不取决于作者的身份,而在于它自身。

一、全球奴隶制比较

1900 年,一位荷兰人赫尔曼·涅伯尔(Herman Nieboer)用英文发表了一部有关全世界奴隶制的著作,书名《奴隶制:一种产业体系》(*Slavery*:*As an Industrial System*,1910 年再版)。顾名思义,这是一项政治经济学的研究。有趣的是,作者的考察对象是美洲、澳洲、太平洋诸岛屿、中亚、非洲等地区的原始部落与族群;他所倚重的文献也全部来自民族学家。因此,他在副标题之后注明"民族学的调查"。这部著作的目的在于"讨论奴隶制作为一种产业体系的一般特征",并且探究是什么原因或者"条件致使野蛮部落有的出现了奴隶制,有的则没有"。[2] 由此,涅伯尔考查了奴隶制的概念、奴隶制在世界各地原始部落的分布、奴隶制的经济作用以及奴隶制研究者自然能够想到的诸多问题——奴隶的释免、奴隶的境遇等等。涅伯尔获得了很大的成功,这本书也给他带来了国际声誉。遗憾的是,自此以后,如此大规模的奴隶制研究就再也没有出现过,直到1982 年,帕特森的《社会死亡:奴隶制比较研究》问世。

是什么原因使得这样的综合性研究鲜有问世?最简单的回答当然是难。奴隶制研究,最丰硕的成果出在古典学即古希腊罗马研究以及非洲、美洲研究等领域。前者有我们熟悉的权威威廉·韦斯特曼(William Westermann)、摩西·芬利爵士(Sir Moses Finley)等。[3] 后两者专家很多,譬如保罗·洛夫乔伊(Paul Love-joy)、乌利齐·菲利普斯(Ulrich Phillips)、戴维·戴维斯(David Davis)、罗伯特·福格尔(Robert Fogel)、埃里克·方纳(Eric Foner)等等,不胜枚举,不过,除

---

[1] Craig Lambert, "The Caribbean Zola," *Harvard Magazine*, November/December 2014, p.45.

[2] H.J.Nieboer, *Slavery*:*As an Industrial System*, Martinus Nijhoff:The Hague, 1900, p.xxi.

[3] 韦斯特曼著有《古希腊罗马的奴隶制》(*The Slave Systems of Greek and Roman Antiquity*),芬利研究奴隶制的代表作为《古代奴隶制与现代意识形态》(*Ancient Slavery and Modern Ideology*)。

了乌利齐·菲利普斯成名于20世纪初,其他多半是在20世纪五六十年代随着奴隶制研究的兴盛才投身这个领域。所有这些人都拿出了堪称经典的作品,耶鲁大学研究西方世界奴隶制的权威戴维·戴维斯尤以"奴隶制问题"三部曲而闻名。但是,敢于涉足全球奴隶制比较的,并无一人。究其原因,理由甚多。直到20世纪80年代,西方世界对于奴隶制这个主题的研究,一如当时德国著名历史学家海因茨·海嫩(Heinz Heinen)所言,依然是"片段似的、颇为分散的"。因为"即便是研究得最深的领域,可为奴隶制的全面分析所提供的基础,依然相当薄弱",①更不要说有些地域的奴隶制本身就少有人研究,例如中世纪早期的欧洲。如果再考虑到语言不通而导致的一手文献的阅读障碍、分别把握和理解各地奴隶制所需花去的精力与时间,以及一旦理解有误而可能面临的批评,其风险与难度,可想而知。

但是,帕特森没有畏难,也不惧风险。他历时12年,从一个研究牙买加奴隶制的专家起步,展开了对全世界66个有奴社会、从上古到近代上下四千年的比较研究,其范围涵盖欧洲、大西洋岛屿、非洲、亚洲、大洋洲、美洲(尤其是美洲西北沿海、加勒比地区、巴西与美国南方)。无论原始部落,还是已经与资本主义联系在一起的有奴社会,均在其考察范围之内。他的目的只有一个:理解奴隶制的本质。但是,身为一个历史社会学家,并且是从比较的视野研究奴隶制的学者,他很自然地会在研究过程中建立一套普遍适用的理论与分析模型,一如埃及学家尤金·克鲁兹-乌里韦(Eugene Cruze-Uribe)所言,帕特森力图通过"对奴隶制的详尽考察,为我们理解它的内在关系、制度本身以及奴隶制的辩证法提供一套在不同文化中均可通用的理论。"②这是帕特森在全球奴隶制比较研究之外,为奴隶制研究作出的第二个贡献。

显然,帕特森不可能把所有地区、所有时代的奴隶制都研究得无比透彻;他依赖的也主要是二手文献,具体到任何一个地区或局部,都可能出现细节上的错误乃至文化的误读。不少学者也以各自的专业领域为例,或温和或严厉地指出了这一点。但客观而言,这些问题往往是大视域研究难以避免的。海因茨·海

---

① Heinz Heinen, "Review of *Slavery and Social Death*: *A Comparative Study* by Orlando Patterson," *European Sociological Review*, Vol.4, No.3, December 1988, p.263.

② Eugene Cruz-Uribe, "Review of *Slavery and Social Death*: *A Comparative Study* by Orlando Patterson," *Journal of Near Eastern Studies*, Vol.45, No.4, October 1986, p.308.

嫩说得好，在一项"视域如此开阔、分析如此多面的研究中，要求作者掌握所有的一手文献，听来似乎可取，实际根本不可行。任何想拿具体事例跟作者挑错的人都应考虑到：这样的综合性研究通常与多方面的专而精是无法兼顾的。"不言而喻，这并不意味着综合性研究无足轻重。相反，海嫩坦承，"作为一个研究古代史的历史学家，我要向帕特森致以谢意、表示感激，他的书让我明白了奴隶制的整体结构究为何物，也时常令我重新审视久已熟悉的资料。他对于礼物交换理论的运用，让我更好地理解了奴隶释免过程。……即便在可存疑之处，帕特森的深刻见解也令人耳目一新。"①显而易见，帕特森为专家们提供了从他们那一隅之地见不到的开阔场景、比较视域与思想深度。

更重要的是，《社会死亡：奴隶制比较研究》通过打破常识证明了奴隶制比较研究的价值。近代奴隶制度，尤其是在美洲，最引人注目的特点是与种族因素联系在一起。人们也凭对美国南方、巴西、加勒比殖民地等奴隶社会的观察，得出了这样的结论：种族因素对于奴隶的生活境况、被释免的几率以及被释免奴隶的社会地位，具有决定性的影响。对此，帕特森直言不讳地指出，"这种看法暴露出对奴隶社会比较研究的极度无知"。他并不否认种族主义的存在，并且说明：在谁可以被奴役这个问题上，种族或者族群因素"相当重要"。但是，种族因素如何决定奴隶的境遇，则相当复杂，不可一概而论。固然有许多社会因种族差异虐待奴隶，但那并非四海皆然。"白人奴隶，在阿拉伯人与奥斯曼土耳其人看来，总是特别金贵。……黑皮肤也不总是一个缺点。帝制时代的中国、伊斯兰时期的印度，黑奴因其异国外貌被人看重，价钱是最高的。"②依据他的比较研究，种族因素与奴隶的生活境遇关联程度其实很低；真正决定奴隶生活境遇的，是性别、奴隶是否有技术、奴隶人口的相对规模，等等。同样，奴隶的被释免率、被释免奴隶的社会地位也与种族因素关联不大。像这样貌似反乎常识却合乎事实的结论，若非通过比较是很难发现的，这也提醒人们更深入地思考奴隶制的本质。

证明奴隶制的比较研究具有不可替代的价值，帕特森当然并非第一人。20世纪初，赫尔曼·涅伯尔也曾通过对游牧部落的比较，提请读者重新思考奴隶制的起源，"摒弃那错误的神秘观念：对动物的驯养会自然而然地导致对人的驯

---

① Heinz Heinen, "Review of *Slavery and Social Death: A Comparative Study* by Orlando Patterson," *European Sociological Review*, Vol.4, No.3, December 1988, pp.263-268.

② 奥兰多·帕特森：《社会死亡：奴隶制比较研究》，第176-179页（原作页码，见边码，后同）。

服",因为"许多游牧部落不需要奴隶的劳动"。① 然而,帕特森的比较研究有着前所未有的深度与系统性,不少理论的运用不仅复杂,而且相当成功,例如上面提到的礼物交换理论。

礼物交换理论来自人类学。对它贡献最大的是法国人类学家马塞尔·莫斯(Marcel Mauss),著有经典之作《礼物》。莫斯也是社会学家,颇有家学渊源——他是社会学巨擘涂尔干的外甥。很早就深受涂尔干与莫斯影响的帕特森,将礼物交换理论用来解释奴隶制过程中的释免,似乎顺理成章。

在莫斯看来,"所有礼物都不是无偿给予的,也不是真正无关利益的"。礼物交换的意义不仅在于"相互创造、相互满足对方的利益",也是人类更趋文明的一步,因为它让人懂得一个道理:"对立却不相互残杀,给予却不牺牲自己"。② 奴隶制毫无疑问是人类文明的一个部分,它如何在残酷之余也体现或者说夹杂人类对和平与互惠的追求? 换言之,奴隶制能够和平维持的机制何在? 它通过什么方式使奴隶承受命运而不造反? 有人可能想到暴力,但暴力并非和平手段;善待也是一种方式,然而,对于不甘心被奴役的灵魂,奴隶主的好心终究有限,只有释免才是释放紧张关系的气孔,也才能让奴隶制的残酷显露一点和平。否则,它很难长期维系,尤其是在文明程度比较高的社会。帕特森敏锐地看到了社会学、人类学交往理论对分析奴隶制关系的价值,尤其是礼物交换理论的象征意义。在他看来,无论在什么类型的社会,也无论奴隶为释免付出了多大的代价,自由本身都只是奴隶主给予奴隶的一个礼。释免是赠礼;获得释免相当于奴隶接受了礼;被释免的奴隶通过各种方式继续向原主人效忠则是还礼。整个释免是一个完整的赠礼、收礼、还礼的过程。这种礼物交换观念决定着奴隶主如何看待他与前奴隶的关系,决定着被释免的奴隶与前主人的关系——他哪怕获得释免,也必须依附、效忠于原主人。因为他有还礼的义务,这义务还可能延及下一代。通过这一交往理论的运用,帕特森不仅重新定义了释免、解释了释免后的奴隶因何负有继续效忠的义务,他还通过释免仪式的比较,挖掘出了释免对于奴隶乃至于奴隶制的象征性意义:它是一个"新人"的创造,一个社会生命的新生。

---

① H.J.Nieboer, *Slavery: As an Industrial System*, p.292.

② Marcel Mauss, *The Gift: The Form and Reason for Exchange in Archaic Societies*, London: Routledge, 2002, pp.94,106.

由此,帕特森将释免与他对奴隶、奴隶制的定义合圆起来。他之所以用了整整三章(第八、九、十)阐述释免,其用意恐怕就在这里。

二、社会死亡:奴隶制的本质

说到奴隶与奴隶制的定义,不能不谈到帕特森对于奴隶制研究最重要的贡献:从文化与社会心理的角度重新定义奴隶制。

传统的奴隶与奴隶制概念,以财产作为核心要素。最有名的也许莫过于古希腊哲学家亚里士多德与古罗马法学家弗洛伦提努斯(Florentinus)对于奴隶与奴隶制的论述。亚里士多德将奴隶定义为“一件有生命的财产,会说话的工具”;①弗洛伦提努斯认为“奴隶制是万民法的一种制度,它与自然背道而驰,因为这种制度使一个人沦为另一个人的财产。”②19世纪以来,马克思主义的崛起使学者们换了方式去理解奴隶制。例如俄国著名历史学家穆罕默德·丹达马耶夫(Muhammad Dandamayev)将奴隶定义为“被剥夺了生产工具、遭受超经济强制的人。他不过是他主人的一件物”。③ 但这依然不脱财产或者所有权的窠臼。总之,表述虽不同,思路却万变不离其宗:奴隶是奴隶主的财产、供其驱使的工具;奴隶制是在法律上确认了某人属于另一人的制度。这样的概念在东西方历久不衰,很少有人想到要挑战它的合理性。

然而,帕特森却不人云亦云。他一反传统,将奴隶制首先认定为最极端的支配关系,一种令奴隶与奴隶主都深受其害的关系;再就奴隶在支配关系中的边缘地位将奴隶制定义为:“对生来即被疏离、异化,通常被剥夺了尊严的人永久性地暴力支配”。④

帕特森不把奴隶当财产来看? 非也。奴隶作为奴隶主的财产,是谁也否定不了的事实。传统的奴隶制概念沿用至今,也正是因为如此。但是,在帕特森看来,仅仅以人为财产来定义奴隶制,缺乏一个定义应有的清晰。它没有明确说

---

① Aristotle, *Politics*, London: Penguin Books, 1992, pp.64-65.

② Peter Garnsey, *Ideas of Slavery from Aristotle to Augustine*, Cambridge: Cambridge University Press, 1999, p.14.

③ Muhammad Dandamayev, *Slavery in Babylonia from Nabopolassar to Alexander the Great* (626-331 *BC*), DeKalb: Northern Illinois University Press, 1984, p.72.

④ 奥兰多·帕特森:《社会死亡:奴隶制比较研究》,第13页。

明,哪一类特殊的人成为了奴隶。"许多明显不是奴隶的人也被人声明是其财产并对之拥有权力。事实上,任何人,无论乞丐还是国王,都可以作为财产关系的客体。"奴隶在这方面与他们没有差异。他也不同意关于奴隶的另一个通行定义,即"奴隶是没有法律人格的人"。他认为这种观念纯属虚构,通观"奴隶社会,没有一个采取如是立场:奴隶,作为一个物,无需为他的行为负责。正相反,奴隶犯罪,而受害者是自由人时,他需要付出更重的代价。"这就足以说明,所有奴隶社会的法律,都在事实上把奴隶当人看,而非仅仅作为财产或者物。那种所谓"你可以把某人定义为物,却不能把他当作一个物来对待"的论辩,虽然叫人点头称是,实则离题千里,也不符合法律事实。①

因此之故,他另辟蹊径,意图在财产之外,发现更重要的概念工具。他秉承马克思关于奴隶制是"一种支配关系"的论断(帕特森的学术养成深受青年马克思的影响),综合运用韦伯的权力与权威理论、古史学家摩西·芬利关于奴隶是"外来人"的定义,同时吸收法国人类学家克劳德·梅亚苏(Claude Meillassoux)的"社会死亡"概念以及他对奴隶的定义——"奴隶是一个永远都不会出生的人"②,将奴隶制的要素概括为三:暴力、生来即被疏离与异化、剥夺尊严,分别对应权力支配关系的三个面:社会、文化与心理。暴力反映被支配的客体即奴隶在社会中完全无权的地位;生来即被疏离、异化,是毫无权力的奴隶在权力支配的文化中被边缘化的命运;丧失尊严则是遭受暴力,生来即被疏离、异化的结果,体现权力支配关系的心理层面。帕特森尤为强调的,是生来即被疏离、异化。

何谓生来被疏离、异化? 帕特森解释说,它是指人一旦为奴,其血亲关系即被完全斩断。上无先祖、下无后人。用他的话说,"丧失了与之亲缘相接的上下两代人的出身纽带"。从此,他的亲缘关系与伴随出生而来的权利全被连根拔起,他也不再独立地属于任何合法的社会体系。换言之,他的社会存在必须通过主人体现——没有主人,就没有他;而他也不过是个依附。疏离与异化,在不同的奴役体系中,以不同的方式实现。但无论以何种途径成为奴隶,奴隶的定义都是一个在社会意义上死了的人。这个奴隶,虽生犹死,完全没有主体意义。无论他借助主人的力量爬到了多高的位置,从理论或者本质上说,他终究是具人形的

---

① 奥兰多·帕特森:《社会死亡:奴隶制比较研究》,第 21、22、196、23 页。

② Claude Meillassoux, *L'esclavage en Afrique Précoloniale*, Paris: Maspero, 1975, p.21.

工具,可由主人"升之而不带妒意,毁之而不存风险"。①奴隶中的精英甚至可以拥有主人赐予的大笔财产,但这财产并不真正属于他。财产权的主体永远是奴隶主而不是奴隶。

总之,在帕特森看来,"财产"一词固然能反映奴隶与奴隶主的关系,却不如"社会死亡"足以揭示奴隶制的实质。尽管"在定义奴隶的法律与社会经济地位时,财产是一个重要的因素,但其重要性位居第二"。毕竟,奴隶之为奴隶,"不是因为他是财产权的客体,而是因为他不能作为财产权的主体"。②

需要指出,"生来即被疏离、异化"一说是很容易被误会的。读者会不由自主地想到奴隶家庭与奴隶社群,想到奴隶世界和主人背后那复杂与充满生机的社会网络。奴隶确实被原子化了吗?对此,帕特森着意声明:"我们说,奴隶生来即遭疏离、异化,不再独立属于任何一个被正式承认的社会,并不是说,他或她不曾拥有或与人共有非正式的社会关系。大量研究表明,无论古今,奴隶们之间都有强有力的社会纽带。但重要的是,这些社会关系与社会纽带从未得到法律承认,也不具有社会约束力量。"③译者也想在这里说明,"生来"(natally)一词,是一个象征性的表达,标志着奴隶身陷为奴的那一刻,并不一定绝对指其呱呱坠地的那一天。所谓生来即被疏离、异化,意指从确认为奴的那一刻起,他就成了社会意义上已死的人。奴隶一旦释免,则意味着社会生命的再生。理解这一点,也是很重要的。

三、概念的检验:奴隶精英

以"社会死亡"归纳奴隶制的本质,最大的挑战来自"顶级奴隶"的生存状态。这些奴隶中的精英,例如皇帝身边的宠奴、王宫里有权势的宦官、在国家军事与行政事务中屡屡占据重要职位的奴隶与被释免奴隶,在一般人看来,非但有权力、有地位,甚至也极有尊荣。他们中间的枭雄,甚至能把持朝政、颠覆皇权。无论从哪个角度来看,他们似乎都与帕特森的奴隶定义不相合,他们"是社会意

---

① 奥兰多·帕特森:《社会死亡:奴隶制比较研究》,第7、9页。
② 奥兰多·帕特森:《社会死亡:奴隶制比较研究》,第28页。
③ 奥兰多·帕特森:《社会死亡:奴隶制比较研究》,第6页。

义上已死的人"吗?

为回答这个问题,也是为了检验自己的定义能否经得住挑战,帕特森写下了全书中篇幅最长的一章:顶级奴隶。他选择了三个案例(实际上是四个奴隶精英群体)作为考查样板:古罗马帝国"恺撒的家奴们"、伊斯兰国家的古拉姆、东罗马帝国拜占庭与帝制中国宫廷里的宦官。从前两个案例的分析中,他得出结论:这些奴隶之所以能成为手握重权、为皇帝所用的精英,正是因为他们生来即被疏离,除皇帝或哈里发之外,再无其他依傍,由此可作为皇帝个人的延伸而为皇帝所用。对于这样的人,皇帝"可以随心所欲地使用与虐待他们";赤裸裸的暴力并不与他们绝缘。他们手中的权力并不属于自己,只是代理皇帝行事。他们的地位或权力也从来不是稳固的,随时都可因"主人的一时冲动、缺乏决断或有意谋划"而丧失;更不必说主人一死,他们就将命悬一线。历史上,因皇帝驾崩而被屠戮的奴隶精英不知凡几。至于他们因与权力接近而享受到的荣耀,原是他们本无尊严、能从事贵族所不齿的工作而带来的。因此之故,他们不仅被贵族排斥、拒绝在外,永无可能融入真正有荣誉的群体,反而会因为"权力越大、财富越多,受到的蔑视就越强"。总之,这是一个永远也没有尊严的群体。如果说,他们手上的权力不得不称之为"权力",那也是一种"不合常理的权力:它来源于最有权势的人物;它的源起、施行与终结全无制度上的依据;它没有任何权威可言;它需要生来即被疏离、异化与丧失尊严。"换言之,在帕特森看来,那些以奴隶精英的尊荣、财富与权势为例,质疑其奴隶与奴隶制定义的论据,如果细加分析、理解得当,反而强化了他的论点。这些表面上高高在上的精英奴隶"与在地里干活、命运最为悲惨的奴隶是一样的"。[①] 因为他们永远都在社会的边缘。

永远都在社会边缘的奴隶因何能颠倒主奴关系,甚至将君主玩弄于股掌之上?这是熟悉宦官专权史的学者不免会提到的问题。自公元前 6 世纪以来,强权宦官就与绝对王权相伴随,宦官政治在古波斯帝国、帝制中国、东罗马帝国、阿拉伯与非洲的一些王权国家还发展成了一种制度,其中原因何在?

通常的解释有五类:其一,"裁抑臣权"说。例如中国学者余华青就认为"专

[①]　奥兰多·帕特森:《社会死亡:奴隶制比较研究》,第 304、305、307、332 页。

制君主为强化君权，即须裁抑臣权，而重用宦官正是君主裁抑臣权的一种方式手段"。①其二，"替罪羊"说。一旦皇帝不得人心，就可以推出宦官来担责任。英国古史学家、社会学家基思·霍普金斯（Keith Hopkins）说"他们就像17、18世纪德意志诸国里的法庭犹太人"，②一旦贵族们欠债死去，帮助他们管理财务的犹太银行家就会被告上法庭，替他们的主顾承担罪责。其三，"润滑剂"说。为了不让贵族凌驾于君主之上，同时又避免与贵族发生太多摩擦，君主"把宦官当作润滑剂来用"。古罗马皇帝君士坦丁利用宦官欧塞比乌斯（Eusebius）担任军队里的总执行官就是这样的例子。③ 其四，"依赖与操纵"说。生在宫中、自幼在宦官陪伴下长大的皇帝不但在心理上依赖、相信宦官，同时也因其性格、喜好为宦官所了解而被后者操纵。④ 其五，"行政高效"说。以《东方专制主义》闻名的历史学家与社会学家魏复古（Karl Wittfogel）就对东罗马帝国宦官们的行政效率评价甚高，说"他们做起事来是如此之好，以至于拜占庭成了宦官们的天堂"。⑤

　　显而易见，这几类解释是可以相互补充的，也不难为研究者所推出。但是，除了"依赖与操纵"一说，其他都很难从根本上回答为什么皇帝必然要用宦官。裁抑臣权、替罪羊、润滑剂、行政能手，都可以用非贵族来代替，中世纪与近代欧洲不少君主就是这样做的。为什么非得是宦官？学术界的回答是不多的。基思·霍普金斯曾提供一个"中间人"的思路。他以古罗马帝国为例，指出"皇帝为了重申、强化其合法性，必须借助神灵，通过一定的仪式将自己圣化，以此强调他们高于人类"。这就使圣化的君主与他的臣民隔绝开来。然而君主毕竟在人间，统治者与臣民的信息往来靠什么来解决？"宦官正好满足了这一特别需要"，充当了"圣化的、与世隔绝的君主"与人间世沟通、往来的"中间人"。⑥ 霍普金斯的解释颇有价值，因为他点出了圣化的君主必然与民隔绝的特征，也说明

① 余华青：《中国宦官制度史》，上海：上海人民出版社，2006年，第42页。

② Keith Hopkins, *Conquerors and Slaves: Sociological Studies in Roman History*, Vol.1, Cambridge: Cambridge University Press, 1978, p.173.

③ Keith Hopkins, *Conquerors and Slaves: Sociological Studies in Roman History*, p.180.

④ C.P. Fitzgerald, *China: A Short Cultural History*, London: The Cresset Press, 1954, pp.251-252.

⑤ Karl Wittfogel, *Oriental Despotism: A Comparative Study of Total Power*, New Haven: Yale University Press, 1963, p.357.

⑥ Keith Hopkins, *Conquerors and Slaves: Sociological Studies in Roman History*, pp.187-188.

了宦官制度与圣化、专制王权相伴随的原因之一:君臣之间需要中间人。但问题依然存在:为什么必须用宦官做中间人? 换言之,"宦官身上有什么特质如此吸引皇帝"?① 声称拥有绝对权威,甚至神授王权的君主不去寻找其他的中间人,竟然倚重人皆鄙弃的宦官,这岂非一个悖论? 著有《中国宦官秘史》的日本学者三田村泰助从另一个角度也给了一个启示。他认为,宦官"失势之时,幽居暗无天日的蚕室",从此"只能安居地底";而圣化君主的"真实生活不能被人们所窥知"。除了"与外界无缘的地底居民——家畜般的宦官",再无其他人"具有代替臣民到深宫服务的资格"。② 显而易见,三田村泰助解释了宦官为什么能进内宫,但他依然没有说明他们为何还是一个进得来、出得去的中间人角色。更重要的是,从宦官政治的角度说,它之所以能成为一种制度,除了政治上实用的解释——裁抑臣权、缓和矛盾、行政高效等,以及心理学上颇为具体或人格化的分析——依赖,是否还存在更抽象的、非人格化的原因? 对此,帕特森给了我们一个象征主义的答案。

他指出,宦官对于皇帝的不可或缺,除了政治上的实用与心理上的依赖之外,另有一个重要的原因:宦官的身体与地位最理想地化解了圣化的皇帝因为跨越神人两界所招致的危险。

圣化的皇帝因何有危险? 这要借助英国人类学家玛丽·道格拉斯(Mary Douglas)关于污染与禁忌的研究才能回答。1966 年,道格拉斯发表《洁净与危险》一书,书中指出:"任何观念结构的边缘地带都是薄弱"而"危险的";人在"过渡状态"也"是危险的,因为它既非上一个状态,亦非下一个状态。它难以准确定性。必须从一种状态转到另一种状态的人,非但自己危险,还向他人发散危险。"③危险的根源在于,他可能在跨越边界的过程中,将自己污染。举例来说,不同种姓,如果跨越边界,就会招致由下而上的污染(顺便说,印度种姓制度中的核心概念——污染——正是由此而来。高级种姓与低级种姓之间禁止通婚的原因,也就在这里)。

帕特森吸收了道格拉斯的理论。在他看来,圣化的皇帝站在上帝与凡人之

---

① 奥兰多·帕特森:《社会死亡:奴隶制比较研究》,第 319 页。

② 三田村泰助:《中国宦官秘史》,王家成译,台北:新理想出版社,1975 年,第 18-19 页。

③ Mary Douglas, *Purity and Danger: An Analysis of the Concept of Pollution and Taboo*, London: Routledge, 1984, pp.122, 97.

间，正是处于边缘地带、可能将自己污染，并且给自己与他人带来危险的人。诚然，皇帝"因为跨越边界、与上帝接触，立刻成为一个全能的人；但也同样因为如此，他被彻底污染。"因为他亵渎了神灵。帕特森甚至得出结论："皇帝与外界隔绝，可能不是因为他神圣之极，因此得退出民众视野，而是因为他污染性太强，他的臣民得从他的视野里退出。"①但这令人畏惧的真相怎能公示于众？承认至高无上的君主、上帝在人间的代理是跨越两界的被污染者，又如何可能？必须寻找一个替身或者象征符号，一方面，将君主亵渎神灵的污染转移，另一方面，体现君主的圣洁。换言之，要将皇帝身上神圣与亵渎、纯洁与污秽，甚至因跨越边界而带来的生与死的矛盾解决。谁符合这样的条件？谁能解决这样的矛盾？只有宦官。

为什么只有宦官？帕特森再次运用了象征人类学的分析工具：身体政治。宦官因为失势的缘故在几乎所有文化中都与肮脏、污秽甚至淫秽相联。印度史诗《摩诃婆罗多》把宦官列为最低等的"渣滓"；中国民间有句俗语，"臭得像个宦官"；古罗马天主教会的圣巴西尔将宦官斥为"蜥蜴、蟾蜍！……天生的肮脏"。② 如果说，"所有象征污染的焦点都是身体"，③那么，宦官的身体无疑是焦点中的焦点，最具污染性的象征。与此同时，宦官身为奴隶的身份又使他在文化与"社会意义上是一个已死的人"，无可更改地居于边缘地位。就此而言，帕特森指出，宦官与皇帝是有些相似的。上帝面前的皇帝，如同皇帝面前的宦官，④都站在了危险的边缘地带，也都把自己污染了。

更令人不可思议的是，宦官的身体不仅代表肮脏，它还代表纯洁。帕特森利用中国人对于宦官的描述："净"与"贞"，展开了对宦官的边缘地位的进一步分析。他认为，这两个词都意味着"身体的纯洁"，用在宦官身上，绝非语言的巧合，因为净身在中国人看来，也是一种"出家之举"，也正因为这样，宦官绝缘于家世谱系——非但自己不可能有后代，死后也如同僧人一样不与家人同葬。更富于象征意义的是，这种"出家之举"意味着他立在了两界之间，一边，代表"神圣、不朽、纯洁"；另一边，代表"亵渎、必死、污秽"。毫无疑问，这是一个边缘地

---

① 奥兰多·帕特森：《社会死亡：奴隶制比较研究》，第328—329页。

② 奥兰多·帕特森：《社会死亡：奴隶制比较研究》，第320—321页。

③ Mary Douglas, *Purity and Danger: An Analysis of the Concept of Pollution and Taboo*, p.174.

④ 奥兰多·帕特森：《社会死亡：奴隶制比较研究》，第328页。

位,而这边缘地位使他成为两界之间的一座桥梁。人类学中,关于两极对立的矛盾通过对象征符号作媒介来解决的理论,在宦官身上得到了鲜明的体现。一方面,君主隔绝于民的根源——他因跨越两界而招致的污染——"可以解释为肮脏的大宦官污染了他",①宦官之所以成为替罪羊实在是他自己的边缘地位所致。另一方面,君主自命的神性,也可以通过宦官的纯洁来传递。宦官的中间人角色也实在是因为他能够完美地解决君主因为跨越两界而带来的诸多矛盾:神圣与亵渎、不朽与死亡、圣洁与污秽。

就这样,帕特森将奴隶制中最显矛盾的悖相(至高无上的君主依赖于最肮脏、卑贱的奴隶),通过象征人类学的理论,以非同传统的思路,揭示了其原因所在——"为什么是宦官?因为宦官的身体与身份一起构成了强有力的两极象征与理想的媒介象征"。宦官政治之所以成为一种制度,在他看来,是因为宦官身上的极端双重性质使他身为污染物的同时也消解污染,只要先将他的污染确认下来,再通过仪式加以圣化,皇帝就可享受他尘世的特权而免受亵渎神明的指责,以"神的名义建立起来的宦官制度"当然也就可以转为政治之用。换言之,依据帕特森的理论,宦官握权,在有宦官制度存在的绝对王权国家是不可避免的现象或者结果。他甚至认为,在这样的国家,国家的"真正的象征不是至高无上的皇帝,而是他的大宦官:顶级奴隶"。②

无论读者是否接受他的观点,有一点是无可否认的,帕特森以前所未有的深度剖析出了奴隶制的辩证法:绝对的权力与彻底的无权是相互对立、又互相依赖的两极。"因为绝对的支配可以转变为对权力客体的极端依赖,绝对的无权也可以转变为支配绝对权力主体的秘密手段"。这一点,在顶级奴隶与顶级奴隶主即皇帝之间显示得最为分明。由此,帕特森也将他对奴隶制关系的思考推进了一步。他在全书最后一章开始完善他的观点。他认为,如果把奴隶制作为一种寄生关系来思考,会更加恰当。因为寄生关系不仅能够充分显示奴隶制作为一种支配与不平等关系的复杂与不对称性,更关键的是,它能"暴露一个不说则隐、一说即明的现象:主宰者在支配另一个体并且使其依附于自己的过程中,也使自己成为依附者"。③

---

① 奥兰多·帕特森:《社会死亡:奴隶制比较研究》,第324、329页。
② 奥兰多·帕特森:《社会死亡:奴隶制比较研究》,第324、330页。
③ 奥兰多·帕特森:《社会死亡:奴隶制比较研究》,第2、336页。

四、结语与批评

综上所述,帕特森不仅以一己之力将奴隶制研究从局部上升为整体,充分显露比较研究的价值,他还以"社会死亡"这一概念为奴隶制研究提供了普适性的理论框架,奴隶制的本质自此可以在更抽象的文化层面上得以更深入的理解:奴隶制,不仅是最极端的永久性暴力支配关系,更是一种将人推至社会边缘,剥夺人之权利与血缘归属,令其生来即被疏离、异化并丧失尊严感的制度。这是一个综采社会学、人类学与哲学视野得出的结论。诚然,帕特森所运用的理论工具、分析层次前所未有的复杂,为读者的阅读增加了难度,甚至要全面、准确地批评它,也是一个巨大的挑战;但是,他贡献了富有原创性、冲击力而且颇具说服力的观点。这部著作首先得到社会学界的认可。1983 年,也就是《社会死亡:奴隶制比较研究》出版的次年,"美国社会学会"授予帕特森"杰出学术贡献奖"。时隔三十余年,当《社会死亡:奴隶制比较研究》已跻身经典之林,其影响早已越出社会学的家园,进入历史学、女权研究、监狱研究、大屠杀研究、宗教研究、非裔美国人研究、加勒比研究、古希腊罗马研究等领域时,帕特森获得了更高的声望。在加利福尼亚大学伯克利分校著名社会学家卢瓦克·瓦昆特(Loïc Wacquant)看来,奥兰多·帕特森"是一个文艺复兴式的学者。在社会学家专心于越来越小的主题的时代,他却花时间钻研大问题。像这样的学者在 20 世纪初有一位。他叫马克思·韦伯。奥兰多是另一位。"如此高的评价,不止出于一人之口。哈佛大学迪凯尔 - 蒂什曼荣誉教授克里斯托弗·温希普(Christopher Winship)也指出,"从很多方面来看,奥兰多足以跻身 20 世纪哈佛社会学系的大思想家之列:戴维·里斯曼(David Riesman)、丹尼尔·贝尔(Daniel Bell)、塔尔科特·帕森斯(Talcott Parsons)。"[①]目前,任何研究比较奴隶制的论著如果不提及帕特森的研究成果,都是一种明显的遗漏。

任何学术著作都是可以争议的,《社会死亡:奴隶制比较研究》也不例外。2017 年,一本以"奴隶制与社会死亡"为主题的论文集在美国出版,题名《论人类的枷锁:〈社会死亡〉之后》。书中集结了不同领域的学者对于《社会死亡:奴隶

---

① Craig Lambert, The Caribbean Zola, *Harvard Magazine*, November/December 2014, pp.43, 44.

制比较研究》的批评与争论。其中,不乏釜底抽薪式的评论。例如美国历史学家约翰·菲利普斯(John Philips)就指出,他"完全不能接受帕特森对宦官的象征性中间角色分析"。因为帕特森的分析工具"依赖的是神话中的象征主义,它不能用来解释真实的世界。精英奴隶既非虚构、更非神话,应该采用适用于研究具体历史现象的手段来分析他们"。① 译者并不同意这种方法论的指责,因为它不仅否定了神话研究例如荷马史诗的史学价值,也把史学研究中的抽象与文化分析排斥在外。如是一来,学科壁垒将太过森严。但也必须指出,帕特森有时忽略了基本的历史依据,将象征延伸太远、想象放大太多。试举一例:他说,宦官"是人类中最接近于雌雄同体的生物。他的身体,作为一种两极象征",②解决了中国精英文化中男性与女性的矛盾,因此之故,明代的宦官专政与民间的惧内之风也有着内在的联系。且不说帕特森对于中国精英文化的理解是否准确(男女两性的矛盾显然不只限于精英文化),单就宦官在精英家庭中扮演的角色而言,它缺乏基本的事实基础——除了皇室,一般精英家庭没有宦官。不存在之物,何作用之有? 再就宫廷里的宦官专权与民间男子的惧内而言,这也是两类不同性质的问题——一属政治、一属文化,岂可相提并论。

另外,帕特森经常用来为"社会死亡"辩护的论据:奴隶的社会关系在任何社会都没有得到过法律的正式承认,也不时见到有学者反驳,认为在有些社会的有些时期,奴隶的家庭与婚姻关系受到了保护。例如公元 4 世纪,罗马皇帝君士坦丁就因为受基督教家庭观念的影响下令禁止拆散奴隶家庭。③ 帕特森显然言之太过绝对。不过,译者也想指出,帕特森关于奴隶制的定义或者社会死亡的解释,更宜作为马克斯·韦伯所定义的"理想类型"来理解,出现例外不可避免。

然而,帕特森对于奴隶制概念的更新与论述过程的确存有漏洞。他有一个重要的观点:现代学者以财产定义奴隶制,是出于对罗马法财产权的理解,而罗马法关于财产权中的绝对所有权,本是一种法律的拟制或者虚构,是为了解决奴隶制的诸多问题而创造出来的。因此,如果以财产权来定义奴隶制,在逻辑上犯

---

① John Bodel and Walter Scheidel eds., *On Human Bondage*: *After Slavery and Social Death*, Oxford: John Wiley & Sons, Inc., 2017, p.145.

② 奥兰多·帕特森:《社会死亡:奴隶制比较研究》,第 326 页。

③ Keith Bradley and Paul Cartledge eds., *Slavery History*, Vol.1, *The Ancient Mediterranean World*, Cambridge: Cambridge University Press, 2011, p.505.

了倒因为果的错误。评论绝对所有权是否罗马人的创造，译者力有不逮。牛津大学古史学家大卫·路易斯（David Lewis）撰有长文《奥兰多·帕特森、财产权与古代奴隶制：重议定义问题》论述这个问题，并指出，帕特森误解了罗马法中的财产权，帕特森也立刻做了回应。① 读者如有兴趣，可查阅。译者想提出的是另外两个问题。第一，以财产定义奴隶制的学者，见于世界各地。其中，有多少人的确是以罗马法中的财产权来定义奴隶制的呢？ 第二，即便绝对所有权是罗马人的创造与虚构，早在这一法律拟制概念出现之前，已有学者或法律文件将财产作为奴隶制的核心词，例如古希腊的亚里士多德与古代西亚那古老的《汉谟拉比法典》。这又该如何解释？

其余有关《社会死亡：奴隶制比较研究》的疏漏与可争议之处，译者不再赘述，相信读者自有判断。

最后，不能不在此一提的是，1991 年，帕特森发表《自由与西方文化的形成》。这是他继《社会死亡：奴隶制比较研究》之后的又一部力作，当年荣获美国国家图书奖（非小说类）。两本书正好构成一个合题：奴役与自由，彼此可谓姊妹篇。连接两部著作的"幽灵"，用帕特森的话说，"一个概念的幽灵"，不是别的，正是自由。他发现，"一个在西方无比令人珍惜的理念"——自由，竟然根源于奴隶制。"第一批为自由而斗争，第一批从自由这个词的本真意义上思考自己的人，是被释免的奴隶。没有奴隶制，就不会有被释免的奴隶——获得自由的人"。如果说，自由是羊，奴隶制是吃人的狼，由奴役而生发自由这一明显的悖论，竟使奴隶制像是一头披着狼皮的羊。人类文明史上，还有什么比这样的推论更令人不安？ 帕特森在《社会死亡：奴隶制比较研究》的末尾写道，这是"一个不可思议、令人困惑的谜"。② 谜底在哪里？ 帕特森在《自由与西方文化的形成》中作了回答。

梅祖蓉

2023 年 4 月 9 日

---

① David M.Lewis, "Orlando Patterson, Property, and Ancient Slavery: The Definitional Problem Revisited," John Bodel and Walter Scheidel eds., *On Human Bondage: After Slavery and Social Death*, pp.31-54; Orlando Patterson, "Revisiting Slavery, Property, and Social Death," John Bodel and Walter Scheidel eds., *On Human Bondage: After Slavery and Social Death*, pp.265-296.

② 奥兰多·帕特森：《社会死亡：奴隶制比较研究》，第 341、342 页。

中文版序

非常期待《社会死亡：奴隶制比较研究》的中文版问世。和世界上几乎所有其他社会一样，中国也存在过奴隶制。读者很快就会注意到，我在试图定义奴隶制的独特性质时，也借鉴、吸收了关于中国奴隶制的研究。所有奴隶制比较研究都在微观、中观和宏观层面对奴隶制加以区分，本书也不例外。微观层面上的奴隶制，即马克思所说的"支配关系"，着重讨论奴隶主与奴隶的互动；中观层面上，考察奴隶制作为一种制度如何与其他社会制度，诸如家庭、法律、经济与政治组织等相互作用；宏观层面上，研究奴隶制在整个社会体系中的结构性作用，这种作用可能微不足道，也可能举足轻重，差异颇大。

《社会死亡》主要在微观与中观层面上关注奴隶制的本质和运作方式，不过，它也在好几个章节中深入探讨了奴隶制的结构性作用。通过与其他剥削形式相比较，说明奴隶制这种支配关系的独特之处，这是本书宗旨所在，因此，它也不同于以往那些主要强调所有权和法律问题的奴隶制研究。在支配关系与制度层面上，奴隶制在人类历史上由来已久，古老而根深，并且延续至今。尽管它因地而异，却共有一种使之得以延续的特性：我把它称为社会死亡的状态。这种状态涉及一个人对另一个人的绝对权力。像这样的权力，在绝大多数社会中，很少见于其他种关系，哪怕是以极端不平等为显著特征的关系，因为会有亲属、庇护人、国家、宗教领袖和其他权威机构从中干预，防止那些不被视为奴隶的人受到极端虐待。而奴隶，在他们被奴役的社会中，被视为生来就被疏离、异化、毫无权利的人。他们要么来自不同的社会，与其后代一起，被强行塞进奴隶主的社会；要么，他们曾经是自由身，却因犯下严重的罪行而丧失了与生俱来的权利，被逐出正常社会生活，成为局外人。社会死亡的结果是奴隶完全丧失尊严，既无荣誉，也没面子，任人侮辱。

17

在中国，所有的奴隶都感受过社会死亡的状态，但其表现形式不同。借助中国的数据与其他 65 个有奴社会的资料，《社会死亡》考察了中国的表现形式。中国奴隶的社会死亡属于典型的挤出型。这样的奴隶，原本是社会内部的人，但由于违反社会秩序的基本准则而丧失体面，从正常社会生活中被驱逐出去，成为奴隶即被视为对这类违规逾矩的惩罚。即使是在战争中被俘，他们的地位也等同于罪犯。类似的挤出型奴隶还存在于阿兹特克、古埃及等社会中。与之相对的概念是侵入型社会死亡。属于侵入型社会死亡的奴隶，其形象是永远的局外人、外国人或异教徒，他们从自己的家乡被连根拔起，重新安置在主人的社会中，永远不能成为主人所属社会的成员，因为他们属于另一个人。大多数西方社会与伊斯兰社会的奴隶都是典型的侵入型奴隶。

伺候精英和权贵的奴隶，在奴隶制比较研究中，是一个引人注目的问题。这些看起来能对普通人施加权力的个体可以在实质上被视为奴隶吗？我在《社会死亡》第 11 章论证了他们确实是奴隶。汉朝、唐朝，尤其是明朝的宫奴宦官，以及罗马帝国、拜占庭帝国的宦官，都符合"社会死亡"的定义，尽管他们拥有巨大的权力。他们是边缘地位的体现和象征，既纯洁又肮脏，既神圣又亵渎。他们是唯一能够在神圣的皇帝和臣民之间充当中介的人。我热切地期待中国学者对这一挑战性的解释作出回应。它涉及中国历史最为矛盾的一面，这一矛盾也呈现在古代西方某些王朝的精英文化中。

奴隶制的第三个分析层面，即宏观社会学层面，引导我们进入奴隶制研究中的另一个根本性问题：有奴社会与大型奴隶社会的区别，后者被杰出历史学家摩西·芬利（Mose Finley）称为"真正的奴隶社会"。有奴社会是指有奴隶存在的社会，而不论其奴隶制在社会、经济和政治中的重要性如何。《社会死亡》研究表明，有奴社会近乎普遍存在。然而，真正的奴隶社会在历史上并不常见。尽管有些学者提出了不同的观点，但中国历史上只存在有奴社会，从未发展出大型的、真正的奴隶社会。中国与西方的差异是很鲜明的：西方文明在其发展的所有关键时期都出现过发达的奴隶社会。古希腊城邦，特别是雅典，是世界上第一个大型的、真正的奴隶社会。古罗马发展出了世界史上最发达的奴隶制度，除了军事，奴隶制的影响深入到了经济、社会和文化生活的各个方面。与流行的观点相反，其实，奴隶制曾在中世纪死灰复燃：西班牙、英国曾拥有大量奴隶人口；奴隶贸易推动了卡洛林帝国的经济，后来的威尼斯亦如是；维京奴隶贸易连续好几个世纪对一些国家的经济生活起着重要的作用。对现代世界而言,西印度群岛学者兼政治家埃里克·威廉姆斯(Eric Williams)的开创性研究以及越来越多的现代学者的著述都表明:以糖业为基础的加勒比种植园奴隶制、19世纪美国南方以棉花业为基础的奴隶制为早期商业资本主义和19世纪先进的工业资本主义奠定了基础。奴隶制也对拉美、加勒比地区和美国社会产生了毁灭性的社会和文化影响。由于奴隶制的遗存,全美洲和西欧的各黑人民族依然在忍受着迁延不去的种族主义和结构性不平等。

我希望,《社会死亡》能深化我们关于奴隶制历史根源的理解。奴隶制是所有非人化形式中最惨烈和最具毁灭性的。我希望,这本书能促使读者认识到它的历史及其对当下的影响,认识到它对于构建一个更公正、更平等的社会的意义。在西方,这本书的学术价值,已通过"社会死亡"这一概念的广泛应用,体现在各个领域,特别是人文学、文化研究、欧洲古典研究、早期基督教史、监狱研究与文学等。

我希望这个中文版能推动中国的学者从关系和制度层面,对中国历史上的奴隶制进行批判性的、多维度的研究。我还希望,奴隶制在结构层面上对西方历史进程所产生的重要影响,能够得到更深入的思考,那是中西方文明的决定性差异之一。

奥兰多·帕特森

2023年5月24日

2018 年版序

　　奴隶制研究,不只是历史学家,也是众多其他学科的学者持续关注的一个重大题域。[1]当前,许多学科参与奴隶制研究,《社会死亡》在其中起了至关重要的作用。然而,奴隶制受到如此广泛的关注,并非始于今日。一如戴维·布里翁·戴维斯(David Brion Davis)在其经典大作《西方文化中的奴隶制问题》里所表明,自古以来,奴隶制就是西方文化中的一个道德与社会问题。西方文明最鲜明的特色之一,就是奴隶制在几乎所有的文明高峰期都扮演着至关重要的角色。从古希腊到工业资本主义的兴起,莫不如此。[2]自近代伊比利亚人劫掠非洲、美洲以来,由奴隶制而引发的道德与社会政治问题,尤其是废奴主义者运动与公民权运动,一直推动着人们对它究根问底。[3]《社会死亡》正是在这种史学价值之外的思考中写成的。我个人的背景与学术经历,也令我的动因更显迫切。

　　我在克拉伦敦(Clarendon)长大,那里曾是英属殖民地牙买加的一部分。甘蔗种植园无处不在,它们仿佛记忆中的奴役蚁,对着人虎视眈眈。奴隶制也残留在语言中。孩子们用"自由纸被烧了"来描述放假后回到学校的可怕,以及学校里爱用鞭子抽人的老师。"自由纸",指的就是获得自由的奴隶的释免证。我是牙买加最早一代受惠于去殖民化教育的学生。那时,西印度群岛史刚刚纳入牙买加中小学课程。我的第一部原创性作品即以 1865 年一群被释免了的奴隶所发起的莫兰特贝①(Morant Bay)叛乱为对象。1865 年,牙买加已经废除奴隶制 27 年。[4]到我去西印度群岛大学上学时,我的同龄人和我——牙买加第一代社会科学家——满脑子都是奴隶种植园沉重的过去遗留给现实的重重问题。这种意识推动我们最终成立了一个公共知识分子团体——"新大陆群"。我在伦敦政

---

　　①　牙买加东南一小镇,现为圣托马斯区的首府。——译者注

治经济学院社会学系的博士论文以牙买加奴隶制为主题,因此也就是意料之中的结果。

为我研究、写作《社会死亡》做准备的,有三本书。我的第一本学术著作以博士论文为基础,题名为《奴隶制的社会学:牙买加黑奴社会的起源、发展与结构分析》(1967)。为了它,我在英国与牙买加档案馆花了 3 年时间,全身心投入历史学田野研究,考察奴隶制的本质、动因、特点与奴隶的经历。[5]作为当代英语世界最早从奴隶的角度深度考察奴隶制的作品之一,它细致地探析了自 17 世纪晚期至 19 世纪初牙买加奴隶的社会文化、经济、宗教、墓葬仪式与家庭生活,以及他们遭受奴役时的心理反应、用于反抗奴隶体系的暴力与非暴力抵抗模式。随后,我开始了第二个大项目——"奴隶制与奴隶暴动:牙买加第一次莫荣①(Maroon)战争的社会历史学分析,1655—1700"。它第一次细致地研究了英国人夺取牙买加之后的一系列奴隶叛乱。反叛的高潮,正发生在英国人寻求和平解决的时候。这是很值得注意的。[6]

为我写作《社会死亡》做准备的第三本书,是我的第三本小说《漫长的死亡》(*Die the Long Day*,1972)。小说以 18 世纪的牙买加为背景。运用文学的想象力了解奴隶的内心生活,不失为史料匮乏时的一种路径。与托尼·莫里森(Toni Morrison)与其他新奴隶制小说家后来创造美国黑奴形象一样,[7]我也通过虚构追忆和再现了牙买加奴隶的经历、想法与感受。小说以奴隶制的性专制为主题,刻画一位奴隶母亲为了女儿奋力抗争,摆脱害了淋病的奴隶主之手。当我写作之际,奴隶制在牙买加已然意味着双重死亡。一重是普遍的生理死亡——人口统计学上的噩梦。死亡仪式在奴隶的社会生活中占据中心地位,即为此种噩梦的反映。另一重是社会死亡,由奴隶主所强加的绝对专制,生来即遭疏离、异化(natal alienation)②与寄生虫似的自我作践而导致的社会死亡。它是如此之恶

① 从种植园逃出、集合成群、往往与印第安人混居的黑奴。——译者注
② 关于"alienation"与后文中"alienated"的翻译,学界通用两种译法。一种是"疏离",社会学与人类学常用;另一种是"异化",政治学、社会学、人类学中也常用,尤其是在马克思经典文献的翻译中。究竟应该采用哪一种? 笔者有一个翻译原则:准确之外,直达其意。若翻译为"异化",恐怕不仅会令不熟悉异化理论的读者无法望文知义,不知它意指何物,也可能令读者误解了奴隶制的实质。毕竟,奥兰多·帕特森并非在套用异化理论,他有自己的延伸与发展。若翻译为"疏离",则又可能令读者感到,这个词不足以表达奴隶主社会对奴隶的蔑视。斟酌再三,译者只好把"疏离、异化"合并起来。一方面,利于读者理解;另一方面,也不至于失了它的深意。这样并列,虽未臻理想,却也不失为权宜之计。——译者注

毒,以至于强迫男性奴隶间吞吃对方的粪便——已然成形的粪便——竟成为一种通用的惩罚。[8]小说名对于《社会死亡》的书名,显然已为先声。

　　本书用了大量的篇幅去描述社会死亡对奴隶造成的惨无人道的后果。尽管有些评论者觉得,"社会死亡"过于抽象,我则认为,这个词直截了当而且实实在在地抓住了奴隶所经历的人间苦难与被虐待的实质。不过,对于心尚存疑的读者,我想用近些年社会心理学的研究来说明:就人的意义而言,社会死亡都意味着什么?杰出的心理学家苏珊·菲斯克(Susan Fiske)运用她数十年的社会心理学研究告诉我们:人之为人,意味着拥有对人的心理与社会活动来说缺一不可的五种核心动机。其中,最基本的,是归属于内部关系的需要——归属于亲族,归属于与之具有牢固而稳定纽带的集体。这种归属感的驱动是如此之强大,在纳粹德国,当有的犹太人被当作"雅利安人"时,会强烈地感到需要申明其身份,哪怕他们必将面对"死亡这一犹太人的命定之灾"。[9]由此动机出发,还有其他四种动机:人们需要了解其环境,能够预测和解释所发生的事情;需要对生活的结局有掌控感、驾驭力;需要将自己视为有价值的或可改善的生灵,想到自己时,内心愉悦(我指的是一种自我完善感),知道自己可爱;最后,人们需要信任,能够视他人为友善之人,见世界为仁爱之地。由此,集体生活、依恋之情、自主、友爱,一一发展而来。[10]

　　以上每一种基本的人类需要,都会受到奴隶制度下社会死亡长久的伤害。固然,社会死亡没有把它们尽数毁灭。那样的话,需要把人逼疯;也很可能,会让人真的死去。而一个疯子或死了的奴隶,是没有用处的。社会死亡只是一把德谟克利特之剑,悬在每一个气息尚存的奴隶的头顶。因为奴隶是人,她迫切地想归属于她的父母、亲族,并且通过他们,归属于祖先。她也想要她的孩子归属于她;希望这归属的纽带安全、牢固。但所有的纽带都是不稳固的。孩子随时可被带走;爱人或者被主人承认的丈夫、母亲、祖父母、任何其他亲戚,也都可能失去。这样的生离死别,是一周一次、一月一次,还是一年一次,无关紧要;尽管那些一眼就能发现数据、统计社会死亡的计量史学家喜欢这样算。有可能被卖这一事实本身,对她来说,是随时可能降临、无时不在的感觉。这种感觉盖过一切事情、一切想法以及她生命存在的一切瞬间。这是生来即被疏离、异化的实质。它加之于每一个奴隶个体,在他们所经受的毁灭性心理伤害之外,又使他们不能作为一个群体,"自由地将先祖融进他们的生命、用亲祖宗留下来的知识影响他们对社会现实的理解、将活生生的当下扎根于记忆中任何他自觉感知到的群体"。[11] 至于其他的基本动机，奴隶制所造成的摧毁性影响，一目了然，简直无须评论。弗里德里克·道格拉斯①（Frederick Douglass）一语中的："奴隶们完全无力决定自己的命运"。[12] 奴隶们竭力让自己感觉良好；与人亲密相处时，爱人，也寻求被爱。有些评论家说，社会死亡暗示着奴隶们没有社会关系、没有生活共同体。这种评论令人困惑，同时也说明，这些人根本没有认真读过我的书。[13] 但不管怎么说，奴隶制的极端残酷性就在于：若非奴隶主许可，这些社会关系毫无合法性。从这致命的不确定性来看，所有的社会关系都是不稳固的、临时的、脆弱的；所有的生活共同体都在瓦解的边缘，随时可能因为奴隶主个人的情绪突变、经济上的考量等不可预知的外在力量而被冲垮。

页 x

　　社会死亡背后，信任感的严重受损，在奴隶制所造成的影响中，是被忽略最甚的一种灾难。或许，它也是奴隶制被法律废除之后延续得最长的一种灾难。没有一个心智正常的奴隶会真正相信奴隶主认为奴隶有基本的人的尊严，或者会信任奴隶主及其群体以及他们周围那些准许奴役人并将之合法化的政治与组织机构。这就是道格拉斯所生动描述的"奴隶制的欺骗性特征"。[14] 然而，奴隶制下的最大灾难，在于它也裂解了奴隶们自己之间的信任关系。每一个奴隶都知道，要想在情感与肉体上都生存下来，他有时不得不选择背叛他与其他奴隶的关系。慢慢地、一点一点地，所有的交往关系都会受到腐蚀性的伤害，尤其是男人与女人间的关系。所有遭受过权力与法律掌控者严重伤害的人也都有过信任的流失。艾琳·福格尔（Irene Fogel）在离开奥斯维辛集中营获得自由 70 年后，曾用简略而动人的文字记叙集中营对她的影响："我从未摆脱过人是多么不可靠的感觉，也从未被文明的表象所蒙蔽；但我意识到，对人失去信念比对上帝失去信念更加给人带来毁灭感。"[15] 信任的断裂是奴隶制的后续效应，现代社会科学对此有充分的研究。现在的美国人中，最不信任人的群体是黑人，其程度比其他美国人严重得多。只有 17% 的美国黑人说其他人是可以信任的；而 45% 的白人愿意相信他人。两相比较，哪怕把阶级、年龄与婚姻状况都考虑进去，其差距是令人惊讶的。[16] 诚然，黑人之间的信任感要远远超过他们对白人的信任感（70%：23%），但他们不信任邻居的程度也非同寻常。奴隶制的这种腐蚀性特征在非洲

---

　　① 19 世纪美国著名逃奴、黑人领袖。——译者注

也得到了客观证实。两位经济史学家的一项研究表明:祖先曾在跨大西洋与印度洋奴隶贸易中受到严重掳掠的非洲人,相比其他非洲人,现在的信任感要低得多;这种信任关系是有原因的;奴隶贸易与奴隶制的影响通过内化了的文化规范、信仰与价值观表现出来。[17]

我们无需依据史料来推断奴隶制的毁灭性心理效应,因为自 20 世纪 80 年代以来,人口贩卖、现代奴隶制以及其他类型的奴役,又大规模地死灰复燃。据联合国国际劳工局估计,2016 年,全世界有 4010 万人沦为人口贩卖的对象。[18]众多女性被卖为妓女,其商品化程度与规模、她们所一再受到的身体与性伤害、被隔离的经历等,都与过去的奴隶类似。心理学家朱迪斯·赫尔曼(Judith Herman)写道:"这样做的最终目的,是摧毁受害者的自主能力,令其最大限度地自愿屈从。要达到这个目的,可能需要有意地改变人的意识状态,需要形成被分离的自我状态。就在那样的状态下,被奴役的人获得了一个新名字、新身份:娼妓。"[19]梅利莎·法利(Melissa Farley)曾领导一个临床心理学家团队在 9 个国家做过一项研究。研究发现,68% 的性奴都出现了创伤后遗症。研究结论指出,"妓女生存在社会死亡的状态之中。在人们眼里,她既无名誉,也无公共价值,是一个社会上的外人。那些以卖淫为业者,与奴隶以及集中营的囚徒一样,会失去个体身份,变成其主人、纳粹、嫖客所想要她们成为的那种人。"[20]

《社会死亡》发表 36 年来,它已经远远地走出了历史社会学的家园,进入了其他学科。最初,它受到社会学家们的好评,并在 1983 年荣获社会学界的最高奖项。[21]但就在那个时候,历史社会学研究来了一个急转弯,转而研究整个社会,聚焦于国家和集体行动者,例如工人阶级、农民、地主与资产阶级,旨在揭示改变整个社会命运诸如革命的一般原因。[22]而我在《社会死亡》中的研究路径与这些新进展完全不同步。首先,我关注的是社会文化结构的相互联系与制度层面以及它们的变迁。我的学术前辈是青年(而非后来的)马克思、涂尔干、涂尔干的外甥马塞尔·莫斯(Marcel Mauss)、韦伯、乔治·默多克(George P.Murdock)等。韦伯在历史学尤其是宗教方面的著作、默多克的比较社会人类学与他的跨文化研究流派;奴隶制领域内,赫尔曼·涅伯尔(Herman Nieboer)、摩西·芬利(Moses Finley)、戴维·布里翁·戴维斯的奴隶制比较研究经典,对我都有很深的影响。[23]我计划考察奴隶制的内在动因、这种特殊的人类社会支配关系的含义,以及它对奴隶主、被奴役者、获得释免的奴隶、从未受过奴役者等所有被奴隶制卷入其中的各方所产生的后果,还有这种关系的发生方式、动力关联、奴隶释免的制度程序。与宏观社会学家不同,我没有只挑几个社会对它们进行整体研究;相反,我采用了默多克的世界文化样本和一批大型奴隶社会样本。我也没有单纯依靠诠释手段,而在定性研究中同时使用了统计方法,特别是新近发展出来的对数线性模型,用于分类变量的分析。

其次,我对于文化的关注也与历史社会学那时的发展方向不相合。直到最近,历史社会学才差不多摒弃了它原来的那种基本构想。尽管我也对早期的文化决定论持批评态度,《社会死亡》和我的其他作品一样,立基于社会与文化力量交互作用的互动理论,并将之视为人类行为在社会交往模式所有层面上的基本动力,正如我最近在一篇文章里所解释的那样。[24]令人欣慰的是,历史社会学的年轻一代已然回过头来,并且承认:文化,对于理解任何社会生活与社会变迁,都是重要的。

页 xii

最后,与大多数历史社会学家不同,我依靠大量来自社会人类学、文化人类学、象征人类学、社会心理学、欧洲古希腊罗马研究等跨学科的理论与分析手段。法国历史学界年鉴学派,尤其是其创始人之一马克·布洛克(Marc Bloch)的研究方法,对我也很有影响。

在很大程度上,正是因为这种跨学科取向,《社会死亡》很快就越出历史社会学而进入其他领域。它既为各领域的专家所留意,也为比较历史学者关注,尤其是从事古希腊罗马研究、宗教史研究、大屠杀研究、哲学理论、女权理论、性别研究、文学与文化研究、监禁与监狱研究、社会理论、法律、宗教、非裔美国人研究、加勒比研究以及各类公共知识分子研究的学者。我不打算把这本书在所有这些不同领域的作用都总结出来,但想就我特别感兴趣的几个学术圈作简略评论。

首先,也最重要的是,这本书对于整个世界由古至今的奴隶制研究都有用武之地。最近,约翰·博德尔(John Bodel)与瓦尔特·沙伊德尔(Walter Scheidel)主编了一本论文集,让我得以便利地累计一下这本书被广泛运用于历史学的研究领域:新亚述帝国、古典时代的欧洲、中国西汉王朝、奥斯曼帝国、拉美殖民地、以血缘关系为基础的小型社会、实行童奴制的非洲社会。[25]《社会死亡》得到欧洲古典学学者的认可,我是尤感欣慰的。因为已故的摩西·芬利爵士曾鼓励、支持我研究、写作《社会死亡》,我对他深怀感激。论文集中,古典学历史学家彼得·

亨特(Peter Hunt)写道,《社会死亡》"促使历史学家将奴隶制视为全世界、各时代所共有的一种制度";凯尔·哈珀(Kyle Harper)则认为,它令学者特别注意到了妇女在奴隶制与自由史上的重要性,并对有些人声称我在奴隶制研究中将性别角色轻描淡写提出质疑。[26]当然,即便有很多学者承认《社会死亡》的重要性,他们也对其中的一些主要论点提出了批评。例如,戴维·路易斯(David Lewis)就挑战了书中的主要观点之一,即以比较的视野来观,所有权的概念不足以充分定义奴隶制,因为许多有奴社会并没有这样一个在西方法律中的概念与法理。[27]路易斯坚持认为,法学家托尼·奥诺雷(Tony Honoré)关于财产的概念的的确确普遍适用于所有奴隶社会。我觉得这是一个会让人有收获的挑战。为回应他,我埋首研究财产概念,深入了解什么是法学家所讲的财产概念的不完整性。[28]这又反过来促成了一次在俄亥俄州代顿法学院召开的关于财产概念的研讨会。会上热烈地讨论了两个颇存对立的观点:一捆柴论与要素论①。[29]特别有意思的是,博德尔不依不饶地就我对奴隶制的死亡隐喻——一个表面上看来的最后阶段——发出诘问。而依据我的分析,奴隶制是一个体制性过程,常以重生而告终,转而进入自由。[30]他的挑战,推动我更进一步思索:就象征性而言,奴隶制运行轨迹中的死亡一段其实并非最终一段,而是有可能焕发生命力的一段。由此阶段,既可归入永恒的死亡,也可走向重生,经过被释免后的社会生活,最终进入全面的自由。[31]

《社会死亡》能影响古代奴隶制研究,是因为它也探讨了基督教早期教义的发展,尤其是保罗神学研究。20年前,理查德·霍斯利(Richard Horsley)就曾敦促圣经学学者将《社会死亡》与摩西·芬利的著作融入《新约》研究。研究《新约》的学者约翰·拜伦(John Byron),在一篇有影响的文章中,分析了学术界联系《新约》中保罗关于奴隶制的看法而给出的颇有分歧的奴隶制定义。他认为,《社会死亡》所倡导的社会文化法,而非法学研究法,也许能使人们更深入地理解保罗神学中关于奴隶制与死亡的隐喻。[32]现在,许多《新约》学者,例如彼得·布朗(Peter Brown),已在尝试依据保罗所见到的罗马奴隶制与他明确取之于奴隶制的隐喻,去理解保罗神学中基督在性灵上的死与重生。我在拙著《自由与

页 xiii

---

① 这是两种解释路径。简单说来,一捆柴论从多个方面解释财产概念;要素论则认定,财产概念由一个核心要素构成。——译者注

26

西方文化的形成》与其他作品中也做了这样的尝试。[33]

现代大西洋史研究中，《社会死亡》对诸多历史学家的影响，体现在他们的研究方法、他们关于奴隶生存状态之实质的争论、他们如何看待被奴役者应对种种不同的奴役背景。但是，在概括这本书的影响时，也出现了一种错误的两分法。一些学者称，有的著者利用《社会死亡》，强调奴隶制的精神伤害与它对现代黑人生活的后遗效应；有的则相反，他们强调奴隶的能动性、抵制力与创造性的应对能力，至于奴隶制的后遗效应却不予置评。[34]就在最近，一系列研究奴隶制的优秀作品已表明，这种两分法是错误的。无论遭受何种生存限制，奴隶在社会死亡的同时都可能表现出能动性、文化上的创造性、偶尔也会反叛。[35]格雷格·格兰丁（Greg Grandin）最近发表的《帝国的必需品：新世界的奴隶制、自由与欺骗》就是一个绝好的例证。格兰丁用一流的手法叙述了西班牙运奴船"特瑞亚"（Tryal）号上一群奴隶的反叛、他们一开始徒步穿越南美那可怕至极的死亡之旅，以及他们最终在利马被制服和卖掉的过程。[36]格兰丁发现，"社会死亡" 〔页 xiv〕一词最能充分刻画这些反叛奴隶的处境。他们结成不同的联盟，所渴望的不过是返回西非。另一位学者西蒙·吉坎迪（Simon Gikandi）也避开了这种实则属于虚构的两分法。吉坎迪探索的是奴隶制的产出悖论。一方面，大西洋奴隶主阶级，尤其是英国人的高雅文化、资产阶级情调、自由理念与个人主义，以奴隶制为基础；另一方面，奴隶们面对他们那无可逃避的社会死亡，同样也有文化的产出。[37]近来，一些奴隶制史学家抓着能动性这一吃力不讨好而又过时的主题不放。对此，斯蒂芬妮·斯摩伍德（Stephanie Smallword）敏锐地指出："仅仅向被奴役者解释的历史不能满足我们对浪漫的渴求。我们渴望听到社会底层即奴隶的声音，我们想寻找来自社会阶层的英雄人物。他们的能动性会战胜压迫力量。然而，呈现在我们眼前的，却是权力与暴力的内部运作。"[38]

有的历史学家声称，社会死亡"不过"是奴隶主的意愿，这种意愿只对英勇抵制它的奴隶们构成挑战或"困境"。读者只消仔细读一读《社会死亡》的前几页，就能意识到这说法是多么的似是而非。的确，社会死亡是奴隶主的意愿；但我已在先前研究牙买加奴隶制的作品与《社会死亡》中一再声明：奴隶并没有将奴隶主的意愿内化，相反，他们看透了它。[39]不过，奴隶主的支配意识却由此而真实地存在，尤其是当奴隶主拥有全部个人权力，而这种权力被国家或社会的法律与政治力量强化的时候。社会死亡不是一个我强行安在奴隶制历史事实上的理论。它真实地存在着。任何想以朴实的双眼、未经他人浪漫眼光的过滤而看历史的学者都会发现,社会死亡在奴隶制下的生活现实中鲜明可见:从哥伦布发现美洲之前,加勒比的部落民命令所有的奴隶在主人死亡时要像哀悼自己的死亡那样剪成哀礼的发式;到罗马人视奴隶为"会说话的工具",其法律条文将奴隶视为没有生命的躯体;再到美国北卡罗莱纳州的法官裁决说:"奴隶自身及其后代注定要毁灭";"主人的权力必须是绝对的,要让奴隶彻底服从。"[40]奴隶——这可怖的裁决所针对的人——肯定不会认为,奴役只是一种困境或挑战。诚然,人类历史进程中,奴隶出于免于社会死亡的生存渴望,在文化上创造了改变世界的方式。他们的伟大成就,是创造自由、英勇地争取自由。不过,这一成就却来源于奴隶主的畏惧与支配奴隶的需要,真是一个既统合又辩证的过程。我在本书中详尽讨论了释免的体制性过程,它实质上是奴隶与奴隶主为了取消或者永久延续二者之间的关系而展开的斗争。奴隶主往往从退让中赚得了最大的好处。使自由得以产生的驱动力,不是什么高尚的慷慨行为,而是最大程度地获取支配力与权力;是克制与免除责任,而非革命。尽管凡有奴隶制的地方都有释免,但只有在西方,这种由支配者与被支配者、损害者与被损害者创造的自由,才二律悖反似地胜利地成为文明的中心价值观。[41]

页 xv

另一个历史学家约瑟夫·米勒(Joseph Miller)更加关注方法论与认识论问题。他针对我的比较研究方法,笔调轻快而生动地批判《社会死亡》。他声称,我的研究忽略主观意义与背景以及"过去那些很小的细节",这很好,因为那样有利于归纳与发现真相,但由此而得出的结论"可能转瞬即逝、华而不实",这又很不好。[42]约瑟夫的目的,完全是为了不再关注"典型的具有支配地位的奴隶主与典型的处于被支配地位的奴隶之间的关系",并且"摒弃奴隶制是一种制度的概念",支持"把奴隶制当作策略来处理"。这种不假思索的历史主义几乎要令兰克也自愧弗如。约瑟夫所抨击的,不只是《社会死亡》,而是几乎所有社会科学、所有社会与经济史,还有很大一部分当代历史学专业领域。我对宏大的历史或社会理论没有太大爱好(这也是我与其他历史社会学家颇有分歧的部分原因),因为我充分意识到人类生活的复杂多样、难以预知。但是,正如哲学家丹尼尔·利特尔(Daniel Little)恰如其分的评论所言,我这种保留态度与寻求"具体的社会机制的准经验理论完全合拍",也与"相似的过程再现于不同的历史背景"这一平实的推论十分一致。[43]最近,法国古典学家保兰·伊斯马尔(Paulin Ismard)详尽论述了奴隶制研究的比较方法,其分析表明:中观比较足以阐明奴隶社会的具体特征。[44]

通过比较而归纳与具体情况具体分析,这两种方法不仅彼此相合,还常常互补互强。例如,经比较而来的发现往往能揭示某一特定习俗的独特,并且可向做案例研究的历史学家表明:某些被视为理所当然的背景因素实则很能说明问题。未知何为一般,焉知何为具体? 举一个众所周知的例子:不少美国历史学家将美国南方视为一个典型的奴隶社会,这是很成问题的。揭示奴隶制在美国南方非同寻常的性质,例如它对奴隶释免的严格限制,靠的还是比较研究。米勒把制度视为静止的,认为它们不过是"一堆具有欺骗性、顽固不变的思想观念"。他这种看法相当过时。[45]制度既固守,也变迁,二者还常同时发生。它们来源于相互冲突的利益与相互冲突的政治权力。现在,没有一个严肃的、研究制度的学者将制度视为静止的、冻结在时间中的结果(这是功能主义者的看法)。[46]事实上,我在前面也说过了,《社会死亡》的大部分分析都把奴隶制作为一种有活力的、充满矛盾的体制性过程来处理。

页 xvi

历史学领域本身之外,《社会死亡》还在犹太人大屠杀和更大范围的种族灭绝研究中占据中心地位。丹尼尔·戈尔德哈根(Daniel Goldhagen),犹太人大屠杀研究中第一个注意到《社会死亡》的重要学者,在他那本争议很大然而读者广泛的著作《希特勒心甘情愿的刽子手》中论道:在纳粹德国,犹太人实为一群社会死亡的人,"他们被暴力支配,生来即被疏离、异化,注定不能享有荣誉",但他们也不同于奴隶。奴隶对其主人来说,有其功利性价值,因而得以保存性命,而犹太人在纳粹与德国人眼里,一般来说,是没有劳动价值的。他们这种看法与灭绝主义者的反犹主义理论如出一辙。[47]

与戈尔德哈根的因果推理相反,一位杰出的、研究种族灭绝与恶的问题的哲学家克劳迪娅·卡德(Claudia Card)论证说,"社会死亡对于种族灭绝的恶十分重要,不仅仅是在种族灭绝以文化为目的时,即便在它只是在大规模杀人时,亦然如此。正是社会死亡使我们能将种族灭绝特有的恶与其他的大屠杀的恶相区别。"[48]通过因果方向的翻转,卡德把戈尔德哈根的结论倒了过来。她说,种族屠杀常常成为社会死亡的靶子:

> 社会生命力(social vitality)通过与同时代人或代际间的联系而存在。它创造的是一种赋予生命以意义的认同感。认同感的丧失意味着社会生命

29

力的重大损伤,因之也是对人的生存意义的重大损害。以社会死亡为中心,就是令人不再注重个体选择、个人目标、个人的职业与具体人数,而转而关注每一社群由以建立、每一个体的社会背景(它赋予选择与目标以意义)由以形成的社会联系上。[49]

由此,卡德发现,"文化上的种族灭绝"这个词既多余又误导,因为社会死亡在所有种族灭绝中都存在;"文化上的种族灭绝"也意味着有些种族灭绝不包括文化意义的死亡。卡德的作品在种族灭绝研究领域引发了一场重要的讨论。社会死亡的概念在其中特别引人注目。举个例子,哲学家穆罕穆德·阿比德(Mohamed Abed)一开始为卡德辩护,同意卡德所说"使种族灭绝与其他政治暴力相区分的伤害,正是社会死亡",但他后来又出于哲学与历史学的理由,对卡德的观点持保留态度。[50]其他更为具体地关注犹太人大屠杀的学者,也以建设性的态度参与讨论社会死亡的概念,尤其是马里恩·卡普兰(Marion Kaplan)那本重要的研究纳粹德国的犹太人生活的作品。[51]

页 xvii

与大屠杀与恶的研究类似,美国的监狱与大规模监禁研究也在运用"社会死亡"概念。约书亚·普莱斯(Joshua Price)发现:从其亲族、爱人与社区中,囚徒们被连根拔起;他们被隔离开来、遭受肉体与性暴力,他们的尊严被贬低。所有这些,都与社会死亡类似。正如丽萨·冈瑟(Lisa Guenther)所见,单独监禁无异于活死人的生活。[52]当然,监禁一直都被视为是一种暂时性的半奴役制。但是,美国当前所发生的转折——从改过自新到不人道的惩罚手段——已经使其囚禁规模达到全世界都前所未有的程度。这让很多人想问,为犯罪而设置的正当监禁,是否已越出其边界,变成了公然的奴隶制,或者回到了令其"民事死亡"①(civil death)的旧原则?[53]

文学与文化研究尤其是女性主义哲学的研究也证明,《社会死亡》是有价值的。一些成就卓越的学者也在运用"社会死亡"的概念,女性主义哲学家朱迪斯·巴特勒(Judith Butler)是其中一位。巴特勒尤以解读古希腊文学作品《安提戈涅》而闻名。她所质疑的,是雅克·拉康(Jacques Lacan)运用精神分析法分析《安提戈涅》时谈到的文化边界问题。这个文化边界,可以说,就是我定义的社会死亡。[54]安提戈涅是一个典型的难以简单分类的边缘人物,与社会意义上死亡

---

① 法学术语,指剥夺被判罪者公法和司法上的能力。——译者注

的奴隶一样，她被夹在生、死之间，"在一个公开受到限制的政治场域内，她生命中具有本体意义的确定性与持续性被剥夺了"。[55]安提戈涅代表了所有生活在边缘地带，尤其是两性边缘的人。社会死亡的概念还出现在巴特勒的其他构想中，例如，认知失败以何种方式使生命面临本体意义的威胁。巴特勒最近的思想中还出现了一个重要提法："生存力"。她把文化边界、认知失败对生命本体意义的威胁这两种社会死亡概念的运用都与"生存力"联系起来。[56]另一个女性主义哲学家卡罗尔·佩特曼（Carol Pateman），在她批判契约论时，富有成效地利用了我的观点：奴隶制即社会死亡。不过，在她依据卖淫的实质来探讨自我与身体的联系以及性别化了的自我认同时，却又显出了她和我的区别。在我看来，奴隶的身体与她们提供给雇主或奴隶主的服务是不可分离的。[57]

　　文学理论家特别是研究非裔美国人作家、大西洋黑人作家的学者，有不少人在诠释重要的文本时也运用了社会死亡的概念。目前，虚构文学特别是"新—奴隶小说"的创作以及对它们的诠释，都在发生一个大的转折：重视奴隶过去的创伤。"社会死亡"的运用正是这个转折的一部分。[58]阿卜杜勒·贾穆罕默德（Abdul JanMohamed）对理查德·怀特的深度探析、萨拉·卡普兰（Sara Kaplan）对托尼·莫里森的小说《宠儿》的理解："她不只是肉体施暴的对象，而是暴力借身体代言的媒介"；格尔顺·阿维莱斯（Gershun Avilez）对艾莎·拉赫曼（Aishah Rahman）的戏剧《没长大的女人》的解读，都是这方面的典型例子。[59]不少研究酷儿理论的学者也觉得，社会死亡的概念有用。[60]

　　对我的作品评论最为持平的学者中，有两位从事文化研究。他们指出，《社会死亡》与我的其他作品相互构建并且受其影响。戴维·斯各特（David Scott），这位出色的文化人类学家、文化理论家，编写了一份对我的访谈记录，像一份期刊那么厚，近似一本学术传记。他清楚地阐明，那些声称我的作品不关注人的能动性的评论是多么地不准确、多么地误导人。他写道，"纵观帕特森的全部创作，迄今已有四十多年。他的小说也好，非虚构作品也好，都是对不服从行为的意义所进行的社会历史学与道德现象学的探索（着重号系原文添加）。这才是理解他的方式。"他还详尽地解释了我在小说《漫长的死亡》中如何处理女主人公夸示巴（Quasheba）的困境，后来又如何发展出"生来即遭疏离、异化"（natal alienation）的概念；二者之间，有着怎样的联系。他说："不了解帕特森如何以历史本体论演示夸示巴的困境，就近乎不可能理解他对奴隶制的看法：一种以'生

页 xviii

31

来即遭疏离、异化'的方式为'社会死亡'创造体制性条件的制度。"[61]与斯各特一样，多妮特·弗朗西斯(Donette Francis)依据她对《漫长的死亡》的深入理解，进一步纠正了那种有失准确的评论——有人说，我的作品忽略了奴隶制中男女两性的方面。她还顺便发表议论：《漫长的死亡》对夸示巴的女性能动性的刻画，相当不符合文学批评家那与时代落伍又要显出高人一等的口味。他们"有意不肯评论"它。[62]

最后，还有一个主要由人道主义知识分子组成的群体，他们组织起一个人称"非洲悲观主义"的运动。[63]针对20世纪末21世纪初后种族主义论调的盲目乐观，这批知识分子坚持认为，种族主义不仅在美国会持续存在，而且种族事实上一直是这个国家最要命的分裂因素。奴隶制的阴影至今尚存，且将继续把美国黑人定义为社会意义上已死的人。美国黑人会永久被排除在由白人所定义的社会生活与白人视之为理所当然的公民文化之外。不止如此，他们还声称，反黑人的种族主义与其他形式的族群种族歧视不同；黑人与非黑人才是基本的种族两分法；"有色民族"这个词应该被摒弃，因为它不能令人认识到，社会死亡对黑人有挥之不去的影响。当前流行的多元化理想也受到他们的批评。承认差异，被他们嗤之以鼻，呼之为自由主义者的"快活谈"。[64]萨蒂亚·哈特曼(Sardiya Hartman)，一位享誉很高的历史学家，表达了也许是最为悲观的一种看法："身陷奴役，首先感受到的是时刻与死相近。这种感受一直决定着黑人的生存。我们的剥夺感形之于方方面面：奴隶或被劫掠者是随时可被取代与抛弃的生命；人口统计学上高得不成比例的死伤数字，以及由之而来的人口缺损与堆积如山的尸体；构成种族资本主义与现代性核心要素的积累、生产能力的占有、盈余的榨取等；
当代黑人生活的特征：早夭、社会不稳定、监禁等。这样的剥夺还在持续中。"[65]政治学家安妮·门泽尔(Anne Menzel)也创造性地利用了社会死亡的概念。她以一种社会历史学的眼光，仔细审视美国种族主义者的传统，即对黑人女性的"孕产期视而不见"、将黑人婴儿的生命排除在人的概念之外，由此，贬低黑人在孕期与婴幼儿期的生命意义。她论述道："19世纪，当白人婴儿的生死越来越成为人们情感投入的中心场域时，帕特森的'社会死亡'中那些环环相扣的因素——生来即遭疏离、异化；丧失尊严或被贬低；无端遭受暴力——已作为一种政治分歧力量，阻碍人们对黑人婴儿的生命或其夭亡投入相应的感情。"其后果遗留至今，显而易见。当前，黑人妇女的孕产期死亡率远远高出白人妇女，二者之间,差异悬殊。[66]不过,尽管这群知识分子中的多数人对于《社会死亡》的理解严肃而认真,但萨拉-玛丽亚·索伦蒂诺(Sara-Maria Sorentino)的话看起来没有错:还有不少像是在传播社会死亡概念的人,并没有真正地理解或熟悉《社会死亡》这部作品。[67]

　　这些公共知识分子对于社会死亡的援引,我不想故作姿态,刻意回避。相反,我在作为一个公共知识分子以及从事学术研究的时候,长期以来都在申明奴隶制在美国社会与文化中的持续影响。20 年前,我就这样表述过我的立场:"第 13 条宪法修正案废除了一个人对另一个人的个人所有制,但它没有去除体制与文化上的奴隶制。事实上,奴隶制被废除之后,它的许多方面反而被补偿性地强化了,非裔美国人的生活因此更加难以预测,受到的压迫也更可怖。"[68]吉姆·克劳法就是新奴隶制、不折不扣的奴隶制、一个在一定程度上激发了德国纳粹主义的恐怖制度。它被一个警察国家强制实施、被施行私刑的暴徒集体加以强化。参与私刑者,并非经常误导人的宣传所言,是生活在社会边缘的白人暴民,而是普普通通的白人公民,常常由受人敬重的神父或牧师领头。在我看来,私刑是赎罪式的集体仪式、令人厌恶的人血祭,黑人被奉为了祭品。[69]不过,就整个国家而言,随着公民权运动一次又一次的成功,美国已不再是一个新奴隶制国家,黑人已经融入美国的主流文化、国家政治生活与军队系统中,并且扮演着重要角色。巴拉克·奥巴马当选总统,只是自上而下祛除被疏离与异化过程的顶峰阶段。然而,在地方、个人、制度层面上,我相信,奴隶制的文化遗存依然如幽灵一般经常侵扰着非裔美国人的生活,尤其是对那些身在隔都、监狱、农村贫困地带,与外界缺少联系的年轻人与穷工人。使奴隶制的遗存渗透而下的,既有白人种族主义(制度与个人层面的都有),也有奴隶制自生的、由脆弱的组织机制与不正当的性别关系而导致自我毁灭的悲剧。后者因为后工业经济残酷的淘汰机制越发严重。[70]

　　奴隶制对非裔美国人现在的生活与文化创造力的影响,以及就一般而言对所有美国人的影响,并非只有"非洲悲观主义者"这个圈子感兴趣。研究电影、表演艺术、戏剧、叙事小说的学者也在探究奴隶制延续不去的作用。其影响所及,索伊加·科尔伯特(Soyica Colbert)说得好,"朝好里说,它顶多可以为人所用;然而往坏处看,它是拖住黑人后腿的一个包袱。"[71]社会科学界最近也出了一些重要的作品,深入探讨奴隶制的持久影响。他们想解释美国南方各州在投票

页 xx

模式、政治归属、种族态度、对肯定性行动的反对乃至其愤慨程度的差异,研究触角甚至达到了县一级。[72]

最后,我想用一则令人尤为高兴的消息作为结语。任何一个社会科学家,尤其是一个研究历史的社会学家,如果获得一种证明,证明他的研究结论具有预见力,[73]那就意味着获得了学术殿堂的圣杯。没有什么比它更能说明一部作品的价值!而我就幸运地获得了这样的证明。历史学家李安敦(Anthony Barbieri-Low)研究中国西汉王朝,他在著作中证实了《社会死亡》的中心论点。1982年《社会死亡》发表的时候,人们对中国汉代的奴隶如何获得释免、释免的涵义如何,知之甚少。但在1983年12月,也就是《社会死亡》发表的第二年,中国考古学家在湖北荆州古城墙附近发掘了一座年代约为公元前186年的竖井坑墓。墓葬物中,有好几份法律文本,涉及西汉晚期奴隶释免与如何对待被释免奴隶的问题。李安敦发现,我的总体预见——经济与军事因素有利于增加释免几率——"与西汉王朝的情形正好相符"。[74]此外,更令人欣慰的是,《社会死亡》还预见到了奴隶制与释免在这个最古老而且"极为特别"的社会中的含义,以及法律对它们的解释。用在释免中的"免",从其字面上看,是"释放"或"避免"的意思。不过,真正让我惊讶的,是这个字在词源上的两个特征。首先,它与"絻"字相类,而"絻"指"丧服、服丧的发式",这就与"前哥伦布时期加勒比人"的奴役习俗相似。[75]更引人注意的是,这个"免"字与"娩"也同类。"娩"是"生育"或"从一个女人的身体里掉下或分离"的意思。从它最古老的象形字看,它画的是两只手将一个蜷曲的婴儿从一个女人身上剥离。李安敦因此而评论说:"这些联系清晰地说明,在语言学的最基本层面,释免是与生、死相联系的。"[76]换言之,一份在地下埋了2168年方才出土的法律文件,其中所记载的释免习俗,以及那个时候释免率增加的原因,甚至"奴隶制""释免"这两个词在古代中国的字面与词源学意义等,《社会死亡》都完全预见到了。被释免就好比脱离如同坟墓的子宫,由社会死亡而再生,重归社会生活的自由。

译者说明:英文版第 xxi-xxvi 页为 2018 年版序言注释,见本书第 375—383 页。

1982 年版序

奴隶制没有什么特别的。人类历史破晓前,它就已存在,一直到 20 世纪;既 页 xxvii
存在于最原始的人类社会,也存在于最文明的社会。世上没有哪个地方不曾在
某个时期有过这种制度,大概也没有哪个民族的祖先不曾在某个时候做过奴隶
或奴隶主。

既如此,为什么并不特别的奴隶制被称为"特别的制度"(peculiar institu-
tion)①? 这个问题不好说,但也许是因为人们意图回避那似乎太过明显的矛盾。
奴隶制不仅无处不有,而且恰恰在依常理看来最不该滋长的地方与时间繁荣起
来。人类文明早期的所有中心地带,奴隶制均已牢固建立。此后,它非但未显衰
相,反而在现代西方各民族视为历史发展分水岭的每一个时代、每一种文化中,
都更趋重要。古希腊罗马不只是有奴社会,也是摩西·芬利爵士所称的"真正
的"奴隶社会,因为奴隶制正是其社会经济结构的基石。许多欧洲社会在其历
史发展的关键时期,也是真正的奴隶社会。西哥特时期的西班牙、盎格鲁-撒克
逊时代晚期的英国社会、墨洛温王朝时的法国、维京时代的欧洲,奴隶制即使并
非一直占据支配地位,它也绝非无足轻重。西班牙中世纪晚期、俄国的 16 到 18
世纪,奴隶制这种制度再度上升至重要地位。14、15 世纪之间,意大利佛罗伦萨
的奴隶人口比例之高,甚至改变了当地托斯卡纳人的外貌。中世纪晚期与文艺
复兴早期的威尼斯、热那亚,也极度依赖奴隶劳动。中世纪晚期,大规模奴隶制
种植园不仅出现在意大利地中海殖民地,并且正如查理·韦尔兰当(Charles
Verlinden)所说明的那样,它还成为伊比利亚人在大西洋殖民地建立更先进的种 页 xxviii

---

① "特别的制度"(peculiar institution)是美国历史上白人社会对美国黑奴制度的称呼。——
译者注

35

植园的样板。而这些大西洋殖民地的种植园，后来又转而为现代美洲资本主义奴隶制度提供实验场。

已故的埃里克·威廉姆斯(Eric Williams)有一个著名的观点：资本主义的兴起本身，在很大程度上，源于美洲奴隶制带来的巨大利润。此论也许言之太过。但是，新大陆的奴隶制，是为西欧各经济体系兴起的一个要素，无人质疑。

不过，奴隶制与文明的这种关联，很难说只存在于欧洲。若非奴隶制，伊斯兰教的兴起恐怕不大可能；没有奴隶制的存在，早期的阿拉伯精英难以获得以资利用的人力，无论是有技术的还是没技术的。而这些人，对其生存与扩张，不可或缺。比起西方国家，伊斯兰世界更加依赖奴隶发挥关键的行政、军事与文化作用。

非洲与某些东方地区同样如此。前殖民时代的非洲，无论是否为伊斯兰地区，政治与文化的发达通常都高度依赖奴隶制，尽管不能一概而论。中世纪的加纳、桑海、马里等国，劳动力主要靠奴隶。同样如此的，还有豪萨、约鲁巴、伊比比奥的某些城邦、处于巅峰时期的达荷美王国与阿散蒂王国、索科托哈里发王国、桑给巴尔苏丹国等。

东方社会殊为特别。从世界历史的角度来看，东方社会的文明程度与奴隶制的关联不高：文明高度发达之时，奴隶制并不见得发达。即便如此，奴隶制在东方社会的作用也是容易被低估的。所有东方社会都有过奴隶制。奴隶在宫廷内务与管理中扮演着重要角色。事实上，正是在朝鲜这样的东方国家，我们发现了世界上各个民族、各个时期中在经济上最为依赖奴隶的范例之一。大规模的奴隶制，在朝鲜繁荣上千年之久，一直到19世纪。其间好几百年，它的奴隶人口比例都高于19世纪美国南方最依赖奴隶制的时候。

在西方，由于另一个历史谜团的存在，奴隶制与文明相伴相生的悖论更显复杂。奴隶制不仅与先进的经济发展相联系，它还与西方传统最受珍惜的观念与信仰的出现有关。自由的观念、财产的概念，都与它们的反题——奴隶制的兴起——紧密相依。伟大的革新者们不仅认为奴隶制理所当然，还坚持认为它实属生活方式之必需。如此一来，他们的罪过不在于逻辑上错得不可思议，而在于坦白得令人叹服。在柏拉图、亚里士多德与罗马伟大的法学家们看来，爱自己的自由势必否认他人的自由，承认这一点，没有什么难为情的。奴隶制的兴起与自由的培养相并而行，绝非偶然。我们将会看到，它是社会历史之所需。

现代西方思想家,尤其是启蒙时代以来的思想家,都觉察到了这种观念的不正当,并且深感难堪与不安。这种难堪,不仅让那些对古代世界困惑不已的人感觉到了,它还在一个西方民族所造就的最民主的政治架构与社会体系中达到了顶峰。这一政治架构与社会体系就是美国。美国人从来就没能解释清楚:为什么他们最雄辩的自由卫士托马斯·杰斐逊、他们最伟大的革命与历史英雄乔治·华盛顿,都是大奴隶主且很少为之感到歉疚。所有向启蒙时代的欧洲、革命时代的美国寻求其最珍视的政治理念的人,都发现奴隶制不是什么特别的制度,而是令人难堪的制度。

然而,我们的尴尬与苦闷来自一个错误的假定。我们以为,奴隶制与自由毫不相干;我们以为,一个珍惜自由的人不会心安理得地拥有奴隶;我们以为,创造了民主或者孕育了杰斐逊的文化不会建立在奴隶制的基础上。殊不知,这样的假设毫无依据。我们做出这样的假设,只是因为把抽象的观念具体化;只是因为,我们未能透视矛盾的逻辑;只是因为,我们固守反历史的傲慢,将观念史从后往前读。

我在本书中说明:奴隶制与自由密不可分;最不肯给人自由、自由被剥夺得最厉害的人,恰恰对自由最敏感。这与我们先入为主的个人成见截然相反,却又合乎情理。一旦我们理解奴隶制的实质与动因,立刻就能意识到,为什么像亚里士多德或者杰斐逊那样的人,拥有奴隶,一点也不悖乎常理。我们的尴尬,源于我们不知道奴隶制的实质、不知道自由的实质。

理解一个问题,须揭示与去除关于它的错误观念。不过,本书不是观念史研究,它寻求的,是对社会事实的理解。它想依据历史经验,透过奴隶制的方方面面,去定义和探索它的本质、内在动因与支撑它的制度模式。

本书资料来源,得自两组社会。第一组,也是重要得多的一组,包括所有那些奴隶制在其中获得了显著结构性意义①的社会,可分三类:奴隶制在其文化、经济、政治的某一方面或者所有方面都重要;奴隶制虽然至关重要但不具有决定性意义;奴隶制是一种决定性的制度。正是在这些社会中,我们获得了最为丰富的定量与定性数据,它们也是本书大部分文本讨论的资料来源。迄今,"奴隶社

---

① 参考下文,帕特森所谓"结构性意义"指的是奴隶制对于某一社会的文化、经济、政治具有重要意义。——译者注。

页 xxx 会"这个术语尚未在学界达成共识。和很多人一样，我用"大型奴隶社会"一词描述我所研究的这类社会；有时，也采用芬利的说法——"真正的奴隶社会"。

比较研究常犯的一个错误，就是把所有那些对研究者的主题而言尚未获得显著而系统性意义的社会全都排除出去，哪怕那种影响可能存在。对此，我尽量避免，那会无端限制我们对数据库的运用。如果我们关注某一种制度①的内在结构；或者如本书一样，意图不遗余力地描述、分析这种制度的本质与内在机理，那么，画地为牢，只讨论该制度在其中具有结构性意义的社会，将会使我们的解释出现完全不能接受的偏差。

还有一种情况也屡见不鲜：某种制度所呈现的最系统或外在的意义，却不是最典型的。有些事情，只要发生，就总是具有结构性的重要意义。人类社会，可举革命为例；生物世界，可举癌症为例。但这当然不是说，很多制度均如此。再拿生物学做一个类比。典型的病毒性感染，其结构性意义往往无足轻重；如果一个生物学家分析病毒的性质，却只限于慢性病毒性肺炎的病例，那他得出的结论一定会高度失真。人类社会中，奴隶制也是一个这样的例子。我们往往是在奴隶制并不具有多少结构性意义的背景下，看到了它们的发生。如果我想理解奴隶制内在结构的普遍特征，我就必须把奴隶制在其中影响不大的社会也恰如其分地考虑进去。

将结构性意义较为次要的案例纳入研究范围，还有一个理由，尽管它与本书关系不太大，但也应在此一提。如果我们只研究主要案例，只看具有结构性意义的重要案例，我们就仍然不能回答或许是最紧要的结构性问题：在什么样的条件下，我们研究的制度不再无足轻重并且变得重要起来了呢？它的过程如何？如果以为研究一组主要案例就能回答这个问题，那就错了。我们只能解释这个制度如何更具结构性重要意义，却不能解释它首先是如何变得重要的。回答这个问题时，人们常常假定，解释使其结构性意义从重要到更加重要的因素，与解释使其结构性意义从不重要变得重要的因素是一样的，甚至还假定，解释使其结构性意义从不存在到存在、从存在后的无足轻重到举足轻重的那些因素也是一样的。也许，有些制度是如此（尽管我此刻不能信手拈来），但多半都不是那样的，

---

① 此处的"制度"一词，原文为"process"。依据帕特森的解释，奴隶制是一种体制性过程。因此，他在描述这一制度时，有时也用"process"（过程），但译者在这里将之译为"制度"，否则，会令读者在尚未读完全书的情况下，发生理解上的困难。——译者注

奴隶制当然就肯定不是。一个制度的结构性意义,从不存在到存在,从不重要到重要,往往涉及好几组不同的解释性条件,不过,一般而言,这些条件与数学家和有的物理学家称之为"灾变"(catastrophe)的事件具有相同的性质。解释奴隶制外部体系发生灾难性变迁的原因与性质不是本书目的。但是,论证充实的比较 页 xxxi 分析不仅要求关注次要的、典型的、高层级的案例,也要求注意那些能使制度的结构性意义发生变化的外部条件。

为了能够说明全部的有奴社会,我采用了乔治·默多克(George P. Murdock)的世界社会样本。如果默多克所列的 186 个社会基本准确地涵括了全部人类文化,那么,利用他这个样本,应该可以为我们勾勒有奴社会的一般特征提供合理的基础。

最近这些年,奴隶制研究取得了长足的进展。事实上,最重要的进展都集中在了计量史学这个领域;与其他领域相比,其成果多得不成比例。几乎所有的研究都以大西洋奴隶贸易和现代美洲的奴隶制体系为中心,尽管有迹象显示,学者们正开始转向其他地区,尤其是非洲。传统的历史学家,特别是欧洲的历史学家,研究古代与中世纪的奴隶制已逾一个半世纪,而他们现在的研究进展与学者们对现代奴隶制的研究进展是一样快的。

要把每一本研究每一个有奴社会的著作都读尽,显然做不到。我既不会假装我做到了,也不敢声称我对本书所讨论的大型奴隶社会的广阔社会背景都有了透彻的了解。经过 12 年专心致志的比较研究(主要依据二手材料),再加上先前有 6 年时间大量的阅读档案,研究我曾经特别感兴趣的地区:英属加勒比奴隶社会,尤其是牙买加,我依然痛苦地意识到,我对这个遍及全球的制度还存在知识上的欠缺。

尽管绝大部分奴隶制研究的关注面都不宽,重要的理论贡献还是不少。对那些为奴隶制理论研究铺路并且提供了比较分析模式的学者,我深表感谢,并将之充分地体现在了我的注释中。然而事实也无须回避:自四分之三个世纪以前赫尔曼·涅伯尔发表了他的经典之作以后,就再也没有人尝试过奴隶制的全球分析。再者,涅伯尔的著作大体上局限于文字出现以前的社会。而且,与我不同,他着重关注的是奴隶制得以存在的条件,或者可以说,是外部关联。涅伯尔十分清楚,他忽略了奴隶制内部的问题,并且在结论一章明确勾勒了他称之为"进一步探索奴隶制早期史的大纲"。这份大纲几乎可以留作我的研究目录。

39

简言之，《社会死亡》这本书是对涅伯尔80年前留下的学术挑战的回应；对于这位如此值得尊敬的挑战者，我希望，我的研究略可告慰于他。

页 xxxii　　本书的完成，得益于诸多好友智识上的馈赠。最需要感谢的人之一，是斯坦利·恩格曼（Stanley Engerman）。他的帮助与建议，对我来说非同寻常。他不仅在我写作的各个阶段针对文本提出了具体的批评意见，还从理论与实践两方面给出了很多有益的建议，更不必说那友好的鼓励。得一如此慷慨的朋友与同事，于我来说，是难得的福气。感激之至！

从事比较研究的学者，无不悸悸于专家们的眼光；最令人可畏者，莫过于研究古希腊罗马的学者。这不是因为他们比其他领域的专家对待多面手更不友好，而是因为对缺乏警觉的比较研究者来说，他们的研究领域比任何一个其他领域都布满了更多陷阱与难以预知的危险。幸运之极，我得到了该领域几位学者的协助。我想特别向剑桥大学耶稣学院的彼得·加恩西（Peter Garnsey）致以谢意。当我在剑桥大学之际，初稿已大致完成，他非但读了它，并且时常作出评论。那是一种源源不尽的友好支持。

我们所有从事奴隶制比较研究的人都在知识上受惠于摩西·芬利爵士。我对古典时代奴隶制的研究，就是从他的著作开始；我痴迷于古代世界奴隶制外围的历史社会学，也从他的著作开始。更重要的是，他的理论著述成为我思考奴隶制与奴隶社会本质的一块智力跳板。他对我勉励有加，让我相信，即便不是专家，通过对二手文献、翻译过来的一手文献的广泛阅读与深入钻研，也可以获益匪浅。与此同时，他那敏锐的、鞭辟入里的批评不仅指出了我手稿中的错误，也让我充分意识到，我所选择的学术之路暗雷密布。

另一位古典学家瓦莱里·沃里尔（Valerie Warrior）博士，极为仔细地读了我的文稿，提出了许多中肯的修改意见，并对一些重要的古典文献的翻译与文本解释提供了技术性的帮助。我的同事约翰·帕吉特（John Padgett）则从理论层面为本书提供了有益的评论。我还要感谢另一位同事戈斯塔·安德森（Gosta E. Anderson）的善意与热情，他帮我翻译了一份重要的瑞典文献。

我收到的大部分建议都采纳了，虽然不是全部。书中的一切事实错误与逻辑疏漏，皆由我自己负责。

美国国家人文基金会、普林斯顿大学高研院、古根汉姆基金为我的研究提供了资助。剑桥大学沃佛森学院提供的访问学者资金，使我得以在那里度过了一年学术休假,利用该学院的各项设施。

多年来,协助过我的助手有很多,我深深地感谢他们。保罗·陈(Paul Chen)在哈佛读研时,帮我翻译了数百页重要的文本。他流利的汉语、日语(还 页 xxxiii 有英语)以及他对文本一丝不苟的翻译与解释,卓有成效地弥补了我不懂中文与日文的缺陷。当我利用二手文献研究古代近东地区与古典世界的奴隶制时,拉塞尔·伯曼(Russel A.Berman)帮了大忙。莫里·沃伦(Maurie Warren)帮我整理前文字时代的奴隶制的人类学数据,不辞劳苦达数月之久。他是第一个为我们破译这些材料的,他的解读弥足珍贵。郑东洙(Tong Soo Chung),我以前的一个学生,帮我释读重要的朝鲜语文本,还给了我一份解读朝鲜语文献的编码,非常有用。默里·达尔齐尔(Murray Dalziel)、石田浩(Hiroushi Ishida)、唐·卡切尔(Don Katcher)等程序员,为人可靠,技术又好。文稿修改,反复再三,卡伦·李(Karen Lee)耐心地帮我一遍遍地打印,又快又好,无人能比。

写作过程中,我利用过很多图书馆,对那里的管理员我深怀感激,尤其是哈佛大学、普林斯顿大学、剑桥大学、西印度群岛大学图书馆的管理员。我应当特别表达对哈佛大学皮博迪考古与人种志博物馆的托泽图书馆的谢意,那里超好的设施给了我莫大的帮助。多年来,南希·施密特(Nancy J.Schmidt)和她的那些工作人员,个个能力出众、和蔼温雅,多年来对我的帮助难以估量。

最后,也是最应当致谢的,是内丽丝·温·帕特森(Nerys Wyn Patterson)。身为研究中世纪凯尔特社会的学者,她不仅为我提供了无数珍贵的研究凯尔特人奴隶制的参考文献,还翻译、解释了一些重要的威尔士与古爱尔兰语的文本;身为一位历史人类学家,一直是我价值倾城的同事,她愿意倾听我的最新解释和理论、提供严肃的批评意见和启发性的洞见;身为我的妻子,她不肯像一个传统的妻子那样默默地承受懊丧——生活中的另一半在长达 12 年的时间里沉迷于研究不能自拔。她不耐烦的时候,就把我拉出来:这个世界上,除了理解奴隶制的本质,真的还有其他重要的事情。有人时不时这样提醒你,这是件好事。

导言：奴隶制的构成要素

全部人类关系，均由交往中的人所拥有的相对权力来构成，也由之来定义。页1权力，用马克斯·韦伯的话来说，"是那种内在于社会关系、即便遭遇抵制也能贯彻某人意志的可能性，无论这可能性建立在什么基础之上"。[1]但凡一个人比另一个人拥有更多权力，不平等或支配关系就会出现。从权力差异的微不足道到一个人有能力行使其权力，有恃无恐地行使权力，再到对另一个人拥有绝对权力，程度不同，依次排列，形成支配关系的连续体。权力关系的差异，不仅在于程度不同，也有种类的区分。权力性质的差异源于权力本身是一种复杂的人类行为能力，尽管从社会学的意义说，它可能并非韦伯所想的那样"杂乱无形"。

奴隶制是支配关系最为极端的一种形式。奴隶主这端，接近绝对权力的极限；奴隶那端，什么权力也没有。然而，奴隶制又以其特殊方式区别于其他种极端支配关系。要理解奴隶制如何独特，必须首先澄清权力的概念。

权力关系有三个面。[2]第一个面有关社会，指运用暴力或以暴力相威胁控制他人。第二个面，指影响力的心理层面，即说服他人改变认识自身利益与环境的方式的能力。第三个面，指权威的文化层面，即"将强制力转化为权利、将服从页2转化成义务的手段"，依据让·雅克·卢梭的说法，这是有权有势的人"确保其永久性主人身份"的必要手段。在他看来，"合法权力"的来源存之于我们今天称之为文化的"习俗"。[3]不过，他没有具体指明，在广袤的人类世界，哪里才是寻求权威来源的所在。即便是韦伯，这方面首屈一指的现代学者，对此也未有论及。[4]我在本书第二章说明，权威依赖于对公私两域象征性符号与仪式性过程的掌控，这些符号与仪式会说服、诱导人们去遵从，因为他们这样做时，既感到满足，也觉得有义务。

有了这番简略的权力概念剖析，我们现在可以问：作为一种支配关系，奴隶制究竟有何特别? 与权力的三个面相对应,奴隶制有三大构成要素上的特征。首先,它非同寻常。权力的极端与猛烈非同寻常,支配关系得以产生与维持的强制性也非同一般。正如黑格尔所认识到的那样,绝对的个人权力行至极端,会与它的自身存在发生冲突,因为绝对的支配可以转变为对权力客体的极端依赖,而绝对的无权也可成为控制企图行使绝对权力主体的秘密路径。[5]尽管这种权力的提升一般来说只是一种可能,但它有可能实现本身,就会以各种深刻的方式影响支配关系的正常进程。本书的主要任务之一,即从历史经验出发,解释主奴关系中这一独特的权力辩证法。

奴役关系所隐含的强制性,其成因与构成也独具特色。卡尔·马克思《政治经济学批判的基础》中,有一些段落,写得趣味盎然。其中之一,讨论的是牙买加的奴隶制被废除之后,前奴隶主与奴隶之间的态度。他不仅明确地把奴隶制首先理解为"一种支配关系"(鉴于最近一些"马克思主义者"的著述,马克思的这一用词与观点值得强调),他还指出,暴力在建立和维持那种支配关系中作用独特。对于牙买加的前奴隶不肯从事超出其生存所需的工作,马克思评论道,"他们不再做奴隶,不是为了成为工资劳动者,而是要成为自给自足的农民。对他们来说,资本不是作为资本而存在的。因为这类自主性财富只以两种强制劳动为基础。要么,直接的强制劳动——奴隶制;要么,间接的强制劳动——工资劳动。财富,面对直接的强制劳动,并非作为资本而是作为支配关系而存在(着重符系原文所有)。"[6]需要着重指出,马克思并不是说,奴隶主是这样理解支配关系的;也没有说,奴隶主必然在各个方面都像个资本家。事实上,引发马克思评论的,是西印度群岛一个农场主 1857 年 11 月写给伦敦《泰晤士报》的一封信。这位农场主"愤慨不已"(马克思语),他主张在牙买加重新实行奴隶制,因为这是使牙买加人再度以资本主义方式创造盈余的唯一手段。[7]

已故东德学者伊丽莎白·威尔斯考普夫(Elisabeth Welskopf)在研究奴隶制的马克思主义学者中,首屈一指。她详尽地讨论过直接暴力在建立与维持奴隶制中的关键作用。[8]她坚持认为,武力对所有阶级社会都必不可少。赤裸裸的强权,即乔治·索列尔①(Georges Sorel)笔下的"暴力"[9],对所有这类体系的建立也必不可少。不过,在大多数主要并非奴隶构成的发达阶级社会中,有组织的武装

---

① 法国哲学家,无政府工团运动领导人。——译者注

页3

2

力量与权威（威尔斯考普夫称之为"精神武力"），常令暴力的运用显得多余。但是，有奴社会的难题在于：它往往需要将新人补充进奴隶阶层，因为原来的奴隶要么死完了，要么被释免了。工人被解雇，依然是工人，可以被别处雇佣。奴隶获得自由，就不再是奴隶。这就有必要持续不断地重复那种既原始又暴力的行为：把自由人变成奴隶。威尔斯考普夫认为，这种暴力行为构成所有分层社会的史前史，但它也同时决定了"奴隶制度史的史前史和当前史"。诚然，例外是有的，这就是美国老南方。在那里，奴隶释免率低，人口自生产比例高，那种持续、暴力性的奴隶"原始积累"也就不需要重复。尽管威尔斯考普夫没有提到美国南方（她关注的主要是古代世界），她的分析却有关联意义，因为她接下来提到，奴隶体制下，奴隶们缺乏劳动积极性，这也是暴力需要持续不断地运用的原因：需要靠惩罚的威胁与现实来强化奴隶的工作积极性。因此之故，乔治·拉维克（George Rawick）如是描述美国内战前的南方："鞭打不仅仅是一种惩罚方式；它也是一种有意识的策略，刻意让奴隶们意识到自己是奴隶的策略；它还是一种重要的社会控制手段。我们只要想到，奴隶们要想成功地逃跑是何等的困难，就能明白这一点。"[10]

不过，最早充分认识到主奴关系需要以赤裸裸的武力威胁作为基础的，并非马克思与马克思主义者，而是北卡罗来纳州的一位法官托马斯·拉芬（Thomas Ruffin）。1829年，他作出一项裁决：雇主故意伤害雇来的奴隶，不构成犯罪。他比此前或此后任何一位评论家都更清楚地阐明：主奴关系起源于残酷的暴力，也通过它来维持。拉芬写道：

> 奴隶制的目的，是为了主人的利益、主人的安全以及公众的安全。受奴役的人以及他的后代，注定只能无知无识地活着，任何东西他都没有能力拥有。他们注定只能听凭辛勤劳动的果实让别人来收获。父亲给儿子的那一类伦理教诲，也应该说给奴隶听，要让他知道什么是不可能的，除了最愚蠢的人所可感知的以外，一切都是不可能的；要让他相信：他劳动，是基于他天生的义务，也是为了他个人的福祉。这服侍人的事，只能要求没有自身意志的人来做。他们因为受到不受约束的权威控制，已然在绝对的服从中放弃了自己的意志。这也是唯一能使他们放弃自身意志的方法，除此之外，没有别的能产生这样的效果。为使奴隶的服从十足而彻底，主人的权力必须绝对且专断。[11]

页4

3

　　拉芬法官也许操之过急,用罗伯特·M.科弗(Robert M.Cover)的话来说,他"急着想直面现实,直面那客套而中立的法律语言之下那只令人不安的铁拳"。[12] 无疑,拉芬法官低估了他所说的"伦理教诲"在奴役关系中的作用,但是,他一针见血地道出了什么是奴役关系中最为重要的东西。我们在第七章进行比较分析的时候会看到,没有一个我们所知道的有奴社会不把鞭子视为不可或缺的工具。

　　奴隶制的强制性特征中还有一点,这就是它的个体化条件:通常,奴隶的无权是相对于另一个体而言。我们可能很容易忽略一个事实:在奴隶正式属于某个机构的地方,诸如寺庙,总有一个特定的个体作为代理人有效地行使奴隶主的权力。[13]奴隶,因为他的无权,成为了主人的权力延伸。他是一个人形的替身,由主人以上帝般的权力再造,一切都归于主人名下。黑格尔与尼采对于傲慢的权力与自我膨胀的刻画已然令人震骇,却都不及撒哈拉阿哈加尔图阿雷格人(Ahaggar Tuareg)一语惊人:"没有主人,奴隶就不存在;只有通过主人,奴隶才属于社会。"[14]凯尔格蕾斯①(Kel Gress)族人中,也流行一句谚语:"所有人都是上帝创造的,只有奴隶是图阿雷格人造的。"[15]这些话,已然近乎亵渎了他们的伊斯兰教义。

　　这些图阿雷格人的谚语不仅让人立刻就想到拉芬的裁决,也令人联想到亨利·沃伦(Henri Wallon)在他的经典之作中对古希腊奴隶制的议论:

　　　　奴隶是一个被支配的物体、一个被动物化的工具,一具生来会动的躯体,但它没有自己的理性,是一个完全被他人掌控的生命。这件物事的主人、这件工具的驱使者、这具躯体的灵魂与理性、这条生命的来源,都是其主人。主人是他的一切——他的父亲、他的神,也就是说,他所应服从的权威与义务。因此,神灵、祖国、家庭、生存,对奴隶来说,都是一个东西,没有区别。他的人格、他的个体特征,没有一样是为社会意义上的人、道德意义上的人而创造或存在的。[16]

　　也许,奴隶的无权最突出的特征在于其缘起(或被认为在于其缘起):它总是代替死亡(往往是暴力性死亡)而出现的。阿里·阿比德·埃瓦赫德②(Ali Abd Elwahed)在他那项不该被忽略的比较研究中发现,"所有致使奴役出现的情

---

① 图阿雷格人的联盟部落。——译者注
② 中世纪犹太哲学家与神学家。——译者注

形,通常都可能置人于死地。置人于死地的原因,要么,出之于自然法;要么,出之于社会法。"[17]以奴役替代战争中的死亡,是最原始的一种情况。不过,以奴役作为惩罚死罪的减刑方式或使人免于冻饿而死,也是很常见的。

身陷为奴,并未使人免于一死。奴役不是赦免,而是一种有条件的、独特的减刑。只有奴隶默认自己的无权状态,死刑才暂缓执行。事实上,奴隶主是一个支付赎金的人,他买到或获得的,只是奴隶的一条命。奴隶主不得恶意毁灭奴隶生命的规定,无损于奴隶主对那条命的权利。因为奴隶的存在,除了主人之外,不被社会承认。他已经成为被社会忽略的人。

这就让我们想到奴役关系的第二个构成要素:奴隶的生来即遭疏离、异化。现在,我们进入奴役关系的文化层面,那个仰赖权威、依靠对象征性工具的控制的层面。生来即遭疏离、异化,在奴役关系中,以一种独特的方式实现,即将奴隶定义为社会意义上死了的人,无论他以何种方式成为奴隶。他所有的"权利"或所有基于出生而拥有的权利,都被剥夺殆尽。他不再凭他自身归属于任何合法的社会等级序列。所有奴隶至少都在世俗意义上被开除了教籍。

奴隶不仅被剥夺了对父母、对血缘亲属的权利和义务,他也由此及彼被剥夺了对先祖与后人的权利与义务。他被彻底地孤悬在了家族谱系之外,不仅被正式地切断了与家人的社会关系,也在文化上无缘于祖先的社会遗产。诚然,他有自己的过去,但这过去不是他可传承的遗产。万物皆有史,包括草木砂石,奴隶却独异于他人。因为他们不得自由地将先祖的过去融入自己的生命,不允许将祖辈的遗训汇入他们对社会现实的理解,或者将鲜活的当下安放于记忆中任何有自我意识的群体。无可置疑,他们也追古思今,但与其他人不同,他们这样做,就要与奴隶主垂下的铁幕、法律、警察、巡逻队与文化遗产斗争,并且看穿他们。

与铁幕抗争,重新拥有对过去的权利与记忆,成功的可能性比试图维持与亲 页6 人的联系还要小,胜算也多半握在主人手中。迈克尔·克拉通(Michael Craton)关于牙买加沃斯帕克种植园奴隶后代的口述史研究中,最有影响的发现之一即为:奴隶后代对于家世谱系与历史的记忆都非常淡薄。[18]美国前奴隶的访谈记录也证实了这一点。

我们说,奴隶生来即被疏离、异化,不再独立属于任何一个被正式承认的社会,并不是说,他或她不曾拥有或与人共有非正式的社会关系。大量研究证明,无论古今,奴隶们之间都有强有力的社会纽带。但重要的是,这些社会关系与社会纽带从未得到法律承认,也不具备社会约束力量。因为这个原因,美国的奴隶与古希腊罗马的奴隶一样,有稳定的性结合,但这种结合从未被承认为婚姻。古希腊罗马与美国的奴隶都附着于当地社会,但这种依附没有任何约束力;奴隶父母与自己的孩子也有密切的关系,但这种关系得不到社会的支持。

奴隶的社会关系得不到正式承认,对奴隶的情感与社会关系会有深远影响。在所有有奴社会中,奴隶夫妇都可能而且事实上被强行分离过,奴隶的"妻子"还必须屈从于主人的性要求;奴隶不能主张对孩子的监护权与其他权力,孩子对父母也不拥有任何权利与责任;主人则有权力使奴隶脱离他所长大的社群。

即便这种强制性分离并不经常发生,然而有可能发生、时不时的确发生这一事实,就足以令奴隶们胆战心惊,并且极大地改变了他们的行为方式与对自己的认知。在接受过访谈研究的数百名美国前奴隶中,没有什么能比分离的恐惧更令其反应激烈。其中一位,接受访谈时已经 89 岁,他叫彼得·克利夫顿(Peter Clifton),原是南卡罗来纳州的一名奴隶。他说了一番颇有代表性的话:"主人比格斯相信鞭子,要他的奴隶干活,又久又累。一天到晚,男人们提心吊胆,害怕被卖掉,丢下老婆孩子。比格斯吼起来,比他咬人还恐怖。因为我从不知道他还干过那样坏的事。"[19]

另一名南卡罗来纳州的前奴隶以赛亚·巴特勒(Isaiah Butler)回忆说:"那个时候,他们没有监狱。他们用鞭子抽人,然后把人卖掉。所有奴隶都知道'先生,我要把你放进我的口袋'是什么意思。"[20]

作为一种构成要素,生来即遭疏离、异化,是在奴隶制的出现过程中独立形成的。这一点,在美国奴隶制的早期史中有鲜明体现。温斯罗普·乔丹(Winthrop D.Jordan)的研究显示,17 世纪的头二三十年,黑奴与白人仆人的概念,彼此间很少显著差异。"奴隶"与"仆人"这两个词,被当作同义语使用。主人对白人仆人与黑奴都拥有近乎完全的权力:他们都可能挨鞭子并且被卖掉。[21]

但是,渐渐地,黑奴的概念中加入了一些新的成分、新的观念:黑人与基督徒、文明的欧洲人,不属于同一类人。一开始,人们从宗教上强调"我们—他们"的区别,后来变成种族上的区分。"被奴役就是被囚禁。它是权力争夺中失败者的命运。奴隶是异教徒或不信教的人。"[22]但是,正如乔丹所言,尽管人们的聚焦点发生了变化——先宗教,后种族,但在一个高度概括的"我们"与"他们"的概念中,种族、宗教、民族等,实则融为一体。"我们"指白人、英国人、自由人; "他们"指黑人、不信教的人、奴隶。"这样,从一开始,通过与黑人的对比,嵌入 基督徒一词中的概念似乎就传递着更多'我们'与'他们'不同的观念和感觉:一 个基督徒,理应是文明人而非野蛮人,是英国人而非非洲人,是白人而非黑 人。"[23]非洲人外形奇异,看起来像野人,再加上第一次与黑人接触,人们一贯以 来对黑人的认识等,"这些都是令人们形成差异感的重要因素。正是这种差异 感所带来的心理差距,使得运奴船上的欧洲人必须待在甲板上,黑人必须被锁在 甲板下。"[24]

尽管在其他的文化中,人们采用不同的符号工具,将真正的奴隶与其他类 型、主人对其拥有几乎全部权力的强制劳役者区分开来,但它们所造成的分离感 与无归属感大体一样。不过,奴隶的生来即遭疏离、异化,并不一定在宗教、种族 甚至族群用语中表达出来。我们将看到,原始社会中,只需要将人从其血缘纽带 中疏离;有时候,在奴隶已无归属感的前提下,再叠加一条法律,也就够了。对于 奴隶身份的这一重要特征,最早加以强调的学者之一,正是摩西·芬利。他依据 古希腊罗马人的历史经历,将奴隶定义为"外人"。[25]芬利没有犯亨利·列维-布 吕尔(Henri Lévi-Bruhl)早先犯过的错误,即通过概括罗马人的经历而得出结 论:奴隶的社会疏离与异化必然是族群的疏离与异化。[26]芬利论证道,罗马奴隶 中,那些来自外国的奴隶,两次成为外人。显然,从罗马本地来的奴隶,其社会身 份也被贬为了外人。

我之所以用"生来即遭疏离、异化"这个词,是因为它直击核心:奴隶被强制 性地疏离,失去了与他亲源相接的上下两代人的出身纽带;它还体现了原有身份 丧失、被连根拔起之后一些重要的隐微意义。正是这种疏离、异化——奴隶被正 式、合法地剥夺"血亲"纽带;除了主人为他选定的区域、群体,没有任何可赖以 依恋的所在——使得奴役关系对于奴隶主具有特别的价值。奴隶是最为理想的 人形工具,可任由奴隶主处置、支配。这对所有奴隶都一样,无论他被主人提升 到什么地位。至少,理论上如此。保罗·莱考特(Paul Rycaut)对于土耳其禁卫 军的描述堪称经典:主人苏丹对他们"可升之而不带妒意,毁之而不存风险"。[27] 任何时代的任何奴隶,在主人跟前,都是如此。 ^{页8}

不能主张与生俱来的权利,或将这样的权利传予后人,在所有民族中,都被 认为有违自然正义,因为那些被剥夺了权利的人会被看作像是在社会意义上死

了的人。柏拉图《高尔吉亚》(*Gorgias*)中的加里克里斯①(Callicles)一针见血地指出:

> 依据自然法则,受到非正义的伤害,羞耻尤甚,因为那恶也更大。但是,照社会习俗去行恶,更为可耻。因为承受非正义的伤害,不是人而是奴隶的生活。偷生为奴,实在不如死了的好。因为他被虐待、被践踏之时,既无力自救,也无力救他所关爱的人。[28]

所有时代、所有地方的所有奴隶,都因暴力所迫,遭受过加里克里斯所说的非正义伤害。不过,奴隶制编年史上,没有一个比人称里德先生的美国前黑奴更辛酸地表达了屈身为奴的痛楚。大约在 1930 年,里德接受了菲斯克大学奥菲丽亚·塞特尔·埃吉普特(Ophelia Settle Egypt)的访谈。他说:

> 我这双眼看到的最残暴的事情(我现在躺在床上,仔细回想):我有一个姐姐,她当时正摆弄一个钟,把它搞坏了。我原来的主人把她抓走,拿一根绳子套住她的脖子,绳子紧得只让她刚好不被憋死,再把她吊在后院,用鞭子抽她。我不知道抽了多久。妈妈站在那里,爸爸站在那里,所有孩子都站在那里,可是,没有一个人能上去救她。[29]

我们也许会问,人怎么会弄得肯接受如此违反自然正义的制度?此问不仅问及受害者,也包括那些没有直接卷入奴役关系的第三方——他们袖手旁观,漠然视之。否认奴隶具有人性,否认他是独立的社会存在,是我们首先得到的解释。但这解释只开了个头,因为它立刻提出了下一个问题:奴隶的社会死亡,奴隶生来即遭疏离、异化的观念,是如何表达出来并被强化的?

本书第二章将通过比较数据的分析,尝试回答这个问题。它将说明,奴隶主的权威来源于他对象征性工具的控制,后者能有效地说服奴隶和其他人:主人才是奴隶所归属的生界与他所生存的死界之间唯一的媒介。

象征性工具可以理解为以器具控制奴隶躯体的文化对应物。现实的鞭子以不同材料制成,象征奴役的鞭子亦由文化的多面织就。世界各地的奴隶主每一次获得新的奴隶,都要为之举行特殊的奴役仪式:象征性的命名、服装、发型、语言、身体标记等。他们也会使用神秘的宗教符号,尤其是在比较发达的奴隶体系里。

页9

---

① 古希腊智者派哲学家。——译者注

生来即遭疏离、异化,必然会产生一个结果,一个堪称奴隶制重要特征的结果,其重要性之强,已使不少学者将它视为奴役关系的独特要素,这就是奴役关系的永久性、可继承性。詹姆斯·巴拉格(James C.Ballagh)一番评论,为我们许多学者做了总结。他说,"辨别奴役状态的标志,不是自由的丧失,无论政治自由还是公民自由,而是一旦丧失便永不再获得,一旦丧失便近乎彻底的丧失,无论其自愿与否"。[30]巴拉格还以 17 世纪的弗吉尼亚为例,说明契约佣与奴隶开始在法律术语上显出重要差异时,如何固化了"所有的黑人与其他奴隶都应终身为奴"这种观念。最早显示出这种观念差异的,是 1661 年弗吉尼亚议会通过的法案。法案指出,黑人与白人契约佣不同,他们"没有能力通过增加工作时间偿还他们逃跑时所丧失的时间"。[31]

不过,巴拉格认为奴役的继承性是奴隶终生为奴的自然结果,这种看法却不对。尽管我们应公正地指出,巴拉格审慎小心,他没有从奴隶主拥有全权而推出奴役关系的可继承性。那是很容易犯的错误。纯粹从实证的角度来看,无论绝对权力还是对绝对权力的终生屈从,均不必然意味着,奴役关系可以继承,这很容易证明。最显而易见的例子,就是受到终生监禁的囚犯。的确,在有些东方社会,尤其是中国,这一类囚犯的孩子被贬为了隶,但他们属于例外。[32]更有说服力的例子,应该是债务奴。在不少社会,债务奴的主人对他们就像对奴隶一样拥有全权,包括有权将其卖出。常有人区分出卖劳动与出卖人身,认为二者截然不同。这种区分毫无道理,无论我们如何理解真正意义上的人。事实上,凡是存在债务奴役的社会,债务奴役通常都持续终生,因为债务人的劳动仅仅偿还了利息。但是,尽管债权人拥有全权,债务人也可能劳役终生,债务人的身份几乎从未由孩子继承,哪怕他们是在父母以劳抵债以后才出生。[33]显然,从绝对权力与终生劳役中发展不出"自然的"继承性奴役。

只有在仆役丧失了他与生俱来的对父母与对社会的权利,继承性因素才会出现。无权利可言,也就无权利可传。因为没有别的人能对他的孩子拥有权利或利益关系,主人就可以声称这些权利属于他,主要理由是:孩子的父母在养育他们的过程中所花费的一切,都是对主人欠下的债。因此,主人对奴隶的孩子的权利,不是基于他毕生对奴隶拥有的权力,而是基于没有第三方与这孩子有利益关系,以及孩子没有权能认定这样一个第三方,再加上父母养育孩子的开销势必由奴隶主承担这个理由。

页 10

暴力与奴隶生来即遭疏离、异化的特性,构成奴隶制的第三个结构性要素:奴隶总是那些被某种笼统的方式剥夺了尊严的人。现在,我们转到了这一非同寻常的权力关系的社会心理层面。奴隶可因出身、债务累累、毫无体面、不具备独立的社会存在意义而无有尊严,但最重要的原因,在于他没有权力。即便他显得有权力,也必须通过其他人。

尊严与权力紧密相连,没有人比托马斯·霍布斯更懂这一点。他在《利维坦》开始定义他的中心概念——权力——以及相关条件的一章中,用了超过三分之二的篇幅专门探究尊严或荣誉的本质。他充分认识到,尊严是一个社会心理问题。霍布斯写道:"我们通常以尊重或蔑视表达彼此间的评价。对某人评价高,就是尊重他;评价低,就是蔑视他。不过,此处所谓对评价高低的理解,又相对于一个人的自我评价而言。"[34]尊严与权力有直接的关系。"服从,就是使人有尊严,因为没有人会服从他们认为没有权力帮助或伤害他们的人。相应地,不服从,就是使人没尊严"。霍布斯不无嘲讽地言道:"行为正当与否,无关紧要;因为尊严仅仅依存于权力。"[35]

霍布斯一向言过其实,他的唯物主义也让他未能看到尊严中某些重要的并且可能强化其论证的维度。本书第三章,我将依据当代的研究成果深入探索尊严的概念。不过,霍布斯给了我们一个有用的起点,因为他看到了尊严是权力心理中一个至关重要的方面,其观点也基本上是正确的。再者,他强调尊严是一个社会心理过程,不同于纯粹的心理过程,这就比约翰·密尔等功利主义者的简化论高明许多。密尔在谈及"尊严感"时,认为"那是不以他人的看法为转移,甚至与之相悖的个人的自得与自贱感"。[36]尊严与权力间的密切关联,密尔只字未提,霍布斯敏锐的头脑轻而易举就察觉到了。

正如前文所提,奴隶可因没有权力、不具有独立的社会存在意义而没有尊严,更谈不上公共价值。他连自己的名字都捍卫不住,只能捍卫主人的价值与主人的名字。必须强调一点:奴隶的丧失尊严是就整体、普遍而言。因为自由人、值得尊重的人——这些对简慢、侮辱总是很敏感的人——偶尔也会遭遇蔑视行为。当然,他们会以适当的行动来回击。而奴隶,我们将看到,通常无缘捍卫尊严。

给主人以尊严、剥夺奴隶的尊严,是奴隶与奴隶主表现于外的互动。我们对这两个群体中任何一个群体的私人生活都知之甚少,甚至一无所知。至于奴隶

页11

们的个性化人格与他们看待彼此的方式,我们显然也近乎一无所知,根本就没有这方面的资料。概括某一群体内部的心理,无论他们是中世纪的犹太商人、新英格兰的清教徒小农场主,还是雅典的斯基泰奴隶(Scythian),都是极度自大的表现,更不用说是学术上的不负责任。

不过,奴隶主与奴隶彼此间表现出来的日常生活的政治心理,我们还是知道不少。他们的互动既复杂又令人着迷,充满着冲突与不合情理。首先深入探索这种政治心理辩证法的,是黑格尔。[37]尤金·吉诺维斯(Eugene Genovese)①在转述黑格尔的话时,强调指出:"奴隶主与小农场主不同,他有一个塑造个性、制造神话的秘密来源:奴隶。最明显的是,他有颐指气使的习惯。但是,专制权威只是主奴关系中的一部分。"[38]对于什么才是奴隶主与奴隶互动中最重要的因素,我与尤金看法不同。我也不同意黑格尔的说法。他说,奴隶介于主人与主人想要的、奴隶也已经做出来的东西之间。[39]黑格尔的看法,放在具有资本主义性质的美国内战前的南方,也许部分成立。但我们的比较研究将说明,在很多有奴社会,奴隶主对奴隶生产的东西并不感兴趣。事实上,在最重要的有奴社会中,尤其是在伊斯兰世界,有大量的奴隶什么也不生产,他们在经济上依赖主人或主人属下的自由人。

主奴关系中最为普遍的,是由主人身份所产生的强烈尊严感,以及反过来因为奴役状态而带来的丧失尊严感。许多奴隶主,尤其是在原始部落中,获得奴隶,仅仅是为了获得尊严。不过,即便其动机主要是为了物质利益,他们的尊严感也会被强化。吉诺维斯对美国南方奴隶主性格特征的归纳:"他的强健、仁慈与绅士风度;他的冲动、暴虐与多变;他的自主意识与颐指气使的习惯,以及由此而培养起来的沉着、优雅与尊严感",[40]是所有奴隶主对自己的想象,无论他们是印度尼西亚群岛西里伯斯(Celebes)中部的托拉查人(Toradja)、古希腊的知识分子,还是伊斯兰苏丹。至于他们实际上怎样,则不是我有资格去评论的。

与奴隶主的尊严感相对应的,是奴隶的丧失尊严感。所谓的奴性人格即为尊严感丧失的外在表现。[41]着实令人惊讶的是,不仅所有的奴隶都普遍流露出被彻底剥夺尊严的心理,所有受压迫的民族也一样。例如那种普遍存在的、知道自

页12

---

① 美国历史学家,以研究美国南方与奴隶制而知名,其理论受黑格尔与马克思影响颇深。——译者注

己没被当作有尊严的人却又对之无能为力的羞辱感。正如普劳图斯①(Plautus)《安菲特律翁》中的索奇亚(Socia)所言,"不是因为你干的活,而是你知道:你是一个奴隶,什么也改变不了它。"[42]自责也是一种外在表现。普劳图斯《鬼魂》(The Ghost)中的法尼斯库斯(Phaniscus)说,"你要知道,有什么样的奴隶,就有什么样的主人。你只配你该得的"。[43]美国前奴隶在访谈中也一再表现出这种心理。维多利亚·亚当斯(Victoria Adams)说:"主人、主母对我很好,但我有时候就是太坏,他们不得不用鞭子抽我。"[44]米利耶·巴伯(Millie Barber)也回忆说:"先生,我挨鞭子总是有原因的。我欠揍。"[45]

奴隶不止在外人面前接受主人的责备。这是他与奴隶主打交道的回应方式。更可悲者,他还表现出对自己心理施暴的倾向:当着主人的面,公开表露他的自恨。自恨的产生,来自奴役关系中无所不在的侮辱与随时可能面临的暴力。普劳图斯在他最成熟的作品《绳索》中刻画了一个渴望摆脱奴役的奴隶帕莱斯特拉(Palaestra)。她哭起来并且喊道:"哦,生活和希望!"过来宽慰她的特拉克利奥(Trachalio)调皮地说:"那把生活和希望交给我吧"。帕莱斯特拉闻言反驳:"我会的,如果我没什么迫使我伤害自己的暴力可怕的话。"[46]这些话是普劳图斯自己的,还是他从古希腊剧作家那里改编来的,无关紧要。无论作者是谁,他都深深地懂得,奴隶制到底意味着什么。它意味着不加掩饰与暗中潜伏的暴力,意味着奴隶的无名无姓与隐身无形,意味着无休无止的人身侵犯与久而久之如影随形、难以去除的丧失尊严。

这些感受都是在奴隶主与奴隶的交往中表达和呈现出来的。显然,凡以暴力作为终极惩戒手段之处,都不可能存在真正的人类关系,不会有信任,也不会有真诚的同情。尽管有时可能会有某种爱的情感超越、战胜这类最违拗人性的交往类型,但那种亲密的言行通常是有所图并且带有施虐性质的。

偶尔,我们能从美国前黑奴的回忆中,粗略地瞥见主奴关系的表现。我们来看南卡罗来纳的格蕾丝·吉布森(Grace Gibson)如何描述她被作为一个礼物送给她年轻的女主人的那一刻:

> 阿达小姐过生日那天,我被叫上来。主人鲍勃侧眼看过来,先看看我,再看看阿达小姐,然后说了几句话,不多。他拿过我的手,放进阿达小姐手

---

① 即古罗马剧作家 Titus Maccius Plautus。——译者注

里,对她说:"这是你的生日礼物,亲爱的。"我行了一礼,阿达小姐眼里闪着光,好像星星一样。她把我带到她房里,从此我就归她管。[47]

弗里德里克·道格拉斯(Frederick Douglass)无疑是所有前奴隶中最善于表页13达的一个。他一再强调,奴隶制最核心的特征即为尊严的丧失,以及它与权力的丧失之间的关联。道格拉斯惹恼了主人,主人为了整垮他,把他租给一个残酷无情的白人。就在道格拉斯精神即将崩溃时,他冒死抵抗了,他与那个白人打了一架。他后来回忆当时的感受:那是"一种身为人的感觉。以前,我什么都不是。现在,我是个人。"[48]他在书中加的一段话使那一章读起来像是一个加长的注释。他写道:"人没有力量,就没有人之为人最重要的尊严。人性就是如此:它不可能使毫无自卫能力的人获得敬意,尽管他可以获得怜悯,但那怜悯也不能长久,如果他不能显示出力量。"[49]

至此,我们可以从人身关系的层面给出奴隶制的初步定义:奴隶制是对生来即遭疏离、异化,通常被剥夺了尊严的人永久性地暴力支配。本书第一部分的各章会专门、详细地解释这个定义。

我们应该清楚地看到,即便在人身关系的最基本层面,我们所讨论的也不是一个静止的实体,而是一个复杂的互动过程,一个在其构成要素之间充满紧张与矛盾的过程。奴隶主的权力行至极端,会成为对奴隶的依赖甚至附属;奴隶对于亲人天然的爱与情感,与奴隶主企图剥夺他与生俱来的全部权利水火不容;奴隶主对于尊严的需求,与主人的威严需被认可的心理,既可因奴隶的丧失尊严而被强化,也可因之而被削弱,因为奴隶也会竭力在主人面前找回一点自尊与尊严。

不过,对奴隶制的考查,不能仅仅停留于人身关系的层面。与所有持续存在的社会过程一样,人身关系是被制度化了的,用以解决其内在矛盾的模式化范型也已经形成。这些模式的运行,与奴隶制的构成要素一样,都是动态的。在制度层面上,奴隶的补充、奴役与释免模式,彼此密切相关。一个新的、去社会化的奴隶总要被制度纳入,然而纳入的过程又造成了新的矛盾,这就常常需要由释免过程来解决。本书主要任务之一,便是揭示这一体制性过程的动因。

因此,本书第一、第二部分将在人身关系与体制性过程两个层面剖析奴隶制的独特。有一个重要的问题需要注意,我们在竭力挖掘、归纳每一既定过程的恒定动因时,往往会将那些可称之为限制性的案例忽略过去。我指的不是极端案例(它们都已包含在了我们的样本中),而是那些对我们已有确定概念的过程颇具挑战性、明显属于边缘的案例。削边去角,或者干脆将限制性案例排除在外,常常令研究者难以抵御。然而,分析这样的案例,对所有比较研究来说,又都必不可少。其理由,既关乎内容,也涉及方法。本书第三部分,我将考查非同寻常的宫奴制度。通过说明这些精英何以是真正的奴隶,我不仅会更确定、更大胆地界定我的分析边界,还会在这个过程中,将我以前就探讨过,并且能说明其内在分析价值的问题提出来。

页14

由这些问题出发,我将进行结论性分析。我不只是要归纳重要结论,还要通过对结论的整合,把奴隶制最终归入一种特殊的人类寄生现象。与此同时,我开始关注自由,并且希望给人以启发:自由的涵义,会不可避免地妨碍我们理解奴隶制的结构与意义。

第一部分

奴隶制的内部关系

第一章　权力的惯用语

马克思说:"人对社会生活形式的思考与随之而来对它们的科学分析,总是 页17 采取与其实际历史发展相反的路径。他从事后开始,从摆在他跟前的发展过程的结果开始。"结果,他的社会思考对象"在他寻求解释之前,就已经获得了按他惯常所自定义的社会生活形式的稳定性。他试图解释的,也不是其历史特性(因为那在他看来是不可改变的),而是其内在含义,即由这类社会生活形式所构成的资产阶级经济类型。"[1]

我在前面初步讨论奴隶制的构成要素时,对于财产观念,只字未提。这一定很令人奇怪,因为所有关于奴隶制的早期与当代定义,都用"财产"这个词。但我有意不提。财产观念无疑在任何有关奴隶制的讨论中都占重要地位,我会很快把它说清楚,但它绝非奴隶制的构成要素之一。财产观念几乎被普遍当作奴隶制的结构性成分,可谓马克思所认为的"事后"分析的典型实例,而这种"事后"分析给当代社会分析带来的困扰太多了。

财产观念与奴隶制问题到底如何关联?对于这个问题的回答,需要我们立刻回到权力问题,更准确地说,回到权力的三个维度中的第一个维度:强制行为 页18 的类型与转型。

权力的惯用语与财产概念

赤裸裸的暴力或强制,在人类看来,如果不是十分丑恶,也相当不堪,无论它多么必要。正如马基雅维利所言,它是权力中的"兽性"一面。[2]寻求某种方式遮掩其兽性,或者某种惯用语令行使权力的人如饮甘怡,总是一个难题。我说权力的惯用语,是指用社会能够接受与认知的语言直达其义地解释权力。通过它,权力之义,可以最充分地呈现在权力运用者以及他所操控的社会成员眼前,并且被他们理解。它并非必然是一种欺骗,尽管有些肯定是。在大多数前工业社会,人们通常都很清楚,它代表什么。它也不是法律上的惯用语,尽管后者为之奠定了基础。

权力的惯用语包括两面:纯粹社会性的一面与概念性的一面。先说它社会性的一面。人类历史进程中,用惯用语表达权力的强制性,存在两个极端。一端,往往先公开承认人类暴力的存在,再运用各种社会策略,例如干亲、庇护、不对等的礼物交换等,将之人性化。另一端,采取隐瞒的方式,将强制性几乎尽行掩盖,或者干脆不承认它的存在。事实上,它甚至还被描述、解释为与之截然相反的自由。

马克思早就通过对比,论述过我们所初步认识到的两种极端。他所对比的两极,一是封建社会的直接人身依附,一是资本主义中由财产的媒介与"商品拜物教"引发的、在"虚幻的形式"掩盖下的真正的权力。[3]对这两种完全相反的类型,我称之以人格主义惯用语与物质主义惯用语。人格主义惯用语的权力表达,直截了当或者近乎直截了当,它也常常明白易懂。人人都直接依赖于他人,通常也有人依赖于他们。最原始的社会,例如采猎群体、没有首领的村落,几乎不需要权力惯用语,因为如果有权力存在,它会极为分散;权力的分配,也相对均平。大多数采猎群体中的首领地位,用罗伯特·洛伊(Robert Lowie)的话来说,只是"名义上的",它从来都不依赖对强制性权力的控制,而是相反,建立在缔结和平的能力与演说技能上。[4]克劳德·列维-斯特劳斯(Claude Lévi-Strauss)也说道:"个人的声望与激发自信的能力,构成首领地位的基础。"[5]

页19 人格主义惯用语中的直接屈从关系,出现在较为发达的前现代社会体系,而且具有重大的结构性意义。马歇尔·萨林(Marshall Sahlin)所称的"首要权力"就普遍存在于这样的社会中。即便在人格主义惯用语转述出权力分配的高度不平等时,它也依然"简单、明晰",因为转述虽然存在,隐瞒却不存在。尽管权力关系未被神秘化,它们却被人性化了,亲属关系在这里扮演了至关重要的角色。哪怕在非常发达的前现代社会,也有一种倾向,将某人对另一人的直接支配关系至少同化为一种干亲关系。不过,亲属关系,无论真假,充其量也就是一层面纱,而不是一件大氅。在这样的社会里,没有依附者会看不到那严酷、鲜明的事实:他或她直接依附于更有权力的一方,而非依赖于虚拟的庇护与真实的血缘关系。[6]

物质主义惯用语中的依附关系正相反,它就像在最极端的现代资本主义体系中一样,"被掩盖于劳动产品之间的社会关系之下"。商品被视为自主物,完全分离于劳动,也与劳动者与资本家的不平等关系分离。权力关系不再被视为对人的权力,而被视为对商品的权力。[7]

两个极端之间,是一个连续体。对此,马克思看得很清楚。他注意到,商品拜物教在简单商品生产的早期业已存在(尽管这一点很容易看出来);随着生产过程日益复杂,对人的权力越来越多地以对商品的权力为媒介,直到有一天,基本的权力关系已经在很大程度上被掩盖了,尽管从未被完全掩盖。

商品拜物教,即便在以人格主义惯用语为主的简单社会,也有迹可循;同样,直接的、人格主义的权力在以物质主义惯用语为主的社会,也留下了鲜明的痕迹。因此,已故捷克社会学家弗朗兹·斯坦纳(Franz Steiner)向我们解释:在一些文字尚未出现的社会中,具有实际与功用价值的商品如何"转义"为负有礼节与礼仪性价值的东西,成为权力的基础。[8]另一方面,一眼就能看清的人格主义权力在发达的资本主义社会也不难看到。美国南方黑人与白人之间的关系,以及以谷物分成方式租种土地的白人与土地所有者之间的关系,就是这方面的典型例子,更不必说整个工业化世界里许多夫妻之间的关系。

当然,在所有社会,实际正发生的现实与试图定义、解释现实的心理建构(mental structures),还是有区别的。我说的心理建构不是徒具规范性的范式,而是列维-斯特劳斯所命名的"某种文化中自制自产的模式",用来"解释"实际社会过程的模式。[9]这种土生土长的模式发展到最复杂的时候,就可以视为习俗与规范之间的差别,它还能为这样的差别提供"解释"。举例来说,法典与某种文化中的法学,以及它们在实际法律实践与法律程序中的应用,就是此类差别。心理建构的解释力,在不同的文化间,也有相当大的差异,但它们都有一定的现实基础。更重要的是,它们不仅能以准确不一的程度反映它们所感知的现实,也会反馈与影响现实秩序的调整。页20

权力惯用语的概念性一面即财产观念,它属于马克思可能以"自定义形态"为其冠名的观念类型。什么是财产?传统定义如下:凡由某人或某团体所拥有之物,即为财产。但这就引出了一个问题:什么是所有权?顷刻间,潘多拉的盒子被我们打开了,里头一团乱麻。这个含义混乱的法学术语至少已存续两千多年。关于所有权的通行看法,也就是古罗马人认为一套加之于物(rem,即英文中的"thing",通常是有形物,有时也指无形物)的绝对权力,已成为大陆民法体系中延续至今的基本法律概念。现在,即便在英、美这样的国家,它也是一个普遍为人所用的社会概念,即便它与普通法并不相干。然而,整个英美法学以及社会学、经济学中的财产概念,都与这一通行概念的内在逻辑严重冲突。为什么会这样? 首先是因为,从社会学与经济学角度来说(从普通法的角度来看也是如此),人与物没有任何联系。只有人与人之间,才可能有社会与经济关系。其次,人与人之间就某一物的关系,总是相对的,从来就不绝对。

在现代社会经济学中,财产权是弗里德曼(W.B.Friedmann)所说的"一束权力",指的是"某自然人或法人对其全部有形物的控制程度,无论它们是土地、股份、所有权,或处置权"。[10]人类学家亚当森·赫贝尔(E.Adamson Hoebel)结合霍菲尔德(W.H.Hohfeld)的法哲学与丰富的人类学数据库,得出大体相同的结论。他指出,财产权有两个最基本的面:"(1)客体;(2)社会关系网络,它在人与人之间就某一客体确立起有限而确定的关系。"[11]追随霍菲尔德,赫贝尔同样认为客体在财产权定义中远不及社会关系重要。[12]再者,客体可以是任何东西,包括其他人。最后,几乎所有直接讨论过这个主题的社会科学家与众多法学家,都总结说:权利与义务观念无论在哪种财产观念中都不存在,它们无助于更恰当地给出所有权(claims)与权力的概念。最具杀伤力的批评来自北欧的法学家,诸如安德斯·伦德斯泰特(Anders V.Lundstedt)、卡尔·奥利弗洛纳(Karl Oliversrona)、阿尔夫·罗斯(Alf Ross)。[13]他们指出,"权利"与"义务"本质上是虚构来的。我们上面所定义的、社会现实中的财产权根本不需要权利或责任概念。当然,这两个词,正如罗斯所言,"充斥着意识形态的东西",正因为这个原因,它们在法庭与商界用语中依然有用,但它们既多余又令人费解。[14]

我必须补充说,财产观念的日益复杂与社会经济体系的日益复杂,二者之间没有直接联系。现代资本主义根本不需要由古罗马人发展出来并在现代民法法律—经济范畴内延续至今的复杂的、绝对的(本质上是虚构的)财产权概念,英美普通法中相对简单、"原始的"的财产权概念就已说明了这一点。的确,这是一个颇具反讽性的例证:现代经济类型中,更原始(更早)的概念在比后来发展出来的复杂概念更适用。[15]

财产权与奴隶制

现在,讨论必须集中于奴隶制问题。前文的分析提醒我们注意的第一个风险,也是一个错误,是竭力试图采用现代法律术语定义奴隶制。可惜,大部分研究所采用的恰恰是这种方法。要给这类定义列一个长长的单子,真是一件单调、乏味的事情。[16]我们仅就众所熟知者,略举一二。对英格拉姆(J.K.Ingram)来说,"奴隶制的本质特征大概就在于,奴隶主是奴隶的人身拥有者。"[17]涅伯尔,这位也许是最知名的研究奴隶制的学者,也强调财产权。[18]被引用得最多的奴隶制定义,大概要算国际联盟委员会给出的这个——"某人被任何人或所有人以所有权为由对之行使权力的地位与处境。"[19]就在最近,詹姆斯·沃森(James L. Watson)有意摒弃人类学关于奴隶制定义的新进展,声称"必须把奴隶制的财产权一面视为最首要的特征,这是使奴隶制区别于所有其他类型的依附与强制性劳动的特征"。[20]他的话,让人想起涅伯尔。

我之所以反对上述定义,不是因为我不把奴隶当作财物来看待。问题在于,仅仅以人被当作财产来定义奴隶制,不足以成其为定义,因为它没有真正指明任何人群的类属特征。许多明显不是奴隶的人,也被人声明是其财产并对之拥有权力。事实上,任何一个人,无论乞丐还是国王,都可以是某种财产关系的客体。就此而言,奴隶与他们没有区别。

如果我们必须要用财产权概念(我是宁愿不用的。因为它不可避免地带来概念的混淆),就得更具体一些。我们不能只是简单地说,奴隶是被当作财产权客体的一类人,还必须像摩西·芬利那样一针见血:他们是人类所有权客体中的次等货。[21]我们不把"自由"人当作财产权的客体,即合法的财物, 页22 这也纯粹只是个社会习惯。举个最显而易见的例子:在美国,丈夫是妻子的财产的一部分。当然,我们从来不这样说,因为它听起来相当粗俗,令人厌恶。但不管怎么说,从现实与社会学的角度看,妻子对她丈夫的人身、劳动力与其收入拥有各种各样的权利、特权与权力。在美国,每一个第三任丈夫在离婚法庭上都痛苦地发现了这一点。[22]我们也几乎不需要补充说,丈夫对妻子也拥有财产所有权与其他权力,那种权力经常被他们以赤裸裸的暴力施行。

　　这些例子同样揭示了奴隶制定义中所有权概念的特殊性。常有人争论说,一个人的配偶不归其拥有,然而奴隶却的确由奴隶主拥有。这种区分不过是个语义游戏。如果我们不接受罗马人与民法对绝对所有权的解释,那么,所有权,在去除其社会与情感上的语义之后,就只不过是财产权的另一个名称;它只意味着就某物、某人或某行为对另一个人的权利与权力。这就是奴隶主对其奴隶所拥有的权利与权力,也是某人对其配偶、孩子、雇工或土地所的确拥有的权利与权力。一个男人不说他"拥有"他的妻子,也不说她是其财产的一部分,这都纯粹是一种社会习惯。这与一个奴隶主说他"拥有"他的奴隶或者说这个奴隶是其财产的一部分,也是社会习惯一样。诚然,从客观逻辑上推,这个社会习惯站不住脚,但它在主观上有意义,而这个主观意义正体现了奴隶没有尊严的一个方面。说某人的配偶或某人的债务人是某人的财产,那是很无礼的;对奴隶说话,就没有必要讲礼貌。

　　另外一个我们可以快速清理掉的谬误,是奴隶的通常定义:不具备法律人格的人。休斯(G.B.J.Hughes)这样写道:"一个在法律上可以承担权利与义务的实体,即为法律上对于一个人的人格的传统解释。"[23]即便我们从务实的角度,即如霍菲尔德所说,从严格意义上,重新释义"权利"与"义务"这两个词,我们也会发现,奴隶是一个不具备法律人格的人这种看法,在法律实践中毫无依据。它是一个仅仅存在于西方社会的杜撰。即便在西方,比较认真对待它的,也是法哲学家,而非执业律师们。无论古代还是现代有奴社会,都不曾否认过奴隶是法律意义上的人。这是一个法律事实。要说明这一点,我们需要考查有奴社会的法律如何处理奴隶犯法。我们将在第七章说明:任何情况下,奴隶都必须在法律与道德上承担责任。

　　当代不少研究奴隶制的学者,因为未能意识到"奴隶是不具备法律人格的人"纯属杜撰,而陷入了一种流行论辩,难以自拔。这种论辩颇有转移视线之功,亦有一套标准模式。首先,某学者(通常是不大熟悉各国法律实务的学者)宣称:奴隶被蓄奴阶级定义为一个不具备法律或伦理人格的人,并且也被他们如此对待,这是一个法律事实。接下来,他深入挖掘研究资料,拿出"证据":奴隶其实是被当作法律上的人来对待的,因为他不是被法律惩罚了罪行吗?难道不是有法律限制奴隶主的权力吗?因此而言——这位学者告诉我们——奴隶制提出了一个极为重要的问题,所谓奴隶既被当作人又被当作物之间的冲突。最后,

页23

论辩模式以回响着自由的论调收尾,大意为,人的尊严不可压制。"你可以把人定义为物,却不能把他当作一个物来对待",诸如此类义正辞严的话,在他笔下滔滔不绝。不消说,整个论辩离题千里。就我所知,没有一种法典曾试图不把奴隶当作法律上的人,而当作其他任何东西。我也许还可以补上一句:论辩的离题,源自将法学与法律混为一谈。很遗憾,大多数研究奴隶制的学者熟悉法学,却对法律很生疏。

有些马克思主义者所持的观点,与将奴隶制定义为对人的财产权紧密相关。他们认为,奴隶制的独特就在于奴隶是唯一能成为可支配资本的人群,唯一可投资在他们身上并可在市场上买卖的人群。[24]这观点的前半部分,我们可迅速将之摒弃,只需援引人力资本研究——现代经济学的一整个分支——就足以说明其似是而非。古往今来,凡注资于人力训练、指望日后利用其熟练劳动以谋利者,都只不过是对人的投资。

更值得注意的,是他们声称只有奴隶能够被买卖。但是,这种说法仅仅从经验上看也是不正确的。一方面,大部分前现代有奴社会通常都禁止买卖第二代以后的奴隶。家生奴被视为家庭中至亲的成员,只要其依附身份不那么特殊,主人宁肯负债或将依附于己的自由人典当一两个出去,也不愿意把家生奴卖掉。事实上,卖掉家生奴这样的事通常会被认为非常不光彩,会让主人很没面子,很丢身份。公共舆论也总是反对买卖家生奴。在很多高度发达的奴隶体系,法律禁止买卖第二代以上的奴隶。

另一方面(或许更具说服力),在许多社会,"自由人"(或者绝对算不上奴隶的人)是可以被买卖的。举例来说,在帝制中国与20世纪初的现代中国,卖掉不属于奴隶的人诸如侍妾、儿童,尤其是女孩,司空见惯。这些人在帝制中国一直有几分"体面"的地位,他们与被剥夺尊严的奴隶向来有别,把他们卖掉而不向买主说明其身份,是一桩极大的罪过。[25]在中国,卖掉侍妾甚至女儿的习俗延续到了20世纪40年代。[26]另外,很有可能,在古罗马早期,儿童也会被卖掉,不过,他们不是被卖做奴隶。[27] 页24

更重要的例证是整个传统非洲与世界其他地区买卖新娘的习俗。在这些地方,新娘的价格是所有婚姻交易中的一个基本内容。为补偿过去的种族主义解释,西方人类学家们反其道而行之,甚至不惜扭曲事实,否认这类交易中的商业成分。不过,正如人类学家罗伯特·格雷(Robert F.Gray)所说明的那样,[28]这些自由派人类学家的过度补偿,无论多么值得赞美,却完全偏离了事实。在非洲,无论男女,都把新娘的交换视为一笔买卖。当然,他们也承认,它还有其他同样重要的社会与情感功能,尤其是妇女,她们明确表示以支付给新娘的钱物数量而自豪;丝毫也不觉得因为自己被卖掉而有失身份。唯一会令人羞辱的,是新娘的价格最终卖得很低。假如这些妇女们知道,被卖就意味着她们是奴隶,那她们全都会被吓坏的。

把对买卖自由人的强烈反感解释为西方所独有,总是令人难以抗拒。但是,即便这种想法也是错误的。在当代美国——据说是世界上最先进的社会之一——每年都有一些人群被送往拍卖场,卖给出价最高的买主,我指的是职业运动员,尤其是足球明星。尽管交易条款不同,但诸如乔·纳马斯(Joe Namath)这样的足球偶像被业主"纽约喷气机"队卖给"洛杉矶公羊"队,其实质与一个奴隶被转手没有区别。无疑,纳马斯如果知道他被卖掉意味着他与奴隶类似,他肯定会与许配了人的非洲新娘一样惊恐交加。他的无数粉丝无疑也会有同样的反应。

美国职业运动员与非洲部落新娘的什么共性让我们称其为奴隶很荒唐,哪怕他们被买卖是一个事实?回答这个问题之前,让我首先去除两种颇受欢迎但又错误的解释。人们通常以为,奴隶交易中,被买卖的是奴隶的"肉身",而在运动员、雇员、部落新娘的交易中,买方或雇主得到的是服务而非身体。这种区分反映人的主观用意,但从形而下或经济学角度看,并无道理。某人购买或雇佣一个人的劳动,也就意味着在商定好的时间内,他买到了此人的身体。从来就不存在脱离肉体的服务,只有在深思熟虑之后假装相信它存在的心理。的确,而今的雇主并不要求求职者赤身裸体站在拍卖台上,让雇主或医生在他们身上捅来捅去,检查身体。但是,当雇主要求工人或职业运动员事先出示医学健康证明时,他就不仅像奴隶主检查他新买的人货一样,获取了他想了解的信息,而且暴露了将"肉身"与来自肉身的服务区分开来的内在荒谬。无疑,雇主与奴隶主收集信息的方式存有重大区别,但这区别源于雇主对雇员的尊重,承认其自尊与尊严。它根本就不是在证明:雇佣某人的身体与某人的服务之间,存在真正的差别。那是一种虚构。[29]依据西德尼·明茨(Sidney W.Mintz)的论述,马克思也曾一度被这个问题困扰,并因此在两种认识间摇摆不定。他一方面认为,工资劳动有其独特性,因为工人将与身体剥离了的劳动当作商品售卖;另一方面,他又认为工人只是工资奴隶,驳回了前一观点。[30]

　　第二个常见的错误,是认定所有不是奴隶的人都可以选择是否出售或收回其服务,而奴隶没有选择。这一点用来区分奴隶与大部分挣工资的人,也许有用,但不能用来区分奴隶与其他类型的被强制劳动者。农奴、契约佣、以劳偿债的苦工、债务奴都在其劳动力的买卖上没有任何发言权。同样,美国的职业签约运动员也没有发言权。直到 1975 年,这种情况才有所改观(如果他们还想继续做职业运动员)。晚至 1970 年①美国联邦最高法院还在科特·弗拉德(Curt Flood)案中支持那臭名昭著的保留条款,该条款让球队业主得以违背运动员意志将其买卖。除了反托拉斯诉求,弗拉德还提出了三个有利于其诉求的观点,其中之一:"保留制度违背反劳役偿债法与美国宪法第 13 条修正案,它是一种劳役偿债与强制性劳役。"[31]许多体育撰稿人都把保留条款直接比作奴隶制。颇具代表性的,是亚历克斯·本·布洛克(Alex Ben Block)的评论。他说:"在美国内战将奴隶制问题解决之后,最接近于拥有种植园的产业是一个人拥有了一个球队俱乐部。"[32]一直以来,保留条款都被认为是"一种常规(或所有俱乐部之间的协议)。按其规定,每一个棒球球员为与之签约的球队的服役,事实上都是该球队的永久性财产,除非另有规定。"[33]

　　尽管球员的买卖经常被委婉地称作"合同"的卖与,然而,球员、业主、体育撰稿人所表达出来的看法,让我们毫不怀疑,被卖掉的是球员的身体与服务。口香糖大王与芝加哥棒球俱乐部老板菲利普·里格利(Philip K.Wrigley)的所作所为,可谓典型地表达了业主的态度。1938 年,里格利雇了一个研究人员测试其球员的反应能力。他后来对实验发表评论:"我们觉得,如果我们可以测出每一个我们所接受的球员的体质特征与反应能力,我们就可以测试其发展前景,知道我们该找什么。好钢用在刀刃上。你可以去为一个棒球运动员花上 25 万美金,但他可能连块黄油也切不了。"[34]同样值得一提的,是美国国内税务署的态度。按会计行业的惯例,"应纳税收入的计算,需考虑运动员在预期运动生涯中的贬值"。[35]对此,税务署认为合法。页26

　　这样,美国职业运动员就是业主手中正在贬值的资产。业主向他们投入大量的资本;而他们,则像业主的任何其他财产一样,可以被买与卖。现在,他们对

---

①　应为 1972 年。——译者注。

自己被买与卖已经有了发言权,但在 1975 年 12 月前,当身体只是他们所选择的职业里用作谋生的工具时(他们中的很多人也只知道这是他们唯一的职业),他们的身体不过是业主的一部分永久资产。作为职业运动员,他们既没有权利干预有关自己的买与卖,也不能对买卖价格拥有发言权。

但是,这些职业运动员不是奴隶,即便在保留条款的时代,他们也不是奴隶。为什么这样说? 换言之,奴隶与可以被卖,甚至可以在违背其意愿的情况下被卖出去的非奴隶之间,真正的区别是什么? 第一个区别在于,有关双方的相对权力与关系起源不同。业主或者说所有者的权力是有限的。非奴隶总是拥有某些权利,并在面对业主时能够赋予自己权力。这种权力不仅来源于中央权威(只要中央权威存在),而且来源于一个人对另一个人所享有的权利。即便在古罗马早期,父权制家长拥有对妻子、儿女的巨大权力,父亲也不能在无正当理由时杀了孩子,"他手上的妻子也依然主要由她娘家来管"。[36]奴隶主对奴隶的权力则是全部而绝对的。再就非奴隶来说,业主的权力虽然大,也通常限定在具体的活动范围内;对于奴隶,奴隶主的权力囊括其生活的全部。

权力关系的起源也不同。不过,这里的关键区别不在于非奴隶在关系始建时拥有选择权,而在于奴隶是唯一通过死亡替代而进入的权力关系。这一点,我们在导言中谈过了。举例来说,农奴、以劳偿债的苦工不得不与主人建立、维持权力关系,是因为后者垄断了生产资料。

奴隶与签约运动员及债务佣人的不同,还在于他们被疏离于所有的血亲关系之外、没有尊严与被公众承认的声誉。前文已说明,正是后者在一定程度上支配人们虚构出脱离肉体的劳动这种观念。

对于所有类型的社会体制,奴隶制的构成要素都是一样的,不过,在不同的经济体系中,人们对这三种要素的具体构成的理解却不一样。任何想以比较的方式理解奴隶制或任何其他社会制度的实质的尝试,如果不考虑这种背景的差异,它所留下的价值必然有限。

页27

讨论至此,权力惯用语的重要性已不言而喻。接下来,我将以权力惯用语两极之间的连续体为背景,分析奴隶制的本质。我还将探讨在特定的惯用语背景下,奴隶制的概念如何开始支配我们对其基本性质的理解,并且让我们对其基本性质进行比较时感到困惑不解,其中原因何在?

权力惯用语与奴隶制

我们首先从以人格主义惯用语为主的社会中的奴隶制的本质与奴隶身份开始。最重要的问题在于,奴隶是一个没有权力、没有出身、没有尊严的人这一观念,在人格主义惯用语社会,并没有创造出与奴隶身份对立的、西方人称之为"自由"的身份。几乎所有非西方有奴社会中的法律都不存在"自由"人这样的身份。事实上,在与西方民族接触前,大多数非西方语言也不存在与自由对应的词。在人格主义惯用语为主的社会中,人们不以两极化词语定义奴隶与非奴隶,而是沿着权力的单一维度,即一个人要求对他人拥有的权利与权力,来看待人的社会身份。所有人都被视为所有权的客体。每个人对他人——以及他人对自己——所要求拥有的权利、权力与特权程度,都因人而异。

从人性的角度看,这套权利、权力与特权意味着一个人所获得的保护程度以及他的保护者数量。西非阿散蒂人(Ashanti)说得好,他们有句流行谚语:"没有主人,就会被野兽逮住";还有一句:"鸡离了窝,老鹰就会叼了它。"罗伯特·拉特雷(Robert S.Rattray)在他那经典的阿散蒂民族志研究中,如是阐述:

> 肯定已经有人注意到:自愿劳役的确确是每一个阿散蒂人珍视的传统。它事实上也构成每一个阿散蒂人社会关系中不可或缺的根基。在西非,没有主人的男女随时都可能面临危险,失去我们所应该理解为的"他们的自由",而陷入性质更严酷的强制性奴役。[37]

不过,自愿劳役并非奴隶制。拉特雷向我们苦口婆心地指出,如果我们想理解在一个诸如阿散蒂这样以人格主义惯用语为主的社会中的奴役制度,务必要"摒弃我们脑中所浮现出来的、由我们所惯常理解的奴隶制构建出来的熟悉图景,因为奴隶制在它被废除之已久存于欧洲与美国"。他还补充说,

> 在那个社会[阿散蒂],不存在无主之人、无主之物。阿散蒂有句众所 页28
> 周知的谚语:村里如有一笔无主之债(即找不到人为此负责),这债归村长;
> 如有一个无主之物,这物归村长。[38]

很明显,只拥有大力的保护对于阿散蒂人来说是不够的,因为奴隶,一个有着强有力的主人的奴隶,也获得了那种保护。奴隶与他人相比没有权力,正是因为他不得不独独或完全依赖一个人的保护。一个人脱离奴役,走到他足以使保

护自己的力量扩及他力所能及的范围时,也让他的保护者过于分散了。因此,在以人格主义惯用语为主的社会,与奴隶制真正对立的是抵消权力(如果可以这样叫的话)。在这样的社会体系中,人们并不寻求"自由"(那种现代西方"资产阶级"不想受他人影响的独立感),因为这正是通向奴役的必然之路。相反,他们想把自己安放在一张保护网中。这确实有几分像说反话。

这样,在人格主义惯用语占上风的社会,与奴隶区别最大者,是将权利、权力与特权分给一大群人,后者以其获得的一小部分去保护他的那种人。相反,奴隶是将众多权利、权力与特权集中给一个保护者的那种人。就奴隶而言,这意味着一种重要的专有权身份。奴隶不能主张或行使直接的所有权权力,除非通过其主人。这样,我们就被引回结论:财产权在定义奴隶的法律与社会经济地位时的确是一个重要因素,但其重要性位居第二;有了这个重大区别,我们就能理解,奴隶之为奴隶,不是因为他是财产权的客体,而是因为他不能作为财产权的主体。[39]

现在,我们必须把注意力转向权力惯用语连续体的另一端,思考连续体上从人格主义惯用语开始转向物质主义惯用语的关键点。引用马歇尔·萨林斯(Marshall Sahlins)的话说,它意味着财产权体系的转折:即"以对人的掌控实现了对物的权利"转向"通过对物的权利实现了对人的掌控"。[40]

这种转折在古罗马社会经济体系中表现得最早也最全面。当然,在它之前,已出现了重要的先兆。依照现代的标准,古罗马经济体系相当简单,尽管它比前现代社会中的任何一个都要发达。赤裸裸的权力依然重要,但极为复杂的发展已包含其中,并且迈向物质主义的权力惯用语。从社会经济学的角度来看,权力通过财富尤其是土地与奴隶为中介来实现。[41]我们发现,一个在认知层面上令人吃惊的新的法律概念出现了,这就是对物的绝对所有权。依据道格拉斯·麦克道威尔(Douglas M.MacDowell)的研究,古希腊的财产法"与精细的罗马财产法以及后来的法律体系比较,简单而原始"。[42]所有权(ownership)与占有(possession)之间的语言学差别在古希腊人中并不存在,尽管他们在实践中可能意识到了。但要说古希腊的财产制度更为原始,也许是一种误导,因为依据现代英美普通法的观点,不那么精细、具相对主义的古希腊法律体系实际上比古罗马法更接近现代法律实践。[43]这是有些讽刺意味的。古罗马财产法中很重要的一点在于,它在强调对有形物的绝对控制权的同时,很好地适应了简单商品生产

页29

经济的现实。正如奥托·卡恩-弗罗因德（Otto Kahn-Freund）为卡尔·伦纳
（Karl Renner）的书作"导言"时所言：

> 古罗马的自物权（dominium），这个保护个体对某有形物有绝对的、不
> 受限制的控制权的法律概念，与财产的经济与社会功能正相吻合。……在
> 一个财富主要是有形物、而物又构成一种实用单位的社会里，所有权观念是
> 一面反映社会的镜子。……法律上的财产权与经济上的财产权同时产生：
> 所有权概念，既应用于整个物权体系，又是它成为整个物权体系的缩影后的
> 必然产物。[44]

绝对财产权概念最终成为私法中的支柱。无须借助其他文化领域，它就能
建构、反映、维持人们对生产与权力的认识。卡恩-弗罗因德说得好："这样，财
产权，作为私法的核心，在简单商品生产体系中，就实现了为之提供一套商品秩
序与一部分权力秩序的功能。它没有从其他制度中寻求任何实质性的援助。"[45]

罗马人发展其财产法时，奴隶制扮演了至关重要的角色。这样说似乎不无
理由。罗马人将财产法精心构建到那样的程度（也就是说，发展到虚构的程
度），主要是他们中间大规模的奴役问题带来的。有关奴隶制的法律，威廉·巴
克兰①（William W.Buckland）告诉我们，是"罗马最有特色的智力成果中最有特
色的一部分"。而且，"任何一个法律分支中，都很少有问题的解决不受到交易
一方是奴隶这一事实的影响。程序法之外，也没有哪个法律分支，奴隶不在其中
身影显著。"[46]奴隶制在罗马法的发展中所起到的关键作用，如从奴隶在经济中
所扮演的角色来理解，则更充分。[47]土地与奴隶，是财富的主要来源。二者之中，
毫无疑问，土地更为重要。但是，奴隶更具弹性，也更容易造成问题。

古罗马绝对所有权含义的发展，向我们展现出一个悖论，饶有趣味。因为法 页30
律上的创新令我们倍加称赞的罗马人，在精心发展自物权或绝对所有权理论时，
事实上也创造了一种法律假象（legal fiction），②并由此而扭曲了财产权概念（当
我们从比较法的视野来看时）。现代民法不仅还在继续这种天才般的虚构，并
且反过来继续受这种虚构的误导。相反，英国的普通法却大体摆脱了罗马人的
虚构，因为它的财产法正是直接出之于原始的盎格鲁—撒克逊人与封建的财产

---

① 英国法学家，主要研究古罗马法。——译者注

② 法学界也译为法律拟制，指为了解决法律上的难题、确认权利的存在，以假为真的一种方
法。——译者注

权观念。[48]

分析至此,我们必须问两个重要的问题:罗马人是否知道,他们在发展自物权理论时正在制造一种假象?如是,他们为什么那样做?我倾向于认为,他们十分清楚自己在做什么。罗马人敏于立法,不会意识不到这一点。那么,他们为什么这样做?前文已提及,答案藏在一个简单的词里头:奴隶制。尽管古希腊文明确实建立在奴隶制之上,但是显而易见,古罗马共和晚期与帝制时代,其社会经济对于奴隶制的依赖程度远远超过了古希腊史上的任何时期。古希腊的奴隶制绝大部分集中于城市与工业,古罗马的奴隶制则对农村与城市的社会经济均有重要影响。[49]不难想象,这种前所未有的状况引发了各种各样的社会问题。首先,鉴于奴隶在古罗马人中的可观数量,他们的社会身份就是一个亟待解决的问题。[50]为了区分被列为财产的人与不被列为财产的人,必须有一个明确的划分方式。一目了然,在此问题上,任何含混不清都将导致社会意义上的灾难。也许有人会问,为什么古希腊人在他们至关重要的城市经济中有高度发达的奴隶制度,却不觉得有必要以同样的方式解决奴隶的身份问题?在我看来,这个问题在古希腊人那里不如在罗马人那里显得紧要,是因为古希腊文明那极其独特的性质。希腊人与非希腊人的划分,以及在此基础上的公民与非公民的社会界分,都使希腊人无须在法律上再把奴隶身份区分得那样清楚。诚然,希腊人偶然也奴役同胞,但他们通常很不愿意那样做。更重要的是,每一个希腊城邦都严加捍卫公民身份的特权。这两种至关重要的社会界分意味着:尽管有人数众多的奴隶,但绝不会出现将奴隶与真正重要的人相混淆的情况。真正重要的人是指生来自由、在族群上高人一等的希腊公民,而不是虽非奴隶但也不属于希腊公民的定居外邦人。[51]

罗马的情况就很不一样。从很早的时候起,罗马就是一个高度包容性的社会。给予被释免的奴隶以公民权这一惯例由来已久,非同寻常。显然,罗马不同于希腊,它不存在预先设定、好将生来即自由的人口分离出来的社会界分。要澄
页31 清社会差异,除了法律,罗马人别无选择。不过,当共和晚期奴隶制经济扩张,罗马人借助古老的财产所有人通过宣誓来证明其权利的行动时,他们看得很清楚,这种实质上属于相对主义的财产权原则,不能作为区分奴隶与其他人的手段。换言之,当代英美国家的任何一个律师或阿散蒂长老能看得很清楚的问题,古罗马人也看得很清楚:所以人都可以成为财产权的客体;严格说来,财产权指的是

人与人之间的一套关系。[52]

在寻找解决问题的方法时,罗马人发明了自物权或绝对所有权的法律假象,一种凸显其实践天赋的假象。我们不应以法学家的身份为罗马人鼓掌,而应以应用社会学家的身份为其喝彩。且看其自物权理论如何实现。首先,通过强调人(所有者)与物的类分以及严格区分有形物与无形物,罗马人创造出一种新的法律范式。新的范式里,什么是、什么不是财产权的客体,绝不容许含糊其辞。财产权的客体只能是有形物。更重要的是,这个假象一旦产生,就在接下来的两千年里,经常出现在西方大陆法系里。财产权,不再是人与人之间的一套关系,而是人与物之间的关系。假象的创造与其目的相得益彰。它把当时正快速扩张的财富资源即奴隶的定义给确定下来了。新的法律范式中的三个构成要素:人、物与自物权,直接模化为主奴关系的三个构成要素:奴隶主、奴隶与奴役。自物权概念中,还有一个因素,清晰地说明了奴隶制在自物权概念发展中的作用。自物权,不只是一个人与一件物之间的关系,它是绝对的权力。这个绝对权力所包含的,也不只是获取该物全部经济价值的权能、使用与享受其劳动果实的权能、耗尽其劳力并且异化它的权能,它还有也许更值得关注的意义,即丹麦学者、法律史学家维斯特鲁普(C. W. Westrup)所解释的心理意涵:"在纯粹的控制之外施于某物的内在权力"。[53]如果说,罗马人为何要发明一个人与物的关系的概念(一个几乎属于形而上,并且与罗马人思考其他问题的思维方式颇为相悖的概念),很难解释;那么,他们为什么想对此物拥有内置于心的超自然权力,就令人更觉不可理解,除非我们推断:多数情况下,在他们心中,此"物"是奴隶。

尽管学界对原始的罗马财产法的本质尚存争议,但共识也是有的:自物权概念,在古罗马共和时期结束前,尚未充分发展起来。无论是否有比它更早的概念。"自物权"(dominium)这个词的使用,就其经典含义而言,在公元前1世纪才出现。另一个表述绝对权力的词:"财产权"(proprietas),出现得更晚。[54]

"自物权"(dominium)一词的起源更加支持我们的假设。公元前3世纪,当 页32
"dominus"第一次出现时,它并非物主的意思,而是"奴隶主"。[55]这是很值得注意的。正是在公元前3世纪与公元前1世纪之间,罗马的奴隶体系快速发展起来,并且达到了顶点:遍布社会经济各体系。"自物权"含义的变迁:从持有奴隶到绝对意义上的持有全部财产权客体,绝非偶然;它也完美地显示出罗马经济体的变迁:从奴隶只是众多财产权客体中的一种到成为这个社会两种最重要的财富来源与财产权客体之一。我不是说,大规模奴役的出现是解释绝对所有权概念发展的唯一因素,而是说,我们有理由推断:它是决定性的因素。

由于自物权理论的应用,奴役状态转变成了权力对物的状态。因此,到共和末期,奴隶在罗马人最常见的解释中就变成一个物。正是为了这个目的,"物"(thingness)这个观念在罗马法中得到了前所未有的重视。奴隶说到底也只是一个物,一个人形物,所有物中唯一的一个人形物。[56]奴隶状态最关键的特性即为:奴隶是一个受制于自物权的人。关于古罗马绝对财产权理论的发展过程,如果我的解释没有错,那么,我们立刻就能发现:大多数当代学者主要利用这一传统,依据罗马法中所有权或绝对财产权的概念来定义奴隶制的做法,是多么误导人。这样的定义不仅把法律拟制或虚构与法学、社会学的现实主义混为一谈,更糟糕的是,他们在从后往前读人类思想史。不是奴役状态必须依据绝对的财产权观念来定义,尽管人们经常这样做;正相反,绝对财产权观念必须依据遥远的古罗马奴隶制来解释。

奴隶制的矛盾

致使罗马人以虚构的法律来"解决"并随后影响了西方的奴隶制概念与大陆财产法的奴隶制的强制性问题,只是奴役关系提出来的全部一整套社会秩序问题中的一部分。在它之外,还有范围更宽、更具根本性的问题。现在,我将转而讨论它们。

前文已述,奴隶制的强制性这一面,在以人格主义惯用语为主的社会,遇到的困难会少一些,但要声称奴隶制在这样的社会绝不会遇到困难,那就错了。在这样的社会以及所有其他类型的社会,拥有奴隶的主要好处,就是奴隶所固有的弹性,或者说可屈可伸。因为他们生来即被疏离、异化,可供任意驱使,不择手段。其中有些手段,是不可能用在拥有血亲权利、不属于奴隶的仆从身上的,即便他们受到最强悍的支配。

页33   无论哪种权力惯用语占上风,奴隶要么成为支配权的直接客体,要么作为主人支配他人的间接工具而被使用。在许多财富占有无甚差别的原始社会,奴隶通常是财富的主要来源,有时是唯一的来源。正因为这样,财富差异如此之小。

克劳德·梅亚苏①(Claude Meillasoux),还有其他一些学者,已然说明:西非被欧洲殖民之前,许多地方的奴隶主不仅把奴隶作为直接支配对象来使用,而且利用女奴的生育与耕作能力、男奴的耕作与打仗能力,把他们作为再生产与积累财富的主要手段,既生产人(更多的奴隶),也生产商品。这样的社会中,有不少并不以增加商品消费为主要目的,而是为了把财富转变为凌驾于非奴隶的权力。[57]伊戈尔·科皮托夫②(Igor Kopytoff)与苏赞尼·迈尔斯(Suzanne Miers)讲得很好:中央集权程度不高的非洲地区,不存在商品需求日益增加的大规模消费社会。它是一个权力需求不断加剧、需要一大群人作扈从的社会。[58]这样,以权力凌驾于奴隶,既是直接行使与享受权力,也是为使权力凌驾于他人之上而对权力积累与再生产方式的一种投资。很明显,奴隶制用作这样的用途时,它对于人格主义惯用语的优势地位就会带来困难。因为人格主义惯用语以人性化了的干亲或拟亲属关系表达,而奴隶显然不在亲缘关系之内。把奴隶定义为一种低等位的干亲,势必有损非奴隶身份的仆从与主人之间的拟亲关系,使之有失可靠。奴役关系为主人竞取权力与地位带来优势,但这种优势打破了游戏规则,也对人格主义惯用语的观念表达构成威胁。

当我们转到权力惯用语的另一个端即物质主义惯用语时,我们发现,奴隶制对它同样造成了困难,但理由正好相反。现代美洲资本主义奴隶体系中,尤其是美国南方,奴隶关系突出地表现为一种直接的、个人化的支配模式。而它四周环绕着的,却是以间接模式为主的权力惯用语。我们怀疑,正是这种直接的、个人化的支配模式,使尤金·吉纳维斯声称,美国南方的经济形态属于前资本主义。[59]但现在的研究已令人信服地表明,美国南方是完完全全的资本主义社会。[60]奴隶,因为他们可被十分灵活地使用,既可以轻而易举地充当资本主义劳动力,又可毫不费力地(也已被)用作非资本主义性质的仆从、小妾、士兵,两方面用起来都堪称完美。

因此而言,奴隶制给美国南方以及其他资本主义奴隶体系带来的问题,不是经济上的,而跟奴隶制在原始社会一样,是意识形态上的。美国南方的奴役关系,即便在它推动资本主义的时候,也损害了它在意识形态上给出的主要正当理

① 法国人类学家。——译者注
② 美国人类学家。——译者注

由,因为它用自由的工资劳动力的概念表达间接的权利惯用语模式。为了财富的生产与再生产而使用被某人支配的个体,暴露出所谓的自由劳动力背后的现实。劳动者终于意识到他为别人工作究竟是何性质——他被生产手段异化、被雇佣者剥削。面对以个人权力凌驾于奴隶之上的残酷现实,工人很可能会明白,他所经常吹嘘的更换雇主的自由,不过是一种毫无意义的更换奴隶主的自由。

就这样,奴隶制的存在将自由劳动者危险地激进化了。在所有使用大量奴隶的社会中,不是奴隶的工人们普遍看不起为别人而工作。[61]

但要说奴隶制使劳动本身失去尊严,那也不对。摩西·芬利对古希腊社会的解释同样适用于现代美洲国家:人们回避的,是为他人工作,而非劳动本身。[62]即便认为奴隶制引发了人们对劳动的蔑视,严格说来,也是错误的。它所暴露的是这种劳动的丧失尊严。以一个马克思主义者的眼光来看,所有为他人(占有生产资料者)的劳动,都包括异化、剥削。它在本质上就是有失尊严的。奴隶制的意识形态伪装一旦被扒下,资产阶级的危机就将发生。17世纪末,正当奴隶劳动在加勒比快速扩张时,自由白人劳工大规模向外移民,就让我们看到了这一点。[63]古罗马共和晚期,自由小农场主从意大利的大庄园大规模往外迁移,也是一个鲜明的例证。[64]

奴隶主阶级当然有很多种办法应对这样的危机。他们可以任由自由工人大批外迁,结果,形成一个完全由奴隶构成的社会。其中,几乎所有的劳动者都是奴隶,所有的非劳动者都是奴隶主或其代理。加勒比海地区就是这样。奴隶主阶级也可以遏制奴隶经济的扩张,为自由工人独立劳动留出一点空间,采用其他的、更间接的方式剥削他们。古罗马意大利、美国南方就是如此。此外,奴隶关系也有它自己的一些解决方案。奴隶被定义为社会性死亡的外人、敌人,可以使非奴隶与奴隶主团结起来,共同作为受尊重的社会成员对付被剥夺尊严的奴隶。不过,这类解决方案极少是圆满的。它们经常会制造出新问题,并由此引发新一轮危机与危机应对。但这些问题,需要在其他地方详尽探讨。

第二章 权威、疏离、异化与社会死亡

一切权力都为争取权威而努力。杰弗里·伍德黑德①（A. Geoffery 页35 Woodhead）有一本书，研究修昔底德以及权力的本质。书中论道："人类总有一种寻求精神与道德支持的需要、声明某种行动'正确性'的需要，无论那行动背后隐藏着怎样的现实政治。"[1]我们在上一章考查财产概念时看到，奴隶主与奴隶的关系与权力在主奴共存的社会里的分配密不可分。专有对某奴隶的权利与权力意味着排斥他人对该奴的权利与权力。

不过，奴隶主如欲尽可能排除他人对其奴隶的权利与权力，他还需要获取他所在的社会中自由人的认可与支持，承认他对另一个人拥有主权者权力。一个与世隔绝的奴隶主处境凶险。柏拉图深谙此理，他曾敏锐地指出：一个奴隶主，只要身在自己的国家，就无须对奴隶感到害怕，因为整个国家随时都会来保护每一个公民。但如果他、他的直系亲属，连同50名以上的奴隶，被送到一个沙漠的中心，那里一个可以保护他的自由人也没有，那这个公民将十分担心他与家人的生命安全，他会巴结、讨好奴隶，允诺他们自由。[2]

实际情况比这更复杂，因为奴隶主不止面临人身危险。在所有的有奴社会，页36 奴隶都构成严重的道德与精神威胁。多数情况下，由于奴隶人口规模过小，他们很少被当作严重的政治威胁。不过，他们的危险在于，能够在不可思议的环境下反抗。这样，奴隶主需要处理的问题就有正负两面。负的一面，他得消减眼前的奴隶对他的潜在肉体与精神威胁；正的一面，他得为维持权力而获取超强制支持。正负两面都得靠我们称之为权威的东西。

---

① 英国古典史学家。——译者注

权威:象征性控制

什么与权威的获得相关? 权威主要来自社会,并与主奴关系的制度化并行而至。这是因为权威被纳入了规范的社会秩序。正如西格弗里德·劳佛①(Siegfried Lauffer)所言,构成主奴关系基础的权力关系必须也成为一种权利关系。[3]那些与主奴关系不直接相关但受其间接影响的人,最后不得不接受它,并非完全出于勉强,而是把它当作惯常的事理,就像那些不拥有奴隶的古希腊人、古罗马人、豪萨人②(Hausa)与美国南方的小农场主一样。权力的傲慢没有边界。奴隶主不只希望没有奴隶的"自由人"承认其权威,他还渴望奴隶也承认其权威、承认主人有权利支配他,且其程度要能使他无所畏惧地带着奴隶去沙漠。的确,也有很多奴隶主成功地做到了这一点。撒哈拉地区蓄奴民族的历史告诉我们,许多由奴隶伴行的奴隶主都知道,他们的生活中,有很长时间,除了对方与沙漠,不会有别人。

理解这一过程的发生,并非易事。大部分面临权威问题的社会科学家都满足于引用韦伯——在权威问题上公认的权威——那几段众所周知的段落,然后轻松地继续其论证。韦伯的分析中,有太多令人难以满意的地方,我们不能再照葫芦画瓢。他告诉我们,权威有三种来源:法律、魅力与传统。[4]但是,法律不能成为权威的来源,因为它只不过是规则的综合,而规则背后,靠的是国家的强制性权力。正如斯堪的纳维亚与其他地区的现代法学家所指出的那样,将法律定义为规范性的规则,绕开了最关键的问题。[5]法律本身就渴求我们称之为权威的东西,每一个研究法理学的学者也都知道,法律以及法律权威的主要来源之一,是传统。韦伯的魅力型权威概念,也让我们的运用范围有限。就魅力本身而言,它是一种例外现象。毫无疑问,偶尔会有几个奴隶主真正具有非凡的魅力。但一般来说,奴隶主并不比其他人,包括其奴隶,拥有更特别的个人禀赋。

页37

现在只剩下传统没有说到。韦伯在这里思路是对的;不幸的是,他说得太模糊。传统是什么意思? 为什么说传统自动传递权威? 很显然,韦伯的传统指的

---

① 德国历史学家。——译者注
② 西非中部民族之一,主要分布在乍得湖与尼日尔河大弯曲之间热带草原地区。——译者注

是一整套由规范、价值观、思想观念、行为模式组成的综合体——我们称之为文化。我同意,在这个辽阔的人类经验领域,确有某处是权威的来源。但它在哪儿?

研究象征人类学的学者给了我们答案。首先是迈耶·福特(Meyer Forte)对韦伯的批判。[6]福特与英国的其他一些人类学家,尤其是雷蒙德·弗斯(Raymound Firth),坚持认为符号构成权力的主要工具,无论它是公共符号还是私人符号,也无论是直接运用还是间接运用。权威的来源就在这里。权力运用者,如果有能力将权力转换成一种"权利"、规范、某类常理,首先必须掌握恰当的符号工具。他们可以利用既有的符号,也可以创造与其需要相关的新的符号。

说明符号运用的整个机制不在我们现在的研究范围之内。我想考查的,是主奴关系中符号控制的实质所在。与人类经验的许多其他领域相似,象征性过程既有知识性的一面,也有社会性的一面。知识性层面上,象征性思想试图以符号语言解释实际经验的某个领域。它非常神秘,虽以知识的形式来表现,却类似于行之有效的宗教观念与信仰。象征性行为的社会层面指仪式性过程。通过仪式,象征性观念借助真实的人际互动得以表达。这类行为总是十分正式、礼仪规范。凡是长期用符号来表达人类经验的社会,都想发展出一套确定又清晰的符号模式。人类经验发展过程中的关键阶段,尤其是从一个阶段转向下一阶段时,都有特殊的表达仪式。举个例子,很多民族都以多种多样的仪式表现人的生命周期。阿诺德·范根纳普①(Arnold Van Gennep)那项蜚声遐迩的研究就考查了这样的仪式。[7]在一些持久的关系中,同样可能有类似的导入仪式。我们将看到,奴隶制即为一例。

最后,提一提维克多·特纳②(Victor Turner)的理论贡献与其观点。他在那篇关于非洲恩登布人(Ndembu)的优秀论文与后来的理论著作中,发展出统辖性象征符号的概念。[8]神秘而礼仪性的过程必然出现各种各样的声音,它们语义模糊、含混两可,有时完全不能理解。但是,在一个具体的文化场域,总有一个统辖符号——一个重大的神秘主题、一个关键的礼仪——凸显其中心地位。因为它的出现,象征性过程的内在意义(无论其知识与社会层面)就有可能被理解。

---

① 法国民族志学家与民俗学家,以研究导入仪式而闻名。——译者注

② 苏格兰文化人类学家,以研究象征性符号与仪式而闻名。——译者注

　　　奴隶制是一个高度符号化的人类经验领域,这是我想在本章阐明的。尽管奴隶制的各个方面都被符号化了,但它有一个压倒性的主题,即以奴隶的生来被疏离与异化为中心。其道理不难看出:是奴隶被隔绝于社会之外成为陌生人,使他对奴隶主最有价值;但也正是这种陌生最能威胁奴隶主群体、最能使"其情绪与意愿凌驾于思考之上",而思考本是象征性思维的关键。由此,一个统辖性主题出现在认知层面,一个神秘理解的层面;它使奴隶生来即被疏离、异化的涵义非同一般的意味深长,这就是奴隶的社会死亡;而在仪式上,奴役过程将以涵义明确的导入仪式来表现。

两种社会死亡的概念

　　　如果奴隶不再属于一个社会,如果他脱离主人就不成其为社会存在,那他是什么? 几乎所有有奴社会的第一反应就是把奴隶定义为社会死亡的人。克劳德·梅亚苏与他的助手对奴隶制的这一点做了最为深入彻底的探讨。他们摒弃简单化的物质主义观。这种观点不仅未曾思考过这个问题,甚至没有认识到它的存在。[9]依据人类学的结构主义理论,梅亚苏坚持认为:奴隶制,必须理解为一个包含了几个转型阶段的过程;奴隶,从他所在的社会环境中,被连根拔起。他既被去社会化,也被去人格化。这一否定他的社会过程构成奴役的第一个阶段,奴隶主要来源于外部。下一个阶段中,奴隶被引入主人所在的社会,但他是以不存在之物被引进来的,一种悖相由此而生。这就解释了法律、风俗与意识形态在描述奴隶关系时因何如此重要。梅亚苏对他自己与同事米歇尔·伊扎尔(Michel Izard)的观点作如下总结:"因此之故,被俘虏来的奴隶出场时,总标记有独特的、不可磨灭的缺欠。终其一生,他的命运都受到这标记或缺欠的影响。用伊扎尔的话来说,这就是一种'社会死亡'。自此,他再也不能起死回生。因为他将永远是一个未曾出生的人,尽管会有特例,那也多半是奴隶们自己想象的再生。"[10]

　　　这段分析尽管有些言过其实,还是颇有价值。它走偏方向或者不管怎么说可能误导人的地方,主要在于它太过强调外部原因与征服是奴役的第一幕。所谓"奴役状态绝非源于社会分化的内部界分过程",完全不符合事实。梅亚苏在这里的结论,仅仅依据他在西非的田野经验,与更早一些的法国理论家亨利·列

维-布吕尔仅仅依据他对罗马奴隶制的了解而得出同样的结论一样。[11]委内瑞拉 页39
瓜希罗（Goajiros of Venezuela）原始社会的奴隶制、朝鲜高丽王朝至李氏王朝结
束时的大规模奴隶制以及俄国17、18世纪的奴隶制，都是在内部分化的过程中
产生的。当然，这三个例子各自发生的背景不同，其规模也有很大差异。

在几乎所有前现代社会中，至少有一部分奴隶来自当地。这些奴隶带来的
社会问题与侵扰性强得多的俘虏带给社会的问题，没有区别。不过，他们的社会
死亡方式却不同。在我看来，社会死亡的表现方式与文化上的"解释"方式有两
种，且都取决于奴隶最早主要以何种模式招募而来。最早也最主要的招募来自
外部的社会表现其社会死亡的文化模式，我称之为"侵入型"。在这样的社会
中，侵入型社会死亡可能一直存在，哪怕到后来，大多数奴隶从内部补入。第二
种表现社会死亡的模式，可称之为"挤出型"。它同样由最早又最主要的奴隶招
募方式决定。挤出型社会死亡也将持续存在，哪怕到后来，奴隶来源转向外部。

侵入型模式中，奴隶被视为社会内部永久的敌人，仪式性地纳入当地。中世
纪的意大利托斯卡纳人叫他们"家内敌"。[12]奴隶不曾也不能归属于当地，因为他
来自怀着敌意的外国文化。一方面，他对当地神灵是一个现世的冒犯，是神圣之
地的侵入者〔这一神圣之地，用米尔恰·埃利亚德（Mireca Eliade）的话说，叫宇
宙化圈〕。[13]不列颠哥伦比亚海岸中部的印第安部落贝拉库拉（Bella Coola）人与
印度尼西亚尼亚斯（Nias）人对奴隶的看法，不仅彼此相似，也代表了所有的民
族。贝拉库拉人喜欢说"第一个人降世时，没有奴隶跟着"。托马斯·麦基雷思
（Thomas F.Mcllwraith）对此评论道："贝拉库拉人依然认为，人在世上的权力很
大程度上依赖于其先祖的神话。在他们眼里，奴隶的最大不幸就在于他在这个
岛上没有祖屋，因而也就没有权利。奴隶是在一块陌生土地上的陌生人，没有一
条可溯及盘古开天地的先祖谱系可以依靠。"[14]彼得·苏祖基（Peter Suzuki）也同
样告诉我们，尼亚斯人的"任何祖先神话都未曾提到奴隶。奴隶在宇宙树①
（world-tree）中没有位置，因此也就缺乏宗教，并且随之而来在宇宙中没有一席
之地。他们既无过去，也无将来；虽然活着，却由主人随心所欲地摆布。他们生
活在宇宙的边缘，几乎被当作动物来看待。"[15]

另一方面，奴隶象征被击溃的敌人、地方神灵的力量、当地人的无上荣耀。

---

① 一种神话观念，体现包罗一切的宇宙观。——译者注

由于奴隶在侵入型模式中总与敌人相联系，当我们发现，奴隶制与军事相联系、奴隶制这个词在许多这样的社会中带有军事色彩，也就不足为奇。美洲西北海岸印第安部落中的夸扣特尔人（Kwakiutl）"把奴隶叫做'qlaku qlak'o'"，其词根"qlak"即"砍头"之意。阿维尔基耶娃（A.P.Averkieva）因此而议论：

页40

> 砍下被杀死的敌人的头颅，作为一种战利品带走，这个习俗与奴役战俘的做法并行不悖。它证明一个事实，即在遥远的过去，尽管敌人（俘虏）总被砍头，但因为社会秩序中没有奴隶的位置，他后来就开始被征用为奴。[16]

西非阿散蒂人，与早期西亚两河流域的民族一样，也把奴隶称为从外国来的人。事实上，"阿当可"（adonke）这个词，既是阿散蒂人称呼奴隶的一般叫法，也是他们对北方的外国人的称呼。乌尔第三王朝①用于称呼奴隶的词，其字面意思即山上的男人或女人。山上，是他们的奴隶最早来源的地方。[17]

希腊语中的奴隶制一词："doulos"，其词源学起源依旧是个谜。但值得注意的是，尽管在希腊古典时代，奴隶制高度商业化了；自公元前6世纪起，奴隶也多半买自奴隶市场，而非在战场上俘获，希腊城邦负责奴隶事务的公共管理者却是军事执政官。[18]古罗马的奴隶制更具揭示意义。威弗（P.R.C.Weaver）在他讨论替身奴隶（servus vicarius）时告诉我们，"这个词，与古罗马奴隶制中许多源于本国的词语一样，起源于军事用途与军事组织。奴隶的通用词是'俘虏'"。[19]罗马法充分体现了侵入型奴隶的概念。被敌人俘虏的罗马人，失去作为一个罗马公民的所有权利，但如果他逃出来，回到家乡，依照权利恢复原则（principle of post-liminium），他原有的公民身份完全恢复，除了个别的权利受到限制以及其家产因被他人取得留置权偶尔不能返还以外。[20]社会死亡的概念，也在罗马法中有直接的表述，即奴隶"不为任何人存在"。从古罗马剧作家普劳图斯与泰伦提乌斯（Terence）的喜剧中，我们也能获知，奴隶在罗马人看来无父也无国。[21]

希伯来人法律与习俗中的奴隶制，在上古与中世纪，其社会死亡模式都是高度侵入型的。圣经时代②，犹太同胞可以，也的确被奴役，但是，奴隶却被视为典型的内敌。《圣经·利未记》中写道：

> 至于你的奴仆、婢女，可以从你四围的国中买。并且那寄居在你们中间

---

① 约公元前2113年，西亚两河流域南部以乌尔城为中心兴起的王朝，约公元前2006年终结。——译者注

② 开始于约公元前17世纪。——译者注

的外人和他们的家属,在你们地上所生的,你们也可以从其中买人,他们要作你们的产业。你们要将他们遗留给你们的子孙为产业,要永远从他们中间拣出奴仆。[22]

来自外国的奴隶,用迈蒙尼德的话说,"就像一块标明了所有权的土地",他渺小位卑,"如同牲口,人们可以像得到一头牲口一样拥有他"。[23]　页41

中世纪基督教国家从很早的时候起,就把所有异教徒与不肯皈依宗教的不信神者视为敌人。这些人,一旦在战争中被俘,就可以正当地役使为奴。与希伯来人一样,中世纪的基督教民族允许奴役其同胞,也不允许奴隶以改宗基督教为由迫使主人释免他。[24]

伊斯兰的宗教与社会思想体现出最纯粹的侵入型社会死亡概念。吉哈德之后,外人,即外国人、敌人与异教徒,只能用作奴隶,被视为内敌而接纳。尽管穆斯林的法律不允许奴役与其同一宗教的信徒,但他们有很多方式规避法律,我们接下来将会看到。不过,作为一种文化表现模式,奴隶以俘虏来的敌人、内化的外人这种形象,并且以社会死亡的状态,牢固地确立于伊斯兰人的思想中。《可兰经》中最常用来形容女奴的话是这样说的:她"是你右手所拿的东西"。奴隶首先是"从战争中俘获而来的人,或者用武力从敌对的外国攫来。他们被俘或被抢时,也不信仰真主"。[25]阿里·阿比德·埃瓦赫德(Ali Abd Elwahed)强有力地争辩说,与西方奴隶社会基本上以族群的角度说明奴隶的特征相反,伊斯兰世界关于奴隶的概念,无论古今,都建立在宗教信仰的差异上。他承认,阿拉伯人的政治与法律思想的确带有强烈的种族主义色彩,但他坚持认为,在他们的"集体表述"中,奴隶制是对异教徒发动正义的战争,因禁战俘带来的结果。[26]与埃瓦赫德观点相似的史密斯(M.G.Smith)也强调穆斯林奴隶主与西印度群岛的奴隶主在说明奴隶制时的这种差异。[27]就在最近,保罗·拉夫乔伊(Paul Lovejoy)呼吁大家注意,在解释伊斯兰各民族中的奴隶制时,需要区分其观念与习俗的差异。[28]与混淆观念与现实这个问题相当不同的是,过度强调伊斯兰模式体现社会死亡的宗教内容,往往模糊、遮蔽了更重要的事实,或者说一个共同因素,即西方与伊斯兰的社会死亡模式都是侵入型的。

与侵入型死亡模式形成鲜明对比的,是挤出型的社会死亡。挤出型模式中,占主导地位的奴隶形象是一个在社会内部已然倒下的人。他不再属于他的社会,也被排除于正常的社会活动之外,因为他的行为未能符合最基本的法律或社会经济行为规范,包括穷困潦倒,因为他虽可能无意公然犯罪,不能自食其力却被视为天生无能的表现、被神所抛弃的表示。原始民族中,委内瑞拉的瓜希罗人代表了挤出型社会死亡的典型。在他们中间,被奴役基本上是违反社会规范的结果。[29]发达的古代文明中,阿兹特克、埃及、中国都是典型。阿兹特克人在获取了很多战俘的时候,把他们主要用于宗教仪式,要不然,就把他们重新安置。奴役,在他们看来,是一种内在的恶。沦为奴隶,是穷困或犯罪的结果。[30]法老时代的埃及用于表明奴役的词,与早期西亚两河流域形成鲜明对比,因为埃及人说的奴隶不是外国人。古埃及语中的"奴役"精确地反映出,奴隶来源于社会内部,他们大部分是因为穷困。正如阿布德·穆赫辛·贝吉尔(Abd al-Muhsin Bakir)的研究所清楚地说明:对埃及人来说,奴隶身份等于社会与法律上的死亡。[31]被奴役的战俘,也正是因为堕入奴隶身份,才被社会吸收。值得注意的是,埃及语中的俘虏,从字面上翻译,意思就是"活死人"。[32]中国,在它悠久的、有文字记录的历史上,也一直固守挤出型奴隶制的概念。奴隶,被当作罪犯看待;战俘,一旦被奴役,就在法律与观念上与罪犯同列。[33]

上述社会中,没有一个有真正的大规模奴隶制度。也许,会有人问,奴隶制的挤出型模式是否只适用于奴隶制尚未获得鲜明的结构性意义的社会体系? 事实并非如此。我们举两个相当令人吃惊的例子,它们都是高度依赖奴隶制的发达社会,其奴隶制也表现为侵入型模式。这就是高丽与李氏朝鲜、17 世纪晚期到接近 18 世纪末的俄国。

不大为人所知,甚至一些专门从事奴隶制研究的学者也不知道的是,朝鲜与俄国不仅在经济产业各部门高度依赖奴隶制,其行政管理亦如此;朝鲜的奴隶人口,在各个不同历史时期均占总人口的 30% 以上。[34]

在高丽朝鲜,奴隶制隐含着一层寓意,即奴隶是不受上天恩惠的人。公元 1300 年,一名中国人阔里吉思①上书高丽忠烈王,建议改革奴隶制度。忠烈王诚惶诚恐,回复如下:"祖宗有言:此奴与我,种族有别,未可为民。违背祖制,实有损礼制。"[35]500 年后,朝鲜人对奴隶的看法依然如此。沈苏珊(Susan Shin)、爱德华·瓦格纳(Edward W.Wagner)两位学者,都从他们对 17 世纪朝鲜人口统计

---

① 阔里吉思(1251—1311 年),元朝大臣,蒙古弘吉剌部人,燕只斤氏。1300 年,为征东行省(元朝在高丽王国设立的一个特殊的行中书省)平章政事,建议革除高丽的弊政,包括奴隶制度。——译者注

的研究中发现,朝鲜的社会流动性从来都是由上而下,位于等级社会最底层的奴隶基本上都是从上面掉下来的。[36]

俄国是另一个重要的挤出型有奴社会。在俄国,最早的有关奴隶制的法律中,有一部可追溯至 12 世纪下半叶。[37]这部法律列举了三种成为奴隶的方式。值得注意的是,这三种方式都不包括在战争中掳获俘虏。对此,俄国历史学家们困惑不已。他们提出了各种各样的理论,认为它是一种疏漏,并对之加以解释。其中,最为人普遍认可的看法认为,这些条款针对的,只是某人因自身行为而变成奴隶的情况。这种解释可能是对的,但另一种解释同样说得通。在帝制中国,被奴役的战俘与犯了死罪而被贬为奴隶的人,属于同一类人。俄国也可能是这种情况。因此,在基辅罗斯国①,战俘很可能与从社会内部被贬为奴隶的人一样,都被归入挤出型奴隶,共同成为这个国家奴隶的主体。

围绕"izgoi"这个词的言下之意所发生的争议,更具揭示意义。这个词原指外国人与被释免的奴隶,但值得注意的是,它最主要的意思是"失去了从前的身份、需要得到特殊保护的人"。由此之故,它的适用范围宽泛:沦为孤儿的王子、破产的商人、贫困无依的前奴隶、外国人等,不一而足。[38]我们因此也发现,外国人与从社会内部等级秩序中掉下来的人,被归入了同等身份,而非相反。

17 世纪初,奴隶制在俄国几乎消失。但是,到了彼得大帝的时代,它又开始扩张,持续发展。最终,俄国成为欧洲最重要的有奴社会之一,包括那些在新大陆发展奴隶制的欧洲国家。不过,俄国在欧洲奴隶体系中一直颇显独特,因为它的那种挤出型奴隶制概念始终维持着。与帝制中国一样,俄国的奴隶制与刑罚制度联系紧密。奴隶被视为犯了死罪的人。当然,并非所有罪犯都成为奴隶,但是,苦役犯与被判终身苦役、流放他国的流放犯都是真正意义的公共奴隶。他们"都因刑罚被剥夺全部公民权。在法律的眼里,他们已不是人,其财产归后代,其妻子也改嫁,因为所有的家庭关系都因刑罚而取消"。[39]

挤出型奴隶制概念同样适用于城市地区伺候主人的私奴。我们在前面已看到,那三种单一神宗教如何强化奴隶制的侵入型概念。几乎所有基督教国家的教会,都将奴隶定义为改宗过的异教徒。俄国是唯一的例外,这就非常值得注

---

① 公元 9—13 世纪,以基辅为首都,由维京人建立的以东斯拉夫人为主体的君主制国家。——译者注

意。依据理查德·赫利(Richard Hellie)的研究,东正教教会"宽恕并在事实上鼓励东正教徒奴役其同宗"。它也不反对其他宗教的信众奴役东正教基督徒。[40]

页44 更让我们觉得异乎寻常的是,在莫斯科公国,民族意识主要通过宗教来表达,"东正教会在莫斯科公国的兴起与巩固中扮演了主角"。[41]

由于俄国的奴隶制长期保持其高度的挤出型特征,俄国的奴隶也就绝非内敌,而是社会内部跌落下来的人。在思想意识上细分奴隶与自由人的巨大区别,俄国人没有借助宗教,而采用了赫利所说的"模拟屏障"。其中之一,最发人深省。奴隶主们为自己的宗族捏造了一个说法,"声称其家族谱系起源于国外",他们本是外国人,祖上是"统治其他民族"的尊贵的王室。[42]几乎所有这些声明都是假的。但不同寻常的是,俄国的奴隶主没有把奴隶定义为从国外捉来、生活在自己国家的俘虏,却反其道而行之,把自己解释为源自尊贵的王室血统的外国人。这与挤出型奴隶制的概念当然十分相合,因为那样的奴隶都是社会内部掉下来的人。

现在,我们可以总结一下奴隶制即社会死亡的两种表现模式。侵入型模式中,奴隶被视为不属于社会内部的成员,因为他是一个外人;挤出型模式中,奴隶变成一个外人,因为他不属于或不再属于社会内部的成员。前一个模式中,奴隶是一个外来的流放者,一个侵入者;后一个模式中,奴隶是一个内部的流放者,一个被剥夺了所有社会权利的人。一个掉进了奴隶阶层,因为他是敌人;一个成为敌人,因为他掉进了奴隶阶层。挤出型模式的极端,奴隶一直被视为从社会内部跌落下来的人或罪犯,哪怕当战俘成为奴隶的主要来源时,例如中国北朝时期,亦如此。侵入型模式的极端,奴隶始终被视为被打败的敌人、"从山上来的"人,哪怕当大部分奴隶系由内部补充,例如西亚两河流域晚至乌尔第三王朝时,亦如此。

正是这种奴隶制概念的经久不变,解释了我们在研究与处理奴隶制问题时许多出乎意料的困惑。我们通常会以为那种概念会在某个时期发生变化、转型,但事实上没有。在欧美,几乎所有研读历史的人都普遍认为:到中世纪晚期,奴隶制在西欧北部已废除。然而,从15世纪中期一直到19世纪,在法国、西班牙、英格兰与荷兰,一种欧洲人奴役欧洲人的极端形式却发展、兴盛起来。这就是刑罚奴役制度(penal slavery)。刚开始,犯人被罚在船底摇桨,这是摇桨奴役制,后来,犯人又被用于其他公共工程,摇桨奴役制被公共奴役制取代。这两种制度都是名副其实的奴隶制,它们作为死刑的替代制度发展而来。那时,欧洲尚不存在能够容纳大批死刑犯的监狱系统。固然,死刑罪发生率的增加主要反映的是,有更多罪行被法律定为死罪。但事实上,越来越多的证据表明,法律对犯罪的重新 页45 定义、刑罚奴役与公共奴役的渐次增加,主要是由对管制劳动的需求所决定的。[43]

非常让人吃惊的是,欧洲学者对于刑罚奴役,要么完全忽略不见,要么在意识到它时把它解释别的,而非奴隶制。究其原因,有人动不动就说,这是他们在合谋保持缄默,甚至更坏,有意歪曲历史事实。在我看来,由于西方知识分子的意识里普遍只有侵入型奴隶制的概念,他们确实没有意识到刑罚奴役的实质。西欧学者对近代俄国奴隶制的忽略,同样可能是这个原因。凡是懂得挤出型奴隶制的人,一眼就能看出,摇桨奴役与公共奴役均属于奴隶制。法国国王弗朗西斯曾诏令司法官员,令"所有身犯死罪、当受肉刑、抗命不遵、邪恶度日之徒",都去摇桨。[44]他还效法东方或俄国君主,下旨搜求更多官奴。唯一不同的地方,在于东方或俄国统治者知道,他要的是更多的奴隶,并对此没有丝毫的不安;法王则因为他的侵入型奴隶制观念,以为他要的是另一类劳工,或者因地制宜地说服自己,那奴隶就是另一类劳工。[45]

临界接纳

尽管奴隶也许是在社会意义上死了,他依然是社会中的一分子。这样,问题就来了:他如何被接纳进来? 宗教能够解释虽死犹生何以可能,但它很少提及,普通人当如何理解虽生犹死。这是奴隶制问题带来的最难以解决的文化困境。詹姆斯·沃恩(James H. Vaughan)在分析尼日利亚马尔吉人当中的奴隶制时,相当深刻地讨论了这个问题。[46]他告诉我们,传统的马尔吉人社会,"从理论上看,是一个封闭的体系,仅以出生作为它吸收新成员的方式"。任何外人,都被视为社会空间的入侵者,永远只能以异己而存在。但是,冒犯神灵、祖先而犯下死罪的社会内部成员,因为破坏了它看不见的边界,也把自己变成了异己。

马尔吉人中的奴隶由上述两类异己组成,尽管他们的社会死亡主要表现为侵入型模式。繁多的周边族群,使马尔吉人特别留意其社会空间。一如沃恩所言,"他们对统一的、主要出于共识而结成的'马尔吉',使他们与周边无数其他 页46

社会相区别的'马尔吉'，有敏锐的意识"。在他们看来，奴隶是"破坏了这一封闭体系边界"的人。奴隶制度"为他们中间永久的异己，安排了一个合理甚至实用的空间。它给了奴隶一个制度上的边缘地位"。不止如此：

> 马尔吉的奴隶制还有一个普遍而突出的特征，即所有奴隶，不论其政治地位、个人影响与贫富程度，都有一个共同的中间人身份。这个身份，就马尔吉社会里的成员身份来说，具有重要的结构性意义，并且不可更改。但同样显而易见的是，尽管他们位居社会边缘，却被充分、完全地整合进了这个社会。[47]

由此可见，奴隶制包含了两个相互矛盾的原则：边缘地位、身份整合。马尔吉人通过"正式承认边缘地位"调和了这个矛盾。因此之故，沃恩将马尔吉人的奴隶制称之为"边缘性的"〔limbic，我更愿意用更通用的人类学术语"临界的"（liminal）〕。"因为这个制度中的人生存在社会的边缘，孤处一界，既不拥有马尔吉人的权利，又非真正的外国人"。不过，犯了罪的马尔吉人同样也被族人奴役。他们与被制度化的外人一样，被推到了边缘或临界位置。这些罪犯"留在社会里，既是它的一部分，又与它分离。他并未遭到驱逐，因为驱逐反倒不那么令人羞辱，……而身份的失落与正常地位的丧失，才是骄傲的马尔吉人难以接受的"。

制度化的边缘地位、社会死亡的临界状态，是权力、尊严与出生权丧失后的最终文化产物；它也正是奴隶主的权威所寄，因为正是奴隶主，像上帝一样，在社会意义的生死之间调停。没有奴隶主，就不会有奴隶——图阿雷格人始终这样认为。奴隶最终服从于主人，并非仅仅出于畏惧，还因为基本的生存需要：稍微像个人一样活着。无论那种生存多么边缘、多么需要靠别人来实现。

奴隶的边缘地位，令奴隶主与社会上的其他人得到的好处，还有更多。边缘人，对于道德与社会秩序固然是一种威胁，但对其存续也常常不可或缺。从文化的角度看，奴隶的不同与反常恰恰凸显了当地非奴隶人口文化中最重要、稳固与最不反常的因素与内容。在一些规模小、整合度高，而且非奴隶人口内部阶级分化很小的有奴社会中，尤其如此。

这种反衬作用，西达·帕杜（Theda Perdue）在她讨论切罗基部落的奴隶制时就做过阐述。切罗基人，在采用白人的种植园奴隶制前，早已开始蓄奴。不过，对他们这样一个战争型部落，奴隶在其政治、经济与社会生活中没有用处。

既如此,他们为何保有奴隶? 帕杜的解释是这样的。切罗基人的传统信仰体系 页47
严格区分社会与自然界,然而,所有分类体系都存在与之格格不入的反常物。切
罗基人的处理方式就是凸显它。他们的理由是,正因为有人站在边缘,边界才被
凸显。奴隶在切罗基人中也具有这样的文化意义。他们如同切罗基人心中的熊
或者神话中的野兽乌克特纳(Uktena)。熊有四足,却能像人一样后腿直立、前肢
抓物;神话中的乌克特纳"蛇身、鹿角、鸟翼"。奴隶跟它们一样,完全不合常形。
他们有人的躯体,却不具备任何人的本质,因为人是以归属于宗族而定义的。奴
隶,因其无有归属,就凸显了归属的重要性;因其无有宗族,就凸显了宗族才是归
属的唯一基础;因其异于常态,"就有利于建立与强化切罗基人的集体认同"。[48]

　　盎格鲁-撒克逊民族的英雄史诗《贝奥武甫》以它迷人的叙述,让我们领略
到居于临界位置的奴隶在一个更加复杂、充满冲突的社会体系中的象征性意
义。[49]贝奥武甫的世界,内有世仇,外有战事,纷扰不已。它还是一个阶级体系高
度发达的社会。贵族武士阶级靠仆人生产的盈余过活。奴隶制与奴隶贸易是这
个社会不可或缺的一部分。确切地说,我们在故事一开端看到的第一件事,就提
到了一个"把每一个国家的士兵变成奴隶,成群的俘虏被他打怕"的丹麦英雄希
尔德(Shild)。

　　除了社会的分裂,古老的异教与贝奥武甫所在的世界刚刚获得、尚未充分整
合好的基督教义之间,也存在根本性的伦理分歧。它在史诗中以善、恶两种力量
的冲突表现出来。那不是一个统一有序的世界。邪恶与冲突随处可见,人所
共知:

　　　这世界

　　　日复一日,纷争不息;

　　　善也带来,恶也带来;凡所生者,善也遇之,恶也遇之。[50]

　　奴隶在贝奥武甫最后一场也是最大的一场战役中所扮演的角色,充满着象
征意义。首先值得注意的,是一位逃奴——他遭到主人毒打,正搜寻藏匿之
所——发现了通往睡龙的"隐秘通道"。他"将睡龙从暗夜与梦中唤醒,并把恐
怖降临在贝奥武甫的人民身上"。[51]由此,两个强有力的主题并列而出。一个是
最显而易见的社会冲突(主人与被残酷虐待的奴隶之间),一个是深埋于底的道
德冲突(基督教义与邪恶、异教的潜藏力量之间)。被藏起来的"异教徒的财宝"
与保护它的龙象征邪恶与异教)。

页48

这人类的敌人、强大的野兽，

在那石墙之内沉睡百年。

一个逃奴，把它弄醒。

偷去一个宝石杯，想要换取

主人的原谅，祈求宽恕。

他竟如愿。主人见礼，满心欢喜，

擎着那杯，把玩不已，

睁大眼睛，看那古老的纹理。

宝石杯换来了奴隶的安宁

也让主人欢喜

但龙的怒火也由它激起。[52]

　　诗中所呈现的，不只是社会与道德冲突的象征性联系，奴隶所扮演的角色——由他领入龙的邪恶世界——也十分鲜明地表现出奴隶的临界身份。值得注意的是，进入龙穴的12个人中，奴隶没有算在里面。诗中说，他是那第13个人，似乎暗示他的反常性质。正因为他的边缘身份——既非人也非非人，既非人也非兽，既非死人也非活人，一个既非社会成员也非真正的外国人的内敌——才使他能够带领贝奥武甫一众人等，穿越可怕的边界。由这边界所分开的，上为有序的人间，下为混乱恐怖的阴曹；一边为善，一边为恶；一边是神圣的基督教世界，一边是渎神的异端世界。

　　思考奴隶的临界身份在有奴社会中的重要作用，让我们想到奴隶制的一个重要特征，一个常被误解的特征。尽管从社会意义上说，奴隶不算人，他生存在社会死亡的边缘地带，但他并非种姓制度中被除籍的贱民。鉴于人们常常不假思索地用种姓概念解释美国的奴隶制以及它被废除后的后续影响，这一点务必要强调。[53]

　　除了寺庙奴隶明显是个例外，被奴役者从未被贬到贱民地位，他们在任何一个有着复杂的种姓等级制度的社会中，也从未被置于其中的某一层。为什么这样说？我们先来看种姓制度与奴隶制关系之间的实质。

　　就"种姓的分层化"程度，我们将"默多克世界样本"中的186个社会分为4组：

　　(1)不存在任何种姓区分或区分程度微不足道的社会。

(2)存在一个或更多被人瞧不起的职业群体(铁匠、皮革匠或其他)。他们被区分于全体人口之外,被视为贱民,以严格的群内通婚为特征。

(3)存在族群分层,有一个掌握特权、拒绝与低级种姓(或其他种姓)通婚的高级种姓,低级种姓被污名化为族外异己(例如,其祖辈是文化低劣且被征服的页49土著、曾经做过奴隶、不同种族或不同文化的外国移民)。

(4)存在复杂的种姓分层,职业区分强调可继承性,实行内婚制,近乎排他性地限于同一阶层间的通婚。

这样分层的主要好处,是它同时考虑到了广义与狭隘的种姓定义。许多学者可能认为,"种姓"一词只能严格地运用于第四种社会,主要是印度与东南亚一些国家。[54]其他人则对种姓概念有更宽泛的解释,把第二种与第四种社会都包含进去,认为都很恰当。[55]我个人的立场接近于第二类学者,但有一个重要的先决条件:在我看来,种姓作为一种维持社会距离的手段,还有一层象征性的洁净与污染的意思。"代代相袭的内婚制群体",由"规制的行为方式在社会上加以区别",他们的存在虽是定义种姓制度的必要条件,却非充分条件。因为这样的"群体"定义适用于几乎所有的社会体系。依据这个定义,我显然不会同意把第三类也当作真正的种姓社会。因为族群的差异不需要靠纯净与污染的观念来强化。

有了这些理论准备,我们现在可以来考查奴隶制的存无与种姓分层类型之间的关联(见表2.1)。这张表的显著度很高($p = 0.002$),尽管奴隶制的存无与社会类型的整体关联度不强。我们看到,绝大部分有奴社会都不存在任何类型的种姓分层。不过,奴隶制与种姓的存在并非不相容。种姓制度与奴隶制度存在微弱的整体关系,这个关系是一个因变量。换言之,奴隶制与职业种姓制度之页50间相对较强的关联性被它与复杂的种姓体系之间相当弱的关联性所平衡。

表2.1　奴隶制与种姓分层的关系(依据默多克的《民族志地图》)

奴隶制度的有无	社会类型			
	无种姓制度	职业种姓群体	族群分层	复杂的种姓区分
无奴隶制:				
数量	114	6	1	4
比例	66.3	3.5	0.6	2.3

续表

奴隶制度的有无	社会类型			
	无种姓制度	职业种姓群体	族群分层	复杂的种姓区分
有奴隶制:				
数量	33	10	2	2
比例	19.2	5.8	1.2	1.2

注:卡方 = 14.17,自由度为3,显著度 = 0.0027

　　更具分析价值的,是民族志数据中显示出来的那些奴隶制与种姓制度并存的社会。没有一个那样的社会(寺庙奴隶制是少有的例外),其中的奴隶属于贱民,或者作为特别的种姓被隔离。马尔吉、索马里、朝鲜等,都是典型的兼有职业种姓制度的有奴社会。历史学与人类学对这些社会有丰富的研究。研究成果显示,其中的奴隶与我们所讨论的种姓群体是被区别对待的。[56]首先,贱民与常民①(ordinary)之间的婚姻,哪怕是暗地里的性关系,从来就不存在。然而,常民中的自由男性与女奴的婚姻,却很常见。在索马里,正是因为奴隶能在不同阶层间跨界的特征,他们是唯一可以跟常民中的自由人与贱民萨布②(Sab)都发生性关系的人。其次,贱民的种姓身份永远不能甩脱,他们也不会去想能不能甩脱;而所有这些社会中的奴隶都可以获得释免,变成"自由"人。再次,贱民群体通常被隔离开来。例如朝鲜的"白丁"③就是一个有组织的贱民群体,生活在自己的社区,内部高度自治。奴隶则从未被隔离开,因为他们就只是奴隶。最后,所有的贱民群体都有一个专属于他们从事的特定职业,而奴隶从未被限定在特定的工作上。所有前现代社会中,奴隶的工作领域都覆盖了所有的职业。最近的研究显示,即便在现代资本主义奴隶体系中,奴隶的职业领域也比我们原来以为的宽得多。[57]不过,最重要的差异也许在于,尽管奴隶受人蔑视,却从来没有让人觉得有污染性,所以应该回避、畏惧;但是,索马里的萨布、朝鲜的白丁,却因为这个原因而被避而远之。[58]

　　不难理解,奴隶为何从未被归入贱民一类。前文已述,奴隶制首先是一种个

---

① 种姓制度中地位中下的一个种姓。——译者注
② 包括马迪班、图麦、伊比尔在内的低级种姓。——译者注
③ 朝鲜种姓制度中的"不可接触者"。——译者注

人化的支配关系。由于奴隶主凌驾于奴隶的权力,他们之间还存在一种有违常理的亲密感。奴隶的一条命仰赖主人,也为了主人。很显然,任何仪式上的回避、空间上的隔离都会削弱这种支配关系。何况,把奴隶归入有专属职业的贱民,也有损奴隶的一大优势:他是个生来即被疏离、异化的人,正因为他不拥有任何权利,他可以充作各种用途。奴隶不仅可以用作小妾,任凭蹂躏,也可以用作保姆而替代母亲。无论人性有多矛盾,任何一个奴隶主群体都不可能儿时在女奴怀里吃奶、少年时在她身上下种,一旦成年却宣称她被污染了。

事实上,我们的比较研究显示,污染观念很强的社会,之所以蓄奴,主要原因 页51
之一就是奴隶不会污染人,并因此成为回避污染的重要工具。例如毛利人中,每一个自由人都有一套复杂的禁令,他们叫塔普(tapu)。塔普是神所规定的法。破坏神所规定的法,他的安全就受到了严重威胁,因为他失去了他的玛纳(mana,即权力),很容易受到超自然力量的伤害。依据埃尔斯登·贝斯特(Elsdon Best)的研究:

> 从摇篮到坟墓,塔普的阴影笼罩在毛利人的头顶。无时无刻,塔普不与他同在,哪怕在他的墓穴。人的地位越高,塔普就越多。有意思的是,毛利人的奴隶不受塔普约束,但他怎样生活、怎样生存、为什么在如此毫无防护的情况下也没有灭绝,却是一个谜。[59]

我们现在知道,他们没有灭绝,是因为生来即被疏离、异化,已经在社会意义上死亡。"哪怕他[奴隶]曾经是另一个部落的酋长",雷蒙德·弗思(Raymond Firth)告诉我们,"他被俘房之后就被赶出神的玛纳,不再算作有灵之物"。因为身在临界,他可以跨越禁止他人穿越的边界,也可以为主人准备食物,做这样重要的工作。这工作如果让俗人来做,必然会叫他没了魂灵,可能还会真的死去。[60]

因为同样的原因,在尼泊尔,尽管奴隶"属于政治上最卑贱的一群人",有的时候,他们却选自比较高的种姓。"因为得让奴隶做佣人们该做的事,允许他跨进主人家的门槛他就必须在宗教上保持相对的洁净,而这种洁净只有特定的种姓成员才拥有。"甚至有些婆罗门也被奴役过,并且没有丧失其种姓。[61]

对于奴隶制与种姓制度关系的一番考查,让我们回到前面开始的地方:奴隶的临界身份不只是主人行使权威的强有力的凭借,也是奴隶得以为主人与整个社会所用的一条重要通路。种姓关系与宗教上的污染观念的本质,在于它们要划定不可逾越的边界;而奴隶制的实质则在于,奴隶以其社会死亡的状态生活在人世与混沌两界的边缘、生死之间、神圣与世俗的交界。他是已死的人,不活在神的玛纳里头,可以跨越社会与超自然两界而免受惩罚。

奴役仪式与标记

象征性观念通常以仪式化程式表达其社会意义。我们现在来看奴隶生来即遭疏离、异化如何通过仪式体现。所有奴隶体系中,除了最发达的以外,获得一个奴隶在主人家是一件非常特别的事。哪怕家里的奴隶已多达全家人口的四分之一,奴隶的获得对家里人来说都可能是一生一次的事,尤其是在蓄奴模式已十分偏离典型的时候。前现代社会中,为特殊事宜举行仪式,是很常见的。如果涉及把一个被看作社会死亡的人纳入进来,不难看出,它不能没有仪式。奴役仪式包含其基本特征中的一个或两个以上:其一,由奴隶象征性地摒弃他的过去与他原来的血亲关系。其二,改名。其三,标以看得见的服侍人的标记。其四,宣布他在新主人家或经济生产组织中的职业身份。

许多社会的文化传统要求新来的奴隶做一个象征性的姿态,断绝他与出生地、亲属圈、祖宗神灵与上帝的联系;如果他来自当地,就要摒弃他自己的血亲族系、祖宗神灵,认祖归宗于主人家。仪式通常简单、短暂,但对于奴隶总是极为羞辱,有时候,甚至造成精神创伤。

我们在南美食人族图皮南巴人①(Tupinamba)部落发现了最原始的奴隶制形态。大部分俘虏最终都被吃掉,但他们被抓来之后、吃掉之前,很多年都在为俘获自己的人做奴隶,通常也没有受虐待。他们进入俘获者的村子前,要脱掉衣服,打扮得像图皮南巴人一样,身上装饰着羽毛,然后,被带到新近死去的人坟前,被迫清洗死人的遗体,使之"焕然一新"。接下来,他们要表演一个有重要作用的仪式,即拿着死人的武器与其他属于死者的东西,用上一会,再将它们交给死者合法的继承人。"这样做的理由",艾尔弗莱德·梅特罗(Alfred Métraux)解释说,"是因为接触死者的遗物充满危险,除非它们事先经过俘虏的玷污"。[62]作为社会意义上的死人,俘虏能够穿行于生者与死者之间,并且免受超自然力量的

①　图皮族人的一支。——译者注

伤害。这种跨界的穿行,如果由社会意义上还活着的人来做,不可避免地要受超自然力量的伤害。经过这个仪式,俘虏们被带进村,村里人载歌载舞,俘虏们自己也要被迫参与,"在藏有神圣的响尾蛇的小屋前跳舞"。[63]

中世纪欧洲的日耳曼民族中,奴役仪式更加复杂。新来的奴隶,如果来自本地,要把头伸于主人臂下,主人拿一个项圈或带子套在他脖子上。[64]盎格鲁-撒克逊晚期的英格兰,也有类似的仪式或者变体:因为贫困被迫卖身为奴的男子,得把头放在主人手上,主人将一把钩镰或一根赶牛棒交给他,象征着他的新身份。由此,我们还发现了一种暗示奴役地位的特殊方式。英格兰诺森伯兰郡的一位女管家曾说:"所有那些人在倒霉的时候都把头交到女主人手里换吃的"。[65]这句话让人意识到这个仪式的涵义:一个人的头与他的心灵、意愿相联系;奴隶主得到的,除了奴隶的劳动,正是其心灵与意愿。 页 53

再来看传统非洲,我们会发现一些有趣的相似与不同。相似之处在于,奴役仪式的目的都是为了象征性地体现奴隶的社会死亡与新身份,但在非洲,它们不大注重奴隶的体力与精神劳动,而更多地强调其社会用途,即令奴隶在断绝了原来的血亲纽带与先祖保护之后,作为一个永久的边缘人,进入一个新的隶属关系网。安哥拉西北部的因班加拉①(Imbangala)的例子颇为典型。[66]在那里,所有奴隶,无论得自卡桑杰国内还是境外,都被视为不同于当地血统的外国人。他们首先在一个特殊的通行仪式中通过一种药被清除亲缘纽带,从此,再也得不到祖先的保护。值得注意的是,这种药把奴隶对其先祖的所有记忆也消灭干净了,这种记忆的断裂为奴隶的子孙将来可能被同化铺平了道路。通行仪式之后,是一个危险的清洗期。其间,奴隶的魂灵暴露在外,既得不到自己的先祖神灵的保护,也得不到奴隶主的先祖神灵的保护。最后,通过一个命名仪式,奴隶被纳入(并非收养)主人的血统,成为一个"外国依附者",再次得到保护。但是,重命名给他带来的权利并不充分,他没有得到每一个真正的血统成员都拥有的出生权。

奴隶的导入仪式因地而异,尽管其象征意义与实际目的到处都一样。安哥拉西南部的奥万博人(Kwanyama)②将奴隶的导入仪式称为"伊利阿科克",字面意思是"踩踏在某物之上"。奥万博的武士如果捉来了俘虏,俘虏就由武士的父

---

① 17 世纪安哥拉的武士与劫夺者部落,卡桑杰王国的建立者。——译者注
② Kwanyama 即通常所说的 Ovambo people,他们是班图族人。——译者注

母带到家家户户都有的磨刀石前：

> 父亲拿起石头，握在手上，当他的妻子把水泼在石头上时，父亲强令捉来的人把水喝下去。之后，武士拿起石头，砸那俘虏的天灵盖，"防备他以后生出逃跑的想法"。因为石头天性不会动，奥万博人相信，被这样处理过的人，也跟石头一样，不会逃跑。[67]

同样，尼日利亚中部蒂夫族人（Tiv）的奴役仪式中，"奴隶的买主与他的父系族人会把一只鸡撕开。他们相信，这样就可以割断奴隶与亲人的关系，奴隶也不可能逃跑了，'因为他没地方可去'。"[68]有些非洲群落，像阿博人（Aboh），他们把奴隶供奉给特殊的圣殿，再举办盛宴。[69]其他一些，例如伊拉人（Ila），先"给新来的奴隶指定一个灵，一个与父亲一族某位死去的成员相联系的灵"，再在公社仪式上告知祖先，有一个新来的奴隶加入进来，请祖先保护他。[70]奴隶完全适应其新身份的时间因其类型不同，长短不一。女奴通常容易些，但有时，男奴比女奴适应得更顺（例如伊拉人中的奴隶）。但不管怎样不同，在所有的非洲传统社会，新来的奴隶都得被迫弃绝血亲纽带，获得某种拟亲关系，与主人及其家族绑在一起，除非他是一个"贸易奴"，指定了要被转手卖掉。新的纽带，对他到底意味着什么，我们将在后文探讨。

页54

导入仪式的目的，在全世界其他以血缘纽带为基础的社会中，也都如此。举例说，缅甸高地的卡钦人①（Kachin）中，新来的奴隶在被接纳进主人家之前，需要先剃光头，再用主人家的炉灰涂抹。[71]这样，他过去的记忆就被削去，他也获得了主人家先祖的灵——炉灰。最后再举一例。在印度尼西亚西里伯斯中部的托拉查，[72]奴隶进到主人家，立刻吃一碗主人平时的饭食，"这样，他的生灵就安宁了"。通常，这碗饭放在锅盖上，为的是让奴隶忘记他原来的情感所寄。接下来，主人家准备一个小篮，内盛大米、蛋、木薯糕和椰子；篮子先在奴隶头上向左转七次，向右转七次，再放在头顶，主人为他祈福："你，某某人，不管你的生灵去了哪里，你的家人留在了何方，这里是我给你的米，吃了它，你的灵就能在你身上安顿，你会长寿。"待奴隶吃下篮中食物，通常会来一个女祭司，为新来的奴隶祈求长寿。这里的象征意义不言自明，无须多论。同样，它也包括独立的社会存在即奴隶的生灵的丧失、对已迷失的生灵的抚慰和保护，以及奴隶永远只能作为异

---

① 自称景颇人。——译者注

已存在的边缘地位。

当然，在大规模的有奴社会，当奴隶已成为外在于奴隶主家庭经济的一个独立的生产单元时，我们看不到如此精细的奴役导入仪式。新来的奴隶通常被交给主人信任的老奴，教他学会在新环境生存的必备技能。但这不是说，仪式在这里就不存在了。因为我们知道，即使在近代加勒比地区最残酷的资本主义奴隶制种植园，奴隶的生活里都有丰富的仪式性内容，有他们自己的导入方式。[73]古罗马大庄园主的奴隶，因其宗教生活的繁复与紧张，想必与加勒比的奴隶相似。不过，如果奴隶不是由主人私下里接纳，就需要公开的接纳仪式，要在仪式上显示出，他的存在就身体政治来说意义重大、潜藏危险。我们以后会看到，在这样大规模的奴隶体系中，这一任务由国家宗教来完成。

改名，是奴役仪式的第二个主要特征。一个人的姓名当然不只是一种称呼方式，它代表他的整个身份，是一个独特的人生存于世的语言符号。它也建立起他与家族世系的关系，并将此公之于众。许许多多的社会里，人的姓名被赋予了 页55魔性。长大成人、加入宗教团体与神秘组织，要取一个新名字；巫术、魔法中被诅咒者的姓名隐隐然令人畏惧。正如厄内斯特·卡西雷尔（Ernst Cassirer）所言："名实相联，必然而然；名虽为号，实显其质；物若为实，力显名中，所有这些观念都是神话创造意识中的基本假定。"[74]由是之故，我们可以理解，每一个奴隶社会中，奴隶主获得奴隶后首先要做的事之一，就是给他改名。必须要反对那种简单的解释，说这只不过是奴隶主需要找一个他更熟悉的名字。因为我们发现，奴隶来自与奴隶主相同的社会背景与语系时，奴隶主依然会给他改名。

改名的原因有几个。普遍而言，改名几乎都是一种剥夺某人原有身份的象征行为。现代人喜欢给战犯与罪犯指定一个新的正式身份（通常用一个数字编号），就是一个例证。奴隶原来的姓名与他原来的我一起被埋葬，不过，新姓名的意义随着奴隶文化的不同而不同。大多数以血缘关系为基础的社会，奴隶以他新主人的族名为名。这是创建拟亲关系的第一步，但也并非总是如此。在奴隶没有进入家庭经济而是被单独放在前资本主义经济部门以供剥削的少部分血缘社会，以及大多数发达的前现代奴隶体系中，新名字通常是象征低劣与被蔑视的徽记。在有的社会，要么专供奴仆之用，要么特显奴性。例如在罗马共和国，希腊姓名经常意味着奴役身份或其先祖的来源，还有许多传统的罗马名字最终成了人们喜欢的奴隶用名或绰号，例如法乌斯图斯、菲利克斯、佛尔图那图斯、普利慕斯等。[75]在俄国，奴隶主与奴隶经常用一样的姓名。这不难理解，因为大部分奴隶来源于当地。尽管如此，有些名字，诸如孔德拉季、马特罗娜还是成了典型的奴隶用名。[76]在有的社会，例如中国、古代近东、法老时代的埃及，最确定的奴役标签是没有姓。[77]不过，更令人羞辱的是伤害之外再加侮辱，奴隶被安上一个荒唐甚至淫荡的名字。在喀麦隆杜阿拉人（Duala）中，诸如"恼火的家伙"这样的词也成了奴隶的名字。尼日利亚阿博人的奴隶，有的叫"蓝胡子""垂头丧气"。[78]美洲西北海岸努特卡人（Nootka）、冰岛人、缅甸高地的卡钦人都是典型的、喜欢给女奴起上一些有损其身份、性别的名字并从中取乐的民族。[79]

页56 　　美洲大陆同样如此。在这里，姓名的指定与使用，是主奴之间发生冲突的焦点所在。在美国南方，奴隶有时会因为取了重要的白人的名字而挨鞭子。许多种植园主喜欢的气势不凡的经典名字，奴隶们却憎恨不已，除非它们令人联想到非洲人的姓名。获得释免的奴隶，通常会改换其姓，虽然有时候也保留前主人的姓，如果后者地位重要的话，但这是为了保护自己。似乎有许多奴隶为自己选了姓，并在他们中间使用；[80]所选的姓（他们叫称号）常常来自一个遥远的祖先或前主人，这就直接象征性地表示了，他们拒绝接受现在的主人。赫伯特·古特曼（Herbert G.Gutman）坚持认为，大部分奴隶有自己的姓，并且说，选择不同的姓，一方面意味着拒绝接受主人所加与他的父权主义"亲密"纽带；另一方面也是为了"塑造一个独立于奴隶所有权的社会身份"。[81]这个观点已经成为一个争议很大的主题，一个争论热度超过了所产生的观点的主题。依据我的文献阅读，包括奴隶的叙述与访谈，在我看来，尽管各地区之内与各地区之间，各种各样的情况都有，但是，在美国，大部分奴隶的姓都随主人，主人换了，姓也换了。与奴隶不拥有对其人身与劳动的合法权利一样，他们同样也不拥有对姓氏的合法权利，没有奴隶主会认为那是奴隶的法定权利。

　　拉丁美洲的情况与彼得·伍德（Peter Wood）所揭示的南卡罗来纳颇为相似：奴隶主决定奴隶的姓名，但在殖民时期，主人往往会选用非洲姓名。后来，非洲姓名被西班牙姓名替代。因此，在哥伦比亚：

　　　　西班牙人通常保留奴隶的非洲部落姓名，或者以他们的非洲来源地作黑人的名字。第二代奴隶，可能保留其非洲姓氏，但通常来说，他们要么没了原来的姓，跟着主人姓；要么被指定姓"克里奥罗斯"，意为"出生在美洲的人"。[82]

1759 年,哥伦比亚人口普查显示,近 40% 的奴隶有名无姓,30% 的奴隶姓克里奥罗斯,其余奴隶保留着非洲部落或非洲地名的姓氏,诸如迈纳、刚果、曼丁戈、卡拉巴。黑人"获得释免后,反比他们为奴期间更愿意用主人的姓氏"。[83]

拉美有一部分地区也是这样。例如墨西哥:

> 所有非洲奴隶都由主人给一个名,用以确定身份。男性最常用的名有胡安、安东、弗朗西斯科、迭戈、塞巴斯蒂安、埃尔南多等;玛丽亚、伊莎贝尔、玛格达莱娜、安娜、卡塔利娜等,则为女性所常用。有些奴隶还有姓,通常是主人的姓。有名无姓的奴隶,通常需要加上他们所来源的部落名或地名才好确定其身份。有的奴隶的名字附有一个绰号,例如老头胡安 、独眼胡安。[84]   页57

加勒比地区的命名模式与西班牙的美洲殖民地、南卡罗来纳州殖民时期非常相似。在牙买加,非洲人(奴隶)的日期名①与部落名要么用其原文,要么改用英语。19 世纪期间,这些非洲名带上了贬义。例如夸希,在非洲阿肯人(Akan)的语言中,原为日期名,意为"星期日",最后却表示愚蠢、懒惰的奴隶;科州,在阿肯人的星期名中,意为"星期一",但后来象征醉鬼。[85]即便改为纯粹的英语或克里奥尔语②(Creole),其贬低之意也丝毫未减。奴隶,要么被起上一个经典人物的名字,例如菲比③、居鲁士;要么得到一个侮辱性的绰号,例如沃斯帕克庄园的奴隶被主人、监工强加上了各式各样的绰号:美人、无忧、猴子、坏蛋、喇叭,不一而足。克拉通(Craton)提到,"所有这些简单的奴隶名都与庄园里的牲口名相似,被这样称呼的奴隶相当之多,甚至让人搞不清庄园账本上的名单到底是牲口还是奴隶"。[86]到 18 世纪末,越来越多的奴隶开始有了姓,通常也伴随着名的更改。只要他们受了洗,就可以这样做。很可能,在牙买加,这也是奴隶们基督教化的主要动因之一。无论出于什么原因,到奴隶制被废除时,大部分奴隶都有了名和姓,用的通常是英国人的名,姓则取自种植园里或奴隶所在地区受尊敬的白人的姓。[87]孩子如果有姓,也很少在 10 岁之前。"他们的姓名也经常用庄园里白人的姓名(哪怕他们并非孩子的父亲)"。[88]

---

① 非洲人有按出生日起名的风俗,例如生在星期日就取名星期日。——译者注
② 因不同族群混血而融合不同语言例如法语、英语、荷兰语、西班牙语而产生的语言。——译者注
③ 《圣经》中人名。——译者注

最后，说一说法属安的列斯群岛。尽管那里的起名习惯大体上与英属加勒比相似，却有少许值得一提的差异。[89]奴隶们在从非洲来的运奴船上就有了新名字，但他们相互之间用自己的非洲名字。到达种植园几天之后，每个奴隶会得到一个绰号，这个绰号会变成他正式的名字，也是主人叫他时用的。奴隶们相互之间继续使用原来的名字作基督教名，姓则改为种植园主人的姓。这种情况在男性中更多见，大部分女奴只有一个主人给的单名。

受洗后的奴隶有第三个名，通常是一个圣人的名字，不过，奴隶们自己很少用，奴隶主也几乎从来不用。它的主要作用是表示他受过洗。

至于名字本身，法国奴隶主也喜欢用历史名人或文学人物的名字，黑人们自己似乎更喜欢军事词典中的人名：阿勒特、卓利库尔、桑斯－索齐、范法朗等等。主人给他们起的绰号或者第二个名字，要么与其体格特征有关，例如长胳膊、大个子、歪脖佬、肥屁股；要么是他们的来源之地，如范图、迈纳、塞内加尔等。有时也和英属加勒比、殖民时期的南卡罗来纳一样，借用非洲人的星期名，但因为奴隶主是法国人，坚持把它们翻译过来，所以奴隶们虽然还叫星期三、星期五之类，但读写均用法语。

页58

随着18世纪的过去，法属安的列斯群岛也出现了用克里奥尔语取代非洲名的趋势。18世纪末，由于奴隶主不在种植园的时候越来越多、工头们频繁更换，奴隶们有了更多机会选择自己的名字。只要有机会，他们几乎都不会用主人的名。相反，他们用另一个奴隶主的先人的名字，或者用非洲地名、殖民地的英雄、有名的废奴主义者或废奴主义文学中的人物名，或者选用圣人的名字，这是最多见的。

奴隶的姓名只是奴隶制的徽记之一。在每一个有奴社会，我们都发现了清晰可见的奴役标识，有的很明显，有的隐微些。如果奴隶与主人种族、肤色不同，那么其种族、肤色就可能暗示奴隶身份。这种情况并非仅限于美洲。黑皮肤，在几乎所有伊斯兰国家，包括苏丹王国的一部分，都曾经而且至今与奴隶制相联系。的确，白人奴隶是有的；也确实，黑人可能是自由的。但这不意味着"黑"与奴隶制无关。[90]主人与奴隶之间那种看得见的种族差异，在大量其他社会中都存在，包括埃塞俄比亚人、本巴人①(Bemba)，甚至非洲的洛兹斯人(Lozis)、吉利亚

---

① 非洲南部赞比西河北部民族之一。——译者注

克人①(Gilyaks)与东亚的罗洛斯人(Lolos)等。

被迫穿戴或禁止穿戴的饰物,也是标识奴隶的一种方式。有些民族,例如阿散蒂与中国人,通常会规定奴隶身着特别服装。有些民族,例如伊博人(Ibos),还会禁止奴隶佩戴某类珠宝。特林吉特人②(Tlingit)的女奴不可以佩戴自由妇女喜欢的唇钉。美洲与现代世界其他某些地区的奴隶,因其身上明显的种族特征,已无必要再加以服饰禁令,尽管在有些地方还有这样的规定。[91]古希腊人没有要求奴隶身着特别的服装,但显然(与美国一样),奴隶的着装样式直接显露其奴隶身份。[92]古罗马在这方面极其有趣,奴隶人口很容易并入占古罗马人口一多半的无产者中,高高的释免率也使得族群身份不能用作标识奴隶的一种方式,但罗马人又很想有一种便利的标识方式,因此,有人打算让奴隶穿上特殊的服装。但马上就有人指出,这个设想一旦施行,会使奴隶们立刻意识到他们的人数优势,罗马人只好作罢。[93]

文身,同样可用来标识奴隶。给奴隶文身,在古代近东地区,是很普遍的,尽管它显然可以磨去。[94]令人惊讶的是,前现代社会中,给奴隶烙印的少之又少,即便有,也只用在屡屡逃跑的奴隶身上,例如在中国、希腊化时代的埃及与古罗马;但是,在中世纪晚期与近代欧洲,给摇桨奴与其他官奴烙印成为通则。在法国,自16世纪中期起,被判摇桨的官奴首先要当众受一顿鞭打,再受烙刑,摇桨奴(gallery)一词的前三个字母"GAL"会烙进他们肩上。1810—1832年间,尽管那时烙刑已被废除,所有的官奴,尤其是要被送到巴涅(Bagnes)去的人,身上都烙上了"TP"(意为终身苦役)的字样。[95]在俄国,官奴烙刑直到1863年才废止,烙印方式亦令人毛骨悚然,他们先将罪犯(katorshniki)一词的前三个字母KAT烙在官奴的双颊与前额,再向伤口撒入火药。[96]

页59

整个美洲,直到18世纪下半叶,烙印一直是标识奴隶身份的例行做法。此后,烙刑虽主要只用于惩罚逃奴与桀骜不驯的奴隶,但它作为标识奴隶身份的一种方式,并未消失,哪怕在美国,也是如此。晚至1848年,一位肯塔基的奴隶主为寻找一个逃跑的女奴,在告示上说,这女奴的"前胸曾烙上一个L形的图斑"。[97]1833年前,南卡罗来纳州不仅允许烙刑,还对犯了重罪的奴隶施以割耳的

---

①　即尼夫赫人,西伯利亚东南地区原住民。——译者注
②　北美的一支印第安人,居住在阿拉斯加东南部、太平洋西北岸。——译者注

残害。[98]在加勒比地区,烙印作为标识身份的一种习惯做法,直到 18 世纪的最后二十来年,才迫于废奴主义者与传教士的压力开始不那么流行。18 世纪沃斯帕克庄园奴隶肩上的"LP"烙记,至今依然在这个庄园作为标识牲口的一种方式在用。[99]

拉美与美国的情况差不多,只不过在拉美,烙印作为标识逃奴的一种方式,到了 19 世纪,依然还在使用。19 世纪中期,奴隶价格昂贵时,古巴的奴隶主甚至更加频繁地使用这种方式。偶尔,烙印也会产生事与愿违的后果。在巴西米纳斯吉纳(Minas Gerais)地区,逃奴们聚成一个"褐人区"①,他们一旦被捉,肩上就会立刻被烙上一个"F"字母。但在奴隶们中间,"F"烙印却成为"一种荣耀而非臭名恶行的徽记",被捉回来的奴隶会向谨小慎微但敬仰他们的受难者同胞自豪地展示它。得知此情的奴隶主,则代之以更可怖的惩罚:挑断阿喀琉斯的一根脚筋。[100]

有时,符号的阙如倒成为识别奴隶的标识。非洲约鲁巴人(Yoluba)禁止奴隶使用约鲁巴的部落标记在身上烙印。有时,又正是这种部落标记立即暴露出谁是奴隶。例如,阿散蒂人就不像他们捉来并加以奴役的周边民族给自己纹上部落的标记。西非门德人②(Mende)中,如果哪位妇女的手上没有染料的黑色,就可以判断她是一名奴隶,因为只有不是奴隶的妇女才有余暇与特权染布。[101]

页60 有一种标识方式特别值得注意,因为它在绝大多数有奴社会中都存在,这就是剃光头或阴阳头。在非洲各民族中,我们发现,即便差别大如伊拉人与索马里人,都用光头表明奴隶身份。在中国、缅甸高地、日耳曼原始民族、19 世纪的俄国人、西北海岸的印第安人、南美与加勒比的某些部落中,奴隶的头被剃光(古代近东,女奴的头发被当众剪掉)。在印度与法老埃及,奴隶的头发被剃得只剩少许,形似一根猪尾自头顶垂落。西非莫西人(Mossi)给奴隶剃头的习俗与众不同,当主人考虑要把某个奴隶卖掉时,就会定期来给他剃头。这个做法会强烈影响他的最终决定。迪姆·德洛布森(A.A.Dim Delobsom)的研究告诉我们,"依据新发开始生长的位置:后脑勺、前额、耳朵边,主人对奴隶的判断——他是一个危险的人,还是会给主人家带来福运——会很不同。"[102]诸如此类的例子,不胜枚

---

① 褐人,指逃奴的混血肤色。——译者注
② 主要分布于利比亚与塞拉利昂东南部。——译者注

举。显然，剃头极具象征意义。头发在人的身体各器官中最富神秘性联系。[103]就私人或个体层面来看，几乎没有一种文化，头发不在其中象征男性的权力、阳刚、自由甚至反叛精神；对于女性，象征美的极致。反过来，光头则象征着去势——失去男子气、权力与自由精神。即便在现代社会，我们也常给囚犯剃头，尽管其深层象征意义通常会以保持卫生之名而掩盖。

在公共或社会层面上，光头在前现代社会更具象征意义。它是一个通用的过渡符，尤其是在哀悼死者的场合。死亡、奴隶制与光头之间的联系，小安的列斯群岛加勒比卡利纳戈（Callinago of Caribs）族的习俗给我们展现得清晰、具体。他们中的许多人，在西班牙人征服小安的列斯群岛不多久，就被征服者扫灭干净。17 世纪中叶，法国多米尼加传教士雷蒙·布雷顿（Raymond Breton）来到他们中间。雷蒙写道：

> 丈夫去世，女人立刻把头发剪去；妻子去世，男人立刻把头发剪去；父母去世，孩子也立刻把头发剪去。剪发时间，持续一年。奴隶随时都要剃头，绝不允许头发长出来。头发剪到脖子的位置，说明他们正在服丧（着重号系添加）。[104]

因此，我们有理由得出结论：奴隶的光头，体现一种鲜明的象征意义：被奴役者，永远居于临界地位，也必须永远为自己的社会死亡哀悼。

不过，如何解释美国这个大型奴隶体系中没有剃光头的奴隶？我认为答案 页61
一目了然：头发不仅在奴役关系中具有象征作用，种族关系中同样。首先，显而易见，主人是白人，奴隶是黑人——身体外形的差异消除了以更通用的徽记象征奴隶制的需要。与通常之见相反，在美洲，与其说，是肤色的差异构成奴役身份的标记，不如说，是头发的类型成为奴役身份的重要标签。

在各种族并存的社会中，尽管肤色一开始的影响极大，但它在差异等列中其实是相当微弱的一个因素。[105]原因有几个：其一，肤色在白人内部与黑人内部的差异程度远远超过人们通常所想。深肤色的欧洲人，尤其是拉美人，与许多非洲人的肤色相差不远，只要后者不是来自典型的西非"乌黑"区。如果我们考虑到大部分工作在热带的白人被太阳晒得很黑并且永久保留的肤色，这种差异就更小了。其二，肤色的差异很快就可因混血而模糊，混血消减肤色显著度的速度也远比人们通常想象的快。正因为如此，很快，在美洲所有的奴隶社会，都有一部分奴隶的肤色比他们的许多欧洲主人要浅。一位非洲母亲与一个金发的科利什或爱尔兰父亲生下的混血儿,其肤色浅于大部分深肤色威尔士监工的概率相当之大。不出几代,肤色作为一个奴隶制徽记的象征性作用大大减弱,尽管它的确没有被完全抹去。

头发的差异就不是这样的了。白人与黑人的头发差异比肤色差异鲜明得多,即便混血,其持续时间也长得多。头发的类型很快就成为象征奴隶制的真正徽记,尽管像不少强有力的象征性符号一样,它被掩盖了,被一个语言学工具——"黑"所掩盖,因为"黑"总令人将注意力转到肤色上去。但是,没有一个在多种族社会长大的人会意识不到,头发的差异才真正具有象征力量。[106]总之,在美洲,黑人的头发没有被剃掉是因为把头发留着才可以发挥它强大的身份徽记作用,剃掉它反而会削弱主人与奴隶的差异。这一点,非常类似非洲的阿散蒂部落,那里的奴隶带着现成的徽记(他们的部落文身)而来。

值得注意的是,在头发类似欧洲人的混血奴隶身上,我们发现了一种向前现代回归的现象:奴隶主憎恨奴隶的长头发;奴隶们,不必说,为自己的头发极为自豪。19世纪的巴巴多斯是一个有力的例子。1835年,巴巴多斯总督发布一项命令,大意是说,所有犯罪的奴隶均"须剃去头发,把头洗净,以便改善卫生"。这是一个新举措,距离奴隶制被全面废止前不到4年。毫无疑问,沿用欧洲惯例的总督是真正出于卫生上的考虑才引入这项规定。但是,它给了奴隶主尤其是女主人一个大好机会,制服那些"不干不净"的混血女奴,要让她们安分守己。1836年,巴巴多斯特别法官约翰·考特赫斯特(John Colthurst)在日志中写道:

> 说到给学徒剃头的风俗,一个有四分之一混血血统的年轻女人对女主人言语极为不敬。在我来到此岛之前两周,她被送上法庭。我的前任认定她有罪:不服管教、违抗主子,判她劳役两周的刑罚,在磨坊干活。理所当然,她的头发也须剃去。一切照行。处罚期满,她被送回女主人家。回去之后,她温顺老实,但是因为没了头发,其他的女佣讥笑她。那头发,跟她特别的面容一样,美丽异常,波浪卷曲、黑亮油光、又厚又长。不得已,她买来卷曲的假发,漂漂亮亮地戴起来,展示给人看。但是,不久,因为她最初被剃掉头发的事情(她当然都记在女主人账上),引发了又一次争吵,所以她又被带到我跟前,戴着那一头卷发。指控成立,再受惩罚,这一次是禁闭6天。如果这女人第一次没有被剃光头,很显然,就完全不必第二次申诉到特别法官这里来,因此我反对这种侮辱人的惩罚。她在审讯时表示:她第一次受罚

回家后，每当把手放到头上，发现自己是个光头，她就勃然大怒，发誓要报复。[107]

毫无疑问，古代西亚两河流域的女奴发现自己的光头露在众人面前，一定也同样恼怒，尽管她们沉默不言，把怒火压在心底。所有那些前现代蓄奴体系中的男奴看到自己的光头或者阴阳头时，同样也会如此。美洲的奴隶主阶级以为，把非洲人的头发作为奴仆的象征，他们达到了相同的目的。就黑白混血奴来看，奴隶主成功了，但从那些保留了非洲人体质特征的奴隶来看，奴隶主到底有多成功，很可怀疑。正如精明的考特赫斯特法官所论："失去他那羔羊毛般的卷发，世上最精美的头发，黑人比任何一个时尚的英格兰年轻人都要悲痛得多。"[108]不幸的是，确定头发在后奴隶制时代与现代加勒比社会中的象征性意义者，正是黑白混血儿。但这是后话了。[109]

拟亲关系

前文已数次提及，建立在血缘基础上的社会，甚至不少较为复杂的前现代体系，把奴隶作为奴隶主的拟亲属接纳进来。我们现在来谈一谈它到底是什么意 页63思。表面上看，拟亲似乎是一种简单的收养关系。我们发现，全世界的奴隶主都被称呼为"父亲"，奴隶被称呼为"儿子""女儿"；母系社会中，则以社会关系来称呼父亲——"母亲的兄弟"，奴隶被主人叫做"姐妹的儿子"。这种拟亲关系还延伸至主人家的其他成员。

不过，如果把这些虚拟的亲缘关系与真正的亲缘关系中的权利与义务混为一谈，或者与真正的收养关系混为一谈，那就大错特错了。有些人类学家粗枝大叶，不注意区分。[110]他们说，这样的拟亲关系总是温暖、亲密，"被收养"的奴隶与年轻的家庭成员之间，很难发现任何差异。无怪乎有的研究得出结论，认为奴隶制在这些传统社会根本不存在，或者认为，这种传统的奴役模式最好叫做别的什么东西。

为免混淆，我们最好先区分两种拟亲关系。一个是我说的收养关系，一个是迈耶·福蒂斯①（Meyer Fortes）所说的"准孝忠"关系。[111]由收养而形成的拟亲关

---

① 英国社会人类学家。——译者注

系,应使被收养者真正融入,得享各种权利、特权与权力,承担由其身份所规定的各项义务。"准孝忠"式的拟亲关系,本质上是为了表达,即利用亲属关系的语言,表达主奴之间的权威关系,声明奴隶忠于主人的亲族。没有一个有奴社会,哪怕是最原始的社会,在真正的被收养来的外人与准孝忠的奴隶之间,不做仔细区分。前者,因为这种收养关系,立刻不再是外人。后者,鼓励他们使用并不真实的、亲属间的措辞,称呼主人与其家中的其他成员。

因此,在与欧洲人接触前的印第安切罗基部落中,一个俘虏若未受折磨或被杀死,要么被收养,要么变成奴隶。二者之间,没有任何混淆。被收养者"被赋予与生在那里的成员一样的特权"。[112]依据福特的研究,在西非,塔伦西人(Tallensi)的奴隶"无家可归、无亲可依,他们必须被赋予一种新的社会人格、获得确定的社会位置。然而,真实的父系纽带无法伪造,虚构的关系是一种权宜之计,且永远如此。"[113]

拟亲关系中,奴隶充其量被视为非婚生的准亲属,或者是永远长不大的未成年人。他也许"有家族血统",但正如安哥拉因班加拉人所言,他从来就不是家族里的人。[114]阿散蒂人中,奴隶的孩子永远是奴隶,哪怕他的姓顶着主人家的族名。尽管这样的孩子因为政治上的原因颇受偏爱,也受到了很好的对待,但他们的奴隶出身永远不会被人们忘记。他们在私下里被人讥笑。人们说他们与家族的隶属关系好像"左撇子"一样不合常规。家里的老奴知道得太多,就要让他们明白自己的身份、安分守已。阿散蒂人有不少表达这种意思的谚语,例如:"你如果和狗玩,就得知道,它会舔你的嘴。"[115]

图阿雷格人①(Tuaregs)中的伊姆哈(Imuhag)族也对我们颇有启发。我们在伊姆哈族人中发现了标准的拟亲同化模式。在那里,奴隶改姓主人的家族名。但是,女奴的干女儿身份并不妨碍主人纳之为妾,甚至娶她为妻。再者,自由人与奴隶的社会距离也相隔甚远,尽管后者与奴隶主存在拟亲关系。奴隶主一般也不信任奴隶,无论男女。[116]女奴经常被指控为女巫,人类心理学有关女巫的研究告诉我们,这样的指控总是反映出潜在的畏惧心理与对被指控者的不信任。[117]

即便在奴隶与自由人通婚较多的地方,当拟亲关系被真正的亲属关系替代时,奴隶能否被同化也不确定。波莉·希尔(Polly Hill)曾指出,尼日利亚豪萨

① 撒哈拉的柏柏尔人。——译者注

人社会中,其中的甘都奴(gandu slaves,那些在特别的奴隶农场劳作的奴隶)被同化的程度"很可能相当有限,因为孙辈们长到成婚的年纪时,农场已经破产,甚至更早"。[118]

很多人类学家关于血缘社会奴隶制的解释,有不少很成问题。他们对社会生活结构面的强调常使他们忽略了纯属人性的这一面,就是其中之一。这对于理解奴隶制的真正涵义,尤其是从奴隶的角度来看,是一个严重的缺陷。正是因为奴隶主与奴隶之间的经济与阶级差异常常不那么明显,由奴隶的无权引发的人际与心理层面的问题才越发重要。在一个血缘社会,身为奴隶是十分令人羞辱的,而且这种羞辱并不因为它不伴随着阶级差异而稍减半分。实际上,它可能伤害更大。大庄园里的奴隶至少可以解释说,他们被作贱是因为主人经济上的寄生与剥削。血缘社会里的奴隶找不到任何这方面的外部解释。他被作贱,大概源于他身上天生就有的某种东西。加在他身上的羞辱一点一点地来,有时隐微,有时生疼,渐次累积,越来越重,仿佛被食人鱼攻击。

偶尔,也会有个把人类学家让我们少有地瞥见到血缘社会中的这种剥削。欧文·戈尔德曼①(Irving Goldman)对亚马逊西北的库比欧(Cubeo)印第安人做过一项很好的研究。他记录下了一个"被收养"的女仆生活中的一件事:

> 这个小女孩,大约 9 岁,穿着仿佛这家里的"女儿",但她是一个佣人。她干最重的活,几乎从没有时间游戏。低下的身份因其身上一无所有更显羞耻——她是我见过的库比欧人中唯一不戴装饰物的小孩。家里的孩子以打她为乐,不是出于淘气,而是以打人作为一种取笑方式。她任他们掐、任他们扇,逆来顺受,学会了假装不知道。有一次,当着头人的面——她的"父亲",孩子们肆无忌惮地欺负她。她哀恳地看着头人。最后,头人终于注意到了她,对她说:"你可以跑的。"他丝毫不觉得有必要责备自己的孩子们。[119] 页 65

收养与准孝忠亲缘关系的区别让我们懂得,为什么即便在资本主义程度很高的美洲奴隶体系中,依然可以看到以"亲属"这个词表达的主奴关系。实际上,奴隶主与奴隶之间为权威与尊严而持续不断的暗中较量,也夹杂了准孝忠的拟亲关系,而且往往很难区分哪些是真诚的情感表达、哪些是彻头彻尾的欺骗、

---

① 美国人类学家。——译者注

哪些是心理上的操纵。

列举两例,加以说明。在美国南方,奴隶主怂恿奴隶的孩子把他们当做仁慈可亲、纵容迁就的"老爸",严格的管教留给他们的父母,也要孩子的父母那样做。在亲生父母的权威与奴隶主的准孝忠父权主义之间,奴隶的孩子做着令前者相形见绌的比较,长大成人。其结果,是孩子与父母的关系被削弱;令人羞辱的屈从——在孩子面前受惩罚——则令父母的权威进一步受损。正如吉诺维斯所总结的那样,"如果崇拜主人、鄙视父母的心理没有比它显然会造成的后果严重,那也必须归功于奴隶的父母,他们对孩子的爱历经险阻,才对抗住了这种内在的伤害"。[120]

牙买加与美国不同,那里缺乏一种有内聚力的奴隶主阶级文化。主奴关系中,主人的权威要么不存在,要么正在丧失的边缘。即便如此,奴隶也利用准孝忠亲属称呼,但他们常常换上一种讽刺方式,挑衅心理只稍加掩饰。19 世纪初,一位时常不在牙买加的英格兰奴隶主,当时很受欢迎的哥特派小说家蒙克·刘易斯(Monk Lewis),有次回到牙买加,巡视他的种植园,他被奴隶们的迎接方式弄得不知所措。

> 特别是女人们,她们用各种能想到的词称呼我。一个老妇对我说:"我的儿、我的爱、我的夫、我的父,你不是我的主人,你是我的父亲。"[121]

刘易斯可能一时之间不知所措,但他很难被奴隶们欺骗——他后来也这样写道。被奴隶们这样称呼,除了最天真的奴隶主,没人会信以为真。准孝忠亲属的使用不是为了表达忠诚、顺从,而是为挖苦披上一层薄薄的伪装,这标志着权威在这个最残酷的奴隶体系中的失败。

页 66

宗教与象征性符号

奴隶的社会死亡与他独特的投生于奴隶主社会边缘的模式受到血缘社会中宗教机构的强化。我们已然看到,奴隶往往被迫摒弃他自己的上帝与祖宗神灵,转而崇拜奴隶主的上帝与祖宗神灵。即便如此,他也时常被排斥在整个社会的仪式活动之外,尽管崇拜主人的祖宗神灵对他来说没有问题,但与政治权力、政治职位相关的宗教团体是不允许他参加的。

在奴隶被仪式性地接纳进社会的边缘地位这一过程中,宗教作用重要。较为发达的蓄奴体系中,尤为如此。大部分仪式性活动为宗教机构所专有、专办。无论就宗教机构的构成与宗教仪式来看,宗教都更鲜明地体现出政治权力的集权性。[122]与国家不得不形成一套专门的法律从世俗层面上处理奴隶问题一样,全国性的宗教团体也需要形成一套更加专门化的教规与信条来说明奴役状态。

宗教在古罗马、伊斯兰与许多基督教民族的奴隶制中都发挥了重要的作用,但它在古希腊并非如此。让奴隶一起在家里奉神的习俗,一直持续到古希腊古典时期。不过,它很难满足奴隶的宗教需求,就像在家里奉神也不能满足奴隶主的需求一样。但是,主人的户外宗教崇拜,奴隶也都基本上被排除在外,他们还不允许有自己的宗教崇拜。对奴隶的这种宗教隔离与限制,很少令奴隶主心感不安,因为他们对奴隶以什么样的方式进入希腊社会丝毫不在意。一位研究欧洲古代奴隶宗教生活的权威弗朗茨·博莫尔(Franz Bömer)告诉我们:

> 那些从德尔斐或各处来的希腊奴隶……,如同不能说话的生灵、没有面孔或轮廓的躯体、缺乏个体特征与自我意识的空壳,四处游荡。更要命的是,他们不拥有让人看得见的宗教生活,无论集体的还是个人的……希腊奴隶宗教生活的贫瘠与古罗马奴隶的丰富与多样完全相反,后者甚至可以说服外国奴隶忘记他们出生地的神灵,转而接受罗马的敬神方式。在这个小人物的世界中,罗马的宗教更为强大。[123]

弗朗茨的对比,也许稍微有些过,但基本观点无疑是对的。罗马的奴隶,在生活的各个方面,都比希腊奴隶更多自由。希腊城邦是一个排斥其他族群的政治与社会单元,而罗马从相当早的时候起就是一个在族群与政治上开放的体系。在希腊,不只是奴隶被社会排斥在外,外国人同样。页67

但是,希腊的宗教至少有三个方面利于奴隶适应社会死亡。其一,奴隶与妇女都允许参加厄琉西斯①(Eleusis)的城邦宗教崇拜。其二,希腊宗教中有不少与众多偶像相关联的狂欢节。节日期间(最古老的是克洛尼亚庆典),奴隶可以反转角色,与主人同吃、同饮、同游戏。[124]已故英国人类学家马克斯·格拉克曼(Max Gluckman)曾指出,庆典活动中的角色反转,既可以释放奴隶与主人之间冲突不断的对立情绪,也可以重申既定秩序的正当性。"把它作为正当、有益甚至神圣的既定秩序接受下来,似乎就能容许不受约束的放纵,甚至仪式性的叛

---

① 雅典城以西的一个城市。——译者注

67

逆,因为秩序本身有能力限制叛逆。所以,让冲突表现出来,无论是以直接的方式,还是以转换角色的方式,抑或其他象征性形式,它所强调的都是允许冲突存在的社会内聚力与整体性。"[125]我们也许可以推测,这些反转角色的庆典活动,不只用以缓解主奴关系中内在的对立,从而使秩序得以维持,它也强调了奴隶的社会死亡以及他完全疏离于希腊人生活的现实。通过扮演奴隶主,奴隶会体验到(无论这体验多么短暂),做一个自由人会是怎样,甚至不止如此,做一个真正的自由人,即希腊人,会是怎样。游戏结束,角色回归正常,奴隶知道,从那之后,他又是一个社会与政治上的死人。他那时的心情,如同宿醉未醒,但心知不祥。反过来,奴隶主从角色转换中领会到的,不是对奴隶的同情,而是身为自由人与希腊人的欣喜。克诺洛斯节在当时也确实是一个纪念死亡与再生的庆典。对主人,它重申其生活准则与自由;对奴隶,它使他坚信:自己虽生犹死、无有权力、地位低贱。

其三,也可能是最重要的,希腊宗教与奴役状态相联系的方式是通过神圣释免。释免问题将在后面的章节中详加讨论。这里只谈宗教如何使奴隶释免合理化。神圣释免是把奴隶卖给神,而这个神却没有行使他作为主人的权力,允许奴隶像自由人一样行动。这个习俗的有趣在于,它实际上非常的世俗。宗教只是作为一个工具,在缺乏正式法律机制的时候,用于释免交易的合法化。凡存在正式的法律释免机制的地方,例如雅典,我们找不到一丝一毫神圣释免的痕迹。学界曾有一个传统看法,认为阿波罗是奴隶的捍卫者,也是希腊人道主义的伟大象征。对此,博莫尔不以为然。他反驳说,通过服侍于神而获得自由的观念,与希腊人的思想格格不入。卖给阿波罗的奴隶并没有获得神给予他的自由,他不过是因为神没有行使主人权力而获得了事实上的自由。神圣释免干净利落地解决了由自然主义奴役理论产生的问题。如果奴隶天生只适合为奴,不适合做别的,那他怎能成为自由人？如果他已然在社会意义上死亡,又怎能使他在社会意义上活着？那是不可能的。因此,把奴隶卖给神拯救了奴隶生而为奴与永生为奴的观念。阿波罗不是奴隶的捍卫者,希腊沙文主义专制的沙漠中也不存在普遍的人道主义绿洲。正相反,阿波罗所拯救的是希腊人头脑中最不人道的思想意识,即亚里士多德式的天生为奴的观念。博莫尔对这个假惺惺的、觊觎人道主义神圣冠冕的阿波罗,有一段精彩的揭露文字,值得引用:

> 环绕着阿波罗的光寒冷、严酷。这寒冷与严酷正是他秉性的反映。他

不是会抚慰不幸、伤者与无家可归之"人在神界的朋友"。这些人后来是从阿斯克勒皮俄斯①（Asclepius）、萨拉匹斯②（Sarapis）那里寻得帮助的。他们也常常有意避开阿波罗。那一小群在神庙中被奴役的人以及德尔斐式的神圣释免本身也暴露了这位德尔斐神无情而非仁慈的一面。[126]

关于阿波罗，最有意思的一点在于，这位体现"希腊精神"的神祇，其起源并不在希腊。这让研究希腊宗教的学者们好奇不已又迷惑不解，尤其是在他们发现这位神极有可能起源于野蛮人、起源于亚洲的时候。格思里③（W. K. C. Guthrie）告诉我们，说明阿波罗起源于亚洲的主要证据，"来自希腊本土。在大部分崇拜阿波罗的中心，他都显得像一个外来的入侵者"。[127]最具希腊特色的希腊神出身于野蛮人，这已足以叫人浮想联翩。同样令人难以抗拒的推测还有：这位神在超自然领域的侵入者身份与他在大批侵入型奴隶的生活中所具有的社会影响力，也许会有某种关联。而这些侵入型奴隶，对希腊文明的社会经济结构，是如此的不可或缺。

罗马与希腊不同，古罗马奴隶的宗教生活要好得多，这不是因为罗马的奴隶主不那么残酷，他们甚至可能更残暴。罗马的文化要包容得多，各种制度的灵活与变通远非其他社会所可比拟，宗教领域更是如此。在古罗马原始时期甚至晚至共和时代的中期，奴隶都参与了家庭的宗教活动，尤其是拉瑞斯神④（Lares）崇拜。起初，领导拜神的是男性家长。但是，随着大庄园取代家庭农场，奴隶主从这个角色退出。到加图⑤（Marcus Porcius Cato）的时代，拜神由奴隶监工负责。随着城市化与大庄园的进一步发展，到共和末期，拉瑞斯神崇拜对奴隶与自由民越来越有吸引力。[128]农神节与母亲节（向希腊神马尔斯与赫拉致敬的两个节日，最初只有已婚妇女庆祝）从很早的时候起，也是罗马蓄奴体系中两个很重要的礼仪活动，农神节很可能受了希腊传统的影响。[129] 页69

随着罗马人生活中的礼俗社会原则被法理社会原则取代，⑥仪式的专门化

---

① 希腊神话中的医神、阿波罗之子。——译者注
② 希腊神话中的埃及神。——译者注
③ 苏格兰古典学家。——译者注
④ 罗马神话中的家神、集体与集体土地的保护神。——译者注
⑤ 生卒年份为公元前234—公元前149年。——译者注
⑥ 礼俗社会与法理社会是19世纪德国社会学家费迪南德·滕尼斯提出的一对概念，前者基于传统社会关系，后者基于契约关系。——译者注

进一步增强。但是,面向奴隶的宗教崇拜只能将新奴引入奴隶阶层,怎样使奴隶,尤其是奴隶的后代,被更大范围的社会接纳,依然是一个急需解决的问题。为满足奴隶的特定仪式需求,同时解决超结构问题,即通过某种方式用超自然的语言说明奴隶体系,一些宗教组织应运而生。

首先是跨阶级的神祇崇拜。我们发现,最早被奴隶们与他们更熟悉的东方神祇关联起来的罗马神祇是朱庇特、朱诺,特别是西尔瓦努斯①(Silvanus)。许多神祇由国外起源,其中不少由奴隶们自己带到罗马,最明显的例子是弥特剌斯神②(Mithras)。它因行动快捷而闻名,很快就在罗马受到欢迎;也因主人与奴隶在敬神仪式中地位平等而有名。[130]

通过负责组织神祇崇拜的互助会,奴隶们不仅找到了教堂,也找到了"一个社会俱乐部、一个手工艺行会和一个葬仪组织"。[131]互助教堂中,有很多职位,供职其中的奴隶,多少都能间接感受到某种重要感。有些互助会的叫法,意味深长。我们已经说过,奴隶制是一种社会死亡状态,因此可以不无理由地假设,当某互助会的成员称他们自己是"死亡中的伙伴"时,不只说的是将要到来的生理死亡。[132]

最后,宗教也在奴隶、奴隶制与外部社会政治秩序的联系中发挥作用,全国性的宗教崇拜在这里至关重要。依据博莫尔的研究,罗马共和时期,朱庇特·利柏耳塔斯(Jupiter Libertas)神庙对奴隶特别有吸引力,因为它供奉的神与自由相联系③。[133]更引人关注的是帝王崇拜现象,以及奴隶与前奴隶在帝王崇拜中异乎寻常的角色。帝王崇拜中,奥古斯都·拉瑞斯(Augustan Lares)是最早的一个。它事实上是拉瑞斯崇拜的起死复生——皇帝奥古斯都把拉瑞斯的名字加在自己的名号上面。基思·霍普金斯④(Keith Hopkins)声称,奥古斯都·拉瑞斯崇拜首先由曾经做过奴隶的人发起,奥古斯都不过是将非正式的地方性敬神庆典制度化为一种国家崇拜,一定程度上也是为了崇拜他自己。"这个崇拜为富有的前奴隶发起和组织。它为他们提供了一个在社会上炫耀自己,彰显声望,又借此出名的方法。"[134]它还让帝王崇拜发展到大街小巷。不过,没过多久,帝王崇拜

---

① 罗马神话中的田野、森林神。——译者注
② 古代近东掌管光明与善行的神。——译者注
③ Libertas 系拉丁文,意为"自由"。——译者注
④ 英国历史学家、社会学家。——译者注

就为所有社会阶层所接受。它在奴隶中间是一个强大的具有合法性的力量。理由很简单：正是皇帝崇拜把为奴隶提供避难所的外来原则引入了罗马法。赋予恺撒的雕像以上诉权，①是本来就不多见的用国家权力干预主奴关系的方式之一。当然，国家对侵犯奴隶主的权威，也很审慎。现实中，也极少有奴隶尝试用此上诉权。但是，在强化皇帝在所有人（包括最卑贱的奴隶）眼中的权威时，奴隶制作为一个整体的合法性也被强化。奴隶主的个人权威被削减之处，正是奴隶体系作为一个整体的权威所增盈之处，这就像被神化的皇帝获得了神圣的保护权一样。[135]然而，正如摩西·芬利所指出的那样，"在一个实力如此悬殊的权力关系中，一个对大多数自由人来说（更不必说奴隶）物质上的成功如此希望渺茫、世俗权力已近乎专制的世界里，宗教崇拜背后的支配性情感往往是怕而非爱，充其量也是爱惧兼有。宗教也越来越以来世的拯救为主题，而它原来最关心的本是今世。"[136]

在以拯救为中心的宗教中，基督教的出现颇为迟缓，但它的发展非常之快。300年间，就成为一个难与匹敌的宗教，一个可以锻造伦理秩序并且使之吸引、团结皇帝与臣子、奴隶与主人的宗教。[137]讨论它获得如此成就的手段，不在本书范围之内。普遍认为，最早改宗基督教的信众中，有许多是罗马帝国的奴隶人口。虽说事实的真假极难证实，[138]但可以肯定，赋予基督教符号体系以象征性喻义的主要来源之一，是奴隶的苦难。[139]

只需粗略考查一下使徒保罗的神学，特别是戴维斯（J.G.Davies）所说的"构成保罗神学核心的三个词"：救赎、称义、和好，奴隶的苦难所起的象征作用一目了然。[140]救赎的意思，原本就是从奴役中解救出来。通过基督，信众从罪中得救。称义，意为信众接受审判，被宣布无罪。其方式，类似于获得完全释免的奴隶。后者通过法律拟制方法，恢复其出生权与血亲关系，认定他被奴役原属不当。"和好或神人和合（Atonement）意为把被分离的带到一起来"，类似于被释免的奴隶再生为社会一员。实际上，保罗甚至用收养的概念描述得救者与上帝的关系，"那得救的、称义的、和好的人从奴隶身份升为儿子的身份，'通过上帝'成为应许得救者的一个继承人"。[141]

安布罗西奥·多尼尼（Ambrosio Donini）所称的"拯救之谜"，已经成为组织

①　"恺撒的雕像"指代皇帝。——译者注

严密的基督教统一使用的主导概念。这个谜在基督教的统辖性象征符号——基督之死与基督复活——中被强有力地唤起。[142]人，因其原罪，堕入精神上的奴役。奴隶制，从世俗象征意义的社会死亡变成宗教象征意义的精神死亡。不过，当我们问：基督受难是什么意思时，我们发现了两种根本不同的象征性解释。一种解释，其宗教与社会意涵十分保守，它认为，基督用他的生命为追随者赎了罪，从而拯救了他们，正是那罪使他们在精神上被奴役。严格说来，那有罪的人，并没有被解放，而是通过基督死而再生，基督成为他新的主人。被神奴役即精神上的自由。这是两股旧思想的合流。一股来源于近东与德尔斐，认为自由通过卖与神而获得；一股来源于犹太教受难的仆人与献祭的羔羊的思想。这一象征性解读并不严谨；也从侧面说明，保罗神学有时难以捉摸。举例来说，当他说"他死是向罪死了，只有一次，但他活是向神活着"，[143]这话只有他自己能解释。

另一种解释令人满意得多，也更富自由主义。它认为，奴隶是选择活着而放弃了自由的人。当然，他可以因坚持自由而死，但他缺乏选择去死的勇气。"拯救他的人"耶稣，用自己的死为他做了选择。正是这一点使耶稣的宗教活动与耶稣之死完全新于传统。它的象征性意义在于，耶稣不像过去的异教，令人类成为他的奴隶而拯救他们。相反，它取消了奴役，不让人回到原来的奴役状态而生存。为了行将堕落的罪人，他献出了自己的生命。这样，有罪的人不仅能活，而且自由。

令人惊讶的是，保罗神学也适用这一截然不同的解释。保罗神学中众所周知的伦理矛盾与这两种解释的矛盾极为相似。正如莫里斯·戈盖尔①(Maurice Goguel)所言，保罗有两个不相调和的宗教伦理观。[144]一个是前基督教的、基本上属于犹太教的法律伦理与审判观，其中最为重要的，是服从神圣法则、依据人的社会与宗教行为审判人。另一个，是称义者的伦理。称义者的伦理中，基督的死救赎了人类，使其免于罪的负累；信而归主的人，凭着对主的信心，立刻获得解救。前者，相当于对奴隶隐喻的保守解释；后者，相当于对奴役与解救的更为自由主义的解释。保罗试图同时持有这两种立场，并因此将信而归主的人置于他不可能达到的高度，一如戈盖尔所指出的那样，"他必须努力秉其所信，行之以身"。[145]问题在于，戈盖尔问道："对那些在基督里②并因此不能被定罪的人，审判

---

① 20世纪上半叶法国神学家。——译者注
② 原文"in Christ"，宗教术语，指信靠基督、凡事顺服圣灵、生命得与基督联合，彰显基督力量。——译者注

何从谈起?"[146]

办法唯有将自由主义的解救观抛弃,并将本质上属于前基督教教义的诠释　页72
圣化,认为得救即来到神前,重新为奴。信而归主者是上帝的奴隶,基督教神学
体系乃由奴役体系转化而来,这样的观念获得了胜利。基督教对罗马世界的征
服,无论还有哪些其他因素可以解释,有一点似乎勿庸置疑,罗马人对奴隶制的
体验以它非同一般的方式赋予了基督教最重要的象征性说法与涵义——这,也
是一个主要的原因。同理,基督教后来也将为中世纪欧洲与近代美洲发达的奴
隶体系提供制度支持与宗教权威。

基督教并非世界上唯一将奴隶制合理化的重要宗教。伊斯兰教,一方面以
奴隶制的合理化作为令人改宗的手段,一方面又持续不断地奴役已改宗伊斯兰
的信众。这种矛盾,我们前面已经提到。犹太教与基督教也存在同样的矛盾。
奴隶,在基督教的上帝之城中,被宣称为自己人,是共同服侍上帝的兄弟姐妹中
不可或缺的一部分;但在人间世,他们依然是典型的外人、永远的内敌,立于制度
化的边缘地位。

乍一看,这个矛盾并不明显;实际上,正好相反。奴隶在人间世被排斥在外,
由他在神圣世界被纳入在内得到了象征性的补偿。由奴隶制所造成的边缘身份
与融入其中的矛盾,显然已由各自划定一块文化生存空间来解决。但是,这种由
信仰一神论的奴隶主阶级提出的神学方案,只在严苛、死板的二元论在社会宗教
意识形态中具有霸权力量的地方,才行得通,例如在圣奥古斯丁保守思想主导下
的中世纪基督教世界。[147]然而,犹太教与伊斯兰教是如此地注重现世,又对一神
教信仰如此之坚定,二元论的解释很难真正通行。[148]新教的兴起,给了中世纪那
精巧的象征主义妥协致命一击,但是,奥古斯丁式的二元论却一直残留在拉美奴
隶制的象征主义阐释中,这明显的不合常理因此令无数的英美历史学家困惑不
已,也因此让天主教堂一边断然宣称奴隶制是一种罪,一边又容忍它的存在,甚
至连它自己也跻身最大的奴隶主行列。[149]

在加勒比海地区,安立甘教奴隶主通过两种方式,彻底避开了这个问题。他
们要么抛弃信仰,要么愚弄于它,既为他们自己,也为他们的奴隶——19世纪的
牙买加,神职人员是"这个岛上最骄奢淫逸的一帮人"。[150]理查德·邓恩(Richard
S.Dunn)已然指出,与同时代的拉丁美洲的奴隶主相反,西印度群岛的英国种植
园主不肯让奴隶改宗基督教,"在很大程度上,可以解释为新教对天主教改宗方

页73 式的反对"。[151]新教本身强调个人选择与自由,因此对基督的受难需要给出颇具自由主义的解释。意识到这一点的西印度群岛奴隶主们,竭尽全力,不让奴隶知道他们的宗教信条。只是到了那里的奴隶制被废除前几十年,他们才放弃这一做法。他们发现,不让奴隶改宗,很容易成为废奴主义者宣传战中的一个靶子。

那么,我们如何解释奴隶也信仰新教的美国南方?须知,18世纪末与19世纪的美国南方,奴隶主与奴隶大都是虔诚的新教徒。显然,盛行于南方的新教,有它特别的性质;美国南方的社会经济体制,也独具特色,两方面连在一起,解释了它独异于众的发展道路。

美国南方,直到18世纪快要结束的时候,才明显区别其他新教奴隶体系。一般来说,奴隶主们敌视奴隶改宗。他们与加勒比奴隶主一样,害怕新教的本质——注重福音书的教导、强调个人选择、看重精神自由——一旦被奴隶吸收,会削弱奴隶主的权威。晚至1782年,佐治亚的奴隶依然因为新教布道遭到严厉鞭打。[152]埃尔伯特·拉伯图①(Albert Raboteau)虽然有些言过其实,声称"19世纪20年代的时候,大多数奴隶还只是稍微沾到一点儿基督教",但他也没有错太远。[153]

19世纪的美国南方发生了意想不到的变化。我们可以用两个重大的发展来解释它。其一,宗教大觉醒带来了改宗的高潮,美国南方从古典新教转向复兴主义者的基要主义。[154]其二,1790—1830年间充分发展起来的奴隶体系出现在美国南方,它全面夯实了奴隶制作为这个地区社会经济秩序的基本特征。与此相应,人们意识到,要使奴隶制有效地运转,就必须对它加以改革。用吉诺维斯的话说,"虽然以前有很多奴隶主害怕有宗教信仰的奴隶,但他们现在对没有宗教信仰的奴隶更加害怕。他们开始明白,基督教主要是一种社会控制工具。……这个时期的宗教史构成了奴隶制改革的一个强大推力,它要使奴隶制成为一种生活方式,并且能够为奴隶所承受。"[155]

基要主义的新教特别适合这样一种改革。它强调,改宗是刹那间的精神转型,而非反思与教导的结果;它重视口头传教而非文字传教;着重他世而非今世,尤其坚持:得救纯粹只是精神上的变化,其回报须待来世获取;它也一再声明虔敬与顺从、人世与肉体之罪,奴隶主可以有把握地把它当作奴隶主权威的支持而

---

① 美国历史学家。——译者注

非颠覆力量。[156]

　　尽管如此,把宗教在美国南方奴隶体系中的作用仅仅解释为大众的鸦片,一种被奴隶主用作社会控制媒介的伎俩,那就太简单了。的的确确,也有大量的证据显示,归根结底,是奴隶主阶级心怀恶意地发明了"奴役神学",企图残酷地将之合理化。但是,近来的研究也显示,奴隶们很快就意识到了主人的残酷用心。依据奴隶们的叙述,奥利·阿尔霍①(Olli Alho)做过细致的分析,结果显示,"白人们所精心构建的奴役神学,在许多种植园的奴隶们看来,不过是个笑话"。[157]

　　基要主义的基督教让奴隶们找到了满足自己需求的道路,他们也由此对基督教有了强烈的责任感,至今依然执着。在这个过程中,他们创建了一个颇具规制的大本营,仰赖它释放、缓解奴役之苦;甚至获得一点在上帝面前与奴隶们彼此之间的尊严感。说到这里,我必须强调:他们所过的宗教生活,其全部基本教义与崇拜仪式,与奴隶主是一样的;尽管他们唱的灵歌可能语意双关,更添一层世俗上的含义,但要说他们意图暗中革命,那就随意扭曲了历史事实;更重要的是,我们不能不负责任地否定宗教引导奴隶适应奴隶体系时所起的作用,无论它对于奴隶是多么有用。

　　所有这些有关宗教在美国南方奴隶体系中所起的作用,我都与吉诺维斯富有洞察力的见解一致。[158]我与他不同的地方,也是与其他一些同样笔力深厚、富有说服能力,强调宗教对奴隶的创造与积极性一面的学者,诸如劳伦斯·莱文(Lawrence W.Levine)、[159]爱尔伯特·拉伯图(Albert Raboteau)等不同的地方,在于我对基要主义基督教的具体作用方式,有不同解释。在我看来,它既是奴隶们获得精神与社会救赎的手段,同时也为奴隶制体系提供了制度性的支持。

　　要理解我们的不同之处,有必要先回到基督教的本质,再具体说明基要主义特有的教义特征。正如我们前面所见,保罗的基督教义是一种神学上的二元论,既包含审判伦理,也包含称义者的伦理,两种伦理始终彼此对立。倒过来,这两种伦理在两种相反的对基督在十字架受难的解释中象征性地体现出来。罗马天主教通过削除保罗二元论中的自由主义这一端,强调审判的伦理与服从,解决了这种对立。古典新教,则通过削除保守主义的那一端,坚决恢复称义者的伦理,也解决了这种对立。

---

　　①　20世纪芬兰历史学家。——译者注

那么,什么是基要主义的独特之处? 在我看来,它恢复了保罗神学中自由主义与保守主义的两端,完全回到了保罗的二元论;也把保罗神学所内含的对立、在两种伦理与两种象征主义的端点间来回滑动的性质恢复过来。如果我们不能理解基要主义的这一独特性质,我们就不能充分理解它何以能在奴隶与奴隶主以及整个奴隶体系中维持住它的精神力量;我们也不能懂得奴隶们自己如何赋予其生活以象征意义。

页75

如果我们紧接着寻求奴隶宗教的主要教义与其象征主义的成分,我们会发现,奴隶们信仰的基要主义,与所有南方人一样,是保罗式的,他们特别关切基督、基督受难以及它双重的伦理与象征意义,特别关切审判的伦理与被拯救的罪人伦理之间矛盾的对立。正是这种二元论解释了奴隶们的宗教中显而易见的悖论:从教义上说,奴隶们的宗教是其主人的宗教,但它却同时照顾到了这两个群体以及整个奴隶体系所需要的精神安慰。

耶稣与他的受难支配着奴隶们的神学,但并不像最近有些学者所声称的那样,等同于希伯来人与《出埃及记》的叙事。[160]受难的基督,在奴隶们的宗教中,不仅明确占据中心与支配地位,在他们提到《旧约》中的人物(包括摩西)时,如果更为仔细地看,就会发现,他们影射的其实是耶稣。尽管阿尔霍没有把奴隶们的宗教与保罗神学相联系,但令人惊讶的是,他最重要的结论涉及奴隶宗教对基督的双重理解:基督既是弥赛亚王,也是令人安慰的拯救者。阿尔霍在总结其论述时,提到了与他同时代的一个人富有洞察力的观察,他说:"基督的这两种主要身份的区别,让人想起希金森(T.W.Higginson)在他的营地日记中所写的黑人士兵,他们的宗教行为一方面温和、坚忍、柔顺,另一方面又坚强、胆大、有活力,似乎反映出黑人灵歌中以双重方式刻画的基督形象与基督角色。"[161]

现在,我们可以来解释基要主义——这一门宗教——在美国南方奴隶社会中扮演的矛盾角色。无论奴隶主还是奴隶,都坚持着保罗的伦理二元论,以及它所自带的"末世论的不和谐"。[162]与保罗和早期的基督徒一样,奴隶主与奴隶也因地制宜、因势利导,在双重教义的两端滑动。这样,奴隶主既可以在他们自己中间享有精神与人格尊严,也可以在称义、得救的罪人伦理中获得拯救。受难的耶稣,使奴隶主免去奴役之罪的拯救者与解放者,对这一群十分强调自身尊严与价值感的骄傲、自由的人,安慰有加。同样,沉默中的奴隶,也能在他们自己的布道者的伴随下,在他们自己当中,通过与奴隶主相同的对于基督受难的解释,获得拯救与尊严。当神学家奥林·摩伊德(Olin P.Moyd)坚持认为"救赎是黑人神学最根本与核心的主题",并且说,救赎在本质上意味从罪中解脱、与黑人教友联盟的时候,我怀疑,他指的正是保罗的二元论中的这一头。[163]

　　与奴隶主一样,奴隶的二元论也有另一个端点,这就是法则、审判与服从的伦理,在另一个耶稣、一个更像犹太教里的弥赛亚王身上象征性地体现出来的伦 页 76 理。他负责审判、要求服从、惩恶奖善。这是一个不取消奴隶制,而通过神圣的奴役拯救众生的耶稣。与这个耶稣同在,戈盖尔告诉我们,就得警觉、服从、逆来顺受。

　　奴隶主与奴隶,对于这个耶稣的理解,是一样的;他们也都像保罗与早期的基督徒一样,在面对与接受所有的权威关系时,转向了这种象征性法则。这里的权威关系不仅指主奴之间,也指奴隶主阶层里的男女之间、上层阶级与工人阶级之间、父母与孩子之间,以及奴隶阶层里的父母与孩子之间。就这样,基要主义通过回归保罗的二元论,为美国南方的奴隶社会提供了完美的教义,一个用来支撑奴隶体系并且比大多数奴隶主所想到的都要隐微得多的教义。奴隶主劳而无功,在种植园传布的那种粗糙的奴役神学,真的完全没有必要;让奴隶主与奴隶各自拥有不同的宗教,同样没有必要。基督教,在保罗之后,已经构建出了一套特别精巧的教义。它内在的弹性,使皇帝与奴隶都能崇拜同一个上帝,不仅不会威胁奴隶体系,对被压迫者,也没有否认他们全部的尊严。

　　这样,在美国南方,就出现了一种自罗马帝国衰亡以来与它链接最晚又最完美的奴隶文化。这个在罗马奴隶体系内萌芽并由之推行的宗教,终于在 1800 年后,在与古罗马帝国最接近的现代世界奴隶体系里,扮演了相似的角色。历史没有重复自己,它只是徘徊不去。

第三章　尊严与屈辱

　　公元前 50 年前后，由恺撒下令，举行了一次颇富戏剧性的语言表达技能竞赛，拟剧①作家、警句诗人普布里乌斯·叙鲁斯（Publilius Syrus）胜了他的对手拉贝利乌斯（Laberius）。让他成功胜出的一个主要因素，必定是怀特·达夫（J. Wight Duff）与阿诺德·达夫（Arnold M.Duff）所说的"具有理解罗马人心理的天赋"。[1]普布里乌斯对罗马人内心世界的领悟，来自一个特殊的、弱者的视角，或者说，来自被苦难磨砺而出的敏锐入骨的洞察力与讥讽、讪笑的才思。苦难，给了这个被压迫阶级中最受主人信任、最具才智的人一个独特的洞穿压迫者内心的机会。普布里乌斯曾经是一名奴隶。他生于叙利亚，很可能是在年轻时从安条克被带到罗马。完全凭借才智与对主人的语言即拉丁语的掌控与表达能力，他赢得了自由与大众的欣赏。检视他留下来的拟剧片段，无怪乎有多得不成比例的警句，议论尊严的实质与屈从的羞辱。当他写道，"生命之悲苦，莫过于听命于他人意志"，这句话就来自他早年生活的苦难深处。[2]

　　普布里乌斯懂得如何利用他观众中各色人等深藏于心的软弱、焦虑与自负。当他在一出拟剧中插入这样一句："尊严退场，稀有再回"，[3]他脑子里无疑想到了奴隶主；当他随口说出"没有人丧失过尊严，除非他从未拥有"，[4]想必是安抚被释免了的奴隶，但我高度怀疑，他那最精彩的警句——"尊严不存，尚余何物?"[5]是不是写给舞台边旁观的奴隶? 当然，他无须细说，因为所有人——奴隶主、被释免了的奴隶、大多数奴隶——一听就知道。

　　所有其他时代、其他社会的人也都知道答案。生命诚可贵，尊严价更高；忍

---

①　公元前 3 世纪产生于古希腊，是一种以现实生活和风俗习惯为题材的新型短剧，在街头演出。剧中有悲剧成分，也有喜剧成分，再加上舞蹈和杂技表演，深受观众欢迎，一直流传到罗马时代。比较著名的拟剧作者包括赫罗达斯、狄奥克里图斯等。——译者注

辱而偷生,卑贱遭耻笑。这样的观念,近乎举世皆同。在西方文学中,它是一个时常浮现的主题。普布里乌斯之后的 1500 多年,帕斯卡尔①(Pascal)表示:"人当宁死而保全荣誉,否则将声名扫地。"他无须声明受到了普布里乌斯的影响。稍作检索,立刻就能找到无数类似的句子。莎士比亚笔下,理查二世宣称:"夺去我的荣誉,生命立刻终结";尼采的超人,声言"人不能再自豪地活着时,就应该自豪地死去"。哪怕在书写出现之前,所有有文字记录之前的民族,包括我所知道的猎取敌人首级的部落与食人部落,其谚语与口传中,也都显露一种近乎相同的信念:将生命置于荣誉之上,是为可耻。正如马塞尔·莫斯②(Marcel Mauss)所论,"即便在十分原始的社会,比如澳洲土著人,他们也把'尊严问题'看得和我们一样敏感。人类早在学会签名之前,就已发誓捍卫尊严。"6

　　然而,把生命置于尊严之上,正是奴隶或其先人为自己或为后代做的选择。我已说过,被奴役后的无有尊严,不是个别而是普遍的状态;屈从一开始,它便同期而至。无有尊严最直接的体现,是没有能力保全自己或为自己求生计。它不是奴役被制度化的一部分,因为它不来源于文化。相反,奴隶被迫承受的耻辱,源自那种不加掩饰的贬低感,那种因丧失自我存在而固有的贬低感。他除了代表别人的存在,什么也不是。

　　被掳来或被诅咒的奴隶所失去的东西,正是奴隶主所得到的东西。身为奴隶主,掌控他人的真正甜头首先不在于得利,而在于灵魂的愉悦。他意识到,他脚下匍匐着另一个生灵;其一呼一吸,都只为他的自我——那是他权力的替身,活生生地体现他的男子汉气概与尊严。每个奴隶主必然都会发自内心地认可尼采的名言:"什么好? 一切提高人的权力感、权力意志与权力本身的东西,都好。什么不好? 一切源于软弱的东西,都不好。什么是幸福? 感受到权力正在增长、抵制正被压服,就是幸福。"7

　　不说尼采那夸耀卖弄的嘲弄话语,我们转向弗朗西斯·培根(Francis Bacon)的散文,可是,培根以他独特的宁静、近乎淡然、自信的语调,为他的时代,发表了与尼采相同的观点:"随从与仆人的恭谨,有助于声名;所有的声名,都得自于仆人。"8冰岛的英雄史诗中有一个故事,给了我们另一个例证。它说的

页79

――――――――――

① 17 世纪法国哲学家、散文家。――译者注
② 法国社会学家、人类学家。――译者注

是，狡猾的奴隶监工阿特利未经主人许可，挥霍主人钱财，整整一个冬天都在铺张款待遭遇海难的韦布琼与他的船员。不消说，主人戈尔蒙德最后得知，勃然大怒，要这个奴隶给一个说法。阿特利巧言善辩，回道："一个奴隶胆敢未经主人许可，做出这种事的时候，他想要显示的，是他的主人应该有多么的了不起与慷慨，拥有的庄园应该有多么之大。"[9]戈尔蒙德听后，十分高兴，竟然不仅给了这个奴隶自由，还把让他监管的农场也给他了。

尊严的实质

本节，我想说明三点。第一，所有奴隶社会中，奴隶都被视为一个低贱的人；第二，主人的尊严因奴隶的屈从而强化；第三，奴隶制开始具有重要的结构性意义的时候，奴隶主文化的整体格调就会显得十分重视荣誉。（事实上，不少社会蓄奴的唯一原因就是他们能衬托出奴隶主的尊严）。

进行比较分析之前，我们需要澄清尊严的概念。对此，人类学有丰富的文献可资利用。令人欣慰的是，现在已经出现了一种共识，朱利安·皮特-里弗斯①（Julian Pitt-Rivers）在他的著作里也把它说得很清楚。[10]他提出，尊严是一个复杂的、多面的概念。"它是一种感觉，在行为中表现出来的感觉；也是他人对其行为的评价，也就是说，它事关声名。它内在于个体，也在个体之外。总之，它事关人的感觉、行为以及他所获得的尊重。"皮特-里弗斯还简练地说明了这几个面的关联："感受到的尊严变成有权拥有的尊严；有权拥有的尊严变成必须要给的尊严。"只有那些渴望尊严的人才能被削夺尊严，"那些不渴望尊严的人，根本谈不上被羞辱"。

这显然意味着，那些不为尊严奋争的人，或者没人期望他们去奋争的人，肯定在社会秩序之外。要归属于一个社会或集体，就要有一种身在其中的位置感，并且感到有必要声明、捍卫他的位置；如果他声称有权拥有的位置得到他人的承认，他会有一种满足感；如果被拒绝，他会有一种羞耻感。他还应该知道，他有权利为这个集体过去与现在的成功而骄傲，为它的失败而惭愧、蒙羞。

托马斯·霍布斯关于尊严感与权力的深刻见解，已为现代人类学家们所证

---

① 英国社会人类学家、民族志学家。——译者注

实。他说,荣誉或者尊严感与权力密切相连。因为一个人要在社会中争得优先 页80
地位,就需要权力捍卫其尊严或荣誉。不过,正是人的尊严感驱使他首先去获得
行使权力的工具。在我看来,太过坚持二者之间只有单一的因果联系,并不明
智;以一种粗俗的唯物主义解释它,就更糟糕。的确,正如约翰·戴维斯(John
Davis)所论,尊严"以一种特定的社会语言描述财富的分配,为不同社会等级的
人规定相应的行为方式",它"促使人们接受上下等级关系"。但是,尊严也"与
诚实、正直紧密联系",戴维斯继续写道,"它反映一个人全部的人格"。[11]皮
特-里弗斯发现,"尊严的获得,最后总是取决于一个人使对方接受自己的能力。
高人一等的地位,以强权作基础。它属于有胆量强行推行自己意志的人,毫不理
会别人对他如何评价。"正因为如此,"勇气是尊严的必要条件;怯懦是不能获得
尊严的原因"。[12]

　　由于尊严囊括了"全部的人格",它被视为一种内在的、与人的体格和性格
特征都有关系的个人素质。一个人的意志与愿望,在任何由他人作出的尊严评
价中,都是两个必不可少的要素。他是否言出必行?他的誓言是否不容违背?
他能否像一个有尊严的人坚持他的意愿?"尊严的实质是个人的自主性",受别
人指挥,皮特-里弗斯补充说:"就是限制个人的自主性"。与一个更有权力的庇
护者自愿建立的依附关系,还能使一个人仗势要求与他地位相等的人向他表示
敬意,其依附身份也能使他在一个尊严等差次序中谋得一个牢固的位置。他归
属于庇护者的社会,与庇护者一起,都是他们那个社会的一员。双方都十分清
楚,他需要庇护者,庇护者也需要他,其程度是一样的。

　　以个人的自主性定义尊严,让我们进入这个社会学概念最难表述的哲学内
涵。使尊严真正神秘难解的在于,尽管我们知道它的存在,各种表现尊严的行为
也已证明它其来有因,这样的行为却总被认为是副现象,即总伴随其他事物而
来。我们常常观察到,两个人做出同样的行为,其中一个人的行为被认为有尊
严,另一个却被认为没尊严。这显然表示,尊严是副现象。但是,表现得有尊严
与确乎其实地值得尊重,不是同一码事。仅仅遵行表现尊严的法则,不足以证明
一个人值得尊重。目的论,从来就不是评论尊严的尺度。如同康德的"善":如
果不是出于"善意",那就不能叫"善";[13]只有值得尊重的意志,才叫尊严。同
样,一个人被尊重,并不使他成为值得尊重的人。受尊重,甚至不一定得是个人。
在印度,母牛每天都受到无数人的尊重。理解尊严的这一点,至关重要,否则,后

81

文所述将可能导致误解。一直都有奴隶受尊重,也一直都有奴隶的行为被人认为值得尊重,但是,他们始终都被认为是没有尊严的人而被蔑视。

最后,我们必须思考尊严在某些文化中独具特色的重要作用。尊严感存在于所有的人类社会。在有的社会,它还会发展成为一种主导价值观。追随柏拉图,我们把这类社会的文化、过度重视尊严与自尊的性格特征称之为荣誉至上。[14]

部落民族中的尊严与奴隶制

我们首先从南美的图皮南巴开始。这是一个原始、好战的族群,奴隶制以它最原始的形式存在其中。他们奴役俘虏,但与经济动机完全不沾边。蓄奴只为了两个目的:鲜活地展现奴隶主的尊严与他打仗的勇气;最终在食人狂欢中供肉食之用。被吃掉的时间可晚至被俘之后的 15 年。俘虏在他被捉之后、被吃掉之前,"知道他是一个奴隶、一个被打败的人。他跟着战胜他的人,忠诚地服侍他,并且不需要人盯着。"[15]

图皮南巴人中的奴隶,一直都知道他在劫难逃的命运。即便他逃回去,他自己的部落也不会再要他。他的屈辱感与他主人的荣耀感一样强烈。一个图皮南巴奴隶曾对神父埃夫勒说,真正让他不安的不是他将被吃掉,而是他不能在死前报复要吃他的人。他还说:

> 我不能忘记,我是我的国家里一个大人物的儿子。……现在,我眼看着自己成为一个奴隶,不能像我的国家里的大人物一样,把头、胳膊、腰间都装饰起来,涂上油彩,沾上羽毛。我还不如死去。[16]

原始日耳曼民族中的奴隶,虽然没有被生吃,但要说他们在社会意义上被吃掉了(如同所有其他有奴社会中的奴隶),却毫不夸张。卡尔·威廉斯(Carl O. Williams)对古代冰岛奴隶制的评论,用在这里也颇为切题。他说:

> 底层阶级是奴隶主阶级得以生活、享受余暇的来源。囚人作奴,就是一定程度的食人主义。它是一个人吃人的体系。奴隶主是人类寄生虫。他通过强权,羁同胞于奴役,令他们在枷锁之中,供他吃食、差遣、满足他的一切欲望。[17]

在大部分欧洲大陆日耳曼部落中,奴隶的经济作用都相当之小,[18]他们的用途,主要是满足主人的尊严感和性欲。这些日耳曼人的尊严感十分强烈,只要不是奴隶,每一个人都有一个具体的尊严价格,价格高低由他在亲族中的地位以及他的亲族在整个社会中的地位决定。奴隶尤其被视为没有尊严的人。这就会出现一个有趣的反差。举个例子,一个自由人如果骂了人,他将遭到野蛮的报复, 页82甚至会被弄死,然而奴隶却可以骂任何人(如果他们实在想骂人的话),因为"一个奴隶的谩骂伤不了任何人的尊严;如果谩骂变成了对人的冒犯,那也只能把这看作奴隶替主人说话"。[19]当然,如果这个奴隶很讨人嫌,他可能被当场杀死,但这与尊严不相干。如果自由人付诸一笑,把奴隶的谩骂只当作发了疯的野兽的咆哮,丝毫无损其尊严。

　　所有日耳曼部落都是如此,尽管彼此间有些小的差异。挪威人与他们在冰岛的旁支,同样差不多。冰岛民谣《哈瓦莫》中的主人公哈瓦莫称,"谁都不该相信一只生病的牛犊,或者一个固执的老奴"。[20]在冰岛,把人骂作奴隶是极大的侮辱,因为那等于说他毫无尊严。它是一种下三滥的骂法(一种粗俗的口头侮辱,骂出来的时候需要变调),通常会引发流血。[21]在其他日耳曼民族中,弄伤、弄死奴隶需要向奴隶主赔偿,但赔偿绝不会被当作对损害尊严的有价赔偿。奴隶主,如果他想,可以把伤害他的奴隶当作对他本人的尊严的冒犯;但即使那样,"那种冒犯也不会有严重的后果,不过是每个奴隶12只母牛的价"。[22]

　　与上述做法如出一辙的,还有威尔士人与盎格鲁—撒克逊人。固然,威尔士的法律规定:伤害奴隶,需做尊严赔偿(sarhed),但仔细再看,这些赔付是赔给奴隶主而不是赔给奴隶的;赔偿实物也都与用来提高奴隶工作能力的东西有关。即便是女奴受到了性侵犯,那钱物也不是赔给她或她事实上的奴隶配偶,而是赔给她的主人。[23]7世纪的盎格鲁—撒克逊人中,同样如此。芬伯格(H. R. P. Finberg)告诉我们:强奸一个家奴需给付的尊严价,与她主人的社会地位成正比,而与她本人的感受无关(着重号系添加)。对一个贵族,需赔付12先令或240个便士;一个普通人,6先令或120个便士;再往下,25便士的女人或推磨的奴隶。不消说,钱归了奴隶主。[24]

　　我们现在来看撒哈拉以南的非洲家庭奴隶制,有关它的大量研究成果,[25]为我们的论证提供了明确的依据。所有的传统非洲社会,都对尊严在人们生活中起的作用十分清楚。凡是存在大型奴隶体系的社会,尊严都成为一种主导价值观。尼日利亚地区与欧洲人接触前的一些王国或城邦,诸如博尔努王国

(Bornu)与豪萨兰(Hausaland)、埃塞俄比亚的阿姆哈拉(Amhara),以及19世纪的阿散蒂等,都是典型的例子。[26]不过,在绝大多数传统的非洲社会,社会分层体系并不十分发达;阶级,要么不存在,要么尚未"清楚地划定"。[27]但是,也正因为阶级与社会分层尚未充分形成,个体之间的尊严与威名的竞争就近乎疯狂。这对于研究前工业社会的学者,可谓众所周知。[28]在这样的社会,集权度越低,个人的名望高低就越发受重视,甚至会十分正式地承认其尊严,例如尼日利亚的伊博族——它是一个基本上没有头领的族群。[29]

所有的非洲社会中,一个雄心勃勃的男人所拥有的依附者数量,都是争得威名的关键。增加依附者的主要策略或手段,一靠亲缘,二靠联姻,三靠奴隶制。在许多非洲部落中,它常常是获取奴隶的唯一动机。奴隶与主人之间的经济差异很小,或者完全没有,也不存在所谓的奴隶阶级。[30]

这样的情况,在西非门德人中很典型。他们拥有相当数量的奴隶,其动因,出于经济与社会两方面。一般来说,他们待奴隶很好,好到很难让一个外人看出谁是奴隶、谁是自由人。奴隶与自由人的主要社会差别,在于奴隶没有尊严。当着外人的面,自由人不愿意指出这个区别。他们知道,这对奴隶是多么令人悲伤、羞辱。由是之故,约翰·格雷斯(John J.Grace)告诉我们,奴隶们"一举一动都得守规矩,这规矩把他们卑贱的身份暴露得清清楚楚"。他援引一位曾在门德做过贸易商也曾当过官的人——奥尔里奇(T.S.Allridge)——对奴隶的描述,说"他们低首敛眉,俯身向前,双手合着主人的　只手,再慢慢把手收回"。[31]尊严的丧失,在上了年纪的奴隶中,表现得最明显。世界上没有什么地方比传统非洲社会更敬重长者,但是,年迈的门德奴隶永远也得不到这种敬意,"他们是小人物,永远得不到成年人应得的尊重"。[32]

在非洲,没有哪个地方比富拉尼人①(Funali)的大型奴隶社会更清晰地表现出了奴役、荣誉至上性格与奴隶的概念即低贱的人这三者之间的关系。保罗·里斯曼(Paul Riesman)对贾尔戈比(Jelgobi,位于西非上沃尔特)的富拉尼人社会做过一项出色的研究,他向我们展示,在富拉尼,奴隶与前奴隶一概被人看不起,他们自己那强有力的形象基本上是通过对比奴隶与前奴隶的形象而从反面描述的,他说:

① 散居于乍得湖至大西洋沿岸的非洲西部广大地区。——译者注

在富拉尼人眼里，正是从"俘虏"或前奴隶身上，一个人才能最清楚地发现一切与富拉尼人相反的特性。在他们的模式化描述中，"俘虏"又黑又肥、粗鲁无知、不负责任、无有教养、不知羞耻、听凭欲望与情感支配；这些特性为他们天生所固有，说明他们应当被奴役。富拉尼人不能想象：一个奴隶的后代怎么可能比他的祖先品格更好。[33]

富拉尼人把一切形容他们的好话都叫普拉库（pulaaku）。里斯曼发现，定义 页84 "普拉库"的最好方式，就是"列一张清单，依据他们对奴隶的模式化定义，写出其反义词。由此，富拉尼人应该是肤色浅的、苗条的、优雅、精致、有教养、生来就有羞耻感、能够控制欲望和情感。"富拉尼人的史诗，将他们的理想形象浓墨重彩地渲染。诗歌中的"普拉库这个词，有一种迫使我们重视其社会涵义的意图。它不仅意味着'与富拉尼人相称的素质'，同时也指富拉尼人拥有这些素质。"换言之，富拉尼人不仅有爱好荣誉的性格，也是一个强调尊严的群体，有着重视荣誉的文化。还有一点，也很能说明问题。里斯曼发现，索马里行吟诗人在用"普拉库"这个词的时候，与英语中的"骑士"（chivalry）在语义结构上完全对等。与"骑士"一样，普拉库同时指某类道德素质和一群拥有这些素质的人。[34]

具有一定结构性意义的继承性奴役，在北美印第安人中，除了少数例外，主要存在于美洲西北海岸。那里的奴隶，生活境况一点也不值得羡慕——但这很少是出于经济上的原因。丰富的捕鱼资源，给了印第安人充足的食物供应与剩余，也意味着奴隶主与奴隶的吃穿衣食相差不多。然而，奴隶完全没有权力，也没有尊严。罗伯特·斯特恩斯（Robert E.Stearns）对19世纪晚期卡西（Kassi）部落的描述，也适用于那个时期整个美洲西北海岸的印第安部落。"他们对待奴隶，就像对狗一样；把奴隶不当作人，而当作财物看待。一个奴隶主杀死十几个奴隶，实在不算什么，那不过是展示他的财富与权力罢了。"[35]

在这些西北印第安人最为人知的夸富宴上，被杀死的奴隶数目常常骇人听闻，尤其是在特林吉特人中间。[36]自19世纪末、20世纪初以来，美国人类学家就围绕夸富宴打起了一场知识战。[37]我们没有理由卷入这个伤脑筋的问题，但无可争议的是，夸富宴与印第安人过于强烈的威名与尊严感关系紧密，不管它是否还有其他功能。夸富宴的高潮，就是屠杀、释放或捐献奴隶。尽管这些奴隶也有一些经济之用，就像非洲与南美洲的奴隶一样，但他们的主要用途是让主人更有尊严与权力。

西里伯斯岛中部的托拉查诸部落,在没有文字的部落民族中,也许最鲜明地展现了奴役与尊严以及屈辱之间的关系。这个部落群之所以对我们有帮助,出于两个原因。其一,其中有些部落,奴隶制高度发达,奴隶阶级人数也众多;有些则没有奴隶制。因此,我们可以对它们进行有价值的比较。其二,奴隶制与文化有直接关系。

我们发现的第一点,是在有奴隶的部落中(哪怕奴隶只有一个),站着干活很不光彩。[38]第二点,没有奴隶的部落,决策方式民主、协商;有奴隶的部落,决策显得十分独裁。"拉赫(Lage)头人的处事方式,证明他有一种权力感,这权力感是从掌控奴隶的过程中培养起来的,但在他管奴隶的同时,也让部落里的自由人意识到了他的影响力。"第三,数量庞大的奴隶,对孩子的养育,产生了很大影响。比起没有奴隶的部落中的孩子,有奴部落的孩子要温顺、服从得多,长大以后也更具权威主义个性。第四,对女奴的性剥削与它造成的"许多女奴的性放浪,让自由女性更不敢谈性"。[39]

在奴隶主们身上,上述几点造就了一个近乎完美的荣誉至上性格典型,与无奴隶部落成员身上善解人意、彼此迁就的个性形成鲜明对比。依据阿德里亚尼(N.Adriani)与艾伯特·克鲁伊特(Albert C.Kruyt)的研究:

> 奴隶制给众多托拉查部落的性格特征盖上了印记。时刻想在奴隶面前显得威严凛然的图拉赫人(To Lage)与图安达人(To Anda'e),因此形成了高度的自制力,给外国人留下更加文明的印象。相比之下,图皮巴图人(To Pebato)因为没有那样的压力,表现得颇为随性、自然、放松。……图拉赫人富有责任感的个性一定也是蓄奴的结果,因为主人代表奴隶,也得为奴隶的所作所为负责。[40]

与此同时,奴隶的人格特征,在人们眼里,与奴隶主的人格特征完全相反,奴隶的行为往往也迎合了主人对他的看法。当然,民族志学家没有告诉我们,奴隶的实际感受如何,但是,他们对部落奴隶的社会性格的描述,典型地表现了任何时代、任何社会都存在的奴隶制政治心理学:

> 自由人与奴隶的秉性、脾气的确有很大差异。奴隶对他不能拥有一丝一毫的自由意志,早已习以为常,他对人对事,消极又冷漠;想要指望他,那是靠不住的。奴隶对自己的所作所为,很少有责任感。他如果做错事,有主

页85

人替他买单。无论在稻田里还是在制盐的地方,他都一样的懒惰,因为他知道他不是为自己干活。只有主人在场,才能让他稍微动一动。因为在政治与社会事务的协商中没有发言权,他对发生在村里、部落的一切都漫不经心、无动于衷。由于这些原因,奴隶们常常粗鲁无礼,"奴隶的举止"这句话,无异于说人的行为不得体。[41]

前现代发达民族中的尊严与奴隶制 页86

在文明较为发达的前现代民族中,奴隶制与尊严的关系,跟它在原始社会一样,尽管奴隶制与荣誉至上的性格及文化的发展不一定总表现为直接的因果关系。

尊严感,在所有文明程度高的东方社会,都被看得很重。[42]中国人与许多受中国影响的民族非常注意在观念意识上详细说明底层人与卑贱之徒的区别。所有囚犯都失去体面身份,"地位卑贱"。由此,蒲立本①(E.G.Pulleyblank)提出一个大家普遍接受的观点:"奴隶被称为'贱民'至少在一定程度上是刑罚奴隶制的结果。'贱民'与普通社会大众中的'良民'相对。"[43]罪犯,虽等同于奴隶地位,却并不都是奴隶,因为其中有些人只是暂时落到那种地位。再者,在中国,把良民或值得尊重的人贬为奴隶,一直是非法的,尽管这条法令的确带来了相当棘手的法律问题。朝鲜也是这样。"良民包括两班[贵族]与常民"②,"贱民基本上都是奴隶",尽管有些污染性的种姓成员也是贱民。[44]越南古代的《皇越律例》在说明其适用对象时,也非常细致地区分了真正的奴隶与以劳抵债者。《律例》规定,雇佣工与被典押者"同等,类属良人,列入本律'无论何人',不可等同为'永世奴'"。[45]被典押者与其他抵债的人,在主人家以及与主人的关系中,少有权力可言,经济上完全依附于人。就这一层来说,他们类似被奴役,但把他们与奴隶混为一谈,就是极大的错误,因为他们并非没有尊严的人。邓郑基③(Dang Trinh Ky)就此评论,"他们在社会生活以及与陌生人的关系中,永远都被视为法律中的'无论何人'、良人,从未失去尊严与自由"。[46]

---

① 加拿大汉学家。——译者注
② 朝鲜种姓制度中,两班与常民之间,还有中人。——译者注
③ 越南历史学家。——译者注

古代印度的奴隶同样被理解为"贱"民。从佛教的影响来看,这是不奇怪的。因为佛教把奴隶概念化为缺失尊严的人。[45]不过,在佛教出现之前,印度典籍中的奴隶概念,令其身份更加卑贱,尽管其方式与佛教不同。《梨俱吠陀》中的奴隶,甚至不算个人。[48]整个古代印度,"达萨"①(dasa)这个词一直是骂人的话。依据卡塔瓦纳亚②(Katualya)制定的律法,称某人为"达萨"或"达思"(dasi),是一种罪。[49]

页87 仔细考查古希腊,我们不只发现了古代世界两种最发达的奴隶体系中的一种,而且并不意外地看到了一个奴隶社会的两面:一方面,奴隶的低贱被特意地宣示分明;另一方面,崇尚荣誉的文化十分发达。我这里当然不是说,希腊古典文化的崇尚尊严是大规模奴隶制的结果。奥德修斯的世界,正如芬利所证明,是一个荣誉至尊的文化,而它的奴隶制还算不上举足轻重。[50]我所坚持的是,古典时期的希腊,奴隶制与希腊人崇尚荣誉的性格是相互强化的。早已存在的荣誉至上价值体系、新生经济力量的出现,共同推动了大规模奴隶制的发展;与此同时,奴役规模的大幅增长不仅强化了统治阶级崇尚荣誉的性格,也促使这种性格弥漫到各阶级。在古希腊,到古典时期时,即便赤贫也会有一种荣誉剥夺感,如果他们供养不起一个奴隶。[51]

很少有人会不同意阿尔文·古尔德纳③(Alvin Gouldner)的观点。他说:"希腊人生活中的一个核心价值观,也是由其文化所认可的价值观,就是对个人名声与尊严的重视。它深植于社会各阶层并且影响到整个社会分层体系。"在古希腊,权力与荣誉的竞取,与在大多数重视尊严的文化里一样,基本上是零和博弈,因为"只有别人输了的时候,有的人才能赢"。[52]

不难想象,奴隶在这样一个社会中所扮演的超经济角色。罗伯特·施莱佛④(Robert Schlaifer)曾回顾并总结希腊人对于奴隶的普遍看法:他是一个"全无尊严、羞耻,不具任何健全品质"的人。[53]古希腊喜剧中,奴隶类比牲畜。甚至约瑟夫·福格特⑤(Joseph Vogt)也不得不得出结论:"在公众眼中,奴隶被万劫

---

① 原为印度神话中与神为敌的恶魔,后指代奴隶。——译者注
② 印度摩揭陀国国王旃陀罗笈多·孔雀的顾问与大臣。——译者注
③ 美国社会学家。——译者注
④ 美国历史学家、经济学家、贝叶斯决策理论的先驱。——译者注
⑤ 德国古典历史学家。——译者注

不复地贬低、羞辱"。[54]值得注意的是,在有的社会,奴隶不像一般情况下被派演懒惰、怯懦的小丑角色,他只是个悲剧的旁观者。他自己从未经历过悲剧,也绝不"允许参与任何与受难或责任相关的事宜,哪怕那种关联微乎其微"。[55]尽管古希腊关于傲视神明罪①(hubris)的法律规定:过度侮辱奴隶是一种罪,莫罗(G.R. Morrow)却将它解释过头,声称它意味着对奴隶的尊重或非同寻常的保护。[56]其实莫罗自己也注意到了:公元4世纪的演说家已经发现,将这条法律运用在奴隶身上不合常理——"一个奴隶有什么尊严可以失去?"[57]这条法律在古典时代的希腊必定形如虚设,因为法庭由希腊公民组成,公民团体的裁决强烈地体现公众的意见。再者,奴隶没有法律地位,他不能向公民法庭起诉。很难设想,会出现一个第三方,代表奴隶起诉一个自由民。要知道,如果起诉方的控告得不到法庭成员五分之一的支持,他将面临严厉的惩罚。[58]

　　古典希腊对于奴隶的看法也很少人道的成分。有的古典学家认为,奴隶并没有被当作完全被贬低与羞辱的东西来看待。对此,芬利曾予以有力的反驳。[59] 页88 "无论男女,奴隶都是'无自由的躯体''长人脚的牲畜'。"[60]在古希腊,与在非洲门德一样,年老的奴隶得不到任何尊重。"从'打人'(to strike)这个词衍生出'小子'(boy)和'奴隶'(slave),这是希腊人最喜欢的语源学玩笑话之一。这样,即便一个年老的奴隶也可以被叫做'小子',因为他动不动就被打一顿。"[61]

　　要证明崇尚荣誉的精英文化与贬低、羞辱人的奴隶制度同时并存,固然不难;但要说明二者之间如何相互联系,并非易事。事实上,我们能做的,只是推测出这种关联关系的性质。最令人满意的猜测大致如此:大规模的奴役与古典希腊崇尚荣誉的文化,在它们开始相互强化之前,各有各的历史起源,两不相干;蔑视为别人干活,以及统治者阶层瞧不起干活本身,必定推动了奴役规模的增长。更进一步的推测,也并非没有理由,即奴隶不只满足了主人物质上的需要,他们也满足了主人想要控制、支配他人的心理需要。正如维克多·埃伦伯格②(Victor Ehrenberg)所言,"自由人,无论男女,动不动就向奴隶肆意逞骄,无所顾忌。奴隶主永远都是绝对的主人与占有者、专制的君主。"[62]

　　考虑到奴隶在小主人的养育中所扮演的重要角色,他们也可能直接影响了

―――――――――――

　　①　古希腊的宗教理念,认为傲慢、自大、欺神,乃为罪之大者,又译为"胡勃里斯"。——译者注

　　②　德国犹太历史学家。——译者注

古希腊中、上层阶级的性格形成。但是,芬利却对主人与奴隶彼此间的态度是否得之于此持保留态度。[63]在他看来,男、女家庭教师与女佣绝不可能使统治阶级对养育他们的阶级多一些"人道之情"。芬利的看法相当有道理,我完全赞同。美国南方黑人的经历,也足以使任何人明白这一点,哪怕是古典学家中最反对比较研究的学者。与此同时,美国南方的现实表明:依靠奴隶养育后代,的确对孩子的性格形成有一些影响。简言之,它强化了奴隶主阶级的傲慢与权威主义性格,增强了他们的荣誉至上个性特征。[64]如果我们进一步考虑到女性在古典希腊文化中的独特地位,以及女奴随时可用作性工具、身为父亲的奴隶主只要有机会就喜欢外出等因素,[65]我们就能发现,在希腊古典时代的上层阶级中,家奴对其荣誉至上性格的形成,并非无足轻重。

再来看古罗马。它对我的论证至关重要,原因有四。其一,罗马发展出了所有前现代民族中最复杂的奴隶体系;其二,与希腊人一样,罗马人的尊严或荣誉感发展到了令人惊讶的程度;其三,罗马是一个非同寻常(尽管绝非独一无二)的案例,即奴隶主承认,他们的奴隶人口中举足轻重的一部分——希腊人与其他希腊化的奴隶,在文化上优越于罗马人;其四,在罗马,有一群奴隶与被释免的奴隶在帝国政府的行政管理与执行部门行使着非同一般的权力。罗马社会的这最后一个特征,对于我的假设验证,至关重要,我将另辟一章,单独探讨。

页89

罗马人对于奴隶制的看法如何与上述特征相顺应? 罗马人承认希腊文化的优越,对我所坚持的一点,即奴隶总是被视为没有尊严的人,是否形成例外? 回答这些问题,最好从法律体系开始,因为正是在法律体系中,我们发现,传统的尊严观念不仅延续下来,而且在共和晚期获得了新的意义。彼得·加恩西①(Peter Garnsey)在他研究古罗马的社会分层与法律特权中,出色地证明了这一点。[66]

加恩西向我们说明,罗马的整个法律体系建立在特权的原则上。它有一个双重的法律结构:一个为了有特权的人而设立;一个为了没特权的人。享有特权者在不同的法庭受审判,所受到的惩罚也不同于与其犯了同等罪行的无特权者。通往特权的渠道包括出生、罗马公民权、财富、与权力接近等,但其主要通道是"尊严的拥有,尊严来源于口碑、出生、政府职位与财富"。[67]尊严,依据西塞罗(Cicero)的解释,是指"值得尊敬的名望。它使人获得尊重、荣誉与敬意"。[68]加

---

① 英国古典史学家。——译者注

恩西进一步解释说,尊严"所强调的是道德品质、生活方式以及由之而获得,毋宁说,要求获得的尊重"。[69]

我们已经看到,古希腊人有他们自己高度发展的尊严感;我们也知道,罗马人对希腊文明抱有十分的敬意,用古罗马诗人贺拉斯(Horace)那句著名的话说,"被俘虏的希腊人俘虏了他们的俘虏者"。[70]现代历史学家们已然证实了这句格言的准确性,不妨援引其中一个典型的观点,切斯特·斯塔尔①(Chester G. Starr)曾惊讶地表示,"征服者在文化上向被征服者屈膝,谦卑地承认,他们的思想与语言,与希腊人相比,自惭形秽。那种谦恭程度太不一般"。[71]那么,罗马奴隶主接受了他们的希腊奴隶高度发展的尊严观吗?

他没有。无论罗马奴隶主多么欣赏他的希腊奴隶,他始终不肯给予、认可的,是希腊人的尊严感。事实上,他甚至否认希腊文化中尊严感的存在,认为这是希腊文化的一大缺陷。加恩西在他的著作一开篇就指出,在罗马人眼里,惩罚不只是一种震慑或纠错,也是为了在"受害一方的尊严、声誉必须得到保护时,维护其荣誉。否则,如果允许犯罪者逍遥法外,必定有损受害一方的尊严,令其被轻视。"[72]加恩西的论述中,特别有趣的一点在于,罗马人曾声明,他们对惩罚的看法与希腊人截然不同。他们说,柏拉图的理论,尽管在其他方面令人赞赏,却是有缺陷的,因为他未能认识到,维护尊严是施加惩罚的关键原则。 页90

然而,从远处批评另一个民族的知识成果,是一回事;面对面时,依然坚持同一种看法,就是另一回事。罗马人面对他们的希腊奴隶,态度如何?似乎二者的关系越近,否认被打败的希腊人拥有尊严品质的心理就越重。罗马人与希腊人的接触,可以追溯到伊特鲁里亚时代;但是,现有的、也是相当有限的资料却显示,直到4世纪末,双方之间最常见的态度,是一种相互漠视。[73]晚至公元前200年,罗马对它东方的希腊还谈不上有什么企图。因此我们可以理解,是希腊人的态度首先开始变化。到公元前268年,罗马人诚实、正直的声名早已传到希腊。[74]渐渐地,罗马人终于被希腊人以敬畏、崇敬的眼光看待。公元前2世纪早期,麦宁诺②(Melinno)创作的《颂诗·罗马篇》充分体现了这一点。[75]

罗马人对希腊人看法的改变,正好相反。到公元前2世纪初,"希腊民族遭

① 美国历史学家、当代研究古典史的权威。——译者注
② 古希腊抒情女诗人。——译者注

到近乎普遍的蔑视,至少大众的议论是如此,几乎所有的希腊人都忍不住感到沮丧"。[76]与罗马人在希腊人中间诚实的声名形成鲜明反差,拉丁语中"希腊人的诚实"(Graeca fides)这个词在罗马人中间竟变成"不值得信任"①的意思。[77]希腊古典学家尼古拉斯·帕特罗提图斯(Nicholas Petrochitos)就罗马人对希腊人的看法做过一项特别的研究,他的结论完全支持我的观点。[78]他发现,罗马人很快就形成了一套关于希腊人的刻板印象,集中反映出在他们看来希腊人性格的六大弱点:(1)喜欢浮夸而不注重实质;(2)举止夸张而不得体、不懂装懂;(3)傲慢自大、粗鲁无礼,且如西塞罗所言"不负责任、自欺欺人、天性喜人奉承";(4)自欺欺人(单独挑出来说,强调这特别令人不舒服的性格);(5)奢华成性、夸耀财富;(6)最让罗马人鄙视的一点,是轻率,包括"变化无常、草率了事、不负责任"等;令人想到"缺乏诚信、欠缺尊严、不值得信任"等。它"在人们关于希腊人性格的通行看法中,是最突出的一个因素"。[79]西塞罗曾以此为据,在一个著名的案子中,质疑希腊人证词的可信度,试图赢得法庭抗辩。佩特罗奇图斯(Petrochitos)因此而评论:"这里的轻率指缺乏可信度。它是尊严与责任的准则屈从于私人与不道德的动机的结果,被西塞罗说成是所有希腊人的品性。"[80]罗马人把希腊人的轻率与他们一贯严肃有尊严的品格做了对比。

页91

　　最后,正是由于罗马奴隶主与希腊奴隶的关系,生发出了带贬义的指小词"小希腊儿"(graeculus)。它与希腊奴隶给罗马人当家庭教师的历史尤其相关。家庭教师也许因为智力出众受人赞赏,但这种赞赏总带着一丝轻蔑。"小希腊儿"好像是说,"希腊人缺乏男子气",他们"大都没用"。佩特罗奇图斯总结道,"小希腊儿因此是一个类型独特的词,一个从某一族名中形成的指小词,它反映罗马人与希腊人关系的特殊性质。作为一个指小词,它可以表达多种态度,从淡淡的屈尊俯就到毫无隐瞒的公开蔑视等,不一而足。"[81]像美国的"桑博"②(sambo)与牙买加的"夸示"(quashee)这两个词一样,"小希腊儿"有时候是一个亲昵但又不失其轻蔑语气的词。值得注意的是,这个带侮辱性的词第一次出现,是在西塞罗的时代,即奴隶制在罗马的社会经济秩序中达到或接近高峰的时代。我们知道,罗马人并非沙文主义特别强烈的民族。事实上,大概除了古波斯人以

---

①　拉丁语中的习语:"Graeca fides,nullas fides",意为"希腊人的诚实不是诚实"。——译者注
②　一个类型化名字,意指温顺而天性有缺陷、永远长不大的黑奴群体。中国学者高春常将之译作"傻宝",颇为传神。——译者注

外,罗马人是历史上最不具沙文主义的民族之一。[82]罗马人对希腊人生活方式的横挑鼻子竖挑眼,是因为他们要捍卫自己的文化,然而,罗马的文化在很多方面得益于希腊文化。因此,罗马人说他们中间的希腊人没有尊严必定出于两个缘由:其一,主奴关系;其二,罗马人往往把所有来自东方的奴隶(其中有许多最终进入罗马人的家庭)都当作希腊人。换言之,这个因果链条不是从整个希腊民族缺乏尊严的刻板印象开始,再生成为另一种刻板印象:东方奴隶都是没有尊严的人;而是相反,希腊人作为一个群体最终被认为是没有尊严的人,是因为大部分与罗马奴隶主面对面接触的奴隶要么是希腊族群,要么是被希腊化的民族。

希腊自由人与希腊奴隶的区别,罗马人十分清楚。这从他们为孩子寻找合适的家庭教师中就看得出来。雇佣或者购买一个奴隶做家庭教师,对大多数罗马人来说,既便宜也便利。不过,就像在希腊一样,罗马人总担心这种教育方式对罗马儿童个性的影响。这是罗马道学家很喜欢的一个主题,尤其是尤维纳利斯①(Juvenal)。当然,它也是罗马喜剧的一个内容。精明机智的奴隶——仆人卡利杜斯——与他的少年主人之间的关系,总是希腊喜剧中最好玩的一部分。[83]一位罗马父亲与一个自由的希腊教师阿利斯提普斯,通过一番幽默的对话,淋漓尽致地表现了罗马人的担心。这位父亲显然陷入了一个两千多年后依然有待改革的困境:如何在儿子的教育质量与价格昂贵的教育花费之间作出选择。

"教我儿子,你要多少钱?"父亲问阿利斯提普斯。 页92

"1000 德拉马克。"阿利斯提普斯回答。他显然认为自己值很多钱。

"那我可以买个奴隶来教。"这位父亲回复说。机智的阿利斯提普斯接道:"那你会有两个奴隶:一个是你儿子,一个是你买来的那个。"[84]

有教养而在文化上受人赞赏的希腊奴隶尚且如此没有尊严,其他奴隶更甚。在罗马人看来,典型的奴隶是一个"会说话的工具",可以用作性满足但不算人的工具;他要靠鞭子来管教;在法庭上回答问题,必须折磨他一下才行,因为他说话完全不顾及尊严。与此同时,罗马奴隶主甚至比希腊奴隶主更以拥有大批奴隶随从为乐。没有什么比奴隶更能增加他在同辈人眼中的尊严感与声名。与所有其他奴隶社会一样,在罗马,即便没有奴隶的穷人在奴隶面前也感到有尊严。

---

① 古罗马讽刺诗人,全名 Decimus Junius Juvenalis,生活在约公元 55 或 60—127 年间。——译者注

从这一意义上说,奴隶制度是一个自我调控的体系。正如基思·霍普金斯所言,"它靠自己而生存。罗马社会中,大量奴隶的存在将自由公民界定为高人一等的人,哪怕他们是穷人。与此同时,自由公民的优越感,也使他们不屑于与奴隶竞争——像一个完全依附于别的公民的人,成天干活。但是富人,顾名思义,需要依附者。因此,奴隶制的存在,一方面使富人在他们的豪宅里夸耀财富,另一方面又照顾到了自由穷人的尊严感。"[85]

需要强调,罗马奴隶主所要求的不只是奴隶的服从。塞内加①(Seneca)在区分什么是奴隶不得不做的事与什么是奴隶"靠自愿而非强制而行的"事时,[86]他无疑代表的是他自己的阶级。

伊斯兰世界与古罗马奴隶社会如出一辙,尤其是阿拉伯世界。所有伊斯兰有奴社会的文化都十分崇尚荣誉。[87]也许比前现代世界任何其他地方都突出,伊斯兰社会的奴隶制不仅意味着奴隶的无尊严,且以维护奴隶主的尊严为主要功能。现代民族志关于阿拉伯人与中东其他民族的研究中,这方面的例子数不胜数。略举数例即足。

20世纪30年代,哈里·圣·约翰·布里格·菲尔比(Harry St.John Briger Philby)前往沙特阿拉伯旅行。他后来回忆,一个叫沙般的奴隶如何受其主人差遣,送来两只羊作为礼物,供菲尔比晚餐用。菲尔比写道,"我很自然地拿出一份平常的礼钱,但看他坚决不肯接受的样子,我只好收了回来。尽管他是真心不要,但那确实很少见。那个下午,他来了好几次,真是一个个性坚强又很有魅力的人。尽管他只是一个奴隶而且是一个血统纯正的黑奴,他却似乎以代理人的身份行使主人的权威,那样子好像生来就会(着重符系添加)。"[88]

所有的奴隶主,尤其是阿拉伯的奴隶主,都想要沙般这样的奴隶。如果他们手里有一个,他们会比保护自己的儿子更精心地保护他,因为他们在这奴隶身上投入的是尊严。20世纪初,哈罗德·迪克森(Harold H.P.Dickson)访问科威特,他注意到,"奴隶们知道,如果他们被陌生人伤害,主人会向那人寻仇,不管他是谁;那种报复心比他们自己的儿子受到伤害还要重。这是千真万确的。因为杀死或绑架一个人的奴隶影响到他的尊严,杀死他的儿子则不然。"[89]西尔维亚·拜莱斯(Sylvia Bailes)引用这段话时,还加了一句:"当然,我们需要指出,科威特

____
① 公元1世纪罗马哲学家、政治家。——译者注

奴隶主真正关心的,不是他的奴隶,而是他的尊严。"[90]

即便在阿拉伯人搞起了大规模庄园奴隶制的地方,比如东非的桑给巴尔①,拥有奴隶的心理意义至少与奴隶的经济价值同等重要。正如弗里德里克·库珀(Frederick Cooper)所指出,这让欧洲的观察者非常不解,他们甚至给阿拉伯庄园主贴上懒惰、平庸、无有抱负的标签。[91]不管怎样,庄园经济的成功,只是以奴隶为基础的阿拉伯精英文化十分崇尚荣誉的因素之一;而定义桑给巴尔精英身份的中心词,则是"heshima",意为"尊敬"。具体说来,"heshima"意味着富有之外,还要有大队的奴隶随从、良好的家庭背景、贵族般的风度。库珀指出,"拥有依附于人的跟随者,早已构成权力与名望的重要成分。奴隶对于经济的日趋重要,与他们的社会价值叠加在一起。无论丁香业是兴是滞,奴隶的劳动总能供应主人生活所需,他们的存在也总能给主人带来名望。"[92]

库珀的研究,强调桑给巴尔的父权伦理、整个社会的融合倾向以及伊斯兰教显而易见的影响,但他近乎遗漏了奴隶身份固有的低贱。[93]这让人有些不好理解。因为伊斯兰教尽管将奴隶定义为上帝眼中平等的人,却将奴隶降至社会上低一等的人;奴隶制的含义也不只是"附属",它在人们眼中是一种受屈辱的状态,阿拉伯奴隶主中间的种族主义态度,更强化了这一点。[94]正因为这样,桑给巴尔和其他所有阿拉伯国家一样,禁止奴役阿拉伯人。

罗杰·莫顿(Roger F.Morton)在他对肯尼亚沿海阿拉伯奴隶制的研究中,强调了种族主义对奴隶主的影响。他指出,没有理由认为桑给巴尔的阿拉伯人有什么不同。"由于出生、职业、肤色而成了低劣的人,奴隶们成为生而自由的穆斯林天然的虐待对象。"[95]此外,芬利对古希腊罗马奴隶制的议论,同样适用于19世纪桑给巴尔与肯尼亚沿海,即无论奴隶主与奴隶关系如何,奴隶可能而且事实上受到肉刑处罚本身,就暗示其卑贱身份。与古希腊罗马一样,在东非穆斯林中,奴隶是唯一可被普通人私自鞭打的人群,少有例外。东非也和美国南方一样,奴隶的卑贱身份意味着所有自由人都把他们当作合适的虐待对象。并非只在美国的佐治亚州,奴隶一旦不在主人的保护权之内,就会遭到暴民的暴力欺凌。它同样发生非洲的马林迪(Malindi)与蒙巴萨(Mombasa)。[96]

毫无疑问,奴隶自己也认为,他们处境屈辱。虽然他们很少留下这样的口头

页94

---

①　与阿拉伯世界有悠久的贸易史,丁香产业发达。——译者注

描述,却用行动直接表明了这一点。桑给巴尔与肯尼亚沿海的奴隶体系尽管有着父权主义的传统,奴隶们却成群结队地逃跑,甘冒风险,因为他们可能受到大陆内地陌生民族的严重剥削;一旦被捉回,也可能遭到主人置其于死地的报复。[97]

美国南方的尊严与奴隶制

前文关于前现代奴隶制的分析,同样适用于美国奴隶政体。吉诺维斯声称,"所有新大陆蓄奴政体中,老南方最有可能形成一个真正的奴隶社会"。他这话也许很可能遭到质疑,但他认为老南方的奴隶主阶级发展出了一套已达巅峰的奴隶主意识形态,无疑是正确的。[98]

这套意识形态被扩充为近现代最精巧、也被表述得最清晰的荣誉至上文化,绝非偶然。这套意识形态的部分内容,指的是奴隶主对他自己的看法。人们普遍同意,其中立为核心的是尊严观念,以及与之伴随的男人气概、骑士风范。历史学家克莱蒙·伊顿(Clement Eaton)自己是一个南方人,他在描述南方奴隶种植园统治时写道,"尽管南方贵族有缺点,但他们有我们今天的工业社会看来古老过时却又光彩照人的美德。他们有维护个人与一方尊严的行为准则、有对事业的奉献精神与对骑士风范的欣赏。"[99]然而,伊顿没有意识到,正是他们的缺点,尤其是对奴隶的驱使,使"南方贵族"拥有了这些"光彩照人的美德"。

同样,他们热爱自由。然而,促使他们热爱自由的动因,正如他们为何拥有那些"光彩照人的美德"一样。当萨缪尔·约翰逊①(Samuel Johnson)发问:"这是怎么回事?我们从驱使黑奴的人当中听到了呼唤自由的最强音!"[100]他暴露出了反语运用罕有的一次失灵——因为它没有起到讽刺作用,更不必说人们对自由的观念史肤浅的把握。南方人所养成的高度的尊严感与对自由的热爱,没有丝毫的虚伪与不合常理。那些最蔑视和最想强制他人的人,最能领会拥有他们不肯给别人的东西的快乐。强调奴隶制与美国南方崇尚荣誉的关联,是很重要的,因为这种联系有时候被历史学家否认。罗林·奥斯特维斯(Rollin G. Os-terweis)所言有理:"老南方的文明立在三条腿上。棉花与种植园体系构成一条

页95

---

① 英国词典编纂家、文学家。——译者注

腿,黑人奴隶制是第二条。"他所称谓的"骑士崇拜"则是第三条腿。[101]他也准确地指出了老南方的文明特征,这就是过了头的尊严感与自尊心、军人主义、对女性的理想化与隔离、地方民族主义。不过,奥斯特维斯虽然承认奴隶制在骑士崇拜中所扮演的角色,他却声称,它的主要意义是为种植园阶级提供了充分的闲暇,使他们能够迅速接受来自欧洲的浪漫观念。因此,他把骑士崇拜解释为"一种浪漫运动的表现"。欧洲人的观念,无疑有助于美国南方浪漫文化的理性表达,但要说南方人崇尚荣誉是欧洲浪漫主义的一种表现,言过其实。

即便我们不可能证明,在古希腊罗马奴隶体系中,奴隶制与崇尚荣誉之间存在直接因果关系;我们却可以肯定,二者之间,在美国南方的蓄奴文化中,存在直接关联。其中最有确定性的说明之一,来自约翰·富兰克林①(John Hope Franklin)之手。他首先恰如其分地强调,南方人生活与文化中言之明了的中心原则,是尊严观念,而非浪漫主义。

> 它对于自我,弥足珍贵,不容侵犯,不惜代价也要加以维护。它助长铺张,唯恐人说穷酸节省。它要求立刻伸张正义,唯恐人说不够当机立断。它唆使人鲁莽行事、不顾性命,唯恐人说怯懦胆小、忍气吞声。由于南方人的尊严,哪怕有人稍微暗示一下他有失诚实与正直,他也会以命相争;任何可能使家中妇女品行蒙尘的指责,他都极其敏感。对他,尊严比什么都重要。的确,他将尊严置于财富、艺术、学识以及城市文明的一切"高雅"之上,念念不忘的就是捍卫尊严。[102]

接着,富兰克林说明,尊严观念如何从上到下,从其源头——统治阶级——扩散到整个社会所有的自由人。[103]最后,也是最重要的,他证明,南方统治阶级过度发达的尊严感与奴隶制有着直接的因果关联。[104]更具体地说,他向我们解释,奴隶主的尊严感如何直接源于对奴隶的贬低与羞辱——奴隶主自儿时开始,就在行使专制权力的过程中获得尊严感,终其一生。托马斯·杰斐逊(Thomas Jefferson)曾有一番议论,富兰克林深信不疑。杰斐逊言道,他的奴隶主同胞与奴隶的关系"永远都是一方表现他最难以遏制的情绪、行使一刻也不中止的专制,另一方则卑躬屈膝、逆来顺受"。[105]

尊严与奴隶制的联系,在不如杰斐逊这么有名望的南方人那里,分毫不减。

---

① 美国著名黑人历史学家。——译者注

举个例子,1860 年,亚拉巴马州的一位律师丹尼尔·亨德利(Daniel R.Hundley)

写道:"南方绅士特有的尊贵举止,自然得体,毫无疑问得益于他儿时就习惯了运用权威。"至于他如何获得那种"尊贵",亨德利给了一个堪称经典的解释:"一方面,因为他可以管制他人,人性中的粗野会令人更趋野蛮、残酷;但是,人性中的优雅同样也会因为管制他人而一直得到完善,他们的责任感与随之而来的义务感教他们首先学会自制,然后才能要求在他们管制之下、品性低劣的奴隶的服从。"[106]美国内战中一位南方邦联士兵的描述,也许最有说服力也最残酷地表现了奴隶制与崇尚荣誉之间的联系。他说,他手中的军旗象征着"南方人热爱的三位一体:棉花、黑人与骑士精神"。[107]

南方人崇尚荣誉的观念,另一部分由"桑博"来体现。低贱的、孩童般的男人"桑博",在南方人眼中,代表的就是奴隶的形象。斯坦利·埃尔金斯(Stanley Elkins)对这个模式化形象是这样总结的:"这个典型的种植园奴隶,温顺但不负责任、忠诚但懒惰、谦卑却长期以来一贯地撒谎、偷盗。他的行为一派婴儿般的傻气,言语满是幼稚的夸张。他与主人的关系既属于彻底的依赖,也属于孩童般的依恋。而这种孩子气正是他之所以能存在的关键。尽管只要桑博显露出一丁点'男人样子',都会使南方人对他满怀蔑视,但如果这个孩子'老老实实',则会让人对他又恼又疼。"[108]这段话,相当准确地描述出了一个典型的南方奴隶主如何看他的奴隶。在加勒比海地区,有一个几乎完全相同的模式化奴隶形象——"夸示"。[109]它让人立刻联想起古希腊奴隶主对奴隶的称呼:"小希腊儿"。事实上,这样的模式化形象,在所有奴隶制体系里(无论它原始还是发达),都十分必要。它所展现的,其实就是奴隶的概念——奴隶根本就是一个没有尊严的人。埃尔金斯所言极是。桑博的存在,其关键就在于他完全没了'男人的样子'。这是对失去尊严最准确的描述。

桑博这样的观念形象在南方以及其他奴隶体系中的存在,进一步证实了我的观点:奴隶们被普遍视为失去了尊严的人。然而,桑博的形象并不符合奴隶们的实际言行,正如那被吹捧出来的尊严观念与自由感也不是对奴隶主的准确描述一样。只有奴隶主自己所怀有的尊严感、他们对奴隶的尊严的否定、通过贬低奴隶而对自身尊严感的强化,还有奴隶们自己对被剥夺尊严与被贬低的感受,才是真实的。

除此之外,就很难再作进一步的归纳,因为奴隶主阶级面对反叛的奴隶或外来侵入者,会在多大程度上准备捍卫其尊严;奴隶人口会在多大程度上适应或者不接受他们那丧失尊严的身份,都取决于他们所在的奴隶体系的特定结构、内部力量与外部限制条件。在有的奴隶体系,例如 19 世纪尼日利亚北部的埃米尔王国,尊严感以及伊斯兰教义对尊严的独特解释,对于奴隶体系的长期延续,起了很强的作用。[110]而在有的奴隶体系,例如美国内战前的南方,统治阶级那过分膨胀的尊严感与堂吉诃德式的骑士精神则是奴隶体系难以为继的主要原因。在有的奴隶群体中,丧失尊严的处境与如此没有尊严的感觉会成为他们争自由、争解放的一笔重要资产,只要遇到合适的革命机会。公元前 2 世纪与公元前 1 世纪的古希腊罗马、[111]9 世纪晚期西亚两河流域下游的死地、[112]17—19 世纪加勒比海与拉美很多地方,都是这样。而在不计其数的其他地方,由于奴隶体系自身的活力、统治阶级的团结一致、被统治者缺乏革命机会,迫使奴隶怀着丧失尊严的感觉、接受被剥夺尊严的处境或者寻求其他方式表达其丧失尊严的痛苦,乃至于将之升华。[113]

页 97

漫长、悲惨的奴隶制度史没有给我们任何证据,说明奴隶曾将主人加予他们的低贱感内化。被剥夺尊严,并且感知到自己无尊严可言,无论这种感觉多么深切,都不能使人失去人的本性中渴求成为有尊严的一分子,并在有尊严的社会中拥有一席之地的愿望。[114]正是这种难以压制的对尊严与被认可的渴望,让我们最难以理解奴役状态。奴隶制提出的根本问题,也许可以简单归为一个推动双方彼此认可的问题。奴隶主不仅运用威胁与事实上的暴力,强制奴隶服侍他,而且对他横加侮辱,羞辱不断。奴隶为什么服从? 奴隶主为什么要如此恶意地伤害他自己的最佳利益;贬低他的奴隶有什么好处? 这究竟是怎么回事?

黑格尔与奴隶制的辩证法

我们所提出的问题,也正是令黑格尔着迷的问题。[115]考查他的分析,使我们两方面受益。一来,他见解深刻;二来,通过对其局限性的批判,我们获知良多。

在黑格尔看来,奴隶主对奴隶的主宰,是一个不平等的范例。"自主的一方,只为自身而存在;依附的一方,本质上只为活命或为他人而存在。前者是主子、大人、君主,后者是被奴役的人。"[116]奴隶主的存在由奴隶的存在而强化,因为奴隶主除了为自身而存在之外,他的自我意识也成为另一个人(即奴隶)的自我意识的媒介。换言之,另一个人凭借他而活着,因为他而活着,并且成为他的替身;而主人的权力与尊严也因此被强化。奴隶主的自主成为奴隶被奴役的真正也是唯一的基础。通过否认奴隶的存在,奴隶主似乎想解决自由与平等关系中最令人不安和紧迫的问题之一,这就是另一方也强烈地渴求他的自我身份赢得对方的确认,只要他是自由人。双方都在争取获得对方对自己优越身份的认可。所有的自由与平等关系都是一场"生死斗"。

奴隶制似乎能解决这个困境。奴隶不能否定奴隶主的存在,因为不管他做什么,他都是为主人而做。诚然,奴隶会死,但他死在奴隶主那里。因此,奴隶主可以说成了自动确认自己与奴隶身份的人。但这种单边的、不平等的认可类型很快就显露其局限。正是在奴隶主获得主人身份之时,他发现自己已依赖奴隶而存在。他甚至不能确定他自己的存在,因为他的主宰权是否真实,以他所能控制之物为基础;而他的控制之物——奴隶——却并非真实的存在。奴隶,已被主人在社会意义上杀死,沦为一种非真实的存在,他只不过是主人的一种延伸。再者,奴隶不能确认主人的尊严,也不能认可主人的身份,因为他什么也不是。这就是亚历山大·科耶夫(Alexandre Kojève)在他著名的评论中所说的奴隶主的"存在僵局"。[117]

反过来,在黑格尔看来,奴隶也是一样。"正如主人身份显露出与其本意相反的实质一样,奴役身份一旦成为现实,也会通往与其本意相反的方向。"[118]奴隶,因为他的社会死亡,也因为生活在"他至高无上的主人手中,战战兢兢,畏惧不已",对生命、自由,有敏锐的意识。自由观念诞生于奴隶被奴役的现实,并不诞生于奴隶主的观念意识。自由对奴隶主没有任何积极意义,只有控制是有意义的。对于奴隶,自由开始于他意识到真正的生命到来,同时伴随着对其社会死亡的否定(我这里所说的对社会死亡的否定,在黑格尔常带夸张的口吻中,叫做"外来异己的否定")。自由—生命,是一个双重否定,因为身为奴隶已然是一种生命的否定,生命的重新获得就必定是否定之否定。

尽管如此,自由又不止于双重否定,它始终是积极活跃、富有创造性的。奴隶在他的社会死亡中已经历一次转变。他争取重新获得的生命不能是他失去的生命。他在奴役状态中已经成为一个新人——为主人而生的新人,而他在争取自由并最终免于奴役的斗争中,又成为一个为自己而生的新人。这是黑格尔全部作品中最激进、最令人意想不到的洞见,对于马克思与马克思之后一代又一代的激进思想家产生了深远的影响。[119]奴隶如何成为真正的自由人？他如何把自己造成一个新人？黑格尔答道："通过工作、劳动，奴隶的自由意识产生。"因为 页99 "劳动是受到限制或节制了的欲望，是被延迟与推后了的稍纵即逝的欢愉。换言之，劳动陶冶意识。"通过劳动，意识创造出客体并将自己外化，同时"转化为永恒之物、持续存在。随后，那辛勤劳动着的意识便通过这种方式，认识到独立的存在即为它自身"。黑格尔还通过结论而补充说，"因此而言，正是在劳动这一似乎仅仅体现外人的思想与观念的世界里，奴隶通过自己重新发现自己的过程，开始意识到他的存在与他自己的意向"。[120]

黑格尔得出这个结论的过程，对错参半。颇具讽刺意味的是，他犯错的地方正是大部分评论家，包括马克思与科耶夫，认为他见解最为深刻之处。奴隶制的本质绝不要求奴隶是一个劳动者。身为劳动者的劳动者与身为奴隶的奴隶没有任何内在联系。当然，这不是说，奴隶不能当作劳动者来用。的确，一个人身为奴隶，尤其是他生来即被疏离、异化的事实，使他可以在任何其他类型的劳动者都承受不了的工作环境下，成为一个能够被有效剥削的劳动者，但这绝不意味着奴隶必然是劳动者。我已经反复强调，大部分前资本主义社会中的大部分奴隶都不是为了让他们成为劳动者而被奴役的。他们甚至可能成为奴隶主的经济负担。

再者，我也完全不能同意所谓奴隶制为奴隶主创造了一种存在僵局的观点。首先，奴隶主可以实际上也常常从其他自由人那里，包括其他奴隶主，获得他需要的认可。几乎所有大型有奴社会，更不必说那些奴隶制在其中还不具有重要的结构性意义的社会，都有一个规模可观、没有奴隶的自由人阶层。事实上，他们还常常构成多数人口。我们已经看到，没有奴隶的自由人群体总会一以贯之地吸纳奴隶主阶级的荣誉至上性格，穷得一文不名的自由人也以他不是奴隶而自豪。通过分享奴隶主阶级的集体荣誉与尊严感，所有自由人都把尊严原则合理化，并由此承认奴隶主阶级的成员最具尊严与荣耀。

除此之外，奴隶们自幼在奴隶奶妈手里受训，终其一生，也都把奴隶当作一个现成的行使权力感的对象——被贬低的奴隶们也使他们培育出尊严感。[121]

不过，在一批为数不多却很重要的大型奴隶社会中，几乎所有的自由人都是奴隶主。加勒比海地区所有的奴隶体系，就是这样。荷兰东印度公司在印度尼西亚斯兰岛（Ceram）以南、香料群岛上的班达（Banda）建立的奴隶社会，也是这样。班达与加勒比海地区相隔遥远，但其奴隶制与加勒比一样残酷。[122]在这些奴隶社会中，我们的确发现，奴隶主阶级中存在近似于黑格尔所说的尊严与认可危机。除了他们自己，能够承认奴隶主的声望与威名的，只剩下一个受到残酷利用、被完全蔑视的奴隶群体。面对这种困境，奴隶主阶级找到了两种办法。在他们攫取财富的奴隶社会，奴隶主放弃了所有对尊严的追求，也不发展崇尚尊严与荣誉的文化。他们承认，奴隶制让奴隶主与奴隶两败俱伤，都没有尊严。因此，他们放下身段，不再以文化与文明自诩，一味地满足、沉溺于各种贪欲。对女奴，他们白天在地里用鞭子抽打，夜里和她们睡觉。金屋藏娇、有偶像般的女主人装点的庄园宅邸，他们也无心修造。在加勒比，肮脏、简陋的大石头屋就是奴隶主代代相传的大房子①，其中的女主人往往自己就是一个奴隶。因为没有人能够确认奴隶主的尊严，尊严二字也就被抛至九霄云外。

还有一种办法。奴隶主一旦成功地赚到了很多钱，就收拾包袱，逃离那令人不齿的财富源泉，回到欧洲。在那里，他可以大摇大摆地炫耀他的财富、宣示他的尊严、获得大都市里自由人的认可。加勒比种植园阶级中的成功人士，有很大一部分长期不在加勒比，其原因往往就在这里。[123]

对黑格尔的批判——他未能考虑到奴隶主社会中不拥有奴隶的自由人——使我们得出一个极为重要、也可能构成悖论的结论，即以奴隶为基础的荣誉至上文化之所以形成，是因为奴隶制并未彻底统治这种文化所在的社会。一个真正富有生机的奴隶文化，要想免于尊严与认可危机，就必须有相当数量的自由人口。反之亦然。一个只有奴隶主与奴隶的社会，维持不了奴隶文化。

撇开英属加勒比奴隶社会与荷属班达群岛奴隶社会这两个极端例子不说，我们依然必须回答先前提出的两个基本问题：为什么要贬低奴隶？这样做对奴隶主有什么好处？我已经说过，黑格尔的回答有一部分是对的——具体地说，他指出了解决困境的一种方式。面对奴隶主的不择手段，将自己的尊严否定殆尽，奴隶甚至比奴隶主更懂得尊严的象征，也比奴隶主更强烈地渴求尊严，因为自尊与爱一样，是人们在不拥有或者害单相思时最能痛切地感知、也最能懂得的人类品质之一。

奴隶制对于奴隶，用黑格尔的话说，真正是一场"先死而后生的考验"。经

---

① 在美国南方，奴隶口中的大房子是豪华、典雅的庄园。——译者注

历这场考验的奴隶,如果他能幸存下来,会成为一个对尊严与荣誉既知之甚深、又满怀渴求的人。我们现在知道,那些声称奴隶把奴隶主强加给他的低贱感内化,或者说,他的人格必然因为被贬辱的地位而降格的观点,是多么的浅薄。依据黑格尔的推测,事实正相反;他的推测,实有充分依据。

这样,每当我们听到奴隶自己的声音,每当我们听到编年史家与理论家就他们深入种植园主阶级的意识形态背后、触及奴隶的真实感受而发表观点时,我们的所闻所见都是"奴隶那难以置信的自尊"。[124]

这让我们注意到奴隶制最引人注目的特点之一。奴隶主如何理解奴隶对自尊的渴求? 是否理解它本身是奴隶的更大的渴望的一部分? 那就是摆脱被疏离的命运、免于奴隶主无所不及的权力。在几乎所有的有奴社会,除了屈指可数的几个,奴隶主都利用这种渴求为自己谋利。他们是怎么做的? 页 101

他操纵这种追求,把它作为激励奴隶的最重要手段。对于奴隶,没有什么比自尊、归属与解脱更令他热烈地渴望。通过允诺以奴隶被救赎的可能,奴隶主给了自己比任何鞭子都更加有力的激励力量。奴隶制因此成为一个自我纠正的制度:它所不肯给奴隶的,却被利用来作为激励奴隶的主要手段。

奴隶一刻也不停地与主人斗争——求尊严、求生存。他们有点像圣奥古斯丁。圣奥古斯丁为朋友的死深感悲痛,发现他"突然间彻底厌倦了生活,却又与此同时极其怕死"。[125]他因此比过去更加热爱生命。奴隶也是这样。他厌倦了自己被贬低、被羞辱的生活,厌倦了自己的社会死亡,并由此开始热切地渴求尊严与自由。

奴隶制的辩证法并未到此为止。奴隶的斗争让奴隶主感到,为了让奴隶制有效地发挥作用,有必要为否定奴隶制提供一个机会。由此,奴隶主与奴隶的冲突,从人的辩证法开始转变为制度的辩证法。在制度的辩证法中,奴隶制,作为一个长期存在的社会过程,站在了需要以释免奴隶作为必不可少的前提条件的对立面。

这一切如何发生? 是什么样的制度性机制一方面产生了奴隶制,另一方面又为了维护它,产生了进一步的机制去否定它? 那屈指可数的抵制制度的辩证法、拒绝释免奴隶的有奴社会,是什么样的性质? 它们为什么抵制这种解决方案? 奴隶的自尊从被贬低、被羞辱的处境中产生后,如何在这样的体系中表达与克制? 我们现在把注意力转向这一系列相关的问题。

第二部分

奴役：一个体制性过程

第四章　从自由人到奴隶

研究奴隶的来源,我们总是被两个彼此分离又紧密联系的问题混淆。一是 页105 人如何成为奴隶,二是奴隶主如何得到奴隶。使人沦为奴隶的方法非常之多,其中不少为有的社会所特有。不过,绝大多数都可归入如下 8 类:

(1)战争中被俘

(2)绑架

(3)贡奉、缴税

(4)负债

(5)因罪受罚

(6)遗弃与买卖儿童

(7)自卖为奴

(8)生而为奴

本章考查前 7 类,即出生时都是自由人,后来被迫成为奴隶。生而为奴,这一最重要的奴役方式,将在第五章专门讨论。然后,在第六章,我们再来看各种获得奴隶的方式。

战争中被俘 页106

纵观人类历史,在战争中被俘一直是人被迫沦为奴隶的主要途径之一。然而,作为一种奴隶的来源,战争所起的作用很容易被夸大。如果我们想把战俘摆在恰当的位置,就需要澄清几个重要而被忽略了的问题。第一,它是当前的奴役手段,还是最初的奴役手段? 二者要分清。我说当前的奴役手段,是指在某一特定时间点的奴隶人口如何成为奴隶。最初的奴役手段,则指在任何一个时间点

107

考查某一社会的奴隶人口时,他们的祖先沦为奴隶的方式。让问题变得复杂的因素是生而为奴。在战争中被俘而沦为奴隶,即便它曾经是所有生而为奴者的祖先沦为奴隶的一种主要方式,其比例也通常随着生而为奴的奴隶人口比例增加而降低。

第二,在战争中被俘与因成为战俘而沦为奴隶,二者不能混淆。这是研究奴隶制的文献中出现的一个大问题。主要原因在于,研究者经常而且完全错误地以为,大部分战俘的命运都是被奴役。这种假定不符合事实。哪怕我们只看前现代社会,也并非所有战俘都成了奴隶。再者,即便只是假定,拥有很多奴隶的社会,会把它所有或大部分战俘变成奴隶,那也是不对的。理由有几个。战争中的后勤供应即为其中之一。对于野战军来说,人数众多的战俘会令其不堪重负。即便奴役战俘是为了从中得利,让士兵们带着一帮拴着镣铐的奴隶回家,也是一个困难重重的问题。最好的办法是把战俘尽快卖给商人,哪怕战胜国对奴隶有很大需求。对古代战争与奴隶制的解释有时候会让人形成一种错误的印象,以为古罗马、迦太基与古希腊的军官们带着成千上万的奴隶拔营回国,迫切地指望利用他们在自己的大庄园或家里的农场劳动。这种情景必定很少发生,即便在军官们拥有奴隶的军营里。

在评估战争作为一种奴役方式的作用之前,我们先来看一看战俘通常的经历。如果不是被变成奴隶,他们的命运有多种可能:立刻被杀掉、受尽折磨后成为人祭,甚至被人吃掉;被当作赎金或用来索取赎金;战俘交换、暂时监禁、农奴、强制改编进入战胜方的军队、殖民他乡、释放。

战俘的待遇与战胜方的文明程度没有联系。例如,图皮南巴与阿兹特克(Aztecs)的社会复杂性相差甚远,但他们对待奴隶的方式是一样的,都用高度仪页 107式化的方式把奴隶野蛮地屠杀、吃掉。[1] 被折磨、屠杀、用来索取赎金或其他用途的战俘,都可能同时被奴役。这一点,不仅原始部落如此,比如北美东南部与欧洲人接触之前的切罗基人与其他印第安部落,以及美洲西北沿海的印第安人;[2] 文明程度稍微发达一点的社会亦如此,例如迦太基人,他们在祭祀时,用上千名战俘做人祭。[3] 纵观古希腊罗马人的全部历史,他们不仅在战场上屠杀士兵,还大量屠杀沦陷城市中手无寸铁的居民。从公元前 225 年起,罗马人时不时地用战俘做人祭,甚至承认,它是一种礼祭的方式。直到公元前 97 年,元老院才把它废除。[4]

不过,战俘们更常见的命运是用来索取赎金。在中部非州的恩孔杜人(Nkundu)与卢瓦里人(Luvale)中,战争的主要发起人得为交战期间被俘虏的同胞找到赎回办法,否则,他自己会成为被俘虏者家族的奴隶。这对于爱冒险的人是一个有益的制约。[5]在所有较为发达的非洲、亚洲、欧洲城邦或国家,上层阶级被俘,通常都会被用来索取赎金。可想而知,被俘者的身份越高,赎金就越高,有时候会高得离谱。古代西亚乌尔第三王朝时,上层军官的赎金之高,可令人倾家荡产。[6]许多民族中,获取战俘主要是为了交换在上一次战斗中被俘虏的己方成员,或者纯粹是为商业目的。冰岛武士通过这种方式大笔大笔地弄钱。[7]坦桑尼亚的克罗比(Kerebe)人蓄奴主要是为了用他们换牛。他们对牛的兴趣,远远胜过希腊人喜欢的"两条腿的牲口"。[8]对尼日利亚北部的马尔吉人(Margi)而言,战争"主要是为了找老婆与筹集赎金之用"。[9]信奉伊斯兰教的民族中,被俘虏来的穆斯林,依据律法,可用来索取赎金,但不可被奴役。不过,这条律法并没有得到严格遵守。即便人们遵行了它,有关赎金的谈判有时也无休无止、没完没了。[10]当然,基督徒与穆斯林之间,关于战俘的宗教顾忌就不存在了。[11]从中世纪起,一直到近代早期,北非穆斯林国家依赖战俘作为一种重要的收入来源、奴隶来源。依据埃伦·弗里德曼(Ellen Friedman)的研究,近现代时期的阿尔及尔城,"战俘所提供的劳力以及他们所带来的赎金,对城市的经济,至关重要"。[12]

在许多发达的前现代社会,战俘以依附者而非奴隶的身份被接纳进战胜方的社会。这种做法在古代近东与东方最为显著,并且与奴隶制同时并存。事实上,正是因为这个原因,很长一段时间以来,学界以为:在古代西亚两河流域与中国,所有的战俘都自动转为奴隶。至今,依然有许多学术权威这样认为。[13]但这种看法最近受到了强有力的挑战。中国与西亚两河流域是两个最广为人知也最有争议的例子,因此,我们不妨对它们稍加考查。

中国古代,战争频频。大量的战俘,去向如何、作何用途? 对此,中国的学者们是有分歧的。在中国古史分期问题上堪称"强硬派"的周谷城写过一篇最具 页 108 代表性的文章。[14]他认为,中国古代存在大规模的奴隶制;绝大多数奴隶最初都是从被打败的部族中俘获来的。不过,总体来看,即便那些坚持中国历史上经历过奴隶社会的马克思主义学者,也不认为奴隶的主要来源是战俘。中国最杰出的马克思主义者郭沫若在他那本经常被人引用、研究祭祀的著作中,对这个问题,态度相当模糊。[15]不那么模棱两可的是童书业,他认为中国的奴隶人口曾一度高达总人口的 20%,不过,其中只有很少一部分来源于战俘,犯罪与欠债才是主要原因。[16]中共学者中,翦伯赞写过一篇很长的批判性文章,宣称大规模的奴隶制在两汉时不可能存在,因为那时没有那么多的战俘。汉王朝对蛮族的战争是为了开辟通往中亚的商业通道、扩张帝国、迫使征服者缴纳贡赋。掳获战俘只是偶尔为之,也主要是作为一种威吓与报复手段。把战俘赏给将士们以资鼓励或者冲抵报酬,极为例外。[17]

西方学者对几乎所有上述解释都不大认可。韦慕庭①(Clarence Martin Wibur)的观点可谓代表。[18]他认为,前汉时期,"被俘的敌军成千上万,却不能想当然地以为他们会被奴役。"[19]他总结说:

> 数以千计甚至上万的战俘结局如何,在历史上一直是个难解的谜。有一些人被奴役,但没有证据表明那是大规模的。汉史对于汉王朝与匈奴、西北边境诸国、朝鲜、中国南部诸王国的战争中所俘获的战俘,未予交待。大多数情况下,被杀戮与被俘虏的敌军数字与比例,也很难区分。这就颇为值得注意。显而易见,对于汉王朝来说,将敌兵俘虏也好、杀死也好,无关紧要。如果战俘是一种奴隶来源,在经济上意义重大,那将不大可能是这种情况。[20]

蒲立本(E.G.Pulleyblank)解开了部分谜底。他强调,中国人对战俘与普通罪犯"没有鲜明的区分",尤其是汉代与汉以前。他进一步指出,战俘不是由国家卖掉的,而是赏赐给了官员。[21]他不像韦慕庭那样坚持被奴役的战俘数量不大。

最可能的一种推断也许是这样的:中国人处理战俘的方式,在漫长的不同历史时期,各自有别。汉末时,很可能还只有一少部分战俘成为奴隶,其他则用作殖民或者他用。汉以后,越来越多地把大部分战俘用作奴隶。到北朝时期(公元 386—618 年②),"有充足、可靠的证据表明,将战俘或投降的敌军变成奴隶,已为常例"。[22]战俘依然可做他用。"他们被绑起来、重组,然后编入战胜方的军队,或者被安置在人烟稀少的地区"。至于"被征服地的平民,他们大量地沦为奴隶"。这是有明确证据的。[23]

---

① 美国汉学家,著有《前汉时代中国的奴隶制》(*Slavery in China during the Former Han Dynasty*,*206B.C.-A.D.25*)。——译者注

② 原文如此。作者的依据可见下文注释。——译者注

　　研究西亚两河流域早期史的学者,遇到了与中国学者几乎相同的问题。伊萨克·门德尔松(Isaac Mendelsohn)坚持传统的观点,认为绝大多数战俘都成了奴隶,但他也注意到,战俘还有其他用途。[24]直到十多年前,一些研究西亚两河流域的俄国学者还在学界大亨瓦西里·斯特鲁维(Vasily V.Struve)的影响下教条地认定:所有战俘都成了奴隶;这个地区存在一个大型奴隶体系,其奴隶来源主要就是战俘。[25]但近些年,大部分俄国学者的观点来了个大转弯。伊戈尔·米哈伊洛维奇·迪亚科诺夫(Igor M.Diakonoff)认为,在苏美尔历史早期,大多数男性战俘被杀掉了;到后来,他们被用作了奴隶,但数量并不可观。[26]谢苗诺夫(I.I.Semenov)是最最反对斯特鲁维与斯大林学派的一个典型学者,对于古代西亚两河流域的战俘,他以一句"他们怎么样了?"自问自答:

> 在我们看来,毫无条件地把战俘直接等同于奴隶是错误的。战俘本身也并非奴隶。他们只是从他们原来所归属的社会关系中被撕下来了的一群人,并且因此被隔离于生产资料之外。在古代东方社会,战俘的数量如果超过了家务与辅助性劳动所需,他们通常就会被安置下来。[27]

　　大部分西方学者采纳了这样的立场。伊格纳斯·盖尔布(Ignace J.Gelb)强有力地争辩说,在古代西亚两河流域,奴役战俘根本就是不现实的。相反,他们在被打上烙印、关上一小段时间以后,"一般都会被释放,重新安顿下来,或者派作皇家的特殊之用,比如贴身护卫、雇佣兵或者机动部队"。[28]不过,盖尔布也许在反方向上走得太远,他完全否认古代西亚两河流域曾经大规模使用战俘作奴隶。[29]

　　古代西亚两河流域的真实情景似乎更像中国。在西亚,一直都有战俘用作奴隶,但从有文字记录伊始直到巴比伦王朝末期,沦为奴隶的战俘只占一小部分。但是,就像中国一样,随着岁月的流逝,越来越多的战俘成为了奴隶,到新巴比伦王朝时,我们有理由相信,大部分战俘正在被奴役。苏联学者丹达马耶夫(Dandamayev)也许有些言过其实,他声称,大规模的奴隶制在公元前6世纪阿契美尼德王朝业已存在,然而,他拿出的证据却有力地说明,那时候,整个波斯帝国上层阶级统辖的地域都大量地使用了奴隶劳动。[30]

页 110

　　无论中国还是古代近东国家,都没有发展出大型奴隶体系。这样,我们不免会问:交战方属于高度依赖奴隶制的社会时,战俘的命运是否有很大不同? 皮埃尔·杜克雷(Pierre Ducrey)研究古希腊人的战俘待遇对这个问题很有启发。[31]杜

111

克雷考查了古希腊人参与的 120 场战争,从最早有历史记录开始,到被罗马人征服为止。他发现,其中有 24 场战争将战俘屠杀,28 场战争将战俘大体变成奴隶;其余 68 场战争中,战俘们似乎只是先被关起来然后被释放,没有吃更多的苦头。[32]

但要依据这些数字作归纳,我们必须审慎。它们不仅没有告诉我们每一次战争中的战俘数目,其数据与样本的局限性也显而易见。但即便如此,将被捉来的士兵变成奴隶的战争例数不到四分之一,依然令人惊讶。尽管古希腊世界对奴隶有巨大需求,希腊人对待战俘的模式似乎与帝制时代的中国、古代近东所通行的做法相距不远。

杜克雷的研究还有一点引人注意的地方。他把在战场上公开捉来的士兵与沦陷城邦中的公民、守城者做了区分,这是很重要的。[33]古代文献,如果不仔细阅读,会给人一个印象:被征服的城市中的居民通常都会沦为奴隶,或者全被送到奴隶市场。然而,杜克雷发现,许多这种说法要么不太靠谱,要么太过模糊,我们无法确知沦陷城市中的居民到底怎么样了。依据文献的明确记载,我们只能得出一般性的结论:如果一个希腊城邦被围困,岌岌可危的是它作为一个政治实体的存亡,而非城邦公民的自由能否保存。大多数情况下,攻城者与被围困的城邦会达成一个协议。其中,并不包括奴役公民。

古希腊的历史说明,奴役史上存在一个重要的总体倾向,即征服者一方很不愿意把被征服的人口全部就地变成奴隶。虽然例外也有很多,但反向的倾向并不强。从这些例外,我们归纳出第二点,并且可以更有把握地说:征服者一方将被征服者人口全体就地变为奴隶的意图,几乎总是一败涂地。

页 111　　如果一个民族被征服,从理论上说,征服者才是对当地人来说的外人,被征服者是本地人。在这种情况下,奴隶制的基本要素之一——生来被疏离与异化——就几乎不可能形成,无论这疏离与异化是侵入型还是挤出型。就征服与被征服的本质而言,被征服的原住民不可能以侵入型的方式被疏离与异化,因为统治他们的阶级才是侵入者。同样,要以挤出型的方式将原住民人口疏离与异化,也很困难。因为在这时,定义道德规范的社会(只要它还存在)是被征服者。很难指望他们能接受这种观念:自己是一群在社会内部倒下了的人。内部分化或奴役部分人的策略也不大可能达到目的,因为这种行动很可能只能把选出来作奴隶的人造成英雄。

奴役原住民之所以可能失败,还有一些纯粹的现实原因。首先,大部分当地人与被奴役者团结一致。其次,被奴役者在他们自己的地盘上,熟悉其社会与地理环境,轻而易举就能逃脱并生存下来。再次,不比那些生来就是外人的奴隶或者被认定为道德沦丧的人,被奴役的原住民更容易找到避难所。

大部分征服者都充分意识到了这些问题,所以他们没有企图就地奴役被征服者。如果征服者的领袖希望维持或者引进大规模的奴隶制,他有多种选择。其一,把被征服者的奴隶人口夺过来,如果这样一群奴隶已经存在。其二,从外面带奴隶进来,刻意不在当地奴役被征服者。这方面最突出的例子,大概是荷兰人对待被他们征服的南非科伊科伊人(Khoikhoi)。当时,正值 17 世纪晚期到 19 世纪初大规模奴隶制在非洲发展的时期。[34]

古希腊人利用了所有这些手段,甚至更多。最典型的策略也许要数斯巴达人卡利拉提达斯(Kalliratidas)采取的行动。他在莱斯博斯岛夺取了雅典人在米西姆纳的驻防以后,把所有捉来的士兵与俘虏来的奴隶卖掉,但是,给予雅典公民们自由。[35]更极端的例子是把所有被征服的人口驱逐出去或者卖往他地为奴,新的殖民者带着自己的奴隶前来。公元前 430 年,波提泰亚人(Poteidaians)向雅典人投降之后的命运即为如此。在西西里岛,被征服的人口大规模地被遣送出去,也曾发生过多次,就像公元前 483 年,叙拉古的僭主革隆(Gelon)毁灭了梅加拉城之后,将普通百姓卖作奴隶而宣布上层阶级为叙拉古的公民一样。[36]

罗马人与希腊人一样,策略众多。被征服城邦的民众,其命运取决于城邦是否曾经反叛、是否经过猛攻才被征服、是否不战而降、是否兵临城下了才投降等各种情况。[37] 页 112

有关古希腊罗马史上被征服的城邦与其他类型的国家的文献,不计其数。我们从中得出的最重要结论,就本章目的而言,是一个否定词。尽管战俘被奴役屡见不鲜,却没有一个清晰明确的例子显示:被征服民族中的大量自由民真正被成功地就地奴役了。这是个至今仍有争议的话题,至少有一位研究古希腊史的名家在他那本广为使用的书中断然宣称,"黑劳士①确实是彻头彻尾的奴隶。他们通常被人用标准的希腊语称为"奴隶"(douloi)。可惜,说这话的安东尼·安德鲁斯(Antony Andrews)没有告诉我们他在何种意义上使用"奴隶"这个词。[38]不

①　主要指伯罗奔尼撒半岛被斯巴达人征服并就地奴役的拉哥尼亚与美塞尼亚人。——译者注

过,以我们对奴隶制的定义,黑劳士显然不是奴隶,无论安德鲁斯引为佐证的克里底亚①(Critias)的话多么有智慧——克里底亚说:"斯巴达的自由人比其他地方的自由人更自由,斯巴达的奴隶比其他地方的奴隶受奴役更深。"[39]奴隶制最突出的特征并非被奴役者受压迫的程度。如果是那样,19世纪中期的英国无产者与美国南方的黑人一样都是奴隶,更不必说亚洲农村数以百万计的穷人。但是,正如芬利所指出的那样,就他们被集体奴役的性质以及他们事实上是一个"臣服的社会"(着重符系添加)而言,黑劳士一直都不是奴隶。[40]这就在本质上意味着他们归属于那个"臣服的社会",也拥有因出生而带来的权利,无论这些权利遭到了怎样的剥夺,包括监护父母与孩子的权利。但是,他们的希腊人身份从来没有消失,只不过在政治上被悬置。公元前371年,黑劳士获得解放。只消把他们被解放之后的命运与1865年美国奴隶制被废除之后黑人的命运两相比较,就能最充分地证明黑劳士并非奴隶。"美塞尼亚人",芬利告诉我们,"立刻就作为一个真正意义上的希腊人群体被希腊人普遍接受"。[41]美国黑人,则在法律上获得解放近乎一个半世纪之后,依然在为被美国社会所接受而斗争。尽管他们作为一个群体,属于这个社会最早的成员之一。

我已经说过,不愿意奴役被征服的原住民只是一种心理倾向。大规模奴役当地人的企图,在奴隶制编年史上,依然有好些值得一提的例子,且均以失败告终。最持久、也毫不奇怪最为骇人的,是欧洲人奴役美洲印第安人的企图。

在北美与南美,所有这样的奴役企图都没有成功,尽管它们的持续时间比通常认为的要长得多。众所周知,欧洲人在企图奴役印第安人或强制他们接受委托监护制与保留地之后,曾在整个美洲大批大批地屠戮印第安人。但直到最近,人们才充分了解到大屠杀的骇人程度。[42]

页 113　　欧洲帝国对印第安人的恐怖奴役,最为极端因此也最为悲惨的地方,莫过于人们熟悉的加勒比海地区。伊斯帕尼奥拉岛是西班牙的第一个殖民地,哥伦布发现它的时候,岛上印第安人口庞大,逾百万之众。16年后,它降到了约一万五千人;到1520年,剩下不到一万;1550年,不足250人。[43]牙买加更为不幸。10年之内,岛上阿拉瓦克人(Arawak)被扫荡一尽。其他岛屿上的印第安人,命运也差不多。奴隶制当然不是人口毁灭的唯一原因,疾病、饥馑也是重要因素。然

①　古希腊哲人、苏格拉底的学生。——译者注

而,奴隶制所起的作用是不能低估的,它直接或间接地毁灭了原住民,摧毁了印第安人的社会。这一点很重要。正如肯尼思·安德鲁斯(Kenneth R. Andrews)所言,"所有这些征服与剥削印第安人的破坏面,都不能只视为微生物的帮凶,必须把它们视为毁灭人口的主要力量。"[44]这一点在中美洲的加勒比海地区尤显突出。在巴拿马地峡,有一条称为"忙线"(trajín)的运输线,臭名昭著。它为在这条线上给主人运送银子与其他货物的印第安奴隶带来了无穷的苦难、难以计数的死亡。[45]

那么,在哪种类型的有奴社会,战俘构成奴隶的主要来源？首先,我们发现,在以血缘为基础的社会,或者说部落社会,战俘总是奴隶的最重要来源。无论这样的社会参与战争与否,都是如此,因为世界上最早的一种贸易便是从外部贸易奴隶。即便奴隶制在这样的社会已然具有非常重要的结构性意义,战俘作为一种奴隶来源依然重要,因为奴隶的后代往往会被吸收到非奴隶社会阶层。诚然,少数奴隶体系高度发达的血缘社会并不十分依赖战俘做奴隶,例如西里伯斯中部的托拉查部落。[46]但这些是很少见的例外。更为典型的是新西兰毛利人部落、[47]几乎所有与欧洲人接触前并且有着发达的奴隶经济的非洲社会、[48]美洲西北沿海那些蓄奴的印第安部落,[49]他们都以战俘作为奴隶的主要来源。

第二组以战俘为主要奴隶来源的社会,文明程度较为发达、有大规模的奴隶制,但其奴隶经济尚在发展形成期。此类社会在前现代世界有两个无可置疑的例子。一个是公元前6世纪到公元前5世纪末的古希腊奴隶体系,尤其是雅典;[50]一个是公元前3世纪与公元前2世纪之间的罗马。[51]

在这两个文明社会中,奴隶的获取模式发生过复杂的变迁。在罗马,因为成为战俘而沦为奴隶者,在罗马帝国的前两个世纪中,占其奴隶人口的一小部分,但其比例依然不低。不过,从公元2世纪末起,因在战争中被俘而沦为奴隶的比例可能断断续续又有增加。[52]同样,古希腊的奴隶人口中,因战争而沦为奴隶的比例虽然先有下降趋势,但在好几个异常不稳定的战争时期,下降趋势又被断断续续打断——时降时升,例如公元前431—404年伯罗奔尼撒战争时期;公元前4世纪中期,希腊"社会战争"期间以及随后的几十年;希腊化时代的前几十年与最后半个世纪。[53]

美洲所有的奴隶社会,很可能还包括毛里求斯与马斯克林群岛的其他资本主义奴隶体系,也都属于第二组。[54]当然,在这些社会中,以战俘作为主要奴隶人

页114

口的持续时间,长短不一。假定美洲在 17 世纪末以前,大多数从社会外部获得的奴隶都是战俘,不管那战争是否专为获取奴隶而发起,我们发现,最早开始降低战俘在奴隶人口中的比例者,是西班牙殖民地。不过,它花了两个多世纪才使生而为奴成为奴役人的主要方式。[55]所有殖民地中,北美殖民地以最快的速度用生而为奴取代了战俘。[56]速度最慢的,是加勒比殖民地中的非拉丁语系地区。这对那里的奴隶主阶级产生了灾难性的后果。[57]

当然,我们不能假定,所有新大陆的非洲奴隶都是捉来的战俘,哪怕只是在早期阶段,也哪怕只假定是大部分奴隶。毫无疑问,有些人是因犯罪受罚而被奴役。不过,他们在出口奴隶中必定只占很小的比例。[58]

还有一种说法认为,从西非海岸被卖往欧洲的奴隶,大部分在被俘的时候已经是奴隶。[59]这种观点暴露出它在伦理上的似是而非;无论从哪种可能性来看,也都不符合事实。退一步说,即便如此,也只不过是把最初的奴役方式这个问题往后推了一步,我们依然有权问,这些奴隶最初是如何被奴役的? 很有可能,18世纪开始之前,他们系因在战争中被俘而沦为奴隶。[60]

第三组社会,文明程度较为发达;奴隶制在各层面都有了结构性意义;战俘不仅为最初获取奴隶的主要来源,也是整个奴隶制时期的主要来源。伊比利亚半岛,从其奴隶制伊始直至它在近代结束,就是这种情况。[61]属于这一组的社会还有:墨洛温与加洛林王朝时代的法兰西;[62]中世纪晚期与近代地中海意大利殖民地的大型奴隶体系,尤其是塞浦路斯、克里特与西西里。[63]这一组社会中,很大一部分属于伊斯兰奴隶体系,尤其是在撒哈拉与撒哈拉以南的非洲、北非与穆斯林统治的西班牙。[64]这些社会如此依赖战俘作为奴隶的来源,可以用一系列综合因素解释,包括伊斯兰社会重视圣战并把奴役当作补充人力资源的一种手段;奴隶释免率高,需要不断地从外人中引入活水,替代与增加奴隶人口;等等。[65]

页115

绑 架

要把前现代民族中的所谓战争与小股"武力团伙"对邻近部落的绑架袭击区分开来,往往相当困难。我们把它们分开,是因为绑架通常并非一件集体事务。要么,它在没有宣战的情况下对邻近部落发起;要么,针对绑架者自己的部落成员。绑架有时候只为了获取俘虏,不过,多数情况下,它跟随着战争发生。

但是,这两者的区分不能太死。亨利·奥默罗德①(Henry Ormerod)关于古代世界的一番议论,同样适用于大多数前现代社会。他说,"诸如'以政治手段而组织起来的社会'这样的现代观念,很难运用于古代社会生活的早期阶段。古代世界开始区分外国人与敌人、海盗与武装私船劫掠、合法贸易与绑架,经历了漫长的发展过程。"[66]

绑架作为最初以及当前获取奴隶的主要手段,在以血缘关系为基础的小型社会,其重要性仅次于虏获战俘。依据盖尔布的研究,海盗与绑架(他称之为海盗奴隶制)是"古代西亚两河流域与古代近东通行的获取奴隶劳动力的主要手段"。[67]这归纳也许太过一概而论,他没有充分考虑生而为奴的人。不妨稍加修正,最好这样说:绑架是古代西亚两河流域最初获取奴隶的最重要手段,并且一直成为当前获取奴隶的主要手段之一。

绑架,尤其是海盗,在古代与中世纪地中海有奴社会,作为它们最初与当前获取奴隶的手段,其重要性同样仅次于虏获战俘。正如奥默罗德与其他学者所说明,这个地区最适合以这种方式获取奴隶。[68]的确,进入现代以前,除了公元1世纪与2世纪这段时间,地中海一直为海盗所困扰。海上航行者、沿海居民被海盗无休无止地劫掠。最有名的一个受害者,大概要算恺撒。在这种伤天害理的买卖中,希腊人既是劫夺者、也是被劫夺的人。他们抢劫同胞,也劫掠野蛮人。波斯战争时期,无论海上还是陆地,绑架横行,猖獗不已。公元前5世纪中期,随着雅典海军霸权地位的确立,东地中海得到了有效的监护,海盗受到压制。但是,随着伯罗奔尼撒战争的爆发,绑架的发生,陡然达到前所未有、耸人听闻的程度。不仅所有交战国的公民时刻在危险中,中立国的权利也丝毫不受尊重。对雇佣军的严重依赖,更加恶化了这种形势。因为士兵们把战争、绑架、武装海船私行劫掠同样视为有利可图的事,愿意被雇佣。甚至连雅典的将军们也参与了向沿海城邦索要高价的勾当,答应保证它们的安全、抵御绑架。这是历史上比较早的收取保护费的一种形式。

页 116

公元前331年以后,虽然亚历山大曾试图清理海面,驱除海盗,但他功败垂成。他死后,海盗卷土重来。从公元4世纪八九十年代起,接下来的两个世纪,绑架成为一种难以遏制的风气。诸如克里特人、伊利里亚人这样的民族,本来就

---

① 美国历史学家,主要研究古希腊史。——译者注

以海盗、抢劫而臭名昭著，加上绑架，名声更臭。

布匿战争①以后，罗马当起了地中海的警察，但直到基督教时代开始之前，罗马人的警察角色都演得不好——他们反复无常、言行不一。事实上，从海陆绑架的整个历史来看，情况最糟的一段时期，就在公元前2世纪下半叶到罗马共和国的最后100年间。依奥默罗德的看法，罗马放任海盗横行，实属有意为之，尤其是在西里西亚②（Cilicia）一带。因为在罗马，大庄园经济依然在扩张中，对奴隶的需求一直在增长；[69] 只是到了奴隶贸易趋于停顿时，罗马才对海盗与绑架采取行动。这样，在公元1世纪和2世纪，地中海不再受海盗与绑架的侵扰。然而，外海却并非如此。阿拉伯海盗在整个古代与中世纪都在红海猖獗，黑海也一直受到影响。因此，在这两个世纪中，有相当大一部分新到罗马与地中海其他有奴社会的奴隶，依然是绑架来的。[70]

整个中世纪的欧洲，绑架一直是奴隶的主要来源之一，其重要性有时堪比虏获战俘。维京人在北海骚扰沿海城镇，把人从一个地方抓来，再卖到另一个地方。爱尔兰人、威尔士人、东北的不列颠人与斯拉夫人，尤受其害。13世纪晚期至15世纪初，基督教统治下的西班牙奴隶人口大幅上升，多半是海盗与武装私船劫掠带来的，绑架由此成为这段时期最重要的最初与当前获取奴隶的来源。[71]

13世纪以来，许多被弄到地中海群岛大型甘蔗种植园里干活的奴隶，肯定是被绑架来的，尽管很难把他们与真正的战俘相区分。他们来自希腊、保加利亚、土耳其、黑海地区与非洲。[72]

页117　　　　15世纪初，为了在马德里群岛发展灌溉工程，后来又为了在那里殖民定居，大批奴隶被葡萄牙人从加那利群岛绑架过去。被绑架到亚速尔与佛得角群岛甘蔗种植园干活的奴隶更多。这样，到15世纪末，加那利群岛的人口几乎被扫荡一尽。14世纪初，当它被欧洲人第一次发现时，人口估计有10万左右。[73]

16世纪晚期，随着奥斯曼帝国的扩张，海盗在西地中海再度猖狂。接下来的两百来年，基督教徒与穆斯林你抓我、我抓你，奴役了很多抓来的人。一些北非国家，尤其是摩洛哥与阿尔及利亚的阿尔及尔城，为了获得人力与外来收入，开始高度依赖由所谓的巴巴里海盗发起的"袖珍战役"，18世纪时，尤其如此。[74]

----

① 公元前264年至公元前146年间，罗马人与迦太基人之间的3次战争，以罗马人征服迦太基人，获得对西地中海的控制权而告终。——译者注

② 小亚细亚东南沿海地区。——译者注

不过,绑架并非仅仅是欧洲与地中海其他一些有奴社会的重要奴隶来源。在东南亚,它也同样是最初与当前获取奴隶的主要手段。那里的海上绑架或者说海盗蔚然成风。在缅甸、泰国,绑架(包括海上抢劫)是它们第二重要的奴隶来源。[75]中国有大量的奴隶最初都是由海盗带过去的,特别是从朝鲜沿海一带。甚至到它进入现代,依然如故。[76]海盗猖獗的日本,直到室町时代①一直以绑架作为奴隶的主要来源。[77]

在非洲,由阿拉伯人在东海岸建立起来的发达的奴隶体系,尤其是在桑给巴尔与肯尼亚,最初的奴隶来源完全依赖有组织的绑架,并且在 19 世纪大部分时期,当前的奴隶来源也主要靠它。[78]葡萄牙人与荷兰人在南非建立起来的奴隶政体,同样如此。[79]

所有社会都严格禁止境内绑架与买卖自由人。在古代与中世纪的欧洲,绑架与买卖自由人通常被定为死罪。不过,不断地制定法律来遏制它,就说明这种罪行从来就没有被彻底消除。[80]在中国,虽然它也总是一项死罪,但法律执行似乎远不如欧洲有效力。北朝时期尤其如此。当时,有数以千计的百姓被割据一方的军阀掳去奴役。[81]对边境民族的绑架,更加残酷无情。"华夷有别,族不同等;劫夺为奴,不由分说。"[82]

正是这种相同的族群有别感,解释了另外两个地方何以将境内绑架作为获取奴隶的一种主要手段。一个是埃米尔统治时期的苏丹,一个是土著居民被半伊斯兰化、尚未被欧洲人殖民的马来亚②。统治尼日利亚北部诸多小国与苏丹国其他地区的伊斯兰教领袖埃米尔、苏丹们与显贵家族,不仅劫掠边境上的非洲异教徒,而且频频转向与本国边境相连的臣服部落,哪怕这些部落是他们已经知 页 118
道改了宗的穆斯林。劫掠是他们生活中如此重要的一项内容、不可或缺的财富来源,因此,当英国人试图打击它时,遇到了顽强的抵制。一位埃米尔傲然发问:"你能不让猫去捉老鼠?"[83]奴役穆斯林同胞,当然是伊斯兰律法所禁止的;依据法律,奴役本国成员也不合法,尤其是这些劫掠者已然发誓要保护的臣服部落。但是,非洲人命运不济,他们的统治者掠夺成性、贪婪凶狠,轻易就绕开了宗教与法律的禁令。他们要么对之置若罔闻,要么为其劫掠辩护,说什么捉来的人是真

---

① 指 14—16 世纪。——译者注
② 即马六甲王朝时期。——译者注

正的异教徒。他们还暗中达成协议,越过彼此的边境去劫掠;知道只要被捉的是黑人,就不会有报复之虞。通过这种手段,他们规避了劫掠臣民的问题。[84]

明目张胆的抢劫,在与欧洲人接触前的马来亚各邦更为明显。在这里,甚至借口都没人费心去找。例如,在霹雳(Rerak)邦,罗阇①(raja)每年都要劫掠他自己的村庄。凡是他看上的性发育成熟的姑娘都会被他抓走。其他不这么有组织、男男女女都参加的抢劫,司空见惯。同样,这种骇然而无所顾忌的抢劫,是由于统治者与被统治者之间的种族、族群、宗教差异(在抢异教部落的时候)造成的。[85]

最后,我们来看现代欧洲殖民地的奴隶政体。17、18 世纪,荷兰人与帕克尼尔家族(Perkenier-family②)的后代在班达群岛建立起大型奴隶体系。在这里,绑架不仅是最初获取奴隶的唯一手段,也是当前的最重要手段。这是没有丝毫疑问的。甚至在荷兰人到来之前,海盗绑架与奴役绑架来的人在班达群岛已稀松平常。当地人口死绝了之后,邻近一连串岛屿上的居民就被劫夺到这里做奴隶,尤其是桑给尔岛(Sangir)的居民。随着奴隶需求的增长,远在缅甸西部沿海若开邦(Arakan)的人都被绑架过来。[86]

至于那超过 1150 万被运到美洲各奴隶政体的非洲人,情况更复杂。他们究竟主要是战俘,还是被绑架袭击来的? 前面我说过,美洲奴隶体系建立之初,大部分从外补入的奴隶都是战俘,尽管从外补入的奴隶比例,经过 17 世纪晚期与 18 世纪,渐次降低,但是,如果从绝对值来看运来的非洲人总数,我们会发现,他们中间的绝大多数是在 18、19 世纪来到美洲的。[87]因此,我们依然需要问,他们到底主要是战俘还是被绑架者?

要回答这个问题,我们必须考虑如下因素:奴隶贸易持续时的各个不同时期、奴隶来自非洲的哪些地区、非洲海岸上的所谓战争究竟是为获取奴隶还是为了其他目的。

页 119   先从第三个因素开始。菲利普·柯廷(Philip Curtin)提出,18 世纪非洲西海岸的战争,大部分是有意为了获取奴隶而发动的。塞内冈比亚(Senegambia)地区有些不同,因为不知怎么,其中的纯粹政治动因经常超过了经济动因。[88]

---

① 南亚、东南亚、印度等地对于国王或土邦君主、酋长的称呼。——译者注
② Perkenier 意为"种植园主"。——译者注

美国经济学家亨利·格梅里(Henry Gemery)与简·霍根多恩(Jan Hogendorn)观点相似,两人都坚持,美洲大规模使用非洲奴隶,至少在部分程度上由非洲西海岸富有弹性的奴隶供应所推动。他们还进一步争辩说,欧洲人到来之前,奴隶的市场价格低廉;这意味着,获取奴隶并非那时打仗的主要目的。18世纪,由于奴隶需求的增加,以获取奴隶为首要目的的战争也就越来越多。[89]

这样一来,我们也许要问一个至关重要的问题:纯粹以获取奴隶为目的、对周边民族发起的侵略性袭击与抢劫,难道可以用“战争”这个词来美化? 我可以毫不含糊地说:不可以! 对这些所谓的战争考查越深,我们就越来越意识到,它们只不过是卑劣的绑架行动;其动机,除了渴望获得欧洲贸易商及其代理人售卖的钱财、货物,再无其他。[90]不错,许多这样的抢劫产生了重要的政治后果与意义,特别是在几内亚沿海地区,但严格说来,那都是有组织的绑架行动的附生物。在非洲西南,类似的政治附生物从来没有出现过。在这片广袤的土地上,也是在葡萄牙人蹂躏它的几乎整个过程中,几乎所有的非洲人都在绑架袭击中沦为俘虏。其中大部分袭击,像在非洲其他地区一样,由充当中人的非洲人发起,但也有许多,是葡萄牙人亲自动手干的。[91]

据约翰·费奇①(J.D.Fage)估计,整个非洲奴隶贸易过程中,被绑架者不到三分之一,另有一半多一点是真正的战俘。[92]我则依据最近的研究有如下结论:17世纪结束以前,1600万被运到新大陆的非洲人中,约60%可能是真正的战俘,被绑架者所占比例略微小于三分之一。1701—1810年,据估计约有740万非洲人被运到新大陆。其中,战俘与被绑架者的比例,与此前相比,是倒过来的:超过70%的人被绑架而来,真正的战争牺牲品不到20%。[93]被绑架者中,有不少是在诸如达荷美、阿散蒂这样的集权政体组织所发起的抢劫中被捉去。这些王国主要由于奴隶抢劫与奴隶贸易的经济刺激,在政治上比周边地区先已发达起来。[94]不过,大部分被绑架的奴隶,似乎很可能是由个人组织的小规模袭击被抢去。埃菲克人(Efik)的贸易首领安提拉·杜克②(Antera Duke),曾对发生在现尼日利亚卡拉巴尔省的小规模个人袭击,有过描述。[95]

19世纪的图景更为复杂。1811—1870年之间,约有240万奴隶从非洲被运

---

① 英国历史学家,主要研究西非史,尤其是非洲奴隶贸易。——译者注
② 18世纪非洲奴隶贸易商,他在日记中详细记载了与英国商人的奴隶贸易。——译者注

页 120 到新大陆。其中，绝大部分去了巴西与西属加勒比殖民地，尤其是古巴。19 世纪的前一二十年，几内亚政治上极为动荡不安。因此，可以肯定地说，大部分来自这个地区的俘虏是真正的战俘。[96]同样的原因，大量来自约鲁巴、最后去往古巴正在扩张中的奴隶种植园的非洲人，也是真正的战俘。[97]不过，19 世纪离开非洲的大部分奴隶，最后去了巴西（总数约 240 万奴隶中，120 万以上的人去了巴西）。我们知道，这些人大部分来自南非；他们几乎全部都是被绑架的。[98]因此，我们也许可以推断：19 世纪被运往新大陆的奴隶中，60% 多是被绑架的；近 30% 的人是真正的战俘。

总之，运往新大陆全部地区的绝大多数奴隶，都是被绑架去的，真正的战俘不多于 30%。1700 年之后，只在少数几个地区的某些短暂时期，战俘人数超过了被绑架的人数，例如牙买加 18 世纪前四分之一世纪、巴西 19 世纪的前 20 年、古巴 19 世纪上半叶。

最后一个必须与获取战俘、绑架奴隶相联系的问题是性别偏好。通常认为，在奴隶制并不很重要、也更为原始的民族中，他们显然更愿意虏获或绑架女人做奴隶；而在更为先进的社会体系与奴隶社会群中，人们更愿意俘获男性做奴隶。性别偏好变了。但是，我们的比较研究给了我们不同的看法。的确，在以血缘为基础的小规模民族群体中，女性比男性更多地被虏为奴隶，虽然也有很多例外。例如，在非洲的克雷比人①（Kerebe）中，"男性俘虏与女性一样受欢迎"。[99]伊博族人也明显将男女等同视之。[100]尽管如此，芬利对荷马时代希腊人的评论，对大多数小型社会还是适用的。他说："对这些战败的男人，没有任何经济或道德上的理由饶他们一死。照例，英雄们杀死男人，带走女人，无论身份高低。"[101]

不过，绝大多数民族还是和希腊人一样，喜欢虏获女性做奴隶。更先进的民族确实渐渐地不再把男性俘虏都杀死，尤其是他们在经济上需要奴隶的时候。但在大西洋奴隶贸易之前，我们也很少发现被捉来的男人比女人多，即便在男人已被用作奴隶的地方，屠杀男性俘虏的习俗也一直很流行。

虏获俘虏时，决定人们选择何种性别的，不是社会的发展水平或者对奴隶制的结构性依赖程度，而是奴隶将用作何种用途（特别是在主要生产方式中）、纯
页 121 粹的军事因素、社会安全的考虑等。显然，妇女、儿童比男人更容易俘获，同时也

---

① 即 Kerewe，坦桑尼亚说班图语的民族。——译者注

更安分、更容易融入社会。此外,在大多数前现代社会,妇女是富有生产力的劳动力,特别是在非洲,她们往往是主要的生产者。[102]即便在男人一贯垄断了生产部门的社会,女奴也可用作劳动力。

皮埃尔·杜克雷考查了古希腊在公元前6世纪与公元前2世纪之间的100个征服案例,他要看征服之后都发生了什么。他发现,将妇女、儿童用作奴隶,而把男人都杀死的习俗虽然依然相当常见,但已不再是"通则"。[103]罗马人的做法与希腊人相差不多。事实上,有些研究古罗马的权威认为,罗马人的习俗似乎与我们在原始民族中的发现很接近。例如马尔斯·威斯汀敦(Mars M. Westington),在他总结罗马人的战争暴行时说,"屠杀成年男性、奴役妇女儿童的记录,在文献中虽然简短,但却屡屡出现。"[104]这显然夸大了男性被屠杀的比例,与威斯汀敦自己拿出的证据与后来的研究相左。罗马大庄园经济中的男性奴隶总得来自某个地方。但不管怎么说,屠杀男性、奴役女性与儿童的原始做法,还是可以在无数实例中找到确证。[105]

随着伊斯兰国家的兴起,为了补充它们四处征战所需的兵源、人力,一种有计划有步骤的行动开始:无论男女,一律抓来,越多越好。[106]一旦国家正式建立起来,那种年深日久的老传统又回来:多抓女的,少抓男的。9世纪以后,绝大多数伊斯兰民族中,女性俘虏与绑架来的女人在市场上的价格高出了男性,即便奴隶制在经济上十分重要的地方,也是如此。[107]

通常,性别偏好的大幅度转向在特定的社会里会经历比较长的时间,它取决于对奴隶需求与奴隶用途的变迁。西亚两河流域与埃及,当其历史早期,有着明确的性别偏好:保留女性俘虏、当场杀掉男人。后来,转而保留男性。[108]依据苏联古典学家连克曼(J. A. Lencman)的研究,在《伊利亚特》所描述的世界与《奥德赛》所描述的世界之间,发生过重大的性别偏好变迁,前者主要以俘虏来的女性为奴,后者则开始以俘虏来的男性为奴。连克曼先指出,《伊利亚特》有11次提到女性俘虏,只有1次提到男性俘虏;《奥德赛》则有46次提到女性俘虏、34次提到男性俘虏。由此,连克曼推测,在《奥德赛》的世界里,绑架的发生率更高(劫掠主要是为了虏获奴隶与战利品);而在《伊利亚特》的世界里,劫夺奴隶基本上是在真正的战争中顺带而为。[109]我不需要严厉指明这种证据的威胁,如果它也算证据的话。不过,连克曼在这个很成问题的推测中却说出了一个很好的观点。这就是,性别偏好的有意转向——以男性为主——强有力地说明,绑架是获页122

123

取奴隶的主要方式。带着这个观点，我们来看西非那些蓄奴与从事奴隶贸易的民族。他们也在选择奴隶的性别偏好上有过这样的明显转向。

在西非，这样的转向，仅仅是在与欧洲人有联系之后，才开始出现。阿博人原来一向只抓妇女与儿童，随着欧洲人的到来，他们两种性别都抓，妇女、儿童留给自己，男人卖给欧洲人。[110]瓦伊人（Vai）在1826年之前也只抓妇女、儿童。1826—1850年期间，他们为了满足海岸上的奴隶贸易需求，主要抓男人。大西洋奴隶贸易于1850年前后枯竭。其后，他们回归传统：只留下妇女、儿童；男人杀死。[111]这种性别偏好的变迁，在西非杜阿拉人（Duala）中间，更为显著。1700年之前，他们只抓妇女与儿童，满足他们自己传统的家务所需。然后，在1700—1807年间，他们抓人的重点转向男人，满足欧洲贸易商的需求。1807年以后，出口贸易开始衰竭，他们回到重点抓妇女、儿童的传统。19、20世纪之交，随着他们自己的生产模式的变化，他们又一次转向为主要获取男性俘虏。这种模式一直持续到1920年奴隶制最终被废除。[112]

所有这些无可置疑的事实都证明，西非海岸的奴隶供应充满弹性，即便是在具体的性别上。绝大多数被运到新大陆的非洲人，都不是他们自己之间或者与其他人发生战争时的战俘，正如埃基亚诺①（Equiano）与其他撰写自传的非洲前奴隶所始终坚持的那样，奴隶是从家里被人偷走的；那贼的背后，是欧洲人。[113]

贡奉与缴税

身为贡奉与赋税的一部分而被奴役，这显然与战争有关，但又不能与被俘或被绑架相混淆。臣属国也许从未与它上贡的宗主国发生过战争；它也许是自愿上贡，免得被攻击，或者纯粹只是向强国示好。

大部分较为发达、大规模拥有奴隶的前现代民族，都会在有的时候通过这种手段获得一些奴隶。但是，奴隶人口中如果有很大一部分得自贡奉，就很不寻常，特别是在奴隶制具有重要的结构性意义的社会。罗马就是一个很好的例子。罗马的经济，到帝国时代早期，正如理查德·邓肯—琼斯②（Richard Duncan-

---

① 即Gustavus Vassa，18世纪中期一名从西非被绑架后几经转手卖到英国的黑人。其自传于1789年出版，风行一时。——译者注

② 英国古典史学家，专门研究罗马经济与社会。——译者注

Jones)所言,已"基本上是一种货币经济"。这时候的罗马人更喜欢人以现金缴纳供奉(虽然用谷物缴纳也很常见)。[114]奴隶,仅仅在公元前2世纪晚期和公元 页123 前1世纪,才成为重要的贡奉物。当时,需要缴税的罗马小农场主大举劫掠东边的省份,被他们抢去做奴隶的人,数量极其之多,以至于"辛布里战争①期间,当罗马人向比提尼亚的尼科米迪斯(Nicomedes of Bithynia)要一支武装分遣队时,尼科米迪斯回答道,他的大部分臣民都被罗马的小农场主抢去,现在已经做了奴隶。"[115]

伊斯兰国家与非洲好些发达的非伊斯兰国家,也特别突出。作为蓄奴民族,其奴隶人口的构成与增加都极度依赖贡奉。尽管阿拔斯的奴隶军队早先大部分是买来的,但也有相当数量通过贡奉得来。[116]依据伊本·祖达比(Ibn Xurdâdhbih)的记载,公元826—828年,土耳其库兹(Guzz)部落将2000名俘虏送往呼罗珊省(Xurasan,即Khorasan),充作部分贡奉。[117]整个伊斯兰世界,还有数量可观、地位犹如精英的奴隶军团,也是通过"血贡"(Devshirme)被贡奉来的。他们原为奥斯曼帝国基督教臣民的孩子,自幼即被募为军团士兵。其中最闻名遐迩的,是奥斯曼土耳其禁卫军。[118]在穆斯林非洲,大量的官奴与私奴也是这样来的。[119]奴隶经济发达的非伊斯兰异教国家中,阿散蒂与奥约(Oyo)这两个王国,极度依赖贡奉。[120]

用来上贡的奴隶从何而来?通常,他们在上贡国已然是奴隶。但有时,不幸的奴隶在国际上一级一级往上纳贡的序列中,先已是另一个臣属国的贡奉品。例如19世纪中期,穆斯林酋长国阿达马瓦(Adamawa)——富拉尼人②(Fulani)最主要的奴隶中心——的埃米尔,从臣属国进贡的约5000名奴隶中,拨出2000名,送给索科托(Sokoto)的苏丹。[121]同样,本身就是一个上贡国的博尔努③从夸拉拉法(Kwararafa)王国那里得到上贡的奴隶,夸拉拉法又从它自己的臣属那里得到奴隶。[122]同样复杂的贡奉体系,由几内亚海岸的波波(Popo)国延伸到阿德勒(Ardra),阿德勒再转过来上贡给奥约(Oyo);奥约有时候也是某些强国的臣属。[123]

许多臣属国,因为过于弱小,无法向他国强索贡奉,没有能力拿出足够的奴

---

①　公元前2世纪,罗马人与凯尔特人的一场战争。——译者注
②　西非与中北非的一个穆斯林民族。——译者注
③　尼日利亚东北。——译者注

隶满足规定的上贡额,不得已把自己的自由民也送去充作贡奉。这样,当朝鲜 13 世纪成为蒙古的藩属国①时,大部分贡奉给蒙古人的奴隶,本是自由民。[124]在美洲,许多向阿兹特克进贡的臣服民族也是这样。[125]不过,进贡史之长、也更加痛苦者,很少有社会比得过非洲的努比亚。从古埃及第 19 到 20 王朝,特别是在古实(Kush)总督统治努比亚期间,努比亚人(Nubian)既要向埃及总督②贡奉自己的奴隶,也要向南边的部落索取奴隶贡奉给他。两千多年之后,努比亚人依然要向外国征服者贡奉奴隶。公元 651—652 年,经与阿拉伯人谈判达成停战协议后(阿拉伯历史学家称此协议为 *Baqt*),阿拉伯人就要他们贡奉奴隶。协议条款颇有意味。依据阿拉伯地理学家马格里齐(Magrizi)的说法,条款要求努比亚人"每年选上好奴隶 360 名,送与伊曼(Iman)神,不得有瑕疵。要有男,也要有女;不得夹杂龙钟老弱、幼龄儿童。贡奉之奴,送至阿斯旺(Aswan)的瓦里(Wali)。"[126]声明奴隶不得有瑕疵,说明它在奴隶贡奉中是一个很普遍的问题。事实上,因为上贡的奴隶质量不好打起仗来也是有的。19 世纪,"巴吉尔米③(Bagirmi)王总把他最老、最丑、最没用的奴隶送给瓦达伊④(Wadai)王,终于在 1870 年成为挑起瓦达伊王进攻他的原因之一。"[127]

页 124

负　债

考查负债这种奴隶来源,必须抱以十二分的小心。一方面,负债通常是其他原因诸如贫困的反映;另一方面,所谓的债务奴役须与真正的奴隶制仔细区分。再者,陷入债务的人也常常并非因为贫困,而是在毫无迫切之需下冒险的结果。不过,尽管奴役与债务劳役的区分很重要,但是,凡是存在债务劳役的社会,债务奴都很可能陷入奴隶制,永难翻身,这是普遍存在的现象。简言之,负债可能是一种直接或间接导致奴隶制的原因。

商业不甚发达的民族中,因负债而造成的奴隶,其方式往往并不直接。举例来说,整个传统非洲,都普遍存在典卖习俗。通常,被典卖或用作借贷抵押者,不

---

① 忽必烈即位后,朝鲜成为中国藩属。——译者注
② 总督由法老指派。——译者注
③ 中部非州乍得湖东南。——译者注
④ 乍得湖东部。——译者注

是债务人,而是他的家庭成员。阿散蒂人的做法,堪称典型。被典卖者通常是一个妇女,而且往往是债务人的侄女——母系社会中法律意义上的女儿。大多数被这样典卖出去的人,最终都恢复了自由,因为大多数的债都还了。但是债务人不能及时还贷依然时不时地发生,又因为借贷利息高(有资料显示,每月高达50%),他在债务中越陷越深,到最后,根本就还不起债。这个时候,被典卖人变成一个真正的奴隶。[128]

沦为欧洲人殖民地之前的马来亚诸多小邦与部落民族中,也是这种情况。很可能,负债是使马来人沦为奴隶的主要原因。原始巴塔克人①(Bataks)的利息,竟高达100%。当地人给它一个生动的说法:"折叠债"。人们也可能因为高昂的彩礼价格、好赌成性而陷入债务劳役,最终沦为奴隶。[129]中央集权程度较高的伊斯兰国家也好不到哪里去,这些国家的阿拉伯人统治者有一个臭名远扬的习惯,尤其是在霹雳邦,他们对负债的原住民人口征收巨额罚金,被罚的人根本页125付不起。这样,一旦被罚,他就先成为统治者罗阇的债务奴,最终随着高额利息的累积,陷入延续终生的奴役。[130]

因负债而直接被奴役,在商业相对发达的民族中更为常见。在古代西亚两河流域,它是使人沦为奴隶的最重要原因之一;[131]而在古希伯来人、[132]前现代的朝鲜人、[133]前现代的泰国人中,[134]它次等重要。

因为欠债而迫使人成为奴隶、把自己或亲属卖为奴隶而偿还债务,在很多民族中,都是明确禁止的,甚至仅仅迫使人成为典当物或者做佣人还债,也不允许。19世纪在尼日尔的津德尔城(Zinder),"任何人不得迫使他人因为债务而成为奴隶"。[135]伊斯兰律法禁止因债为奴,尽管这个禁令常常被规避,我们在前面已经谈到。赫西俄德的希腊时代②,债务劳役盛行,造成了很大的动荡。在雅典,梭伦的重大改革之一,就是废除债务劳役;雅典公民因此而陷入赤贫,并且成为真正的奴隶的可能性大大降低。[136]其他希腊城邦也曾纷纷效仿雅典的改革,尽管也有例外,例如克里特岛上的戈提那(Gortyna)。此外,在大部分希腊城邦,由某公民出钱而赎出的战俘,会一直成为该公民的奴隶,直到赎金由他本人偿付完毕。不缴税的公民可能会成为官奴。在大部分希腊城邦,定居外邦人③(metic)

---

① 生活在马来亚、印度尼西亚等地的一个族群。——译者注
② 即公元前8世纪左右。——译者注
③ 指长期定居希腊城邦但没有公民身份的外国人。——译者注

特别是被释免了的奴隶,可以因为负债而变成奴隶。希腊化时代,被希腊人征服以后的东方地区依然保留着他们原有的因债为奴的传统。[137]罗马的法律对债务人非常严厉,共和国早期,在法庭上被判败诉的债务人可能会最终沦为奴隶。不过,正如巴克兰所指出,"早期法律中,被判败诉的债务人,其身份并不清晰。这种制度也很早就过时了。"[138]古罗马史上,自始至终,违约债务人都可能遭受强制劳役。[139]

有些社会禁止因债为奴,是因为它们禁止奴役本国的自由人(犯死罪者除外)。在中国和越南,自卖为奴或将妻子与其他亲属卖为奴隶是被禁止的。[140]但是,典卖或抵押却是允许的。这就给了人频频用它钻空子的机会。因为严格地说,买卖人口并不违法;不合法的是,未向买者说明:被卖者乃为"良民",而非"贱民",须保他不受终生劳役。不难看出,这样的法律多么容易屡屡被破坏。究竟是购买"良民"的买方确实认为,买来的是个贱民;还是卖方粗枝大叶,未将被卖者的情况说明,法庭在审理这类案件时,总是会陷入漫长的争论。[141]

页 126

犯罪受罚

因为犯了死罪或其他重罪而被奴役,不仅见于大多数前现代奴隶社会,直到19世纪,有些欧洲国家依然如此。在一些原始民族中,这是奴隶的首要来源,但又通常限于奴隶制规模很小的社会;而在西非的伊博、南美北部的瓜希罗等社会,它是一种重要的奴隶来源;发达的前现代社会中,它是一种奴隶的来源,然而意义并不重大;在古代近东,它微不足道;在古希腊,因犯罪而受奴役的确存在,但仅仅限于没有公民身份的定居外邦人、短期逗留的外国人、中部希腊被释免了的奴隶,它从来就不是一种意义重大的奴隶来源;在希腊化时代的埃及,它的重要性主要体现在经济上,但因为致使人沦为奴隶的主要罪行,是不能偿还欠国家的钱,它与因债为奴的区别微不足道。[142]

在古罗马,刑罚奴役是一个由来已久的制度。"它是指一个人被定罪、判刑,受到人格大减等①(capitis diminutio maxima)的某种处罚,然后成为奴隶。其实质与死刑无异,因为死刑的所有常见后果,都从人格减等(capitis diminutio)中

---

① 罗马法专有名词,指失去自由权、公民身份与家庭权。——译者注

体现出来了。"[143]当然,并非所有死刑犯都会被判刑罚奴役,只有部分人(通常是自由民中的底层阶级)会落到这般田地;也只有终生劳役,才能说它属于奴役。罚去矿井劳动的短期劳役与持续终生的奴役之间,是有区别的。

在罗马,还有一种刑罚奴役的变体,即被判死刑者在定刑之后、处决之前,要去做刑罚奴。它让人想起奴隶制最原始的根。尤其那些被判角斗刑与兽刑①的人,更是如此。从法律意义上说,刑罚奴的财产属于无主之物,其人身也只有皇帝才能释免。这种赦免,即所谓的大赦,并不少见。尽管被赦之人可以恢复自由人的身份,但他依然受到某些限制。必须强调,在罗马,罪犯受奴役,本质上还是一种刑罚;作为一种奴隶的来源,它无足轻重。刑罚奴的确也有一定的经济作用(主要是在矿业),但他们对罗马经济的贡献微不足道。[144]

在有些东方社会,刑罚奴役既是官奴也是私奴的重要来源。它为古代越南人提供了大批的奴隶,虽然奴隶制在越南从来就不具有真正的重要意义。[145]不过,在朝鲜,这个在东方有着最发达的奴隶体系的国家,也是前现代世界里最发达的奴隶体系之一,刑罚奴役却从未成为奴隶的主要来源。[146]相对来说,它在日本更重要。公元6世纪之前,日本的两个主要奴隶来源一个是战俘,一个是罪犯的男性亲属与罪犯本人。不过,公元6世纪与7世纪,随着奴隶制的经济意义增加,奴隶的主要来源由穷人与无法自谋生计的人替代。[147]

页 127

在中国,刑罚奴役是第一重要的奴隶来源。严格说来,中国法律所唯一承认的奴隶来源,即为犯人家属。前文已述及,在中国,还有许多其他的奴隶来源;但它们要么非法,要么未经法律规定。值得一提的是,被奴役的战俘首先是被归入罪犯一类的。与罗马不同,中国人特别重视家庭责任,这意味着犯人的妻子、亲属须为其犯罪行为负完全法律责任。受牵连的人数,因时因事而异;但在法律特别严苛的时候,整个家族都会被牵连。汉代以前,犯人服刑,家属籍没为奴。此后,犯人(如其所犯罪刑比死罪稍轻)及其亲属都要被奴役的趋势,有增无减。蒲立本令人信服地指出,中国的刑罚奴役名副其实。它在中国既为官奴制度的起源,也是私人奴隶制的源头,并且"影响了中国人对奴隶制的本质的看法以及奴隶在法律上的地位"。[148]奴隶总是被当做罪人来看,更准确地说,是贱民,他们还得承受身体上的残害。这就是为什么在中国的法律中把"良民"卖作奴隶如

---

① 分别指与角斗士、野兽搏斗而死。——译者注

此可憎,它也解释了为什么自由民被绑架之后立刻会被打上烙印。因为这是确认犯人身份最可靠的印记,也使他们被卖掉时容易得多。韦慕庭坚持认为,中国的法律一直区分犯人与奴隶;蒲立本则认为,这样的区分在法律上虽存在,实际上并没有。刑罚奴往往最终落在私人奴隶主手上,这也使中国与众不同。通常,他们作为礼物被赏赐给某人;有时候,纯粹是被不择手段的官吏据为己有。和罗马一样,在中国,只有皇帝有权释免刑罚奴,但这个事情是很复杂的,因为落在私人手上的是如此之多。很明显,由私人奴隶主释免刑罚奴是法律所默许的,尽管它从未被法律承认。[149]

汲取前人的研究成果,索斯藤·塞林①(J.Thorsten Sellin)向我们说明,欧洲历史上,奴隶制与刑罚制度之间存在三重联系。[150]其一,整个中世纪,奴役一直是一种惩罚形式,尽管刑罚奴并非一种重要的奴隶来源,哪怕在奴隶制本身一直都很重要的国家。其二,中世纪的数百年,对自由人的惩罚受到最初只用于惩罚奴隶的方式的强烈影响。换言之,奴隶制对如何对待罪犯产生了越来越深的逆行效应。用古斯塔夫·拉德布鲁赫②(Gustav Radbruch)的话来说,"到如今,刑法已经带着它从奴隶惩罚起源的一些特征。受惩罚意味着像奴隶一样被对待,而这种对待方式在从前还受到象征性的强调。那时,鞭刑之外,还得剃光头,因为光头是奴隶的标记。像奴隶一样被对待,不仅意味着社会地位的贬低,也是道德上的羞辱。因此,'卑贱'一词同时也不可分离地代表了对人的社会、道德乃至美学价值的评判。……现在刑罚中所内含的对尊严的剥夺实起源于奴隶惩罚。"[151]

其三,自中世纪晚期直到19世纪,刑罚奴役成为征用矿工、摇桨人与其他公共劳工的一种方式,特别是在西班牙、法国、意大利和俄国。就量而言,这类奴隶的数目在西欧国家从来就不大。[152]但是,在俄国,从17世纪晚期起,刑罚奴就是主要的奴隶来源之一,而俄国的奴隶规模非常之大(即便把所谓的农奴排除在外,而这些农奴大部分都是真正的奴隶)。大量的官奴被送到矿井干活或者用于西伯利亚腹地的开发,其中,几乎所有人都来源于刑事惩罚。[153]

伊斯兰的律法,禁止刑罚奴役。的确,伊斯兰教每进入一个国家,这种奴役

① 瑞典裔美国社会学家、科学犯罪学的先驱。——译者注
② 德国法学家与政治家。——译者注

方式通常也就灭绝。

奴役常常是为了惩罚死罪,无论这些罪可能是什么。原始社会中,以伊博人开出的罪名单最具特色。罪名单上的人,都被认定为罪犯且因此被奴役。这些罪包括通奸;倒卖或出租公共财产;"好勇斗狠、刚愎自用、惹是生非";忤逆;偷窃;装神弄鬼、施行魔法或巫术;离婚妇女的娘家不将彩礼退回。[154]文明程度较高的民族中,这张单子通常短得多,列入其中的罪名有:背叛,特别是弑父之类骇人听闻的罪行(例如在罗马);女人淫秽放荡、水性杨花(希腊);被列入公民名单的定居外邦人拒绝缴纳定居外邦者税;被释免了的奴隶不履行对其庇护者的义务;外国人与雅典妇女结婚。[155]有些社会,不择手段的统治者时不时就想在罪单上加一些可令人服刑或被奴役的罪名。在西非,随着大西洋奴隶贸易的扩张,这张单子也变长。不少最后到了美洲沿海的非洲人,是被构陷而沦为奴隶的。妻妾成群、不择手段的酋长指令其妻妾勾引不谨慎的年轻人,然后指控他们犯了死罪——与酋长的妻子通奸。这是一种很常见的做法,歇尔布罗人①(Sherbro)管它叫"受了女人的伤害"。[156]不过,刑罚奴役很少成为主要的奴隶来源。[157]近代欧洲,与西非一样,可以被罚作摇桨奴的罪行也增加了。[158]

页 129

遗弃与买卖儿童

这是一个很普遍的奴隶来源,但除了在古代地中海,它又很少是一个主要的奴隶来源。在以血缘为基础、文字尚未出现的民族中,遗弃与买卖儿童常常是出于贫困,另一个常见原因是孩子身上带有先天缺陷等某些让人忌讳的东西。双胞胎、轻微的畸形或身上带有特别胎记、臀位出生这样的婴儿,要么被杀掉,要么被扔在野外。以被遗弃的婴儿作为主要奴隶来源的社会,就我所知,仅有一例无可置疑,这就是 19 世纪生活在尼日利亚境内贝宁北部博尔古(Borgou)的富拉尼人。博尔古的巴托玛巴人(Batomba)不把奴隶制看得很重要,他们还有一个习俗:第一颗牙出在上颌的婴儿,都要杀掉。因为这样的孩子,在他们看来,会给家庭带来"灾祸、疾病、死亡"。偶尔,这样的孩子可免于一死,如果能找到一位愿意抚养他的部落官员——当地人称呼他为"格斯克"(gossiko);但大多数会死在

---

① 分布在塞拉利昂的一个族群。——译者注

野外。富拉尼人移民过来之后,马上就把这样的孩子捡起来,当奴隶养大。最后,巴托玛巴人干脆把这样的孩子交给他们的富拉尼客人。后者不仅用这样的孩子放牧、做家务,还让他们干自己看不起的农活。[159]

在古代近东与东方社会,尽管遗弃与买卖婴儿从未成为其奴隶的主要来源,却也并非无足轻重。在中国,大部分这样的婴儿都是女孩。它不仅反映出强烈的文化偏好:重男轻女(从这一点来看,扼杀女婴与这个习俗关系密切),也说明,对女奴需求更大主要是为了家务与性服务的目的。大部分这样的女孩最终都成为小妾或烟花女子。这种形式的奴隶制在中国一直延续到20世纪,并且伪装成一种收养的形式,即所谓的妹仔制度①(Mui-Tsai)。[160]

在古代近东,贫困是买卖与遗弃孩童的主要原因。艰难时期,它就成为一种并非无足轻重的奴隶来源。"丢在坑里""扔进狗嘴里"这样的词或者做法,无情地暗示出那孩子如果不能幸运地被人奴役所面临的结局。[161]

只有在古代地中海与邻近的岛屿,被遗弃的儿童才成为一种重要的奴隶来源。希腊古典时代,虽然有个别希腊城邦(例如底比斯)禁止这种做法,但它在大部分地区是允许的,而且很常见,尽管它从来没有成为最主要的奴隶来源。在希腊化世界与小亚细亚,它更重要些,而且这种重要性在罗马人统治时期更见增加。罗马本身,在共和时代,这种做法可以忽略不计;但进入帝国时代以后,它很早就成为一种主要的奴隶来源。威廉·哈里斯②(Willaim V.Harris)声称,"帝国之内,没有任何其他来源足以填补由生而为奴的奴隶所留下的空缺"。[162]贫困并非遗弃儿童的唯一原因。在罗马,与世界其他地方一样,各个阶级都会遗弃他们不想要的孩子。同样,被遗弃的女孩,其比例也远超过男孩。[163]

对于被遗弃的儿童,巴比伦法与罗马法都没有明确的规定,特别是恢复其自由人身份的问题。巴比伦法典中,唯一适用被遗弃儿童的部分(虽然它在法典中频繁出现)是有关收养的法令。由这些法令,可以推断,被收养的孩子只有父母才可以在他成年前的任何时期带回去,一旦成年,父母就不能那样做了。[164]罗马法坚持自由人不能沦为奴隶的基本原则(除非他们犯了死罪),一直规定,被遗弃的儿童被人救起、当作奴隶养大之后,只要能证明其自由出身,有权要求恢

页130

---

① 妹仔,广东话,对婢女或丫鬟的称呼。20世纪初,它首先受到英国人的关注,并且把它定性为奴隶制度。——译者注

② 美国古典学家。——译者注

复自由人身份;然而,举证责任由奴隶承担。提供这样的证据,对奴隶来说,近乎不可能。因此,这一条法律形同虚设。再者,在罗马帝国说希腊语的地方,如果一个人能幸运地证明其自由出身,他还得为自己的养育费用支付赎金。[165]（我应该再补充一点:罗马皇帝一直拒绝承认这条规定的合法性。）

自卖为奴

　　贫困当然是自卖的主要原因之一。我们已经提到,在有些文明程度高的社会,诸如中国、日本,自卖其身有时候是一种重要的奴隶来源。17—19 世纪之间的俄国,大量从事家务劳动的奴隶中,多半都是因贫自卖而沦为奴隶的。理查德·赫利①（Richard Hellie）甚至将俄国的（私人）奴隶制称之为一种福利制度。[166]

　　然而,人们之所以卖掉自己,除了贫困,还有其他原因。有时候,是出于政治上的不安全,而非经济上的考虑。部落社会中,人若举目无亲,常常自卖为奴,这是他们能够活下去的唯一方法。19 世纪动荡不安的刚果,就有很多人这样做。[167]在原始的日耳曼社会,这是无依无靠的人能获取土地与保护的唯一方式。[168]另一个将自己与亲属卖为奴隶的原因,是为了逃避兵役或无论哪种形式的苛捐杂税:现金、实物或徭役。这在中国是比较常见的,尤其是压迫政体统治时期。但最为突出的是朝鲜。事实上,李氏朝鲜时期（公元 1392—1910 年）,无比重要的奴隶来源就是自卖。[169]

　　还有一些民族中的人,纯粹为了自利而非经济上的不得已把亲属、他所监护的人、不喜欢的老婆孩子卖掉。例如阿依努人（Ainu）就因此而在他们周边的西伯利亚部落中臭名远扬。[170]不过,我们必须十分谨慎地看待这样的指责。因为事实常常证明:它们是从事奴隶买卖与贸易的团体为自利而做的宣传。据古希腊罗马人的说法,小亚细亚的民族喜欢把老婆、亲戚卖做奴隶,纯粹是出于贪婪,但这毫无依据。[171]中世纪的斯拉夫民族（Slavs）也遭受了类似的诋毁。[172]同样,对伊斯兰贸易商人的说法,我们也需谨慎对待。他们说:亚洲游牧民族,特别是土耳其人,热衷于寻找贸易商,想把他们的亲属与部落同胞卖掉。[173]

页 131

---

　　①　美国历史学家,研究俄国中世纪与近代史。——译者注

最后,因为婚姻而沦为奴隶,也须视为自卖。我们发现,在许多原始社会,以及从古代到现代的东方与欧洲有奴社会中,都有一小部分人因为婚姻而沦为奴隶。多数情况下,是与奴隶结婚的自由女性付出了丧失自由的代价,不过,即便法律禁止自由人与奴隶结婚,男人们也总能找到办法与女奴结婚而免受惩罚。

第五章　生而为奴

不言而喻,生而为奴是更早的奴役方式的产物,但在奴隶制已经有了重要发 页 132 展而且持续了不止几代人的社会,出生就是无比重要的奴隶来源,甚至可以这样说:在绝大多数有奴社会,大部分时期、大部分奴隶的来源都是出生。

讨论其他种奴役方式时,我们已经阐述过生而为奴的相对重要性,这里不再重复。不过,鉴于学界对奴隶的自生产能力存在普遍的误解,简明扼要补充几句,也许可以澄清误区。第一,区分奴隶人口的生理再生产与社会再生产,十分必要。我所说的"生理再生产"是指奴隶人口的生育数量能够与奴隶人口本身齐平或者超过它,不管他们生下的那一代是什么身份。奴隶人口的"社会再生产"是指把出生、死亡与非自然因素(其中最重要的是释免与移民率)等都考虑进去时,奴隶人口所能够自生产的程度。

我们将在第十章看到,大部分有奴社会的释免率都很高。很高的释免率会 页 133 带来一个重大的后果:许多具有生理再生产能力的奴隶人口不再具有社会再生产能力。因为有的人从奴隶阶层漏出,进入自由人阶层。许多(也许是大部分)伊斯兰奴隶社会正是这种情况。18 世纪大部分西属美洲殖民地奴隶社会也是,例如墨西哥与秘鲁,它们的奴隶人口到 18 世纪末时几乎消失了。但这不是因为奴隶们不具有生理再生产能力,而是因为他们被释免,奴隶人口出现了社会亏损。[1]

第二点也很重要。学界有一种说法:如果有大量的外来奴隶涌入,奴隶人口就不会有再生产能力。这种观点很可能得之于一种人口学错觉。死亡人数超过出生人数,很可能只是因为人口年龄结构不正常;而这种不正常的年龄结构是由人口中大量的成年人(特别是成年男性)造成的。认为这样的人口不能以自然的方式再生产,虽然不能说错,但肯定有误导。很可能,它的年龄别(Age-specific）死亡率与生育率都相当正常，例如19世纪古巴说英语的奴隶人口。[2]未能区分年龄别死亡率与生育率、总和死亡率与生育率，已然形成了一些没有依据的概括，认为奴隶人口出于对命运的绝望而丧失了再生产能力。的确，这样的例子是有，但在奴隶制史上，非常稀少。生育的本能总是会战胜绝望的心理。正因为这样，那少见的几个特例更见酸楚。是哪几个特例？18世纪下半叶的牙买加即为无可置疑的一例。在那里，所有数据都显示，不仅死亡率异乎寻常的高，更不寻常的是，奴隶妇女坚决地拒绝生育。个中原因，确有一部分人是出于绝望、愤怒。为了反抗，她们拒绝生育。另一个较为次要的原因是牙买加的黑人妇女哺乳期特别长①。[3]其他的特例，我们只能依据现有的、并不确凿的证据，从古到今地猜。古代世界，罗马共和国最后两个世纪农村的奴隶人口，似乎像是这种特例。[4]现代世界，19世纪巴西咖啡产区的奴隶人口，也似乎是这样的特例。[5]

第三点需要强调的是，即便奴隶人口的生理再生产能力下降了，生而为奴依然可能是无比重要的奴隶来源。历史学家的观察与结论之间，往往出现跳跃。他们可能从生育不能满足奴隶的总需求这个正确的观察得出一个经常不正确的结论，认为其他因素更为重要。只需简单算一下奴隶人口再生产，这结论的矛盾就暴露出来了。传统上，研究古罗马的历史学家认为，帝国早期侵略战争结束之后，"对奴隶的大部分需求"就由生而为奴来满足。这个观点最近遭到了尖锐的反驳。[6]就这方面富有说服力的统计数字来说，我对古罗马所知不多，不能与之争论；但牙买加18世纪的奴隶人口也许可以提供一些参考。我们已经看到，牙买加的奴隶人口在18世纪大部分时间很不正常，它的生理与社会再生产能力极低。从17世纪末到18世纪中期，由于从非洲大量进口奴隶，牙买加的奴隶人口出现过大规模的增长。当时，男性超过女性的比例，比学者们对罗马帝国奴隶人口男女比例的任何估计都要高。然而，到1760年代末，混血奴隶的数量就超过了非洲奴隶。换言之，尽管牙买加的人口环境比罗马帝国早期恶劣，生而为奴依然是它最重要的奴隶来源。[7]因此而言，我们的比较研究强烈支持巴克兰与巴罗（R.H.Barrow）等历史学家所表达的传统观点：生而为奴"在历史上是奴隶制得以维持的最重要原因"。[8]

现在我们转向影响奴隶人口社会再生产的更重要因素，特别是那些影响奴

页134

---

① 哺乳期的长短与生育率成反比。——译者注

隶身份继承的社会与法律模式。由出生而决定社会身份的方式极其复杂,不同的文化间差异很大,同一社会在不同时期也不尽相同。个中原因在于,凡是奴隶达到了相当数量的社会,都有自由人与奴隶的杂育,因此很难决定父母身份不同的孩子属于哪个阶层。有时候,他们是自由人;有时候,他们是奴隶;还有的时候,他们可为自由人,也可为奴隶,取决于父母中自由一方的性别、地位与权力以及父母亲之间的关系。思考哪些因素决定一个人生来就是奴隶,需要同时考虑决定自由人身份的因素,二者不能分开。因为奴隶制确立之后,并非所有生而自由者的父母都是自由人。

由出生而决定奴隶身份者,有 5 种情况:(1)随母,无论父亲身份如何;(2)随父,无论母亲身份如何;(3)随父母中身份高的一方;(4)随父母中身份低的一方;(5)既不随父,也不随母,无论父母是否一方或双方都是奴隶,孩子都是自由人。最后一种情况,当然只在奴隶制的早期(即非继承性的奴隶制)存在,严格说来,它并不是我们所理解和用来指称的奴隶制,但这样的情况对我们理解奴隶制的起源很重要。再者,我们发现,父母都是自由人时,决定孩子身份等级的也有几种可能性——因为自由人的类别既可通过出生来决定,也可通过继承来决定。其一,随母(母系社会);其二,随父(父系社会);其三,父母双方(双边血统);其四,在父母任一方中选择。选择谁,要看哪一方的身份等级更为社会看重。

这两套身份继承的规则——一套,决定奴隶/自由人身份;另一套,决定自由人的身份类别——一旦进入我们的视野,有奴社会的差异就显露出来了,十分有用。在第一类有奴社会,也是大多数有奴社会中,父母均为自由人的身份类别继承规则与父母中有奴隶的奴隶/自由人身份继承规则是不同的。第二类有奴社会中,奴隶/自由人身份继承规则与自由人身份类别继承规则是一样的。换言之,在有些有奴社会,自由人的身份类别由父亲的身份等级来决定,而奴隶/自由人的身份则由母亲的身份来决定;而在另一些有奴社会中,如果父母均为自由人,孩子的身份类别由父亲的身份等级决定,那就同时意味着即便母亲是奴隶,孩子的身份也随父亲。略加思考,我们就能看出,在这里面,自由人与奴隶出现混合婚姻的几率很高(绝大多数有奴社会也的确如此)。这样的混合婚姻对后代关系重大,也对生而为奴者的数量关系重大,无论决定其身份的规则是否与决定自由人身份等级的规则相同。

页 135

依据上述两类规则的联合运用，仔细考查我们的比较对象，不难发现，我们所知道的所有有奴社会，就其实践来看，可以归为 7 大类。在给每一类别命名时，我遵循了研究亲属关系的惯例：选择一个最具代表性的社会名，它们分别是阿散蒂、索马里、图阿雷格、罗马、中国、近东、歇尔布罗（Sherbro）。下文的讨论，我将主要关注"理想类型"，如果可以这样说的话。总结时，举出与所举类型一致的例子。需指出，列入同一类型的社会没有任何历史关联。

阿散蒂模式

这一类有奴社会中，对父母均非奴隶的孩子，其身份继承规则是单边的，随生母（即基本上依据母系）；对父母中一方为奴、一方为自由人，或双方都是奴隶的孩子，同样如此。阿散蒂是一个典型之例。归属于同一主人的两个奴隶结合生子，孩子归那主人所有，身份为奴。父母都是奴隶，但属于不同的主人，孩子属于母亲的主人，身份为奴。阿散蒂人对父母都是奴隶的孩子有一个特别的称呼："nnonokfo mienu mma"，有时候也叫"afono mma"。双亲中父亲为奴、母亲为自由人，孩子永远是自由人，绝不受奴隶父亲与父亲的主人的控制。母亲为奴、父亲为自由人，孩子永远是奴隶，大家叫他们"半个阿坎人"①（half-Akan）。尽管他们长大后视自己为阿散蒂人，但奴隶身份依旧，除非他们被正式收养。孩子的父亲若是母亲的主人，这样的孩子对母系社会的阿散蒂来说具有特殊的重要性，因为只有生父才完全拥有对他们的权威（一个男人的妻子如果不是奴隶，那他妻子给他生下的孩子将由妻子的兄弟握有控制权）。依据罗伯特·拉特雷②（R. S. Rattray）的说法，"这些归属于母系的孩子的孩子永远都被视为奴隶"。[9]对许多母系社会的奴隶制来说，需要这样的孩子是一个重要理由。

阿散蒂模式直接成因于典型的母系社会的构成原理。因此，它不仅见于所有说阿坎语的族群，所有母系有奴社会中，除了撒哈拉的图阿雷格与马达加斯加半岛的梅里纳（Merina）等几个明显的例外，其他也都是这样。举几个颇为重要的例子。例如西非的门德人，他们以一种格言式的理由声称：女奴的孩子归他们

页 136

---

① 阿散蒂人说阿坎语，属阿坎人的一支，故有此称呼。——译者注
② 非洲学早期学者，研究阿散蒂人。——译者注

所有——"我的母牛产的犊子是我的"。尽管门德人为了让女奴的孩子归他们所有,做法比阿散蒂人残酷得多,甚至干扰到女奴的婚姻,奴隶主却更愿意释免其奴妾和他与之所生的孩子的奴隶身份。[10] 我们在安哥拉的因班加拉(Imbangala)也发现了同样的模式。约瑟夫·米勒①(J.C.Miller)如是言道:"在因班加拉的母系继嗣规则下,一个人的社会地位来源于母亲。母亲为奴(无论父亲地位有多高),孩子的身份只能为奴。"[11] 姆班扎曼特克(Mbanza Manteke)在19世纪的刚果是比较重要的有奴社会,它也属于这种模式,即奴隶血统来自女奴的后代,而且永不变更。[12]

美洲西北海岸的印第安蓄奴部落特别让人感兴趣。尽管他们之间的文化模式高度相似,自由人的身份继承规则却彼此相异。靠近北方的部落——特林吉特人、海达人(Haida)、茨姆锡安人(Tsimshian)——是母系继承。奴隶的子女、自由人与奴隶结合的子女,其身份继承模式与阿散蒂一样。等级界分在这些部落社会中甚至比阿坎人还要严苛。因此,即便是头人与女奴生的孩子都不能指望释免。更为甚者,一个地位高的人与地位低的自由人结婚,要冒被杀的危险。[13] 在这样的环境下,自由女性怀上奴隶的孩子,极为少见。一旦这种不大可能的事情发生,母子俩都会抬不起头来。[14] 贝拉库拉(Bella Coola)的印第安人中,自由人与奴隶的性结合,女方或者说母亲是自由人的倒并不少见。这时,女方的男性亲属会在她怀孕期间把孩子的父亲买下来并使他成为自由人;孩子生下来后,要举行复杂的净化仪式与赠礼,洗净他从奴隶制里带来的"污迹"。值得一提的是,如果父亲不是奴隶,而且富有,如果他希望把孩子的社会地位提起来,可以举行同样的仪式,但是这样的孩子,身份永远都不稳固,无论他们的父亲多么有权力和富有。[15]

页137

南美洲的瓜希罗尽管有它自己细致的规则,其模式却与阿散蒂极为相似。母亲不是奴隶,孩子就永远不会是奴隶,无论父亲身份如何。但有的时候,奴隶的主人会为他娶一个自由女性付聘金。即便如此,孩子依然属于母亲与母亲的娘家。奴隶丈夫的主人所付的聘金会得到补偿:这对夫妻的第一个女儿所得到的聘金将归其所有。[16]

---

①　美国历史学家,研究非洲奴隶制,尤其是安哥拉,以及大西洋奴隶贸易。——译者注

索马里模式

在这一类有奴社会中，孩子的身份由父亲决定（无论母亲的身份如何）。如果父母都是奴隶，拥有孩子的权利依然归于奴隶父亲。马吉尔廷（Migiurtinia）的索马里人是这一类较为不寻常的模式的原型。在他们当中，两个奴隶结合而生下来的孩子依然是奴隶，但与阿散蒂不同，这孩子永远属于父亲的主人。奴隶丈夫的主人向奴隶新娘的主人付礼金。这是一笔合法的补偿，因为女奴的孩子归孩子父亲的主人所有。[17]奴隶妇女与自由男子结合，他们的孩子如果被父亲承认系自己所生，则为自由人。[18]男性奴隶与自由女性的结合被严格禁止，二者的结合近乎不可想象。但是，索马里的非奴隶群体中存在一个低级种姓：萨布人（Sab），男性奴隶与萨布人之间的跨界婚姻是允许的。他们的子女适用相同的身份继承规则，即萨布妇女与男性奴隶的孩子是奴隶，而萨布男子与女奴的孩子成为萨布。[19]

马吉尔廷索马里人极其刻板的父系继承原则在有奴社会中是相当不寻常的。尼日利亚北部的马尔吉人（Margi）——而今生活在贡多拉（Gondola）与博尔努州——是另一个恰当的例子。詹姆斯·沃恩①（James H. Vaughan）告诉我们，在这个父系社会，"奴隶身份通过父系传承"。[20]大部分奴隶是女性，但有一个重要的政府职位——相当于国王的侍祭——却总是由男性奴隶担任，人们叫他"伯马"。伯马可以与自由女性结婚。他们的孩子，严格说来，是国王的奴隶。但是，沃恩通过细致的案例研究发现，娶了伯马女儿的国王、王子都给伯马送了聘礼。对这一"看来不合常情"的问题，沃恩没有找到满意的答案。[21]

页138 有些伊博族的奴隶制度发展成熟，其身份继承规则与索马里近似。大部分伊博人部落都严格禁止奴隶与自由人的婚姻，无论男女。但是，在恩地祖古②（Ndizogu）奥基圭（Okigwi）地区，男性奴隶与自由女性的婚姻却是可能的，只要后者来自遥远的村庄。这时，因为女儿的下嫁、社会地位的跌落，补偿给新娘父母的聘金要高得多。因这样的结合而生下来的孩子成为他父亲的主人的奴隶。

---

① 美国人类学家。——译者注
② 今尼日利亚伊莫州内。——译者注

而在其他的伊博族人中,如果一个已婚妇女与她的奴隶情人有了孩子,这孩子继承其合法父亲——即其母亲的自由人丈夫——的身份,因此是自由人。[22]

古代世界和现代世界的某些时段、某些地区,都出现过可以归类为索马里模式的身份继承规则。荷马时代的希腊,"父亲的身份与地位决定自由人与奴隶的地位与身份"。[23]这一模式在有些希腊城邦贯穿整个古代时期。事实上,古代克里特的身份继承制度似乎越变越像索马里。据 J.沃尔特·琼斯(J.Walter Jones)所言:

> 孩子是自由人还是奴隶,取决于配偶所在的家庭是自由人还是奴隶。因此,如果一个自由男人前往奴隶妻子那里生活,孩子是母亲家庭里的奴隶主的奴隶。但后来在克里特,一个奴隶妻子给自由男人生的孩子永远是自由人,无论这男人是否前往妻子那里生活。[24]

现代美洲,1664—1668 年间的马里兰州也是索马里模式。决定自由人的地位与奴隶身份的,同样是父亲。尽管马里兰在 1681 年采用了古罗马的原则,但法庭对于有利于奴隶的规则往往视而不见,虽然这类规则本来就非常之少。[25]弗吉尼亚建立之初,同样如此,尽管它没有明文规定。直到 1662 年,它才通过一项法案,规定孩子的身份取决于母亲的身份。据希金博特姆①(A.Leon Higginbotham)的研究,"这条法规通过之前,孩子的身份是否适用英国法律的一般原则,即取决于父亲,一直是有争议的"。纽约州直到 1706 年才通过了一项与弗吉尼亚1662 年法案相似的法案。据此,我们可以推断,至少在有些情况下,纽约州用的是索马里式的身份继承规则。17 世纪的法属安地列斯群岛一直使用索马里式规则,直到 1681 年,才改了过来。[26]几年之后,南非也将它原来的索马里式规则改了过来。[27]

图阿雷格模式

撒哈拉的图阿雷格模式,正如其名,只代表图阿雷格人自己。它具有双重特色。其一,有奴社会中,父母俱为自由人的孩子,依据母系模式继承其社会地位者,它是唯一的伊斯兰民族。其二,有奴社会中,混合型父母的孩子身份由父亲

---

① 美国著名的民权运动支持者、联邦法院法官。——译者注

的身份决定者，它是唯一的母系民族。这两个特征都直接归因于奴隶制在这个族群的社会经济生活中角色重大。

遵循伊斯兰的惯例，奴隶小妾给奴隶主生的孩子是"自由人"，如果一个图阿雷格的贵族与另一个人的奴隶结了婚，"他可以向原主人支付一笔高额的聘金，为孩子争取贵族身份"。[28]在凯尔格雷斯①（Kel Gress）做研究的皮埃尔·邦特（Pierre Bonte）告诉我们，这种事情经常发生，"孩子通常继承父亲的地位与权利"。[29]不过，奴隶妻子生的孩子能够完全继承父亲的权利，实属凯尔格雷斯族群所特有，凯尔阿哈加尔②（Kel Ahaggar）就没有这样的惯例。应该指出，这种身份继承在阿散蒂与任何其他母系蓄奴社会，都是不大可能的。他们更多的是保持母系继嗣的原则：两个奴隶所生的子女由女奴的主人所有，虽然男奴的主人得向女奴的主人支付一笔聘金，成为她名义上的岳父。[30]

总之，在图阿雷格模式中，同种身份的性结合，其后代的身份继承随母；不同身份的性结合，其后代的身份随父。默多克认为，这种特别的安排发展出来，是为了保持血统的纯正、防止所有权转移到大量混合血统的人手上并因此成为奴隶与自由人的混血祖先。[31]他这个假设无疑是对的。

罗马模式

这是一个经典模式，见于许多高度发达的有奴体系与大部分西方奴隶社会。自由人的孩子与混合型父母的孩子，其身份继承规则不同；父母均为自由人与父母均为奴隶的孩子，对于其监护权的规定也不同。巴克兰以他一贯的明晰描述罗马的情形："总的原则很简单。女奴生的孩子是奴隶，无论其父亲身份如何。如果母亲是自由人，孩子就是自由人，无论其父亲身份如何。"[32]法律进一步规定，"奴隶的子女，属于母亲在生孩子时的主人，而非她怀孕时的主人"。罗马法为这个规则提供了一个合乎法理的逻辑。依据盖尤斯③（Gaius）所言，这是一个依据万民法（ius gentium）而来的规则：不同部落、民族间的通婚尚未出现的地方，孩子的身份跟着母亲。[33]

---

① 尼日利亚中南部的图阿雷格部落联盟。——译者注
② 阿尔及利亚阿哈加尔山的图阿雷格部落联盟。——译者注
③ 古罗马法学家，著有《法学阶梯》。——译者注

尽管罗马模式与阿散蒂模式表面上有些相似,但二者不能混淆。阿散蒂模式对父母都是自由人的孩子与混合型父母的孩子,其身份继承原则是一样的。罗马模式则不同:自由人身份的继承,随父;奴隶身份继承,随母。依据这两个不同的原则,又派生出另一个重要的区别:阿散蒂的自由女性如果与奴隶生了孩子,不会失去她的地位与权利,这对她孩子的身份至关重要。 页 140

与所有模式一样,例外的规则总是有。个别情况下,自由女性生的孩子可以是奴隶。其一,自由女性与奴隶同居,与后者的主人达成协议:所有子女都是这位主人的奴隶。其二,与奴隶同居的自由女性事先就知道他是一个奴隶。古罗马皇帝哈德良①后来废除了第一条规定,但保留了第二条。这显而易见的异于常情可以这样来解释,即第二条法律主要是为了禁止自由女性与奴隶的性结合。随着与奴隶同居的自由女性变成奴隶,法律对其子女也越加严苛。依据通则,她们的孩子都会成为奴隶。[34]也有些情况下,女奴的孩子成为自由人。其中之一,母亲在怀孕与分娩期间的任何一个时间段曾为自由人,且婚姻合法。这种情况下,孩子是自由人。但如果属于野合,孩子成为奴隶。[35]依据罗马法的通则,法律的执行以未出生的孩子的利益为基准。因此,如果母亲在分娩时是奴隶但已经有权要求释免,只不过因为一些执行程序上的因素推迟了她的释免,孩子会是自由人。

罗马的身份继承模式普遍见于西方世界与部分东方国家。大部分西方社会,无论受罗马法影响与否,都推行这种模式。它也成为许多印欧民族有奴社会的一个特征。古代印度,直到释迦牟尼时期,占据上风的都是罗马式的规则。它被如此有力地维持着,以至于国王的儿子如果由女奴所生,他都可能成为奴隶。不过,到了孔雀王朝,这个规则发生了很大的变化。[36]

雅典的身份继承大体上与罗马模式一致。但是,正如格伦·莫洛②(Glenn R.Morrow)所论,它"不大好一语定论,似乎在不同的时期也有不同的变化。"[37]公元前 5 世纪和公元前 4 世纪以及再晚一点,其身份继承规则很显然是罗马式的,尽管我们有理由相信,在某些特殊情况下,奴隶母亲与自由父亲所生的孩子得到了释免,成为自由人。值得一提的是,柏拉图在这个问题上态度严厉。他认为,

---

①　公元 117—138 年在位。——译者注
②　美国哲学家,专攻古希腊哲学。——译者注

父母中一方为奴一方为自由人的孩子应继承为奴一方的身份。[38]

欧洲中部与北部的许多日耳曼民族也采用罗马模式,执行起来还极其刻板。诺斯人①(Norse)早期的法律,惩罚与奴隶同居的自由人,无论男女,判他们被奴隶的主人所奴役。[39]后来,这样的法律有所放宽。自由女性怀上了奴隶的孩子,她可以把她的自由人身份传给这孩子。然而,自由男人却不可以这样做,哪怕他是奴隶母亲的主人,除非在非常特殊的情况下。[40]12世纪末期,在瑞典,这个模式又变了(我们在后文将要看到)。冰岛人有谚语,云"出生于奴隶的奴隶原来就是个奴隶"。[41]冰岛的法律规定,自由女性与奴隶的孩子是自由人,但其自由身份不可以往下传。一个男人要想使他的孩子自由,必须先把他的奴隶小妾释免。如果这孩子是在母亲被释免前怀上,生下来后是自由人,但人们称其为杂种,其自由身份不可以传给后代。[42]

页141

凯尔特人中间似乎也是这种模式,尽管法律文本很少给出这方面的信息。依据有关威尔士自由人与外国奴仆的关系的法律来推导,它采用的是罗马模式。我们从《罗埃林书》②知道,威尔士自由女性与外国奴仆所生的孩子,可以获得母亲的自由人身份,只要母亲做此选择。颇具讽刺性的是,似乎只有做奴仆的外国父亲不承认他是孩子的父亲时,这孩子才可以获得这样的身份。有些外国奴仆相当富有,因此才会有威尔士女人怀上他们的孩子并且常常宁愿孩子的身份比她低。[43]外国女佣与威尔士自由男子生的孩子,依据同样的法律,取得母亲的身份。[44]

不是所有的日耳曼人与凯尔特人都遵循罗马式的规则。我们对爱尔兰部落所知甚少,不过,爱尔兰最有名的王室乌伊尼尔(Uí Néill)的祖先神话却包含一些重要的提示。这个家族有名的祖先尼俄·诺依吉俄勒克斯(Niall Noígíallach,意思是有九个人质的尼俄)③与一个不列颠女奴生的孩子。无疑,这意味着古爱尔兰的身份继承规则不是罗马式的,而可能是索马里式的。至少,王室中是如此。[45]

罗马帝国衰落之后崛起的日耳曼民族中,有些也不是用的罗马式身份继承

① 北方日耳曼民族。——译者注
② 威尔士法律的总称。——译者注
③ 据传生活在公元5世纪早期,他是奥克乌·马克米登(Eochu Mugmedon),意为奴隶的主人。Eochu是Eochaid的早期称呼。——译者注

规则,特别是伦巴第人与西哥特人。13 世纪以来的基督教西班牙同样。

不过,对印欧民族来说,罗马模式司空见惯。在日本,奴隶制发展至高峰时,女奴的孩子是奴隶,属于主人所有,无论其父亲地位如何。这是通则。与此同时,还有一个令人惊讶的、通行的例外:自由女性与奴隶同居所生的孩子,归那奴隶的主人所有,身份是奴隶。[46]

中国模式

中国模式在很多方面与罗马模式反差极大。中国模式中,对父母均为自由人与父母中一方为奴、一方为自由人的孩子,其身份继承规则是不同的。这一点与罗马模式相同。但在几乎所有其他方面,中国模式都不同于罗马模式。仁井田陞①(Niida Noburu)仔细讨论过这个问题,着意强调它与罗马模式的反差。[47]汉代以来,中国的基本规则是:父母身份不同时,其后代为奴。换言之,它推行的是地位从低的原则,孩子的身份永远跟着父母中身份低的那一方。公元 8 世纪至12 世纪,如果自由女性和奴隶有了孩子,这孩子就被收为官奴,孩子的母亲也会受到严厉的惩罚。但是,如果一个普通人家的女儿与奴隶结了婚,她事先确不知情,以为那男子是一个良人而非奴隶,这种情况下,她生下的孩子是自由人。元朝时(约 13 至 14 世纪),奴隶与良人允许通婚,但妻子的身份必须从夫。也就是说,奴隶嫁给自由人,她将成为自由人;自由人嫁给奴隶,就得变成奴隶。这等于是基本规则的一个例外。因为这样的婚姻所生的子女,其身份从父。不过,还有一个经常可见的、例外中的例外。如果女奴与自由男子结了婚,她有一个非婚生的孩子,这孩子的身份从母,即为奴隶。如果母亲是自由人,即便生下一个非婚生的孩子,这孩子的身份依然是自由人。

有意思的是,中国法律中的上述例外与例外中的例外,其背后的逻辑与罗马所普遍推行的万民法逻辑一样,即不同部落或民族间的通婚已然出现的地方,孩子的身份随父;尚未出现的地方,随母。因为中国这个时期已经允许不同民族通婚,万民法逻辑在这里产生了与罗马截然不同的社会后果。尽管元代已处于中国奴隶制发展的晚期,它的法律却可以解释为对前朝奴隶制的延伸与人性化。

①　日本法制史著名学者。——译者注

页 142

前文已述,13世纪之前,严禁自由妇女与奴隶发生性关系,二者非法结合生下的孩子必然成为奴隶;但是,到了13世纪,奴隶与自由妇女的结合却发生了,法律的改革也发生了——它干脆允许自由妇女与奴隶结婚。不过,母子受惩罚如同旧例,双双成为奴隶。改革前后之间的差别主要在于:孩子不再为官奴,而成为父亲的主人的奴隶。换言之,惩罚转而私有化。与此同时,处罚也趋向人性化。奴隶不再受惩罚、妇女不再被驱逐,允许他两人与孩子组成一个被法律承认的家(尽管这家人永远是"贱民",子女永远都是奴隶)。对于自由人与奴隶的另一类结合也是常见得多的结合,即自由男子纳女奴为妾,元代的新法规同样是对前朝奴隶制的延伸与人性化。纳妾,早已为法律所承认;女奴所生的孩子,通常也都会被释免为自由人。[48]新法将这样的结合提升为完全合法的婚姻关系,由这样的婚姻所生下的孩子成为完全合法的继承人。

页143 中国的例子很好地说明了为什么我们不能纯粹只看法律来解释一个民族的习惯。地位从低的基本原则——孩子的身份永远跟着父母中身份低的那一方——对人的打击是很严厉的,如果严格遵照法律来执行,中国历史上获得自由的奴隶就会非常之少。但是,习俗从来都没有完全遵行法律的指令。最终,在13、14世纪时,法律完全让位于习惯,它将前文所说的例外与例外中的例外合法化。

以中国人的实际做法来看,王伊同[①]的说法看起来是对的。他坚持认为,中国历史上,自始至终都"对奴隶后代的身份无明文规定。因此,在中国的奴隶体系里,身份的流动性是很强的。"[49]事实上,正是这种非同寻常的流动性在一定程度上解释了为什么中国曾有大量的人被奴役,奴隶所占人口比例却一直很低。"缺乏谱系继承的强制力,使得中国的奴隶制与传统而成熟的奴役模式迥然相异。中国没有成为一个静止的社会,这也是主要原因之一。它给了渴望自由、期望在社会上一展身手的人安慰与希望。"[50]这个解释不仅符合中国的事实,同样也适用于诸如罗马、几乎所有伊斯兰世界的任何一个有奴社会。

这种人道主义的、对于基本规则的例外(无论就法律还是习惯而言),如果没有会怎样?这一类的典型例子将对我们更具启发意义。我们预料,如此严格地限制奴隶释免的主要方式,只要它普遍实施,奴隶人口就会积累、增加至相当

① 哈佛大学教授,研究中国历史文化。——译者注

可观的程度。这样的例证正好给我们找到了。李氏朝鲜以前有一段时期,即高丽朝鲜①,实施的正是这样严格的限制性规则。高丽朝鲜的奴隶制,不仅在东方最为发达,也是前现代时期所有有奴社会中最为成熟的。我们来更仔细地看一看。[51]

很早以来,生而为奴就是高丽朝鲜奴隶的主要来源。因此,奴隶与自由人的结合十分引人注意,目的是要防止下一代从奴隶人口漏出。身份继承规则时常引发争论,而且一改再改,很少对奴隶有利。中国模式的地位从低原则在整个高丽王朝的大部分时期都执行得十分严格,只是在13世纪随着蒙古人的入侵才开始松动起来。恭愍王统治时期(1352—1374年),身份继承规则的改善达致顶峰。就在高丽王朝的最后一年,身份继承的法律改成了罗马模式。然而不到一年,新建立的李氏王朝转向了中国模式,自此一直延续到1669年。那一年,中国模式改成罗马模式;但是,这一次的更改令人相当不满意;5年之后,又回到中国模式。1674—1731年,罗马模式与中国模式交替变换。最终,罗马模式在1731年确立起来。当然,到这个时候,地主阶级对劳动力的依赖已经从奴隶制转向了更有利可图的制度。地位高的官员与他们宠幸的奴隶小妾生的孩子,都可以免于身份从母的限制,成为自由人。许多奴隶小妾也跟着孩子被释免,成为自由人。

值得注意的是,原始民族中,也有两个有奴社会实行中国模式。一个是西里伯斯群岛托拉查族群中的托拉赫与托昂达(To'Onda'e)部落,一个是马达加斯加的梅里纳。它们的奴隶所占人口比例也是最高的,有些托拉查部落中的奴隶群体达到总人口的50%。[52] 页144

继承了罗马帝国政治权力的某些野蛮民族,其身份继承原则也是不折不扣的中国模式。地位从低的原则在西哥特西班牙执行得很严格。[53]直到奴隶制在近代被结束之时,伦巴第的法律也一直是严格的中国模式。中世纪意大利的托斯卡纳,有关身份继承规则的法律是一个奇怪的混合体,融合了罗马模式、伦巴第的法律与当地的习俗。不过,占主导地位的是伦巴第的法律,它规定:"父母身份不对等,孩子的身份随地位低的一方;父母都不是自由人,孩子视为奴隶。"[54]

---

① 公元918—1392年。——译者注

最后，美国南卡罗来纳，是实行中国模式的又一例。1717年，它出台了一部"为了更好地管理和规约白人仆役"的法规，其中有些条款使这个州的身份继承规则趋向中国模式而非罗马模式，而后者在北美颇为普遍。女奴的孩子都是奴隶，无一例外。自由女性，无论白人与否，若与奴隶生子，这孩子"因为父母的行为不检点，要被罚为奴隶"。[55]

近东模式

近东模式是最早有记录的身份继承规则。它在古代近东所有有奴社会中都占据主导地位，同时也最具自由主义。简而言之，它是这样的：父母都是自由人，孩子继承父亲的地位；父母中一方为奴、一方为自由人，孩子继承自由一方的身份与地位，无论自由一方是何性别，只要其父承认自己的父亲身份。与中国模式地位从低原则截然相反，这里推行的是地位从高原则。至于父母的婚姻在法律上的地位，近东模式只要求自由男女有权承认孩子是自己的，并且能把其自由身份传给孩子。他们具体怎么做？方式多种多样。在古代近东，最初的做法是这样的：要么，自由人（无论男女）与其奴隶伴侣结婚，不受任何惩罚；要么，将孩子的奴隶母亲释免，或者干脆把孩子收养过来。[56]自由女性怀上奴隶的孩子，既不会失去自由人身份，也不会因此被惩罚。当然，自由人这样做，会令人不齿。私生子也是十分禁忌的。自由女性可以与拥有某些特权地位的奴隶结婚；尽管由于她丈夫的身份，她不能成为女性家长，但她丈夫的主人没有权利让她的孩子成为奴隶。

页145　　这一相当自由主义的身份继承模式，对于"瑟求"（Sirqu），即古巴比伦神庙里的奴隶，却不适用。瑟求是一个继承性的种姓，不能释免。与世俗社会里的奴隶截然相反，在他们身上，严格执行不折不扣的中国模式。[57]

近东模式不仅出现时间最早，很可能也是在发达的前现代有奴社会中分布最广的身份继承模式。主要原因之一在于，它的核心内容融入了伊斯兰律法。随着伊斯兰教的传播，它也就散布到了整个世界。我们已经看到，图阿雷格是少数几个不遵循这个模式的伊斯兰有奴社会之一。穆斯林能够推行这个模式的关键因素，在于伊斯兰法的纳妾制度。它规定，只要女奴能为主人生养儿子，她就和孩子一起成为自由人。当然，对自由女性与奴隶的结合，伊斯兰律法与穆斯林的习俗就远没有这样宽松、自由。即便如此，与古巴比伦国王身边的奴隶地位相当的伊斯兰马穆鲁克①（Mamluk）可以与自由女性结婚，也值得注意。禁止一般的奴隶与自由女性结婚的习俗，并没有严重破坏近东模式，因为大部分伊斯兰国家的大部分奴隶都是女性。不同寻常的图阿雷格人，在这一点上也特立独行，因为在有些图阿雷格部落中，女性地位很高；只要她们愿意，可以与奴隶结婚。[58]

　　欧洲只有两个重要的有奴社会实行近东模式。它们都出现在 13 世纪，但相互之间没有关联。当时在瑞典，东约特兰（Ostergotland）与斯韦阿兰（Svealand）的法律被编成法典，它规定："孩子随着父母中较好的一方"。正如琼·迪斯特·林德（Joan Dyste Lind）所言，"无论父母哪一方是自由人，孩子都将是自由人"。[59]这条规则是否在瑞典的这两个地方一直推行，或者，它是否仅仅是当时比较温和的奴隶制的一部分？我们至今还不清楚。几乎就在同时，西班牙把严厉的西哥特法律（前文已提示，它施行的是中国模式）改成了近乎近东模式的规则。新的法律规定：基督徒与他的撒拉森②（Saracen）奴隶或者与别的奴隶主的奴隶生的孩子，应该接受洗礼；如果这位基督徒是奴隶的主人，孩子应该被释免，成为自由人。另外，犹太人的奴隶与基督徒所生的孩子，须在接受洗礼后，立刻成为自由人，而且无须给奴隶主任何赔偿。[60]显而易见，基督教在身份继承规则的发展中起了作用，但也并不总是出于良好动机。不过，摩尔人或者说穆斯林的影响不能排除。如果基督教是唯一起作用的因素，它只需坚持给混合型父母所生的孩子施行洗礼，就可以达到目的。奴隶小妾生的孩子自动获得释免，这分明是伊斯兰的风格，大体上更近于近东模式；它与西哥特、早期基督教西班牙的法律，又是如此的格格不入；因此，假定摩尔人有一定的影响，并非草率推定。 页 146

　　从理论上看，现代西属美洲大部分有奴社会关于身份继承的法律与罗马模式是一致的；但在实践中，其规则更近于近东模式，除了几个重要的例外，如 19 世纪的古巴、16 世纪的墨西哥与巴西的部分地区。几乎所有自由人与奴隶相结合而生下的孩子都继承了父母中自由人一方的身份（自由一方总是父亲）。自由女性（通常是被释免的奴隶妇女与印第安人，偶尔也有社会地位低的白人）与奴隶同居，她和孩子保留自由人身份。[61]这可能是开始于 13 世纪西班牙的近东

---

① 阿拉伯人对奴隶军士的专称，是一个享有特权的奴隶阶层。——译者注
② 中世纪时，欧洲人对信仰伊斯兰教的阿拉伯人的称呼。——译者注

模式的一种延续。不过，这种历史性的延续其实并不需要。奴隶主与奴隶经常混交，再加上一小群无产阶级、越来越多地用奴隶做家务，都容易产生出一种近东模式。

即便在有的地方，奴隶的使用十分接近资本主义的方式、身份继承的规则严格遵照罗马模式，对有些类型的奴隶的子女，近东模式也偶尔应用。18世纪晚期到19世纪初的加勒比英属殖民地，就是这种情况。由于岛上白人妇女短缺，白人监工纳黑人与混血儿为妾，十分平常，甚至一些主人远在海外的种植园的管理者亦如此。没有法律规定，这些妇女及其孩子应该获得自由。其中许多人（可能大部分）依然是奴隶。但是，主人与奴隶小妾有了感情之后，这个女人与她的孩子就被释免，孩子甚至成为父亲的继承人。这种情况非常之多，以至于在18世纪晚期的牙买加，不断有法律出台，限定这类孩子的继承金额。尽管由这样的结合产生的所谓有色自由人，在奴隶制快要结束与被废除之后，构成了牙买加一个重要的社会阶层，但对绝大部分奴隶而言，包括那些与白人有过露水关系并且生下了孩子的女奴，罗马模式才是普遍适用的。这种严厉的惩罚性规则，从来没人想改变过它。[62]

歇尔布罗模式

符合这种身份继承模式的社会不太多。在歇尔布罗模式中，父母不是奴隶或者是自由人的孩子，其身份继承并无定规。孩子可以选择父母中血统更好的一方，尽管他们更愿意随父。对于奴隶，其规则同样灵活有弹性，不过，有权利用这种弹性的是奴隶主而非奴隶的后代。塞拉利昂的歇尔布罗人中，"一个人要成为社会中的一员，既可以通过其父，也可以通过其母，尽管人们倾向于选择父系血统，但如果母亲这边或父亲的母亲这边地位高，通常，被重视的就是母系的血统"。[63]

奴隶身份的继承是比较含糊的。与非奴隶人口中父系继承占主导地位一致，奴隶的孩子的身份通常取决于父亲。自由女性与奴隶结婚，生下的孩子是奴隶。因此，这类结合很少见。不过，尽管奴隶在一般人看来是"我们不会与之结婚的人"，仁慈的奴隶主想要奖赏一个忠诚、有用的男性奴隶时，就会利用身份继承规则的弹性，从自家的自由女性中选一个，赏他为妻。由这样的结合生下的

页147

孩子,不能像大多数其他奴隶的孩子一样继承父亲的身份,他们被视为"自由人,因为母亲之故,生来就是自由的"。[64]

阿瑟·涂登①(Arthur Tuden)在讨论伊拉的奴隶制时,尽管对于这里所讨论的身份继承不甚明确,我们依然可以从他的研究中推断出来,伊拉社会实行的是歇尔布罗模式。[65]塞内冈比亚沃洛夫(Wolof)的奴隶的身份继承,似乎也是歇尔布罗模式,强调父系继承又比较灵活。[66]

早期的百慕大②让我们看到一个歇尔布罗模式的专制版本。它只适用于由奴隶所生的孩子,且其父母属于不同的奴隶主。第一个孩子归母亲的主人,第二个孩子归父亲的主人,其余以此类推。这是一个准歇尔布罗模式。它只是在有弹性这一点上与歇尔布罗模式相符,其余则不同,因为父母的性别只决定了孩子归哪一个主人所有,并不涉及孩子的身份是自由人还是奴隶。[67]它让人联想到中世纪法国的身份继承规则:由两个主人不同的农奴所生的孩子,分别归其父母的主人所有。[68]歇尔布罗模式的另一个变体倒是影响孩子的身份,这就是常见于婆罗洲半岛③(Borneo)伊班(Iban)部落的一种做法。从布鲁克·洛(Brooke Low)那经典般的叙述中,我们知道,19 世纪的伊班族人中,"若父母有一方是自由人,另一方是家内或家外的奴隶,第一个孩子的命运跟着父亲,第二个孩子跟着母亲,随后,以此类推。这是不可更易的规则。"[69]

---

① 美国人类学家。——译者注
② 指 17 世纪的百慕大,英属殖民地。——译者注
③ 马来西亚东南面岛屿。——译者注

第六章　奴隶的获得

　　奴隶主获取奴隶的方式,要么以前两章所列举的任何一种方式直接获得;要么通过第三方间接获得,诸如贸易、赠礼、实物支付,或者将奴隶用作货币。本章将讨论间接获取奴隶的最重要方式。

外部贸易

　　外部贸易永远都是一种重要的间接获取奴隶的方式。讨论发达的前现代与现代奴隶体系时,很少有人会挑战这个说法。不过,可能让人吃惊的是,最原始的社会,只要奴隶制对它重要,同样也以外部贸易作为间接获取奴隶的主要方式。

　　原始民族中,奴隶常常是最早的贸易物,尤其是远程外部贸易。文明较为简单的民族向发达民族唯一能提供的、对方又想要的奢侈品,通常就是和他们一样的人。这一点,我们从研究西非土著贸易与市场的文献中看得很清楚。克劳德·梅亚苏在总结他本人与同仁的研究时,得出一个结论:在西非,奴隶既是商品,也是一个生产者。有时候,奴隶只是他们的一个商品,特别是在与欧洲人所做的那种毁灭性贸易中。而在非洲人内部的贸易中,奴隶既是商品,也是生产者。奴隶在远程陆路贸易中的作用,同样必不可少。他们既要运货,也要帮着捉更多的奴隶。[1]不过,梅亚苏的结论主要适用更为发达的社会。在文明简单、以血缘关系为基础的社会,"商品通过亲朋网络、委托关系而流通,通过交付、再分配、礼物交换而流通。财富,作为一种社会控制媒介,是社会上层与出生高贵者的特权。"[2]在这样的小规模社会,贸易甚至会对既定秩序构成威胁,因此受到限制;进口商品也因此"具有了社会与政治涵义,很难转变为贸易物"。奴隶是贵重的商品,顶多只能作为"社会再生产工具",很少成为一种生产资料。在苏丹,奴隶用作外部贸易的生产者时,总是伴随着武士与商人阶级的崛起。[3]

　　新石器时代的欧洲,考古学的资料显示,奴隶是最早的贸易商品之一。[4]在威尔士安格尔西岛(Anglesey)的林塞里格巴赫湖(Llyn Cerrig Bach),考古学家发现并打捞上来了许多令人惊叹的物品,其中一件就是一根用来拴成群成群的奴隶的铁链。无疑,奴隶贸易在公元1世纪已在凯尔特的拉坦诺文化中充分发展起来。[5]我们在后文将会看到,它一直延续到了维京时期①。

　　美洲西北海岸的印第安人有一套完善的远程贸易模式,奴隶是其中最主要的贸易项目,因为来自邻近部落甚至稍远一些的部落的奴隶动不动就逃回去。也因为这个原因,奴隶的价格在很大程度上取决于他的来源地与他最后的买主所在地之间的距离。海岸线上,散布着一个个的大型奴隶集市。其中的达勒斯(Dalles)成为北美土著的提洛岛②(Delos)。以达勒斯为中心,贸易流向两个方向:奴隶由南而上,到这里与来自北方的其他货物交换;然后,他们被运往更远的北方。[6]

　　至此,我们应该很清楚,奴隶制与贸易本身的起源,尤其是远程贸易,错综复杂地绑在一起。奴隶与贵重商品的物物交易,常常是唯一的商业活动。随着奴隶需求的增长,奴隶贸易体系的组织更趋复杂,奴隶的收购地与使用地之间的距离也越来越远。

　　整个人类历史,自有记录以来,直到20世纪上半叶,奴隶贸易体系都一直是为了满足普遍的奴隶需求而存在。以贸易量与贸易距离而观,有5个奴隶贸易体系最为突出。它们分别是印度洋奴隶贸易、黑海与地中海奴隶贸易、中世纪欧洲奴隶贸易、跨撒哈拉奴隶贸易、跨大西洋奴隶贸易。以下略陈梗概。

印度洋奴隶贸易 页 150

　　它也许是最古老的奴隶贸易体系;从东到西、从北到南有两根轴线(见地图1)。[7]早在古埃及第18王朝期间(公元前1580年),就有船只从埃及来到索马里

---

① 公元793—1066年。——译者注
② 爱琴海一岛屿,一度为古希腊著名的奴隶贸易中心。——译者注

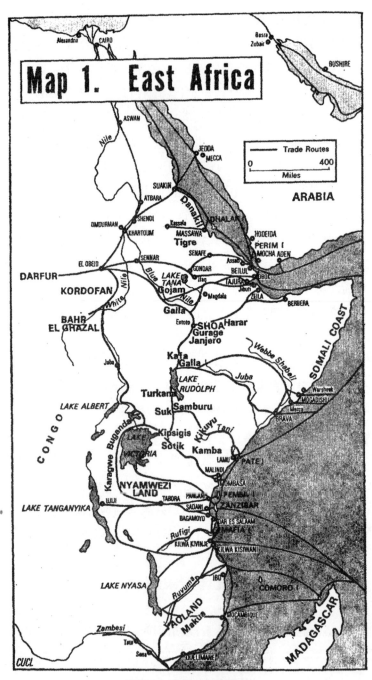

地图 1 印度洋奴隶贸易

资料来源: Joseph E. Harris, *The African Presence in Asia* (Evanston, Illinois: Northwestern University Press, 1971) ,p.4.

兰北部(蓬特一带),明确以获取奴隶为目的。[8]也有文献提到了公元 2 世纪初从东非到亚历山大里亚的奴隶贸易。[9]波斯湾地区大量的黑奴也说明,伊斯兰教出现之前,奴隶贸易在这里已经存在。随着伊斯兰力量的增长,奴隶贸易规模扩大。人数渐增的阿拉伯奴隶贸易商开始在东非沿海建立据点。可能早在 9 世纪初,南方的据点就已远至桑给巴尔。

　　印度洋的奴隶贸易规模,特别是在 19 世纪,远远超过了我们通常的认知。事实上,19 世纪东非的奴隶贸易比 19 世纪(或 17 世纪)的大西洋奴隶贸易规模还要大,这是很值得注意的。据雷·比奇①(R.W.Beachey)估计,那期间,共有 210 万奴隶从东非出口,还不包括"那些零散的数字"。[10]1800—1825 年前后,每年约有五千名奴隶被运出去;19 世纪的最后二三十年,每年也有五千名奴隶出口。19 世纪中期,东非的奴隶贸易达到顶峰,每年约有两万奴隶在非洲之角南部出口。19 世纪 50 年代中期到 70 年代末,每年从东非北半部分出口的奴隶超过了 35000 名。大部分人都被卖到了中东与近东的有奴社会。举例说,19 世纪的大部分年份,每年约有 15000—20000 名奴隶从非洲红海出口,进入麦加和麦地那(Medina)。葡萄牙人从非洲红海进口的奴隶在 18 世纪的最后一二十年达到了 20 万,同样数目的奴隶被非洲东海岸阿拉伯人发达的种植园体系吸收。据其他研究奴隶贸易的权威估计,公元 800 年至 1800 年间,印度洋奴隶贸易的总额为 300 万。因此,整个印度洋奴隶贸易史中,约有 500 万人被攫获、买卖。

黑海与地中海奴隶贸易

　　黑海与地中海奴隶贸易是奴隶获得史上另一个最为古老、也最重要的贸易体系(见地图 2)。接近公元前 7 世纪末时,它开始引人注目。在此之前,尽管它对古代经济也很重要,我们却知之甚少。进入纪元以前,黑海南部地区与亚洲一直是无比重要的奴隶来源地,尽管来自黑海以北的数量也不算少。[11]从罗马和平时期②(Pax Romana)到古代世界的末期,北方和西北地区变得更加重要。最近有人估计,古罗马元首制期间③(每年合法贸易的奴隶总额为 25 万。我们不知道

页 152

---

　　①　加拿大历史学家,主要研究东非。——译者注
　　②　公元前 30 年到公元 2 世纪约 200 年间,罗马大体无战事。——译者注
　　③　公元前 27—公元 284 年。——译者注

页 153

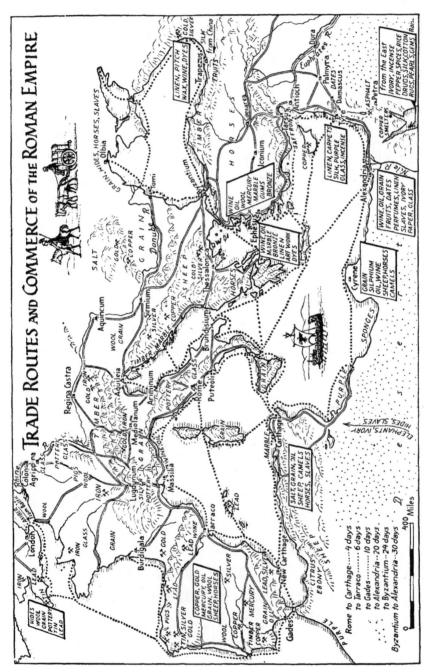

地图 2　黑海与地中海奴隶贸易

资料来源：Charles Alexander Robinson, Jr., *Ancient History: From Prehistoric Times to the Death of Justinian*（New York: Macmillan Co., 1951）, p.565.

这个贸易数额中行省内部与行省之间各占多大比例,但我们有理由推测,大部分在罗马和帝国其他地区贸易的奴隶来自帝国境内本身。[12]

黑海与地中海奴隶贸易没有随着西罗马帝国的衰落而终结。相反,它一直为西哥特西班牙、中世纪早期的法兰西这两个高度发达的奴隶体系供应奴隶。[13]随着穆斯林的征服,基督教西班牙对这条线路的奴隶需求有所缩减,虽则摩尔人继续靠它供应劳动力。但从 13 世纪起,直到 15 世纪晚期,基督教西班牙再次依赖它增加奴隶人口。13 世纪之前,西班牙的奴隶主要是撒拉森人①(Saracen),但在那之后,奴隶主要来自希腊、撒丁岛、俄国、克里米亚,特别是来自土耳其、阿米尼亚与巴尔干各民族,也有奴隶来自非洲、加那利群岛。[14]

13 世纪至 15 世纪之间,同样来自这些地区的奴隶还通过这条运输线供应地中海的法兰西。不过,供应需求最大的,是意大利的城市国家以及它们在地中海塞浦路斯岛、克里特岛、罗德岛、西西里岛的奴隶殖民地。塔塔尔人(Tartars)与黑海沿岸的其他民族以及希腊人、保加利亚人、俄国人、土耳其人、非洲人都向意大利的种植园主供应了数量庞大的奴隶。黑海与地中海奴隶贸易中,占据主导地位的商人是意大利与犹太人,尽管法国人也参与其中。[15]

中世纪欧洲奴隶贸易

欧洲奴隶贸易的繁荣从公元 9 世纪初开始,直到 12 世纪中期。与其他大的贸易体系相比,它的规模很小。[16]贸易线路伸往四面八方,但以东西两路为主。西线位于北海以及英吉利海峡两侧;东线包括海上、河流与陆地运输(见地图3)。尽管维京人在所有线路的贸易中均占主导地位,其他民族也卷入其中,特别是 10 世纪以后。在西欧,10 世纪之前,盎格鲁—撒克逊人与维京人一直在西欧各处劫掠与贩卖被抢来的人。不列颠群岛的凯尔特人与斯堪的纳维亚民族自己,都是他们的主要劫掠对象。冰岛殖民时期②,大量的威尔士人与爱尔兰人被劫掠、贩卖到冰岛,为的是增加它的劳动力。与此同时,他们和斯堪的纳维亚奴隶一起,成批成批地被挪威奴隶主买走,以补充因殖民冰岛而造成的人力损失。

页 154

---

① 此时的撒拉森人主要指北非的穆斯林。——译者注

② 开始于 9 世纪下半叶,首先是日耳曼民族的一支——诺斯人——越过北大西洋而来。后来,挪威人也来此迁居。——译者注

与800年后西非沿海充当中间人的非洲人一样,威尔士人既是奴隶贸易的牺牲品,也是贸易商。他们在内陆劫掠、贩运奴隶,再将之卖与维京的商人海盗。加的夫(Cardiff)与斯旺西(Swansea)这两座港口一开始很可能就是奴隶集市,但中心大港是都柏林与布里斯托。从这些奴隶仓储地与他们自己的大本营,尤其是海泽比①(Hedeby),斯堪的纳维亚商人广布西欧各地,甚至常常远达地中海,贩卖他们的人货。

维京人劫掠自己的斯堪的纳维亚同胞,也无所顾忌。他们从邻近的北欧民族中劫来的奴隶,数量相当可观。冰岛诗人伏尔加德(Valgard)曾这样描述一群由挪威人、丹麦人、瑞典人混合起来的海盗对丹麦人的一次劫掠,"那些还住在这里的丹麦人逃走了,美丽的女人被掳去。她们披枷戴锁,步履蹒跚。许多女人在你[这帮海盗的头子]眼前经过,押送上船。镣铐咬噬着她们娇嫩的肌肤。"[17]将斯堪的纳维亚人、斯拉夫人、凯尔特人卖给穆斯林为奴,维京人同样毫不犹豫。其中一些通过西线,一路往南,被运往法国里昂,再到西班牙,在那里,许多人再经穆斯林与犹太商人转手,被卖到更南边和东边的伊斯兰国家。有证据显示,从南往北运的奴隶也有一些。几乎可以肯定,公元859年出现在冰岛的"青人"(Blue men),是由天不怕地不怕的维京人从阿拉伯或者伊斯兰世界其他地方带过去的非洲人。[18]

9世纪中期以后,欧洲奴隶贩运的重头落在东线。正是在那个时候,伏尔加河与第聂伯河航运大开,因为它们成了"奴隶运往东方市场的通道"。[19]位于比约雪岛(Björkö)西北、梅拉伦湖边的比尔卡(Birka),不仅成为欧洲奴隶贸易的重要站点,而且对北欧与中欧的所有贸易都至关重要,直到它在公元一千年左右被废弃。[20]从这里,奴隶与皮毛可向南运到瑞典哥得兰岛(Gotland)、波罗的海南部,以及在西线奴隶贸易中占据主导地位的海泽比;银器与斯拉夫奴隶可以向北、向西发送,供斯堪的纳维亚人自用。更重要的是,皮毛和一小批斯堪的纳维亚奴隶还可以通过芬兰湾运到伏尔加河,再从俄国南运至保加尔(Bulghar),在那里,被卖给来自东方的穆斯林贸易商。必须强调一点,大部分被运往南方的奴隶都不是斯堪的纳维亚人,甚至也不是波罗的海的斯拉夫人,而是海盗们在南下的路上从贸易点附近的斯拉夫土著中疯狂劫掠、网罗而来的。战争、海盗、贸易,在维京

① 丹麦城市。——译者注

页 155

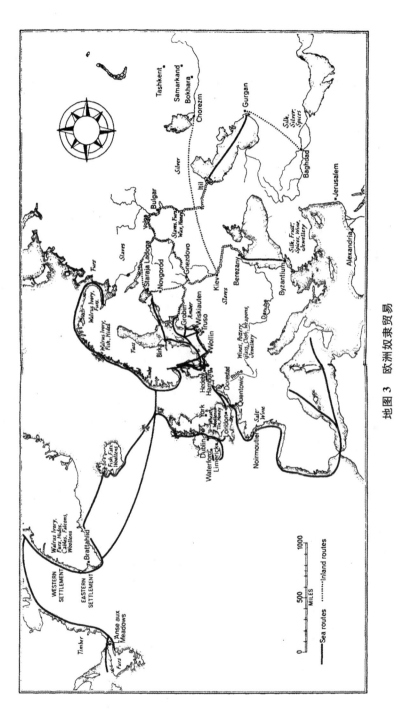

地图 3　欧洲奴隶贸易

资料来源：Gwyn Jones, *A History of the Vikings* (London: Oxford University Press, 1968), pp.160–161.

人眼里，似乎全然一样，没有区别。正如彼得·索耶①（P.H.Sawyer）所指出，"在斯堪的纳维亚，如果不说是全部，大部分库法银器②都是通过贸易获得的。市场上卖的货物很可能是通过暴力搞来的。到波罗的海的银器至少有一部分是通过海盗带来的，但那也是通过商业交易。"[21] 正是维京人对斯拉夫人（Slav）

的劫掠与买卖，使得所有欧洲语言中的"奴隶"一词都有一个共同的词根"slav"，更不必说阿拉伯语也用"slav"指称奴隶。尽管如此，就像贸易西线上的卡尔特人一样，斯拉夫人对劫掠自己的诺斯人③以其人之道还治其人之身。他们的劫掠甚至更加肆意，特别是在维京人势力衰落之后。例如，1135 年，斯拉夫劫掠者洗劫了瑞典西海岸的城市孔加哈拉④（Kungahälla），带走了约 7000 名俘虏，所有人都被卖为奴隶（尽管这个数字和当时的许多其他数字一样，似乎被大大地夸大了）。[22]

欧洲奴隶贸易的规模，现已不可能准确估量。近来的研究往往低估了维京人的劫掠所造成的破坏。[23] 举个例子，现在人们普遍认为，对英格兰的劫掠，大多数发生在维京人在英格兰建立定居点的前期；斯堪的纳维亚人在西欧捉来的奴隶，似乎大多数也是供劫掠者自己使用。他们要么被送到劫掠者的家乡；要么，在劫掠者定居的地方做劳力。[24] 这一看法倒是与索耶对斯堪的纳维亚钱币之谜的解释颇为相通。索耶指出，"9 世纪时，英格兰和法兰克的钱币在斯堪的纳维亚特别稀少"，这是"非同寻常的"。[25] 依据他的推断，通过劫掠、索取贡赋所积聚的英格兰与法兰克钱币，都被维京人在这些地方建立定居点时用作了本钱，因此，这些钱币从来就没有运到斯堪的纳维亚。维京人一贯以来就把劫掠、奴役、洗劫与贸易联在一起，这些钱中必然也有很多用作了购买奴隶，供他们在劫掠之地安顿定居时使唤。

最近有关 9 世纪与 10 世纪期间维京船只运载能力的发现更有利于这种解释。[26] 早先那些学者夸张的估计被大大地缩小了，因为对海上长途劫掠来说，9 世纪期间，普通船只最多装运 32 人；在斯堪的纳维亚半岛与其他西欧近海的船只装得更多一些，但也多不了许多。

---

① 英国历史学家，以对维京人的研究享有盛名。——译者注
② 疑似刻有库法体文字、来自阿拉伯的银器。——译者注
③ 这里即指维京人。——译者注
④ 现已不存，在孔加尔夫镇范围内。——译者注

综上所述,我们可以做出这样的结论:在西欧,最繁忙的奴隶交易应属短程贸易。大部分奴隶可能是被捉来、买去,供应斯堪的纳维亚半岛沿海的市场。同样,斯堪的纳维亚人在不列颠岛定居点的奴隶也可能主要来自这个岛的其他地区。不过,为了避免太多的奴隶逃跑,可能会有一个转运体系,类似于西非土著与美洲西北海岸印第安人的奴隶贸易。爱尔兰的"青人"与东方穆斯林家里那些"肌肤娇嫩"、亚麻色头发的娈童婢女,必然一直在欧洲奴隶贸易的总量中占小部分比例。

前面已经谈到,即便是这段时期的欧洲奴隶贸易额,也不可能给出可靠估计。不过,下文的猜测至少能起些提示作用。据乔赛亚·拉塞尔(J.C.Russell)估计,公元950年,西欧的人口总量为2260万。[27]这个时候,西欧的奴隶人口,我 页157估计其下限为总人口的15%。这个估计是十分保守的。此后,近130年间,也就是英格兰的奴隶制走下坡路的时候,它的奴隶人口平均为总人口的10%,而西欧地区的奴隶人口在20%以上。[28]这段时期,斯堪的纳维亚有些地区的奴隶人口可能达到了最高峰。公元930年左右,挪威人前往冰岛定居的移民潮达致顶峰,给冰岛和挪威都造成了严峻的劳动力问题。在西欧其他地方,10世纪上半叶,人口下降。这可能也增加了对奴隶的需求。[29]因此,我们估计,公元950年,西欧的奴隶人口约为339万。就我们对当时西欧社会的奴隶制的了解来看,可以有把握地说,那时的西欧奴隶人口既有社会再生产能力,也有生理再生产能力。在那种情况下,每年对奴隶的需求量只是为了满足新定居点的需要、补充因为释免而从社会上"漏出"的奴隶人口。这个需求量在任何一个年份都不会超过总奴隶人口的1%。[30]因此而言,10世纪中期,西欧每年奴隶贸易的总数不会大于33900人。至于东线的奴隶贸易额,即便猜都很困难,虽然其总量肯定要大很多。至少,在那时,东线奴隶贸易每年的最高交易量必然达到67000—68000人之间。

跨撒哈拉奴隶贸易

撒哈拉奴隶贸易持续了近13个世纪。一如菲利普·柯廷①(Philip D.

---

① 美国新经济史学家,以对大西洋奴隶贸易的开创性研究而著名。——译者注

Curtin）所指出："在西非，伊斯兰教与商业第一次结合起来是因为商人们带着宗教穿越撒哈拉、萨赫勒①（Sahel）东西南北之间的联系亦在商人们之间。"[31]早在9世纪初，利润十分可观、迫使人流散四方的奴隶贸易就已发展起来，充分利用了北非与地中海国家对非洲奴隶劳动力与非洲货物的需求。

页 158　　前往地中海沿岸的线路主要有4条（见地图4）：从"廷巴克图（Timbuktu）到摩洛哥、从卡诺（Kano）到艾尔（Air）和古达米斯（Ghadames）、从博尔努到费赞（Fezzan）、从瓦达伊（Wadai）到班加西（Benghazi）"。[32]经撒哈拉贸易转手的奴隶最终去了北非、中东、近东几乎所有的伊斯兰有奴社会。最后的买家所在地由主及次主要为埃及、摩洛哥、利比亚、突尼斯与阿尔及利亚。学者们对于奴隶贸易量的估计，差异相当之大。虽然在大部分学者看来，19世纪是撒哈拉奴隶贸易最繁荣的时期，柯廷却声称，17世纪的最后四分之一个世纪到18世纪上半叶，

页 159　贸易数额特别高。[33]依据各种直接与间接统计数据做出最系统估算的，当属拉尔夫·奥斯滕②（Ralph A. Austen）。据他估计，公元650—900年，约有45万奴隶被运出；公元900—1400年，约280万；1400—1800年，240万；19世纪，120万。[34]让人意想不到的是，撒哈拉奴隶贸易的交易总数超过了大西洋奴隶贸易运往美洲的奴隶总数的一半，如果再加上东非的500万，穆斯林奴隶主获得的非洲奴隶总数比欧洲人在美洲获得的奴隶总数还要多（即便按照柯廷更新过后、数值更大的大西洋奴隶贸易总数来算，亦如此）。

　　不过，二者之间有些重要的区别。交易量的增长速度在撒哈拉与东非奴隶贸易体系中要慢得多，整体死亡率也更高。但其死亡模式与大西洋奴隶贸易不同。在撒哈拉奴隶贸易中，运输途上的死亡率比大西洋奴隶贸易运输途上的死亡率高出3—7个百分点。然而，在大西洋奴隶贸易中，奴隶们在登岸之前的中间航程的死亡率要大大高出穿越撒哈拉沙漠时的死亡率。大西洋奴隶贸易中，男性所占比例也高得多。还有一点也绝非无关紧要：这两个奴隶贸易体系中的奴隶，到达最后目的地之后，经历很不一样。在美洲，奴隶们主要作为农村的无产者被吸纳进资本主义体系；而在伊斯兰世界，他们大部分被用来做家务，尽管他们在家庭之外与农村地区所起的作用不能低估。

-----

　　① 从北向南宽约1000公里，由撒哈拉沙漠延伸至苏丹稀树草原；东西跨度约5400公里、两端连接红海与大西洋。——译者注
　　② 美国历史学家，研究非洲史。——译者注

页 158

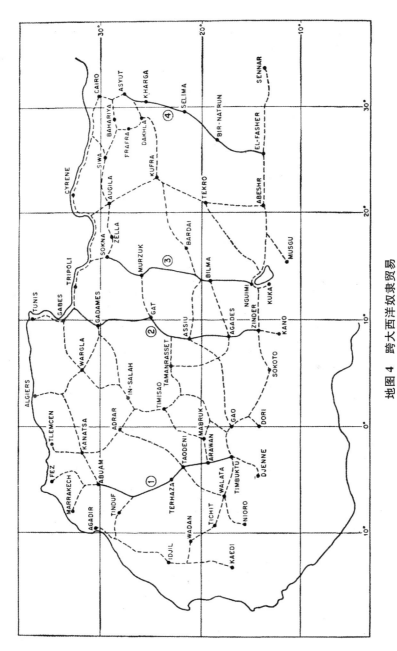

地图 4　跨大西洋奴隶贸易

资料来源:George Peter Murdock,*Africa:Its People and Their Culture History*(New York:McGraw–Hill Co.,1959),p.128.

接近 19 世纪末，撒哈拉奴隶贸易衰落。它受到两方面的挤压：一方面，在非洲，供应商面对欧洲殖民强国的压力不得不收手；另一方面，地中海与土耳其伊斯兰国家出于外交上的压力①，也不得不限制奴隶交易与进口。然而，奴隶贸易绝没有被完全废除。1960 年，一份联合国教科文组织关于毛里塔尼亚(Mauritania)的报告声称，在这个国家最大的部落之一，奴隶占其人口的四分之一。他们多是通过撒哈拉奴隶贸易来的。[35]还有一股规模比以前小得多但数量依然可观的奴隶穿过撒哈拉，到了阿拉伯半岛的一些国家。在非洲，直到 1960 年还有国家蓄奴，也许现在还有。1960 年，运往沙特阿拉伯的奴隶"从法属苏丹、沃尔特高地、尼日尔普罗文斯(Provinces)与廷巴克图地区的乡村，穿过非洲，来到沿海的苏丹港或萨瓦金(Suakin)，再从那里坐三角帆船越过红海，到达吉达②(Djedda)南部的港口利特(Lith)。"[36]

大西洋奴隶贸易

页 160

它在所有奴隶贸易体系中出现最晚、规模最大。一开始，大西洋只是撒哈拉与地中海奴隶贸易体系的一个临时变道。最早登陆新大陆的非洲奴隶来自伊比利亚半岛。最初，他们由地中海奴隶贸易商转运到此。直接从非洲最早来到美洲的奴隶，则由主要参与撒哈拉奴隶贸易的商人从塞内冈比亚沿海收来。[37]不过，新大陆对奴隶的需求很快就超出了这两个古老的奴隶贸易体系的供应能力。

几乎所有的西欧民族都一度参与利润丰厚的跨大西洋奴隶贸易。斯堪的纳维亚人在其中扮演的角色虽非无足轻重，但与葡萄牙、荷兰、英国、法国这几个主要奴隶贸易国相比，就成了小角色。[38]尽管西班牙是重要的奴隶消费者，但它在实际商务中作用不大。这不是因为它有人道主义的关怀，纯粹是因为广袤的帝国将它的资源在美洲拉得太开、太散、太薄，难于控制。首先大规模发展奴隶贸易的是葡萄牙人，不过，到 16 世纪末时，他们的垄断地位受到严峻的挑战。挑战者主要是荷兰人。17 世纪末，英国人、法国人也大举卷入进来。

奴隶们几乎清一色从西非海岸收来，从塞内冈比亚一带往南，一直到安哥拉(见地图 5)。除了 19 世纪奴隶贸易的最后一二十年，奴隶主要来源于沿海一带、

---

① 1888 年，巴西废除奴隶制度。至此，国际废奴运动取得全面胜利。——译者注
② 沙特阿拉伯港口城市。——译者注

页 161

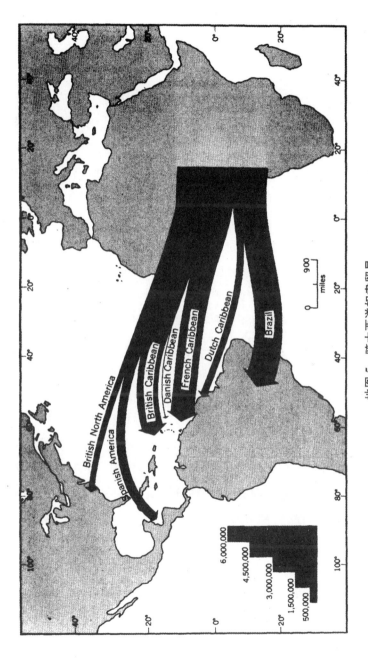

地图 5 跨大西洋奴隶贸易

资料来源：Philip D.Curtin, *The Atlantic Slave Trade:A Census*（Madison：University of Wisconsin Press, 1969），p.125.

向内陆延伸不超过 200 英里的部落。因此，有的西非部落所损失的人因而比其他地方的部落多很多。从大西洋奴隶贸易开始，直到 18 世纪末，大部分奴隶都来自几内亚沿海地区。这个地方，尽管部落繁多、语言庞杂，但在文化上有着鲜明的一致性。接下来的一个世纪，多数奴隶来自非洲西南，还有一部分来自莫桑比克与中部非州。

页 161　　　围绕奴隶贸易的人口统计学问题而发展起来的研究，已经成为历史研究的一个全新分支。带动其发展的，主要是菲利普·柯廷的统计调查。[39]据柯廷估算，由大西洋奴隶贸易输入新大陆的人，其基数为 950 万，上下增减 20%。他的这个数据现在得到了广泛的应用。不过，依据最近的档案研究，大部分学者倾向于认为，实际数据比柯廷的估算要高。可以很肯定地说，输入新大陆的人口基数在 1100 万—1200 万之间，上下增减 20%。

　　本章表 1、表 2 概括了大西洋奴隶贸易最惊人的一些特点：大部分奴隶于 18 世纪来到美洲；美国从非洲进口的奴隶所占比例最小，然而，到 1825 年，它拥有西半球最多的奴隶人口；另一方面，加勒比奴隶社会进口了 40% 以上被运到美洲的非洲人，到 1825 年，只拥有不到西半球总数 20% 的奴隶人口。这个区别是
页 162　由于美国的奴隶人口自然增长率相当之高，加勒比与新大陆其他地区的奴隶人口自然增长率又相当之低。美国与加勒比奴隶人口之间不成比例的反向变迁，是加勒比奴隶人口死亡率高、出生率又低同时造成的。美国奴隶在吃、住等方面总体条件都好不少，因此出生率比较高。不过，加勒比持续地依赖奴隶贸易，只能部分地解释为很高的奴隶人口死亡率。它另有缘故。加勒比的非洲人比混血儿多得多，意味着女性人口很少（被卖往美洲的非洲人中，女性不到 40%），并且有一部分老年人口。美国与加勒比两地哺乳习惯的不同，也说明了美国的奴隶何以生育率较高；较高的生育率又在一定程度上是美国不大依赖奴隶进口的结果①。[40]

　　至于奴隶贸易本身的组织与奴隶在中间航程的经历，最近的研究显示：第一，所有参与大西洋奴隶贸易的欧洲国家都以极为相似的方式组织和安排奴隶
页 163　贸易。最有特色、单打独干的国家是葡萄牙。19 世纪 30 年代以后，它就不怎么走三角模式，在一趟贸易中把欧洲、非洲与新大陆连起来，而是更多地在非洲西

――――――――――

①　指奴隶主必须鼓励奴隶生育。——译者注

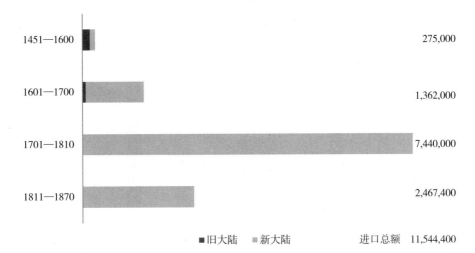

1451—1600	275,000
1601—1700	1,362,000
1701—1810	7,440,000
1811—1870	2,467,400

■旧大陆　　■新大陆　　　　进口总额　11,544,400

表 6.1　黑奴的进口（依据时间与地区）　　　　　　　　页 162

资料来源：改编自 Robert W. Fogel and Stanley L. Engerman, *Time on the Cross* (Boston: Little, Brown, 1974) vol. 1, p.16. 修正数据依据 Roger Anstey "The Volume and Profitability of the British Slave Trade, 1761-1807," in Stanley L. Engerman and Eugene D. Genovese, eds., *Race and Slavery in the Western Hemisphere* (Princeton, N.J.: Princeton University Press, 1974), pp.3-31; Patrick Manning, "The Slave Trade in the Bight of Benin, 1640-1890," in Henry A. Gemery and Jan S. Hogendorn, eds. *The Uncommon Market: Essays in the Economic History of the Atlantic Slave Trade* (New York: Academic Press, 1979), pp.107 - 141; D. Eltis, "The Direction and Fluctuation of the Transatlantic Slave Trade, 1821-1843," in Gemery and Hogendorn, *The Uncommon Market*, pp.273-298; and Herbert S. Klein, *The Middle Passage: Comparative Studies of the Atlantic Slave Trade* (Princeton, N.J.: Princeton University Press, 1978).

南与巴西之间直接来回交易。第二，运输途中的死亡率在所有贸易国都一样的高。有人估计，18 世纪期间，平均每年的死亡率为 13%。但这个期间的死亡率总体上在下降。最近，又有一项重要的发现，即奴隶在船上被"紧紧地打包"①不是他们在船上死亡的主要原因，而是因为海上航行时间长、船上饮食质量差、在非洲登船的地方疫病流行。[41]这个解释没有把非洲人登船之前的死亡率考虑进去，我们以后会回到这一点再讲。

　　奴隶在非洲的价格，17 世纪下半叶，平均为 3—4 英镑。18 世纪开始上涨，页 164 1740 年，达到 18 英镑。18 世纪 40 年代期间，大幅下跌。之后，涨涨跌跌，到 1770 年，达到 17 英镑。随后又开始下降。[42]理查德·纳尔逊·比恩（Richard

_____

　　①　指奴隶们一个挨一个紧紧地挤在一起。——译者注

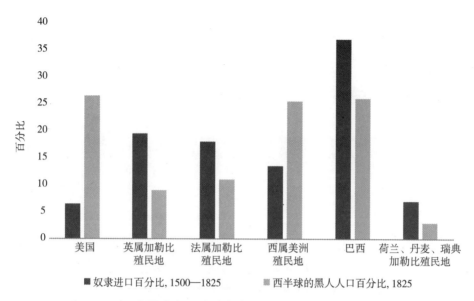

页 163 **表 6.2　1825 年黑人人口（奴隶与自由人）分布比较、奴隶进口分布**

资料来源:Robert W.Fogel and Stanley L.Engerman, *Time on the Cross*(Boston:Little,Brown,1974),vol.1,p.28.

Nelson Bean)对非洲奴隶价格的研究最为深入,他得出了几个相当有争议的结论。首先,奴隶价格的波动与贸易量的变化直接相关。战争、不断变化的运输成本、其他政治因素都会对奴隶的供应与需求产生影响。"每一种情况下,市场的表现都符合价格理论中基本的最大化假设。应对变化了的市场环境的刺激,非洲奴隶贩子的反应与英国种植园主的反应是一样的。"[43]

　　比恩的第二个结论来自他的第一个结论,即奴隶价格与贸易量直接相关,他坚持认为,如果奴隶贸易对非洲人口的损伤远远超出了非洲人口的自然增长率,奴隶价格应该出现更大幅度的上升,奴隶出口也会同样大幅度削减。但是,非洲奴隶贸易的价格与数量一起都增长了。这显然是有冲突的。不是所有人都会像比恩这样如此有把握地依据价格计算数列(price series)得出这样的结论。更有争议的,是他声称,"欧洲人在非洲的贸易(甚至包括奴隶出口所造成的非洲人口流失),很可能意味着 1800 年或 1850 年在非洲大陆上存活的非洲人,其数量比欧洲人如果令非洲人自生自灭要多"。[44]柯廷已然指出,在非洲,奴隶们被非洲奴隶捕手卖给欧洲人,"绝非为了降低人口再生产成本";经济学中,评估奴隶贸易影响的恰当模式也不是比恩喜欢用的"渔业",而是"入室盗窃"。[45]

奴隶贸易对于非洲的影响,在学界是一个伤脑筋的问题,后来又有其他学者做过研究,其结论与比恩非同寻常的说法完全相左。亨利·格梅里(Henry Gemery)与简·霍根多恩特别指出,即便以"最理想"的假设来看,西非所遭受的都不仅仅是严重的经济上的净损失,还有无法计量的人口与社会损失。举例来说,数百万的奴隶死在被捉之后、被迫登上运奴船之前。为了让美洲的奴隶主可以获得那1100万—1200万奴隶,至少有2400万人在非洲先已沦为奴隶。[46]

内部贸易

除了外部奴隶贸易,奴隶主还可以通过内部贸易获得奴隶。这种贸易类型,靠的是本土出生的奴隶资源,它在奴隶制史上,实际上相当不寻常。前现代奴隶社会体系,无论发达与否,对于买卖本地出生的奴隶,普遍不大积极、情愿。这类买卖,在大多数有奴社会中,通常是一种惩罚形式,尤其是奴隶一再逃跑时。在罗马帝国,有些奴隶无疑是通过内部贸易得来的,但其数量无足轻重。[47] 页165

仅仅在美洲,我们才能看到规模庞大的内部奴隶贸易。最突出的例子,是19世纪尤其是大西洋奴隶贸易终止之后的美国南方与巴西。不过,最近的研究显示,1807年以后的牙买加也有小规模的内部奴隶贸易。

随着棉花生产的扩张,美国南方的经济重心相应地从其东北转移到中部与西南各州,奴隶的跨区域流动也发生了。据福格尔(R.W.Fogel)与恩格曼(S.L.Engerman)估计,1790—1860年,约有83.5万奴隶从老南方的东北各州到了南方的新腹地。这两位学者还提出了更具争议性的观点:只有16%的奴隶由一个奴隶主卖到了另一个奴隶主手上,剩下的84%都是跟着主人走的。[48]把奴隶专门养来卖的那种流行观点,也受到了激烈的驳斥,尽管它至今还有支持者。[49]

在巴西,内部奴隶贸易很早就有了。不过,直到1850年大西洋奴隶贸易被废止以及咖啡种植园的兴起刺激了内部贸易之前,它的规模都不大。用罗伯特·康瑞德(Robert Conrad)的话来说,这"与美国内部贸易的发展环境,有惊人的相似"。[50]的确,从表面上看,二者格外相似。与棉花种植园的兴起在美国南方腹地带来了对奴隶的需求一样,咖啡种植园的兴起在巴西中部与西南的里约热内卢、圣保罗、米纳斯吉拉斯等州也带来了对奴隶的大量需求。同样，奴隶都是从老东北移向新近开放的州。康瑞德甚至声称，从巴西老东北流失出去的奴隶"迫使"这个地区的小农场主"较早地转向了自由劳动力体系"，并且推动他们挑战整个奴隶制度。[51]

但是，这个观点受到了赫伯特·克莱因（Herbert Klein）的挑战。克莱因称，19世纪50年代、60年代与70年代早期，巴西州际间每年经海路贸易的奴隶只有五六千名；这一州际贸易的主要功能，是从巴西东北与最南方向南方中部各州供应数量有限的技术奴隶；其贸易量也根本不足以说明奴隶制在东部的衰落或在中部各州的扩张。[52]

有意思的是，克莱因的修正论与福格尔、恩格曼对美国南方奴隶制的修正性解释很相似。迄今，克莱因依然认为，这两个奴隶社会的内部奴隶贸易模式颇为接近，但其具体方式，在克莱因看来，与传统史学家康瑞德、弗里德里克·班克罗夫特（Frederick Bancroft）所说的不同。[53]奴隶在地区间的流动，新经济史学家①认为它不值得重视。但重要的是，他们也没有证明（或者想去证明）不存在重要的内部奴隶贸易。相反，绝大部分内部贸易似乎都是省内或州内奴隶贸易，而非省际或州际贸易。不幸的是，学者们的兴趣多集中在了奴隶的地区间流动这个问题上，而非内部奴隶贸易，无论那种流动是否涉及奴隶贸易。目前我们所看到的有关巴西与美国的研究表明，如果把地区内的奴隶贸易考虑进去，内部贸易的数额是相当大的。

相比之下，加勒比内部奴隶贸易的规模要小得多，虽然模式相似。1807年，英国结束了它在大西洋的奴隶贸易，随后，在英属加勒比地区，一股小规模、无关紧要的岛际奴隶贸易开始。[54]牙买加的岛内奴隶贸易规模比岛际贸易大不了多少。1829—1832年，从一个教区卖到另一个教区的奴隶，只有4838名，仅占奴隶总人口的1.5%。与美国一样，没有证据显示，这里有成体系的养奴而卖的现象。奴隶的流动，大多在相邻的教区之间，多数情况下也不涉及奴隶买卖。和巴西一样，在牙买加不同地区间流动的奴隶，多数都不是在地里干活的人；奴隶贸易主要是为了更充分地利用有技术的以及在城里干家务的奴隶。[55]

---

① 指克莱因、福格尔等。——译者注

聘礼与嫁妆

间接获取奴隶的另一种主要方式是通过聘礼与嫁妆。算作新娘聘金的奴隶,我们可以一带而过,因为它仅仅通行于尚未出现文字的部落。新娘在他们中间像货物一样流通。[56]凡是有奴隶存在的地方,他们有时候就会成为聘金的一部分。不过,让人意想不到的是,这个习俗在需要用聘礼缔结婚姻的蓄奴民族中,并不像人们猜想的那样普遍。例如,达荷美人的聘礼,品目繁多,然而礼单上没有列入奴隶。[57]在整个非洲,牲口往往是聘礼中最多见的一个常规项。礼单上没有奴隶,有时候是因为他们太过费钱。在伊博,一个女奴的标准价格是一个普通姑娘的聘礼的 1.5 倍。[58]不过,新娘价格比奴隶价格高得多的地方,不在聘礼中列入奴隶也是有的。例如喀麦隆的杜阿拉(Duala)。[59]

无论出于什么原因,用奴隶做聘金只在少数有此习俗的有奴社会中可以看到。有些民族中,奴隶还是聘金中不可或缺的一项。例如,门德人中,奴隶"一贯是很重要的一部分聘礼"。聘金高昂、奴隶制又很重要的地方,必然有相当数量的奴隶通过这种方式得来。[60]图拉雷格人中的奴隶,常常是跟着聘礼一起来的,特别是新来的奴隶。[61]令人好奇的是,在以父系继承为主的塞内冈比亚沃洛夫(Wolof)人中,跟着聘礼来的奴隶需从母系中继承,而买来的奴隶则从父系继承。[62]

页 167

通过聘礼获得奴隶的极端之例,也许要算刚果的恩孔杜人(Nkundu)。奴隶制在这个原始部落向来就不可或缺。其原因并非出于经济上的需要,而是婚姻的缔结一直要等到聘金用"博桑果"(bosongo,一般是两个女奴,但有时会多达 5 到 10 名)给付完毕,才算真正的合法。[63]恩孔杜人有一句传统谚语:"婚姻有没有效,看奴隶就知道"。还有一句说,"有了博桑果,女人才能变老婆"。恩孔杜人的博桑果,可算是奴隶制史上最令人奇怪的较大规模的奴隶制的成因。

用奴隶作嫁妆比用奴隶作聘礼要普遍得多。由于嫁妆主要流行于文明较为发达的民族,它也就成了所有文明的有奴社会获取奴隶的一个模式。古代近东社会必然以它作为一个重要的获取奴隶的途径。给女儿的嫁妆中添几个奴隶,是有钱人的习惯,尤其是在巴比伦。法老时代的埃及、古往今来的印度、从古代到中世纪一直到近代的欧洲,以及美洲所有的有奴社会或民族,都在嫁妆中包含了奴隶。[64]

与用奴隶作聘金一样，有些用奴隶作嫁妆的习俗偶尔也非常奇怪。在古罗马，被人当作嫁妆或抵押给出去的男人，会自动变成奴隶。[65]早期的冰岛人有这样一条奇怪的法律：

> 自由女性订婚时，如果能带来不少于一个女奴价格的妆奁，就可以被视为一个没有生理或其他缺陷的新娘。但是，如果她有生理缺陷，却又带不来比一个女奴价格高的妆奁，那么，"明知如此还把她许配给人"者，即为一等罪犯。[66]

奴隶当作货币

页 168

通过聘金或嫁妆得到奴隶与把奴隶当钱用，二者关系密切，后者也是获得奴隶的一种方式。众所周知，货币有多种功能，它是一个记账单位或者价值标准、一种支付方式、交换媒介、储存财富的方式。卡尔·波兰尼①（Karl Polanyi）与他的学生强调，原始社会与古代社会的经济中，"货币的不同功能被分别制度化了"。也就是说，用作价值单位的，是一类物品；用来支付的，是另一类物品。诸如此类，不一而足。多功能的货币是相当现代的现象。[67]

有趣的是，在许多原始社会与古代社会，奴隶最接近于现代社会多功能的货币。在古代近东，奴隶有时候代替金属作为一种价值标准用，也可充当支付媒介购买新娘、马匹或支付罚金。[68]在缅甸，直到 19 世纪，"一个人的老婆被别人侮辱、强奸，都用奴隶来补偿她丈夫。侮辱或强奸了一个自由的穷女人，赔两个奴隶；一个商人的老婆，4 个奴隶；一个富人的老婆，8 个奴隶；一个级别不高的官员，15 个奴隶，等等，不一而足。"[69]

在非洲，无论是否信仰伊斯兰教的地区，奴隶都常常用作货币。西非门德人用奴隶交换牛和一袋袋的盐巴。"一个奴隶值 3—6 头母牛。每个男人、女人和孩子都被当作 1'头'钱。1'头'钱在后来，更具体地说，1890 年，相当于 3 个英镑。"[70]在约鲁巴和中部非州的一些地区，奴隶也有相似的用途。[71]在穆斯林贸易商手里，"奴隶常常被当作储值物，虽然这种储值物一旦生病，风险就极高"。与

---

① 经济史学家。——译者注

172

此同时,他们也是价值单位和支付方式,尤其是被用作偿还债务、缴付罚金。[72]

不过,把奴隶当钱用搞得最复杂的地方,是中世纪早期的爱尔兰与冰岛。在爱尔兰,库玛(cumal),即女奴,是价值最高的货币单位。[73]1 库玛等于 6—8 个塞特①(seoit),1 塞特值 3—8 头牛。1 库玛也等于 3 盎司银子。库玛还是缴付罚金的标准价值单位。因此,杀人案中,一条自由人的命计为 7 库玛。但值得注意的是,荣誉价格②却是用其他类型的货币计算和支付的。此外,库玛还用作土地价值的计量单位。过去,学界对于库玛是否用作支付方式,不大确定。但现在,玛丽莲·格里茨(Marilyn Gerriets)已经肯定地认为,库玛的确有这样的功能。[74]有意思的是,马格(mug),即男奴,却从来没有用作价值单位,虽然有时候被用作一种支付方式。女奴在中世纪被当作一种货币来用,有力地说明,她在早期的基督教爱尔兰具有重要的经济作用。到快要进入诺曼时期的时候,女奴在经济上的重要性衰减了,相应地,她的货币作用也就成为她从前的经济价值的一种遗迹。

文本中经常出现的价值半个库玛这样的文字,可能会让人疑惑:怎么会有半个人? 在库玛仅仅用作一种价值单位的地方,把半个库玛解释为 1½ 盎司的银子,或者 1 头母牛加 1 头牛犊到 4 头母牛之间,当然没有任何问题。但是,如果库玛也是一种支付方式,这个问题如何解释? 有学者给出了一个简洁明了的答案。[75]与其他存在奴隶制的部落一样,中世纪早期的爱尔兰,也很少有女性终生被奴役。因此,爱尔兰以这样一种方式计算一个库玛的价值:一个体格健全的妇女七年的劳动。这样,半个库玛可能意味着一个体格健全的妇女劳动三年半。

页 169

我们对早期的冰岛所知甚少,但众所周知,在那里,女奴既可用作价值单位,也可用作支付方式。与爱尔兰人一样,冰岛人也把银子、母牛都用作价值单位。其间的等式,冰岛人轻而易举就可以准确地算出来,而且与爱尔兰的等式差不太远。这就是:"一个强壮的大个子男奴 = 24 奥拉(aurar)= 24 头母牛;一个体格一般的男奴 = 12 奥拉 = 12 头母牛;一个作妾的女奴 = 12 奥拉 = 12 头母牛;一个普通女奴 = 8 奥拉 = 8 头母牛。"[76]

人可以用作货币,似乎异乎寻常;一个女人只值 8 头母牛,也显得很不人道。

---

① 单数形式为 set,是古代爱尔兰一种抽象的价值标准。——译者注

② honor price,指以荣誉受到侵犯为由要求赔偿。——译者注

但是,比较奴隶制史上的记录,爱尔兰人与冰岛人给女奴定的价格其实是很高的。丹麦人也是。9世纪期间,在丹麦,一个被奴役的修女值1匹马和它身上的马具,一如埃里克·乌克森谢纳①(Eric Oxenstierna)准确的评论:"并不便宜。"[77]16世纪的缅甸,40个印度奴隶的时价只值1匹马。[78]1870年,一个很平常的年份,在乍得湖的库卡(Kuka)市场,一个青年成年男子仅值1匹好骑的马,虽然一个年轻姑娘可能多值一点儿,一个阉过的男人会多一倍。但是,两年以后,在苏丹,供过于求的巴吉尔米(Bagirmi)市场上,一个女人卖5美金,没过多久,一头母牛值10个奴隶,一个年轻的男奴值6只鸡。[79]晚至20世纪30年代,缅甸北部缺乏政府监管的地方,特别是三角地区,"奴隶多得只值几头猪钱"。[80]

前面三章(第四、五、六章),我用了好几种分析类型,并且得出了一些新见解。我发现,使人沦为奴隶的方式与获得奴隶的方式存在根本性的区别。以往的研究要么未能意识到,要么始终未能运用这种区别,以至于严重地混淆了奴隶的来源与分配问题。例如,许多杰出的学者在其他方面都很审慎,却在讨论诸如"战争""贸易""绑架""生而为奴"等奴隶的来源类型时,未能明确意识到它们你中有我、我中有你,彼此之间并不排他。一直以来,学者们要么错误地暗示,通过战争方式被奴役的人,是由获胜一方的奴隶主直接获得的;要么,也更为常见,把被奴役的俘虏如何处理当作毫无争议的问题忽略过去。

我还区分了最初使人沦为奴隶的方式与当前的奴役方式。借助这一区分,我探讨了战俘的相对重要性。我发现,一般来说,它是一种重要的最初奴役方式,但很少有社会把它列为最重要的当前奴役方式。所有有奴社会中,除了很小的一组值得关注的社会,其他显然都以生而为奴作为当前最主要的奴役方式。从这一点来看,区分奴隶人口的社会再生产能力与生理再生产能力,对我们的分析,很有辅助作用。

鉴别与描述7类奴隶身份的继承规则,实为这三章意义最为重大的贡献。无疑,将来的研究会使我们对这些规则的描述更见精细,也会有一些新的规则补充进来。因为从未有人对奴隶身份的继承规则做过鉴别、细分与系统讨论,如果第一次的尝试就把所有的重要类别都穷尽、所有的相关问题都探讨完毕,那是令人难以置信的。

———————————

① 瑞典历史学家,研究维京人历史的权威。——译者注

　　在分析奴隶的获得方式中,我区别了直接与间接两种类型。对于直接方式的考查包括了对战争与战俘研究的再分析。与传统的学术观点与流行看法相反,我发现,绝大多数战俘的命运通常都不是被奴役,即便俘虏或征服他们的军队属于奴隶体系高度发达、对奴隶持续需求的社会。对他们来说,更为通常的命运,是被屠杀、扣押待赎、短期监禁、殖民他乡、强制改编、放走了事等,只不过因时而异、有分有合。即便是在一些特殊历史时期,在一个正在发展中的大型奴隶社会里,当大部分奴隶都是因为成为战俘而沦落为奴的时候,大部分战俘也依然没有成为奴隶。古典时代的希腊,被希腊军队征服或在战场上俘获的俘虏,或者在基督降临①前的三个世纪里,被罗马军队的军事胜利中所俘获的人,都没有遭受奴役。大多数匍匐在伊斯兰征服军队前的俘虏,亦如此。

　　更具特殊重要意义的,是我发现,征服者很少在被征服的土地上大规模奴役当地的自由人。凡是这样做了的地方,都产生了灾难性的远期后果。

　　贸易是仅次于生而为奴的另一种获取奴隶的最重要方式。其他种获取奴隶的间接方式,诸如聘礼、嫁妆、将奴隶用作货币等,虽然普遍,但与贸易相比,规模甚小。回顾人类历史上五种主要的奴隶贸易体系,我们看到了许多令人意想不到的相似性与历史延续性。其中,最令人震惊的,是地中海那超乎寻常的中心地位。这片海域与它周边的民族,一直在奴隶贸易体系中扮演至关重要的角色,其页 171中有些民族全程参与,自始至终。[81]地中海位居人类文明发展的中心,备受欧美史学家讴歌与赞美;[82]但是,从人类压迫史上看,它也恰恰是一个令所有人类畏惧不已的漩涡,尤其是对斯拉夫人与非洲人。二者之间的联系绝非偶然。

---

　　①　指公元 1 世纪。——译者注

第七章　奴役状态

　　考查了人如何被奴役、奴隶如何获得之后,我们现在需要分析其命运。我们想知道奴隶如何适应他们的主人与新的环境、奴隶主如何利用他们的权力处理与奴隶的关系。我们还必须问奴隶主与奴隶的关系如何被社会整体接受。简言之,我们需要看哪些因素决定了奴隶的社会适应、生活境遇与制度化的过程。

　　奴隶的社会适应涉及两种基本关系:奴隶主与奴隶的关系、奴隶与社会的关系。介于这两者之间,还有第三个关系,即奴隶主与社会的关系。奴隶主如何对待奴隶、奴隶如何作出反应,首先取决于主奴关系本身所固有的因素,或可称为独立性决定因素(private determinants)。不过,无论奴隶主希望他与奴隶的关系如何独立,他都需要他所在的社会确认他的权力并且支持他。反过来,社会也希望通过其代理机构,从奴隶主那里得到回报,即便只是为了保护其成员的利益。这些属于公共性决定因素。其中一些,完全源于社会的性质,与奴隶主的地位无
关。不过,奴隶主与社会的关系绝非一成不变。奴隶主希望影响公众的态度,也想制止人们干涉他对奴隶的所有权。他是否有能力这样做,取决于他的权力与影响,而他的权力与影响又在一定程度上由他近来靠奴隶主身份建立起来的威望来决定。

　　奴隶也并非一个完全被动的实体。相对而言,他可能没有权力,但他总会有一些选择。他可以在心理上如是反应:逢场作戏、装聋作哑、恼怒不已。他也可以撒谎、偷窃或者逃跑。他还可以斗殴、杀人,包括他自己的主人。他甚至可以发起武装叛乱。此外,他还可以通过毁灭自己毁了他主人的财产。固然,作出如此极端选择的人只是少数,大部分人选择自尊自重、尽力而为。但是,尽管如此,我不知道有哪一个有奴社会,其中的奴隶未在他人生的某个时刻以某种方式造过反。即便奴隶驯良恭谨、唯命是从,奴隶主对他无所不及的权力,也会使其依

176

赖于奴隶。尽管奴隶很可能未被当作一个有价值的人,他却是一个值钱的东西,也许是主人唯一能对之行使真正的权力的东西。奴隶主全部的男人气概也许都植根在他身上。凡有奴隶制存在的地方,这种寄生虫式的支配都极可能发生。我们将在下一章看到。

首先来看主奴关系本身所固有的诸因素。第一重要的,是奴隶如何用。当然,凡是我们数得出来的活,奴隶们都干过。但是,奴隶主得到他们,通常是为一种主要的用途;奴隶的处境如何,在很大程度上也取决于奴隶主拿他们做什么用。他们可用来彰显主人的声望,或者派上政治、管理、仪式、性服务、婚嫁、经济上的用途。显而易见,如果用作二房、小妾、同性恋人,他们的物质生活通常会比其他用来做农活或矿工的奴隶要好,虽然其内心不见得宁静。奴隶的主要用途也决定了他/她是否被准允结婚生子、养育家庭。尽管奴隶对子女的监护权一概被剥夺,但现实中,奴隶主为奴隶家庭的稳定留有相当余地。奴隶主的性要求与对女奴的权力,在所有有奴社会中都一样,少有不同。就我所知,不存在任何一个有奴社会,其中的奴隶主不能为所欲为地要求自己的女奴为他提供性服务。真正有较大差异的地方,是它们是否保护奴隶妇女与奴隶的家庭不受第三方干扰。

在奴隶用作劳动者的地方,他们与劳动力的整合方式就成为决定其生活待遇的另一个关键因素。在管理程度很高的大庄园或种植园类型的农场干活,还是像佃农①一样劳作,这两类奴隶的命运是迥然有别的,他们又都与做家务的奴 页 174
隶或者小家庭农场主的奴隶境遇不同。

另一个重要的决定因素,是主人获得奴隶的模式。几乎所有的有奴社会都把买来的成年奴隶与家生奴(或幼时即被买来,在主人家里长大的奴隶)区别对待。通常,主人(与主人一家)跟家里养大的奴隶会培养出情感。奴隶被派做何种用途与奴隶如何进家门,交相决定奴隶的命运。这在发达的前资本主义奴隶体系尤其如此。因此我们看到,在 9 世纪的伊拉克,许多生而为奴、在主人家里干粗活的奴隶无人关照,而在青少年时期甚至成年后才进入主人家、用作士兵来训练的奴隶,反而成为主人信任的助手和心腹。不只所有伊斯兰有奴社会如此,其他地区也一样。泰国国王的奴隶;罗马、拜占庭、中国与非洲人宫廷的太监与

---

① 指获准租种土地,与奴隶主分享收成的奴隶;他们有较大的自主性。——译者注

177

其他奴隶官员；希腊人的家庭教师；罗马人家里的小办事员等，都是已成年才为主人拥有却比家生奴更受善待的一小部分例子。

不妨从西塞罗的个人生活中拈取一个有名的例子。据苏珊·特雷贾里[①]（Susan Treggiari）的研究，西塞罗的秘书斯品塔鲁斯、会计希拉鲁斯、信使埃吉普塔和法伊托都是奴隶或被释免的奴隶。西塞罗对他们评价甚好，笔调亲切。后来，他们也都托庇于西塞罗。尽管西塞罗要求他们"忠诚、有情、怀有平常人的自我牺牲精神"，他也反过来"对他们的竭智尽忠心怀感激，以真诚的情感为其权利着想。"[1]有识有才、对西塞罗有用的奴隶，他都释免了他们。与此同时，特雷贾里还说明，"西塞罗和其他一些有权威的人很少提到身份卑微的奴隶的名字"，他们可能连奴隶们的名字也不知道，尽管有的奴隶就生在主人家。马夫、厨子、女仆、直到西塞罗被杀害依然忠诚于他的运垃圾的奴隶，都没有留下名字。唯一一个获得释免的干体力活的奴隶"偷懒溜号之后，西塞罗很不屑地把这'干活的人'打发走，没有提到他的名字。"[2]

与奴隶的用途、奴隶如何得来这两个变量紧密相关的第三个因素，是奴隶的居所。我们不能假定所有的家生奴都住在主人家，更不能假定所有买来的奴隶都吃住在主人家外。这两种假定虽在小规模的血缘社会大体无差，但即使是畜牧部落与许多王国，当然还有文明更发达的社会，许多生来就被主人所得的奴隶在单独划给他们的地方长大。畜牧社会里，奴隶常常被隔离在奴隶村内，在那里专事农业生产；但也有奴隶（很多是成年后才买来的）待在主人家做仆人。苏丹王国、尼日利亚北部埃米尔君主国的所有早期阶段都是如此，一直到 19 世纪末。[3]

无疑，与主人住在一起的家奴（无论是否生在主人家）往往比单独住在一边的奴隶能更快地吸收主人的文化，但是，绝不能假设主人待他们必然比对租来的或在地里干活的奴隶要好。不过，住在主人家，的确更有机会接触到主人的舒适生活，受宠的奴隶也确实享有一些特权。不可否认，在多数前资本主义奴隶社会里，奴隶主不愿意把他们喜爱的奴隶卖掉，这样的奴隶亦因此免于被奴役的最大风险之一，免于对其生活突如其来、专横随意的破坏。[4]卖掉家奴，在门德人看来，实在令人羞耻。商业较为发达的民族，对于买卖家生奴，并无明文禁止。不过，

页 175

---

① 英国古典学家，研究古罗马人的家庭与婚姻。——译者注

在不少这样的发达的前资本主义文化中，尽管心地不善或者财政困窘的奴隶主可以卖掉家生奴，却也仅限于国内，把奴隶卖往国外为法律所禁止。古代西亚两河流域与巴勒斯坦，都不允许把奴隶卖给外国人或者外邦人。罗马人统治期间的埃及，不少有关家生奴的资料都表明，将奴隶在主人家生下的孩子售卖、出口，受到了严厉的法律惩罚。[5]

生活在主人身旁，也隐含着巨大的风险与不利。他们时刻处于主人眼皮底下，比住在别处的奴隶更容易受到严厉、反复无常的处罚与羞辱，女奴尤其如此。任何一个有奴社会（无论最原始的还是最发达的）中的女奴，都格外容易招致主人家自由女性的妒忌与报复，尤其是奴隶主的大老婆。"地狱的烈焰也比不上女人受轻视的怒火"，这句名谚应该改为："地狱的烈焰也比不上一个自由女性受轻视却发现有奴隶受宠的怒火"。

相反，不与主人住在一起的奴隶，虽则物质生活更没有保障、也更容易遭受其他自由人的报复，相对而言，却享有更多的独立。这种有限的"自由"，在大多数奴隶心中，比大房子里谈不上有多好的物质享受有价值得多。古希腊罗马与其他社会有大量证据显示：奴隶们最梦寐以求的，是能单独生活，把自己雇出去，或通过其他方式自谋生计。

影响奴隶处境的第四个因素是他最初被奴役的方式。不过，它的直接影响比较弱。它对于前文所述决定奴隶境遇的公共性决定因素，影响更重。也就是说，它影响的是社会在整体上如何接受奴隶并且允许奴隶适应公共生活与集体活动。大体而言，一个来自宿敌的战俘要适应他所进入的社会，与一贫如洗而沦 页 176
为奴隶的当地人相比，困难显然要多得多。但是，任何事情都有两面。在有的社会，例如中世纪的爱尔兰与西里伯斯岛中部的托拉查部落，战俘并不比沦落为奴的当地人更受轻视，因为战俘成为奴隶，责任主要不在他。

影响奴隶处境的其他变量与其个人特征也相关。首先说种族。我们的世界样本中，可供分析、资料充分的社会有 55 个；其中 75%，奴隶与奴隶主人口彼此视为同一种族；21%的社会，奴隶与奴隶主属于不同种族；4%的社会，有的奴隶与其主人是同一种族，有的则不是。常有人说，美洲的奴隶制之所以独特，就在于种族是一个决定奴隶境遇的主要因素。这种说法暴露出对奴隶社会比较研究的极度无知。当然，这也在很大程度上取决于一个人在说种族时是什么意思。我所说的种族因素，是假定人群之间有内在差异；这种差异以真实或想象中的生理或其他特征为基础。以此来观,种族具有社会重要性的有奴社会有无数之多。不过,种族如何影响奴隶的处境,绝非一目了然、一语就可道尽。

种族因素,在整个伊斯兰世界,非同小可。浅肤色的图阿雷格人与相邻族群对他们所征服的黑人抱着毫不含糊的种族主义态度。[6]整个伊斯兰帝国对待欧洲、土耳其的奴隶与对待撒哈拉沙漠以南的奴隶,差异相当之大。[7]马来亚在被欧洲人殖民之前,那里的阿拉伯统治者对被征服的当地人口投以最轻蔑的眼光。[8]汉代及以后的中国,边境上肤色较深、面貌不同的民族统统被视为比中原的华夏民族低一等的蛮族。他们不仅被视为天生的奴隶,而且受到虐待也无人为之抱不平,而一个真正的汉人奴隶如果被虐待,那是会受到法律惩罚的。[9]边境民族则以其人之道还治其人之身。晚至 12 世纪初,大凉山的倮倮人(Lolo)还在绑架、奴役汉人,即便当时他们正处于中国的主权控制之下。与众不同的是,倮倮人把外界的种族刻板印象翻了过来。他们把自己的上层阶级称为"黑倮倮",臣服于他们的人口,称为"白倮倮"。白皙的肤色,在汉人中是如此的受赞美,可在肤色黝黑的倮倮人眼里,它成为一种被人蔑视、遭人奴役的符号,也是鉴别汉人奴隶的一种方式。[10]

中世纪的斯堪的纳维亚人眼里,金发碧眼白皮肤才是体格特征的理想类型。他们对于奴隶的刻板描述是如此的与自己相区别、又是如此的持久不变,以至于人们往往以为,斯堪的纳维亚的大部分奴隶都是深肤色的欧洲人甚至是亚洲人(尽管我们知道其实不是这样)。"奴隶据说都很丑,《里格叙事诗》(*Rigspula*)里面提到的奴隶肤色黝黑、面相骇人、长一个扁平的鼻子。"[11]体格特征符合冰岛人种族审美的外国奴隶,略受青睐些。例如,托基尔·格提松(Thorkel Gaetisson)的一个奴隶弗雷斯坦(Freystein)就是如此:"他既不丑,也不像别的奴隶那样难管。相反,他性格温和、举止得体、相貌比其他人几乎都要好看,因为这样,人们才叫他白皙好看的弗雷斯坦。"不过,比肤色更重要的是人们对奴隶的看法:他们是天生低智、体格低劣的一群人。挪威国王约尔(Hjor)与王后柳甫维娜(Ljufvina)的故事很好地说明了这一点。柳甫维娜原是俄国公主,被约尔俘获。她生了一对双胞胎,却不喜欢他们,因为他们肤色黝黑,所以她拿他们与她的侍女跟一个奴隶所生的孩子里夫(Lief)做了交换。里夫肤色很浅。但是,国王不喜欢里夫,他觉得里夫缺乏男子气。一天,三个孩子一起玩耍,王后请一个诗人评评孩子们,诗人立刻就认出了双胞胎的贵族血统与里夫的奴隶出身。王后随即就把她的双胞胎要了回来。[12]

在古希腊罗马,种族也并非人们常说的那样无关紧要。尽管它肯定不如在现代美洲与许多伊斯兰地区那样重要,但它是起了作用的,其方式相当值得注意。我们已经注意到,古希腊罗马的奴隶来自几乎所有的种群。其中,"埃塞俄比亚人"——这是古希腊罗马人对大多数非洲人的称呼——到处都有。另有一群来自北方、浅肤色、蓝眼睛的奴隶,他们与其罗马主人的体格差异,不能忽视。后者肤色较深、头发卷曲、棕色眼睛。当然,种族问题的重要,不在于它呈现出主奴之间的体质差异,而在于它对古希腊人与罗马人的社会意义。无疑,只要想到古希腊人格外强调男女两性的体格美,躯体因素就不大可能不对其奴隶的命运发生影响。一个年轻、标致、接近希腊人理想体格的男童,几乎肯定最终会成为主人的同性恋人。姿色动人的妇女、不那么"贞洁"但依然漂亮的男孩,远比不大好看的奴隶更容易被迫卖淫,为主人赚取大笔财富。古希腊罗马的奴隶主从事此业者,不在少数。[13]

有些在希腊罗马人看来体姿欠佳的种族,虽免遭此运,但主人对他们的厌恶却通过其他方式表现出来。弗兰克·斯诺登(Frank M.Snowden)声称,在古代世界,对于黑人来说,种族因素的影响远不及美洲。这一点是没有错的。但他又认为,古代世界很少有种族歧视。[14]这就言之太过。可惜,我们缺乏充分的文献资料展开来谈。不过,如果讽刺诗人尤维纳利斯(Juvenal)诗中偶尔的旁白适足可信,那么,对某些种族强烈的厌恶情绪在罗马并不少见。[15]雕塑、绘画中的黑人,其肖像特征总被夸张描绘得如同野兽、鬼怪,面目可惧。似乎可以肯定,古希腊罗马的有奴社会里,黑人的体格特征不是什么值得夸耀的长处。[16]页178

与主人的种族差异本身并非永远对奴隶不利。白人奴隶,在阿拉伯人与奥斯曼土耳其人看来,总是特别金贵。[17]为了性的目的,不同种族的男人和女人都被征来。[18]19世纪的埃及,高加索女奴在上层阶级的妻妾中最受珍爱。[19]黑皮肤也不总是一个缺点。帝制时代的中国、伊斯兰时期的印度,黑奴因其异国外貌被人看重,价钱是最高的。[20]18世纪的英国与法国,年少的黑人小僮相风行于闺阁。他们长大后与闲来无事的女主人都干了些什么,最好留给想象去发挥。[21]

比种族更加重要、造成影响也更普遍的,是主奴之间的族群差异。奴役方式与这个变量一结合,会成为影响奴隶境遇的最起作用的因素。与最初通过其他方式而得来的奴隶相比,战俘更可能来自不同的宗教或族群。不过,这仅仅是有更多可能而已。同根同源、族源相近的民族相互打仗也是常有的事。

这又提出了一个有趣的问题:同属于一种文化、共有一种族群认同感的民族是否对奴役同胞有抵触感? 依据我们的比较研究,可以得出两个结论:首先,族群内部不存在奴隶制的说法,或者如亨利·列维—布吕尔所言:"群内奴役不可能发生",[22]完全不合历史事实。有相当一批有奴社会从社会内部吸收奴隶。当然,奴役同胞的抵触感是很普遍的,正因为如此,才需要把奴隶重新定义为外人。然而,族群的分布范围常常宽于社会或国家,在有这样的跨社会族裔(ethnicity)存在的社会,问一问奴隶主对奴役同胞是否有抵触感,是有价值的。研究表明,尽管这种抵触感的确存在,但不同的群体以不同的方式处理困境。最常见的处理方式有两种。要么,把沦为奴隶的同胞杀掉;要么,用他们索取赎金或者卖到别处,自己并不奴役他们。俚俸人发生内斗,被捉来的上层阶级黑俚俸总是被杀掉。[23]西非农业民族瓦伊人之间总是战争不断。欧洲人对西非海岸尚未有奴隶需求时,瓦伊人对待战俘要么杀掉,要么索要赎金,只有战败一方的奴隶或臣服的非瓦伊人才被他们奴役;欧洲人有了奴隶需求后,瓦伊战俘一律卖出去。[24]图阿雷格人相互之间谨守协议:只奴役黑人战俘;对图阿雷格战俘,要么释放,要么要求赎金。[25]古希腊人显然在这个问题上很感痛苦。一般而言,他们不愿意奴役其他城邦的希腊同胞,但当被俘的希腊人来自敌对城邦又索要不到赎金时,他们就会被奴役。

所有这些选择都包含着一种明显的阶级偏见,决定同族是否被奴役。敌对城邦、部落、宗族中的上层阶级和富人,通常会被杀掉或索要赎金。下层阶级或不那么有钱的人,命运则难以预料。如果所在之地有外部贸易市场,他们会被卖走;要不然,他们要么被杀掉(尤其是在文明程度较低的民族中),要么被奴役,尽管主人并不十分乐意。无阶级也不存在政治领袖或等级制度的蓄奴民族,族群内部的奴役倒很少是个禁忌。[26]

族群因素在决定谁被奴役时,相当重要;但就如何对待奴隶而言,它的影响之小,简直令人意外。世界文化样本57个有奴社会中,75.4%的社会,奴隶与奴隶主分属不同的族群或部落;15.8%的社会,二者族群相同;8.8%的社会,奴隶与主人同族者有,不同者也有。族裔与衡量奴隶的待遇与境况的任何变量,都没有显著关联。

性别是影响奴隶境遇的另一因素。假定女奴的获得主要是为了性,这种看

页 179

法是要不得的。在非洲大多数较为发达的有奴社会里,妇女,无论奴隶还是自由人,都在食物生产中扮演主要角色。即便按传统,女性的作用很小的社会,女奴也要用来干农活。因此,性并非人们可能想象的那样,是一个关键因素。奴隶人口的性别比例与奴隶的总体待遇之间,其关联方式,我们将会看到,完全出乎人的意料。无论女奴的待遇如何,女性比男性都更容易融入社会。其中原因,前文已谈。

技术也是一个决定性因素。有的战俘,拥有奴隶主社会所稀缺的技术;有的家奴,专为这样的技术而训练出来,他们显然被看得很重,生活待遇也可能好得多。许多有奴社会中,不少奴隶是为了技术的引进专门弄来的。例如,懂得雕刻图腾柱的奴隶,在特林吉特人中,卖价特别高,他们还常被租给技术粗劣的刻工。[27]希腊社会的城市工业后来也相当依赖有技术的手艺奴。这一点,比其他因素都更重要地决定了希腊奴隶制的特色(更不要说对整个希腊经济的影响)。[28]　页180
罗马就更是如此。有技术、有文化的奴隶后来不仅在城市工业中占据主导地位,教育、艺术、戏剧、文学诸领域,都有他们极为活跃的身影。[29]

伊斯兰帝国,尤其是在它的早期,同样如此,甚至可能更明显。据萨缪尔·哈斯(Samuel S.Haas)言,穆罕默德时期与 14 世纪期间,奴隶是伊斯兰民族文化转型的"引路人"。除了在政治、军事上发挥作用,他们"对公共管理、宗教、艺术、手工艺、音乐、诗歌、语法与学习诸领域,都有强大的影响力。"[30]

对技术奴隶的依赖,致使古希腊罗马与伊斯兰的奴隶制具有许多令人惊讶的相似面。奴隶被释免的机会多、城市化色彩重、种姓制度没有明显地强加于奴隶与自由人口等,都是它们共同的特征。

即便在有的地方,奴隶不是主要的经济成分,他们所引入的技术对一方文化也会产生重大的影响。举例来说,接近 15 世纪末的时候,经由亚洲奴隶通过意大利引入欧洲的新技术就有不少,包括垂直轴风车、热风涡轮机,还有一种新型的控速器。[31]

会一门紧俏的技术,通常有利于奴隶,但也不总是这样。在非洲与前资本主义世界许多地区,专门从事各类工作的奴隶经常受人鄙视、让人害怕、被社会遗弃。自然而然,有这类技术的奴隶,尽管值钱,却会遭到同行的格外蔑视。[32]

另一个决定奴隶待遇的重要变量是奴隶人口的相对规模。二者之间的联系颇有意思又相当复杂。我们马上会对它稍加探讨。

结束本节讨论之前，还有两个自变量值得一提。一个是奴隶的拥有者是否经常在外。我以前在研究牙买加的奴隶制时发现，在这个大型奴隶体系里，决定奴隶境况的主要因素之一，即为拥有大群奴隶的奴隶主经常不在牙买加。[33]前资本主义奴隶体系是否均为如此？我在探讨中发现，首先，所有奴隶社会中，只有很小一部分存在奴隶主真正在外的情况。它们在默多克的世界文化样本中仅占6%；奴隶制已成规模的社会中，也不到10%。经济欠发达的民族，奴隶主真正在外者，主要是些畜牧民族，诸如索马里人、个别阿拉伯部落、中国的满族。[34]

页181　区分奴隶主是否本人在外，还是奴隶仅仅与奴隶主阶级不住在一起，是很重要的。把奴隶用作佃农，就是后面这种情况。以这种方式使用奴隶的前资本主义社会，数量相当之多，例如大多数蓄有奴隶的日耳曼人部落，[35]以及不少非洲人群体：图阿雷格人、[36]阿散蒂人、[37]歇尔布罗人、[38]门德人，等等。肯尼思·利特尔（Kenneth Little）所描述的门德人的卫星奴隶村，在非洲其他地方一样存在。村子里的奴隶，"从法律上说，类似租来的移民定居者"。[39]豪萨人的卫星村稍有差别，因为它们的规模更大，有的多达3000人。大部分奴隶村由租佃的奴隶聚成，但也有些是正式组织起来的，受到直接的监督，这就使它们有些类似大庄园。[40]伊戈尔·迪亚科诺夫①（I.M.Diakanoff）曾用"伪大庄园"来形容古代近东一些由租佃的奴隶组成的大农场，[41]虽并非不成问题，但确有很强的启发性。

无论主人是否真正在外，租佃制的安排通常对奴隶有利。他们自己掌握生产资料，自己安排工作进度，个人生活有相当大的自主性。主人在外的影响，只在他们要被并入大庄园或种植园式的社会经济组织抑或大型矿场时，才显出重大意义。尽管这样的合并不常有，但一旦发生，必然对奴隶的生活造成灾难性的后果。前资本主义世界中最有名的例子有：公元前5世纪雅典城邦的劳里厄姆（Laurium）银矿；古罗马共和晚期与帝国初期的南意大利与西西里；阿拔斯王朝尤其是8世纪晚期与9世纪初下伊拉克死地的奴隶体系；西哥特与穆斯林西班牙的奴隶庄园；中世纪晚期与近代地中海岛屿上意大利奴隶种植园；19世纪西非达荷美的王家奴隶种植园；东方的朝鲜高丽王朝与李氏王朝初期，城市奴隶主所拥有的大奴隶庄园。正是在这些地方以及印度洋殖民地、印度尼西亚班达群

---

① 俄罗斯历史学家、语言学家，也研究古代近东而闻名。——译者注

岛、印度洋马斯克林群岛(Mascarene islands)、18世纪南非与现代美洲的奴隶种植园内,奴隶的精神、社会与物质生活条件降到了最低水平。

最后值得一提的,是我的一个否定性结论,因为它在比较奴隶制早期学者,尤其是赫尔曼·涅伯尔的研究中占据了显赫的位置。他们强调依据人类的主要生存方式,诸如采猎、捕鱼、畜牧、农业,来区分社会类型。因此,人们可能认为,在解释奴隶们的不同生活境遇时,生存方式应该是一个重要的变量。但是,我的分析与研究表明,生存方式对于奴隶主如何对待奴隶,没有任何影响。

现在,我们来更具体地考查以下自变量对一系列特定因素的影响,这些因素 页182
反映奴隶如何被奴隶主与其他不是奴隶的人对待。

特 有 产

所有有奴社会中,奴隶主对于奴隶的人身、劳动、所有物、后代都拥有几乎排他性的所有权和权力。在法律中,奴隶制的根本特征即为:奴隶不能是一个财产所有人;他们是典型的没有财产的人。无论就法律抑或社会经济层面而言,奴隶的所有不利——方方面面、大大小小——均由这一根本性的没有能力生发而来。

但同样属实的是,在所有有奴社会中,奴隶都允许得到特有产(peculium)。特有产也许可以定义为奴隶主为占有、享受各类物产,将其部分权能临时授予奴隶。特有产有别于真正的财产权。首先,它绝不包括全部所有权。奴隶主永远保留拥有奴隶的财产的权利。不过,奴隶可以得到相关财产的使用收益权;也可以在与第三方往来时行使对它们的某些权力与特权。极个别情况下,这种权力与特权甚至可能延伸至奴隶主,尽管绝到不了否认主人对财产有最终权利的程度。理论上,主人保留最终权利意味着奴隶不允许随意处理特有产。实践中,这一条法律准则也总是遵循着的。不过,奴隶主常常准予奴隶处理特有产中不太重要的可动产,以及由资本资产产生的部分收入。奴隶也经常获准利用特有产与人交易或做生意,只要目的是让它变大、增值。

特有产永远都是临时财产。这也间接地意味着,有奴社会的奴隶主保留了对其财产的权利。使用收益权随时可以撤回。不过,让奴隶终生享有它,倒是近乎普遍。奴隶一死,财产立刻返回主人手里,他想再给谁就给谁。通常,对他最有利的选择,是把它再拨给死者的子孙或者男性亲属,但我从来不知道有哪个奴隶社会承认奴隶有权力或特权捐赠遗产或者继承它们。

页183

哪些由奴隶占有的财产可以让他终生拥有使用收益权?各有奴社会之间,差异甚大。如果奴隶在分派的小块土地上劳作,不言而喻,那只是给他们用来服务于主人的利益。通常,土地的出产物中,供他们养活自己与主人之后的剩余,可以算作特有产;但是,土地本身不归他们所有。当然,在大多数以血缘关系为基础的社会里,土地本身不属于任何个体独占的财产,甚至不是奴隶的人也只享有使用收益权。在这个问题上,奴隶与不是奴隶的人区别在于,后者通常生来就被赋予使用收益权,而奴隶只是在主人高兴或者对他有利时才有。[42]

偶尔,我们会发现,特有产不包括土地在内的通则,似乎也有例外。两个最鲜明的例子是高丽朝鲜与16—17世纪早期的俄国。但仔细审视之下,疑问油然而生:它们果然是例外吗?埃伦·昂鲁(Ellen Unruh)研究朝鲜,[43]她告诉我们,"到高丽王朝中期,奴隶似乎可以拥有和处理财产,即土地"。她的结论很对——这一做法"不同寻常"。她提出,认定土地所有权"有违朝鲜奴隶的奴隶身份",采用的是西方中心主义对奴隶制与自由的看法。她问到:"如果实利主义把我们的思想包裹得如此之严,那么自由是否应该解释为赚钱与拥有财产的自由?"在她看来,"奴隶身份的言下之意重在道德,而非物质"。这才是要点所在。朝鲜的法律与实践所反对的,不是奴隶拥有土地所有权,而是奴隶用它做什么用。如果他用财产去获得一个体面人的标志,否认他生来的卑贱,那么,法律对他的惩罚会不遗余威。[44]

再来看第二个我们所以为的例外,疑问就更重。据理查德·赫利(Richard Hellie)之言,莫斯科大公国的有些奴隶"允许拥有他们自己的奴隶、地产和城里的财产"。[45]不过,只有极少数(2.4%)的奴隶,即他所称的"精英奴隶",拥有这样的特权。这些奴隶是地主精英的管理者,并且构成了一个阶层。他们的存在,是1550年法典的直接产物。该法律规定:管家必须是奴隶。赫利推测,"他们在一个上等人不愿屈尊降贵的社会里,在一个次等层面上,贡献其管理才能与其他高等技能"。严格说来,这些人是不是奴隶,值得推敲。他们中的多数人是所谓的注册奴(dokladnoe)。赫利所列举的7类奴隶中,只有前两类是"继承来的""正式的"奴隶。注册奴,就其涵义来看,既非"继承来的",也非"正式的"。这样,他们就自动被排除在本书研究对象之外。莫斯科大公国的多数所谓奴隶都是"提

供有限服务的契约奴"。这让我们看到另一种劳动力的过渡。当管理者阶层与
工人阶级这两个层面都需要更灵活的劳动力时,由传统的奴役劳动力改编而来
的形式就满足了这种需求。莫斯科大公国的注册奴其实是真正的家仆,一个暂 页 184
时不属于自由人但严格来说也不是奴隶、而是一个替代自由人管理阶层的群体。
当时的俄国正缓慢而痛苦地向资本主义转型,它并不特别鼓励自由人管理阶层
的成长。值得注意的是,没有文献提到"真正的"或继承来的奴隶拥有土地。因
此,我们应该这样说:与高丽朝鲜一样,16 世纪到 17 世纪早期的俄国并非通则
中的例外。那样的例子,还得继续找。

　　在商业较为发达的社会中,土地所有权的限制对于城市经济部门里的奴隶
是个次要问题。在古代近东、古希腊罗马各经济实体、全部伊斯兰世界以及中世
纪欧洲,奴隶们参与了自由人从事的各类经济活动,往往还比自由人赚的钱更
多。在所有这些有奴社会以及 19 世纪西非的许多城邦里,有才能的奴隶挣的钱
有时候和银行家、奴隶主的经纪人一样多。16 世纪西班牙的塞维利亚,有手艺
的黑人从事着各种各样的手工艺,他们的市场竞争力令这个城市的同业公会十
分畏惧。[46]

　　尽管土地通常不在特有产之内,奴隶倒并非如此。奴隶的奴隶各处皆有,屡
见不鲜。只要买得起,任何奴隶社会都不禁止奴隶买奴隶。奴隶拥有奴隶,乍一
听,也许令人吃惊,再一想,却不足为奇。如果奴隶是某一个人的人格与尊严的
延伸,他的奴隶的奴隶对他而言同样如此。这世上,没有什么比他的奴隶也拥有
奴隶更能充分显示一个人的权力;没有什么比一个忠实的奴隶愿意拥有他自己
的奴隶更能确认他接受了奴隶制与主人的奴役;没有什么比奴隶的奴隶更好地
向世人宣示:奴隶制是自然秩序的一部分。毫无疑问,奴隶的奴隶也为奴隶实现
了很像现代心理学"感同身受"一词的功能:富有的奴隶在他与自己的奴隶的关
系中感同身受地体验到他主人的地位。这对于他与主人的心理沟通无疑是有好
处的,但对奴隶的奴隶却不尽然。相反,后者往往就是一个替罪羊。除了一些罕
见的例子,例如奴隶出身的古罗马皇帝与阿拉伯国家的哈里发(我们将在第 11
章讨论),世上没有人比奴隶的奴隶处境更凄惨。

　　理论上,奴隶似乎不能用他从特有产中挣来的钱为自己赎身,毕竟,他是在
用主人的另一部分财产(他给奴隶的特有产)购买主人的部分财产(他的奴隶)。
实践上,大部分有奴社会都有办法绕开这个微妙的法律问题。[47]

页 185 　　如果奴隶被卖掉或者他自己赎了身,其特有产如何处理? 不同的社会有不同的规则。不过,现实中,这方面的问题不太大。多数前现代社会中,积聚起一笔特有产并且引起主人注意的奴隶,不大可能是一个主人想卖掉的奴隶。在任何地方,一个"忠诚可靠的好奴隶"的最确切标志,就是他拥有很大一笔特有产。奴隶如果能够赎买自身自由,通常也会让他倾尽全部特有产。一个奴隶若为赎买自由而积蓄经年,一旦他攒够了并且可以赎身时,他不大会有兴趣等更长的时间、积攒更多的钱。罗马最可能出现与其他社会都不同的情况,在那里,被卖掉的奴隶通常可以带走他的特有产,"因此,奴隶被释免时,特有产也会由于奴隶主的生前信托①(inter vivos)而转移给他,除非奴隶主明确拒绝"。[48]

　　承认奴隶的特有产,各处几乎都是一致的;所不同者,在于它被法律或社会习俗所许可的程度。在古希腊克里特岛上的戈提那,其法律对特有产的许可,有些学者认为异乎寻常。不过,对戈提那法典及其实际应用程度的解释,还存在很多问题。[49]西非的阿散蒂在拉特雷重建期间(19 世纪末和 20 世纪初)关于特有产的规定,就比较明确。拉特雷告诉我们:

　　　　奴隶可以——实际上也经常——积累可观的财富、获得不小的权力。主人对他这样做,不仅鼓励有加,而且鼎力协助。因为奴隶拥有的一切最终都归奴隶主所有。奴隶自己挣得的财产,主人不可以剥夺。阿散蒂有句谚语,言简意赅。它说,奴隶吃得撑死,主人也只好饿着。但是,奴隶吃到肚子里的,终究不过是空气。[50]

　　拉特雷还在他比较早的一部作品里说道,"主人对喜欢的家奴,可以赏给他土地,终身持有,尽管主人有收回土地的权利;不过,这个奴隶的孩子,只要他们依然伺候着主人,实际上常常可以在最初得到土地的奴隶死了以后继续占有、使用它。"[51]个别情况下,阿散蒂的奴隶主甚至允许奴隶孩子继承财产。[52]

　　阿散蒂的习俗,不难解释。它是一个母系社会,不过,父系血统的继承原则依然有效。女奴生的孩子不仅身份为奴,而且没有正式的母系血缘纽带。所有"自由"人都害怕血统断绝、无人继嗣。如果奴隶主除了一个奴隶孩子再无母系继承人,那他宁愿让这个奴隶孩子依据他的父系血统得到继承权。这个奴隶

---

　　① 指在世时转移或赠送财产。——译者注

"在为主人故去的魂灵行哀荣之礼的同时,继承了老主人家的一笔遗产以后,他就没有别的家了。"[53]

特有产的普遍也不难解释。它解决了奴隶劳动中最重要的问题,即奴隶劳动并非出于自愿。激励奴隶为主人的利益而努力工作,最有效的手段就是特有产。它不仅让奴隶间接感受到了拥有财产的快乐——他最缺乏的权能,也让最勤勉的奴隶对自赎其身抱着长远的希望。奴隶主什么也不会失去,因为他对特有产保有最终权利。不仅如此,他还能得到一切。古人对这个问题的认识不亚于所有大型奴隶体系的奴隶主。公元前 1 世纪,瓦罗①(Varro)在其《论农业》一书中建议,"对于奴隶工头,应该多加奖励,使其更加积极,给他们一点属于他自己的财产[特有产],让他们和女奴结成配偶、生养孩子。这样一来,他们就会更安心,也更死心塌地。伊庇鲁斯②(Epirus)的那些奴隶家庭之所以备受称赞、价钱也卖得最高,正是得益于他们有财产、有家庭。"[54]

为得到有关特有产的可分析性统计数据,我们把世界文化样本中的社会分为两组:一组,特有产获得承认、明确许可、积极鼓励;另一组,特有产勉强得到许可,没有法律地位,也不特加鼓励。有充分资料可供分析的有奴社会,共 44 个。其中,70.5%属于第一组,29.5%进入第二组。将这一数据与其他资料组合,我们发现,这一小部分不许可、也不鼓励特有产的社会正是总体来说对待奴隶最残酷的社会。奴隶主杀害奴隶,更加有恃无恐,也更希望由他们来给奴隶提供生活资料,而非让奴隶们自己养活自己。伤害奴隶的罪行要么不受制裁,要么从轻发落,其惩罚远不及伤害其他人的罪行。

种族、族裔、奴隶人口的规模与有奴社会对特有产的态度,谈不上任何重要联系。不过,主要生存方式倒是与之相关;渔业社会最有可能限制特有产,畜牧业社会最可能承认和鼓励它。渔业社会里的奴隶,通常用来干粗活,直接处于主人监视之下。鱼是他们的主要生活来源,无须太多努力与复杂的计划、管理,便可获得,因此也没多大必要激励奴隶。相反,畜牧业社会里,奴隶通常用来专干农活,而且常常得让他们长期自己干。这就必须有所激励,给他们特有产就是最好的方式,并且要让他们看到,总有希望自赎其身。

---

① 即 Marcus Terentius Varro,马库斯·特伦提乌斯·瓦罗,古罗马学者。——译者注
② 古希腊西北部。——译者注

婚姻与其他形式的配偶关系

页187 一位研究比较奴隶制的著名学者声称,婚姻与财产奴隶制不相容。[55]我不能完全同意这种观点。婚姻与奴隶制相容与否,取决于婚姻在某一社会的性质与社会意义,以及社会所允许的婚姻安排的种类与数量。如果一个社会只有一种婚姻类型,且其含义自动承认后代的合法身份与父母对子女的监护权,那么,依据这种婚姻的定义,它与奴隶制确实不相容。但是,前现代与现代世界都有许多有奴社会承认,成人间可以有不同的配偶关系。其中,有些与奴隶制相当匹配,有些则未必。须知,就社会学而观,婚姻与家庭既密切相关,又是两种不同的制度。前者,规约成人间的性结合;后者,囊括孩子的出生与养育。通常,婚姻不仅让父母可以合法同居,也使孩子的地位受法律承认。然而,所谓的自由人口中,值得关注的例外依然不少。伊斯兰社会里,侍妾所生的孩子在法律上视为"婚生",即便父母均未结婚。不少其他社会亦如此。在牙买加与波多黎各,所有孩子均被法律承认,即便多数父母的结合属于非法。因此,即便父母之间没有缔结婚姻,初步的家庭纽带也可建立,而且被法律承认。也可能与之相反,合法结婚的父母生下的孩子在法律上不归他们所有。有些母系社会正是如此。在那里,孩子属于他母亲的兄弟,而不算他生父的孩子,尽管其生父与生母的婚姻合法。[56]

奴隶主与奴隶的选择范围都很宽。奴隶制与婚姻不相容的说法,没有一种站得住脚。世界文化样本中,97%的社会,奴隶主承认奴隶的结合。其中,没有一个承认奴隶父母对孩子的监护权。其余少数几个社会中,奴隶主阻挠奴隶的结合。门德即为其中之一。据约翰·格雷斯的研究,"有些奴隶主十分害怕奴隶家庭人丁兴旺,他们甚至禁止女奴与同一个男人接二连三生孩子"。[57]前资本主义世界里,即便有的社会不承认奴隶的婚姻,如此有意破坏其稳定的也很少见。公元前5世纪阿提卡的劳里厄姆银矿、罗马共和晚期的奴隶大庄园(尽管我们从瓦伦那里得知,罗马的奴隶工头允许有事实婚姻)、9世纪晚期下伊拉克的死地等,都是发达的前资本主义奴隶体系中不承认奴隶婚姻的一些有名的而且不同寻常的例子。

在大多数血缘社会,奴隶娶亲,要么不付聘礼,要么主人来付(礼金通常远远低于娶一个自由女性)。娶妻之前,照例需征得主人同意,特别是她属于另一个奴隶主时。即便在明确许可奴隶婚姻的阿散蒂,亦然如此。

伊斯兰的法律传统,在前资本主义世界里,最富自由主义色彩。多数掌权者 页188 都否认成年男性奴隶可以按照自己的意愿缔结婚姻,但如果这个奴隶是穆斯林,征得主人同意之后,他在法律上有决定自己婚姻的权利。不过,按照伊斯兰的法律传统,除了马利基派(Mālikī),奴隶主保留为奴隶选择结婚对象的权力。因此,男性奴隶虽然可以自由婚恋,但主人既有权批准他的结婚请求,也有权驳回,不让他们结婚。按大多数伊斯兰社会的传统,男性奴隶可以有两个妻子,也允许离婚。[58]因为奴隶配偶不能获得合法的地位,完全意义的通奸罪或私通也就不成立。由是之故,奴隶如果犯下这样的罪行,免于一死。尽管如此,通奸是不允许的。配偶没有对孩子的监护权。[59]

但我们要小心,不能把伊斯兰的情形理想化。尽管伊斯兰奴隶的婚姻比多数其他社会的安排都强,奴隶主依然保有其想要的权力。伊斯兰社会的女奴,无论在法律还是习俗中,均是主人任意摆布的性奴。律法禁止奴隶主拆散奴隶家庭,但如果经济上需要,奴隶主会千方百计绕开宗教禁令。少数伊斯兰国家甚至把宗教戒律完全弃之一旁。索马里奴隶主有权强行拆散母子,将奴隶母亲卖掉。他们经常这样干。"女奴的贞洁道德当然也不会受到法律的保护"。[60]

再来看一些非伊斯兰国家的典型例子。一如既往,我们从文明不大发达的社会说起。阿散蒂人中,男性奴隶可以自付聘礼;任何人与其妻子通奸,他均可以付过聘礼为由要求赔偿损失。不止如此,通奸者若为奴隶主,他得多付一倍的金额,还要因为如此自轻自贱当众受到羞辱。[61]即便如此,奴隶的孩子依然归奴隶主所有,除非孩子的母亲是自由人。[62]汉谟拉比法典有许多关于奴隶的规定,但奴隶之间的婚姻,几乎只字未提;它只是一带而过地提到了个别的奴隶官吏阶层与自由女性的婚姻。[63]其他方面的资料强有力地表明,奴隶的家庭纽带并不总在法律与奴隶主的考虑之中;虽然把整个家庭一齐卖出去的情况"不少",但没有任何规定制止残酷的奴隶主拆散配偶、单独出售。[64]依据伯纳德·西格尔①(Bernard J. Siegel)对乌尔第三王朝文献记录的分析,奴隶之间的婚姻虽然"甚为普遍",但奴隶没有权利抗议主人把他的孩子卖出去,"换言之,他对自己的孩子

---

① 美国历史学家。——译者注

没有权力"。[65]

帝制时代的中国,奴隶家庭,尤其是奴隶的妻子,受到保护,不受第三方侵害;但对心地不善的奴隶主,无论经济剥削还是性侵犯,奴隶们只能忍气吞声。孝道当前,奴隶们也被认为彼此不可分;奴隶主知道,最好不要将他们分离。但发人深省的是,奴隶家庭通常都比非奴隶的普通家庭小很多,奴隶们也没有姓。[66]

威廉·维特斯曼①(William Westermann)断言,在雅典,与主人不住在一起的奴隶可以结婚、成家。但这纯属推测。[67]再者,这样的奴隶即便有,也只占少数。罗马的法律理论一方面与实践很可能相隔不远,另一方面显然影响了后来西方世界大部分有奴社会。奴隶的婚姻不受法律承认,不能建立合法婚姻(connubium),只能建立奴隶婚姻(contubernium)。奴隶主只要兴之所至,就有权干预。加图的时代,奴隶婚姻似乎很少被人当真;但到瓦罗时代以后,其地位接近了普通法的婚姻。罗伯特·巴罗(Robert H. Barrow)所言不虚,"到罗马帝国早期时,万民法战胜了市民法②",法学家和"奴隶们自己一样开始用起了丈夫、妻子、儿子、父亲这样的词,尽管那是在奴隶制的框约之下"。[68]不过,奴隶从未变成罗马式的家长,也从未行使过权力。

基督教的胜利实实改善了罗马帝国晚期与中世纪奴隶的婚姻与家庭境况。公元334年,君士坦丁大帝颁布一部法律,禁止拆散奴隶的家庭。奴隶的婚姻虽未得到法律的确认,但得到了宗教的许可。7世纪的英国社会,奴隶配偶中如有一人获得自由,自由一方可为另一方赎身或另买他偶。[69]据马克·布洛克③(Marc Bloch)言,宗教对奴隶婚姻的认可是最重要的宗教行动之一,"它推进了改变奴隶制的大运动"。[70]然而,基督教的改善作用,我们同样必须小心,不能言过其实。整个中世纪,教会都在说明奴隶制的正当性,说它是有罪的结果、人间律法的一部分。它虽然要求奴隶受洗,但它也允许买卖基督徒(只是不可以卖给犹太教徒与穆斯林)。它鼓励奴隶主爱护奴隶家庭与婚姻的完整,偶尔还用法律强化这种劝诫;但是,总体而言,奴隶主对奴隶的婚姻与家庭生活拥有无上的权力。整个欧洲,缺德的奴隶主随时都可蹂躏他的女奴,无论她是否有丈夫;任何时候,

---

① 美国古典学家,以研究古希腊罗马经济与奴隶制知名。——译者注
② 此处为借喻,意谓普遍原则战胜了个别原则。——译者注
③ 法国历史学家,年鉴学派创始人之一。——译者注

奴隶父亲都不能拥有对孩子的监护权。[71]

　　现代美洲,从南到北,奴隶的配偶关系与家庭的完整都很少得到法律的承认。教会的作用,与它在罗马帝国晚期与中世纪相比,谈不上更积极,仅仅有少数例外,例如 19 世纪巴西的部分地方。现实生活中,奴隶配偶与家庭的稳定随诸多因素而变化:奴隶经济的类型、奴隶的需求与供应、奴隶与自由人口的性别比率。这些我们都已讨论过。种植园经济占主导、奴隶需求大、外部供应充分、男性在奴隶人口与自由人口中都占多数时,奴隶家庭与配偶被拆散的可能性就非常大(1808 年前的美国南方是一个重要的例外)。加勒比地区的法属与英属殖民地、巴西的许多地方,直到 18 世纪的最后二三十年,一直如此。　　　页 190

　　在种植园经济占主导、奴隶需求大但是外部供应受限制或者被切断时,奴隶价格就会很高,这会使奴隶人口的自然再生产不仅利润丰厚,而且势在必行。因为这样的原因,奴隶配偶与家庭的稳定就会受到奴隶主的鼓励,甚至要求如此。19 世纪的美国南方是最有名的例子。不过,18 世纪末与 19 世纪初的英属与法属加勒比海地区,也出现了这样的情况。[72]

　　最后,在种植园经济不占主导、外部供应充足并且跟得上需求的地方,奴隶配偶与家庭往往比较稳定,动不动就被横加拆散的风险不大,尽管它从来没有绝迹。18 世纪以后的拉美,除了矿区以及种植园体系占主导地位的地方,大部分地区都是这样。[73]

杀害奴隶

　　归根结底,奴隶制永远是一种以暴力为基础的关系。因此,每一个奴隶社会的奴隶主都有权力施行体罚。这不足为奇。事实上,整个前资本主义世界以及相当多的现代社会,家长也都有权力责打妻子、儿女与佣人。最近在英国,一个法庭裁决男人有权力惩罚妻子,搧她的屁股。问题是,奴隶主到底被赋予了多大的权力管教他的奴隶?有两个问题必须区分开来:奴隶主的生杀予夺权与奴隶主总体上如何对待他的奴隶。这两个问题常常连在一起,就是说,奴隶主可以杀死奴隶而不受惩处时,他们往往就会严厉地对待奴隶。但这只是一种可能。也有很多时候,奴隶主可以在特殊情况下甚至随心所欲处死他的奴隶,然而总体上对奴隶相当不错。例如,伊拉克南部的沼泽阿拉伯人就属于这种情况。他们允许奴隶主随意处死他的女奴,因为她的"身体发肤"无不属于她的主人。不过,这种权力极少动用。相反,女奴的待遇相当不错,因为她们往往是主人的小妾。[74]

页191　　法律或习俗允许奴隶主杀害奴隶的程度,不同的社会差异也很大。最极端的一类社会中,不仅法律承认奴隶主有这样的权力,奴隶主也动不动就用它。例如,在南美的瓦尤人(Goajiros)中,奴隶主可以"随时随地处死奴隶,无论男女"。[75]不过,奴隶制的史册上,论数量之多、施虐之狂,没有哪个社会的奴隶主能与美洲西北海岸的印第安人屠杀、残害其奴隶相提并论。阿留申人①(Aleut)的奴隶主在其子、侄死于意外时杀死奴隶,纯粹只为抚慰其丧亲之痛。每当这时,"奴隶被沉入水中、抛下悬崖,一切都当着他们父母的面。后者的丧亲之哀、悲痛欲绝,让奴隶主寻得了安慰。"[76]有时,为了庆祝特殊事件,诸如儿子成为萨满②(Shaman),也会把奴隶杀掉。[77]美洲西北印第安诸部落,几乎都在奴隶主死亡之时杀死奴隶,奴隶主若属显贵人物,就更是如此。特林吉特人把奴隶手足绑缚,活生生地扔进火葬柴堆。[78]新居将筑,奴隶要被杀死、埋在柱下。[79]引入仪式上,特别是进入食人部落夸扣特尔族,依据弗朗茨·博厄斯③(Franz Boas)的描述,奴隶的身体被撕成小块,给新来的人吃下。[80]不过,把杀害奴隶变成名副其实的大屠杀,是在印第安人的夸富仪式达到高潮、仪式性地交换与毁灭财产的时刻。夸耀各方,都想在屠杀奴隶的数目上超过对手。[81]

　　为了仪式性的目的而杀害奴隶,当然是很普遍的。地球上每一块大陆的某个历史时期、人类每一种重要文明的早期,都存在过为仪式而杀死奴隶的现象。中国古代,大批的奴隶为开国君主殉葬,常常还是活埋。[82]日本公元前3世纪至公元前2世纪期间,为一名王后殉葬的奴隶就多达百名。[83]殉葬习俗在古代近东、[84]欧亚地区大部分早期民族中,也都很普遍。[85]10世纪初,一位生活在维京人当中的阿拉伯使节,给我们留下了一份生动的记录,描述维京人这种毛骨悚然的习俗。[86]阿兹特克人,众所周知,专门购买奴隶用来屠杀,把他们和战俘放在一起,一次屠杀的数量就达上千人;[87]达荷美人同样。[88]不过,我们要考虑到,有关阿兹特克与达荷美的原始资料中,有夸大的成分、带有宣传的偏见。应该指出,举

---

① 主要居住于阿留申群岛与阿拉斯加半岛西部。——译者注
② 信仰萨满教的神职人员。——译者注
③ 美国文化人类学派创始人。——译者注

行仪式的时候杀害奴隶,并不必然意味着奴隶主有权在其他场合也这样做。尼日利亚的马尔吉人、[89]加纳的阿散蒂人,[90]同样实施人祭;但是,奴隶主如果恣意处死奴隶,他自己会受到死刑处置。

　　另一类社会里,杀害奴隶所受到的处置,与杀害自由人一样。有些东南亚国家,诸如古代越南与泰国,杀死奴隶的主人会被"依法"处罚。[91]在这一点上,古希伯来法律远远优越于古代近东的其他法典,它规定,"奴隶若在主人打他的当日死去,视为谋杀"。[92]中世纪的欧洲,教会的影响致使奴隶主杀害奴隶受到法律制裁。公元 517 年,埃巴奥纳会议规定:奴隶主若杀害奴隶,逐出教会两年。坎特伯雷大主教西奥多(Theodore)曾规定,女主人一怒之下处死奴隶,须自罚 7 年。不过,奴隶主很少因为杀死奴隶受到与杀死自由人同等的处罚。13 世纪的西班牙,奴隶主对于奴隶的生杀予夺权虽然受到限制,但处罚很轻。[93]无论宗教与市民法中的正式规定如何,实践中,奴隶主因杀害奴隶而被死刑处置的例子极其罕见。时不时,我们会遇到一些例外。1436 年,意大利锡耶纳的一名重装骑兵乔瓦尼·德·苏特里(Giovanni de Sutri),"因为用刀杀死其奴,被督政官判处砍头。"两年以后,巴尔托洛梅·德·普拉塔(Bartolomeo de Prata)的案例则更为典型,同样的罪行,他只被判缴付一笔不多的罚金。[94]

　　大多数有奴社会介于上述两类社会之间。典型之例为古希腊。自 7 世纪以来,杀害奴隶就是触犯法律的,尽管其处罚比杀害自由人轻得多。但是,这条法律形同虚设,因为被杀之奴的亲属,也都是奴隶,根本无法与奴隶主对簿公堂。格伦·莫罗(Glenn Morrow)竭尽全力,想把它解释得差强人意,却也只好被迫得出结论:"杀人者常常可以逍遥法外。"[95]罗马,直到公元 1 世纪才对奴隶主杀死奴隶的权力稍加限制,而且仅仅涉及把奴隶送去与野兽搏斗的习俗;更有意义的限制,开始于 2 世纪中期安东尼①(Antoninus)的法律改革。[96]

　　古希腊罗马的例子说明了绝大部分有奴社会的奴隶都面临的一个重大问题:除非在主人因叛国而受审判等非常特殊的情况下,奴隶不允许在法庭作证或宣誓。无论是在最原始的还是最发达的有奴社会,均如此。即便在这样的特殊情况下,向奴隶取证也常常要先经拷打。东西方的法律里面,只在事关奴隶自己的释免时,他们才可以与主人对簿公堂。古罗马帝国衰亡以后,有少数法典补充

页 192

―――――――――――

　　①　即罗马皇帝安东尼·皮乌斯(Antonius Pius),公元 138—161 年在位。——译者注

说,与特有产相关的纠纷,奴隶可以上法庭。然而,实例少之又少。奴隶主与奴隶之间的契约纠纷,同样也很难上法庭。1284 年,西班牙发生过这么一个案例,查尔斯·维尔林登①(Charles Verlinden)称它是特有产史上"非常稀奇的"一例。[97]实际上,几乎所有有奴社会都给了奴隶主不受限制的权力,包括对奴隶的生杀大权,哪怕不是在法律理论中。罗马法学家盖乌斯(Gaius)宣称,生杀大权属于万民法而非市民法②。他是对的。[98]

页 193

为了考查法律给了奴隶主多大的权能杀死奴隶,我从世界文化样本中集合了 45 个社会的资料,以杀死奴隶是否受惩罚为尺度,将它们分为四组:(1)与杀害自由人一样;(2)不一样,但处罚严厉;(3)轻微,不过是一笔小小的罚款;(4)可忽略不计,奴隶主可以杀死奴隶而不受制裁。我发现,属于第一组的社会有 9 个(20%);第二组,2 个(4.4%);第三组,6 个(13.3%);第四组,28 个(62.2%)。③

从这 4 组社会中,我们发现了一些有趣的关联。在奴隶主可以杀死奴隶而不受制裁的社会,特有产不大容易得到许可;伤害奴隶的犯罪不如伤害自由人的犯罪处罚严厉;奴隶主更加依赖俘虏、绑架作为奴役手段;不大依赖生而为奴、犯罪的惩罚作为奴隶来源。种族、族裔、主要生存模式对法律赋予奴隶主杀死奴隶的权能没有影响。

还有一种相当奇怪又很突出的关联,即奴隶主杀死奴隶的法律权能与男性奴隶人口的低比例关系密切。因为男性奴隶人口的比例与其他影响奴隶主如何对待奴隶的因素之间,存在同等令人惊讶的联系,我们最好先把所有上述其他相关因素都考查完毕后,再回来解释它。

第三方伤害奴隶的犯罪

行文至此,我们只讨论了奴隶如何被主人对待。第三方对奴隶的不法行为该当如何? 在这一点上,法律对现实的影响可能更大。因为奴隶主对保护他的

---

① 比利时历史学家,研究中世纪欧洲史。——译者注
② 意谓生杀大权虽普遍由法律规定不可滥行,但事实上并未得到遵行,犹如万民法的普遍原则不会被所有国家遵行。——译者注
③ 原文如此。合计为 99.9%。——译者注

奴隶财产有既得利益。不过,财产所有者的自身利益给奴隶带来的好处,相当有限。有许多侵犯奴隶人身的罪行,在主人看来,不值得他花时间提起诉讼赔偿。例如,女奴被强奸,但对她的劳动能力没有造成损害;或者人身羞辱、破口谩骂,男性奴隶被搧上一耳光,等等。奴隶的尊严,在任何一个有奴社会,都不在法律或实际考虑之内。比较研究还显示,大部分有奴社会惩罚伤害奴隶的不法行为,并非为奴隶的利益起见,而是保护奴隶主的财产。谋杀是一个重大的例外。因为奴隶被第三方当事人所杀,在多数社会看来,不仅是对另一个人财产的侵犯,也应受到谴责。但即便是谋杀,超出赔偿之外的惩罚也很少十分严厉,这是常 页 194 例。有时候,对赔偿的强调还会给受伤害的奴隶带来哭笑不得乃至悲剧性的后果。西奈半岛的贝都因人(Bedouins)对尚未构成谋杀的人身伤害,规定其赔偿金额比照伤害了一名妇女的价格,金额非常之高。因此,贝都因人中的托瓦拉(Towara)部落中,经常有人说,如果你伤了一名奴隶,"干脆把他杀了还便宜些"。[99]

极少有奴隶自己得到伤害赔偿;如有,其数量也少得可怜,近乎侮辱。例如,在冰岛,一如在所有日耳曼民族中一样,奴隶被杀害,赔偿金一分一毫也不归亲属所有,全部归主人;如果奴隶被别人而非他的主人狠狠地打了一顿,给他的赔偿是 3 奥拉,等价于 3 头母牛(一个男性奴隶的平均价格为 12 奥拉)。[100]

古希腊人的态度可谓前资本主义民族(尤其是部落民族)的典型。杀害奴隶,被视为一种污染行为,须以宗教仪式净化处理;但这样做是为了社会的利益,绝非为奴隶伸张正义。[101]不只是希腊人,好些其他蓄奴部落也持这样看法。[102]就希腊而论,格伦·莫罗写道:"对杀害奴隶的量刑,比惩罚性的罚金重一点、比死刑轻一些。我们所可说的就只是这些。"[103]

与奴隶不能给出不利于主人的证词一样,他也不能给出对第三方当事人不利的证词。[104]只有主人才能起诉第三方当事人伤害或杀害了他的奴隶;实际上,他很少这样做。奴隶可以向政务官提供情报,据以起诉某自由人、他的主人或任何其他人,但这样对奴隶有多大的好处,不得而知。[105]这种情报,除非有自由人愿为受伤害的奴隶作证,其实无济于事。雅典人上法庭提供对另一个自由人不利的供词,可能性微乎其微;真有这种凤毛麟角的事情发生,存在这么一个人,也不需要由奴隶首先提供情报了。显而易见,这条规定对奴隶来说,是让他秘密刺探对城邦犯下严重罪行的主人与其他自由人的情报,它不是、也不可能是莫罗所说的为了奴隶着想。

俄国古典学家格拉斯(E.Grace)已然说明,雅典法律中,涉及奴隶杀人的量罪定刑是随着法律开始区分公民与非公民而慢慢出现的。她推测,随着大规模奴役的出现,奴隶主在法律上也拥有了更多的自主权。[106]她还提出,奴隶们并没有被视为一个同质性群体,"如何惩处杀人犯、公共权威问罪施罚的干预程度与方式,都很可能取决于他是谁的奴隶——雅典公民的? 定居外邦人的? 还是一个与雅典毫不相干的外国人的?"[107]量罪定刑,也取决于受害者的地位,"尤其是他是否是一个公民。让公民流血,哪怕是让公民的奴隶流血,其法律后果也区别于受害者是一个外来人。"[108]对奴隶予以惩罚的性质,或者说,相对非奴隶而言的轻重程度,我们几乎一无所知。不过,奴隶比其他罪犯更常遭受严刑拷打,看来是比较确定的。它既是一种惩罚,也是获取情报的手段。[109]

我们已经看到,特权原则是罗马法确立已久的一个特征。直到共和早期,受伤害的奴隶才仅仅可以通过主人寻求赔偿。原来的通则——除非在特殊情况下为公共利益起见(且须经过拷打),奴隶不能给出不利于自由人的证据——在帝国时期大大地改进了。无故杀害奴隶的自由人,先受烙刑,再送去服刑。[110]轻一些的罪行,须对主人作出赔偿。我们发现,从很早的时候起,罗马法律中就执行这么一个近乎普遍的原则:同等罪行下,伤害奴隶远比伤害自由人受处罚轻。例如,《十二铜表法》规定,把奴隶打骨折,其罚金是打伤自由人的一半。[111]犯罪的奴隶要么交给自由人处理,要么由其主人惩罚。但是,公元 20 年,元老院的一项法令终止了这一传统。此后,奴隶犯罪,与最低等的自由人一样,由法庭审判。[112]罗马法律,也跟希腊法律一样,在量刑定罪时对受害人的身份作了区分。有权有势的贵族家里的奴隶显然可以免于那些对无产地痞的约束。第 11 章,我们将会看到,"恺撒的家奴们"(Familia Caesairs)是一个与其他奴隶不同质的群体,拥有他们没有的特权。

这种地位的区分几乎在所有前现代与现代奴隶社会都存在。例如,在血缘社会中,西非伊加拉(Igala)王国的宫奴,尤其是护卫国王人身与祭祀场所的太监,拥有优越于其他奴隶的特权地位。[113]索马里社会,如果萨布即贱民阶层的成员杀死了国王的奴隶,会要他血债血还;杀人者若为自由人,只需付赔偿金。[114]在被欧洲殖民前的马来亚伊斯兰国家,自由人杀死普通奴隶,除了按照奴隶的市场价出一笔赔偿金,通常就万事大吉;而杀死甚至只是伤了王公贵族的奴隶,死刑处置。

族裔因素亦有一定影响。马来亚的阿拉伯统治阶级成员绝不会因为杀害或伤害奴隶而受罚,无论受害者是什么身份。受罚者只有马来亚的土著。[115]西哥特页 196西班牙由政府、教会所拥有的奴隶,特权更多。在那里,有技能的家奴会比农村的奴隶更能得到自由人的善待。[116]13 世纪的西班牙,不同种族与族群之多,令人眼花缭乱,关于奴隶犯罪或受害后如何处理的法令、待遇等,同样五花八门。例如,信仰东正教的希腊奴隶,相比其他奴隶,在法律上地位特殊;信仰犹太教与伊斯兰教的奴隶主对于奴隶的权力,与基督徒相比,有限得多。[117]

奴隶的不法行为

没有一个奴隶社会采取如是立场:奴隶,作为一个物,无须为他的行为负责。正相反,奴隶犯罪,而受害者是自由人时,他须付出更重的代价。不过,奴隶对其他奴隶犯罪,情形就不同了。彼时,对奴隶的量刑通常比自由人之间的犯罪量刑或涉及自由人与奴隶的犯罪量刑要轻得多。伊斯兰法就是一个典型,它的以眼还眼原则不适用于奴隶。其理由,不是我们所推想的责任减免,而是出于奴隶主利益的考虑。如果某奴隶主的一名奴隶已经死在了他另一个奴隶的手里,他很难情愿以抽象的正义感的名义,剥夺自己由犯事者为其服务的权利并且遭受更大的损失。如果让他来下决心,把犯事者揍上一顿,就已经是他愿意承受的最大损失了(罪行发生在同一个主人的奴隶之间时,事实上也通常是这样)。[118]犯罪涉及不同主人的奴隶时,往往也是由奴隶主们来解决这个问题,除非另外有人感到不平。罗马帝国的法律规定由法庭裁决、处罚奴隶之间的严重罪行,这是非同寻常的;而且需要指出,它也是比较晚才发展出来的。

尽管在理论上,主人的意志即为奴隶的意志,奴隶的意志不能超出主人意志之外;然而事实上,没有奴隶社会要求奴隶主为奴隶的犯罪行为负责,特别是谋杀——奴隶对其他自由人实施的谋杀。当然,除非经他指使。犯罪的奴隶通常移交给相关国家权威机构;或者,在没有正式法律机构时,移交给受害者的亲属。冰岛即为典型,在那里,"依据法律,奴隶须为指控他所犯的暴力行为负责。令他承担责任,即为他被视为一个人的最好证据——他是一个与其罪行相联系的人。……当他陷入法律的网罗，却被视为一个人时，绝非由于主人仁心慈爱。这法是一个惩罚性措施，是为了保护奴隶主阶级的统治才颁布。"也只有在非同寻常的情况下，他才有机会证明自己的无辜。[119]西哥特西班牙依据罗马人与日耳曼人的法律，也采取了将奴隶主与奴隶的责任分离或者说令奴隶独自承担责任的态度。其他奴隶社会在遇到奴隶对第三方自由人犯罪时，也都认为奴隶主不应负责任。[120]即便是在阿散蒂，一个走极端原则——家长为家庭成员行为负全责——的社会，在处理奴隶杀害第三方当事人时，也有例外规定，他们的法律习语如是言道："主人不应为奴隶杀人所杀"。[121]芳蒂族①（Fanti），阿坎人的一支，在他们的格言中，亦存类似说法："奴隶杀人，不是为了主人。"[122]

奴隶对第三方的侵权行为或只需处以罚金的轻罪，稍微复杂些。按理，奴隶应该用他的特有产支付罚金或赔偿金，但如果特有产不足缴付，奴隶主常常不得不先补足罚金或赔偿金，再没收特有产，并通过其他方式（无疑是惩罚性的）在奴隶身上找平。奴隶与自由人的商业交易，则比侵权更为复杂。如果自由人很清楚，奴隶是在主人允许下行事，但只代表他自己，那么，可以被没收的，只有他的特有产。所有商业发达的有奴社会，其法律都允许奴隶从事这样的交易。罗马就是一个典型。[123]被起诉之人，当然是奴隶主，因为奴隶既不允许签订合同，亦无资格起诉或被起诉。不过，除了少数例外，奴隶主被起诉时，其"法律责任仅及特有产，且最多也不可超过其价值"。[124]但是，已经有了一定程度商业活动的有奴社会，受主人信任又有能力的奴隶常常代理主人而行为。凡事都很了然，交易方都知道奴隶是一个代理人时，很少会出现责任上的纠纷。因为显然由奴隶主承担责任，奴隶的特有产与之无关。麻烦在于，事情往往盘根错节。奴隶的特有产很可能与主人的其他财产合并经营，一旦涉及法律责任，棘手的问题就来了。罗马人的商业法中有很大一部分就是为了专门解决这个问题。逐步发展出来的通则是这样的：首先，奴隶作为一个既无权威，亦无权力的人，"不可转移所有权。他只应卖出、转移主人交给他的权利，不可越界"。第二，"奴隶没有权力令主人倍加艰难"。[125]不难看出，这些规定给缺德的主人提供了什么样的好处。

---

① 西非加纳南部黑人。——译者注

奴隶的整体境况

页 198

在任何一个有奴社会,影响奴隶制的因素都很多。因此,拿出一定的方法,评估奴隶的整体境况,就很可取。我设计出一个"四点"因子,对世界样本中有可靠资料来源的社会进行编码。这样的社会有 58 个。编码时依据下列因子:(1)是否有法律规定奴隶主、第三方与奴隶的关系;现实中,奴隶被善待;(2)法律没有正式规定;现实中,奴隶被善待;(3)法律有正式规定,但在现实中,奴隶被虐待;(4)法律没有正式规定;现实中,奴隶被虐待,甚至很残酷。频率分布如下:

社会	法律有规定 善待	法律无规定 善待	法律有规定 虐待	法律无规定 虐待
数目	29	17	3	9
所占比例	50	29	5.5	15.5

我们看到,对待奴隶尚好的社会接近 80%。

奴隶人口的相对规模本身对奴隶的境况影响不大。在奴隶很少的社会,他们更容易融入主人的家庭,并且与非奴隶劳动人口一起融入传统的劳动模式。而在奴隶数量日渐增长的社会,其他人哪怕不为奴隶着想,也不得不认真关注他们,至少要防范不利于社会的言论、恶意的残忍行径。因为那样的言论与行为会蔓延到自由人的社会关系之中、危害公共规范。然而,随着奴隶人口的继续增长,一种要把他们隔离开来的趋势越来越强;通常,针对的是专门从事某些生产活动的奴隶人口。就奴隶的生活境况而言,这种发展趋势有利有弊。在采矿、大庄园、种植园类型的农场体系占据主导地位的地方,奴隶往往成为一个纯粹的生产单位。一个典型的奴隶,生活在一个大产业区,与主人几乎没有个人联系。监工们,往往自己也是奴隶,监控、管理着他。鞭子成为驱使他干活的主要推动力。奴隶制的残酷程度,也在增加。加勒比海地区非拉丁语系奴隶社会、19 世纪的古巴、巴西的种植园带;采矿业中,古希腊劳里厄姆银矿、遍布美洲的众多矿山等,都是这样的典型例子。许多有着大规模奴隶人口的社会,奴隶们被用作佃 页 199

农。尽管他们有人监管，监管人的作用、职责与美洲各地的奴隶监工往往不同。在这样的社会中，奴隶们的社会与经济自主程度也比较高。19世纪索科托哈里发的奴隶体系，就是最好的例证。族裔，与奴隶的境况好坏没有关系。奴隶与其主人种族不同，也对奴隶的境况影响不大，哪怕奴隶主有着强烈的种族主义。

正如前文所提，我们惊讶地发现，奴隶人口中女性多于男性的社会正是那些最可能出现奴隶主杀死奴隶而不受制裁的社会；男性奴隶多于女奴的社会，伤害奴隶的罪行受处罚可能最轻。与此同时，我们还发现，奴隶人口的性别比率与奴隶的整体境况关系不大。对此，我们如何解释？

首先需要说明，默多克样本中，女性奴隶超过男性者，占所有有奴社会的54%；男女性别比例持平者，占17%；女奴少于男奴的社会，只有29%。然而，奴隶人口的性别比率与被奴役人口的比例、种族与族裔差异、奴隶人口的结构模式等都没有关系。这些否定性结论与奴隶人口性别比率与奴隶整体境况之间没有重要关联彼此一致。

性别比率与这些更具体的变量之间，之所以形成这一连串特别的关系，是因为女奴居多的社会往往比男奴居多的社会更加以家庭生产为主。在这样的社会中，奴隶主作为父权制家长，有权力对所有家庭成员——不只是奴隶，还包括妻子、儿女、小辈、随从——严加管教，甚至取其性命。这类社会的典型即以血缘为基础的社会，例如荷马史诗中描述的古希腊、原始时代与共和早期的罗马、众多传统的非洲社会，还有许多文明不太发达的伊斯兰与东方社会。与此同时，也正是在这样的社会里，女奴迅速被吸收为小老婆、拟亲属这样的人。她可以被主人杀死，后者也无须受制裁，因为她的"身体发肤"都归主人所有。不过，在奴隶主的父权统治下，女奴被杀的概率不会高于"自由人"。

主动采取行动的奴隶

到此为止，我们所讨论的奴隶多半是仰人鼻息、任人摆布的工具。有奴社会的法律，确也将奴隶如此看待。当然，奴隶总是能越出法律甚至社会对他的限制而行动。在讨论奴隶的犯罪时，我已经表示，没有一个奴隶社会的奴隶甘心接受其命运或者法律给他的定义。我还在我的另一部作品中把奴隶作为反叛者看待。[126]值得注意的是，奴隶只有在违法犯罪时才被承认是一个主动的行为主体。

页200

这个通则是否有例外？除了先前谈过的那些非常特殊的例子,奴隶以他个人名义而行动的权能是否被法律承认？答案是肯定的。

奴隶们积极、自主并为许多社会所承认的行动有三种:免遭第三方自由人致命伤害的自我防卫;寻求庇护;极端情况下,更换主人。

自我防卫

极少有社会允许奴隶因被第三方伤害而上诉法庭、寻求赔偿。不过,依然有相当数量的少部分奴隶社会允许奴隶保护自己免遭无端攻击,甚至可以保护他的女人。但从法律上说,这样的防卫远非意味着伸张正义,而是禁止他人损坏自由人的财产——奴隶捍卫自己,就是在捍卫主人的利益。这在有奴社会的法律中,普遍如此。中世纪的冰岛,奴隶可以杀死企图强奸他"枕边人"或伤害他自己的自由人。不过,真能给奴隶反手捍卫的机会微乎其微,因为每一个冰岛人几乎都全副武装地出行,而奴隶极少允许携带任何武器。在挪威,给奴隶的这种"权利"则近乎讥讽:谁要是冒犯他,他可以朝他们身上泼一桶水。彼得·富特(Peter Foote)与戴维·威尔逊(David M.Wilson)所言不虚:"在挪威,奴隶与拈花惹草之辈,一受蔑视,一遭鄙夷,二者之间,半斤八两。"[127]马来人的传统法律中,尤其是在柔佛(Jahore),奴隶可以自我防卫、捍卫妻子的贞洁。"已婚妇人,不可轻慢。此为习法。依据神律,无论何人,杀人偿命。"[128]在中国、朝鲜、越南以及阿散蒂人中,女奴的配偶俱可举刀而起,保护妻子免遭凌辱。但是,所有这些地方的奴隶都面临与冰岛奴隶一样的问题:他们通常手无寸铁;如果那自由人未被杀死,反而在事后以被伤害为由提起诉讼,奴隶也无法在法庭上为自己辩护。因此,凡有这样的法律存在的地方,只有最勇敢的奴隶才会选择用一用这个特权。另外,也只有很少一部分有奴社会给了奴隶这个特权,大部分都禁止奴隶武力自卫,除非是在主人命令之下。

寻求庇护

页 201

寻求庇护与更换主人关系紧密,因为得到庇护之后,有时跟着就换了主人。还有的时候,奴隶恳求另一个主人买他常常就等于恳求庇护。不过,为明晰起见,我们还是把这两者分开处理。

庇护多来自宗教组织。阿散蒂人与尼因巴人(Nyinba)——尼泊尔一支说藏语的族群，即以此为特征。阿散蒂人的"奴隶可以逃到上帝手上或先祖陵园寻求庇护"；尼因巴人中，担惊受怕、疲惫不堪的奴隶逃往邻村的地方神庙寻求庇护。[129]向神庙寻求庇护，在古希腊也很普遍。在戈提纳，神庙中的奴隶甚至可以不受法律的强制；在雅典，奴隶自己保护自己的唯一方式，就是向神庙祈求庇护；希腊化时代，神庙的庇护已如树大根深，难以摇撼，以至于到了罗马人统治的时代，旧习延续，很让官方恼火。有一次，一位罗马执政官遭到强行阻拦，竟带不走一名逃至以弗所①（Ephesus）狄安娜圣殿的奴隶。历史学家塔西佗②曾因此而抱怨：这类庇护在亚洲太过滥行。[130]不过，到了提贝里乌斯③（Tiberius）的时代，罗马人自己也沿用了希腊人的习惯，不仅允许奴隶像过去一样向神庙或者宗教寻求庇护，还可以投身于皇帝的雕像前④。

基督教会接续了希腊异教徒向奴隶提供庇护的习惯，但其力量与意愿都不能与希腊神庙相提并论。[131]图尔的格雷戈里（Gregory of Tours）曾记下一事，反映出教会在罗马帝国晚期乃至整个中世纪的特征：力有不逮。事情是这样的：两个奴隶想要结婚，却得不到主人准允。为了达成心愿并寻得庇护，他们逃到教会。奴隶主向教会要人，扬言要处置这两个奴隶。神父言道："除非你发誓，永远承认他们的结合，并保证他们不受体罚；否则你不能把他们要回去。"奴隶主答应了，于是教会放人。但他们一到奴隶主手上，立刻就被痛打。[132]只有在奴隶从犹太主人那里逃出来时，教会才会真正出面保护。正如伊里斯·奥里戈（Iris Origo）所言，这完全是出于宗教的偏执，因为总的来说，犹太奴隶主对奴隶更好。[133]

在有些社会，世俗官员甚至普通自由民也可以提供庇护。事实上，投身于皇帝雕像跟前，就是一种非宗教的或者说世俗的庇护形式，尽管它带有皇帝崇拜的意味。欧洲人殖民前的马来亚诸国有一个习俗：犯事的奴隶可以成为罗阇的人质，罗阇们对此并不阻拦，因为这样的话，奴隶就可以成为他们的。[134]

页202　　　有权势的世俗个体向奴隶提供庇护的例子也是有的。在塞拉利昂歇尔布罗

---

① 古希腊城市，位于小亚细亚。——译者注
② 罗马帝国执政官、元老院元老、历史学家。——译者注
③ 罗马皇帝，公元14—37年在位。——译者注
④ 仿佛站在皇帝本人跟前，要求保护。可参见 Keith Hopkins, *Conquerors and Slaves*: *Sociological Studies in Roman History*, vol.1, Cambridge: Cambridge University Press, 1978, p.221. ——译者注

人中,奴隶可以向有权势的第三方寻求干预。后者会"坐在他身边",做他的保护人。奴隶主想要重新获得他的奴隶,得通过一群官员"恳求"奴隶返回。随后,奴隶在官员们陪同下回到主人家,奴隶主必须当众对这个奴隶美言有加并向官员们奉送薄礼以示诚意之后,才能使奴隶移交回来。特别有趣的是,这个环节与对丈夫心怀不满、跑回娘家寻求庇护的妇女返回夫家的程序一模一样。[135]

依据伦巴第人的法律,任何自由人都可向奴隶提供庇护。[136]但这也许只在他们的部落时代行得通,自 14、15 世纪托斯卡纳①对窝藏逃奴的自由人严加惩处之后,很明显,只有最鲁莽或最有权势的伦巴第人才会庇护奴隶。[137]

更换主人

最后,谈一谈更换主人的特权。阿散蒂人以他们最直截了当的一句俗语,概括了大部分蓄奴民族的态度:"主人不归奴隶来选"。不过,也并不总是如此。即便是在阿散蒂人中,觉得自己受到极端虐待的奴隶,也可以在走投无路时发誓:必须让另一个主人把他买走。[138]有些发达的、大型奴隶社会中的法律规定,奴隶有权更换主人,尽管这一法律在现实中的执行程度大可质疑。公元 2 世纪中期,在罗马,不堪驱使的奴隶不仅可以来到皇帝的雕像前寻求庇护,依据法律,他还可以请求把他卖给另一个主人。西班牙的法律以及它在拉美的变体也规定:遭受虐待的奴隶应该卖给另一个主人。不过,无论在西班牙还是拉美,这种举措很少是为奴隶着想。18 世纪哥伦比亚乔科省不过是个例外,即便是在哥伦比亚,法庭也只是在奴隶被过度虐待时采取这样的行动。再者,奴隶被卖给谁丝毫由不得他。与其说,这是一项奴隶的"权利",不如说,它是对奴隶主的轻微惩罚。[139]

在伊斯兰国家,奴隶更换主人的现象出乎意料地普遍,因为它得到了一个特别的习俗的允许。这个习俗在所有穆斯林非洲、中东、伊斯兰亚洲都存在,有时候形式古怪。最常见的做法是:心怀怨气的奴隶前往他希望买他的主人家,从那家人的骆驼或马耳朵上切下一块肉。然后,奴隶的主人就得把他交给那家的主人以作赔偿。[140]沃洛夫人与塞雷尔人②(Serer)中,还有一种更古怪的形式:奴隶

---

①　即伦巴第人统治托斯卡纳的时期。——译者注

②　塞内加尔民族之一。——译者注

要么把他想去的主人家的马耳朵割下一只，要么把那主人自己的耳朵割下一只！[141]在沙特阿拉伯地区，被奴隶割去耳朵的，是当前的主人家的牲畜，而非他想去的主人家的牲畜。依据阿拉伯人的一个习俗，屋主得为在他门前发生的不法行为负责。心怀怨气的奴隶因利乘便，故意把主人的骆驼带到他想去的主人家门前，当场杀死。"通常，那屋主会赔付一头骆驼，换来一个奴隶，而不是杀了那奴隶，免得破了规矩而遭人羞辱。"[142]

尽管这种稀奇古怪的习俗在整个伊斯兰世界普遍可见，令人讶异的是，它的起源无人知晓。可兰经律法要求奴隶主照应奴隶所需，要不然，就将他卖与他人。但是，《可兰经》或早期的宗教传统对这种奇怪的交换主人的方式，没有任何解释。法国人类学家安德列·布尔若（André Bourgeot）曾在图阿雷格一族中的伊姆哈格人（Imuhag）中做过研究，他给出了一个既具象征意义又是历史性的解释。他认为，这个习俗是反对阿拉伯人在异教徒时代残害奴隶肢体的一个象征。伊斯兰教兴起之后，立刻谴责这类行为招引恶魔。因此，割去骆驼的耳朵象征虐待与非伊斯兰教的行为，让人忆起残伤奴隶的异教徒行为。因为这个原因，奴隶的行为，原主人不得干预；奴隶逃跑，对原主人不只是经济上的损失，还令他蒙受社会上的责难。布尔若进一步称，这种行为是奴隶个体的一种初始反叛，尽管它意在宗教而非政治。[143]

这个解释相当吸引人，图阿雷格人与伊斯兰民族似也确乎如此。问题在于，有些伊斯兰异教徒与非伊斯兰民族也有类似习俗。西里伯斯岛中部说托拉查语的异教徒中，就存在一个近乎完全一样的习俗。19世纪与20世纪之交，阿德里亚尼与克鲁伊特曾在他们中生活。两人发现，受到委屈、想换主人的奴隶来到另一个主人的住处，要么打破他的家具，要么烧坏他的衣服。这种习俗叫作"觅棚"（mepone），字面意思是爬上另一家人的房子。等主人来找他的奴隶时，他得赔上一头水牛，这意思是给他一个教训；但是，如果奴隶真想换一个主人，他所破坏的财物得达到原主人除了拿他去赔偿别无选择的程度。另一种方法是把他想去的主人家的家庭成员的头发剪下一缕，然后烧掉。[144]尽管有的托拉查部落受到了伊斯兰教的影响，阿德里亚尼与克鲁伊特所研究的异教徒部落却没有，这样，所有引申似的解释都可以剔除出去。再者，我们发现，与托拉查距离遥远的一个地方，也存在基本相同的习俗。中部非州的异教徒伊拉部落中，心怀不满又找不到另一个主人来买他的奴隶可以前往邻村，侮辱那里的头人，朝他身上撒一把灰。对这等侮辱与冒犯，要罚以两头野兽。不过，拿奴隶来赔偿，通常也是可以接受的，只要这是他自己的意图。[145]两相比较，布尔若的象征主义解释在这里找不到任何证据。

要我来说，这个习俗最好依据奴役状态本身来解释。任何地方，奴隶都是主人的延伸：一个会说话的工具；除了对他不利的意志之外再无其他意志的工具。通过这种破坏，奴隶一石三鸟。首先，他成功地换了主人。其次，他对主人实施了报复，因为主人总是彻底的输家。有一点，是很能说明问题的，即奴隶所损坏的财物，若属他想去的主家，他不过装模作样、点到为止；但若属于原来的主家（一如沙特阿拉伯的习俗），他就会动真格。他所杀死的骆驼，无疑是主人的喜爱之物。再次，奴隶申明了他的意志，哪怕只是一过性的申明。它其实是奴隶个人的反叛行为，虽然它确实不属于政治反叛或宗教反叛，而属于阿尔贝·加缪（Albert Camus）所说的"存在性"反叛。加缪在他那伟大的作品《反叛》的一开端，引用奴隶反叛作为存在性反叛的原型，并非出于偶然。作品中，奴隶以一个否定的回答划出了不可以贬低他、也不允许人来贬低他的边界。他要求人承认他作为人的品质，不仅仅以否定其权利的方式承认他——每个奴隶都能在现实生存中最终意识到加缪所表达的思想：否定一个人的人性品质是完全不可能的，压迫者充其量也只能以否定的、剥削人的方式承认它——而且以肯定其权益的方式承认他。这才是那个习俗之所以存在的真正原因。从这个角度看，它并非伊斯兰文化所特有的习俗，而是所有奴隶在被奴役状态中的迫切所需。

然而，交换主人在伊斯兰国家中特别普遍，也是不可否认的事实。这是为什么？答案源于伊斯兰法。律法命令奴隶主为奴隶更换主人，如果后者对他的生活境况十分不满意。正常情况下，更换主人只需奴隶提出要求即可，奴隶主有义务尊重奴隶的意愿。只有主人不肯遵行宗教律令时，破坏财物的习俗才用得上。因此，这个习俗完全不是一种令人想起异教徒时代的象征，正相反，它是对伊斯兰宗教法的肯定。不过，这条律法仅仅令此习俗得以表达；实际上，当人们遵循法律时，这习俗就被取消了。伊斯兰法并未对这个习俗作出准确解释，只说明了它在伊斯兰社会发生的频率。这一习俗本身，应由内生于奴役状态的诸多因素来解释。

除了伊斯兰教，其他主要宗教对于心怀不满的奴隶如何卖出去都未作规定。这就解释了为什么这个习俗在其他地区不常见。不过，这不意味着奴役状态中 页205

的迫切所需在这些地区不存在，或者说，奴隶渴望报复、渴求正面肯定其意志的要求在这些地区不那么重要。只不过，奴隶们的愿望不得不通过别的方式来表达。由奴隶主阶级制定的基本规则决定了奴隶如何反应、如何操纵，在必要时如何打破这些规则。怨愤冲冲的奴隶可以要求换一换奴隶主，其实是一个重要的安全阀。伊斯兰民族之外，其他民族也都有安全阀：关于特有产的自由主义法律、高释免比率、给奴隶以充足的机会把自己租出去或者与主人分开住、有效的庇护方式、认做干亲融入社会、足够的物资待遇，还有我们更熟悉的其他方式等，不一而足。当然，也有些有奴社会，纯粹靠残酷的暴力维持，一点安全阀也没有。

小　　结

资料有限的缘故，我们对大多数前现代有奴社会的考查不得不依赖奴役状态的一些粗略特征，以及法律规范（对它，也许太过依赖）。大多数有奴社会的奴隶，其挨打频数如何、出于什么原因，我们对之茫然无绪，更不要说哪些内在因素决定了暴力使用的频率。我们也无法就饮食、衣着、住房、健康等诸如此类的"福利"变量，比较奴隶的生活境况。大多数有奴社会中，奴隶们如何认识它们的奴役状态，我们当然也几乎一无所知。

尽管有这诸多限制，研究资料依然允许我们对奴役状态得出某些一般性的推论。最重要的结论是：奴隶主与奴隶的关系并非一成不变；握有主动权的奴隶主并非总能找到办法对付完全被动的奴隶。尽管奴隶主权力极大，主奴关系的性质本身却内含某些限制性因素。其中之一，是奴隶主的自利。拥有奴隶的全部意义是让他们尽其所能，侍奉、劳作、效力于己，无论奴隶主选择奴隶的哪一种能力。为此，奴隶主可以双管齐下、赏罚并用，方式多样。奴隶制的残暴非同寻常，奴隶不为主人服务，可以受到最为极端的惩罚，甚至被杀害。但是，一个死了的奴隶或被暴打致残的奴隶，是没有用的。这个赤裸裸的事实，再加上认识到激励比惩罚通常更有效力，就足以鼓励大多数奴隶主在赏罚之间寻求最佳平衡。

第二个限制性因素，是奴隶们自己。他们也许没有权力、与社会隔绝、在非奴隶眼里乃低贱之辈，但他们一直在奋争，不肯任人摆布。在此过程中，他们也能规约与身上的寄生虫即奴隶主的关系，在他们的社会行为中开凿出一定程度的可预见性，哪怕不能达到使之合法的程度。

页 206

因此而言,奴隶主与奴隶都必须相互适应。只不过奴隶主以退为进的尺度、奴隶对寄生虫的容忍程度,在有奴社会内部与有奴社会之间,差异甚大。所谓主奴关系形成之后随奴隶主的性情而异的说法,既属陈腐之见,亦为无稽之谈。因为即便就个体而言,奴隶的境遇也随奴隶的性情与社会、经济的环境而异,环境本身也会影响奴隶主与奴隶之间的互动机制。

美国南方比任何一个其他有奴社会都给我们提供了更丰富的数据与资料(包括数百名前奴隶的证词),我们的一般结论在这里得到了充分的证实。斯蒂芬·克劳福德(Stephen C.Crawford)依据他对美国公共事业振兴署、菲斯克大学奴隶叙述录的研究,发现奴隶主享有的合法权力尽管无所不包,奴隶主的私利心与奴隶活得像个样子的决心却共同创造出了一个甚至由奴隶“在很大程度上决定他们是否挨打受罚”的环境。[146]出于私利的支配,惩罚主要不是用作劳动的驱使棍,而是为了社会控制。奴隶对他们自己的家庭结构也有一定的选择权。选择得当,就能降低孩子受罚的风险,减少与亲朋分离、被卖走的几率。[147]

当然,所有这些都不意味着奴隶制不是一个富于压迫性的、不利于奴隶的制度。除了奴隶主的性格特征,还有其他一些关键因素,奴隶对之无能为力。他们所生活的农场的规模,即是其中之一,农场的位置也是其中之一。在美国,这两点都对奴隶的境况有至关重要的决定性作用。[148]所有其他发达的奴隶体系,也都如此。大农场意味着受鞭打的强度更高;与主人的接触少,因此能在政治心理上操纵主奴关系的机会也减少;干更多的活。即便奴隶能选择他所生活的农场的大小和位置,他依然面临无望获胜的境地。小农场,虽然体力上的要求不那么严苛、有机会学得技术、与主人的接触(及操纵)机会更多,但也有它特殊的可怖之处。对女奴而言,与奴隶主个人接触越多,她被性剥削的可能性越大,时常还可能被主人家的青少年男子轮奸。其结果,很可能是家庭被拆散。奴隶被卖走的几率在小农场里也更高。[149]

这些例子让我们对主奴关系本身以及影响它的各种因素的复杂性有了一些概念。前面我已反复强调(后文依然会强调),就宏观社会而言,美国南方与其他有奴社会相当不同;但奴隶主与奴隶之间互动时的迫切所需,在美国南方,与其他有奴社会是一样的。主奴之间,时刻都在较量:前者务求多得少损,尤其不要弄巧成拙,损失了奴隶;后者力争释劳减负、少被剥削,生活稳定、多些指望。但若像克劳福德那样,把这种极不对称的相互影响描述为“相互迁就”,那就错

页207

了,虽则他的研究在其他方面令人印象深刻。[150]夫妻之间,有时候相互迁就;雇主与工人之间,也许也会相互迁就;奴隶主与奴隶,则绝对不会。他们只会斗争。有时明争,有时暗斗;有时猛烈,有时悄然;偶尔动武,永远斗智。

在这种冲突中,我们已在第三章看到,双方都心怀怨恨,并且用模式化的观念、话语刻画对方。不过,时不时,奴隶主也会克服自身偏见的障碍,在描写奴隶及其境遇时据实看待主奴关系。这既是为了奴隶主,也是为了奴隶。即便在古印度,一个比几乎所有其他社会都更加不遗余力地用思想观念将剥削神秘化的国家,奴隶主也意识到奴隶是在胁迫之下干活;意识到所有浮言虚论与宗教强制力的背后,最终与最根本的制裁是赤裸裸的暴力。佛教初兴时期,奴隶主们知道,哪怕是从事宗教事务,奴隶干起活来也心怀怨恨,虽然这样的活,由谁来干——自由人也好,奴隶也好——都受人赞许。在佛教经典《中部》一个有名的段落中,一群奴隶受令代表主人参与一个非常神圣的仪式,奴隶们"泪流满面,边干边哭",[151]分明对那种强制又恨又怨。奴隶主既不会被印度版的"桑博"所欺骗,也不会被阳奉阴违、表里不一的奴隶所蒙蔽。一个奴隶主这样写道:"啊,尊者(Bhante),我们的奴隶行事另有一套,言语口不应心,心里总想着别的。"[152]他接下来对这句话的解释直接触及主奴之间社会心理斗争的实质:

> 他们一看到奴隶主,马上站起来,接过主人手里的东西,手忙脚乱,忙个不停,丢下这个,捡起那个;其他人请他就坐、给他扇风、帮他洗脚,做一切该做的事。但只要他不在,哪怕锅里的油溢出来了,他们也不会瞟上一眼;哪怕主人会蒙受巨大的损失,他们也不会转身去照料一下。这是他们行为上的当面一套、背后一套。……当着主人的面,他们好话连篇:"我们的主子,我们的大人";一旦主人不在,他们口吐恶语,难以形容,想说什么就说什么。这是他们言语上的当面做人、背后做鬼。[153]

世界上所有能超越其思想观念、看破奴隶制伪装的男女奴隶主都得出了同样的结论。

奴隶主阶级中的妇女往往比男人看得更透,因为她们更有时间和闲暇认真思考主奴关系,但也可能还因为,在荣誉至上的文化中,她们身为女人的境况,使之在思考时,能更好地理解表面上的相互迁就之下主奴之间的斗争。难怪有关美国南方内战前奴隶制下的人际互动,有些最出色的叙述就出自妇女的日记。

在内战中写作的玛丽·博伊金·切斯纳特①（Mary Boykin Chesnut）叙述她第一次认识到表象背后的真实："他们四处走来走去，戴着黑色的面具，显露不出一丝情感的涟漪。不过，除了战争，在任何事情上，在所有种族中，他们都是最容易激动的。迪克现在也许是最值得敬重的埃及斯芬克斯②，沉默寡语，高深莫测。不过，竟连他也开始打听起理查德·安德森将军来了，说'他曾经是我的小主人。我永远都会喜欢他，胜过任何其他人。'"[154]

高深莫测？切斯纳特无疑知道那面具背后是什么，但她无论如何也不能明说，哪怕是在日记中。要想知道答案，我们得转向保罗·劳伦斯·邓巴（Paul Lawrence Dunbar），一个诗人、两个逃奴的儿子。

> 我们戴着面具，嬉皮笑脸、撒谎成性，
> 它藏着我们的脸，遮盖着我们的眼睛，
> 这是一笔债；人性的奸诈让我们去还；
> 我们微笑着，带着被撕碎、流血的心。[155]

---

① 美国南卡罗来纳州女作家，以《内战日记》闻名。——译者注
② 意指迪克仿佛谜一般的人，难以捉摸。这里含有讽刺意味。——译者注

第八章 释免的含义和方式

页 209 现在,我们转而讨论脱离奴役状态的各种情况。从奴隶到自由人身份的转变,对任何一个有奴社会,都包含千头万绪而且意义重大的问题。释免是什么意思?[1]身份的转型通过什么方式完成? 被释免者如何融入社会? 除了这些更具文化意义的追问,还有涉及社会与统计学方面的问题。各社会内部与社会之间,哪些情况更有利于释免? 某一特定社会中,为什么有的奴隶得到释免,有的却没有? 为什么有些社会比另一些社会释免率高得多? 接下来的几章,我们将讨论这些问题。

释免的含义

什么是释免? 如何得以释免? 这些貌似简单的问题,一旦回答起来,会遇到意想不到的困难,它们也超乎寻常的复杂。由于奴隶在法律与社会经济上的定义,不存在使他们免除奴役的明确方式。因此之故,我把释免称为不可分离性问题(inalienability problem)。正是在考查同一民族或不同民族处理这个问题的多页 210种方式中,我们理解了释免的真实性质。

为分析起见,释免问题可以分解为三:概念问题;文化问题(含象征性因素、法律与惯例方式);社会问题(关注被释免奴隶的身份)。

本章讨论前两个问题,后一个问题放在下一章。

概念问题

关于释免,按常识,是指奴隶或他人从奴隶主手上买得他的自由。这个本身既狭隘又成问题的概念,仅仅适用于现代世界中发达的资本主义奴隶体系。几乎没有一个前资本主义奴隶体系,包括帝国时代的罗马,会这样简单地看待释免。正因为罗马有先进的法律体系却又是一个前资本主义社会,它对这个问题的重视在很多方面令人惊讶。罗马的法学家并不十分清楚,自由的赎买是可能的。他们的看法出于两个理由。这两个理由也适用于前资本主义其他文化体系。

首先,如果奴隶与他所享有的一切都属于奴隶主,那么,依据这个定义,奴隶从他自己的来处赎回自由是绝不可能的。回想一下特有产:它永远都最终属于奴隶主;奴隶主允许享有奴隶使用收益权,只要后者保持奴隶身份。同样,由第三方为奴隶赎回自由,也是不可能的。因为第三方要么用奴隶交给他的钱去为奴隶给付赎买款,在这种情况下,奴隶主被欺骗了;要么,用他自己的资金为奴隶付赎买款。在这种情况下,令奴隶脱离奴隶主的问题依然没有解决。因为奴隶只是从原奴隶主手上转移到了第三方手上。后者现在拥有这个奴隶。

第二个问题更深:没有一个恰当的法律经济概念可以表示释免。与释免最接近的法律制度显然是产权转让,但是,正如巴克兰与其他学者所说明的那样,释免交易只是与之类似,二者并不等同。[2]产权转让中,存在一个有物要卖的卖方、一个想买那物的买方。买方要用别物,比如说钱,交换他想要的东西;卖方拿到钱,立刻就把那物交给买方。卖方所交与买方所收是同一个物。显然,释免交易不是这样,即便奴隶或他人所付款项为的就是那奴隶的释免。因为奴隶主并没有把所有权或者权力转让给奴隶,他只是使奴隶免于其所有权控制之下。一如巴克兰所言,"交给那人的不是属于奴隶主的(属于奴隶主的并没有交给那人)。他的自由与罗马公民权并非从所有者的所有物中减除得来。"因此,"奴隶主所免除的并非被释免者所获得的"。[3]交易当然存在,但无论这交易是什么,它肯定不是罗马人所理解的以及所有其他法典中的买卖。页211

那么,它到底是什么? 巴克兰提出,释免的真正含义在于,"它不是所有权的转移;它是公民身份的创立"。[4]巴克兰的思路很对,但留下了不少问题没有解决。他把释免理解为创立,说对了一半,但也只是一半,因为它远不只是创立。再者,创立之物虽在罗马这个特例中可能是一种公民身份;在多数有奴社会,它却不是如此。因此,他的答案中的第二部分——"公民身份"——对以比较视野研究奴隶制的学者而言,价值甚微。究竟是"什么"被创立出来了? 依然没有解决。

文化问题

为释疑解难，我们必须转过来看由免除奴役所提出的文化问题。正是通过文化与象征方式，我们看到了问题——什么被创立出来了——的答案，同时理解了释免交易的实质。由于奴隶生来即被疏离、异化，在文化意义上已然死亡；免除奴役，必然具有象征意义。因为奴役等于生命的剥夺，免除奴役就以象征性逻辑意味生命的赋予与生命的创造。奴隶主赋予他生命；在赋予的过程中，又创造生命。奴隶主必要有所放弃，奴隶才能有所得；然而，奴隶主似乎什么也得不到，因此他遭受了损失。从这人为的损失所产生的结果，是一种双重否定：对社会生命的否定的否定。然而这种否定之否定带来了一个新的创造：一个新人、获得自由的人。这样，释免就不单单只是一个创造行为，它是一个由双重否定带来的创造行为。而这一否定的否定由奴隶主无偿给予的决定启动——他割舍了权力，一无所求。诚然，奴隶常常也会给付赎金。但这点赎金不仅赔付不了奴隶主的损失，即权力；它甚至不可能用来偿付任何东西，因为奴隶所能给的一切都已属于奴隶主。因此，即便奴隶给钱，他也不是在真正地买他的自由。通常，它被当作一种向奴隶主表达感激之情的礼物，感谢主人无偿给予的决定，让他免除奴役，无论这释免如何安排。

礼物交换理论

包含在释免中的一整套观念与交往行为，相当于人类学中一个经典类型的礼物交换。一系列的杰出人类学家，从马塞尔·莫斯（Marcel Mauss）、布罗尼斯拉夫·马林诺夫斯基（Bronislaw Malinowski）到雷蒙德·弗思（Raymond Firth）、马歇尔·萨林斯（Marshall Sahlins）等，都论证过礼物交换的重大意义：它不只是市场出现前相互交换与重新分配货物、服务与其他资源的实用手段，也是创建新的社会协约、确认旧的契约的一种方式。[5] 它形式多样、繁简不一。从简单的一来一往到涉及多人、历时长久的复杂交往，都有可能。莫斯以"奉礼"一词来描述它。那些最为精微复杂、涉及整个社会秩序者，他称之为"全奉礼"。[6]

规之以学理，莫斯的观点也许可以表述如下。奉礼中包含一种实用成分，指

页 212

货物与其他资源的物质交换。交换方可能净赚,也可能有亏。奉礼中还包含一种观念成分,即有意识地说明礼物交换的正当性,赋予它伦理意义。奉礼意图与现实的差距,大小不一。有时差距很小,一目了然。例如一件礼物,有时候由人无偿赠予,完全不图回报,但实际上,每个人都很清楚,它伴随着种种义务。这是很常见的。我们甚至还看到,礼物的价值本身无足轻重;重要的,只是赠礼所蕴含的意义。在这方面,现代社会比原始社会虚伪得多,也神秘得多。原始社会里,赠礼价值如何,值多值少,常常会被当众细说分明。但有的时候,奉礼的意图会发生曲解,甚至与实际完全不符。受礼者也许在人看来受惠最多;送礼者则被认为,他之慷慨所赠远远超过他之希望所得;但实际情况可能恰恰相反。

释免即为这样一种奉礼。它的象征性成分使礼物交换成为"一种社会契约"。这一社会契约在每一次的奉礼仪式中都将观念与实用成分综合为平衡要素。每一次的奉礼仪式不仅将两种不同成分勾联起来,它还进一步勾联了具体的交往行为与整个交往体系,后者构成全部的交换体系。这样,奉礼的每一次往来都被赋予社会与伦理意义。萨林曾谈及奉礼的类型,并指出,其中有一种"均衡互惠"。他言道,"力争同等或至少接近平衡,即为双方放弃私利、求同存异、趋利避害的明证。相对从前的老死不相往来,物质利益的平衡标志着一种新的格局。……无论奉礼的实用价值如何,也无论对方是否需要,总有一种'伦理'的目的在内。"[7]

礼物交换中观念成分与实用成分的传播与推广,通过仪式性过程完成。莫斯的重大贡献就在于他分析了这一过程的辩证法。他指出,所有的奉礼都包括 页213 三种义务:首先,赠礼的义务。在许多前资本主义社会,赠礼不仅出于伦理的动机,它也可能是一种物质上的必需。但它反过来又决定对方有收礼的义务。因为若不收礼,不仅可能使赠礼一方感到侮辱,也可能造成不可原谅的后果,尤其是在前市场体系,这就是打破用以建立伦理秩序、替代市场、确保再分配的交换链。但是,要想履行收礼义务,就必须完成由收礼而强加的还礼义务,"因为不还礼会贬低收礼者的尊严、道德,遭人看轻"。[8]如果双方的关系在发展、延续,很显然,还礼在完成一轮礼物交换的同时,也开启了新的一轮礼尚往来,辩证向前,持续不断,两个人的交往直线推进。与此同时,双方关系的进展会从侧面扩及在整个奉礼体系中往来的所有人,换言之,扩及整个社会。

莫斯的分析,后来的学者改进甚多,尽管有时候,他的原意与卓识被遗漏了。

当然,他晦涩艰深的写作风格也是一个原因。弗思与萨林斯,[9]尤其摒弃了莫斯的分析中那些神秘莫测的东西,虽然他两人的方式迥然有别。弗思着重指出,莫斯的分析,就整体而言,更适用于前现代而非现代社会。现代社会的政治伦理观念,更不用说市场运行,对赠礼、收礼、还礼的义务要么取消,要么有意加以限制。弗思对不同类型赠礼的区分,也十分有用,尤其是其中的"郑重之礼"与"象征之礼"。前者"表示接下来会发生什么,或者收礼方达到某种条件后可能会发生什么";后者的象征性作用既可能是"一种奉献的标志",也可能表示拒绝做出任何此类的奉献。[10]

弗思与萨林斯都强调,礼物交换常常是不对称的。萨林斯对"均衡互惠"与其他类型的互惠的区分,也许为了更简略的归纳。但在我看来,莫斯对于它们的区别,十分明了。

因此,我们可以确定,在实用层面上,奉礼是否对称,差别相当之大;而在观念层面,所有的礼物交换都可以理解为均衡而公平。即便是在发达的资本主义社会,即劳动力的自由市场要求"均衡"与"公平"(现实中其实一点也不均衡)的社会中,观念层面的奉礼都可以理解为均衡、公平。我在前面的一章中,讨论过马克思对于商品拜物教的分析——面对实际上不平等的交换时,它如何以强大的平等交换观念发挥作用。在我看来,莫斯对于礼物交换的分析与马克思关于商品拜物教的分析有异曲同工之妙,只不过,前者适用于前资本主义社会。一旦建立起赠礼、收礼、还礼的实用辩证法,莫斯就转向前现代社会一般化交换①(generalized exchange)的更大范围的辩证法。

莫斯的分析中有一个内容,主流人类学家不大注意,然而得到了比较宗教学者的更多关注,这就是人与神之间的礼物交换:献祭。一如莫斯所言,"祭品的毁灭暗示给予须得回报"。[11]照他的论述,人与神(或死者的灵)的祭品交换也许是最早的奉礼;神灵"事实上才是世间财富的真正拥有者。与他们交换,格外必要;如若不然,格外危险。但从另一方面来说,与他们交换最容易、也最安全"。[12]献祭不只是最早也是实现得最充分的奉礼体系,因为"给予、回报人类的神总是以大还小、以多还少"。我之所以特别强调这句话的后半句,是因为它清楚地显示出,莫斯十分明了,在礼物交换的观念与象征性层面的对称性下面,是它的不

---

① 人类学术语,也有人译为"广泛性交换"。——译者注

页214

对称性。显而易见,人的智慧不能盖过神。人只是以为自己有本事以小换大,比神高明。殊不知,最终,一切都要回归于神。不对称对神是有利的。莫斯在这里指出了一个趣味横生的事实,尽管他说得极其隐晦,这就是,双方也许都认为自己得了便宜。以他们各自的看法而论,也许的确是那样。一个人所获之物,论质论量,与其地位、抱负与需求都十分相关。谁能说,一个认为他得到了某物的人事实上还没有得到呢? 正是在这个意义上,所有的奉礼都均衡互惠。

最后,莫斯得出一个重要的结论:人与人的礼物交换与人与神的礼物交换,二者之间常常关系密切,相互强化。他这样议论美洲西北印第安人的夸富仪式:"一个人置其奴隶于死地、烧其宝油于一尽、投其铜物于海里、焚其房屋于灰烬,不纯是展示权力、财富与无私。他这样做,也是向神灵献祭。后者在与神灵同名的人身上显灵。"[13]莫斯看到了施舍在奉礼中的起源。它一举而两便,既是给神的奉献,也是人与人之间延续不断的奉礼。莫斯这段吊人胃口的简短"议论",我将立刻展开来议,因为释免的起源本身也可以从这个角度来解释。它也是人与神、人与人之间的奉礼,同样一举而两便。

释免仪式

现在回到免除奴役。我想从众多民族中取一个样本,考查释免仪式,以便说明奉礼原理如何渗入整个释免仪式。有了前面这番初步的述评,我将更加细致、页215系统地考查我们的研究资料,把有奴社会内部与不同社会之间的释免模式分离开来。

19世纪扎伊尔(Zaire)姆班扎曼特克(Mbanza Manteke)的刚果,非常适合用作第一个案例,因为它是有奴社会中一个极端类型的典型。在这样的社会中,释免这个不可分离性问题完全无解。一旦人沦落为奴,他就万劫不复,永无翻身之日,即便他可能被一个好主人甚至被主人的社会释免。"奴隶永远是奴隶",这是规矩。被一个好主人与主人的宗族释免"总是可能的,只要主人与奴隶原来的宗族协调好。标准仪式如下:先在奴隶身上涂以白垩,作为赎免的标记,再将一头称之为'涂抹了白垩的猪'移交给奴隶原来的主人。但这时,被赎免的奴隶依然是一个奴隶——他自己的宗族的奴隶,永远也不能恢复一等公民的身份,没有获得权力与影响力的机会"。[14]

　　显而易见,释免仪式就是一次礼物交换。但值得注意的是,交换不发生在奴隶主与奴隶间,而在奴隶主与奴隶原来的宗族成员之间。对于奴隶,这交易只是另一次移交。白垩也因此在非洲成为这类交易的常见标记。白垩也是一个死亡标记。带着它,奴隶继续承受社会死亡。其他原始社会中,也有相当一批认为社会死亡与生理死亡一样,不可逆转;即便奴隶返回了他原来的血亲宗族。[15]

　　与上例相对的另一个极端,也是在发达的有奴社会中颇为典型的,是罗马法中的权利恢复。凭借它,返家的奴隶完全恢复他从前的身份。大部分有奴社会落在这两个极端之间,多少为奴隶们提供一些免除奴役状态的可能。血缘社会中,坦桑尼亚的克罗比可为代表。除去照例的补偿(一头母牛)之外,奴隶得送一把锄头或一头山羊给头人,然后,"即将免做奴隶的这人会被带到交叉路口剃头,标志他从此脱去奴籍"。[16]我们已经看到,剃头常常象征身份的变化、死亡乃至被奴役。这里,剃头再一次象征身份的转型。它也象征死亡,只不过现在是对奴隶的社会死亡的死亡的双重否定。交叉路口(身份转折的另一个象征、世界各地举行仪式的常见场所)进一步强化了它。交叉路口更为明显的象征意义,也是我们不能忽略的:它是自由选择的标志。前现代世界中,克罗比与元首制下罗马人的社会文化可谓一简一繁,相距甚远;但值得注意或者说很能说明问题的是,在罗马,被释免的奴隶在拉瑞斯①崇拜中扮演举足轻重的角色;而拉瑞斯崇拜与交叉路口、十字路口关系很深。两相比较,相映成趣。的确,当天才的奥古斯都成为宗教崇敬的对象,拉瑞斯崇拜被改作对奥古斯都的崇拜时(此时,奥古斯都成了拉瑞斯·奥古斯提),负责筹小仪式的是由奴隶协助的曾经做过奴隶的自由人,即被释免的奴隶。他们在原来的拉瑞斯崇拜与拉瑞斯·奥古斯提崇拜中所扮演的显著角色,李卜舒尔茨②(J.H.W.Liebeschuetz)曾撰著论述。可惜,他的解释没有说服力。他说:"那是理所当然的,因为被释免的奴隶在罗马人口中所占比例很高。"显然,他们的角色必须联系象征性符号来解释,换言之,被解放的奴隶与交叉路口的祭礼存在深刻而普遍的关联。不言而喻,精明的皇帝把对某一特定神的崇拜采为己用,是为了以强有力的象征性语言告之于民:忠于他个人与他的天才等同于自由。[17]

---

　　① 罗马神话中的户神。——译者注
　　② 德国古典学家。——译者注

由于人头在奴役仪式中那令人生畏的意象，它在赎免仪式中的赫然角色也就不足为奇。挪威最古老的《弗罗斯塔法》有一条规定："如果奴隶即将自己租种或经营农场，他必须办一个自由宴。每个奴隶准备由三份标准量的麦芽酿制的艾尔酒，杀一头阄羊，羊头由一个生来自由的人砍下，奴隶的主人得握着奴隶的脖子，赎买自脖子开始①。"尤为值得一提者，挪威语中自由一词"frials"来源于"Frihals"，意思是"自由的脖子"。[18]古代印度，在佛经三藏出现的那段时期②，释免仪式简短有力。"主人想要解放他的奴隶，给他洗头并宣布：他是自由人。"但有时，主人令奴隶"自己洗头了事，然后视他为自由人"。

公元前 2 世纪至公元 4 世纪之间，印度的奴隶制明显没有以前严酷了，释免及其含义有了大踏步的发展，定义明确。相应的，释免仪式也精细得多。"主人想要释免他的奴隶，得从奴隶肩上取下一满罐水，再把罐子打破。随后，将枯干的谷粒、花朵从奴隶头上撒下，连说三次：'你不再是担水的人了'。这个动作标志他担水的任务终结。他所有的劳役义务也将随之而终止。"[19]

在我看来，这是一个复杂、令人浮想联翩的仪式中最明白如画的一层意思。水，在印度，与在许多文化中一样，是净化与再生的标志。打破一个水罐，分明意味着释免所内含的摧毁与再生之意。将枯干的谷粒、花朵撒在奴隶头顶，同样是两种对立的统一。米，在整个亚洲，普遍用在通行仪式中，尤其是被用作繁育与出生的标志；但请注意，这里的米是枯干的，与被打破的水罐一样，形成另一种鲜明的对立，因为枯干的米相当于死亡。因此，这一个举动就把死亡与重生之意同时表达出来了。奴隶的社会死亡，如同一个打破的罐、一把枯干的米，被破除、消解。打破的罐身、枯干的米都是对献祭的模仿。奴隶以奴隶之身死去，社会死亡被否定；撒在奴隶头上的花朵，暗示生命的重新开始与新的绽放。 页 217

中世纪的日耳曼民族，特别是斯堪的纳维亚人，最充分地通过礼物交换，表达了释免中的象征与观念。昂内斯·韦格兰③（Agnes Wergeland）告诉我们，在德国奴隶主看来，"自由毕竟更具礼物的性质，而非买来之物。大多数时候，人们也以礼物称呼自由。"[20]诚然，他的确从奴隶手里得了一笔赎买费，但"对奴隶主而言，这笔钱抵不上一个永久劳动力的损失，因此，奴隶不能说他的自由真的

---

① 意指脖子自此不受控制，头可以自由转动。——译者
② 约公元前 3 世纪。——译者注
③ 挪威裔美国历史学家，研究欧洲历史与文化。——译者注

是他买来的"。

在现代资本主义奴隶体系,即便奴隶以这样或那样的方式为自由付出了极大的代价,自由本身依然被视为奴隶主或女主人给他的礼物。巴西殖民时期,奴隶主们所书写的释免书"卡塔斯"(cartas),充分地显示了这一点。斯图尔特·施瓦茨①(Stuart B.Schwartz)发现,"释免书中的言辞与得意(哪怕只是释免老弱)均表示,奴隶的拥有者把释免视为一种乐善好施的姿态,无论它所规定的条件或费用如何"。[21]在美国南方,所有奴隶体系中释免率最低的地方之一,那些为数不多、允许奴隶赎买自由的奴隶主们"知道,自由是他们可以赠予奴隶的最好礼物,他们也有意识地把它用作一种控制机制、一种鼓动黑人分裂的手段"。[22]

前现代世界的释免仪式大同小异,颇为相似。例如"英格兰方式":"奴隶先从奴隶主手上移交给另一个自由人,作为他与主人分离的象征,再由那个自由人将他释免。这个举动得在召集来的自由人面前完成。随后,被解放的奴隶被引到公路上与敞开的门前,表示他从此不受任何人约束,一副自由人的剑与矛也将交给他。"意大利伦巴第人的释免仪式更为平常:"在一群人的武器撞击声中,奴隶被主人移交到另一个自由人手里,依次下传,直到他到了第四个人手上,后者宣布他自由,并把他引到交叉路口,叫道,他现在获得了自由,想去哪儿就去哪儿。然后,会有人把武器交到奴隶手上。自此,他成为一名完全自由的伦巴第人。"[23]日耳曼人,与许多部落民族一样,在部分释免奴隶时,所有步骤均需全体部落成员到场,得到他们首肯;全部释免时,有的部落还要求国王到场。法兰克人中,"奴隶由国王(早先是奴隶主)给予自由。当着召集来的自由人面前,国王把奴隶手上的一枚硬币击飞,越过奴隶的头顶。这是解除他的劳役与责任的象征。"日耳曼各民族在释免程度与释免时期上各有各的不同。赎免仪式中,最具日耳曼人特性的,也许是出了名的自由啤酒。当一个已经得到部分释免的奴隶想要得到完全释免的时候,就需要自由啤酒。韦格兰告诉我们,"这是一个由即将被释免的奴隶所准备的节庆,既为庆祝他们的释免,也为了公之于众。当着人数足够、来此见证的客人,他要向主人呈送法定的释免费。这笔释免费无疑只是名义上的,因为它只是这个奴隶正常市场价格的四分之一。"[24]与这个仪式关系密切但更加复杂的,是奴隶主与奴隶生下的孩子到了他该成为一个正式且自由

①　美国历史学家。——译者注

220

的部落成员时所举行的仪式。首先,召集一个社交集会。集会上,宰杀一头公牛,准备大量的酿啤酒。再从被宰杀的公牛的右前足取皮,做成一只鞋。然后,这孩子的正式合法化程序开始:先是父亲、再是孩子得到完全释免;接下来,这个家庭最直接的继承人与其他成员,先后把脚放到鞋子里,"与此同时,每一个人都说一句合适的话,表明这个仪式的特定含义"。[25]

最后一个例子:巴比伦早期的释免仪式。它要求洗净奴隶的前额,再让他或她的脸转向升起的太阳。乌加里特人(Ugaritic)的习俗,则是给奴隶的头上淋油。通常,释免需要祭司或法官到场;得到完全释免的奴隶,从此"像这个城市的儿子一样"。清洗前额的准确含义与性质引发了一些争议。戈弗雷·德赖弗①(Godfrey R.Driver)与迈尔斯(J.C.Miles)声称,洗净额头(奴隶标记因此被确确实实地洗去)、让奴隶转向升起的太阳,是"一次宗教仪式的两个部分。仪式的举行,通常在太阳神萨玛斯(Samas)的神庙"。对他两人的观点,学界普遍同意,清洗仪式用到了水,它是一种净化,因为水在巴比伦人的仪式中非常重要。不过,这个仪式是否如同古希腊,涉及对神的奉献,学者们没有一致意见。[26]

所有这些仪式都强调同一个主题,也就是释免共有的性质:被释免者获得了他从前没有的权力(例如武器的交付);竞取荣誉的能力(例如日耳曼民族中,被释免的奴隶在一个接一个的自由人手中移交、把脚放在同一只鞋里);有了自我意志及自主性(例如交叉路口);否定社会死亡,转向新身份;最重要的是,奴隶主或他的宗族将自由理解为一种礼物,认为奴隶所付只是一种供奉、一种礼物的交换。当然,这样的概念,没有奴隶照单全收。尽管如此,赎买仪式对所有的奴隶都意义非凡,影响深远。赠礼、收礼、还礼的看法,他们充满感激地接受了。但 页 219 是,礼物交换的观念、自由选择的象征主义是一回事;奴隶已然偿付并且还需继续偿付的现实,又是另一回事。为了全面理解释免仪式到底是怎么一回事,我们现在必须做更系统的考查。

释免方式

免除奴役的方式多种多样,大部分社会在任何一个特定时期都会用到好几

---

①　英国东方学家,以在亚述学与闪米特语研究取得的成就闻名。——译者注

种。释免没有定式。换言之，在一个特定的社会中，奴隶通过释免所能获得的权利不尽相同。有的奴隶一次就能完全释免，有的费时弥久才能获得，还有的终其余生都在半释免的半昏半明状态。不同的释免方式所反映出来的，正是这些差异。

发起释免者的不同、推动奴隶与奴隶主提出释免的原因不同，也都会使释免方式不同。有的时候，奴隶与奴隶主双方都希望彼此联系紧密；有的时候，奴隶希望尽可能远离奴隶主，或者回家，或者迁到自己喜欢的地方；也有的时候，是奴隶主希望奴隶搬走。采用哪种释免方式也取决于期望什么样的结果。

最后一个影响释免方式的变量，是文化传统、法律习惯如何使释免合理、合法化。即便奴隶主愿意释免其奴隶，也可能存在一些特殊的问题，这些问题需在释免奴隶前解决好。例如，在古罗马以及18世纪法属西印度群岛殖民地，未成年人通常是不允许释免的；许多社会还禁止女主人为了与奴隶结婚而释免他。例外于通则的特殊释免方式往往都规避了法律的禁令，或者只是某种文化的遗存，一种从先前延续下来、虽然早先有意义但此时已过时的做法。古罗马共和晚期与帝国早期的一种政治释免——监察官释免①，正是这样。

除了少数与众不同、文化上颇显特别的例外，整个有奴世界的释免方式大致可分7类：（1）死后释免；（2）同居释免；（3）收养释免；（4）政治释免；（5）合谋起诉释免；（6）神庙释免；（7）纯粹以契约释免。

死后释免

页220 死后释免不仅最为普遍，也极可能是最早的释免方式。我所说的死后释免是奴隶主在死的时候令奴隶免除奴役，无论是通过书面遗嘱、口头表达，还是由死者的继承人代表。死后释免为什么如此普遍并且这么早就发展起来，原因很多。奴隶主在他死后给予奴隶自由，对他本人没有损失，当然，对他的继承人，是一个损失。但是，这个损失被很受欢迎的第二个原因所补偿，并且所获更多。这个原因就是：它是促使奴隶接受命运、无论干什么活都努力工作的最有效的手段之一。仅仅只要有释免的可能性，就会激励一个大家庭中所有的奴隶，哪怕最终

---

① 由监察官而非奴隶主宣布释免的一种方式。——译者注

只有一到两个被释免。[27]

死后释免的起源以及它在大多数民族中都成为最早的释免方式之一,与两个原始的习俗密切相关。其一,用奴隶做祭礼;其二,用奴隶交换礼物。我们已然了解,奴隶被杀,主要出于三个原因:祭祀神灵或先祖;殉葬;显示主人的声望、权力与财富,无论其生前还是死时。这三个用途显然彼此联系。同一个礼物,可做两种用途:既可在人与人之间交换,也可在人神之间交换;夸富仪式上屠宰奴隶,既是在人前炫耀,也是献给神的祭祀;令奴隶陪葬,既为了主人冥间有伴,也是奉献先祖、神灵(奴隶的主人亦将加入其中)。也许,尸体的奉献还有第三种功用:用死者的荣耀、声望与财富,令生者敬畏。

人神之间礼物交换的多义表达、死后魂灵令奴隶作陪的要求、最后一次荣耀与财富的炫耀,在美丽、残忍的冰岛公主布伦希尔德(Brynhild)的传说中,完整地体现了出来。心爱的丈夫西格鲁特(Siguad)死后,布伦希尔德不愿再活。自尽前,她令人杀死 13 个奴隶,8 男 5 女。她指令:"让盾牌与帷幔装饰火堆,要用那五色斑斓的威尔士[意为外国]织物和威尔士人的尸体。把他[指西格鲁特]放在我身边,一起焚烧。火堆的另一边,是我的仆人们。他们身上要有珍贵的装饰品。另外还要两只鹰。"威尔士人的尸体"是为了荣耀死者"。她还说:"我们的队伍不能显得单薄、寒酸。我的身后必须跟着出身寒微、由我养大的 5 个女奴、8 个男奴。"[28]

许多以奴隶做祭品的民族同时还有一个习俗:祭祀典礼上,一边杀害奴隶,一边释免几个奴隶。这意思再明了不过。杀奴与释奴,就象征意义而言,是两件相同的事情——意义匪浅的相同。毕竟,拥有一个奴隶意味着拥有对他的绝对专有权。一旦奴隶被杀、被赠与或被释免,这种权力也同样被毁灭。所有这三种页221毁灭所有权的方式也都用了礼物交换原理。第一种,奴隶被杀,是与神灵交换;第二种,赠与,与第三方交换;最后一种,释免,与奴隶本人交换。在将奴隶释免时,有时候还在奴隶主与奴隶、奴隶主与神之间完成了双重交换。

比较研究的便利让我们得以观察到,当献祭与释免同时进行的转型阶段,以及后来,当人祭完全被释免所替代时,释免如何替代人祭。让我们来考查三个彼此相隔遥远的民族:印度的加罗人(Garos)、西里伯斯中部的托拉查人、美洲西北海岸的印第安人。

已经有学者证实,用奴隶做人祭,在加罗人的"旧时代",司空见惯。人祭被废止以后，奴隶主的焚化仪式上，祭品以动物替代。有的地方用公牛，有的地方用山羊。不过，有直接的证据显示，早先还在以奴隶来献祭的时候，"自死者去世之日起，直到他被焚化前，会有一名活着的奴隶被绑在他腿上。死者一旦焚化，这名奴隶就不再为奴。"[29]

托拉查人中，奴隶主死亡时，从杀奴以祭祀到释奴以作祭礼，这个发展过程清晰可见。第一个阶段，每当显要人物去世，会有一名邻近部落的奴隶被买作祭品；如果死者的部落正在打仗，会出动一次猎首行动，捕人来祭。后来开始第二个阶段，但第一个阶段的习俗同时也在沿用。一个奴隶被指定为"坦多加"（Tandojai），负责给死者送食、保护遗体不被狼人吞吃。这段时间，坦多加不能开口说话，但可随意从任何人那里给死去的主人取食。据说，"坦多加代表一个死魂灵活着；那个死魂灵现在又有一个死魂灵服侍于他"。有时候，也不指定坦多加，而是割下奴隶的一只耳朵，用流出来的血涂抹在棺材上。但在指定奴隶作坦多加的部落，一旦葬礼结束，这名奴隶就获得自由。值得注意的是，他自此独自生活，人们会对他感到害怕。在其他地方，尤其是荷兰人到来之后，似乎又有了发展：护卫主人坟墓的奴隶，于葬礼结束后 100 天获得自由。显然，托拉查的例子说明，这种替代并非出于欧洲人的影响和禁令，因为人祭还在延续时，它就已经存在，而且出现在与荷兰人接触之前。[30]

我们在美洲西北沿海许多部落，也发现了同样将释免等同于人祭的鲜明证据。在这些部落，通过仪式尤其是丧葬仪式释免奴隶，往往是他们唯一的释免方式。特林吉特人的夸富仪式上，以及年轻人被社交圈接纳的宴会上，既有奴隶被屠杀，也有奴隶被释免。例如，伺候深闺小姐的女奴，一旦小主人烧掉"旧衣服"、进入社交圈，她就自由了。[31]在焚化奴隶主的仪式上消失的奴隶，通常被当作自由人；给死去的主人穿寿衣的奴隶也一样。[32]努特卡人（Nootka）的习俗，头人去世，除了杀死奴隶，还要放走一些奴隶。[33]

我们推测，许多社会的死后释免，保留了将释免等同于人祭的观念。这样说，并非凭空而论。举个例子，我们知道，在阿兹特克人当中，死后释免是最多见的释免方式，联想到以奴隶作祭品对阿兹特克人的重要，推定死后释免是旧有习俗的延续，即将释免视为与人祭相似的象征行为，绝非没有道理。后来的基督教遗嘱释免很可能就是这个传统的替代。[34]同样，西非沃洛夫人与塞雷尔人（Sereer）早先以人祭供奉死者的习俗，似乎也是由伊斯兰遗嘱释免所替代的。

不过,他们的人祭一直延续到了 16 世纪。伊斯兰教在西非传播时,异教徒的死后释免也未中断。[35]

不免要问,基督教与伊斯兰教的遗嘱释免,即文字形式的死后释免,起源何在? 早在基督教出现之前,遗嘱释免在西方已年代久远,早期教会不过是沿用了它,并将之圣化。因此,解释基督教之前遗嘱释免的起源,才是问题所在。可惜,这方面资料阙如,除了推测,难有作为。死后释免很可能是替代人祭发展起来的,其方式与它在许多原始部落中的出现颇为相似。我们已经看到,原始的欧洲部落,每当重要人物死亡,就会举行人祭。这个习俗在古代近东、东方以及全世界所有其他地区都存在。原始时代的罗马也不例外。

不过,有些间接的、可供推测的证据是很有启发性的。在遗嘱中写明释免是古罗马最早的释免方式之一。它必定在《十二铜表法》之前就早已存在,因为提到遗嘱释免的《十二铜表法》,是对已经存在的习俗与惯例的确认。起初,遗嘱由原始的公共集会批准。对此,戴维·道贝①(David Daube)解释说,“这是要求公共管理的角色到场”。他有力地论证道,“遗嘱释免与执杖释免必定早于监察官释免”。他同时也说明,遗嘱释免在历史上先于执杖释免。道贝指出,“法律史上,由社会批准的私人行为早于‘社会或国家发起的行为’”。再者,“小而原始、组织松散的罗马社会里的一家之长,比后来由无数社会成员构成、也更为发达的国家里的一家之长,更强大有力、独立自主。”[36]遗嘱释免在所有的释免方式中最为原始,一部分原因就在于它不需要任何法律惯例,只需要社会确认。因此,执杖释免在法律上的成熟(这里的成熟指它运用了相当复杂的法律拟制法,下面会有讨论)正好说明,它不如遗嘱释免古老。这也是阿普尔顿(Appleton)推断遗嘱释免是古罗马最古老的释免方式的基本依据。但是,巴克兰不同意阿普尔顿的推断,认为“相反的结论似乎更成理”。[37]巴克兰没有给出理由。也许,在他看来,法律拟制的存在,就可说明它更为古老。如果是这样,他就错了。虚拟诉讼是法律成熟最确定的标志,任何熟悉古代法律的人都不会不认可这一点。

各类比较的、间接的、内在于法律文献本身的证据都表明,写在遗嘱中的释免在古老的罗马法中具有历史优先性。至于这一最古老的释免形式是否从更早一些的习俗——将释免象征性地等同于人祭——发展而来,虽然只能推测,但也

页 223

① 德裔美国人,20 世纪研究古代西方世界法律史的杰出学者。——译者注

必须考虑我们已有的证据。我们知道，罗马人早在原始时代就开始蓄奴，他们的奴隶制度极为古老；我们也知道，原始时代的欧洲民族，在奴隶主死的时候，会举行人祭。因此，我们没有理由认为，罗马人独异于他。事实上，公元前225年，明显是在高卢人的影响下，罗马人恢复过一次人祭。当时有几个战俘，包括两个高卢人，被活埋。随后的三百来年，时有人祭发生，尽管公元前97年元老院曾宣布人祭非法。不允许人祭的时候，用动物来替代人祭的古老习俗，屡为历史所见证。其中最有名的，是罗马人在崇拜维迪奥维斯神①（Vediovis）时，用山羊替代人祭。[38]

无论其起源如何，遗嘱释免在整个古罗马时代一直是最流行的免除奴役方式。个中原因，巴罗（R.H.Barrow）概要如下："通过遗嘱释免是有好处的。它让奴隶尽人所用，伺候他到最后一刻；它让奴隶悬心以待，期待主人的善行，直到他死。特利马尔奇奥②（Trimalchio）在遗嘱中毫不隐瞒：'我让他们知道我会释免他们的目地不过如此：让他们爱我，好像我已经死了。'立下遗嘱释免奴隶的人，离世之时，心满意足，自以为正直有德，实则他可能只能凭这一行为博得正直的名声。他可能真的相信奴隶们勉强表示出来的感激，实则后者可能心怀恨意；他可能希望，来参加葬礼的哀悼者献给他的哀荣不只是一点儿敬意。"[39]

页224　　然而，事实远比巴罗想象的要丰富。首先，这类释免也许是与神交换礼物的一种遗存、奴隶主离世之前最后一次给神的还礼（尽管是以一种高度象征性的方式）。特需强调的是，其中不包含任何虔敬的观念，无论是原始时代还是古典时代，那种观念与罗马人的宗教概念不相合。其次，这类释免也是死者与其子孙的礼物交换，因为任何令他声望有加的事，都必定令子孙荣耀。值得注意的是，用奴隶献祭也有这样的功用。赖恩（T.C.Ryan）研究非洲的人祭经济学。他发现，最适合解释献祭的理论模型就是礼物交换，即便增加供奉者的声望也是祭祀的目的之一。他总结说："重要人物的葬礼上，杀奴以祭祀，既是把他喜爱的奴隶送去照料他在另一个世界的生活，也显示其子孙的财富与权力。"[40]同理，奴隶主死的时候释免奴隶，赖恩可能也会如此解释。

再次，这类释免也包含了死去的主人与奴隶之间的礼物交换。同样，它极具

---

①　古罗马医神、健康神。——译者注
②　文学人物，由公元1世纪罗马诗人、小说家盖厄斯·佩特罗尼乌斯·阿尔比特创造。——译者注

象征性,但其力量却很强大。主人的死,意味着释免奴隶的时刻到来。从奴隶主已经死去到奴隶获得自由,也就是社会生命的再生,只有一小步。这就让被释免的奴隶背负深深的还礼义务,终其余生礼敬主人。理所当然,他也会礼敬主人的子孙,鞍前马后,恭敬有加。或许,奴隶的释免还有更深的象征意义。奴隶,是奴隶主自我的延伸。许多有奴社会都通过法律传达了这个观念(近代俄国的奴隶典则,最值得一提)。[41]奴隶主在死的时候释免奴隶,也许有一种否认死亡、再造生命的含义——奴隶主的魂灵在他最喜欢的替身、一个活生生的人身上复活。如果是这样,被释免的奴隶就会背负更重的义务感。他不仅得心怀感激,还得做死者忠实的灵魂载体。这种象征意义在罗马共和晚期与帝国早期是否存在,尚难确定。不过,基督教的象征主义以及它在罗马世界取得的巨大成功,有力地说明,罗马帝国晚期时,这种含义已经出现了。无疑,许多原始民族也抱有这种观念。那些在主人死时获得自由的奴隶,在有的部落,就让人极其畏惧。

最后,死后释免的象征意义还有一个至关重要的发展:人们对人、神、宇宙间的关系,有了根本性的重新认识。罗伯特·贝拉①(Robert N.Bellah)与其他学者已经说明,随着最原始与古代宗教的宇宙一元观的崩塌,世界主要宗教如何发展起来。新的观念中,世界不再是单一的、神圣与世俗两界都有人和神参与的宇宙,而是两个两极对立的宇宙:一个以现世为中心,另一个围绕死后的生活。这种宇宙二元论的主要伦理意义在于:一方面,它不承认现世世界是邪恶的、人是没有内在价值的;另一方面,拯救观念作为宗教生活的重心出现。礼与祭,依然地位显要,但正如贝拉所言,它们负载了新的涵义,即不再十分强调通过与宇宙建立和谐的关系来履行对上帝的义务;而主要以拯救为目标,将人从原罪与恶中拯救出来,保证人在天堂有一席之地,而非让人一死就进入地狱,在另一个宇宙里受难。[42]

宗教观念的发展如何影响人们对释免的解释?其冲击是巨大的。不过,世界主要宗教逐渐认识到二者之间的关系,方式各异。让一个人的奴隶免除奴役,最终被视为一种将在天堂得到回报的虔敬行为;它在任何强调人文主义、个人主义与拯救的超验主义伦理观中,都是一个近乎不可回避而又必须服从的伦理要求。世界主要宗教同样强调人文主义、个人主义与拯救,对于释免奴隶,它们也

页 225

---

①　美国社会学家,以宗教社会学研究享誉世界。——译者注

都逐渐形成了那样的看法。

首先来看基督教。特别引人注意的，是它花了很长时间才认识到释奴的紧迫性。迫使它形成这种认识的背景，也同样令人惊讶。直到罗马帝国结束，基督教对死后释免的涵义与动因都未形成任何影响。即便在它成为官方信仰后，对于释奴这个问题，基督教大体上是不闻不问的。诚然，早在公元3世纪起，教会就主张赎免战俘，但这是在基督徒被异教徒奴役的恐慌中提出来的，并非因为反对奴隶制本身。自公元5世纪起，释免在教会受到鼓励，但它强调的是生前释免，而非死后释免；其目的是为了使绝大部分释免具有基督教的仪式性质。晚至6世纪，赋予释免以美德的思想在教会尚待形成，遗嘱释免的独特优点也无人知晓。

直到7世纪初，我们发现，才第一次有人用神学语言强有力地声明：一般来说，释免是一种虔敬行为。这个人是教宗圣格雷戈里（Saint Gregory the Great）。格雷戈里的逻辑推理与结论，借用了比他更早的圣约翰·克里索斯托①（John Chrysostom）与亚历山大的西里尔②（Cyril of Alexandra）发表的保留声明。即便如此，依然未见有人将遗嘱释免单独挑出，认定它最能表达虔敬之情。[43]公元9世纪与10世纪，所有这一切，都发生了急剧的变化。最终，释免不仅受到鼓励，而且被认为对灵魂有利。基督徒的虔敬，最能通过遗嘱释免来体现；基督徒的拯救，也最能通过遗嘱释免来保证。通常，遗嘱释免会附上这样的模式化声明："虽则全能的上帝给了我们这个世上的人以健康，我们还是应该经常想到我们灵魂的拯救。因此，我，为灵魂着想，也为了脱离我的罪（愿上帝将来宽恕它），释免了这个奴隶。我也给了他特有产。"也可以是这样的："这世上的每一个人理应为其灵魂着想。因此，我，以上帝的名义，为灵魂的拯救与上帝之故，释免……。"或者，"释免属于他的奴仆的人，也许可以期望将来上帝回报于他，因此，为了我永久戴着的罪，我释免……。"[44]

如何解释这令人惊讶的变化？需指出，我们关心的不是基督教对释免频次的影响，而是对其合理性或观念的影响。为什么基督教要等上700年才重新解释释免的涵义？又为什么要等上近900年才将遗嘱释免视为一种虔敬的方式、

① 即约翰一世，公元349—407年。——译者注
② 生卒年份为公元376—444年。——译者注

页226

灵魂可被天堂接纳的路径而加以鼓励？答案很简单。中世纪早期，基督教全身心关注的问题，是转变中欧与北欧异教民族的宗教信仰，尤其是日耳曼人部落。奴隶主去世时杀奴、释奴的习俗，在这些原始欧洲民族中由来已久。新宗教的支持者执意要消除所有的异教思想，包括杀奴以祭祀。因此，当释免已经成为人祭的替代时，它就会被巩固和提倡；而在死后释免这一异教习俗是为了荣耀死者，或者最后一次向异教神灵献供的地方，它的意思就转变为确保死者的灵魂来世得以拯救。涵义的变迁，对异教徒来说，很容易理解，因为它原本就是释奴以作祭礼的部分目的。通过提倡遗嘱释免，把异教赋予死后释免的涵义同化为基督教的虔敬与灵魂救赎之意，教会同时实现了两个目的：保留死后释免的异教习俗，但将其涵义转变为基督教对死后灵魂的拯救；保留异教徒用奴隶做祭品的良好涵义，即协助主人进入另一个世界，但又废除了恶习本身。尽管这一涵义的转型在所有中欧、北欧民族的历史文献中都很可能有记录，但中世纪的瑞典给了我们最好的说明。在那里，基督教化"温和而审慎"；大量有关遗嘱的证据也清晰地显示，教会如何引入"释免奴隶的第二个重要动因：让奴隶自由，在上帝看来，值得称许、奖励。它有益于拯救。"[45]

　　同样的过程也发生在了基督教与现代异教民族的交往中。举例来说，阿兹页227特克人与我们讨论过的那些民族，都很快以同样的方式，重新释义他们的死后释免与祭祀习俗。然而，文化的适应总是双向的。基督教也许在这一精巧的神学再释义中赢得多、输得少；但要假定神父们可以随心所欲，那就错了。哪里都有妥协。原始人的心灵的确让自己的思维方式顺应了基督教义，但也只是在一定程度上。可以想见，在信仰改宗者心里，原始的遗嘱释免成了强大有力的二元象征。社会意义上死了的奴隶变成了社会意义上活着的人；主人的死亡，成为创造生命的机会。这不仅合了他死去的主人的心意，也让他要见的新神欢悦。祭神的精义犹存，只不过形式更复杂；礼物交换的精义也在：尘世上的生命与天国里的生命做了交换。其实，这样的解释，基督教早已预见——耶稣在十字架上受难就是一个极为强大有力、包含多种含义的象征。对于生活在复杂的城市世界、文明发达的罗马人来说，它大概太过刺激、也太过原始。因此，圣徒保罗被问到他对于释免的看法时，给了一个颇显矛盾的答复："因为做奴隶蒙召于主的，就是主所释放的人。做自由之人蒙召的，就是基督的奴仆。你们是重价买来的，不要做人的奴仆。弟兄们，你们各人蒙召的时候是什么身份，仍要在神面前守住这身份。"[46]这种神学上的蒙昧主义把基督教早期的神父们彻底搞糊涂了。保罗本人大概也不太清楚他说的是什么意思。

伊斯兰教，在其传播以及它与异教徒——先是阿拉伯人、后来是被它改宗的其他民族——的交往中，经历了相似的过程。穆罕默德时代的阿拉伯人，与帝国早期的罗马人一样，早已抛弃了用奴隶作人祭的习俗，也只施行死后释免；但与罗马人、希腊人一样，阿拉伯人的死后释免主要是为了给死者的好名声更添荣光。我们知道，穆罕默德及其追随者认可奴隶制，把它当作社会秩序的一部分；但是，不同于基督教慢吞吞的行动，伊斯兰教很快就以人道主义的态度对待它。为此，穆罕默德不仅提倡生前释免，而且建立起一个极其重要的信条：释免，尤其是通过遗嘱而施行的释免，是为虔诚之举，对奴隶主灵魂有益。事实上，伊斯兰教走得更远。它不仅要求奴隶主给予奴隶自由，以期来世有回报；还要求他的继承人也这样做，因为"代表故去的人释免奴隶，对死者有好处"。[47]有充足的证据显示，与基督教在日耳曼异教民族中一样，伊斯兰教也对亚洲与非洲异教民族中的人祭与释免奴隶的传统习俗作了新的诠释。前文列举过的冈比亚沃洛夫人，晚在 16 世纪时，还在屠奴以祭祀；但在那之后，他们用伊斯兰释免教义取代了它，后者将释免视为宗教虔敬的体现、虐待奴隶的救赎。

同居释免

这种通过婚姻或纳妾而释免奴隶的方式，在以血缘或亲族关系为基础、尚未出现文字的民族中，最为常见。它也是伊斯兰世界最常见的释免方式，特别是在非洲与中东。其理由不难寻得。在大多数前资本主义社会，男人们很容易把身份自由的侍妾或小老婆与女奴地位等同。二者的身份差异通常对女奴的物质生活没有影响，尽管她的孩子会受影响。伊斯兰教不仅允许释免女奴，甚至积极鼓励男人与她们同居。奴隶与侍妾，是穆斯林男人唯一可与之发生婚前、婚外性关系的女性。尽管他们的老婆最多只能有四个，妾的数量却不受限制。没有生孩子的奴妾可以卖掉，但真被卖出去的很少。[48]在大多数伊斯兰国家，一旦妾给主人生了孩子，她就成了"孩子的母亲"（umm walad），不能被卖掉。主人一旦去世，按惯例，她们获得自由。如果奴妾身份合法，她所生的孩子全都合法，并且与婚生子女享有同等继承权。主人得承认其父亲身份，不过，除了哈乃斐学派，所有伊斯兰法律传统都规定：只有奴妾被正式承认为"孩子的母亲"，他才有义务承认。[49]伊斯兰教还鼓励娶不起自由女性的穷人转而去娶改宗伊斯兰教的女奴，虽然"这样的结合要受惩罚，罪刑比照与已婚自由妇女通奸罪的一半"。

　　这些宗教律令在整个伊斯兰世界大体都得到了遵行，虽然偶尔也有例外。例如在索马里，生了儿子的奴妾通常不会获得自由。[50]身份自由的妾及其身份自由的儿子，在伊斯兰历史与社会中，占有重要的地位，许多统治者都为奴妾所生。伊斯兰的历史因此受到这种释免方式的决定性影响。[51]

　　无独有偶，通过纳妾、婚姻而释免奴隶的方式在其他地方也存在。尚未出现文字的社会中，颇为典型的是莫桑比克的塞纳人（Sena）。在他们当中，"奴隶与自由人的婚姻是一种制度化的释免形式"。[52]身份自由的塞纳人，无论男女，都可以、也确有人与奴隶结婚。但即便在前文字社会，也只有少部分民族允许自由女性与奴隶结婚。奴隶体系高度发达的文明民族，通常严禁这种做法。不过，如果 页 229因此假定：发达的前现代民族从不允许自由女性与奴隶结婚，那也大错特错。任何地方，身份普通的奴隶通常都不能与自由女性结婚，因为他们负担不起。但是，即便这样的婚姻遭人鄙视，有钱的奴隶或有权有势的奴隶主的奴隶，也常能逾越常规。帝国时代的罗马，与奴隶结婚的自由女性受到严厉惩罚，然而，皇帝跟前颇有权势的奴隶却可例外。不过，不同于女奴嫁给自由男子常使她获得自由身份，娶一个自由女性并不必然使奴隶丈夫自由。这是很重要的一点。女性很少能把自己的身份授予她们的丈夫，即便在孩子的身份取决于母亲的母系社会。

　　回到更多见的通过婚姻释免奴隶的方式——女奴嫁给自由人或被主人纳为妾。我们发现，它在全世界普遍流行，无论是前资本主义社会还是现代社会。中国是一个有趣的例子。与伊斯兰的习俗相反，在中国，自由女性也可能成为小妾。再者，身份自由的妾是可以卖的，只要将其身份说明即可。这就使人更容易把身份为奴的妾与身份自由的妾等同看待。与伊斯兰世界一样，孩子若为庶出，依然可在帝国等级体系获得高位，甚至能当皇帝。嫔妃作太后的例子，也非少见。

　　我们的比较分析显示：第一，禁止或在事实上限制自由男性，尤其是奴隶主与女奴同居的社会，极为罕见。他们也不可避免地与女奴生下了孩子。就我所知，全部有奴社会的历史记载上，那样的例子只有一个。它严禁、也有效地禁止住了奴隶主与女奴同居，也不允许对女奴进行性剥削。这就是西伯利亚东南至为素朴、严厉、苦行僧般的吉利亚克人①（Gilyak）。女奴制度，直到19世纪末，依然是这个族群不可或缺的内部经济构成。拥有这样的人形财产，既为巨额财富的指标，也是地位、声望的标志。女奴在人们眼里，低下卑贱，尽管她们对主人意味着宝贵的社会与经济价值。奴隶主若与女奴同居，会立刻招致谴责、引发众怒，丧失社会地位。不过，这个伦理禁令反倒使女奴在主人家受到更重的剥削。为何？研究19世纪中期阿穆尔人（Amur）的利奥波德·冯·施伦克（Leopold von Schrenck）解释说，女奴受到性轻视，意味着奴隶主的妻子不会对她们心怀妒意，因此会很安心地在家里把她们当牛做马地使唤，而奴隶主的妻子们自己，只需做点轻松愉快的女红。无疑，阿穆尔人对其女奴的性回避，主要归因于他们对阿伊努人②（Ainus）的种族蔑视。多数女奴，都是从阿伊努人中买来的。[53]

页230

第二，奴隶主对于女奴的性剥削往往会使他们之间产生感情，这种感情显然也会在女奴给主人生下一男半女时强化。伊斯兰国家以外，女奴被纳为妾，尤其是她生下孩子之后，自动赋予其自由的社会，也为数不少。约有三分之一的非伊斯兰社会属于这类。除了塞纳人，这类的例子还有恩孔多人（Nkundo）、伊博人、古代越南人、古代西亚两河流域各民族、13世纪晚期的瑞典人（也可能更早）、直到17世纪末的法属安的列斯群岛人。

古代西亚两河流域尤其引人注意。汉谟拉比法典规定：奴隶主去世，须释免一名女奴及其孩子。照习俗，妻子若不孕，得送给丈夫一名奴妾，好给他生养后代。这样的妾没有奴隶特有的文身，也不能被卖掉，但她们身份模糊，既是主母的奴隶，又是主人的小妾。可以想见，这是一个充满情感冲突、常常导致紧张关系的处境，尤其是在奴妾生下一个孩子并不可避免地将她与女主人的关系拉得更紧了之后。显然，富有、慈爱的父亲会在女儿出阁时给她几个这样的奴隶丫鬟，保证她不至于因不育而被休弃。圣经故事中的夏甲，由撒拉送与丈夫亚伯拉罕作妾，当时，撒拉已不能再生养，夏甲后来陷于嫉妒、悲伤。这大概是许多这种三角关系的结局。这样的三角家庭，关系很难和谐，尤其在其中一方是奴隶或仆人时。德赖弗与迈尔斯认为，类似夏甲这样的收房，主要发生在古代近东地区、妻子又是一个女祭司的时候。到古巴比伦王国后期，很明显，奴妾不仅永为奴

---

① 尼夫赫人的旧称。——译者注
② 亦称"虾夷"，日本少数民族，主要分布在北海道。——译者注

隶,甚至可以被卖掉。[54]

非伊斯兰社会中,还有一类,它们在法律上没有规定要释免奴妾,但实际上通常这样做。大部分非伊斯兰社会都属于这种类型,包括非洲的门德、阿博、卡勒比(Karebe);古代印度与法老时代的埃及;欧洲古典时代与中世纪时的有奴社会。古典时代的希腊,妾与主人之间的关系,虽然在《伊利亚特》与《奥德赛》中有所揭示,但我们的证据很有限。公元前2世纪与1世纪德尔斐的奴隶释免记载显示,通过给奴隶主或自由人作妾而获得自由的例子,并不罕见。不过,依据基思·霍普金斯的研究,女奴从哪里获得德尔斐释免所需的一大笔钱,我们一无所知。嫁与第三方作妾应为一个合理的猜测。[55] 古希腊有多少作妾释免的例子,页 231我们只能推测;不过,古代雅典必然属于一个罕见的类型,即男奴也可以通过这一方式获得自由。众所周知,同性恋在古希腊的蓄奴阶级中屡屡有之。很可能,有不少男性奴隶专门为此目的而买来。由性爱关系而导致的释免,对男女两性也许同样适用。逍遥派亚里士多德遗嘱中释免的男童与年轻人,大概就是这样的例子。在一个哲学家的家里,很难看出他们还能做什么其他的用途、还有什么其他的理由让他们在主人的遗嘱中如此受优待。[56]

罗马的情况远远没有这样令人费解。事实上,释免奴妾及其子女的传统习俗还被纳入了查士丁尼的法典。他规定,奴隶主遗嘱中未交代身份的奴妾,应与其子女一同被释免。[57]

释免奴妾及其子女的惯例在欧洲一直延续整个中世纪,它也广泛施行于世界上其他地区的有奴社会,如美洲、印度洋马斯克林群岛、摩鹿加群岛南端的班达群岛。学界流行一种观点,认为拉丁美洲的有奴社会迥异于西欧与北欧人在美洲的有奴社会,更盛行纳妾。这是错误的。尽管在拉丁美洲的大部分奴隶社会,释免率确实要高一些,但在说英语、法语的加勒比奴隶社会,奴妾释免并不少见。事实上,英属、法属、荷属加勒比殖民地与美洲其他地区,包括西属美洲,都常常将纳妾视同普通法中的婚姻。二者之间,无甚差异。牙买加与法属殖民地的种植园主,有的也和伊斯兰奴隶主一样,渴望释免他们的非婚生子女与奴妾,并且赋予他们继承权。实际上,传给被释免的有色阶级的财富是如此之多,立法机构不得不一再通过法律,限制被释免的有色人可继承的财产总量。反复通过这样的法律本身就说明它们在现实中没有效力。但有一点需要强调。尽管在这类社会中,奴妾及其子女在被释免的奴隶中多得不成比例,它们与古代近东、伊斯兰国家还是差异悬殊，因为它们不存在自动释免这类人的法律。更重要的是，大部分奴妾及其后代都没有获得自由。17世纪下半叶的南非与法属安的列斯群岛，的确有法律和官方命令，要求释免妾的后代。然而，最近的研究证明，虽然这样的释免确有其例，甚至有奴隶主与妾结为正式的婚姻，但总体来看，这些法律基本形同虚设。[58]

页232　　最后，还有一类数目不多、最为严苛的有奴社会，受到性剥削的女奴极少获得自由。前现代世界，占绝大多数的是以血缘为基础的母系社会。这样的社会中，奴隶妻妾作为生孩子的工具，是男人们非常想要的，因为她们生下的孩子完全由父亲控制。正因为如此，奴妾及其子女往往永为奴隶。非洲的阿散蒂与因班加拉是两个最显著的例子。其他例证，我们将在下一章讨论被释免的奴隶的地位时再举。现代世界中，最值得注意的，是18世纪、19世纪初的南非与18、19世纪的美国南方。

收养释免

　　说完纳妾释免，我们再来看另一种释免：收养。这也是一种古老而普遍的方式，尽管它绝非举世通用。同为一种释免方式，收养与纳妾形成鲜明对比，因为它在很多伊斯兰有奴社会中都不存在。这也是它最引人注意的。毫无疑问，个中原因，主要在于穆罕默德大大地改变了收养这一传统习俗的性质，虽然他并未废止它。世界各地，都存在以结干亲而形成拟亲属的现象。收养，本质上与之相似。穆罕默德则倡议，以庇护关系作为无血缘联系的人之间建立密切关系的更合适的方式。他说："如果你不是他们的父亲，那就让他们作你宗教上的兄弟、你的侍从。"[59]随后，伊斯兰法只承认一种亲嗣关系，称之为"确认"（Al-Iqrar）。确认颇似收养，但也有重要不同。例如，一个男人只能确认至少比他小12岁半的人；他也只能确认父母不知是谁的人。这就把最可能符合释免资格的一群人——家生奴——自动排除在外了。不过，深受主人宠爱且从异教徒地方买来的奴隶，倒常常被确认，尤其是在主人没有继承人的时候。

　　伊斯兰国家之外，收养在绝大多数前现代民族中甚为普遍，尽管它很少成为非常重要的释免形式。只在文字尚未出现的民族中，它才是一种常见的释免方式。我们已经看到，在许多这样的社会，奴隶作为家庭的低级成员被吸纳进去，但地位边缘。因此，通过收养而释免，不过是奴隶被接纳过程的一种延伸。这种接纳,从其被奴役时便已开始。不过,收养之时,通常会举行通过仪式,作为一个明确的点,表明这名奴隶不再为奴,而已成为主人家正式收养的成员。很多时候,收养过程要历经好几代人:隔了一代或几代之后,某个奴隶的子孙自动被承认为正式成员。例如,缅甸高地的可钦人中,奴隶的地位与私生子相似,也就是比富丈人眼里的穷女婿好一点。但是,随着血缘关系的加深,感情一代代地增强,当这奴隶将被释免时,他"照仪式被宗族接纳,成为其中血统纯正的一员"。[60]

页233

令人惊讶的是,这种自动的越代收养即便在有些特别不喜欢收养第一代奴隶的社会,也会发生。吉利亚克人就是一个再好不过的例子。我们在前面已经看到,第一代奴隶在吉利亚克人中间备受鄙视,然而,他们的配偶却由奴隶主为其选择。依据列夫·史坦伯格①(Lev Schternberg)的研究,在吉利亚克人看来,父母均为奴隶的孩子"自由到脖子",意思是,只有他的头是自由的;祖父母为奴隶的孩子,"自由到腰";曾祖父母为奴隶的孩子,"自由到脚";所有奴隶的第四代子孙,被视为"纯正的吉利亚克人",成为奴隶主的亲属,称为"卡卡"(k：khal)。任何人叫"卡卡"奴隶,都可以被控告。不过,"纯正"这个词,似乎只是相对的。像这样被释免的奴隶,虽然在法律上是纯正的吉利亚克人,依然带着耻辱的标签,让人看不起。[61]

恩瓦舒库-奥盖登贝(K.Nwachukwu-Ogedengbe)曾有一篇研究9世纪阿博(下尼日尔说伊博语的一个民族)奴隶制的文章。他让我们看到,一开始就被纳为拟亲属的奴隶与被释免的奴隶正式被收养,二者之间是有区别的。后者地位微不足道。他还强调,这样的收养非同寻常。文中写道,"尽管奴隶被纳入亲族体系,他却不会进入真正能说明亲属关系的继承规则。主人去世,不会有任何财产遗传给他,除非继承人有那样的意愿。唯一的例外是'乌卡德'(Ukodei),即准予纳入宗族的特别仪式已然完成的被收养的奴隶。需要强调的是,乌卡德并非伪亲属,他名副其实。不过,乌卡德的名分只在情况特殊时才能授予,例如死去的主人缺乏自然继承人,没有子孙能够在他灵前供奉祭品。"[62]这与中世纪的斯堪的纳维亚几乎完全一样。在那里,女奴的孩子,如果要彻底获得自由,而非令其子孙一代一代逐渐进入主人的家族,亦"须经过一个正式的收养仪式,其后,他才能获得平等继承权,并支付一笔完整的赎金"。[63]

① 民族学家。——译者注

由此可见，收养可有两种方式。一是渐进型的越代收养，时间跨度两到五代不等；二是一举而完成。后者通常伴随有更多的仪式，被收养的奴隶及其子孙显然比越代收养的奴隶能更全面地被主人接纳。即便如此，无论哪种收养，有一个奴隶祖先的污点似乎永不能完全抹去，哪怕禁止谩骂其子孙的律令非常严厉，只有密友间才敢谈及。我们在许许多多的部落民族中发现，每隔一段长的时间，收养仪式将会重复一次，为的是"清洗"前奴隶的身份污点，再度确认，他的身份改变之后，已为社会所接受。不少日耳曼原始民族规定，奴隶的释免，须于20年间在自由人的集会面前宣布两次；此后，任何人不得质疑其身份的转变。美洲西北海岸的印第安人，若遇自由女性采取非凡行动，嫁给一名奴隶（总是因女方怀孕而导致的闪电式婚姻），不仅要求赎买奴隶的自由，并由他妻子的亲族正式收养，还要为了未出生的胎儿，举行清洗仪式。孩子出生后，终其一生，都要在人生的不同阶段，重复清洗仪式。

大部分已出现文字、政治上发达的前现代民族，采取更为直接的契约式收养方式。收养释免，尽管在汉谟拉比法典中未曾提到，但它是古代西亚两河流域最常见的两种奴隶释免方式之一。依据伊萨克·门德尔松所言，"收养释免从根本上说是一种商业交易、一种交换条件。被释免的奴隶转变成他原主人的子女。随着释免者的死亡，这种关系也就终结。"女奴的收养释免往往伴随着她与一名自由人的婚姻。在这种情况下，这对夫妇应该供养释免者，直到后者去世。收养极少成为慷慨之举。[64]

不知怎么，在古希腊罗马，收养很少见。考虑到古希腊社会的族群排他性，这倒也不足为奇。收养在古罗马早期存在，然而至为稀少，哪怕到了共和时代的晚期。罗马法的古典时代①，收养近乎绝迹。中世纪欧洲的罗马化地区，收养释免同样少见。不消说，在现代美洲，它几乎不存在。

政治释免

某种意义上，政治释免也是一种收养，指酋长、苏丹或统治者代表社会、国家将奴隶纳为某一社会的正式成员，无论是否征得奴隶主同意。为什么中央权威或社会的统治者想要释免奴隶？原因有多种。最常见者，乃因奴隶表现英勇、卓

---

① 起止时间学界有争议，大致指进入公元后的前250年。——译者注

越非凡。这种情况往往发生在战争中。典型例证可见古老的挪威法："国难当前,所有人(自由人与奴隶)均须拿起武器、捍卫国家之时,在战场上成功杀敌的奴隶,须当自由。"[65]下一章我们将看到,严禁奴隶携带武器的社会,为了使奴隶 页235
有资格成为士兵,常常由国家给予他们自由。揭发主人或其他人犯有叛国罪的奴隶,也常常被赏之以自由。显然,这是一种危险举动,如果指控不成立的话。在古希腊,奴隶在这类事上陈述事实(这与作证是不同的),是他们能参与司法过程的少数场合之一。在国家拥有奴隶的社会,既可凭一人之令,也可以大赦之法,赋予奴隶自由。

在古希腊罗马以及大部分其他前现代社会,拥有和释免这类奴隶是没有什么特殊问题的。但中国的情况就不同了。在那里,私人手里的奴隶有很大一部分实际上属于国家所有。他们是由皇帝或者说朝廷,连同对他们的使用收益权,一并赐予受宠的官员。朝鲜在一定程度上也是如此。对于这类奴隶,主人是否有权释免,在帝制时代的中国,一直是个没有解决好的法律问题。皇帝一时慈悲,大赦天下,旨令将大量私奴与官奴除籍,就更加复杂。从奴隶持续存在以及其他证据来看,限制奴隶主私下释免国有奴隶的法规、释免私奴乃至官奴的旨令,似乎都经常被推之一旁、无人理会。[66]遭受主人虐待的奴隶有时会被官府释免,这在一些伊斯兰国家司空见惯,因为《可兰经》有要求。但不少非伊斯兰社会也这样做。

无论释免理由如何,由政府释免往往最为彻底;从奴隶的角度来看,它也使他最能充分融入社会。在日耳曼人中,被释免者的地位,由于公民权大大地被削夺,往往大打折扣。因有过人之才而被国王释免者,方可例外。一旦他被授予武器,立即成为社会的真正一员。索马里人也是这样。一般来说,被释免者地位相当不利,但若由苏丹下令释免,他就成为索马里社会的真正一员,其自由不受任何限制。而在通常情况下,这种限制总是很多。他的出生权与血亲关系完全恢复,并且获得所有的权利,例如,与生来自由的索马里妇女结婚。[67]古罗马一样,只有皇帝能恢复奴隶的血亲关系与出生权。他运用法律拟制的办法,假定这名前奴隶生来即为一个自由人,无论他事实上曾陷于怎样的境地;或者假定,他从未被奴役过。

如果我们接受戴维·道贝对罗马早期释免那精微复杂的解释,监察官释免,即由监察官将奴隶登记入册,使之成为自由人,就是一种别具特色的政治释免。 页236

不同于其他方式，奴隶主在释免奴隶时放弃了属于他的权力，监察官释免则是由国家择选奴隶并将之纳为城邦公民。道贝写道，"监察官释免中，由国家登记入册、纳入城邦为先，奴隶主赋予奴隶自由在后。严格说来，自由只是一种后果。奴隶主没有放弃他的权力，而是因为一种国家政治行为失去了它。"[68]通常，奴隶主会同意国家的行为。但是，监察官有权不顾奴隶主的意愿将奴隶登记入册。监察官释免跟随其他释免方式发展而来，但很可能，它是最早赋予被释免者公民权的。其他方式仅限于免除奴役。在罗马，公民权自动随着奴隶主所采用的各种释免方式赋予被释免者，是晚得多的事情。那个时候，也就是罗马共和晚期，监察官释免已非特别所需；再到帝国时代，它成了过时之物；继之而起的，是寺院释免。巴克兰指出，因为它"保留了其他方式已不存在的公共管理或控制的成分"。[69]

合谋起诉

合谋释免是为规避免除奴役之不可分离性问题而最早采取的世俗方式之一，它是一种法律拟制，类似于古希腊、罗马法律概念中的合谋起诉。在雅典，这种方式称之为模拟审判，即奴隶以抛弃主人及其奴隶身份罪而受审，但预先已决定，裁决他无罪。无罪裁决即为此人非属奴隶的证明。不过，它并不表示，这样获得自由的奴隶是一个公民。相反，他成为一个定居外邦人。[70]罗马所采取的方式，称为执杖释免。发起释免者来到法官面前，宣称此奴应为自由人，奴隶主不做抗辩（跟希腊一样），奴隶遂被宣布自由。这种方式在古罗马还附着一个别处没有的仪式：奴隶主一只手握住奴隶的一只手臂，另一只手拍打他的面颊，然后，再让他转过身去。[71]和大多评论者一样，巴克兰对这种与众不同的习俗，十分困惑不解。其实，拍击即将脱离所有者的物或人，作为一种与物主割断纽带的象征性方式，是很普遍的。莫斯的解释是这样的：人们觉得，属于某人的物带着某人的自我，因此它内含某种象征意义。当它要被卖掉或给出去时，它与物主的紧密关系就有必要分离。他发现，在法国，现在也是如此。数不胜数的"习俗显示，把某人要卖掉的物与那人分开，是多么的必要。一件物，也许会被拍一下；一头羊，也许会给它一鞭子。如此这般，不胜枚举"。在莫斯看来，这类仪式是从前礼物交换的遗迹，在正式的法律交换中延续至今。的确，他所描述的现代法国社会中的这类遗迹，在古代法律与社会中存留更多。自然经济中，礼物构成主要的

页 237

交换模式。这类遗迹,很难清除。"礼物的用意、礼物所内含的自由与义务、赠礼时的慷慨与自利等,在我们现在的社会生活中,一再出现,仿佛一个重大的、久被遗忘的主题重获新生。"[72]

需要指出,在古希腊,除了德尔斐,合谋起诉是最常见的释免方式。例如雅典,最典型的释免方式就是它。在罗马,它仅次于遗嘱释免,排名第二。[73]

神庙释免

神庙释免的起源与发展,虽然学界关注甚多,但我们所知甚少。它也许在古代近东就已存在,尽管尚无可定论的证据。但是,因为它在德尔斐最为流行,必然与希腊世界有紧密联系。需要强调的是,它并非整个希腊都流行的方式。它只是我们恰巧掌握了丰富证据的一种。就我们所知,诸如雅典、柯林斯、底比斯等希腊大城邦都不施行这种释免。在这些地方,合谋起诉与遗嘱释免似乎才是标准方式。[74]

依据博莫尔的研究,神庙释免有两种:托付圣职、假卖与神。前者更为古老,且由释免者发起,期望神会解放奴隶。后者由奴隶发起(尽管它不合法,只是一个现实),但需在神愿意使他自由的前提下。[75]

德尔斐的祭司们,并非最先阐明释免后所应享有的自由,但他们把四种基本的自由权说得明朗清晰:"身份合法、人格不受侵犯、按自己的意愿劳动、想去哪就去哪。"[76]没有证据显示,德尔斐的神庙释免早于公元前 201 年。索科洛夫斯基(F.Sokolowski)认为,神庙释免起源于奴隶向神庙寻求避难,[77]但博莫尔不接受他的看法。还有一种假设,神庙释免也许从奴隶被真正卖予神庙发展而来。换言之,它起源于神庙奴隶制。博莫尔对此观点存疑,理由是,神庙奴隶制与假卖给神的神庙释免之间,不存在任何可以设想的过渡方式。[78]打破沉默,提起争议,总有几分冒险。但是,我们的比较研究表明,博莫尔的怀疑实有其据,尤为突出的一点:哪里有神庙奴隶制,哪里就严禁售卖神庙里的奴隶。举例来说,古代西亚两河流域神庙里的奴隶——"瑟求"正是如此。他们成为一个代代延续的种姓,是唯一不准释免的一类奴隶。[79]还有一点,也很能说明问题。奴隶制转向农奴制的过程中,教会里的奴隶,从一开始到中世纪,通常都是最晚一批得到释免的。[80]在缅甸,我们发现,寺院里的奴隶也是一个身份遗传的种姓,备受鄙视,不得释免,哪怕国王也无能为力。[81]再举最后一例:"奥苏"(Osu),即伊博人神庙

页 238

里的奴隶，永远不允许被接纳进伊博人的社会。奥苏奴隶的后代，直到今天，依然背负祖先的耻辱，哪怕是他们中间的上层阶级。这与其他类型的奴隶的后代，完全不同。[82]显然，神庙里的奴隶，身份中有些不一般的东西。[83]

因此，我很愿意接受博莫尔的观点：在希腊，神庙释免不是在世俗释免之前，而是在它之后发展起来的。我无疑也与他一起反对新演化论的假定：制度的发展，总是宗教形式在先，世俗形式在后。神庙释免是作为一种完全合乎法律程序的替代发展出来的，是对于纯属世俗法行为的一种许可方式与许可仪式。"尽管释免本身合乎法律，但当事人想到有神的参与时，赋予释免的保障会更强。"[84]凡是城邦权威强大之地，例如雅典、柯林斯、底比斯，都不需要神庙释免，也没有神庙释免的证据留下。这个事实，充分地支持了我们的论点。因此，神庙释免实质上是小型社会政治与法律传统发育不良的结果，或者是城邦的衰落带来的。它的出现也比较晚。[85]

古代世界的这类神庙释免，可从德尔斐释免中一览无遗。一如霍普金斯所见，德尔斐释免给了我们一套"最硬"的数据与资料，涵盖古代世界奴隶释免的几乎所有主题。这些资料不仅揭示了奴隶们"被贬损、羞辱"的生存状况，也令人清楚地看到，奴隶为自由付出的高昂代价。[86]公元3世纪末，德尔斐释免的平均价格为每名奴隶400德拉克马，相当于"养活一个贫穷的农民家庭3年"的支出。通常，赎买自由采取分期付款的方式。奴隶所获得的物质上的回报往往无甚可取。用霍普金斯的话来说，首付条款（我们后文还会谈到）令自由常常与"幻觉"差不离。更为甚者，基督降临前两个世纪，奴隶赎免价格一直都在上涨。[87]

正式契约释免

最后，我们来看纯粹的契约释免。顺理成章，大多数这类形式的释免包含契约。我们已经看到，巴比伦人的奴隶收养大体上属于商业交易。即便如此，他们的做法也是一种法律拟制，与罗马的执杖释免一样。这让我们想到了韦伯所称的法理型契约；那一类契约完全不考虑是否需要回避由释免所提出的概念性问题。巴克兰曾表示，罗马人很快就把遗嘱释免发展成了这样一种契约。它是一种相当完备的法律契约，但依然保留了"非理性的"象征性成分。

正式的契约释免实由罗马共和时期出现的多种非正式释免发展而出。其中有两类：(1)只由主人口头宣布：这个奴隶自由；(2)当着证人的面，撰写释免书。无论哪一种，在共和时期都不具有法律效力。[88]到了查士丁尼统治时，这两种非正式释免才由他正式认可，并赋予其中一部分与执杖释免同等的法律效力。新由法律承认的正式手段中，最为重要的有三种：(1)书面释免：主人当着一个自由人的面撰写释免书，请后者见证；(2)信件释免：与共和时期的信件释免相似，只不过需要法官签署；(3)当着5个证人的面，撕毁表明奴隶身份的文书。[89]到古罗马帝国晚期与欧洲中世纪，它们开始用得越来越多，也更为充分地发展起来，尽管可能过了很久才成为最重要的释免方式。例如西班牙，13世纪时依然以遗嘱释免最为盛行；[90]其后，由教会授权的释免渐获上风；直到它进入现代世界，法理型的释免方式才占据主导地位。

伊斯兰国家的情况就不同了。我们已经看到，伊斯兰世界早先最为常见的释免方式是遗嘱释免、纳妾释免。但是，自穆罕默德时代起，纯粹的契约释免出现并且受到鼓励。这种伊斯兰释免习俗——《古兰经》中称为基塔布（Kitab）——与古希腊的首付释免体制颇为相似：奴隶分期付款，赎免自由；每期所付金额相等。大部分伊斯兰国家坚持分期付款，只有哈乃斐派准许一次性付清。分期付款期间，奴隶主不得将奴隶卖出。付完全款，奴隶获得自由。通常，奴隶主会返还他一笔折扣。[91]

本章开始，我曾指出，就理论而言，免除奴役提出了三类问题：概念问题，即如何充分、准确地定义这一交易；文化问题，即这一交易与它所沿用的习俗表达了什么样的象征性观念、仪式性传统；更多的是社会问题，即它为被释免的奴隶带来了什么样的新地位。我们在讨论过前两类问题之后，现在转向下一章，谈第三个问题。

第九章　被释免奴隶的身份与地位

页 240
释免所创造的,不只是一个新人、新生活,还有新身份、新地位。这是我们现在必须探寻的。被释免奴隶必须建立两种关系:他与前主人的关系以及他与整个社会的关系(更具体地说,他与前主人之外的其他自由人的关系)。这两种关系紧密相连。对被释免的奴隶来说,他与前主人的关系无比重要,这将决定他在整个社会中的处境。

被释免奴隶与前主人

被释免奴隶与前主人的关系,在全世界的蓄奴民族中,都那么一致、统一。几乎所有的地方,原奴隶主与他释免的奴隶之间都建立起了紧密的庇护关系,并且在大部分社会得到法律认可。实际上,庇护关系的性质与效力在社会内部的差异,往往比社会之间的差异更大。也就是说,在任何一个社会,被释免者对前主人的依赖都受到多方面因素的影响,包括经济问题,例如奴隶的赎买价格(需要付款时)与给付条款;奴隶的性别(女奴往往更为依赖);奴隶的职业;从前的主奴关系等。

页 241
放眼不同的社会,我们看到的是相似的场景。各个地方都要求被释免的奴隶对主人释免他的慷慨心怀感激,无论他付了多少钱。这种心理当然来自一种普遍的观念:释免是主人给的礼物。在罗马,一个被释免的奴隶可能以忘恩负义罪被控告;若判有罪,他会再度被奴役。整个中世纪的欧洲,大体也是如此。其他社会,法律没有如此严苛,但现实毫不含糊。所有前现代社会里,被释免的奴隶对原来的主人都得毕恭毕敬;所有的地方,也都要求被释免的奴隶承担一定的社会义务。伊斯兰的谚语说,"庇护属于解放你的人"。不过,我们必须看到,前奴隶与前奴隶主的关系与正式的庇护关系有相当大的区别,后者乃非奴隶之人自由、自愿缔结,前奴隶与前奴隶主的关系则总是更加牢固,也总带有相当独特的不由自主的性质。我们也不能脱离它所替代的主奴关系来认识它。因为这个原因,我打算用阿拉伯语中的"效忠"(wala,但它同时带有爱、忠诚、保护等义①)一词,说明前奴隶与前奴隶主的关系,并且将之与自由人之间的庇护关系相区分。[1]

不少血缘社会中,被释免的奴隶被纳入主人的谱系、宗族或家庭,尽管他们的身份很低。少有例外,被释免的奴隶几乎都会一如既往干原来的职业、生活在相同的经济背景下。他没有选择。土地是全体拥有的,要得到它,得靠亲缘纽带。这种经济上的依赖倒也并不总是令人困苦,因为在这样的社会,奴役并非主要源于经济上的原因。被释免奴隶的身份,对奴隶主而言,主要是它所产生的社会后果、心理暗示。被释免的奴隶现在在法律上有了行为能力:他可以起诉,也可以被起诉;他可以拥有财产,并且拥有对孩子的监护权;他还可以无须前主人同意而结婚,配偶的选择范围也比以前宽,虽然极少比得上从未被奴役过的人。

在伊斯兰社会,被释免的奴隶及其子孙与原来的主人及其子孙建立代代相继、紧密相连的亲缘关系。效忠关系中的恩主与被庇护的前奴隶都称对方为"毛拉"②(mawala)。在中国,奴隶被除籍后依然对前主人承担忠、孝、敬的义务。古代近东,据说被释免的奴隶须待主人死后才真正自由。他与前主人的关系是如此牢不可破!在古希腊罗马这样发达的奴隶体系里,恩主与被庇护者的关系同样紧密、牢固,有时会发展得类似父子。不少被释免的奴隶终其余生都在偿还分期支付的赎免款。结果,他一直紧紧地依附于前主人。他们还常常要求服从、敬重前主人,毕生服侍于他。有时,这样的义务会转给前主人的继承人。页242在雅典,如果恩主以违逆罪起诉他释免的奴隶,且控告成功,后者将重返奴役状态;不过,如果恩主败诉,被释免的奴隶从此将彻底自由。公元前340—前320年间,每年约有50例这样的案子。[2]

效忠关系类别甚多、强弱也有明显差异。希腊城邦相对复杂的城市经济中,对于一些强烈渴望完全摆脱效忠关系的奴隶来说,机会总是存在。他们要么远

---

①　后文出现的"效忠关系"由此而来。——译者注
②　此词意义甚多,这里意指同宗。——译者注

走他乡，甚至离开城邦；要么搬到城市的另一头。奴隶们广泛的职业分布意味着有些奴隶比其他人更能充分利用其自由。农村地区的奴隶，不仅远远不如城里的奴隶更有机会被释免，即便他们得到了这样不大可能的机会，他们的依赖性也大得多，因为他们自谋生计的能力弱。[3]

伊斯兰教出现以前，论效忠关系在法律与实践中的精细与复杂，没有地方比得上共和晚期与帝国时代的罗马。[4]恩主对他释免的奴隶可以提出三条要求或者说权利。第一条，毕恭毕敬。要对恩主及其亲属恭敬有礼、感激不尽。共和时代，法律是否对此强制执行，还不是很清楚。苏珊·特雷贾里认为，只有在起草释免契约时规定了这一条，法律才会强制执行。否则，它就只有道义上的约束力，尽管这约束力相当之强。帝国时代，这一条越来越成为恩主要求法律强制执行的权利。

第二条，也是更具实际意义的一条：干活。被释免者有义务为恩主干活。这义务"不来自获得自由的奴隶的身份，而来自他在被释免时发下的誓言"。[5]几乎所有奴隶主都坚持要求这样的誓言。罗马法古典时代的法律中，它具有法律强制力，自动生效。但自共和时代起，"为感激、回报恩主赠予超级珍贵的礼物：自由，为他干活天经地义"的观念业已牢固确立。干活指的是工作天数，因此可以很具体地规定每年工作多少天，甚至工作总量。被释免的奴隶需要做他力所能及的一切工作，只有可能危及生命的工作例外，哪怕他做奴隶时，受过训练干这种活。要求被释免奴隶干活的权利，恩主可以转给他人、传给后嗣。

第三条，被释免的奴隶死亡后，他的一半甚或全部财产交付前主人。这一权利同样可由恩主的继承人继承。

恩主对他释免的女奴提出的要求更多、权利更大。除此之外，她们还在他的监护之下。这事实上意味着，他或他的继承人总能将他释免的女奴的财产全部继承过来。

效忠关系应该是互惠的。但是，由于被释免奴隶的义务被认为是感激之情的表达——感谢主人赠予自由，无论他的回报给前主人增添了多少物质财富，我们可以理解，为什么恩主的义务少之又少，而且定义如此模糊：他应尽其可能保护、援助被他释免的人。

尽管释免对恩主与被释免的奴隶都具有重大的经济意义，但是，由于释免之举内含着礼物交换的象征主义，当我们发现，罗马人的效忠关系，从根本上说，建立在道义而非法律的强制力上，就不足为奇了。能巩固、强化法律的，甚至在没有相关法律时也能发挥作用的，是罗马人那强大的"善意"（fides）观。"fides"这个词，在拉丁语中，语义丰富，包含信任、信念、荣誉、诚实、效忠等多种含义。因此之故，特雷贾里这样总结她的分析："恩主与被释免奴隶的权利、义务关系，它整个的结构建立在'善意'这个伦理概念上。法律，则在相互冲突的利益中寻求平衡。"[6]

在罗马，恩主与被释免的奴隶之间寻求平衡与折中的方式，与古希腊城邦一样，存在相当大的个体与地区差异。少数能干、运气又好的前奴隶能够完全、彻底地赎回精神上的尊严、经济上的独立。大部分人，在其有生之年，除了延续与前奴隶主的关系，别无选择，甚至要将之传给子孙。自由是个礼物，得到它，就需要还礼。这个礼物也许毫无物质上的意义，但它有伦理价值，意味着他的归属与自尊。再者，仅就罗马而言，它还意味着：如果主人是罗马公民，他将获得一个贵重之礼：公民权，一个在奴隶制史上无与伦比的特权。

罗马法极大地影响了中世纪欧洲大陆的大部分有奴社会，因此，它的复制版出现在这些社会的法律之中，不足意外。西哥特的西班牙以及随后的基督教西班牙、法国、中世纪的意大利、中世纪晚期与近代早期地中海诸岛上的大型奴隶体系等，都在这类社会之内。[7]诚然，基于当地特别的风俗以及前罗马法而形成的差异，肯定存在，但其基本样式，采纳的是罗马的惯例。由历史悠远的罗马习俗所留下来的道义规劝也编入了法规。

北欧需要做些特别的说明，因为罗马法对它的影响稍晚一些。和其他地方一样，在北欧，效忠关系在传统法律与地方习俗中都被大大强化。正如托马斯·林克韦斯特（Thomas Linkvist）研究中世纪早期北欧国家的佃农及相关阶级时所指出的那样，在整个斯堪的纳维亚国家，被释免的奴隶一直被束缚在强大的人身依附中，他与前主人的联系迥然不同于其他半自由人与东家的关系。被释免奴隶与恩主的关系由后者的继承人承继，且由被释免奴隶的后代延续两代之久；恩主的控制似乎比在中欧、南欧还要强。举例来说，他对被释免奴隶的婚姻依然有发言权。控制的程度，与世界上其他地区一样，也因人因地而异。能够办得起并被准予办啤酒宴的被释免奴隶，与恩主家的其他正式成员相比，承担的义务更多，但这绝不是说，依附关系就不存在了。不过，就依附程度而言，在这些本质上属于农村经济的北欧国家内部，其差异甚小。几乎所有的被释免奴隶都在经济

页 244

甚至社会意义上加入了佃农行列。[8]

不同社会之间,效忠关系的差异比在社会内部要大得多。日德兰半岛与西兰岛的法律显示,被释免的奴隶对前主人无须承担任何义务。1215年以后,西兰岛的法律对此作了明确说明。与之完全相反的是挪威人,他们的奴隶主把被释免的奴隶紧紧地控制在手上:

> 他即便被释免,也没有行动的自由。他得为恩主干活,每年达到一定的劳动量。任何事情,他都不能自主,需要征询恩主的意见,包括婚姻。恩主伤害他人若需赔偿,他得分担。密谋反对主人、加入敌人一边,或者参与起诉主人的法律诉讼,抑或"与恩主说话时,好像与他地位平等",其财产将被主人没收,并且重返奴役状态。另一方面,恩主有责任维持被释免奴隶的生活,给他一种泛泛的支持。[9]

在挪威有些地方,对恩主的效忠整整延续四代,只有第五代子孙方可免于依附。

最后我们来看现代世界。同样,被释免奴隶对恩主的经济依附是常态。不过,效忠关系被制度化的程度与法律强制力,在不同社会间,存在重要差异。在美洲,只有很少一部分社会普遍运用规范化的效忠关系。荷属安的列斯群岛的奴隶社会,即为其中之一。据哈里·霍伊廷克①(Harry Hoetink)的研究,在那里,"获得自由的奴隶及其后代,必须对他们原来的主人及其妻子、孩子以及他们的后代,满口颂之,恭而敬之;稍有冒犯,就将回到奴隶制"。[10]在西属美洲与殖民时期的巴西,效忠关系从未由法律来规范。然而,奴隶主释免奴隶是有条件的:被释免者必须为他干活。就像罗马人所规定的那样,"奴隶获得自由,需以此为条件:每天继续为前主人干一段时间的活。一个由几个主人共同拥有的黑人,在被其中之一的主人释免时,可以成为,比方说,三分之一的自由人。这种情况下,他应把为自己工作的时间与继续服侍其他主人的时间分开。"[11]我们发现,有条件的释免与中世纪斯堪的纳维亚强加于被释免奴隶的契约式义务非常相似。"西属美洲一些农村地区,有些奴隶主释免了大批的黑人,不过他们事先已经确认,这些黑人会成为他们的佃农。这样,他们既摆脱了奴隶制的损失,又确保每年能从土地上获得稳定的租金,与此同时,每到收获季节,他们还有劳动力

页245

① 荷兰社会学家。——译者注

可供汲取、使用。"[12]

殖民时期的巴西,大体也是这样。在那里,奴隶释免不仅屡屡以干活为条件,被释免的奴隶还可能也的确有人"照法律制定的忘恩负义罪"被再次奴役。[13]

尽管如此,即便在拉美,严格意义上的、必须满足了法律明确规定的条件才予以部分自由的释免,在所有释免案例中,也只占少数。当然,有些地区,少数也数量可观。1776—1817 年,在布宜诺斯艾利斯,这样的部分释免占释免总数的10.9%;1813—1853 年,巴伊亚,22.5%;1789—1822 年,帕拉蒂与巴伊亚,42.5%;1580—1650 年,利马,18.4%;1580—1650 年,墨西哥城,24.3%。[14]如果把无偿释免的数字加进来,除了布宜诺斯艾利斯,这两类释免在这些地方的比例总共在52%(利马)与66%(帕拉蒂)之间。这些被无偿释免的奴隶,其实也时刻处于强大的道德压力之下,要求对释免他们的人致以感激和敬意,更不要说经济与政治压力。这说明,对大多数被释免的奴隶而言,效忠是现实存在的。至于余下的释免属于什么类型,我认为,斯图尔特·施瓦茨对巴西殖民时期被释免奴隶的研究结论,适用于整个拉美。他说:"归根结底,它们都是有条件的,因为这样的自由民永远都可能再度被奴役";即便这样的法律极少付诸实践,"强制执行的存在本身,也许就足以产生它所希望的社会控制效果"。[15]

在资本主义程度更高一些的奴隶体系,例如南非、英属加勒比、美国南方,效忠关系被制度规范化的程度最低。依据安娜·布塞肯①(Anna J.Böeseken)的研究,17 世纪晚期,南非的奴隶制度相对宽和,"有相当一批奴隶获得无条件释免"。尽管不少人受到很具体的干活条件或其他条件的制约,但其中有些相当幸运。例如一个叫保罗·科克的人,获得释免时规定他需要为两个人连续工作5 年以上,但这两个人都居住在远离南非数千英里之外的荷兰巴达维亚。[16]

18 世纪的南非变得与美国南方相似:获得释免的奴隶少之又少。不过,他们中的绝大部分(84%)得到了完全无条件的释免,"被释免的奴隶没有变成貌似的契约佣"。[17]最具揭示意义的,是两类不同性质的南非奴隶被释免时的区别。页246一类,纯粹由私人拥有;另一类,由荷兰东印度公司拥有,半官半私。东印度公司释免奴隶的比率是私人奴隶主的 12 倍,但它"强加于被释免者的条件最严苛无情"。[18]这种社会内部差异凸显出不同社会之间的一个重要模式:释免比率越高,

①　南非历史学家、记者。——译者注

效忠要求越强、被规范化的程度也越高;反之亦然。下一章,我会更具体地谈这个问题。

效忠关系在新大陆大部分地区不具有法律强制力的事实,意味着那些希望打破效忠关系的被释免奴隶可以有所作为。的确有些人这样做了,但只是少数;更多的人并非不想,而是因为他们与古希腊罗马的奴隶一样,受到一连串因素的制约:自由的赎买也许会让他们一文不名,甚至背负债务;没有在城市里生活的技能,也许只能困守农村,可是在农村又没有土地,也许不得不转身向前主人寻求帮助;即便有技能,也可能因为白人的竞争而被限定在收入最低的工作中,人称"黑人干的活";至亲、爱人尚在奴役中,往往是亲情迫使人决定:眼前来说,最适宜的做法是与前主人维持依附关系。这也许是全部考量中最重要的一点。对南非与美国南方的黑奴,还有一点特别重要,尽管它并非独特,这就是自由白人对混血儿与被释免奴隶的种族主义敌意。在一个法律对此无动于衷、就算最低限度的保护也不能落实的社会,前主人往往是唯一可以寻求保护的去处。

艾拉·伯林①(Ira Berlin)的研究证明,虽然"常常有自由黑人冲出去,打破依附关系",但事实上,极少有人成功。[19]然而,在美国与加勒比地区的非荷兰属地,倒也很少发现有法律强制力的效忠义务。19世纪30年代,在美国南卡罗来纳州,法律规定:被释免的奴隶需要在白人中有一个合法的监护人,但这监护人不一定非得是原来的主人。可见,这个法律的目的,不是强化被释免奴隶与前主人的个人关系,而是为了管束前者。[20]

与新大陆其他地方一样,在美国,释免是高度选择性的:倾向于最可能想维持依附关系的奴隶。[21]在南方的城市地区,尤其是内战前的老南方,大部分被释免的奴隶是与主人有性关系的女奴;农村地区相反,大部分被释免的奴隶是男性,但也正是在这些农业区,被释免的奴隶遭到了前主人最严厉的经济剥削。伯林的叙述,揭示出这些被释免的男人穷困不堪、濒临绝境的处境。多数人依然在农场干活,"在负债的恶性循环中挣扎,事实上依然在奴役中"。[22]

被释免的奴隶与前主人的关系,在所有的有奴社会都存在。因此,我们不妨做一番归纳:释免对于奴隶主,就看得见、摸得着的经济或政治生活而言,通常失的少、得的多;依附一如既往地延续;效忠关系在整个前现代世界被正式地制度

页 247

---

① 美国历史学家,以非裔美国人史研究闻名。——译者注

化,但现代奴隶体系将之制度化的只占少数;无论最初被奴役的主要原因为何,奴隶被释免后都得继续满足前主人的需要。如果主要原因是经济上的,那么他与前主人的经济关系延续;如果主要动机出于政治,那么政治上的联系增强;如果是为了性,主人一如既往继续得到性的满足;如果奴隶主要是作为增添声望的物,一如在大多数原始社会那样,被释免者加入前主人的家庭,进一步增添他的尊严与荣耀。[23]

被释免的奴隶与生来自由的人

被释免的奴隶在整个社会里的身份与地位是我们需要考虑的第二个主题。在各个社会间进行比较时,区分被释免奴隶的政治—法律身份与他的声望等级,是很有用的。声望等级指被释免的奴隶受人尊重的程度,作为一个正式属于某社会的平等成员被人所接受的程度。拥有完全政治—法律行为能力,并不必然表示为社会完全接受。有时,被释免的奴隶十分受人敬重,但尚未获得完全的法律与政治行为能力。这种情形通常发生在前奴隶系土生土长、乃因政治或军事原因而沦为奴隶的时候。被敌军俘获的罗马人,缴纳赎金后,获得自由,公民权利亦恢复,但由于赎金由他人代付,因此他受到某些限制,就是一个典型的例子。

首先从声望等级说起。被释免的奴隶,虽在名义上获得了与自由人几乎完全平等的政治与法律身份,实则始终带着污名。即便在塞纳这样尽力包容、接纳被释免奴隶的民族中,他们也“依然被辈分低的族人看不起”,被迫从事最令人讨厌的工作;如果遇到经济危机、一家子面临饥饿时,他们是第一个被卖掉的人。[24]曾经身陷为奴的耻辱,意味着被释免的人极少被人平等相待。只有时间能抹去他当过奴隶、地位羞辱的记忆。因此,完全的自由只能落在后代身上。这时间会有多长?每个社会不一样。

值得关注的有奴社会中,超过80%的样本,其中的被释免奴隶无法得到这样或那样的公民权利。名义上顶着公民身份的荣誉,现实中一直是二等公民。几乎所有的社会都把前奴隶排除在最重要的领导角色之外。当然,王宫中的奴隶与被释免的宫奴例外(见第11章)。偶尔,一名原来做过奴隶的人会成为一个小头目,非洲门德人中就曾有过这样的例子,但这种情况在他们自己看来也总是例外,有时候还可能带来麻烦。喀麦隆的杜阿拉人为我们提供了一个很能说页248

明问题的例证。19 世纪期间,一个战俘与杜阿拉一个头人的女儿结了婚,后来成为杜阿拉一个大城镇德伊多(Deido)的统治家族,但正如拉尔夫·奥斯滕所言,"德伊多随后与杜阿拉的其他城镇冲突不断,水火不容。最后,以处死头人查利·迪多(Charley Dido)告终,前所未有、骇人听闻。"[25]

即便在依赖被释免的奴隶充当执行与管理角色的社会,我们也必须认识到,这样的职位对绝大部分被释免者都是关闭的。伊戈尔·科皮托夫与苏赞尼·迈尔斯曾经提出过一个重要的观点:奴隶群体中不同的身份序列,并不必然反映上下之间有意义重大的流动性。有些奴隶也许是为了官方事务专门弄来的,有些则只是为了用作劳动力,后者大概没有丝毫的机会升到前者的位置。被释免的奴隶也一样。帝国时代的罗马,被私人奴隶主释免的奴隶(绝大多数被释免的奴隶都属于此类),几乎不可能上升到皇宫里被释免的宫奴的位置,因为后者是从"恺撒的家奴们"这个圈子里征来的。伊斯兰哈里发与奥斯曼帝国,就更是如此。他们的奴隶从特定的符合某种族、族群特征的地区选来,目的是承担军事与行政管理任务。9 世纪的伊拉克,一个遭人鄙视、克服重重困难才赢得自由的非洲"僧祇"(Zanji)①,不可能跻身土耳其马穆鲁克军士与管理者行列,虽然后者也是被释免的奴隶。奥斯曼帝国的禁卫军全都是白人,是帝国臣民中基督徒的子孙。

我在前面已经反复强调,奴隶制不是一个静止的制度。从进入奴隶身份的那一刻起,奴隶与奴隶主以及周围社会的关系就开始发生变化。利用一个常见的社会学理论工具,科皮托夫与迈尔斯恰到好处地概括了这个过程。他们把代际流动与代内流动的区别运用于分析影响奴隶的社会关系的三个维度:奴隶的法律身份、他情感上的边缘状态、他在尘世间的成功。[26]两人首先论述道,这三个维度的变化在一个奴隶身上也许会终其一生。代内流动,即两人所称的"终生流动",必须与"奴隶的子孙后代所经历的变迁,也就是代际流动,区分开来"。接下来,他们补充说:"这显然易见的区别必须记在心里。因为像这样的说法:'几代人之后,奴隶被融入了奴隶主的家族谱系',有时会被用来说明某奴隶体系的灵活与温和。不能忘了,代际的弹性可以与僵化、严苛、死板的身份制度并

---

① "Zanji"译为"僧祇",系沿用马坚先生的译法。参见菲利普·希提著、马坚译《阿拉伯通史》(下),北京:新世界出版社,2008 年版,第 426 页。——译者注

存,每一代奴隶都可能被冻结在内。"[27]他们的观点得到学界普遍认可,也为我们的比较研究充分证实。

但是,我们在人类学有关奴隶制的文献中碰到了另一种可能引发歧义的描 页249 述。强调奴隶身份的可变性与代际特征,往往给人一种印象:似乎一旦获得自由,被释免的奴隶就完全融入社会。实际绝非如此。举个例子。查尔斯·蒙泰伊①(Charles V.Monteil) 曾研究西非班巴拉的奴隶制。[28]他告诉我们,在那里,奴隶身份不是固定不变的。通常,它历经三个阶段。父母属于"生在屋里"的奴隶,子女们有一种相对其他奴隶较为优越的地位,尽管这种优越只是得到主人默许,到了第三代,他们"就成了事实上被释免的人",并且"在班巴拉社会中扮演重要角色"。蒙泰伊之言也许没有错。但是,"事实上被释免的人"真的与生来自由的班巴拉人平等吗? 令人注意的是,蒙泰伊不经意间又将第三代指称为"另一种类型的奴隶"。被释免的奴隶属于一个特别指定的人群,这本身就说明,他与自由人确实是不同的。班巴拉人对于身份的高度敏感(蒙泰伊记录了很多),让我们可以推断,被释免奴隶的地位是何等的不牢靠。班巴拉社会如此,其他所有的有奴社会也都如此。这实际上意味着,被释免奴隶的身份不是被边缘化过程的终结,它仅仅结束了边缘化过程的开始阶段,是奴役阶段的结束,而奴役本身也分好几个阶段。被释免奴隶的身份开始了一个新阶段:他始终是一个边缘上的人,不过,这个过程现在转向了社会意义的去边缘化阶段、人格意义上的脱离疏离化过程。新阶段本身,也许需要好几代人的时间,尽管在少数幸运儿那里,这漫长的过程可能一举而迈过,他们立刻就被宣布自由。在索马里,由苏丹释免的奴隶正是这样。他们因为出类拔萃的表现而得到苏丹的奖赏,立刻获得自由。由罗马皇帝的旨令而释免的奴隶,也是这样。他们获得了与土生土长、生来就自由的人一样的地位与身份。但是,这样的例子性属特殊,少之又少。

因为是一个边缘人,被释免的奴隶依然在人看来与众人不同。他与所有处于过渡阶段的人一样,被视为具有潜在的威胁。社会予以他特别的关注,不仅仅出于经济上的理由——要确保他不成为公众的负担,同时也出于社会与象征意义上的理由。

---

① 法国人类学家。——译者注

我们已经看到，中世纪的挪威西部，被释免奴隶与奴隶主的依附关系如何延续四代之久。与依附相伴随的，是被释免奴隶及其后代所承受的轻视与不屑。因为他们身上带着奴隶祖先遗留下来的、抹不去的污迹。恶心、丑陋、污秽、愚蠢、懦怯、低等，这是不折不扣的挪威种族主义者心目中奴隶的形象。对于被释免的奴隶，他们同样持此态度。直到第五代，"污迹"终于被去除以后，被释免奴隶的后代才成为"纯净的人"。

页 250新大陆奴隶社会与挪威的差异，仅仅程度不同而已。18 世纪下半叶法属殖民地圣多明戈，被释免的奴隶极不受欢迎，当地人对他们敌意特深。在一本得到法国政府官方授意的书中，殖民者宣称："利益与安全的需要，要求我们压制黑种人。他们是如此的令人蔑视，无论是谁，只要是黑种人的后裔，除非到了第六代，都应盖上一个无法抹去的污记。"[29]诸如此类的文句，让人忍不住迅速得出结论：新大陆的奴隶制尤为独特，奴隶与被释免的奴隶承受着更重的种族主义。实际上，将一个特定的群体与奴隶制紧密相连的心理与奴隶制本身一样古老。世界各地的被释免奴隶，都遭受了双重歧视：认为他们既被奴隶制玷污，也为他们所属的群体污染。在中国的倮倮人眼中，被释免的汉人奴隶被汉族人的血统污染。非洲的阿散蒂，被释免奴隶如果有外国人的祖先，他同时被奴隶制与他的北方血统污染。中世纪，在伊斯兰世界，"僧祇"这个称谓既指奴隶，也指黑人，这两种身份都会"玷污"被释免的奴隶及其后代。整个中世纪的欧洲，"slave"（奴隶）与"Slav"（斯拉夫人）是如此的难以分辨，以至于"斯拉夫人"（Slav）最终成了"奴隶"（slave）的意思。这种语言学上的厄运，后来连"黑鬼"（negro）与"黑人"（black）这两个词也没有经历过，它们在任何一种欧洲语言中都没有变成奴隶的意思，即便黑人与奴隶身份已在社会学意义上被人等同起来。

尽管世界各地的奴隶社会对于被释免奴隶的态度都非常一致，但是，它们接受被释免奴隶的方式、速度依然各有不同。是什么决定了这样的差异？无疑，效忠关系被制度化的程度，也就是它被规范化以及被法律与文化许可的程度，是最重要的因素之一。被释免奴隶的政治与法律身份以及他们在社会上的声望，由诸多相互作用的因素所决定。其中，最为重要的，是种族、社会体制与人口构成，尤其是奴隶主阶级的性别比率与奴隶总人口所占比例。释免方式，既与这些因素紧密相关，同时又对社会是否接受被释免奴隶，具有独立的决定性作用。

由于这些因素协同作用的结果，世界上的有奴社会可以分为 6 组类型：

(1)第一组有奴社会中,被释免的奴隶、他所供养的家属与前奴隶主维持紧密的依附关系,代代相传,更确切地说,永久相续。天长日久,年复一年,他们融为前主人家庭中的一部分。虽然总有例外,但一般来说,被释免奴隶的子孙会一直是这家人的"穷亲戚"。他们被接纳的程度与时间长短主要取决于第一代被释免的奴隶是一个沦落为奴的本地人,还是一个外来族裔。种族在这组社会中不是一个影响因子,因为奴隶与奴隶主属于同一种族。被释免的奴隶及其后代,因为是前主人的家庭成员,也就成为完全合乎法律的社会成员。通常,不存在对 页 251 被释免奴隶或其后代的经济剥削;如果有,也很少,因为这样的社会通常规模不大、经济上自给自足、阶级尚未有明显发展。大部分以血缘为基础的社会与其他尚未出现文字的社会,都被我归入这一类。但是,这一组社会中,还有一个重要的细分:被释免的奴隶及其后代在父系社会比在母系社会中被吸纳得更深;身上所带污名也去除得更快。母系社会中,绝大部分被释免的奴隶及其后代都可以轻而易举地通过他们的父系族名辨认出来。先祖若为一个被释免的奴妾,后代须寻根问祖到她的主人,此人很可能即为其父系祖先。只有在先祖原本是一个土生土长的自由人,后来沦落为奴,再后来又恢复自由人身份、重返母系家族的情况下,才会出现例外。但是,这种情况很少。因为这个原因,东非亚奥人(Yao)与西非阿散蒂人中,祖先曾被奴役的污迹经久不退、代代延续。但是,在大部分父系社会中,被释免的奴隶及其后代两三代人间就被吸收为前主人家庭的成员。有些社会,例如西非的伊拉,奴隶制的污迹到第二代就几乎不存在了。

(2)第二组社会中,被释免奴隶的命运主要由两个因素交互作用而决定。一个是效忠关系中的性别;一个是释免方式。多数被释免的奴隶均为女性,要么是被收房的妾,要么是娶来的妻。她们的孩子完全为主人家庭吸纳;无须等到第二代或第三代,奴隶制的污迹就消失了。被释免的男奴及其配偶、子孙,命运就不同,他们与主人的依附关系(常常是经济、政治的依附)牢固、持久。被释免的男奴及其子孙成为介于奴隶与自由人之间的一个身份独特的群体。有时,他们离开前主人家,迁居他处;有时,与前主人家保持紧密的经济联系,住得也近。尽管他们可能算作正式的公民,但无法得享充分的公民权利。与所有依附性群体一样,他们在文化上被同化,在社会上遭排斥。

种族与性别的联合作用,产生出两个相反的影响。在奴隶与主人种族不同的社会(这一组中的社会大多如此),成为小妾的女奴与她们的孩子一道获得自由,并且被奴隶主阶级完全接纳。只要妾的身份合法,她与主人生育的孩子享有与其他孩子同等的继承权。然而,被释免的男奴是被排斥的种族。他们不得与前主人所属种族的女性结婚,往往娶的是与自己同一种族的被释免的女奴。妻子,常常由他们自己花钱赎出,或者是前主人为了让他们结婚而赠予。牢固的效忠关系使他们与占支配地位的种族紧密团结在一起,但与奴隶群体,却没有团结感。令人啼笑皆非的是,被释免男奴的女儿,哪怕生而自由,通常也严禁与奴隶主阶级中的男性结婚,或者为他做妾,尽管奴隶主纳女奴为妾的比率很高,甚至有正式娶之为妻者。这种社会地位的"阶层"性,通常会由种族或体质差异所强化,虽然由奴妾所带来的遗传性融合往往导致一定程度的体质趋同。

页252

所有伊斯兰有奴社会,包括苏丹与萨赫勒地区,都属于第二组,只有种族上同质的非洲黑人有奴社会例外。

(3)第三组社会中,主奴之间很少或没有可见的种族差异,尽管明显的族裔区分可能存在。效忠关系被法律高度规范化。被释免的奴隶变成了公民;他对于前主人及其家庭之外的人,具有完全的法律行为能力。社会秩序是高度集权化的。被释免的奴隶即便被排除在地位最高、也最显赫的职位之外,但他拥有公民身份。奴隶制的污迹让他受苦,但这也因其技能、受教育水平、财富以及他住在农村或城区而异。只要过了两代,污迹就完全消失。

罗马堪称这类社会的典型。由于它的几乎所有奴隶都有外国血统,被释免奴隶融入罗马社会的程度之高,令人印象尤其深刻。但我们也须持言谨慎,不能夸大。从理论上说,由罗马公民释免的奴隶都将成为罗马公民,但是,正如特雷贾里所说明,[30]习俗、法律、偏见联合起来,使他们只能成为二等公民。他们不能在罗马担任公职,罗马以外的其他意大利城镇通常也不允许他们担任公职。显而易见,他们在其他地方也被习俗排除在地方行政官职位之外。到了他们的下一代,虽然有个别被释免奴隶的儿子得不到公民权利,但那样的例子很少。他们成了长老院里的元老、担任地方行政长官、允许跻身骑士阶层各职位。然而,一如诗人贺拉斯的命运一再向人所揭示的那样,被释免奴隶的儿子因为奴隶制的污迹依然蒙受羞辱。[31]

中国、朝鲜、越南,也都属于这类。被释免的奴隶在他有生之年可以恢复其正式的公民身份,尽管奴隶制的污迹要花更长时间(大约三代)才能去除。中国历史上,不少奴隶的子孙建功立业,却受尽同父异母兄弟的诽谤。北朝一个前奴隶的儿子崔道固即为一例。他的几个同父异母兄弟对他恶言恶语、任意驱使。父亲无奈,只好给他银两,命他前往南朝,寻个一官半职。崔道固果然得官。他衣锦还乡,得意洋洋,宴请地方官员。异母兄弟们不肯善罢甘休,有意羞辱于他,迫使一度为奴而今已为自由人的崔母宴前伺候。[32]

古代近东社会也必须包含在这一类。在西亚两河流域与法老时代的埃及, 页253被释免的奴隶成为"这个城市的儿子"或者"法老土地上获得自由的人",这两句话都是为了说明公民身份,也意味着对前主人的效忠关系随之而来,直到主人死去。雅各布·拉比诺维茨①(Jacob Rabinowitz)发现古罗马与古代近东是如此相似,以至于声称,古罗马有关释免的法律受到了古代西亚两河流域的影响。[33]他的观点遭到了恩斯特·列维②(Ernst Levy)的反驳,说他"无一处有依据"。他还尖刻地加上了一句:"别的民族能引进的工具肯定不是罗马人够不着的"。[34]

伯纳德·西格尔对乌尔第三王朝的奴隶释免,也有一个非同一般的结论。他说:"有大量的文献证明:释免与自由一旦确立,奴隶就彻底摆脱他从前的身份给他带来的羞辱。"[35]如果确实如此,那么,乌尔第三王朝对前奴隶的宽容无与伦比。

我们也应该把佛教初兴时期获得释免的印度奴隶归入第三组。德夫·拉杰·查纳纳③(Dev Raj Chanana)将他们的命运与古希腊罗马被释免的奴隶作了对比,有意突出前者的好运。他错误地把希腊与罗马混为一谈,夸张地描绘出一幅罗马被释免奴隶的悲惨画像。为了说明印度被释免的奴隶好得不能再好的命运,他所引用的证据,也不太有说服力。他在结论中告诉我们:在印度,"一旦奴隶获得释免,立刻、完全地"融入社会。[36]对此,就像我对西格尔关于乌尔第三王朝被释免奴隶的评论一样,我持怀疑态度。

所有这些社会——古罗马、古代中国、佛陀时代的印度、古埃及、古代西亚两河流域、中世纪的朝鲜——构成一个特殊的组别。这组社会中,被释免奴隶的政治与社会地位相对来说最为不错:效忠关系规范又牢固,但并不过分严苛;公民身份及于被释免的奴隶,虽然可能是二等公民;两三代人之内,奴隶制的污迹消失。

---

① 美国法学家。——译者注
② 德裔美国历史学家、法学家,研究罗马法。——译者注
③ 印度历史学家,以研究古代印度奴隶制而知名。——译者注

(4)在第四组社会中，我们发现，虽然经济依附关系一如从前的牢固，然而前奴隶主与前奴隶之间不再存在制度化的关系。被释免的奴隶，至少从理论上说，来去自由。农业依然是经济的基础，但这些社会已经有了浓厚的城市与商业色彩。数量可观的奴隶有时候达到了人口的大多数；他们分布在城市或工业区，从事着各行各业。被释免奴隶的经济状况，既由他们与原来的主人所建立的关系所决定，也取决于他们的营生之地是在农村、小农牧场、大庄园或种植园、矿山，还是城市里的商业区。不过，被释免奴隶的政治与法律地位以及社会声望，却与释免率、奴隶的境遇存在一种有趣又特别的联系。这一组社会中，总释免率往往比较高，被释免的奴隶及其后代占总人口 25%—50%。不过，被释免的奴隶被严格排斥在完全的公民身份之外，甚至连不完全的公民身份也不具有，哪怕他完全参与了当地的经济生活。牢固、持久的奴隶制污迹粘在他的身份上，持续一代又一代。被释免的奴隶最后形成了一个单独的种姓，其中许多人是奴隶主阶级的后代，他们看重自己的族裔、种族与阶级联系，将它们用来区分自己与奴隶群体。与伊斯兰社会不同，这一组社会中，不存在奴妾的孩子成为奴隶主家庭成员的情况，也不承认妾与主人的关系。

属于这一组的有奴社会包括：古希腊奴隶社会，尤其是雅典、德尔斐；除了 19 世纪的古巴以外，拉丁美洲所有的奴隶社会；荷兰商业殖民地库拉索岛；18 世纪的南非。把希腊包含进来，也许有些令人奇怪，但如果不是基于传统的观念，即拉丁美洲奴隶主与奴隶间的种族差异使拉美与古希腊罗马的奴隶社会迥然相异，也就不会奇怪了。前面我已经对这一传统观念提出批评。

这组奴隶社会中，有一个值得注意的共同特征：城市地区虽然有大量的被释免奴隶人口，他们与生而自由的手工艺者群体却没有明显的经济冲突。这与其他几组社会形成鲜明对比。我们接下来将要看到。个中原因如下：其一，所有这些社会都在持续地扩张城市经济；技术熟练与半熟练工人总是供不应求。因此，奴隶劳动力①的存在，不至于过分地降低自由人的工资。其二，大部分城里的奴隶实际上是三三两两、规模不大地由勉强只能自谋生计的奴隶主拥有，或者由自由手工艺者拥有，后者要么把奴隶安排在自己的作坊里，要么允许奴隶把自己租出去。这样，手工艺阶级不仅没有把奴隶人口视为竞争对象，很多时候还把他们

① 原文如此，实指被释免的奴隶。——译者注

页 254

视为劳动力中不可或缺的一部分。与此同时,为了激励奴隶劳动力,这些社会有意借助释免策略,提高奴隶的工作积极性。当然,释免的同时,牢固的经济依附也是不可少的。此外,奴隶所从事的工作也允许他们获得一笔足够的特有产为自己赎身。这样,由于手工业阶级为了它自己的利益,也参与创造了被释免的奴隶阶级,他们就很难有理由憎恨被释免的奴隶。其三,也许也是最重要的一个原因,是这类社会对于劳动的态度。在古希腊以及废除奴隶制之前的拉美、18 世纪的南非,所有类型的劳动者都被人看轻——"他们都是工匠"。一个自由的希 页 255 腊手艺人,与他的拉美同行一样,最渴望的,莫过于积攒足够的财富,尽早脱身遭人鄙视的手工业行当。不像美国南方这样的社会存在行业的区分:有的行业值得尊敬,需要留给自由人;有的行业不值得尊敬,只配奴隶来做;在古希腊,所有的技能性工作,甚至包括建筑,都被人看轻。[37]拉美与南非,对劳动的厌恶,包括对"工匠"技能的蔑视,也许没有那么极端,但依然普遍可见。[38]18 世纪南非建筑中幸存下来的最杰出的作品,出自被释免的奴隶或奴隶之手;利马、布宜诺斯艾利斯的被释免奴隶能成为手工艺行当的大师,均非偶然。[39]

把 18 世纪的南非放在这一组社会,也许有些令人吃惊。因为很多人不知道,18 世纪的南非,也是一个大型奴隶体系。正如路易斯·格林斯坦(Lewis Greenstein)所言,"它是美洲奴隶社会的一个完整缩影"。[40]与新大陆的奴隶社会相比,南非与它们中的任何一个都不是十分接近。从经济上看,它像 17 世纪的秘鲁与墨西哥,大多数奴隶在大型种植园式的农场劳作,同时还拥有一个极为重要的城市中心——开普敦,独断专行的荷兰东印度公司的所在地。[41]以人口学来观,它更像巴西东北;奴隶与被释免奴隶的人口总数超出了白人,尽管白人虽是少数,数量却也可观,超过了总人口的 40%。[42]从其奴隶人口很高的自然下降率来看,它又非常接近 18 世纪的巴西与英属加勒比。[43]不喜欢释免奴隶,又很像美国南方与英属加勒比,并且和它们一样,奴隶释免率在大型奴隶社会史上是最低的。[44]最后,以文化而言,它最接近美国南方;不仅有一个为数众多、拥有很强清教徒传统的白人定居群体,其白人人口的男女性别比率也是均衡的,保证了白人稳定的家庭生活。此外,它与美国南方一样,抵御不住混血婚姻这种"可怕、不光彩、令人厌恶的恶"。[45]

但是,在南非,的确出现了一个人数虽少、却比美国南方被释免奴隶受到的限制少得多、被迫害程度也轻得多的被释免阶级。顺便说一句,南非那野蛮的种族政策在很大程度上是 19、20 世纪的产物。尽管它的奴役体系十分残酷，它向被释免的黑奴所开放的机会、允许他们所获得的地位，却比得上拉美最开放的奴隶社会。[46]再者，在南非，被释免的奴隶不仅地位与其拉美同胞相似，其理由也几乎一样。南非与拉美，都不像英属、法属加勒比以及荷属苏里南，需要被释免的黑人在自由人与奴隶间充当缓冲地带。因此，它不能作为这两个地区被释免的黑奴地位相对较高的理由。

页 256 在南非，被释免奴隶的生活状况与利马、布宜诺斯艾利斯的被释免奴隶有着非同寻常的相似之处。首先，他们都大量居住在城市，或者原本就是城市里的奴隶。[47]来自白人手工业者的竞争，虽然存在，但绝不像美国南方那样你死我活、手段残酷。[48]人口统计学数据也非常相似：女性居多；年龄分布显示，受抚养的人口比率高；混血儿多得不成比例；绝大部分通过赎买而释免；获得奴隶的模式与释免方式关系紧密[49]（见下一章表 10.1）。

最后，所有这些地区都具有相似的经济、政治与社会强制性。它们虽然比美国南方宽松些，但我们不能将之理想化。被释免的奴隶中，的确有一小部分人能够家境小康，但按当时的标准，绝大部分人都在贫困线上挣扎，甚或一贫如洗。市政事务，他们通常是没有或者很少发言权的。理所当然，他们也被排斥在重要的决策过程与职位之外。[50]种族偏见与原来的奴隶身份使他们遭受歧视，也有法律为他们规定行为规范，其标准比对生而自由的人要严格得多，尽管绝不像美国南方那样压得人喘不过气来。更令人惊异的是，这些地区都有主要针对被释免女奴的禁奢法。在利马，被释免女奴禁止"穿着丝绸、佩戴珍珠、戴有银铃装饰的金丝鞋帽、使用有床幔的床、在教堂里坐在小毯或坐垫上"。[51]在南非，心怀嫉妒的白人妇女，单凭被释免女奴的穿着、举止，就断定她们已然"行为失度，令人头疼"。1765 年，被释免的女奴禁止穿戴"花色丝绸衣裳、箍裙、华丽精美的花边、有装饰的帽子、卷发、耳环"。[52]讨厌她们穿戴丝绸，我们尚可理解，但是，在直发铁钳发明 150 多年前，禁止一个混血儿带着她天生的卷发在外面走路，则是南非白人妇女种族主义施虐狂心理经过掩饰后的流露。虽是初露端倪，但已预兆不祥。

南非的例子凸显了免除奴役过程中两个重要的方面。其一，释免率与被释免奴隶的地位没有必然联系。布宜诺斯艾利斯的奴隶释免率是开普敦的 2.5—8 倍，但这两个城市的被释免奴隶地位相似，且都与美国南方相当不一样，后者的释免率与开普敦接近。其二,被释免奴隶的地位与霍伊廷克所说的"不同类型的第二产业、人口状况与社会条件"关系紧密,而与宏观社会经济形态联系较弱。在一定程度上,释免率也是如此。[53]

(5)第五组社会中,奴隶主阶级不仅是明显不同的种族,并且只是很少的一群人,约占总人口的10%—15%。奴隶占人口中的压倒性多数。严禁释免奴隶;想要释免奴隶的奴隶主,有时需要获得法律的许可。即便如此,还是出现了一个被释免的奴隶群体;他们大多因为做妾而获得释免,另有一小部分通过赎买。不过,以赎买获得自由,极其困难,因为这些社会本质上属于资本主义,替换奴隶的成本很高,农场主对奴隶赎买自由十分痛恨。不存在制度化的效忠关系,因为大量的奴隶与资本主义生产方式意味着,在地里干活的奴隶与奴隶主阶级成员很少能发展出个人情感与联系。页 257

被释免奴隶的人口特征也很特别,尤其是在这些奴隶社会形成的早期与中期阶段。女性比男性多得多,还有一群数量多得不成比例的孩子。被释免的男性奴隶往往是老年人,因为只有劳作一生,才能攒够钱来赎买自由;或者,老得没用了,没良心的奴隶主给了他们自由。

尽管奴隶主阶级痛恨释免,却以一种矛盾心态看待被释免的奴隶。这是第五组社会最为独特的一点。其中部分原因在于,这两类人经常发生性关系并且形成了大量的非法血缘关系。不过,占人口少数的奴隶主阶级(见表9.1)的种族不安全感与它对奴隶暴动的畏惧,才是主要原因。不同种族混血而生的"被释免的有色人",构成了奴隶主与大量的黑奴之间不可或缺的缓冲区。作为一个阶级,他们强烈地认同于奴隶主阶级,并且很有成效地利用了自己的缓冲地位。这一群人爬上奴隶主的地位之后,往往是其中最残酷的一类,臭名昭著。几乎所有的白人都是与种植园经济有关的奴隶主,因此就不存在一个大的自由白人手工艺群体,而他们通常是把被释免的奴隶当作经济竞争对手来憎恨的。巴巴多斯群岛与法属安的列斯群岛倒是有这样一些自由白人手工艺者存在,但是,他们规模过小,对被释免奴隶构不成重大的压制力量;其群体利益,与被释免奴隶作为种族缓冲地带的价值相比,也只能屈居第二。

利用缓冲地带的杠杆作用,这一群自由混血儿在所有这类社会中都渐渐地提高了他们的公民地位,直至获得完全的公民身份,拥有了与所有其他自由人平等的法律地位。但是,他们依然得承受奴隶与部分黑人血统给他们带来的耻辱。

所有法属、英属加勒比奴隶社会以及荷属苏里南(但不包括库拉索岛)都属于这
类社会。其他还有18世纪的马斯克林群岛(毛里求斯、留尼汪、罗德里格斯、塞
舌尔以及他们的附属岛屿)、斯兰岛以南班达群岛中的荷兰奴隶体系。[54]

页258

表9.1 所选社会里获释奴隶在总人口和自由人口中所占百分比

社会		1764—1768		1773—1776		1784—1790		1800—1808		1812—1821		1800—1808	
		总人口	自由人口	总人口	自由人口	总人口	自由人口	总人口	自由人口	总人口	自由人口	总人口	自由人口
波多黎各		—	—	48.4	54.1	—	—	43.8	47.7	43.6	50.9	—	—
库拉索岛		—	—	—	—	—	—	—	—	32.0	62.1	43.4	71.5
巴西		—	—	—	—	—	—	—	—	—	—	—	—
米纳斯吉拉斯		—	—	—	—	35.0	65.0	41.0	62.5	40.3	60.2	—	—
圣保罗		—	—	—	—	—	—	18.8	25.0	22.7	30.0	23.2	27.7
马提尼克		2.3	13.6	3.3	19.3	3.7	25.4	7.1	40.0	9.4	50.1	24.9	76.2
圣多明各		—	—	4.0	39.6	—	—	—	—	—	—	—	—
牙买加		1.7	16.4	2.1	19.4	—	—	2.9	25.0	—	—	—	—
巴巴多斯		0.5	2.7	0.6	2.8	1.0	4.9	2.6	12.2	3.3	15.7	6.5	25.5
美国	上南部	—	—	—	—	1.8	2.7	2.7	3.9	3.4	4.9	3.7	5.1
	下南部	—	—	—	—	0.6	1.1	0.8	1.4	1.7	3.0	1.6	2.9
古巴		—	—	20.3	27.3	—	—	—	—	—	—	15.1	25.4

资料来源:改编自 David W.Cohen and Jack P.Greene, *Neither Slave nor Free* (Baltimore,Johns Hopkins University Press,1972),tables 1 and 2,pp.4,10.

页259　　(6)第六组也是最后一组社会只有一个成员:美国的奴隶州。在那里,正如伯林所言,"黑人一旦自由,一般来说,会一直待在社会阶梯的最低档。他们承受着白人的蔑视,背负着愈加严酷的种族禁令,动不动就被人辱骂、遭人毒打。自由的黑人虽已脱离奴隶主的直接统治,但在许多白人眼里,他们的社会身份没有重大改变。他们是没有主人的奴隶。"[55]确确实实,在美国的奴隶州,没有被释免奴隶的位置。

美国南方对被释免奴隶那十足不可理喻的畏惧心理也非同一般。被释免的黑人被视为边缘的、"危险"的人群、一个"反社会的种姓"。尽管他们在政治上

显而易见毫无害处,但在"白人心目中,自由黑人比奴隶要危险得多",并且"一致把他们等同为最叛逆的人群"。[56]如同原始人中的巫士与其他边缘人,被释免的黑奴成为最合适的替罪羊,每一个烦躁的自由白人都可以拿他们出气。驱逐自由黑人的法案在整个南方一次又一次地提交到立法机构,尽管并非所有的州都通过了它们。有7个州要求被释免的黑人离开本州;13个州规定:被释免的黑人移居本州,是为非法。[57]

如何解释这一非同寻常的情形?普遍存在于19世纪美国南方的独特经济状态是其原因之一。当时,被释免的黑人群体已经在数量上相当可观;与此同时,以农业为主的奴隶经济体系正在蓬勃发展,它所需要的奴隶劳动力难以满足,外部供应资源却不存在。就奴隶经济体系本身而言,它所处的大背景还是一个以工资劳动作为劳动力正常来源的大陆经济体系。这就在一定程度上解释了美国南方对被释免奴隶的心理。不过,这样的经济结构,与其说解释了美国南方对一小群被释免阶级的敌意,不如说,它更好地解释了美国南方反对释免以及释免率很低的原因。我们在讨论加勒比的例子时,已经看到,反对释免奴隶并不必然表示十分憎恨被释免的人。同样,在美国南方,被释免的黑奴与白人间的种族差异也并非决定性因素,甚至算不上最重要的因素。

美国南方被释免阶级尤为奇特的受压迫地位,其主要原因应从如下方面来解释:非同寻常的人口结构、大量白人自由手工艺者与工人阶级的经济恐慌感、缺乏规范化的效忠关系、清教传统、白人的家庭观念与性观念,尤其是反映在妇女身上的态度。

美国南方的人口结构,很不寻常。奴隶人口虽然众多,却始终只占少数(很少超过三分之一),其自生产能力也远非一般奴隶社会可比。相对加勒比而言,美国南方对黑奴的政治畏惧感比较低,它不像加勒比:有占人口绝大多数的奴隶以及大规模奴隶起义的传统。这样,它也不需要种族缓冲区,被释免的黑人当然更谈不上利用其缓冲角色。同时,大量的白人底层阶级人口,尤其是19世纪期间不断增加的移民,将扎堆汇聚在城市里的被释免黑人视为经济上的竞争对手。页260不像古希腊与18、19世纪拉美许多地区,在美国南方,城市经济尚未发展到对技术工人的需求超过供给的程度;南方文化也不存在对技术工人的鄙视。相反,白人移民来自对技术性工作很感自豪的国家或地区。把他们与奴隶或被释免的黑人联系起来,降低手工艺的地位,他们是绝不答应的。很快,报酬最低的半技术活被认定为"黑人的活"，报酬高的手工艺技术则由白人独占。在这样的经济斗争中，种族主义成为白人手工艺者手里一件称手的武器。

不过，白人工人阶级的敌意并不足以解释美国南方被释免的黑奴非同一般的低等地位。正如伯林的研究所示，尽管他们扎堆居住在城市，但实际上，大部分人还是留在了南方的农村地区。

与前主人之间没有正式的效忠关系，是被释免的黑奴地位受压制的另一个原因。虽然原来的经济依附关系在农村地区会继续，但是，这样的关系，在大部分奴隶在高度资本主义化的商行、公司般的农场里干活的体系中，是很难建立起来的。为什么奴隶主不希望正式、公开地延续他们与前奴隶的关系，哪怕后者是他们熟悉、了解的家务奴或者小妾？个中原因，不止一二，而且独立起作用。

其中之一，美国南方的奴隶主认定，被释免奴隶的存在给奴隶们树立了一个坏榜样。大部分有奴社会中，奴隶主都很愿意将释免用作激励奴隶努力干活的一种手段，但是，美国南方的奴隶主选择了一种不同的激励方案：在奴隶制的控制之下，给予物质奖励。一旦选择了这样的奖励制度，拥有奴隶的人就有义务把被释免的奴隶驱逐出去，或者压制其地位，不让释免成为一种有竞争性的激励机制。这也是为什么许多州要求被释免的奴隶完全离开本州的部分原因。

要求被释免的奴隶离开本州的其他原因还有：种植园主阶级的婚姻传统、他们对本阶级妇女的态度以及其基要主义的宗教价值观。在所有其他有奴社会，对女奴的性剥削，要么得到了社会与宗教律法的正式许可（例如伊斯兰国家与其他实行一夫多妻制、准予正式纳妾的社会），要么得到了伦理体系、社会习俗的默认（例如中世纪欧洲的天主教有奴社会以及拉美）。在加勒比地区信仰新教的有奴社会，白人的道德观念普遍退步，教会几乎没有影响力；白人社会男性远高于女性的性别比率，也使得纳妾不仅成为满足白人生理需要的必需，在很多地区，它还是普遍流行于种植园的常规。

与其他有奴社会一样，美国南方的奴隶主阶级也蹂躏女奴，并且更愿意释免奴妾及其子女，但是，他们对这种姓关系所抱有的深深的羞耻感又是独一无二的。这种羞愧、罪感以及它给被释免奴隶造成的灾难性后果，有三个来源。首先，清教徒的传统。它谴责通奸，威胁犯事者必然招来上帝的怒火。其次，白人文化中有一种强烈的种族纯净感，法律中一再规定，反对混血婚姻。再次，家庭伦理中，也有一种对父权式家庭生活的强烈责任感。奴隶主阶级的妇女被社会

页 261

看得很重,她们不仅是所有美德的象征,而且正如威尔伯·约瑟夫·卡什①
(Wilbur Joseph Cash)所强调,是"南方本身这一概念的象征"。当然,南方的女性崇拜直接源于奴隶制与种族优越感。任何对已偶像化的南方妇女的尊严与荣誉的侵犯,都是对整个南方体系的侵犯。[58]

和任何有奴社会的男人一样,南方男人也喜欢寻欢作乐。但是,他们的享乐主义与宗教观念发生了冲突,这让南方的奴隶主意识到了一种深深的罪与恶感。"南方人嬉笑戏谑的幽默、屡屡违禁的行为,也许一而再、再而三地加剧了他的罪感、令他强烈地渴求对罪的赦免、谦恭地顺从布道者的当众规劝、默许后者无止境地扩展其支配意愿。"[59]同样,他玩弄女奴的放荡也有辱偶像化的白人妇女的贞洁;她们会不断地提醒他:他内心有罪,只要那个时候她们没有对着长相秀丽的女奴残忍地发泄心中怒火。[60]

所有这些形成的结果,是被释免的黑人群体,以其中间多得不成比例的混血儿,成为了一个鲜活的罪证、一个令人感到羞辱的种姓。他们站在男性白人面前,用自身的存在提醒后者:白人不但屡屡违背了他们的清教徒戒律,也一再冒犯了他们的女人。因此而言,美国南方对被释免的奴隶特别厌恶与憎恨的原因,并非出于白人对奴隶制的罪感,就像伯林与其他一些学者所声称的那样,或者十分害怕被释免的黑人成为政治上的威胁,而是因为他们破了自己的规矩而感到有罪。那"强烈地渴求对罪的赦免",使得被释免的黑人必须为他们承受苦难,或者被惩罚、迫害与玷污,如同替罪羊一般。

漫长的人类奴隶史上,还从来没有出现过这样的情形。

---

① 美国作家,以《南方的心灵》等记录美国南方的作品闻名。——译者注

第十章　释免模式

页 262　　　讨论释免的频率,我们需要回顾代内流动与代际流动的区别。绝大部分有奴社会一边随着时间的推移而释免奴隶,一边用新的奴隶替代他们。因此,代内流动很少发生;免除奴役更多地表现出代际流动的特征。很明显,对于奴隶,代内流动比代际流动重要得多。虽然经过三代或四代之后,大部分奴隶的后代都会免于奴役,然而,对大多数奴隶来说,凯恩斯爵士(Lord Keynes)的实用主义要有实际意义得多。毕竟,三四代之后,"我们都已经死了"。重孙总算能够获得自由,这对于第一代或第二代奴隶,也许多少是个安慰。然而,对延迟日久才能等来的自由,人类的耐心毕竟有限。大部分后原始社会的奴隶都更希望,在有生之年获得释免。他们为自由而作出艰苦卓绝的努力,不仅为孩子,也为了他们自己;有力地显示出人类追求独立的决心。前现代社会中,以德尔斐留下来的释免文献最完整、全面。这些文献十分清楚地显示出,只要有机会,人类为获得自由是不惜以孩子为代价的。一如基思·霍普金斯所声言,"为了自己的自由,父母
页 263 甚至会撇下受奴役的孩子"。[1]研究 18 世纪美洲与南非奴隶制的文献也都揭示,不仅许多父母面临这种酸楚的困境,不少成年子女也不得不把父母抛在身后。[2]

　　涉及释免频次的问题有两类:一类是释免率在不同社会中的差异,另一类指社会内部不同群体间的释免率差异,无关整个社会的释免率。我们从第二类开始。

释免的发生

　　哪些因素决定哪些奴隶得以免除奴役,哪些不能？其中大部分因素我们在讨论奴隶的境遇时已经碰到了。最重要的几大因素是性别、父母的地位、年龄、

技能、获得方式、肤色、居住地。表10.1与10.2列出了我们所选择出的几个社会的原始数据。

几乎所有的有奴社会中,女奴被释免的比率都比男性高,无论总释免率如何。主要原因在于,她们常常与奴隶主或其他自由人有性关系。做妓女,既是奴隶的一个重要收入来源(很多时候对其主人也一样),也是一个释免的通路。这种路径对男奴通常是关闭的,尽管也有例外。最明显的例子是16—18世纪北非柏柏里地区的一些国家。在那里,鸡奸普遍流行,男妓与男宠(有时候为女主人所有)司空见惯。[3]有关女奴做妾的具体数据已经很难获得了,不过,文献显示,奴隶做妓屡见不鲜,并且在某些地区更加引人注目。例如在古希腊与罗马,它就十分常见。女奴卖淫的收入,在德尔斐,必定占其特有产的很大一部分,并被她们用来赎买自由;在16—17世纪的西班牙瓦伦西亚(Valencia),也必定是她们积攒赎免费的一个重要来源。[4]最不一般的例子也许要数18世纪南非的开普敦:女奴寄居在信仰清教的荷兰东印度公司,把那个地方变成城里最大、最好的窑子,臭名远扬。[5]

有利于女奴释免的另一个因素是母子关系。奴隶制度下,母子关系远比父子关系来得重要;不仅如此,它还常常是孩子唯一拥有的亲缘纽带。因此,母亲常被先已获得自由的孩子带出奴隶制;她获得自由的几率比父亲高得多。身为母亲的女奴也有数不胜数的机会与主人建立亲密的个人关系。后者可能是她们生养的!所有社会中,所谓的自由女性都比自由男性有更强的依赖性;很可能,女性获得释免的比率比男性高得多,最重要的原因就在这里。奴隶主释免女奴不必太过担心丧失奴隶的服侍。与男奴相比,那种风险要小。不过,尽管如此,许多情况下,尤其是在古希腊与罗马、美洲、南非,女奴依然得为获得自由向奴隶主支付全额损失费。[6]

页264

表10.1　所选城市被释免者中不同肤色、性别、年龄和释免类型的分布

	布宜诺斯艾利斯	巴伊亚		帕拉蒂	利马	墨西哥城
	1776—1810	1684—1745	1813—1853	1789—1822	1580—1650	1580—1650
肤色						
黑人	51.3	54.4	80.1	50.6	—	—

	布宜诺斯艾利斯	巴伊亚		帕拉蒂	利马	墨西哥城
	1776—1810	1684—1745	1813—1853	1789—1822	1580—1650	1580—1650
黑白混血	48.7	45.6	19.9	49.4	—	—
总人数	(1,316)	(945)	(657)	(320)	—	—
性别						
女性	58.8	66.9	67.3	65.5	67.7	61.5
男性	41.2	33.1	32.7	34.5	32.3	38.5
总人数	(1,482)	(1,150)	(686)	(325)	(294)	(104)
年龄						
0—5 岁	14.6	9.2	—	22.0	36.0	41.5
6—13 岁	7.1	35.6	—	19.8	15.9	12.3
14—45 岁	67.0	52.3	—	43.3	35.5	33.9
46 岁及以上	11.3	2.9	—	14.9	12.6	12.3
总人数	(937)	(763)	—	(268)	(214)	(65)
释免类型						
无条件	29.3	—	31.5	26.1	33.8	39.3
赎买	59.8	—	46.0	31.4	47.8	36.4
条件	10.9	—	22.5	42.5	18.4	24.3
总人数	(1,356)	—	(561)	(325)	(299)	(107)

资料来源:Lyman L.Johnson,"Manumission in Colonial Buenos Aires,1776-1810,"*Hispanic American Historical Review* 59（1979）,p.262.

　　父母亲的地位,我们仔细讨论过了。[7]我们也已看到,混合型父母(一方为自由人,一方为奴隶)对孩子的释免所产生的影响方式,差异相当之大。发达的奴隶体系中,除了伊斯兰国家,只有很少一部分由奴隶给奴隶主生的孩子获得了自由,即便像拉美许多地区与南非这样的有奴社会也是如此,虽然那样的孩子在实际已获释免的人群中所占比例非常之高。

页265

表10.2 1237例释免记录初步分析(依据德尔斐保存下来的记录)

大致时间	被释免的奴隶(人数)	成年奴隶[a](百分比)		儿童(人数)		来源(百分比)			有条件释免的奴隶[c](百分比)	单名奴隶释免(人数)	多名奴隶释免[d](百分比)	多次被释免的奴隶(百分比)
		男性	女性	男性	女性	不详	本地出生	外国人[b]				
公元前201—153年	495	39	61	23	17	62	11	27	30	411	14	29
公元前153—100年	378	37	63	38	32	27	44	29	25	303	14	27
公元前100—53年	123	36	64	15	19	46	46	8	37	93	19	39
公元前53—1年	128	41	59	16	23	62	36	2	52	96	21	39
公元1—47年	63	25	75	9	16	56	41	3	61	45	24	46
公元48—100年	50	23	77	4	3	82	18	0	40	26	35	66
总百分比	—	37	63	—	—	50	29	21	32	—	16	33
总人数	1,237	371	627	105	110	621	357	259	400	974	159	404

资料来源:Keith Hopkins, *Conquerors and Slaves*, Cambridge:Cambridge University Press,1978,p.140.

a.排除了 24 名性别不详的前奴隶。

b.外国奴隶来源地广泛,包括巴尔干半岛、小亚细亚、叙利亚、巴勒斯坦、希腊其他地区。

c.排除了 45 名释免条件不详的奴隶(占总数 3.6%)。

d.指一名奴隶主一次释免一名以上的奴隶。

掌握了一定技能或在被奴役前已有一技之长的奴隶,在大部分有奴社会中,页264都更有能力积累足够的特有产,赎买其自由。然而,有技术的奴隶通常也是最昂页266贵的奴隶,他们的释免费因此会比一般奴隶高很多;奴隶主释免他们的意愿,自然也低得多。研究技能对释免的影响,需要始终与运用此技能的劳动联系起来,尤其是在它能够反映奴隶的行动自由时。莱曼·约翰逊①(Lyman L.Johnson)发现,在布宜诺斯艾利斯,"决定奴隶能够积攒起足够的资本赎买自由的一个关键

---

① 美国历史学家,研究拉美。——译者注

因素，在于他不在奴隶主的直接监管之下，而非他赚钱的能力"。[8]高技能的男奴被主人出租给他人，谈好的工资是直接付给主人的；而女奴干些推销、叫卖或其他"小生意"，则对挣来的钱有较强的掌控力，她只需把一笔固定的钱返还主人，余下的归她所有。在一定程度上，因为这个原因，有技能的女奴比更有技能的男奴获得释免的比率要高。很可能，这种收入上的控制能力在古希腊罗马以及美洲、南非也具有决定性的作用。

尽管起决定性作用的是奴隶对挣来的钱有支配力，但这不意味着技能本身无足轻重。技能的重要性在很大程度上要取决于奴隶的技能到底有多强、激励他工作对于奴隶主到底有多重要。奴隶如果手艺高超，一件制品就能挣一大笔钱，那他与奴隶主谈判的地位就足以强大到令奴隶主把控制他的收入视为次等要务。这种情况下，奴隶就可能提出，以释免作为努力工作的远期回报。14世纪中期至17世纪土耳其布尔萨纺织与蚕丝业中的免除奴役制度（Mükâtebe），即为最令人惊叹的一例。出产于布尔萨的织锦与天鹅绒蜚声世界，它不仅要求高超的技术，还需要大量的时间与耐心。奴隶主迫切地需要激励他们的奴隶，因此与后者约定了一个半合同式的承诺：保证奴隶获得释免，只要他们完成一定量的织品，即"达到了这么多码的织锦或织完了一块特别漂亮的天鹅绒以后"。[9]同时期的伊斯坦布尔也是这样，只不过对奴隶的要求更多。不消说，具有这等讨价还价能力者，只是很少的一部分城市奴隶。

几乎所有的有奴社会里，被释免奴隶的年龄分布都与奴隶人口以及生来即自由的人口不同。我们需要确定，究竟是年龄在一定程度上决定释免率，还是说年龄的分布不过是其他因素的一个反映。学界通常认为，现代奴隶体系中，奴隶主为了减去照护风烛残年、不能劳动的老弱奴隶的花费，就把他们释免。最近一些关于拉美与南非奴隶社会的研究，将这一观点大体上否定了。这样的做法的确存在，但它只能用来分析很小一部分被释免的奴隶。[10]就美国南方与加勒比来看，尽管我们手头已有的数据不算"硬"，但奴隶主释免老弱病残的做法似乎比拉美、南非更普遍。[11]古罗马共和时期肯定也是如此，虽则在帝国时期有所变化。公元前200—公元100年期间的德尔斐，必然也是同样。在那里，32%被有条件释免的奴隶通常得等到男主人或女主人甚至男女主人都死了之后，才能真正获得自由。[12]

比年老问题更重要的是儿童。依据我们所掌握的一小组有奴社会的数据，儿童在被释免奴隶中所占比例相当之大。乍一看,这似乎出于奴隶主的慷慨之举,实际绝非如此。我没有足够的证据证实我的观点,但是我高度怀疑,在奴隶儿童死亡率极高、成年奴隶又从外面唾手可得的社会里,奴隶主会更愿意释免儿童而非成年人? 众所周知,在巴伊亚(见表 10.1)、加勒比非拉丁语族地区以及19 世纪的古巴,婴儿与儿童死亡率非常之高。正是在这些地方,成年人在被释免奴隶中所占比例最高。这绝非偶然。再看基督降临前两个世纪的德尔斐与18 世纪末的布宜诺斯艾利斯,被释免的奴隶中,成人远远超过儿童,二者数量之比接近 4∶1。这令人印象深刻的数据表明:这两个地方当时的奴隶人口再生产是一种自然或者说正常状态;儿童不会轻易得到释免。还有一个数据,也很能说明问题。公元前 200—公元前 1 年,年轻女孩的价格不仅接近而且在绝对值上超出了男孩的价格。依据我们对现代奴隶人口中人口学与价格运动的了解,我们可以肯定地说,年轻女奴重置价格①(replacement price)非同寻常的增长,说明了奴隶人口再生产能力的增长。[13]

　　奴隶的获得方式对释免率的影响在几乎所有有奴社会中都存在。一般来说,继承下来的奴隶比买来的奴隶获得释免的比率高很多。这个因素又与奴隶的原生地紧密相关:在当地出生的奴隶,如欧洲人与黑人的混血后代克里奥尔人(Creole),远比从外面买来的奴隶更可能赢得自由。不过,这两个因素的作用力不如技能与对收入的控制。相比当地出生的奴隶,包括那些得不到合适机会的家务奴,进口时已有一技之长或买来后学会了某些技能的奴隶更可能获得赎买其自由的特有产。在拉美矿区干活的非洲人就是这样,他们比在城里的许多克里奥人有更广泛的机会获得一笔较大的特有产。

　　有时,族裔因素也能克服身为外国人的不利地位,不过,它本身作用比较弱。页 268事实上,主要是在伊斯兰国家与中世纪欧洲,族裔才对释免率有显著影响。在伊斯兰世界,土耳其人与欧洲人比埃塞俄比亚人更容易被释免,埃塞俄比亚人又比撒哈拉沙漠以南的非洲人更容易被释免。[14]中世纪的欧洲,身为奴隶的欧洲人(尤其是希腊人与斯拉夫人)比亚洲来的奴隶更可能获得释免。[15]这让人乍一看来,会认为是一种民族偏见;仔细考查,则会发现,它是其他因素作用的结果。哈里发时期的阿拉伯奴隶主喜欢土耳其奴隶,主要不是因为他们是土耳其人,而是

---

　　①　经济学术语,简单说来,指以新换旧。——译者注

269

他们有出众的骑马、打仗的本领;这又反过来解释了他们比其他族群出身的奴隶更易释免的原因。[16]同样,南非的亚洲奴隶之所以释免率很高,也最主要是因为他们拥有当地奇缺的技能。[17]

与此同时,我们必须阐明,偏爱某一族群常常会被自我印证,即这样的奴隶得到学习技能的机会,恰好印证,奴隶主偏爱于他们。事实上,新大陆的奴隶主对非洲奴隶的族裔差别虽然了然于胸,也对各个非洲族群形成了广为人知的模式化看法,却很少依据它们,始终如一地表现出对某些非洲族群的明显惠爱、对另一些族群的明显厌恶。当然,巴西与西印度群岛的奴隶主可能是个例外。在他们看来,从塞内加尔来的奴隶更有才智,可以造就为更好的匠人与家务奴。这也许使奴隶主形成了更愿意释免这类奴隶的倾向。不过,我从未见过任何有力的证据支持这一观点。[18]

我们在上一章已经看到,被释免奴隶人口中,混血儿比例非常之高。由此,一种体细胞释免理论形成,即认为,奴隶主更喜欢外形与他们自己的形体标准比较接近的奴隶。近来有些运用统计学技术的研究对此理论要么提出质疑,要么做了修正。诸如技能、原生地、获得方式等更重要的因素被列入对照或控制组以后,黑奴与黑白混血奴之间的释免率差异明显变小。因此,约翰逊在他研究布宜诺斯艾利斯的释免奴隶时发现,买来的黑白混血儿并不比黑奴更受优待。他还发现,正因为混血儿更有可能是在当地出生的克里奥人而非外国人、住在城市而非农村、在奴隶主家里而非别处长大、"了解更多的释免机会",他们才有更好的机会获得技能,赎买自由。与此同时,具备这些特征的黑奴几乎也都可能被释免,尽管并非全部,因为肤色毕竟还是起点作用的。[19]理查德·埃尔菲克(Richard Elphick)与罗伯特·谢尔(Robert Shell)研究南非,他们也用大体相同的观点,反

驳体细胞理论。他们指出,在南非,对文化的熟悉、有学技术的机会也是两个关键因素。[20]在巴西,体细胞理论倒是更有说服力。那里的帕尔多(Pardo),即父母为不同种族的混血儿,占奴隶人口的 10%—20%,但在被释免人口中,占 46%。不过,即便是在巴西,条件更为有利的是孩子,前文已经提到。释免率在帕尔多中更高,主要反映的是奴隶主对孩子的偏向。与其说,是肤色使帕尔多在释免时受益,不如说,是他们的年龄结构比较正常。进口来的黑人经过了年龄的筛选,在他们中间,孩子的数量异常之少。[21]

在牙买加,体细胞理论也只是获得了有限度的证据支持;它需要经过修正。

无疑，"奴隶的肤色与白人相近,获得释免的机会就增加"。[22]然而,巴里·西格曼①(Barry Higman)发现,一旦他不仅仅考虑肤色与释免间的关系,而将其他因素引入时,一些令人困惑的关联就出现了。他觉得有必要首先设定两种释免模式:一为农村地区的释免,一为城镇地区的释免。体质因素的解释在农村地区是很能站得住脚的,但那基本上是因为奴隶主往往主要从混血儿中获得有技术的奴隶。在城镇地区,肤色的偏见同样存在,不过,技术的种类多得多,白皮肤也并不见得意味着获得更多学习技术的机会,换言之,二者的相关性并不怎么强。因此,在牙买加首都金斯顿,被释免的黑奴数量远远超出了混血儿。[23]

西格曼关于肤色与释免率的关系的议论,同样适用于分析自由与城市生活方式之间的关系。几乎所有城市经济占重要成分的有奴社会中,住在城市里的奴隶显然都更可能获得释免。弗雷德里克·鲍泽②(Frederick P.Bowser)关于拉美的议论对大部分有奴社会也是适用的。他说:"释免这种现象,在一个没有什么人质疑奴隶制的道德问题的时代,主要发生在城市。"[24]在牙买加,生活在城镇地区的奴隶人口比例,是在诸多变量中与释免关系最强的因素(r = 0.89)。[25]在南非开普敦,我们在上一章已提到,荷兰东印度公司释免奴隶的比率是私人奴隶主的12倍,这些私人奴隶主大部分都生活在农村;甚至在私人奴隶主那里,所有被释免的奴隶要么出生在开普敦,要么来自印度或者印度尼西亚群岛的城镇地区。[26]城镇奴隶与释免率之间的高度关联,同样存在于古希腊、[27]古罗马。[29]在奴隶体系基本上属于城市经济的汉代中国、[30]伊斯兰国家(撒哈拉以南的非洲除外)[31]当然更是如此。

在这里起关键作用的因素在于:城镇地区为奴隶提供了更多机会,便于他们获得技术,或者使他们对挣来的钱多一些支配力,哪怕只是一点点。有时,甚至二者都有可能。当农村地区也存在这样的机会时,释免率在城乡之间的差异急剧下降;少数情况下,这种差异甚至会反过来。6世纪晚期与7世纪的西哥特王国、7世纪晚期与8世纪的哥伦比亚乔科地区,就是两个能够说明问题的例子。页 270

古罗马晚期与古罗马帝国衰亡之后,欧洲的农业奴隶与隶农③尚未出现明显的合流;作为一个大型的奴隶社会,西哥特西班牙也不例外。[32]它有两类奴隶:

---

①　澳大利亚历史学家,主要研究加勒比。——译者注
②　美国历史学家,研究拉美奴隶制的重要学者。——译者注
③　在法律上,指依附于土地但不能被买卖的农民。——译者注

普通奴隶(即拉丁语中的 servi rustici)与高等奴隶(servi idonei)。前者是农业奴隶的主体,在法律上地位比高等奴隶低;后者握有技能、是奴隶主身边的奴隶,其中许多人在宫廷内务与管理中负有重责,地位颇高。[33]然而,在查理·韦尔兰当称之为"社会关系的奇特翻转"中,低等的农村奴隶获得释免的数量大大超过了高等奴隶。[34]

这里面有好几个原因。其一,普通奴隶可以像佃农一样在地里劳动,尽管他们受到彻头彻尾的剥削,却比高等奴隶有大得多的能力支配自己挣来的钱与特有产。后者时刻在主人的眼皮底下,虽然也被鼓励参与许多利润丰厚的活动,却很少有机会积攒其一笔足以赎身、补偿主人损失的特有产(这笔费用比普通奴隶的赎身费要高得多)。6世纪晚期与7世纪,西班牙出现了好几次瘟疫,王国之内,劳动力严重短缺。这毫无疑问无疑降低了所有奴隶的释免率,但对于普通奴隶来说,其程度要轻。他们大量地逃跑,并且能够逃脱成功。因为对劳动力的需求与竞争是如此的严峻,奴隶主甚至甘冒被法律严惩的风险,对于出现在他们的庄园、要求一块土地来租种的陌生人,不问其来路。为了引诱别的奴隶主的奴隶,并且保住自己的奴隶,奴隶主们允之以释免,给他们机会慢慢积攒一笔特有产,赎买自身。农村奴隶能够完全支配包括牲口在内的动产。高等奴隶则得不到任何这样的机会,尽管他们物质生活优裕,却一直是不折不扣的奴隶,直到西班牙再一次被征服①。而那个时候,普通奴隶早已实际上变成了农奴或小自耕农。

在哥伦比亚乔科,奴隶释免率是很高的。释免方式以自我赎买最为常见,类似于古巴的分期赎买:"奴隶可以在'有闲时',包括弥撒之后的宗教节日,在砂矿床工作,挣来的钱归其所有。"[35]分期付款对奴隶主是有好处的:他们得到了一个工作动力很强的劳动力。由于购买砂矿的是奴隶主,奴隶的额外劳动就意味着整个产出的增加。砂矿区没有城镇,但矿奴的释免率依然比拉美几乎所有城镇地区的奴隶释免率要高。家务奴隶尽管"待遇好,也得到了主人的友情关爱",但与西哥特的高等奴隶一样,他们"无时不在主人的眼皮底下",显然也没有什么机会积攒起一笔足够赎身的特有产。[36]

---

① 指公元711年以来的穆斯林征服。——译者注

释免率与释免模式

我们现在转头来看整个社会的释免率、不同社会的释免率差异由哪些因素造成。首先摆在我们面前的问题是,现有的有关释免频度的资料基本属于定性描述,大部分情况下,只能得到一些粗糙的、数据不精准的估计。我考查了两组社会:一组是默多克世界样本中的社会,一组是我自己所列的最重要的有奴社会。默多克的样本中,没有一个社会有具体的数字可查,可供我们作出粗略估计者,只有 49 个有奴社会(见表 10.3),依据释免的"不频繁""常见""频繁"归为三类。

表 10.3　由默多克世界样本择选出的社会释免率估计
（对应默多克样本中的序号与社会名）

不频繁	常见	频繁
4. 洛齐	12. 甘达	5. 姆班度
7. 本巴	14. 恩孔多-蒙戈	23. 塔伦西
15. 巴嫩	16. 蒂夫	25. 沃达比 富拉尼
18. 丰人	17. 伊博	26. 豪萨
19. 阿散蒂	28. 阿赞德	30. 奥托罗
20. 门德	38. 博戈	33. 卡法
21. 沃洛夫	39. 克努齐努比亚	36. 索马里
22. 班巴拉	44. 希伯来	40. 泰达游牧民
29. 富尔	81. 塔纳拉	41. 图阿雷格
70. 拉克尔	87. 托拉查	45. 巴比伦人
104. 毛利		49. 罗马人
131. 汉达		67. 傈僳
132. 贝拉库拉		85. 伊班
133. 特瓦纳		112. 伊富高
147. 科曼切		115. 满族人
159. 瓦尤		116. 朝鲜人

续表

不频繁		常见	频繁
177. 图皮南巴			134. 尤罗克
181. 凯瓦			142. 波尼
			153. 阿兹特克
			161. 卡利纳戈
			167. 库比奥人
社会数目	18	10	21
所占比例(%)	37	20	43

页272 不过,这一分组需要审慎视之。它是我依据现有文献与人类学资料作出的主观评估,极少引用数据。例如"不频繁"一组就很明显,它指的是奴隶主对释免奴隶公开表示不情愿甚至反对,且对此设置了难以克服的障碍的社会。这些障碍包括:奴隶需给付高出其市场价格一倍的释免费、完全丧失特有产、提供特别的劳务等。"常见"一组则是依据现有的资料得出的一般印象。这类社会中,释免的实施由来已久,但以代内流动而观,只有少数才智出众的奴隶才能得此优待,不过,到第四代或更晚,许多奴隶都已获得释免。标以"频繁"的一组社会,被释免的奴隶在全部凡是被奴役过的人口中占相当大比例,粗略地说,约在25%以上;释免向所有奴隶开放,只要他们付得起释免费;释免费并不比市场价高;奴隶主支持释免,也有一些专门机构鼓励释免;就代际流动而观,从奴隶到非奴隶身份的转变仅需三代或更短。表10.3就默多克的世界样本给出了各社会的释免频次分布差异。

对世界各地发达的奴隶体系,我也做了两个子表。一个由现代奴隶社会构成,数量不多。这些社会有充分的定量数据可供我们对特定时间段的释免给出数值估计(见表10.4)。释免率的计算很简单,就是每年被合法释免的奴隶占总奴隶人口的比例。第二个子表列出了所有无法做数值估计的发达的奴隶体系。对这一组,我采用了与分析默多克的世界样本同样的分类法,只不过,由于这些社会有更充足的定量数据,我分出了5组而不是3组社会(见表10.5)。

意义重大的因素或变量

不同社会间的释免率差异如何解释？我在释免率与任何一个单独的变量之间都没有找到世界各地普遍存在的因果联系。所有重要的因素不仅相互作用，它们的作用方式在不同类型的社会甚至同一社会的不同时间段也十分复杂，常常还彼此矛盾。因此我们看到，在许多社会里，自由人（特别是奴隶主）与奴隶之间的婚姻比率高，其释免率也高，二者之间有紧密关联。几乎所有的伊斯兰国家与拉美社会都是如此。然而，在大部分母系社会、美国南方以及英属加勒比地区，奴隶主与奴隶的性结合却造成了相反的后果。

页 273

表 10.4　几个现代奴隶社会的释免率

地区	时间段	释免率（百分比）
南非[a]	18 世纪	0.17
巴西东北[b]	1684—1745 年	1.0
布宜诺斯艾利斯[c]	1778 年	0.4
布宜诺斯艾利斯[d]	1810 年	1.3
哥伦比亚乔科[e]	1782—1808 年	3.2
牙买加[f]	1829—1823 年	0.1
美国南方[g]	1850 年	0.04

资料来源：a) Richard Elphick and Robert Shell, "Intergroup Relations：Khoikhoi, Settlers, Slave and Free Blacks, 1652-1795," in Richard Elphick and Hermann Giliomee, eds., *The Shaping of South African Society, 1652-1820* (Longdon：Longmans, 1979), p.136.

b) Stuart B.Schwartz, "The Manumission of Slaves in Colonial Brazil：Bahia, 1684-1745," *Hispanic American Historical Review*, 54 (1974), p.606n7.

c) Lyman L.Johnson, "Manumission in Cononial Buenos Aires, 1776-1810," *Hispanic American Historical Review*, 54 (1974), p.277.

d) Ibid.

e) William F.Sharp, *Slavery on the Spanish Frontier：The Colombian Chocó, 1680-1810* (Norman：University of Oklahoma Press, 1976), p.142.

f) Barry W.Higman, *Slave Population and Economy in Jamaica, 1807-1834* (Cambridge：Cambridge University Press, 1976), pp.177-256.

g) Robert W.Fogel and Stanley L.Engerman, *Time on the Cross：The Economics of American Negro Slavery* (Boston：Little, Brown, 1974), p.150.

其他因素对释免率没有影响，哪怕是相互矛盾的作用也没有。所以这些不产生作用的因素中,最令人惊讶的是宗教、种族。我们已经看到,宗教对奴隶的境遇与被释免奴隶的地位几乎没有影响;对于释免率,同样如此。宗教的作用可以通过两个问题来评估。其一,奴隶主与奴隶信奉相同或不同的宗教,是否明显地影响到释免率? 其二,世界主要宗教对于释免率的影响是否有明显差异? 这两个问题显然是密切相联的,也只能应用于发达的、有文字的奴隶体系。因为在所有尚未出现文字的社会中,一方面,奴隶必须信仰主人的宗教;另一方面,在这样的社会中,没有一个宗教曾对释免表达过某种立场。

总之,奴隶主与奴隶是否拥有共同或不同的信仰,与释免率没有关联。

对第二个问题的深入探讨显示,所有的一神教在其教义、实践乃至伪善程度上都显露出惊人的相似。它们最终都将释免定义为一种表达虔敬的行为,也都竭力反对改宗意味着释免,但是,它们也都坚持,改宗是释免的前提条件。除了几个彼此不相干的例外,这些宗教中,没有一个对释免产生过一星半点的影响。只有在对宗教的虔敬恰好符合经济与政治的眼前需要与利益时,宗教似乎起过作用。

页 274

表 10.5　某些大型奴隶社会的释免率估计

奴隶社会的名称		大概时间段	很低	低	中等	高	很高
阿散蒂		19 世纪	X				
达荷美		18 世纪	X				
索科托哈里发		19 世纪				X	
纳冈代雷(北喀麦隆)		19 世纪			X		
梅里纳王国(马达加斯加)		19 世纪	X				
桑给巴尔		19 世纪晚期				X	
圣多美		1500—1550 年		X			
		1550—1650 年				X	
		1650—1876 年					X
马斯克林群岛		18—19 世纪	X				
希腊	农村和矿区	公元前 5 世纪—公元 2 世纪		X			
	城市	公元前 5 世纪—公元 2 世纪				X	

续表

奴隶社会的名称		大概时间段	很低	低	中等	高	很高
意大利	农村	公元前 3 世纪—公元 2 世纪		X			
		3—6 世纪			X		
	城市	公元前 3 世纪—公元 2 世纪					X
		3—6 世纪			X		
西哥特西班牙		415—711 年			X		
穆斯林西班牙		711—1492 年				X	
西西里岛		公元前 200—公元 1 年		X			
伊拉克	农村	9—10 世纪	X				
	城市	9—10 世纪					X
中世纪晚期的地中海岛屿,尤其是克里特岛,罗得岛,塞浦路斯岛		14—15 世纪			X		
马霍卡		15 世纪				X	
马德拉		15—17 世纪			X		
圣地亚哥(佛得角)		15—17 世纪		X			
		18—19 世纪				X	
托拉查(西里伯斯中部)		19 世纪		X			
朝鲜		高丽王朝及李氏王朝早期			X		
		李氏王朝中晚期				X	
班达群岛		18—19 世纪		X			
西班牙属墨西哥	城市	16 世纪				X	
	产糖和矿区	16 世纪		X			
苏里南		18—19 世纪	X				
库拉索岛		18—19 世纪早期				X	
巴巴多斯		1700—1834 年	X				
背风群岛		1700—1834 年	X				
马提尼克		1700—1789 年	X				
		1789—1830 年		X			

页 275

277

续表

奴隶社会的名称	大概时间段	很低	低	中等	高	很高
瓜德罗普	1700—1830 年	X				
圣多明各	1700—1789 年	X				
	1789—1800 年		X			

略举几例便足以说明问题。犹太教对希伯来人奴役希伯来人深感不安,规定所有受奴役的犹太人期满 6 年便应免除奴役,获得自由。然而,犹太人的大部分奴隶不仅很可能是他们的同胞,长期以来,人们也一直怀疑,犹太奴隶主对他们的宗教律令充耳不闻,致使其同胞长期处于奴役中。最近,弗兰克·克罗斯①(Frank M.Cross)发现的纸莎草文献提供了令人激动的证据。文献中提到一群被亚历山大的士兵屠杀的撒马利亚②(Samarian)贵族,其中内容清楚地显示出,犹太奴隶没有受到特殊对待,永生都在奴役中。[36]

基督教对中世纪欧洲的奴隶释免率也未产生过影响。事实上,教会拥有的奴隶常常是最后一批获得自由的;[37]欧洲许多地区,牧师们强烈反对释奴。他们虔敬地宣称,“让奴隶自由,理应备受谴责。鉴于他们邪恶的天性,这将置他们于更大的危险、更严重的罪。”[38]从理论上说,犹太人的奴隶,一旦接受洗礼,便可自动获得自由,但是,犹太人拥有的基督徒奴隶,数量实在是少,他们的释免,对整个释免率,毫无影响。尽管这条规则有时候付诸实施,尤其是在基督教的西班牙(直到 16 世纪它还在适用);[39]但人们也不免纳闷、疑惑:犹太奴隶主到底是怎样保住其奴隶的? 答案是:犹太奴隶主受到国家权威的纵容,对此规则置之不理。教会与国家,就犹太奴隶主能否拥有受了洗礼的基督徒奴隶,时常争论不休,尤其是在 15 世纪的西西里。[40]马克·布洛克曾议论西罗马帝国衰亡后的欧洲:“如果这个时代的释免率相当可观,那是因为释免奴隶不仅是一个令奴隶主动心的善举,更是一个可令当时的经济危险全部得以免除的行动,有益而无害。”[41]基督教世界所有时代的奴隶释免,其实都是如此。13 世纪瑞典的大规模

页 276

---

① 哈佛大学汉考克希伯来语与其他东方语言荣誉教授,以其解读《死海古卷》等希伯来语文献而著名,著有《迦南神话与希伯来史诗》。——译者注

② 以色列人的一个旁支。——译者注

奴隶释免,也正是出于同样的原因。在那里,不是教会而是国王敦促那些依然拥有奴隶的人,将基督教的平等观念——基督面前,人人皆兄弟——与无损于经济的行为协调起来,而教会,却因在欧洲大陆拥有规模庞大的奴隶,不肯与国王妥协。[42]

其他地方的基督徒,不过将宗教的虔敬作为经济动机的伪装。例如中世纪晚期的意大利热那亚,释免奴隶的奴隶主中间流行一种持续不退、挥之不去的"虚伪"风气。[43]几乎所有研究拉美奴隶制的学者如今也都意见一致:无论是个别发生的释免,还是相对于美国南方与加勒比非拉丁语地区稍微高一些的释免率,都与教会关系甚微。[44]

基督教对释免率不起作用的例子,17世纪末、18世纪初的南非最具揭示力。1618年,多特会议①规定:凡受洗礼的奴隶均应免除奴役,并与基督徒享有同等权利。随后,开普殖民地建立。荷兰改革派教会虽坚持这一原则,但它从未具备法律效力。最近一项研究表明,这段时期以及更晚一些时候,"大部分受了洗礼的奴隶都未获自由,而大部分获得释免的奴隶却未受洗礼"。[45]1770年,巴达维亚②政府指令,奴隶应该积极主动地皈依基督教并接受洗礼。一场旧宗教与新制度即奴隶制的严峻冲突在开普由此而起。但"实际上",埃尔菲克与谢尔写道:"这条指令并没有使获得释免的人增加,它反而使受洗礼的人减少了。"[46]

伊斯兰教的情况就更复杂。与基督教、犹太教一样,奴隶改宗穆斯林并非获得释免的理由。伊斯兰教同样禁止奴役生来即为穆斯林或在被俘前已改宗穆斯林的同胞。然而,伊斯兰教的历史却显示,一旦政治、经济与宗教情感冲突时,总是前者占上风。总体而言,主人为穆斯林的奴隶,宗教因素也许会使他更易被释免。但在伊斯兰国家,宗教对于释免率从来就不是一个决定性的因素,这是确定无疑的。在改宗穆斯林的国家,更重要的是社会经济结构的类型。大部分这样的社会,奴隶制基本上存在于城市,主要以商业为特征,释免率通常都比较高。页277苏丹与萨赫勒的情况虽有所不同,在那里,奴隶在畜牧业与农业中更重要,但它们在被伊斯兰征服前,释免率就已经比较高。这就足以说明,无论哪种情况下,

---

① 指1618—1619年于荷兰多特召开的一次国际性宗教改革会议。——译者注
② 荷兰东印度公司首府所在地,即今雅加达。——译者注

奴隶的释免均与宗教因素无关。即便是在伊斯兰教的中心地带，从事畜牧业的阿拉伯人中间，很可能，把奴隶转变为农业依附者的模式，早在穆罕默德以前就已存在；它也是牧民中常见的一种做法。在奴隶制业已存在的地方，伊斯兰教的到来强化了既有的习惯、赋予释免新的意义。而在伴随着伊斯兰的征服奴隶制的作用大大增加了的地方，被引进的奴隶制通常是正在发展、繁荣甚至要求有较高释免率的那种类型，或者说，是一种依靠奴隶补充人力、强化军事力量、充任行政管理官员的文明。若非奴隶们由最终得以释免的前景所激励，恐怕这些执行精英们也难以存续。

16世纪末至19世纪初，柏柏尔人的国家摩洛哥以及阿尔及尔、突尼斯城、的黎波里等城市的奴隶释免同样发人深思。[47]宗教的影子似乎随处可见。从穆斯林奴隶主手里逃出来的欧洲奴隶，讲述了许许多多奴隶主迫使他们改宗、耸人听闻的故事。[48]迫于压力而叛教的奴隶，也的确大部分都获得了自由，尽管并非自动获得。此外，还必须看到，基督徒俘虏中的释免率相当之高。好几位摄政王不仅十分倚赖叛教的奴隶充职各级官僚机构，同时也依赖他们经营产业、领导军队与舰队。[49]

然而，仔细审视，却可发现，真正起作用的并非宗教，而是对有技能的人力的需求。没有技能的基督徒，没有人鼓励他们叛教，甚至会被拦阻。正如斯蒂芬·克利索尔德(Stephen Clissold)所解释的那样，"尽管有些类群的人会被劝说、诱使、强迫叛教，譬如那些可以被造就成好兵、水手、有技术的手艺人、机械工的男孩；长相好看，可以送到窑子里去的姑娘；令其改宗可使人更添声望的指挥官、神父与其他才能出众者。但是，一般异教徒的改宗，常常会被横加阻拦。"[50]

种族因素的无关紧要

思考释免率差异的原因之前，我们必须摒弃另一个通行的看法，即主奴之间的种族差异，或者主奴之间的没有种族差异，会影响释免率。最近，基思·霍普金斯又重提这个观点。他说，"肤色的差异强化了代代相传的身份与地位。古典世界中，不容易察觉的肤色或身份差异必然利于释免（着重号系添加）。"[51]

页278

霍普金斯实际上表达了两个观点：看得见的种族差异强化了代代相传的身份与地位；这样的差异影响了释免率。第一个观点是对的，第二个错了。无论是在默多克的世界文化样本,还是在我所列的发达奴隶体系群中,我都没有发现主奴之间的种族差异与奴隶被释免的比率具有某种因果联系,无论那差异可见与否。整个中世纪的欧洲,尤其是维京人统治斯堪的纳维亚的早期与中期①,主奴之间的种族差异,尽管明显可见,但与其他地区相比,依然比较小,然而,他们的释免率很低。再举一个最典型不过的例子:中世纪的朝鲜。在这个大型奴隶体系中,所有奴隶均与主人同种同族,然而奴隶释免率依然不高。

另一方面,我们都知道,大部分有奴隶制的伊斯兰国家,其释免率都比较高;而所有这些有奴社会中,奴隶主与奴隶之间的种族差异一眼即可看出。[52]仅仅美洲各有奴社会的释免率差别就足以证明,种族差异与释免率之间毫无关联。同一个文化圈中,哥伦比亚乔科的释免率在西半球是最高的,比布宜诺斯艾利斯高出许多倍,但这两个社会的种族差异没有分别。18世纪晚期,新英格兰的奴隶主比美国南方的奴隶主以高得多的速率释免其奴隶,然而众所周知,这两个地方的主奴一为白人,一为黑人。库拉索②的释免率数倍于苏里南,但这两个地方的种族分群完全相同:奴隶主均为荷兰人,奴隶则都来自西非。

显然,种族因素与释免率并不相干。然而,我们的样本中,主奴之间的种族差异确实明显影响到了被释免奴隶的地位。最明了的解释是这样的:通常,作出释免决定的个人或群体,即奴隶主,与所有那些生来即自由、决定是否接受被释免奴隶的人,并非同一个体或群体。[53]

更概括地说,在发达奴隶体系,给予奴隶自由或准许他们赎身,是某一个体的决定;也主要由经济或政治因素决定,无论他们如何从文化上说明其合理性;而接受被释免的奴隶,则是一个集体的决定,受到传统价值观与偏见强有力的影响。

文化间的不同模式

决定释免率的各因素相互作用,方式复杂。要理解它,最好采取与我们分析被释免奴隶的地位时相似的策略。除了在相当高的概括层面上,没有一个单一 页279

---

① 指公元8世纪末与9世纪。——译者注
② 荷属安的列斯群岛之一。——译者注

变量或不同变量的单一组合能说明释免率在不同时间、不同地方的差异。因此,我在不同类型的社会,仔细找出了好几组不同变量或因素的组合。我发现了6组因果范式或导致释免的社会条件。

内部接纳

最常见于以血缘为基础的小型父系社会。其中,奴隶与非奴隶之间不存在或很少有劳动分工,蓄奴动因中的非经济因素至少与经济因素一样重要。奴隶所占人口比例很小,常常是主人的声望象征或政治上的随从。女奴中的大部分主要用于人口再生产,免除奴役的时间比男奴早、其比例也比他们高。奴隶人口通过与主人的族人通婚或被收养而被接纳,尽管这可能要经过很多代。市场因素对释免率所起作用不大。奴隶供应有限,但需求也不大。总体而言,供求之间平衡而稳定。一个平平常常的奴隶,其重置价格虽然稳定,却也并非大多数奴隶所能承受。此外,奴隶主一般都不愿意释免第一代奴隶。个别出类拔萃的奴隶也许能以这样或那样的方式赎免自身,但对第一代奴隶而言,赎买通常是不合算的,因为社会环境会令他不得不在社会上依附、依赖于主人。第二、第三代或以后的奴隶也许觉得自立出来更为安全,但在那个时候,他们也许又不想那样做了,因为与主人家的情感纽带与亲缘关系已然发展起来。

母系规避

血缘社会中,有一个子群,与上述小型父系社会不同。正是在讨论这个子群的过程中,我们发现了释免的第二类社会经济背景,或者说母系规避的背景。与上一组社会不同,它的释免率很低,无论从代内流动或代际流动的角度看,均如此,换言之,奴隶身份具有高度的遗传性;只有极少数出类拔萃的奴隶能摆脱奴隶制的束缚,无论其祖先经历了多少代被奴役的过程。为了人口再生产、政治上的考虑而非经济原因被征来的奴隶,甚至比上一组社会还多。在这些母系社会中,奴隶制是一种规避父权制血统制度的方式。在那样的血统制度中,一个男人对自己的孩子不拥有父权,他妻子的兄弟会被指定为孩子的父亲;只有由奴妾或奴隶妻子所生的孩子,生父才拥有直接控制权。这样,在这一组母系社会中,奴隶血统是有意创造出来的;对奴隶孩子的控制通过父系代代传承,与母系继承的普遍规则形成鲜明对比。因为这个原因,奴隶们代代为奴,永难翻身。对一个奴

页280

隶来说,其祖先为奴的代数越多,他获得自由的困难就越大,因为对他拥有所有权的父系亲属会越来越多。与上一组社会形成鲜明对比,这一小组奴隶社会不仅整体释免率很低,第一代奴隶通常也比后几代奴隶有更好的赎回自身的机会。

西非的阿散蒂、东非的亚奥、扎伊尔的刚果、安哥拉的因班哥拉、现赞比亚境内的卢瓦勒(Luvale)、南美的瓜希罗都是这类社会的典型。卢瓦勒人中,"奴隶身份永不更改",由女奴所生的孩子因为"增加了村里的人口,从而也就增加了头人的跟随者"。释免奴隶,对于卢瓦勒人,至为勉强。[54]刚果奴隶,一如第八章所提,即便被主人释免,回到他的母系社会,也会成为他自己所属社会的奴隶。尽管第二代奴隶的地位比第一代奴隶略高一点,但也绝无可能再向"自由"走近一步,或者成为他所属社会的正式成员。[55]奴隶制对于19世纪的亚奥不可或缺。20世纪中期,詹姆斯·米切尔①(James C.Mitchell)曾在一群亚奥人中做过研究。其时,奴隶制废除已久,但他发现,"奴隶血统依然明显影响着亚奥人的社会关系"。[56]

内部排斥

在这组社会起关键作用的因素,在于原始社会经济体制与严格实行内婚制的结合。内婚既指自由人群体内部,亦指自由人与奴隶之间,换言之,自由人的婚姻并不一定限于自由人内部。这类社会包括西非的瓦伊、美国西北土著中的大部分非母系蓄奴社会。伊梅里纳中央王国建立之前,也就是1794年之前的马达加斯加梅里纳,是最好的例证之一。王国尚未建立时,奴隶制在梅里纳已然十分重要;19世纪,它继续发展为梅里纳社会经济体制的重要成分。释免率之低,近乎为零。不过,莫里斯·布洛克②(Maurice Bloch)说这样低的释免率在非洲实属独特,太过夸张。我们已经看到,在那些施行母系规避的非洲社会,释免率普遍都很低。布洛克将梅里纳的低释免率归因于它的内婚制,他说:"如果双亲来自身份不同的群体,那么孩子的身份总是随社会地位低的那一方。这就意味页281着自由人与奴隶之间的婚姻不大可能发生,也意味着,一旦那样的婚姻发生,任何情况下,孩子都将属于社会地位低的群体,也就是说,他们将变成奴隶。"[57]

---

① 英国社会学家、人类学家。——译者注
② 法裔英国人类学家。——译者注

这种解释并不充分。自由人内婚程度高的社会,有很多;孩子的身份继承,取地位从低原则的社会,也有很多;但它们都有很高的释免率。印度,自佛教兴起以来,释免率一直比较高,尽管奴隶主阶级内部施行内婚制;这个阶级作为一个整体,相对奴隶及前奴隶,其婚配原则也是内婚制。帝制中国,直到 12 世纪,其地位从低原则都没有影响到它的高释免率。再引一个最广为人知的例子:公元前 451 年的雅典公民法,典型地表现出古希腊人对所有非希腊人那强烈的沙文主义,并且规定了族内通婚的原则;[58] 即便如此,他们的沙文主义也未影响古希腊非同寻常的高释免率。真正关键的,是自由人的族内婚与封闭而原始的社会经济体制联合发生作用。在雅典,那相对巨大的城市中心、大量非公民自由人口即定居外邦人的存在,意味着它有充裕的社会空间来吸收被释免的奴隶。1794 年前的梅里纳与其他封闭而规模甚小的社会,却不存在这样的社会空间。在那样的社会中,释免毫无意义,因为被释免的奴隶既无处可去,也不能被主人的群体所接纳。

经济因素,在上述三组社会中,作用甚微。接下来讨论的几个社会类别中,市场的影响、对奴隶的生产能力的利用,是决定释免量与释免模式的最关键因素。不过,它们发挥作用的方式殊为不同,既各自独立,又相互影响。

掠夺性流通

第四组社会中,释免的背景,也许可以命之为掠夺性流通。这类社会的经济比上述三组社会复杂,奴隶的作用,至关重要。他们依然被用作人口再生产,同时也是精英的重要财富生产者;担任侍从的奴隶,直接为主人的权力效劳。奴隶为奴隶体系经济再生产的同时,也为它增长了人口,因为他们生产出来的财富被用来获取了更多的奴隶。有些被释免的奴隶兵,甚至未被释免的奴隶,为虎作伥,协助精英掠取更多奴隶。奴隶的代际流动,体量庞大;由奴隶转为非奴隶的代内流动,也相当可观。

页 282   大量的释免出自多种缘由。首先,几乎所有的奴妾及其孩子均获得了释免。其次,从事农耕与放牧的奴隶及其配偶大多独自劳动,无人监督,奴隶主需要给予他们强有力的激励。激励因素即为提供较多释免机会,同时伴以对奴隶阶级的宗教同化、强调释免是一种虔敬的宗教行为。由于奴隶通常都有"自由的"时间为自己干活、置换费用也不高昂,不少人都能积攒起一笔特有产,赎买自身;再加上奴隶主鼓励赎买,奴隶人口的高周转率便成为这一组社会的典型特征。

　　奴隶体系的经济再生产与人口再生产,需要大量奴隶替代那些被释免的奴隶,这是释免率的关键所在。掠夺、抢劫成为满足这一需求的手段;充当帮凶者,很多人是被释免与希望被释免的奴隶。有时候,边境不稳致使外部奴隶市场繁荣,也能部分满足对奴隶的需求。几乎所有早期伊斯兰国家、中世纪撒哈拉以南伊斯兰国家、大部分萨赫勒与苏丹伊斯兰国家(尤其是19世纪)都属于这一组社会。14、15世纪克里特岛发达的农业奴隶体制,也归入此类。中世纪晚期的撒丁岛可否归入其中,尚需存疑。[59]

商业性再生产

　　这一组社会中,奴隶的外部供应充足,不过,由于生产方式的变迁、奴隶被用作适应经济变迁的主要媒介,市场需求有增无减、持续上升。释免率因地而异,取决于奴隶分别在哪一经济部门:农业、矿业或城市中的商业。由是之故,古希腊,尤其是公元前6世纪与3世纪之间,劳里厄姆银矿、将奴隶用于农业生产的地区,释免率很低。同样,在罗马,大庄园中的奴隶其少得到释免。奴隶主需要廉价、稳定的劳动力,很不愿意释免奴隶;即便愿意,也鲜有庄园奴能攒够赎买费用。主奴之间缺乏密切接触,同样意味着没有多少奴隶能获得自由。不过,在城镇地区,奴隶用于商业与工业生产,需要工作积极性很高的奴隶人口,释免成为激励手段之一。此外,奴隶被租出去,也意味着他们有更好的机会积攒节余下来的钱。释免,对奴隶主是有利可图的。因为它不仅保证了有忠实肯干、技能熟练或半熟练的劳动力,还可让奴隶主卖掉年老体弱的奴隶,以便得到更多强壮、结实的年轻奴隶。古希腊的有限释免,即要求奴隶分期付款并住在主人家附近的做法,与罗马人要求被释免奴隶承担劳动义务等手段,意味着奴隶即便获得自由,通常也得继续为主人提供经济之用。[60] 页283

　　这一组社会中,释免率对市场反应敏感。古希腊公元前2世纪与公元前1世纪释免率的下降、西班牙15世纪晚期与古巴19世纪释免率的变化,都反映了这一点。15世纪晚期,土耳其人向黎凡特的推进导致奴隶供应量减少,奴隶购买价格与奴隶主索要的赎买价格随后上升,紧接着,释免数量下降。1441年,一名奴隶为其自由付出的价格,高出市场价20%,还得加上许多沉重的劳动义务。[61]18世纪最后二三十年间的古巴,"有色自由"人口的数量变化与1886年的废除奴隶制,同样说明了释免率对市场力的敏感度。1774 年的古巴,被释免奴隶占总人口 20.3%,到 1827—1841 年间,被释免奴隶人口比例小降,一度低至15.1%,1887 年又回升至 20%。这一波动正好契合了古巴的经济变迁。古巴的经济体制,原以畜牧业为主,到处都是小型家庭农场,后来转变为以大型种植园为主导。种植园劳力需求的渐至增加、非洲奴隶供应的重重障碍,对古巴的释免率产生了压制性的影响。在古巴,不仅奴隶的自我赎买受到限制,其方式亦与古希腊类似:要求被释免的奴隶分期付款、住在主人家附近、继续为主人提供劳务。到 19 世纪下半叶,越来越多的奴隶劳作在种植园,积累不起多少特有产;由于奴隶价格上升而导致的赎买费增加,更加形成了不利于释免的环境。[62]

最近有学者提出了一个有趣的假设,用来解释释免率。它与我们这里讨论的社会颇有几分相关,尤其是在城市与商业部门。经济学家罗纳德·芬德利(Ronald Findlay)[63],沿用齐梅恩(Zimmen)的理论[64],提出一个观点:城市与商业经济中,奴隶们承担的任务复杂,这就使暴力的运用对生产效率的提高无甚作用。相反,奴隶主采用“胡萝卜”激励手段,即允许奴隶通过独立工作积攒特有产。从经济学来看,奴隶主们的行为是“合乎理性”的。他们试图从激励性报酬与监管开支中找出最优组合,以便从奴隶身上榨取最大收益。芬德利假定,奴隶所获得的激励性收入是为了赎买他自己或他所爱的人。然而,芬德利遇到了一个重要的问题:“什么因素决定一个奴隶需在奴役之下劳作多少年?”通过纯粹的演绎,他给出一个模型;模型中的“奴隶主在两方面权衡,既希望人力资本的剥削期缩至更短,又希望在缩短了的剥削期内,每单位时间获得更高回报”。芬德利的模型预测,“一个奴隶需花多长时间才能从激励性报酬中节余出赎买自由的钱”,因利率而异,二者之间,呈反向关系。用行外话来说,资金相对短缺时,奴隶主会觉得,早一点让奴隶赎买自由,更有利可图,因为这样可以换来奴隶高强度的工作与更高的效率。资金宽裕时,奴隶主就缺乏这样的动力。芬德利称,拉美奴社会属于资金短缺的那一组,美国南方则属于后者。

芬德利的观点,纰漏颇多。我们从比较数据中几乎找不出任何证据支持。首先,激励性报酬并不总是为了奴隶赎买自由。那样的假定不可靠。正如芬德利从福格尔、恩格曼的著作中所意识到的那样,[65]这样的激励在美国南方也存在,但谁都明白:那不是给奴隶用来赎买自由的。其次,即便在这些商业与城市发展水平都很高的社会里,被释免的奴隶中有不少人,甚至多数人,都不是由他

页 284

们自己出钱赎买自由。要么,由已经摆脱了奴隶制的亲人出钱赎买;要么,由奴隶主无偿赠予,其中有些奴隶主,是被释免奴隶的性伴侣或者父亲。[66]古代近东、古希腊罗马、中世纪晚期的西班牙、很可能还包括中世纪晚期的意大利、拉美地区所有重要的有奴社会、荷属库拉索商业奴隶殖民地等,都是如此。

占主导地位的大型乡村经济

在这一组社会,大型乡村奴隶制对整个奴隶体系具有无可匹敌的重要性。奴隶集中在大庄园或者种植园类型的大农场。城市经济中,难觅奴隶踪影;即便有,也只占整个奴隶人口的很少一部分。奴隶需求不仅大,而且持续增长;供不应求是常态,奴隶置换费用也因此总是特别昂贵。大部分这样的奴隶体系严重依赖外部奴隶供应,用以替换被迅速消耗殆尽的奴隶人口,或者增加奴隶人口。大量出生地在外国的奴隶人口将释免率冲减下来。不过,即便在奴隶人口主要基于自生产的地方,高昂的置换费用本身也足以解释低释免率。除了数量无足轻重的少部分人,所有奴隶面临简单而残酷的现实:他们的市场价值很高;若无一技之长,攒钱或支配收入的机会微乎其微;由此也就决定:自我赎买近乎天方夜谭。值得一提的是,少数赢得自由的奴隶中,有相当一部分人是无偿获得自由的,尽管这部分人总是很少。除了释免,奴隶主愿意选择各种激励机制;一般而言,他们也反对释免,即便有个别奴隶出得起释免费。页 285

属于这一组社会的有:中世纪朝鲜、15 世纪马德拉群岛发达的蔗糖种植体系、15—17 世纪末圣地亚哥在佛得角建立的以种植棉花为基础的奴隶体系、18 世纪印度洋马斯克林群岛、18 世纪太平洋班达群岛、18 世纪与 19 世纪初的南非、18 世纪英属与法属加勒比、18—19 世纪初的荷属殖民地苏里南、17 世纪晚期至 1865 年奴隶制被废除的美国南方。

需要指出,尽管上述大部分社会都是种植园体系,但种植园经济既非构成这一释免模式的必要条件,也非充分条件。例如巴西,它有一个巨大的种植园体系,却不在这一组内。其中部分原因在于,它有相当一部分奴隶人口不在种植园,而分布在城市和矿区。南非的经济更多地以大庄园①(latifundia)而非种植园为基础,但是,它的奴隶供求模式与奴隶人口绝大多数分布在乡村的特点,却

---

① 与种植园不同,大庄园的产业更加多元化,譬如它也可以养殖牲口为主。——译者注

使它被归入了这一组。

所有这些奴隶体系中，奴隶主都将体罚"作为维持社会风纪、约束劳动活动不可或缺的一部分"——如斯蒂芬·克劳福德(Stephen Crawford)对美国南方的评论。[67]释免之外，也存在一些不定时的奖励：更好的物质生活、升至更高一级的职业、放假时在自留地干活。自留地所得，虽然主要由奴隶支配，通常也只够勉强糊口。[68]

普遍因素

考查过主要的释免模式之后，我们现在可以再度发问：有无可能在更高层面发现具有决定性影响的因果因素？换言之，在我们已然讨论过的所有具体模式背后，是否存在一种普遍模式？我认为有。这就是：除了小型血缘社会以外，所有遭受周期性与结构性震荡的社会，释免率往往最高。那样的震荡可能源于经济或政治(军事)。当然，也可能二者兼有。

经济动乱

举例说，当一个奴隶体系经历过一次大的经济萧条之后，奴隶主们会发现，他们的资金被奴隶套牢。奴隶们挣来的钱要么连维持其支出都不够；要么，远不页286 及奴隶主在其他方面投资所获得的盈利。这时，对奴隶主来说，最好的清算办法就是鼓励奴隶赎买自由。如果大部分前奴隶能继续为原主人服务，那就更好。通常，也的确是这样的。

经济形势反过来，结果就不一定了。快速扩张的奴隶经济往往意味着高昂的奴隶置换成本与很低的释免率，不过，这也取决于奴隶经济属于何种性质。期初投资高、经济运行高度常规化、资本回报需经远期才能实现时，奴隶经济的扩张几乎肯定会导致释免率大幅度降低。18世纪，所有上述被归入乡村经济占主导地位的社会都是如此。美国南方的释免率这么低，是一个最好的例子。但值得注意的是，哪怕是在美国南方，临近18世纪末时，随着老南方中的上南方时运不济，今不如昔；北方经济结构的大规模变迁，它的奴隶释免率也达到了历史最高水平。上南方的释免率，尽管就其绝对值而言，从来就没有高过，但在美国革命后那段短暂的经济衰退期内，也达到了它的最高峰；当然，北方也在快速废除奴隶制的同时,从日益扩张的自由工资工业体系中所获得了前所未有的资本回报。不过,大西洋奴隶贸易废除之后,新南方突如其来的快速发展与棉花革命立刻就把释免率推了下来;到19世纪20年代末,美国南方的奴隶释免率退至历史最低水平。

巴西的释免率,我们已经看到,在种植园经济中也低于其他产业。然而,巴西的乡村经济不仅经历过多次经济衰退,致使奴隶主一次又一次地撤回在奴隶身上的投资;它的经济构成也比美国南方多元得多。19世纪初,巴西中部和西南部地区实现了经济扩张,却没有对东北地区产生显著影响,在此期间,那里发生了大规模的经济衰退。这正是巴西经济没有一体化的结果。与美国南方不同,在巴西,奴隶的重置费未令赎买自由的奴隶感到遥不可及;地区间的奴隶贸易也不大重要,因为大西洋奴隶贸易还在继续,国家也尚未在经济上整合起来,二者共同减少了地区间的奴隶贸易。所有这些因素,都使得巴西的整体释免率相对较高。此外,巴西殖民经济的另一重要部门——矿业——也总是翻来覆去地大起大落。

不少学者在解释巴西相对较高的整体释免率时,都看到了这些因素,不过,论述最为系统的,是卡尔·戴格勒①(Carl N.Degler)。他写道:"简言之,殖民时代的巴西,奴隶主释免奴隶的理由有时是相当充分的:时日不利,削减开支。与此同时,被释免的奴隶在这个欠缺劳力、经济上也需要他们的社会,拥有一席之地。"[69]这里,要给出一个重要的警示:只有在奴隶的外部供给充分或者可以再度役使奴隶的社会,这种繁荣—萧条的模式才会发生作用。奴隶主自己,对于经济的循环往复,是很清楚的。显然,如果形势变好时却一个奴隶也得不来,奴隶主在艰难时日不会甩掉奴隶。巴西与朝鲜,分别典型地代表了这两种情况。在巴西,外部供应充分;在朝鲜,有条件大规模重新役使奴隶。

页 287

频繁的经济震荡对于释免率的影响,通过比较苏里南与库拉索,可以得到进一步说明。苏里南的整体释免率低,库拉索的整体释免率高;个中具体因果模式,前文已然论及。在这些具体模式的背后,哈里·霍伊廷克发现了一个更为综合性的决定性因素。他指出,"到18世纪中期,周而复始的商业萧条在库拉索已然造成了较大数量的释免;而在苏里南,直到18世纪最后二三十年,释免才开

---

① 美国历史学家。——译者注

始增加,不至于像从前一样寥寥无几。当时,苏里南的一位总督对于释免态度积极,是原因之一,但它也是 18 世纪 70 年代开始的经济危机带来的结果。"[70]同样,在古巴,当其种植园经济形成之前,多变又多样的经济体制形成了极高的释免率(1774 年,被释免奴隶的规模已然达到总人口的 20%)。然而,随着古巴经济结构的转变,转向持续扩张的种植园体系,释免率很明显地下降了很多。虽然没有精确的统计数据支持这一论点,但现有的统计数据(以及其他各类资料)有力地显示了这一发展过程。[71]

由经济原因导致的结构性变迁中,我们看到了一个具有普遍影响的决定性模式。不过,经济的起伏与波动并非引发结构性震荡的唯一因素。在其发生过程中,更具随机性,对于释免率的影响在很多方面甚至更加令人印象深刻者,是由政治原因引发的震荡,尤以军事动荡最为重要,无论边境内外。

军事动荡

我们在第八章看到,政治释免往往用于战争时期。几乎所有蓄奴社会都曾在某个时刻,利用释免来激励奴隶,帮助主人防卫领土或者入侵他人领土。内战,同样在大规模释免史上,作用重要。所有这类冲突中,奴隶们都意欲从两边得利。

由于军事释免的发生相对较少,其重要性也就往往被低估。然而,被释免的奴隶人口中,因军事释免而获得自由者常常比例颇大。现代美洲尤其如此。因此,简略地回顾一下前现代世界与现代世界的军事释免是有意义的。

页 288

我们曾经提及,在古希腊罗马与中世纪欧洲,奴隶们原则上不允许参与军事,但危急时刻例外。每逢这样的时刻,尤其是在罗马,按规矩,首先释免所有选来服兵役的奴隶。以这种方式被释免的奴隶数量或比例,现已不可能估计,但是,我们知道,诸如希波战争、伯罗奔尼撒战争、布匿战争等重大冲突发生时,大量奴隶获得了自由。欧洲历史上,也多次出现过这样的情形:为数众多的奴隶加入胜利入侵的军队,赢得自由。最惊人的例子,也许要属西哥特人入侵罗马行省西班牙时,一大批逃奴与之结盟,最终成为自由人。[72]

再来看伊斯兰国家。军事奴隶制是伊斯兰崛起与扩张中的一个基本特征,这一点我已说过。[73]一般而言,由奴隶而组成的军官兵团,最终都能赢得释免,但是,由大量奴隶组成的正规军,通常就不是这样。尽管如此,那些战场上英勇过人的奴隶依然有最终被释免的希望,这是毫无疑问的。近乎普遍的伊斯兰军事奴隶制,因而也就成为这些社会释免率很高的重要原因之一。

非伊斯兰前现代世界中,由于军事原因而导致的周期性奴隶大解放,以中世纪的朝鲜最为突出。令人颇感讽刺的是,在朝鲜,成为奴隶的主要原因之一即为逃避征兵。[74]对那些身陷奴役、为自由甘冒战争风险的人来说,军事危机给了他们很多机会实现自己的愿望。在贵族间不同派别的内讧、贵族与国王的权力斗争中,如果国王势力强大,渴望释免的奴隶就得利,因为国王喜欢以释免为手段,破坏拥有大量奴隶的贵族的经济基础。[75]

朝鲜历史上多次的外族入侵,也为大规模释免提供了机会。13 世纪蒙古人入侵期间,为鼓励奴隶参军卫国,用以证明奴隶身份的官方文件"奴隶登记簿"被焚为灰烬。不过,不少以这种方式获得解放的奴隶必定只获得了短暂的自由,再不然就是他们的自由身份不能由子女继承,因为在蒙古人的统治下,我们发现,奴隶数量大规模地增加了。[76]

朝鲜世宗(1418—1450 年在位)与世祖(1455—1468 年在位)统治时期,朝 页 289 廷以定居北方边境而为奴隶提供释免的机会,也必须归入军事释免。因为这类策略主要是为保护边境不受女真频繁入侵而提出的。受到释免的激励,来自南方省份的奴隶被引诱到北方定居。[77]

1592—1598 年日本人入侵朝鲜期间,奴隶大解放的最大机会到来。纯粹只是利用社会混乱,许许多多的奴隶轻而易举地逃脱了奴役。有些人甚至连逃也不用逃,因为他们的主人先已逃难或者由于地产、庄园被毁而穷困潦倒。还有一些人把奴隶名册毁掉。[78]外族的入侵,摇撼了朝鲜大规模奴隶制的根基,但并没有令它废除。正如沈苏珊所论:"将继承性奴役的消失归因于一时的动乱,未免太过简单,无论那动乱多么具有毁灭性。需要解释的,不是战争期间奴隶制的衰落,而是它后来因何不能恢复到原来的规模。"[79]尽管如此,她没有否认,当时的大部分逃奴摆脱了再度被奴役的命运。1484 年,朝鲜的国有奴隶为 35.2 万名,到 1655 年,只有 19 万名。无论用什么因素来解释朝鲜奴隶制随后的衰落,受到侵略之后大规模释免奴隶的传统在这个国家是存在的;1910 年,日本人在征服朝鲜之后最终强行废除奴隶制,与这个传统正好保持一致。

战争作为被释免人群增加的原因之一,常被轻描淡写,但被低估得最严重的,是在现代美洲。事实上,军事释免可能是哥伦布发现新世界之后在西半球最早出现的大规模释免。奴隶们跟随征服者在新世界东征西扫。[80]其中有些人，用弗里德里克·鲍泽的话说，"英勇善战，脱颖而出。他们得益于征服时代舒展自如的环境，获得了自由"。[81]在利马，通过军事释免获得自由的奴隶非常之多，以至于到1530年，被释免的黑人竟然被当成了一个问题。

巴西历史上，从奴隶制的一开始，奴隶们就从交战双方抓取获得自由的机会。卡尔·戴格勒引用葡萄牙人乐意武装奴隶的例子，以之作为与美国形成的强烈反差之一。[82]17世纪头二三十年，荷兰想从葡萄牙手中抢夺巴西，奴隶们为双方助战；法国人入侵里约热内卢时，他们再度两方参与。[83]戴格勒概述其历史记录如下：

页290

> 事实上，在18、19世纪巴西内部的武装冲突中，总有携带武器的黑人参与其中，奴隶与自由人都有。有时候，奴隶们两边参战，就跟在1823—1824年的巴西独立战争中一样。米纳斯吉拉斯州采矿业繁荣之际，地方匪徒与大亨甚至使用武装奴隶，横行霸道。18世纪初，米纳斯的矿工与来自圣保罗的"入侵者"在所谓的"新来者之战"中打起来，众多黑奴冲锋上阵，对抗"入侵者"。1835—1845年，在巴西南部发起叛乱、反对中央政府，称之为破衫汉战争期间，奴隶们也参与了。帝国军队威胁说，要惩罚与反叛者一起作战的奴隶。武装奴隶在巴西的各次战争中所扮演的角色，除了17世纪荷兰人占领巴西那段时间，以1865—1870年参与巴拉圭战争最引人注意。战争结束时，约2万名奴隶因为参与战斗而获得了自由。[84]

拉美其他地方差不多也是这样。内外战争越频繁，赢得自由的奴隶数量就越多。[85]加勒比海地区在西班牙帝国范围中，向来是最薄弱的一块，所以从很早的时候起，那里就一直有大量的黑奴参与战争并因此赢得自由，虽然那自由事实上并不稳固。1586年，弗朗西斯·德雷克爵士[①]（Sir Francis Drake）攻打卡塔赫纳[②]（Cartagena），迎战德雷克的西班牙军队中，有十分之一是自由黑人。10年之后，参与巴拿马战役、对抗德雷克的军队中，就有了整整一支以黑人舰长为首、全部由自由黑人组成的舰队。[86]古巴在废除奴隶制之前，由于战争而导致的大规模释免，数不胜数。例如18世纪60年代，英国人入侵期间以及随后，数以百计

---

① 英格兰航海家、探险家、海军中将，以劫掠私船、贩运奴隶起家。——译者注
② 位于加勒比海卡塔赫纳湾北端。——译者注

的奴隶获得自由；18 世纪 90 年代末，圣地亚哥埃尔科夫雷铜矿的 1000 名奴隶由英王下令释免。[87]

1806—1807 年的布宜诺斯艾利斯，为我们量化评估这类政治释免对释免率可能有的影响提供了案例。1806—1810 年，在布宜诺斯艾利斯，每年平均经非军事释免的奴隶为 92 名。但是，1806—1807 年英国入侵期间，另外又有 84 名奴隶"因为英勇抗击英兵"而赢得自由。[88]换言之，1806—1807 这两年，平均起来，释免总数中的 31% 是因为军事行动。遵循传统，莱曼·约翰逊在他的计算中排除了因为军事行动而释免的数字，理由是"它们性质特殊，与正常的释免过程无关"。[89]但在我看来，这类释免没有任何不正常之处。的确，它们只是偶尔发生，但每一次的释免规模是如此之大，其总数必然占整个拉美奴隶制史上被释免奴隶总数的很大一部分。再者，这类事件的发生频率在拉美各国独立战争期间大大增加，其次数是如此之多，一如莱斯莉·劳特（Leslie Rout）所评论，战争对大部分美洲地区的"奴隶制形成了沉重的打击"。[90]

在战争中使用奴隶的重要性与随之而来的军事释免，在西半球非拉丁语地区，也很容易被低估。相比拉丁语区的奴隶主，加勒比海非拉丁语区与美国的奴隶主大概更加讨厌有必要武装奴隶的想法，但他们与前者以及古罗马希腊人一样，一旦在战争中遇到危机，很快就放弃了不武装奴隶的原则。 页 291

17 世纪伊始，北欧各帝国就在加勒比海地区开始了战争。它们在彼此之间无数次的冲突中，毫不犹豫地使用奴隶。1660 年，在与英国人经过了 5 年的战斗之后，牙买加的西班牙奴隶主被驱逐；奴隶们不肯跟随主人而去，留在了这个岛屿。后来，他们成了牙买加被释免黑人中的核心或精英中的一部分。[91]唯一一部研究加勒比黑人的军事作用的重大著作，出自罗杰·诺曼·巴克利（Roger Norman Buckley）之手。他在这本开创之作中首先说道：

> 16 世纪上半叶，随着非洲人种植园奴隶制的出现，奴隶的军事潜能立刻就被发现并且迅速为敌对民族所用。整个加勒比世界，到处可见黑人被用作后勤部队，甚至成为前线士兵。由于白人移民大多为种植园体系所阻，再加上黑人奴隶制的扩张、气候的恶劣，奴隶劳动力的利用在西印度群岛的战事中很快就不可或缺。为适应这一需要，对于奴隶制度的一系列重大修改出台，例如奴隶士兵的普遍释免。[92]

从一开始，欧洲人就意识到，在西印度群岛维持纯白人兵团是多么困难，他们的死亡率极高。整个 18 世纪,英国军队的半非洲化一直在发生。18 世纪革命时代,英法之间的冲突不可避免地在加勒比上演(后来又因海地奴隶叛乱而复杂化),其结果是奴隶在战争中的大规模使用。到 1795 年,几乎所有英属加勒比岛屿都有奴隶兵团。同年,不顾种植园主的强烈反对,英国采取了一个非同寻常的行动:招募两个黑人兵团,准备将之永久驻扎在这个地区,并且作为英国军队体系的一部分来对待。

然而,黑人士兵在法律上的确切地位却十分含混。他们显然认为自己是获得了自由的人,种植园主与白人军官则当他们是奴隶。更添困惑的是,白人军官虽然宣称黑人士兵在法律上是奴隶,实际上却把他们与白人士兵等同对待。还有更糟的一点:大部分黑人兵是新近才到加勒比的非洲人。1807 年,问题终于解决。英国政府决定:所有为英王服役的黑人都是自由人。"这样",罗杰·诺曼·巴克利评论说,"约有 1 万名西印度群岛的黑人士兵被赋予了选举权。无疑,在奴隶制被废除前的加勒比,他们是单次释免中数量最大的一批获得自由的奴隶。"[93]

无独有偶,北美奴隶史上也有类似的记录。殖民时代的早期,奴隶们经常被招来防卫殖民地不受印第安人与外来欧洲人的侵犯。通常,给他们的回报就是自由。到 17 世纪晚期,殖民地议会对于武装奴隶的存在开始越来越担忧。整个 18 世纪,大部分时间都有法律规定:禁止招募奴隶当兵。即便如此,情况紧急时,禁令总会暂停,黑人又被招为士兵。与加勒比不同,在北美,遇到这样的情况,被征来的往往是已经获得自由的黑人而非奴隶。因此,由此无奈之举而带来的释免也不多。[94]

美国革命伊始,形势大变。[95]1770 年 8 月 5 日晚,一个逃奴,克里斯珀斯·阿特克斯(Crispus Attucks),在一系列导致美国独立战争的事件中,成为第一个死在英国人手里的人。这真是美国历史的一个讽刺。5 年之后,这一讽刺转变成这个国家最不光彩的时刻之一。马萨诸塞州安全委员会下令禁止奴隶被征入伍,理由是这种行为"与我们所应遵行的原则不合,也将令国家蒙羞"。[96]这话的前半部分倒是无意中道出了实情。不消说,危机恶化时,议会很快就改变了立场,尤其是英国人开始允诺以奴隶自由的时候,只要他们参与王军。然后,所有的北方州都积极地招募奴隶当兵,随着战争的延续,同样允诺以自由。南方州中,只有马里兰做出了这样的承诺并且信守了诺言。美国独立战争期间,共有约

5000 名黑人为美国军队服役;协同英国人作战的,约有 1000 名。尽管不少人获得了允诺的自由,但也有很大一部分被欺骗了。弗吉尼亚州把所有在海军服役的州有奴隶都卖了出去;还有许多奴隶主企图重新奴役退伍兵。英国人倒是在整场恶作剧中表现得更有诚信,他们所释免的奴隶不仅比刚刚赢得自由的殖民地人民释免的多,军队撤离时还带走了 15000 多名奴隶,其中有许多后来获得了自由。

　　19 世纪一二十年代,相当多的奴隶在接二连三的战争中获得了自由。英美战争期间,数千名加入英国一方、与其并肩战斗的奴隶就是如此。[97]后来,美国内战中,约 20 万奴隶在为联邦服役的过程中赢得自由。由于这场战争致使美国奴隶制被废除,它的各种释奴事件也就不能作为奴隶制废除前的释免手段而归入军事行为的范围。[98]

页 293

　　显而易见,军事释免虽然只是偶尔发生,但战争却是被释免奴隶群体增长的重要原因之一,无论前现代奴隶体系还是现代美洲的主要奴隶体系,均如此。我们有充分理由做出结论:由经济的急剧波动或军事冲突抑或二者并有造成的结构性震荡,是人类走出部落世界之后释免奴隶的根本原因之一。在最高一级的概括层面上,我们可以说,震荡频率越高,释免率越高。低于这个因果层面,要对所有奴隶体系中的释免率变量再做归纳,就不大可能了。这些变量必须在中层因果模式中解释,本章前面部分已加以揭示。重大的结构性波动不仅凌驾于更具体的因果模式之上,因此有利于释免的发生,也肯定能使获得自由的人增加;它还可以刺激较为稳定的释免模式中的增长率。例如,美国革命期间与紧随其后的一段时间,不仅革命本身这种结构性震荡带来了释免率的大规模增长,各种惯常的释免限制也解除了。跟随美国革命而来的“释免热”,使得被释免的奴隶比平时多得多。艾拉·伯林对于美国北方与南方的一番评论,同样适用于分析大部分其他国家奴隶体系经历结构性震荡的情形。他说:

　　　　对释免限制的放宽反映了反奴隶制行动的主要推动方向;不过,南方废奴主义者也以同样的热情在法庭上推进他们的事业。尽管释免诉讼只能解放个把奴隶,但一个先例的建立常使很多奴隶跟着释免。[99]

结　　论

　　上述三章中,我们一方面考查了释免的性质、意义与形式,另一方面也考查了能解释释免发生与释免发生频率的因素。现在，我们应该把它们与前文关于奴隶制本质的分析联系起来。

奴隶制问题与释免，我们已从文化、观念、社会三个层面讨论。从文化的角度看，沦为奴隶、奴役与释免可以象征性地解读为三个阶段，在一个经年日久、被延长了的通过仪式中的三个阶段。沦为奴隶象征分离（或者被处死）；奴役象征社会死亡这种边缘地位；释免象征再生。从奴隶制的内部关系看，伴随这一文化过程的，是观念的辩证法。或直接，或间接，奴隶主给予奴隶有形的生命（第一个奴役他的主人，直接给他生命；通过购买或继承得到他的主人，间接给他生命）；作为回报，奴隶有义务以绝对的服从与劳作回赠主人。偿债中，奴隶失去了他的社会生命。然而，社会生命不属于他偿还给主人的东西；它是交易条款的一部分——以有形的生命换取绝对的服从。待到释免时，主人再给他一个礼物。这一次的礼物，是社会生命。从观念上看，这次的礼物可以理解为回报奴隶的竭诚尽忠。

页 294

三合式礼物交换完成，新一轮三合开始。前者构成后者的基础。前奴隶现在处于对前主人的另一种义务之下：他须以忠心无二的依附回报主人。他如果付了赎免费，这赎免费不是一笔偿还费；就他与主人的内在关系而言，它也不能从观念上理解为一笔偿还费，因为这钱不是他自己的。无论如何，自由都不可能在产权交易中售卖。无论奴隶所获得的是什么，它与主人所失去的绝非相同之物。相反，这笔赎免费应该理解为一个象征性礼物，表示对于主人给予自由之礼的感激。更准确地说，它是支配与依附关系新一轮辩证法的开始。

这些象征性与思想观念上的涵义，通过仪式、法律，在各种释免方式中表达出来。全世界最为普遍的免除奴役的模式有七种。

被释免奴隶的社会地位与生活境况，我们也做了考查。释免不仅普遍地从功利主义的角度延续了前奴隶与前奴隶主之间的依附关系，事实上还深化了它。由于前奴隶身份的变化，奴隶主阶级非但绝无所失，反而总有所得。大部分有奴社会的文化中，前奴隶与前奴隶主的关系被正式确定为我称之为"效忠"（wala）的依附关系。"wala"这个词来自阿拉伯语，我用它与自由人之间真正的庇护关系相区别。整个社会内部，被释免奴隶的法律地位与社会声名，彼此之间，各有不同。没有一个社会的被释免奴隶能免于奴隶制的污名，但其强度与持续时间各有差异：有的迁延历久、代代相续；有的到第三代就完全消退。从被释免的奴隶到完全被社会接受的自由人,通常是一个代际性的过程,与一个奴隶从被奴役到被释免一样漫长,往往还更久。

被释免的奴隶在政治、法律、社会声望诸方面被接纳与同等化的速度,主要由如下因素决定:种族、社会经济体制类型、人口构成(尤其是奴隶主—奴隶人口比率、奴隶主阶级的性别比率)、前奴隶主—前奴隶关系被规范化的程度(它本身又部分地由文化因素形塑,主要是法律与宗教)。奴隶主与奴隶之间存在明显种族差异的地方,种族因素对被释免者社会地位的影响肯定是不利的,除了它,其他因素对被释免者地位的影响不仅彼此独立,而且相互冲突。另外,各因素间还存在复杂的相互作用。因为这个原因,富有分析意义的普世性关联因素也就不存在(同样,种族因素除外)。相反,在有奴社会这个大世界内,就某些亚群而言,倒是存在一些因果组合。我们分出了六组这样的亚群。每一个亚群中,决定被释免奴隶社会身份与地位的因果组合,我们也有具体论述。

接下来,我们讨论了社会内部与不同社会间影响释免发生与释免率的各个变量。性别、年龄、父母的身份与地位、体质特征的相似、居住地(主要是城乡对比)、技能、对收入的控制、奴隶的获得方式等,是导致释免的发生因人而异的主要因素。这些变量常常相互作用,虽然每一个变量都有直接的影响力,甚至能在极端情况下凌驾于其他变量之上,但一般而言,有机会获得一门技术、控制部分收入对个体的释免是最主要的决定性因素。

至于不同社会之间在释免率上的差异,没有一个变量能够独立或者通过相互作用对之作出解释,即便是种族与宗教因素也不能。运用我们分析被释免奴隶的社会地位同样的方法,我们揭示了六种因果模式:内部接纳、母系规避、内部排斥、掠夺性流通、商业性再生产、占主导地位的大型乡村经济。

勾勒出这些因果模式,让我们有可能区分何为林、何为树。只是到了这个时候,我们才发现,在一个更高的决定性层面上,确实存在一个重要的、普世性的因果因素;它适用于所有走出了部落时代的奴隶体系。释免率的变化与奴隶体系所经历的结构性震荡频率成正相关。这种震荡要么系经济因素造成,要么属于政治军事的性质。结构性决定因素,即经济或军事的动荡,在较为稳定的因果模式中,要么独立发挥作用,直接导致释免;要么,刺激已然存在的无论哪种释免方式的发生率。

我们还有一个重要的发现:影响被释免奴隶社会身份与地位的条件与影响

页 295

释免率的条件,是不同的。释免率主要取决于个人际遇、个体的决策;被释免奴隶的社会地位则主要是集体反应的结果。这两组决定性因素不是没有联系的,尽管它们相互作用的方式复杂。有时,社会上对被释免的奴隶敌意很深,奴隶主也不愿意释免奴隶,二者协同作用,造成低释免率。但也有时候,社会上对被释免奴隶的敌意会被奴隶主利用,作为他谈条件的手段,强化奴隶被释免以后对奴隶主的依赖性。在这种情况下,释免率会比较高。因此而言,高释免率与低释免率都不能说明被释免者社会地位的有利与否。18世纪的英属加勒比海地区与美国南方,释免率都很低,但是,被释免奴隶的处境大不相同。古希腊与罗马的释免率高,然而,被释免奴隶及其子孙的命运,在这两个社会也迥然有异。中世纪晚期的意大利,尤其是在威尼斯与佛罗伦萨,自由人的社会对被释免的奴隶相当不友善,不过,释免率相对来说并不低,前奴隶对奴隶主的依赖程度也相当高。种族态度,或者更直白地说,主奴之间的种族差异对解释被释免奴隶的地位差异十分重要,不过,它们对释免率作用甚微。

我们现在可以理解,詹姆斯·沃森最近宣称的观点有多么站不住脚。他认为:"当我们把奴役作为一种制度来定义时,一个人作为奴隶进入社会的最终命运也就没什么意义了。……把奴隶制想象为一种将外人接纳、融合在内的制度,一无是处。"[100]在我看来,正相反,如果不把奴隶制理解为一种包含释免与释免之后的过程,我们就不可能理解奴隶制的本质。沦为奴隶、奴役与释免,不仅只是彼此关联,它们是同一事物在不同阶段的表现。意图把它们强行分离,正如一个生物学家把幼虫、蝶蛹、成虫分类为不同的实体一样,错得离谱。

奴役是一个既接纳、融合同时又使人生来即遭疏离、异化的过程。对于我们的这个观点,同样不存在丝毫理解的困难。实际上,科皮托夫与迈尔斯早已对这一表面上的矛盾给过解释:在某些方面被接纳的个体,在其他方面被排斥。早在奴隶制时代,美国黑人就已在庄园式家庭中被完全包融在内。正如吉诺维斯与其他学者所言,只要黑人们"安分守己",他们就会被奴隶主阶级与其亲属以家长般的态度甚至充满爱心地接纳为"自己人"。然而,即便黑人们安分守己,他们也依然被无情地排斥在20世纪20年代欧洲社会学家以及最近的丹尼尔·贝尔(Daniel Bell)所称的"公共家庭"之外,被排斥在所有那些可以参与权力竞争以及能够就社会地位与尊严提出要求、获得满足、得到承认的领域之外。[101]

更复杂的问题在后面。在我们揭示奴隶制的错综复杂时,悖论似的接纳与

页296

疏离、奴役中的释免、被释免奴隶的地位与奴隶的身份,所有这些都强烈地暗示出矛盾的关键作用。这样的矛盾,仅仅通过粗线条的过程分解,通过区分诸如私人家庭与公共家庭的概念,是不足以"解析"完全的。只靠这种方法,我们会遗漏很多。我不是说它错了,而是说它不够充分。矛盾属于奴隶制的内在关系中固有的一部分,如同它在所有社会过程中的角色一样。行文至此,我们对它只是略加提及。现在,我们必须直面它。

第三部分

奴隶制的辩证法

第十一章　顶级奴隶

黑格尔曾经说:"差别即为边界或界限;边界或界限就是事情终止的地方, 页 299或者说,是那种不复是这个事情的东西①。"[1]正是在这个意义上,历史上精英奴隶的存在为我们提供了至关重要的检验样本。诚然,这样的奴隶,在奴隶制已成为重要制度的前现代世界所有地区都存在;在波斯帝国,[2]王朝时代的朝鲜、近代俄国,[3]奴隶与被释免的奴隶还在军事、行政与事务的执行中扮演了相当重要的角色,但是,一度为奴且对政治与行政影响重大的人物中,为我们提供了最极端例证的,是古罗马帝国早期"恺撒的家奴们"、伊斯兰国家与帝国里的精英奴隶、拜占庭与帝制中国的宦官。

这些人是真正的奴隶吗? 有人可能立刻就会质疑。一个重要的奴隶管家或由被释免奴隶担任的地方检察官,与一个乡下奴隶或被释免的奴隶会有什么共同之处? 9 世纪巴格达一个受宠的马穆鲁克在他被释免前后,与一个西亚两河下游死地里辛苦劳作、地位卑微的非洲僧祇会有什么共同之处? 或者做个可能最极端的对比:在什么意义上,当"奴隶"这个词同时用在奥斯曼帝国的大维齐尔②与埃塞俄比亚一个小商人的家奴身上,依然说得过去?

此刻,我们似乎正处在奴隶制概念的边界上,甚至已经越出了它;但如果我 页 300们把这些非同寻常的例证干脆排除出去,未免显得缩手缩脚。这样的解决方案也是完全不能接受的。因为正是在边界上,我们才能检验自己所建构的概念是否清晰、精准;除此之外,边界案例也提出了一些在四平八稳的案例中不是一眼可见却又有分析价值的问题。

---

① 译文参考了贺麟译本《精神现象学》。——译者注
② 伊斯兰世界里拥有实权的行政首脑。——译者注

恺撒的家奴们

首先以罗马开始。恺撒的家奴们是一个极为异质化的群体;依据其法律身份、工作性质与服务处所,分为几个亚群。奴隶与已获释免的奴隶不仅在法律上有重大区分,其差异也是一个五重身份群的划分基础。[4]韦弗(P.R.C.Weaver)的分析将奴隶的附属(servus vicarius),即皇帝的奴隶的奴隶置于一端;接着是皇帝的一个已获释免的奴隶的奴隶(liberti servus);然后是皇帝的一个已获释免的奴隶所释免的奴隶(liberti libertus);余下的两个亚类最重要:恺撒的奴隶(Caesaris servi),即皇帝的贴身奴隶;奥古斯都的自由人(Augusti liberti),即皇帝的已获释免的奴隶。

尽管这些区分在法律上很重要,但显而易见,真正关键的是与皇帝接近,还有工作性质。恺撒的奴隶,即皇帝的贴身奴隶,也许一直是个奴隶,但即便纯粹从法律上看,他也比所有已获释免的奴隶所释免的奴隶地位优越得多。事实上,皇帝的很多贴身奴隶,无论身份与权力,也都高于奥古斯都的自由人,即皇帝的已获释免的奴隶。因此而言,虽然释免改变了奴隶的身份,却不能由此得出结论:这个群体中地位最重要的人最终都获得了释免。无论如何,这种说法都完全不能成立。

第二个细分"恺撒的家奴们"的关键是工作性质。从工作性质的差别来看,总的来说,恺撒家的人分为两类:贴身伺候皇帝的家务奴与处理帝国公务的公务奴。各自都有宽泛的职别。例如,处理宫廷事务的奴隶与在罗马城其他地区、意大利与帝国各行省管理皇帝的财产的奴隶就有很大区别。不过,家务与公务的区分不能强调太过,尤其是在帝国早期,因为皇帝的财产与公共财产有相当大的重合。再者,也不能把权力与职别等级太过紧密地等同起来。举个例子,皇帝的内臣,因为与皇帝本人接近,常常拥有很大的影响力;他也是有的人很想贿赂的对象、宝贵的信息来源。帝国早期,不少内臣把皇帝的情绪向外兜售,传递人们所说的"烟雾"、谣言——其中有不少,是他们的捏造。这些信息被元老院里渴望知道内情的元老,还有那些打探消息与从事游说的有钱人热切地买去。

帝国的组织机构,没有必要细加分析,我们只需看到一个毋庸置疑的事实:"恺撒的家奴们是帝国权力结构中的一个基本构成。直到3世纪时,由于帝国

页301

304

日益增强的军事化,他们的权力才被扫灭。"[5]在此之前,奴隶与被释免的奴隶屡屡执掌某些最有权势的职务,其中三个最高的职位分别是:掌控所有委托给皇帝的国家财产的财务秘书与财政长官(libertus a rationibus,显然在官名前加上了"自由人"的名号)、负责处理所有递交给皇帝的请愿与申诉书的秘书(libertus a libellis)、国务秘书(libertus ab epitulis)。克劳狄乌斯(Claudius)统治期间,也就是这些职位权力最大的时候,它们全都由被释免了的奴隶担任,形成一个臭名昭著的三头帮:那尔齐苏斯(Narcissus)、帕拉斯(Pallas)、卡利斯图斯(Callistus)。通过这些还有许多其他的职位,他们控制了从帝国行省征收来的所有收入、所有来自皇帝领地的收入、除了属于元老院与军事财政部门以外的全部税收。[6]尽管他们被排除在军队里的职务之外,财政长官一职依然能使他们"控制陆军与海军的支出、后勤供给的输送、公共工程的修造与维护,以及罗马城、意大利与帝国行省的全面管理"。[7]负责请愿与申诉事务的秘书掌控了所有的艺术赞助,还有许许多多其他的资源。哪怕是塞内加,他对这些人的影响嗤之以鼻,也认为奉承那个由克劳狄乌斯任命的秘书是明智之举。

即便这些受皇帝任命的奴隶不再掌控重大的行政职务,或者已不在皇帝身边,他们的影响也依然存在。的确,一般而言,他们被禁止在帝国公务体系高层行政职位之外,但偶尔,他们会被指令担任不太重要的总督职务。充任各部门首长的副手、助理同样可使他们影响甚至控制无能或腐败的执法官员。正如达夫(A.M.Duff)所评论的那样,在这些由骑士(罗马中上层阶级)担任首长的部门,有太多东西取决于他们的个人品性:

> 每个部门都配备了有众多文书、会计协助的政务次官。每个文书或会计都从皇帝的奴隶或被释免的奴隶中招来。政务次官也几乎清一色都是被释免的奴隶,即便这些部门的领导权全面移交给了骑士以后也是如此。当然,能否从这些低级职位中大获其利,取决于骑士们的个人品性。作为一个部门的负责人,如果他诚实尽责、目光警惕,他的政务次官会意识到,除了工资,自己从职位上捞不到任何好处;但如果这位负责人粗心大意,下属就会不断非法渔利;如果他欺上瞒下,迟早,下属都会知道他的秘密并且向他索要高价,以便保守秘密。[8]

是什么造成了这非同寻常的结果?第一个也是最明显的原因在于,由于领页302土的扩张越出了意大利半岛之外,罗马统治阶级碰到了全新的问题。需要治理一个如此辽阔的帝国,是前所未有过的。罗马本身缺乏充足的有管理经验的人力——实际上,是管理专才——运行这样的帝国。虽然帝国的奴隶与被释免奴隶以其放纵妄为在后世广为人知,但我们不应忘了,那样的不知约束、肆意妄为类属例外。通常,奴隶与被释免的奴隶执行任务的高效,令人称赞。基督降临后的三个世纪中,罗马及其帝国的令人惊叹,不在其铺张与挥霍,因为罗马人的铺张算不得别出一格,而在于它能够运转这样一个简单、鲜明的事实。面对行政管理的挑战,罗马人的独创性与手段灵活真是妙不可言,帝国的奴隶与被释免的奴隶必定功劳不小。

但是,为什么是奴隶与被释免的奴隶? 即便罗马缺乏有管理经验的人力,他们为什么不使用身份自由的外国人? 就像公元前5世纪的雅典,利用定居外邦人管理经济部门,以补充雅典公民中同样存在的人力资源的不足。答案首先是,这些人不仅要得多,也要得急。再者,罗马最需要的能帮助他们管理行政的人,正是这些在当地可能最感心满意足的奴隶。唯有奴役,才能迫使他们按照罗马官僚体制的要求行事。

其次,管理上的全新挑战也使罗马人必须使用奴隶。作为顶级人类工具,奴隶最适宜用在重大的结构性转型中。官僚体制中的人与其他类似于中产阶级的角色,就其从事的工作性质、履行的工作职能来看,往往非常保守。罗马共和时代,参与公共生活的主要资质是出生、公民身份、社会地位、资历等;到了帝国时代,若要帝国运行良好,不仅需要创设性质全新的职业或工作,还必须在一定程度上推行优绩原则。这样,生来即被疏离、异化的奴隶就成为最得心应手的工具。他们随时都可被四处调遣、更换工作;也不仅可升职、可平调、还可降职、可开除;随时都可为全新的岗位而接受重新培训;无论报酬多少,也都会接受新工作,无有怨言。

使用奴隶的第三个原因,现在应该一目了然了:他们容易操控。奴隶是人类可以想象出来的天下最有韧性、适应性最强、最易于掌控的一类劳力。不止如此,正如斯坦利·恩格曼所揭示的那样,他们不但好用,还可以通过一方面降低维护成本,另一方面增加自由人所不可能接受的工作总量,带来收益或盈余。[9]无独有偶,东德古典学家伊丽莎白·威尔斯考普夫在她研究古代东西方世界的奴隶制时,也提出了相似的观点。她注意到,由于奴隶制的作用,专业化与合作原理更加有效;奴隶主也得以延长工作日、加大持续劳动强度,从而更有效地利用

页303

工作时间;即便生产率本身保持不变甚至降低,总产出与盈余也会增加。[10]适用于无产者奴隶的方法,对于官僚与行政之用的奴隶,更加适宜、有效。

由使用奴隶而实现的节余,还有一种。它与奴隶精英的职业特别相关。奴隶制大大地降低了劳动力的招收与置换成本。韦弗已然证明,到公元1世纪中期时,恺撒的家奴们已经成为一个大体上自我延续的系统。内部成员抱作一团,高度封闭,仿佛现代社会"仅允许本工会会员加入的企业",排斥吸收外来者,并且主要以出生为门槛。太过注重奴隶与被释免奴隶在法律上的区分,之所以会使问题简单化的原因之一,就在于"所有生在尚未获得释免的皇家奴隶家的孩子,都可以作为'贴身奴隶'被皇帝纳为恺撒的家奴"。[11]

我们需要小心,不要忘了使用奴隶最明显的好处:他们可以实打实地棒打成材。谈到精英奴隶,我们容易忽略这一点,因为他们身后的确没有监工。尽管如此,赤裸裸的暴力依然会用在他们身上。奴隶与被释免的奴隶不仅可任由调遣、驱使,无须顾及他对此有何感受;在他行事不力、贪污腐败时,也会受到最令人羞辱与痛苦的一切惩罚。与所有使用奴隶的其他皇帝一样,奥古斯都很清楚,他有权把最受他提拔、重用的奴隶与被释免奴隶折磨至死。这个权力,他也并非不常用。

谈到赤裸裸的暴力所起的作用,我们的观点开始得到证实了:皇家奴隶与被释免的奴隶,由我所定义的奴隶概念看,的的确确是奴隶。当我们想到"恺撒的家奴们"得以壮大的第五个原因:只有奴隶才能为那个没有解决好的法律问题,即由某人充当某人的代理人,提供解决方案,我们的理由更加充分。随着大笔的个人财富交给管理者,皇帝和罗马统治阶级的其他成员一样,也需要一些没有独立法律身份却又可替代自己行事的活人。对此,韦弗与博尔弗特(Boulvert)观点一致,他解释说:

> 行政机构中有些管理财政的职位总是由奴隶担任,尽管(或者说正是因为)它们责任重大。博尔弗特很恰当地指出:之所以如此,正是因为奴隶缺乏独立的法律人格,他可以直接代表主人管理资金。自由人不能拥有这样的权力,至少在法学家盖乌斯的时代是这样。因为他们不能像奴隶一样直接作为另一个人的代表。[12]

页304

如果说,以上论述解释了奴隶与被释免奴隶为什么被大规模地使用,它们依然不足以说明,为什么这些人最终能占据职高位尊的职务。获得这些重要职务的人很有那么几个。

皇帝奥古斯都提拔他的奴隶与被释免奴隶担任有权势的职务，主要出于两个原因。其一，他想掌控对所有重要事务的全部权力。奴隶与被释免的奴隶，一个是他个人的延伸，一个是他忠实的仆人，最适宜去做这样的事。作为生来即被疏离、异化，在罗马社会再无其他依傍的奴隶，或者只能将自己的地位归因于皇帝的被释免奴隶，其利益与皇帝本人的利益一无二致。他可以随心所欲地使用与虐待他们。

其二，奥古斯都真诚地不希望冒犯罗马上层阶级的尊严与荣誉。罗马帝国早期时，哪怕只是要求他们承担一部分这样的工作，都会是一种侮辱。为什么会这样？早在帝国时代以前，罗马上层阶级就已经把文秘、会计之类的事看得低贱、可耻。苏珊·特雷贾里在她研究西塞罗的被释免奴隶时注意到，"罗马上层阶级的生活中，有相当一部分次要的工作，是由佣人们干的。他们的任务是让主人过得舒服、维持其体面、成为其政治事务中不可或缺的代理人。"[13]

罗马人的荣誉观，需要在此细说几句。在罗马上层阶级眼里，不止是文秘类的工作，所有贴身的服务都是低贱的。这与庇护关系相当不同。庇护关系与高度发达的、崇尚荣誉的体系不仅相合，事实上，还高度相关。罗马统治阶级也不例外。庇护制度在它兴盛起来之后，就成为一种自由、互惠的关系，同时有助于增进庇护者与被庇护者的尊严与荣耀，尤其是在政治事务上。[14]

唐纳德·厄尔（Donald Earl）总结得好：罗马精英将美德视为人最基本的品质。他们所称的"gloria"，即在公众面前的出类拔萃，是通过"各种美德的真实呈现"（他们称之为"virtutes"）而赢得的。这美德，即行为端正、道德完善。"毕竟，美德构成罗马这个国家的古老根基。它属于罗马人民，也属于罗马帝国。对男人来说，在美德上一比高低，为荣耀而彼此竞争，不仅自然而然，而且是一种行为得体的表现。美德需要认可与嘉奖；坚持为之而努力，是值得赞美的。"[15]此外，罗马人强烈地相信："运用美德、展现美德、赢得荣誉的最高场所，就是为国效力。"[16]不过，为国效力，不包含为任何人提供贴身服务，包括皇帝。这是很明确的。获得政治职位或者拥有辉煌的军事生涯，才是罗马人想要获得的最高目标。我下面的说法尽管有些过于简化，却一点儿不假。共和时代快要结束时，新一代精英崛起，他们即将迅速取代古老的父权贵族；由于罗马人思想观念的更新，新一代精英的地位得以巩固。罗马人不仅以美德取代了贵族血统作为最高价值标

页 305

准,并且承认,追求财富也是运用美德、展现美德的合法方式(尽管财富永远排在公共服务之下)。[17]

由于这样的观念,我们就更能理解塔西佗的看法。他说:"美德属于自由人。因为它需要意志的行使、个人品质的展现;而这两样东西都是奴隶得不到的。"[18]正是因为帝国早期那些权力很大的职务与皇帝本人的联系过于紧密,他的上层阶级被任命履行那样的职责,一定会感到深受羞辱。正像达夫所说:"即使骑士能成为皇帝的代理人,他们也不会干他的私人秘书所干的活。挑拣上呈皇帝的请愿书、管理他的信件,当然归他的奴隶与被释免的奴隶来干。"[19]

因此而言,皇帝的奴隶与被释免奴隶所获得的巨大权力,在一定程度上,是罗马精英自身的传统与观念带来的结果。他们被自己过于精细培育的尊严与荣誉感所困。显然,奴隶或被释免的奴隶权力越大、财富越多,他受到的蔑视也就越强,一切尊严、荣誉都不归其所有。各种文献资料让我们对此无可置疑。古代与现代文学作品中,再没有比佩特罗尼乌斯①(Petronius)在特利马尔奇奥家晚餐时的一番讽刺话更尖刻与不留情面的了,更不必说其滑稽与令人捧腹。[20]特利马尔奇奥是被释免奴隶中暴发户与新贵的典型。小说中写道,他家里奇奇怪怪的家具、装饰令人瞠目。墙上绘有系列壁画,描绘他的一生:从奴隶市场到在弥涅耳瓦的资助下进入罗马。壁画之后,是一幅镶嵌画,画着特利马尔奇奥做会计学徒的样子;接着是特利马尔奇奥当工资出纳员的画像;最奇怪的"是一幅墨丘利②(Mercury)用锁链逮住特利马尔奇奥,把他提拎到尊贵、显赫的法官大人面前的画作。"[21]整个晚上最可笑的场面是特利马尔奇奥装腔作势进入自家餐厅的样子:

> 我们正一点一点品味可口的佳酿,突然间,喇叭齐鸣,特利马尔奇奥被抬了进来。他在一堆小枕垫中被撑起来的样子是如此滑稽,让我们有些人忍俊不禁。他留一个平头,看得出来,近似奴隶的剪法。衣服上已缀满布条,头发上还挂了许多。整个脑袋被裹在一张巨大的餐巾里。餐巾边上镶着与他身份不相称、元老们用的紫色条纹,还有细小的流苏在那里荡来荡去。左手小指上一个硕大的金边戒指显露他的得意。第四根手指最后一个

---

① 罗马皇帝尼禄的廷臣、讽刺诗人与小说家。——译者注

② 罗马神话中的财神、幸运神以及商人、骗子、小偷的保护神等。——译者注

页306

关节上的戒指看起来像是纯金打造——下等贵族才会戴的那种东西,但我想,它实际是个仿制品,从钢条上截下来的一截戴在了手上。他和我们第一次打招呼时,正在用一根银质牙签剔牙。[22]

阿罗史密斯①(Arrowsmith)说得好,特利马尔奇奥没有权力使用元老用的紫色条纹与金戒指,但他"选择了仅次于它们的东西:戴一只仿金的钢戒,把元老们袍子上的紫色条纹转移到了餐巾上"。

这一番语气轻蔑、对富有的被释免奴隶的描述至少包含了许多取笑、戏谑的成分。它是如此地不怀好意与滑稽,有人疑心,它并非基于真实的生活。但是,其他那些用拉丁语写作的作者议论起奴隶来,语言尖刻,没有一丝一毫的玩笑在里头。[23]塔西佗笔下那位臭名昭著的菲利克斯(Flex),即皇帝克劳狄乌斯所释免的奴隶,后来成为暴虐的犹大总督、圣徒保罗的迫害者,必然典型地反映了所有出身、地位皆称荣耀的罗马人对这些受宠的被释免奴隶的看法:"残暴、贪婪,无所不用其极,以一个奴隶的心态行使一个君主的权力。"[24]

这些被释免的奴隶,不仅被本当与其同等的阶级剥夺了尊严,也不仅"被贵族排斥、拒绝在外",只能"融入低人一等、自惭形秽的社会环境",[25]他们的法律特权也完全得自与权力的接近。正是这一点而非其他证实了我的观点:他们永远都被认为是没有尊严的人。一如彼得·加恩西(Peter Garnsey)所言:

> 皇帝的被释免奴隶的法律特权,只能从他们与权力宝座的接近程度来解释。他们被单独赋予了一种特别的、可以得到法官与各类官员承认的尊严或者说社会地位。但也正是因为如此,这类特权未能给被释免的奴隶赢得一种由社会的普遍价值观予以认可的地位。没有人把皇帝的被释免奴隶与贵族或出生高贵的人同等看待。[26]

至此,我们已经充分证明,恺撒的家奴们至少在两个重要方面符合我们的奴隶制定义:他们被提升起来正是因为(不是尽管)他们的祖先或者自己生来即被疏离、异化,被剥夺了尊严。不过,这些奴隶的权力问题依然令人抱有疑问。要把它说清楚,必须首先论述权力的对象。这对象可以是第三方,也可以是奴隶主本身,这里指皇帝。前文在述及奴隶的无权时,我们曾强调,无权状态是被个体化的了,在本质上体现奴隶与奴隶主的关系。至于第三方,奴隶并不见得没有权

---

① 佩特罗尼乌斯讽刺小说《萨蒂利孔》的英译者。——译者注

力。显而易见,一切都取决于奴隶主的权力。如果奴隶主权势强大,作为他的替身或私人代理的奴隶,必然因为主人的权威,行动起来,有权有势。不过,即便这个奴隶凡事都可自我决断,并可随心所欲地使用权力,他也只是代表主人行事,因为他所拥有的一切,最终都会在他死时,添为主人的财产。有明确的证据显示,罗马有好几个皇帝,实际上就是在用他们最有权势、最臭名昭著的奴隶与被释免的奴隶,利用他们的冷酷无情,为自己不可告人的目的服务。依据苏埃托尼乌斯①(Suetonius)的记载,维斯帕先(Vespasian),一个强有力的皇帝,有意指派他最贪婪的被释免奴隶担任行省的资深执政官,期望他们尽其可能暴敛聚财。这财富,只需日后伺机杀了他们,就归皇帝所有。[27]

　　最关键的问题,也是对我的真正挑战,来自如何理解皇家奴隶与被释免的奴隶跟主人的关系。事实明摆着:无可置疑,"恺撒的家奴们"中,有些人对主人的影响相当之大。帕拉斯、那尔齐苏斯、卡利斯图斯对克劳狄乌斯的影响可谓恶劣之极,但海利乌斯(Helius)、哈拉图斯(Halatus)、波吕克利图斯(Polyclitus)对尼禄的影响也好不到哪里去。其他还有加尔巴②(Galba)被释免的奴隶伊凯鲁斯(Icelus)、奥托③(Otho)的摩斯库斯(Moschus)、维泰利乌斯④(Vitellius)的阿西阿提库斯(Asiaticus)、康茂德(Commodus)的克莱安德尔(Cleander)等,都对主人影响极坏。这样的例子有一长串。[28]

　　我在导言中曾说,权力有三个面:强制、权威和影响力。很显然,在这里,皇帝的奴隶与被释免奴隶运用得最多的,就是巨大的影响力。尽管简略的粗线条分析颇有风险,但如果对权力几乎绝对地取决于影响力这一重要含义视而不见,也很不可取。这种影响力,就本质而言,主要是心理上的,并且完全取决于一个人即主人的个性。它不需要任何独立的客观基础,诸如奴隶主本人或其上层阶级成员的权力;也不弥散地根植于一个盘根错节的同盟网络,而高度取决于特定的个人。

　　理所必然,奴隶与被释免奴隶的权力是很不稳固的,它完全依存于主人的一时冲动、缺乏决断或有意谋划。主人一死,那权势强大的被释免奴隶的命运就十

页307

---

　①　古罗马历史学家,著有《罗马十二帝王传》。——译者注
　②　尼禄之后的罗马皇帝,公元68年6月8日—69年1月15日在位。——译者注
　③　公元69年1月15日—4月16日在位。——译者注
　④　公元69年4月16日—12月22日在位。——译者注

分难说。随着新帝准备一雪旧恨,一场大屠杀常常接踵而至。克劳狄乌斯一死,密谋搞垮了麦瑟琳娜①(Messalina)的那尔齐苏斯就被尼禄的母亲阿格里皮娜(Agrippina)除去;维斯帕先把他前一任皇帝的宠奴阿西阿提库斯钉上十字架;加尔帕跟前受宠的伊凯鲁斯被奥托处死,万众欢庆。诸如此类的例子,不一而足。

如果这是权力,那么,我们最好把它理解为一种很特别、实际上不合常理的权力并且说明其边界所在:它来源于最有权势的人物;它的源起、施行与终结全无制度上的依据;它没有任何权威可言;它需要生来即被疏离、异化与被剥夺尊严。

粗线条分析到此为止,我们现在从另一个角度说明这个问题。无论它的边界是什么,也无论其特殊性何在,权力就是权力。毫无疑问,当海利乌斯在他主人尼禄旅行希腊期间受命留守罗马、总管其事、纯粹作为主人的替身行使权力时,元老院元老苏尔比基乌斯·卡麦里努斯(Sulpicius Camerinus)与他一家会有多么不自在。果然,海利乌斯行动了;结果,贵族苏尔比基乌斯丢了脑袋。

页308

再者,皇帝与他的奴隶或被释免奴隶的关系也并非完全不对称。有时候,主人需要他的被释免奴隶,就像后者也需要他一样。他之所以需要他们,也并非仅仅为了满足他个人的情绪冲动与喜好,因为这些无疑也可以通过一大批渴望献殷勤的自由人来满足。[29]

由此看来,除了那种最初级的权力,我们不能把权力视为一个静止的实体。它是一种关系,一个持续发展的社会过程。我们必须要揭示的,并非其质(因为那只能是一个隐喻),而是它的辩证法。但在探讨其辩证法之前,我们再来看看其他的奴隶精英。首先以伊斯兰国家中的古拉姆(ghilmān)开始。

伊斯兰国家的古拉姆

从伊斯兰帝国的形成、伊斯兰各共和国在18世纪建立,直到20世纪奴隶制逐渐被废除,奴隶与被释免的奴隶在伊斯兰国家比罗马帝国早期的奴隶与被释免奴隶所扮演的角色还要重要。伊斯兰兴起后的一两百年间,古拉姆奴隶的使

---

① 罗马皇帝克劳狄一世的妻子。——译者注

用已蔚然成风;他们作为兵士与侍从,伺候所有有身份、级别高的阿拉伯人。[30]不像罗马,在伊斯兰世界,从事各行各业的奴隶都在军队中发挥了重要作用;奴隶兵,对于伊斯兰国家的建立与扩张,尤为重要。[31]

哈里发统治期间,古拉姆军团很快就成为他们自己的统治者。一次又一次,他们不再是卫兵,而成为哈里发的主人。他们不仅能决定哈里发的废与立,在政治上还有一人之下、万人之上的地位。例如在埃及,由阿斯-萨利赫·阿尤布(al-Malik al-Salih)派来的土耳其奴隶,没过多久就为自己夺得了权力,建立了马穆鲁克王国(1250—1517 年)。[32]从哈里发与埃及的马穆鲁克制度、奥斯曼帝国的禁卫军中,我们看到了伊斯兰世界两支发展得极为强大的奴隶势力。他们,将是我们的注意力所在。

从外国人中招募而来、改宗伊斯兰教、在军事学校接受严格的训练、最后编入军队或者进入各自所属政体的其他身份很高的行政与管理职位,这是他们共有的特征。有人认为,古拉姆尤富荣耀、特有权势。17 世纪中期,一位被派往穆罕默德苏丹宫廷的英国使者保罗·瑞考特(Paul Rycaut)曾说,“库尔(Kul),即大贵族的奴隶,比臣子的地位与名分更加体面”。[33]哈利勒·伊纳利克①(Halil Inalcik)的观点典型地代表了现代历史学家的看法:“在奥斯曼社会,成为苏丹的奴隶既是一种荣耀,也是一种特权。”[34]古拉姆代表他们的所有者与统治者操控大权,这是无可置疑的。不少评论者煞费苦心,强调古拉姆与其他类型的奴隶的区别。不承认他们之间确然存在巨大差异,当然是很荒唐的。与士兵、商人、妇女等群体一样,奴隶也不是同质性群体。不过,不少评论者在强调差异时,常常太过极端,以至于自相矛盾。例如,伊纳利克声称:“这些[普通的种地的奴隶]与属于军人阶级的古拉姆,毫无相似之处。”[35]如果确实“毫无相似之处”,那么,古拉姆显然就不是奴隶。既如此,为什么要坚持叫他们奴隶? 显而易见,这里面有些不对头,同时也意味着,类似伊纳利克那样的语义区分没有太大意义。

语义上的区分主要源于这样一个现象:整个伊斯兰世界,与主奴关系相伴随的,还有一种高度发达、架构严整的庇护关系;尊严、荣誉与之紧密相依。正如研究奥斯曼帝国的斯坦福·肖(Stanford Shaw)所言,“奥斯曼的社会体系中,不少个人之间的往来包含一种心照不宣、由相互同意而建立起来的关系。彼此间一

页309

---

① 土耳其历史学家,以奥斯曼帝国研究而著称。——译者注

313

为强者、一为弱者。打破这种关系,或者未能履行义务,会被认为粗鄙与无礼之极。它事实上是对个人尊严与荣誉的亵渎(着重号系添加)。"[36]不可避免,主奴关系与庇护关系会相互影响。二者语义上的混淆,往往生之于此。有时,庇护关系会被比作主奴关系;有时,主奴关系会被比作庇护关系。一个衷心、热诚的被庇护者可能会向主人宣称:"我是你的奴隶。"事实上,即便在今天,某些中东地区的人依然会正式地对另一个人,尤其是受人尊敬的上等社会成员,自称"您忠诚的奴隶"。但是,如果把这样的礼节与真正的奴性用词混同,那就是一种谬误。这就好比一位穆斯林看到英国官员在信件末尾署上"你忠诚的仆人"等诸如此类的礼节性用语,就将他们推断为真正的仆人一样。最关键的是,整个伊斯兰世界都把庇护关系与主奴关系作了清晰的区分。

页 310

它们是如何被区分的? 首先,也最重要的是,各自的起源与特性何在。庇护关系"通过相互同意"建立,而主奴关系的建立通过暴力,因为奴隶是一个被征服的人。主奴关系的终极基础,是赤裸裸的暴力威胁;庇护关系的终极基础,是由自由意志认可的互惠。其次,奴隶永远是生来即被疏离、异化的人,一个顾名思义来自异域社会的人,最好早先是一个异教徒。古拉姆的存在,其精核就在于将他们连根拔起、脱离原生环境。最为有力地证明了这一点的,莫过于马穆鲁克与帝国禁卫军的招募方法。哈里发统治伊始,就开始从异教徒或不同族裔、"种族"中募集精英奴隶。不过,我们必须明白,统治者们一开始这么做,并非出于迫不得已。鉴于阿拉伯贵族与伊斯兰统治者未过多久就被兵源严重短缺所困扰,他们从奴隶中招募大量的士兵,也许确属因利就便;[37]但让奴隶占据精英位置,绝非不得已而为之。在伊斯兰世界,利用被连根拔起、背井离乡的奴求,实属计深谋远。早在倭马亚时代①就已初见端倪;[38]不过,直到阿拔斯王朝②,它才最后定型。

最受宠的一群奴隶来自中亚阿姆河和锡尔河之间的土耳其人。[39]穆斯林与西方学者普遍同意:这群人受到重视开始于穆塔西姆③(Mutasim)。不过,与他们同时被召来担任高阶职位者,还有生来自由的伊朗人。后者既可随时应召,也愿意充任哈里发王朝提供的所有精英职位。二者很快发生冲突。冲突中,生来

---

① 即公元 661—750 年。——译者注
② 公元 750—1258 年。——译者注
③ 阿拔斯王朝第八代哈里发,公元 833—842 年在位。——译者注

即被疏离、异化的土耳其人胜出。[40]

为什么哈里发宁愿选他们的土耳其马穆鲁克,而非生来自由的外国人,甚至把他们的阿拉伯同胞也推在一边?答案直指庇护关系与主奴关系的区别,也与奥古斯都统治下"恺撒的家奴们"兴起的原因相似,也就是说,阿拉伯贵族极为强烈的尊严与荣誉感使得哈里发得不到他需要的人:一方面个人能力很强,另一方面又全无私意、忠心耿耿地执行他的意志。伊本·赫勒敦①(Ibn Khaldun)甚至认为,正是阿拉伯人性格中的这一点,解释了他们因何依赖其他民族发展自己的文明。他还以此来解释阿拉伯人在权力的崛起中因何同样依赖他人。他写道,"每一个阿拉伯人都认为自己有资格统治他人。很少能发现其中有人甘心服从另一个人。"[41]以此作为哈里发宁愿选择奴隶的唯一原因,当然是过于简单化了(赫勒敦也没有这样做);但它确实是一个至关重要的原因所在,也是哈里发很清楚的一点。

阿拔斯王朝的一则轶事给了我们一个有力的例证。一位声名显赫的阿拔斯家族成员向哈里发马赫迪(Al Mahdi)抱怨:对被释免的马穆鲁克的优待,在他的族人中激起了愤恨,损害了大呼罗珊军队的士气。对此,马赫迪答道:

> 释奴们该当得到这样的待遇,只有他们兼有这样的品质:如果我坐在前来谒见的大众前,我可以叫一个释奴上来,与我促膝而坐。不过,一旦谒见结束,我就可以令他给我的坐骑涮洗、梳毛。他会心甘情愿,不会觉得冒犯了他。但如果我要求别人做这样的事,他会说:"我是你的支持者与亲密助手的儿子",或者说:"我是帮你打过江山的人";再不然,他会说:"我是你的第一批功臣的儿子。"这样,我是不能够请他从他的位子上动一动的(着重号系添加)。[42]

页311

引用这段文字的戴维·阿亚隆②(David Ayalon)也指出,哈里发之所以不在他最重要的信使事务中任用自己的家族成员,就是因为"这类职务会令他们感到羞辱,他只好用释奴来替代(着重号系添加)"。[43]

除了尊严问题,哈里发还十分相信:生来即被疏离、异化的奴隶,在一个新的社会,除了主人再没有生存的根基,他们会对主人忠心不二。不像自由订立契约

---

① 14世纪突尼斯著名历史学家,穆斯林学者。——译者注

② 以色列历史学家,尤以研究埃及马穆鲁克王朝著名。——译者注

的被庇护者,释奴们有时宁愿陪着主人去死,或者在主人死时自杀,也不愿独生。当阿瓦士①省的总督穆哈拉比②(al-Muhallabi)知道自己必败无疑,告诉他的释奴们各自逃生,让他听天由命时,他们回答:"苍天在上! 如果我们这样做,对你将极不公正。你让我们出奴入贵、由贫至富,尽到了全部的恩情。现在,情况危急,我们怎能将你抛弃,离你而去?"结果,他们与主人一起作战,全部同归于尽。阿亚隆对此总结道:

> 正是因为对主人的彻底依赖与无尽的感激,被释免的奴隶才如此忠诚不渝、不舍不弃。他们无依无靠,主人是他们命运的唯一决定者;他们原本一无所有、默默无闻,是主人让他们爬到权势的顶峰、大富大贵。在这样的关联中,我们需要注意到,奴隶与其庇护者的关系并未随着奴隶被释免而割断。相互的忠诚(效忠)形成了他们关系的基础。[44]

其他所有伊斯兰地区都是如此:强调奴隶生来即被疏离、异化的特征,把他们视为苏丹的活替身再度纳入社会。因此,哈迪(P.Hardy)这样评论穆斯林印度:"古尔征服时期,这一群被连根拔起、脱离原生环境的土耳其古拉姆成了征服者精英中的一部分。这是他们在一个被宗教与种姓态度所分隔了的社会中,唯一可能获得的令人满意的角色(着重号系添加)。"[45]

不过,把生来即被疏离、异化的特征强调得最突出的例子,莫过于奥斯曼帝国的禁卫军。禁卫军的招募也称"血贡",即以征募儿童为主,其父母系臣服于穆斯林的基督徒。[46]血贡被巴斯利克 ・波普里亚(Basilike Populia)定义为"以贡赋的形式,将基督徒臣民的子女强制性地从其族群、宗教与文化环境中剥离,迫使他们转入土耳其—伊斯兰环境;目的在于,利用他们为宫廷、军队与国家服务。凭此,他们一方面以奴隶与被释免奴隶的身份服侍苏丹,另一方面又构成国家的统治阶级。"[47]血贡中最不寻常的一点,也许是它在根本上违背了伊斯兰神圣律法舍利阿(Sharia)的准则之一。依据舍利阿,基督教臣民获得"齐民"③(Dhimni)身份,并由此拥有宗教崇拜自由。奥斯曼苏丹将自己视为人世间最虔诚的伊斯兰信仰保护者,他何以能如此公然违背伊斯兰信仰的根本教法之一?

---

① 位于伊朗东南。——译者注
② 9世纪阿拔斯王朝一总督,811年或812年死于内战。——译者注
③ 意为"被保护的民"。——译者注

保罗·维特克①(Paul Wittek)对此评论,这是伊斯兰历史上的一个未解之谜。[48]

不过,一旦我们认识到,对于奥斯曼苏丹来说,服侍阿拉最好的方式就是维持一个强大的帝国,所谓的谜就不存在了。触犯舍利阿,就它所可能获得的好处来看,当然是情有可原的一桩小过。它能创建一支由奴隶组成的军队。这群奴隶生来即被疏离、异化,在被奴役的过程中失去了社会意义上的生命,然后又被精心锻造为苏丹的替身,最后,他们成为服侍阿拉的最强大武力。

与所有这些相反,身为自由人的被庇护者,绝非生来即被疏离、异化的人,他在自己的社会里有许多令他满意的角色。其中,最重要的是他引以为豪、首先效忠的家庭关系。实际上,古拉姆之所以为伊斯兰统治者所需要,正是因为这种强烈的家庭忠诚感。我这里所指的家庭关系包括所有类别,既指原生家庭(父母与其他先祖),也指再生家庭(子女与其他后代)。这样的区分很重要。因为除了生来即被疏离、异化,古拉姆与所有其他奴隶一样,同样不能或者很难把他们的社会地位传给子女,同样也都是在血统上被隔绝在外的人。博斯沃思②(C.E. Bosworth)援引一位当代学者的解释,认为波斯古拉姆对于苏丹的忠诚,是"他们彼此之间缺乏情感与亲缘关系"的结果。[49]

为防止这种亲缘关系日后发展起来,最有效的方式当然是阉割。因此,古拉姆中有些最为成功的人是宦官,非属偶然。事实上,为了升官晋级,奴隶们自愿举刀自宫的例子,也是有的(顺便提一句,东罗马帝国就有这样的例子)。亲缘关系发展不起来的另一个因素,是同性恋在古拉姆中几为常态。整个伊斯兰世界都是如此。[50]没有资格把自己的地位传给子女,甚至在埃及马穆鲁克王国也不例外(只有一两个特例,且都遭到了严厉谴责)。[51]与被庇护者不同,在文化理论中,古拉姆是社会意义上死了的人;主人的世界之外,没有他们独立的存在空间。 页313人们对他们又怕又恨:怕的是,他们几乎等同于万能的苏丹或哈里发,伤害他们就是伤害苏丹或哈里发;恨的是,他们不具有独立的人所应具有的地位,在创建了帝国的家族中也无根基。

我们已经证明,古拉姆是生来即被疏离、异化的人;我们也已经理解:他们之所以被创造出来,是因为受人尊敬的贵族与哈里发不可能建立像后者对马穆鲁

---

① 奥地利东方学家、历史学家。——译者注
② 英国历史学家、东方学家,从事阿拉伯与伊朗语言研究。——译者注

克所要求的那种关系，那是指望不上的。我的观点实有其据：我所定义的荣誉或尊严，即便最有权力的古拉姆也得不到，即便古拉姆制度建立已久也不可能。不过，研究奥斯曼史的学者依然在一个问题上存有争议：禁卫军学员在军事学校训练完毕、结业之后，是否如同马穆鲁克一样获得了释免？[52]我认为他们未被释免。这里有一则足可佐证的轶事，事关有名的大维齐尔易卜拉欣帕夏①（Ibrāhīm Pa-sha）。易卜拉欣帕夏是苏莱曼一世宠信的奴隶，1523—1536年间在奥斯曼帝国手握大权。一天，著名的伊本·法拉里（Ibn Fenârî）在宫里断案，易卜拉欣帕夏因知晓实情，上庭作证。

"哦，穆拉②，这案子无可争辩，是我亲眼所见，没有理由拖延不决。"[伊本·法拉里]说："舍利阿在上，你的证词不能接受。"维齐尔大惊，问："为什么我的证词不能被接受？"法拉里答道："因为你是一个未释免的奴隶。"维齐尔站起来，走向苏丹。苏丹苏莱曼可汗对他极为尊重。他哭诉道："哦，苏丹，愿神令您永生。穆拉伊本·法拉里让我在宫中蒙羞受辱，对我如此云云。您的奴隶维齐尔的尊严与您所提拔的人的尊严是一样的（着重号系添加）。"[53]

然而，苏丹却说，他对这种侮辱无能为力，因为穆拉是在依法办事。他能给予维齐尔的唯一抚慰就是释免于他。这样，他的维齐尔可以出庭作证。不料雪上加霜，受命起草释免令的穆拉正是法官伊本。似乎是为了有意强调维齐尔的无有尊严，伊本"当着皇宫里诸多大人物的面，说：

'拿去吧，这是你的释免书。现在，你的证词是可以接受的。'这一羞辱（指当着人的面给他释免书）比第一次（指伊本最开始提起易卜拉欣帕夏身份的事）的冒犯更令人觉得奇怪"。[54]

雷普（Repp）援引这则轶事，支持维克多·梅纳热③（V.L.Ménage）的观点：禁卫军并非自动获得释免。这则轶事也说明，与主人、同侪相比，这个在当时最强大的帝国中位居第二的权势人物，是一个没有尊严的人，因为他是一个奴隶。很显然，维齐尔自己也接受人们对奴隶的看法，因为他所认为的尊严与他所要求的尊严，并非他自己的，而是一个替身的尊严、一个"您所提拔的人"的尊严。

页314

---

① 奥斯曼帝国首位大维齐尔，东正教出身，年轻时沦为奴隶。——译者注
② 意为先生、老师。——译者注
③ 英国历史学家，土耳其学家。——译者注

对于古拉姆令人畏惧的权力,依然有问题需要解决。讨论恺撒的家奴们时,我们提到过,相对于主人,奴隶与被释免奴隶永远都没有权力。丹尼尔·派普斯(Daniel Pipes)为了证实他的说法:古拉姆是真正的奴隶,对此作了强有力的论证。他解释说,由于维齐尔随时都可能因为君主的专断决定而沦落为厨房里的帮工,"只要他本人一直在主人的控制之下,什么都改变不了他是一个真正的奴隶的身份"。[55]但是,一旦权力的平衡被打破,统治者除了他的古拉姆再无他人可作依靠,那么,古拉姆就可以强行释免他自己,从此再也不是奴隶。在派普斯看来,关键因素在于直接控制。他对于这种关系背后的动力机制是这样理解的:

> 统治者与奴隶之间的信任与忠诚背后,存在一个复杂且反向的关系。他越信任他们,他们得到的权力越多;他们的自主性权力增长得越多,对于主人的忠诚就会越来越减弱。奴隶主对其奴隶军人的军事依赖因此就可能有两种对立的结果:他永远不会主动放松对他们的控制,但他们却有办法违背他的意志、摆脱他的控制。政治的双刃剑总是有利有弊。[56]

显然,派普斯的思路是对的;但这种解释很难说完整。它没有考虑到令人难以置信的事实:除了帝国的正式控制权,古拉姆获得了几乎所有的权力,在此之后很久,他们依然认为自己是奴隶;在埃及马穆鲁克王国,他们还坚持,只有奴隶可以接替其权力。显而易见,这不是一个简单的语义学问题。但是,一个统治者何以可能是一个奴隶? 这不是用语的矛盾吗? 的确是一个矛盾,但也只是在我们强调人身关系时如此。解决这一悖论,需要做双重转换:一个是焦点的转换,一个是方法的转换。如果我们把焦点从人的互动转为权力的动力,同时把研究方法的机械论转为辩证法的分析,我们就能开始理解一个国王何以可能是一个奴隶,但是,在此之前,也是作为向新思路转换前的过渡,让我们看看第三个也是在许多方面最为极端的案例。

拜占庭与中国的宦官政治

最后一例,从历史上看,横跨我们已经讨论过的两个案例。它在三例中最极端、也最具揭示意义,引人深思。这一类奴隶不仅存在于古罗马晚期与伊斯兰世界,在奴隶主可对全社会非奴隶成员实施绝对权力的几乎所有奴隶体系中,也都可见其踪影。乍一看,宦官政治似乎是一个令人难以置信的悖论:声称拥有绝对

页315

319

权力、往往还有神授权威的统治者似乎更喜欢甚至需要被阉割的奴隶;更为甚者,他们的依赖是如此彻底,最后常常被这些原本举世皆弃的刑余之人所支配。奴隶宦官的存在与绝对专制主义的高度关联,是否纯属偶然? 如果不是,其中原因何在? 为什么主奴之间的权力关系会如此频繁地颠倒过来? 拜占庭、帝制中国、伊斯兰国家,还有非洲许多王国的宫廷中,强权的宦官似乎对我阐述的有关奴隶制本质的一切几乎都已构成挑战。然而,这种现象,如果理解得当,恰恰强化了我的观点,也进一步反映出奴隶制辩证法的诸多细微层面。我们会发现,绝对的统治者需要最理想的奴隶;最理想的奴隶在这些不类常人的宦官身上表现得最分明。

　　拜占庭是我的论证基础,同时涉及中国。这不仅是因为它们最为极端、最为人所知,还因为历史社会学家基思·霍普金斯近来以拜占庭为对象,作了一番寻根问底的分析。他的分析对我自己探索这个问题,正好是一个便利的出发点。

　　众所周知,一夫多妻制社会中,精英家庭普遍使用奴隶作为后宫看守、内眷侍从。不大为人所知的是,奴隶宦官在多数大型官僚帝国的政治、行政甚至军事生活中也扮演了关键角色。魏復古①(Karl A.Wittfogel)称他们是"独裁政体监察、控制各级官僚的一件令人生畏的武器"。[57]实际上,其作用远不止如此。他们常常也是绝对专制君主控制贵族阶层并使其保持中立的一件同样有力的武器。尽管从第二个千年纪的后半期开始,在叙利亚就有了对人的阉割,然而,宦官专权不会早于公元前 8 世纪;作为一种制度正式地建立起来,则是在后来的波斯阿契美尼德王朝期间②。[58]研究帝制中国的日本历史学家三田村泰助在一部专门以宦官为题的著作中,说明了宦官如何"构成中国绝对统治体系不可或缺的一部分";汉朝的覆亡,宦官负有部分责任。[59]唐朝最后 9 个君主中的 7 个,须将其皇冠归功于宦官;剩下的两个则为宦官所谋害。明代,宦官的权力达到顶峰,宦官数目据说超过 10 万,其中 7 万在京城。[60]尽管穆罕默德明确谴责阉割,[61]宦官依然在所有大的伊斯兰国家与帝国中的军事、政治与行政生活中最终扮演了重要角色。很可能是在拜占庭的影响下,穆斯林领袖的宫廷里很早就组织起了宦官军团。[62]10 世纪期间,一个叫卡富尔(Kafur)的黑奴成了埃及与叙利亚的统治者。

页 316

---

① 美国历史学家、社会学家、汉学家,著有《东方专制主义》。——译者注
② 公元前 6 世纪—公元前 4 世纪。——译者注

穆斯林攻打拜占庭时,不少指挥者是白人宦官。919 年,法蒂玛与拜占庭的一次海上交战中,指挥双方舰队的元帅都是宦官。宦官军团在法蒂玛的军队中是一支重要的力量,其中一个宦官一度充任帝国摄政,还有许多宦官参与了数不胜数、祸害国家的阴谋与反阴谋。自 11 世纪早期直到 1737 年萨非王朝覆灭,黑人与白人(尤其是格鲁吉亚人)宦官主宰了波斯沙阿的宫廷。在土耳其,穆拉德二世统治期间(公元 1421—1451 年),宦官的影响在宫中增长。[63]白人与黑人宦官为争夺影响力,尤其是对后宫的控制权,相互较量。1582 年,黑人最终获得胜利。但是,后宫之外,却有几个白人宦官升至帝国最高职位。1501—1623 年,至少有 6 个大维齐尔是白人宦官。[64]

在非洲,黑人宦官在埃塞俄比亚、所有伊斯兰酋长国与共和国都扮演过重要角色。自古以来,埃塞俄比亚就享有一个举世无敌的名声:它是宦官的主要来源地。晚至 20 世纪,埃塞俄比亚锡达莫省还有一个知名的宦官总督。[65]1800 年,在桑给巴尔,代表马斯喀特(Muscat)王子的宦官们同时掌控了军权与行政权,企图削夺地方豪强的自主权。[66]由富拉尼人控制的努佩(Nupe)王国,是供应北非与中东地区的另一个主要宦官来源地,尽管它与埃塞俄比亚一样,自己也很需要阉人送往宫中。[67]尼日利亚北部所有的酋长国都依靠宦官处理政事与军务;博尔努由一个宦官统治了整整 50 年。[68]巴吉尔米(Bagirmi)不仅在各类军事与行政事务中任用宦官充任官员,它后来还成为一个重要的宦官输出国。[69]19 世纪早期,巴吉尔米的统治者穆罕默德·埃尔·法德勒(Muhammad-el-Fadhl)完全被他的大宦官穆罕默德·库拉(Muhammad Kurra)操控。[70]几乎所有这些酋长国中,拥有宦官的特权都被统治者小心翼翼地守护着。[71]

任用宦官担任宫中重要职务,并不限于非洲伊斯兰国家。例如,在异教徒伊加拉(Igala)王国,宦官团体在两个主要的宫人队伍中占据支配地位。它不仅比自由宫人"在集团组织程度上高得多",而且由宦官总管负责国王的所有礼仪活动、所有属于国王的金银财宝。由于他控制了接近国王的权力,宦官总管成为王国里最有影响力的行政官员。需要注意的是,只有国王才允许拥有宦官。[72]

我们现在来看拜占庭宦官政治的发展。即便在皇室的奴隶与被释免奴隶灭亡了之后,皇帝的首要贴身侍从或者说内臣依然是一个有权势的人物。正是从这个职位上,发展出西罗马帝国以及后来的拜占庭大内总管。拜占庭时代的大内总管与以往的内臣不一样的地方在于:他总是一个宦官;他获得了巨大的权页 317

力；他掌控着抱作一团的宫廷奴隶，所有这些奴隶都是宦官。当然，罗马帝国早期，也零零星星有过一些宦官，例如与尼禄"结婚"的斯波莱斯（Spores）。然而，阉割成为常例，是在埃拉伽巴卢斯①（Elagabalus）与戈尔迪安②（Gordian）统治下；其后，随着戴克里先的改革，大内总管须为宦官的规矩牢固确立。[73]

就正式身份来说，大内总管属于宫廷显贵之一。他是皇帝的主要侍从与宫廷事务的监管者。他在人们心中的地位与看法，与早前西罗马帝国的非宦官内臣是一样的。詹姆斯·邓拉普（James E.Dunlap）有评：

> 他权倾一时，不是因为他职责重要，而是因为他的位置使他有可能如此便利地讨好、逢迎皇帝，以至于拥有了巨大的影响力。结果，所有的官员都对他畏惧三分。但他们也鄙视、痛恨于他。因为他是一个宦官，一个与谁都没有正常的社会关系的弃儿。再者，他毕竟只不过是皇帝的贴身仆人，并非帝国大臣。高官们几乎都把他视为他们圈子里的不速之客。[74]

基思·霍普金斯甚至认为，"尤其是在东罗马帝国，真正的权力既不在皇帝手里，也不在他的贵族手里，而在他的大宦官手里；再不然，就由一群宦官作为一个集体操控宫廷大权"。[75]

现在，出现了两个问题。为什么东罗马帝国明知内臣的所作所为，尤其是西罗马帝国被释免的宠奴们广为人知的虐迹，依然利用并如此严重地依赖他们？第二个问题，也是霍普金斯还有我特别关注的问题：为什么是宦官？霍普金斯没有忽略纯属心理学的解释，但他淡化了它，理由是无论个性强弱的皇帝都利用宦官，同时也听凭自己被大宦官利用。[76]应当注意的是，反驳宦官政治纯属皇帝性格懦弱造成，不是为了否认心理因素作为宦官权力基础的重要性。一个人个性强悍并不意味着他不肯受人影响。所有人都需要陪伴，也需要他们可以暗中依赖的人。再者，强者的虚荣心与弱者的不安全感一样，都可能被人多方利用。解释宦官的影响，他与皇帝的亲密接触永远都应作为一个关键因素。正如费子智③（Charles P.Fitzgerald）在他讨论中国汉代宦官极其强大的影响时所言："如果王位继承人生在宫中、长在宫中（这在公元2世纪屡见不鲜），自幼就在宦官的照顾与陪伴下长大，那么，这位皇帝将被侍者们玩弄于股掌之上：他们了解他

页 318

---

① 古罗马皇帝，公元 218—222 年在位。——译者注
② 疑指戈尔迪安三世，公元 238—244 年在位。——译者注
③ 英国历史学家、汉学家。——译者注

的怪癖;曲意描绘他所听闻的外界;对于企图反对宦官势力的大臣,诱使他预先形成偏见。"[77]

另一个解释宦官地位的因素是他们的替罪羊角色;一旦皇帝不得人心,他们就首当其冲。对此,霍普金斯认为,大内总管与他的那帮宦官们有如17世纪德意志诸国的法院犹太人①(Court Jews)。这是有道理的。但是,它依然不能充分回答我的问题:为什么是宦官?霍普金斯接下来说明,鉴于皇帝的绝对权力与贵族阶级对其权力的潜在威胁、持续不休的愤愤不满,宦官在权力结构中充当了必要的"润滑剂"。确乎如此,但依然不够充分。很显然,不是宦官的被释免奴隶甚至社会底层或者中下层的自由人也可以起到这种作用,近代欧洲专制主义者宫廷内就是如此。

对于这些问题,霍普金斯首先表示认可,然后继续陈述他的主要理由。他指出,皇权的神性、宫廷礼仪的异常繁复,意味着皇帝与臣民的渐趋隔绝。"绝对的权力与绝对的隔绝是连在一起的"。[78]宦官成为与外界隔绝的神化君主跟他的官员之间必不可少的中间人;他们为君主提供信息与间接的联系,在君主与官员之间两头往来。而宦官,由于身份卑贱、遭人鄙夷,是不能被贵族阶层接纳的。由此,君主就可以把他们当作绝对忠诚的亲信来依赖。这群亲信对支持君主潜在的对手不感兴趣,因为他们从弃主投敌中非但什么也得不到,还会使已有的一切都失去。总之,霍普金斯的分析,也是他对"为什么是宦官"这个问题的主要回答,除了许多需要中间人存在的社会学因素以外,最关键的因素在于:宦官不能被贵族阶层接纳。他把自己的论点总结如下:

> 绝对专制君主与国家其他权势人物关系紧张;严格的宫廷礼仪背后,被圣化君主与外界隔绝;皇帝与贵族双方都需要中间人;宦官们利用这个中间角色上下其手,将施恩布宠的控制权攫为己有;宦官与贵族阶层格格不入,完全不能为贵族所接纳;宦官群体内聚成团,却又勾心斗角;相比不通业务、一个个明争暗斗的贵族,宦官们久历其职,得心应手;所有这些因素结合起来,相互作用,就能说明,为什么落到宦官手里的权力越来越大,为什么他们——作为一个整体——能持久地握有权力。[79]

---

①　帮助欧洲人尤其是德意志贵族、皇室处理财务或者向其提供贷款的犹太银行家。他们享有特权,但若主顾欠债死去,他们会被告上法庭、承担罪责。——译者注

页319　　　无疑,这段分析对我们找到问题的答案非常有益。但是,所有这些论点都可用来解释近代欧洲专制君主宫廷里首辅的崛起,然而他们中间没有一个是宦官。可以肯定,拜占庭宦官一贯爱耍弄阴谋本身,再加上以往的内臣或被释免奴隶的所作所为,不会不为皇帝所知。因为前任皇帝的大太监的弑君阴谋而登上皇位的皇帝,也许会有充分理由渴望有一个他自己的大太监,但他也相信,他们不是那忠贞不渝的宦官中的一分子。

　　　霍普金斯的主要论点:宦官们不为贵族阶层所接纳,当然是对的,但依然留有几个问题值得认真思考,因为他在强调这一点时也暗示:皇帝所面临的问题之一即为贵族阶层对其权力的威胁;宦官是最不大可能被他的权力竞争集团猎为同盟的奴仆。霍普金斯也许被斯蒂文·朗西曼①(Steven Runciman)对拜占庭的经典研究过多地左右了,因为宦官群体是皇帝对抗封建贵族自命不凡的"最佳武器",正是朗西曼的观点。[80]但是,魏复古很早以前就摒弃了这个观点。他的理由是:"宦官政治于公元4世纪就已在拜占庭充分制度化。它不可能作为抵御某种封建趋势的武器而建立起来。封建在东罗马帝国的官僚政体内显然还根本没有成为一个问题,哪怕在西方,那也是好几个世纪以后的事情。"相反,他在解释宦官在拜占庭与中国的显要地位时,强调的是官僚体制的效率。[81]近来,已有更多的研究趋向于支持这个观点。[82]我们已经看到,恺撒的家奴们是一个十分高效的群体。不过,代表一个贵族统治者办事得力、效率很高的例子,在既非仆人更非宦官的非贵族群体中,也是很多的。所以,我们的问题依然还在:宦官身上究竟有什么使他们如此有吸引力?

　　　在我看来,个中原因,与其说,是他们不被贵族阶层接纳或者办事高效,不如说,是他们被隔绝于血统世系之外。换言之,他们没有能力再生产他们自己。比较绝对王权国家,可以很清楚地看到:帝国的统治者所关心的、对于维护其权力至关重要的事情有三类。第一,防范不同的权力中心结成反对他的联盟。例如大的官僚与贵族群体。第二,培育一个有效的官僚体制。第三,同样需要迫切防范一个自主自决、自我延续的官僚阶层出现。这里的问题,不是官僚与贵族阶层形成联盟,或者前者被后者接纳、与之融合,而是官僚阶层本身作为一个阶级出

---

　　① 英国历史学家,以研究十字军东征史而闻名。——译者注

现,或者只是为了自身的延续而作为一个阶级出现。什穆埃尔·艾森施塔特①
(S.N.Eisenstadt)在其帝国政治体制研究中,对这一点做了很好的阐释。他注意
到,所有高度发达的官僚体系都有一种强烈的朝向"权力与地位自主"的趋势。　页320
这种趋势在有些政体中更易发生,因为它们的权力行使出现了一个根本性的矛
盾:一方面,统治者承诺职位的提升灵活、开放、面向所有人,但这不过是为了垄
断(或在任何情况下都能控制)"自由流动的资源";另一方面,他们又固守传统,
压制有志者,而这些人正是普遍主义推动之下必然产生的群体。[83]在这种情况
下,统治者们最好要么任用以伺候君主为导向的官僚,或者,一旦发现他们办事
不力,再任用受到严格压制的官僚。[84]艾森施塔特解释说,受压制的官僚职务通
常是留给"外来人群"的,但是,随着时间的推移,即便这些人也可能形成他们自
己的"自我延续"体制。在我看来,宦官在这一方面对于君主最为理想。因为他
们不允许把自己职务上的地位往下传,也无人可传。与此同时,作为宦官群体,
他们有很强的团队精神,并因此形成了很强的集体认同感(霍普金斯说得很清
楚)。这对于工作精神与工作效率都是有好处的。

　有了这些关于宦官政治的社会学以及传统的心理历史学解释,我们的解析
已渐近充分,但还远未穷尽。对我们来说,霍普金斯实在是一个卓越的历史社会
学家,他不会不承认他的解释有缺欠。的确,就在他的分析即将结束时,他还强
调了一个事实,他称之为"与宦官的政治权力十足不合的悖相":他们的身体怪
异,被视为人类中最最下贱的一等;总被人与男妓、易装跳舞的人、公开展示肉
体、十足的下流与淫秽联系起来。[85]

　如果我们意识到,宦官地位低贱;全世界几乎都把他们与淫秽、无耻联系起
来,这种悖相会变得更为分明。印度史诗《摩诃婆罗多》告诉我们,在古代印度,
"野蛮人是人类中的渣滓;卖油人是野蛮人中的渣滓;阉人是卖油人中的渣滓;
那些指令刹帝利在献祭中作祭司的宦官是阉人中的渣滓。"[86]这是相当重的话,
但也反映出全世界对宦官的典型看法。宦官会发生很多生理上的变化,这在医
学上是毋庸置疑的事实,也确实会使他们显得反常。[87]他们易于发胖,皮肤柔软,
像女人一样,年纪大了之后,皱纹横生,用一个观察者生动的语言来描述,他们最
终看起来仿佛"做成木乃伊的老女人"。娘娘腔似的嗓音会保持很久,然后随着

---

　①　以色列社会学家,研究比较文明。——译者注

逐渐变老，听起来像声音刺耳的女人在尖叫；走起路来步态蹒跚，摇摇晃晃；出汗也异常之多。现代医学研究表明，阉割术不会导致认知上的变化，但毫无疑问，手术的创痛必定影响每一个经历者的情感，令他们喜怒无常、悲欢难料。

页321　　每个民族都对阉人形成了一大堆虚构、错误的看法，其中有些相当古怪。这是千真万确的。当然，这类模式化印象的存在与他们所要求的真实描述同样重要。再者，孰真孰假常常也很难分辨。我们不能确定，现代人对宦官的认识是否可以作为评价先前的描述的客观标准，因为现代社会的卫生条件是改善了的。举个例子，宦官小便失禁。中国人有一个说法，说他们身上尿骚味很重，300米外都能闻见。"臭得像个太监"，是侮辱人常用的一句话。[88]这显然是个夸张说法，但如果我们想到每天洗一个澡完全是20世纪才有的事，也许就不觉得夸张太过。毋庸置疑，工业化时代以前，每个人身上都是臭的，哪怕国王与王后也不例外。但是，加上尿骚味十足的衣服，必定相当令人讨厌。

当然，宦官的独特与诸多错误观念的来源，是他们经历了阉割。这一点，再加上他们身上第二性征的变化，的确造出了一种很不正常的第三性别。被阉过的人，在其他人眼里，形同异类。没有一个地方的人不对阉人生出恐惧的反应。按照人之通常的天性，那种恐惧感不会引发同情、可怜，而是厌恶与害怕。结果，人们对宦官的生理能力与情绪波动生出一些怪诞的臆想。在中国人眼里，他们性情宽和、心肠好，同时也怯懦、敏感、沉迷于抽大烟、好赌钱。

伊斯兰民族对于宦官的看法几乎同样如此。有些所谓的"专家"认为他们身上难闻不仅源于尿失禁，还因为出汗过多；有的人则说他们被阉之后不再从腋窝出汗。[89]大家觉得他们的智力比人强，尤其是白人，但如果是黑人的话，就会道德败坏；性情仿佛妇人、小儿一般；喜欢玩鸟，也好吃。"他们内心贪婪、行为不检、动不动就发脾气，也很容易一会儿笑、一会儿哭，还喜欢嚼舌头、造谣言。他们看不起平常人，只愿意接受有钱有势的人做主子。"[90]

回到拜占庭。我们发现，人们对于宦官的恐惧与模式化印象是一样的。该撒利亚的圣巴西尔（Saint Basil）曾对宦官有过一番议论。霍普金斯声称，他的话典型地代表了公元4世纪与5世纪人的看法：

蜥蜴、蟾蜍！这些不诚实、令人厌恶的宦官，不男不女，却还贪恋女色；心怀妒忌、易于腐化、脾气暴躁、女人气、好吃之徒、贪恋财富、残酷无情、挑剔讲究、喜怒无常、吝啬小气、什么都想要、贪得无厌、野蛮凶狠、嫉贤妒能。

我还能说些什么？生来即为受那一刀。如果他们的腿是弯的，他们的判断怎能公正？他们无须维护自己的贞洁，那把刀已经把它毁了。他们无可救药，由一堆欲望造就。那些个欲望来自天生的肮脏（着重号系添加）。[91]

页 322

总之，那悖论就是：这些如此龌龊、卑贱之辈，怎能允许与拥有绝对权威，很多时候在人们心中还是被圣化的君主、上帝在人世间的代表联系起来？每天挨着耶稣永生的灵所应占据的空王座而坐的皇帝，怎能由如此淫秽、堕落的东西来伺候？这一文化的奥秘，单靠心理学与社会学的解释，似乎都不能彻底揭开。

人类文化中，大部分矛盾都可从矛盾本身寻得答案。我们的问题也是。这线索实际上正悄然显露在圣巴西尔那段话的最后一个词中："肮脏"。对宦官的描述，强调肮脏与污秽本当是很明显的，但它又显然被霍普金斯与思考这个问题的其他人给忽略了。凡了解象征人类学那丰富多彩的领域正在蓬勃发展的学者，没有人会在读到圣巴西尔与上文所引其他人的话时，不能马上意识到其中的重大涵义。正如玛丽·道格拉斯①（Mary Douglas）所揭示的那样，"污垢"——亵渎、玷污的最极端象征——既与圣物的性质密切相关，也与社会秩序中各种根本性冲突的表现方式密切相关。

为后文理解起见，我想预先做个声明：正是奴隶宦官的肮脏、怪异与清除不去的污染解释了他为何成为绝对专制君主礼仪上的需要。后者要么用圣化的权力统治，要么把他的统治解释为神圣的使命。道格拉斯在她的开创性著作《洁净与危险》中，富有说服力地说明了人类关于污染的观念如何以各种复杂的方式，用来处理生活所呈现的各种神秘与反常。"一种文化模式要维持下去，绝对不能有不洁或污垢。认识到这一点是深入理解污染的第一步"。[92]

但这只是第一步，因为污垢也以十足的创造性方式在确认何为纯洁、何为神圣的过程中出现。人类社会在处理边缘与过渡状态时，尤其如此。因为所有的人类社会都存在边缘与过渡状态，而边缘与过渡状态是最大的超自然危险的来源。利用阿诺德·凡·亨讷普②的经典理论，道格拉斯写道："过渡状态是危险的，因为它既非上一个状态，亦非下一个状态，难以准确定义。必须从一种状态转到另一种状态的人，非但自己危险，还向他人发散危险。这种危险通过仪式被

---

① 英国人类学家，以对人类文化与象征主义的研究而著名。——译者注
② 法国民族志学家、民俗学家。——译者注

控制住"。[93]正在边缘状态中的人是危险的、被社会抛弃的人,因为他们很可能肆意妄为。曾经身在边缘就是曾与一种危险的权力有过接触。因此,所有人都有责任保护自己不受边缘人散发的危险的伤害——他们在"社会体系中没有一席之地"。[94]一个人跨越了永不该跨越的界线,或者把理应完全与社会分离的人带了出来,就会成为有污染性的人。

页323　　　同样值得一提的,还有道格拉斯的两个进一步发现。一是,人的身体,对于污染观念,是一个重大的象征主义来源。各种污染观念都特别在乎身体的进口、出口。于是,身体常常成为整个社会秩序的一个象征。通过对饮食、排泄的严格禁忌,保护进入与留在身体之物。这对于各类社会边界的力量与松紧度,又是一种增进。"通过肉身这个象征性媒介,仪式的身体政治发挥作用"。[95]二是,追求洁净带来了一个无法解决的问题。因为生命是无形的,也没有明确的界分。腐烂是万物消长的一部分;死亡对于生命不可或缺;如果神圣需要存在,世俗也许同样必要。必须找到某种方式来肯定这些不愉快的现实。因此,一个明显的悖相出现了:"宗教常常把人们极其憎恶、排斥的那些个东西加以圣化"。[96]的确,尘土带来污染,但是,尘土也像肥料一样,能消解污染。正是它的无分界使它成为生命再生的基础;也正是这种极端双重性质使尘土成为如此强大有力的象征。因为它意味着生命与死亡之间、神圣与世俗之间可以连接。

　　　这是一个很好的出发点。由此,我们可以思考象征人类学的第二个主要分支——与我们主题相关的分支,那就是结构主义。"两极对立是人类思想的固有过程",爱德蒙·利奇(Edmond Leach)追随克劳德·列维—斯特劳斯,首先以这句话开始他的论述。他接下来强调,两个最根本的对立是生与死、男与女。[97]神与圣物立于不朽的生命序列;人与自然立于终将一死的尘世。所有宗教的中心任务都是"重建人与神之间的桥梁"。与道格拉斯一样,利奇认为,通常,这一任务通过起媒介作用的象征符号而实现。因为内含两极,这些象征符号把最紧要的问题解决:"通过引入一个就日常'理性'类型而言'不正常'或'反常的'第三类型,媒介建成。神话故事中充满了传说中的魔鬼、神的化身、贞洁的母亲。中间地带则是不正常的、非理性的、神圣的。通常,这是所有禁忌与礼仪庆典的焦点。"[98]

　　　正是在这里,象征人类学的两个流派分道扬镳:一个强调结构分析这一以演绎为主的方法论战略,另一个注重归纳性的比较人类学研究方法。我看不出有

任何理由选择立场。在我看来,联络二者之间的关键一环在于道格拉斯所着意
强调的:身体是污染象征主义的主要来源。与神话故事——结构主义人类学家
的基本数据库——是两极对立的来源一样,源自身体的符号也是两极对立的来
源。有了这番简短的、突袭式的知识准备,让我们回到我们的问题。

为什么是宦官? 因为宦官的身体与身份一起构成了强有力的两极象征与理
想的媒介象征。我们来更仔细地看看中国的例子。三田村泰助向我们解释说,
由于阉割,"宦官们一般都变得不男不女、不老不少、不好不坏"。[99]中国人心中的
宦官是一个特别突出的两极化形象,完全不合理性。在他们看来,一方面,宦官
的身体仿佛行尸走肉,正在烂掉。在明代①,阉割罪犯称为"腐刑"。这个词,要
么来自"伤口发出的腐臭味",要么来自一种观念,认为"丈夫割势,不能复生子,
如腐木不生实"。[100]但更富启示性的,是阉人一词的字面意义:"阴置于蚕室之
中"。②三田村泰助对此有言:"比之于蚕,如死人卧于密不透风的暗室;其室甚
暖,其味如尸。因此之故,阉人乃活在地底之人。"[101]弗洛伊德式的解释,更加直
白,但也令人毛骨悚然:正在死去的蚕表明一个红润发光、正在腐烂的阴茎。这
是一个多么令人畏惧同时又多么有力的边缘地位的象征!

这还只是宦官的身体象征主义的一面。中国人对于宦官的身体还有另一个
辩证对立的观点:他们是纯洁的。因此,用在成年宦官身上最常见的词是"净"
或"贞"——两个词都意味着"身体的纯洁",着实令人惊讶。那些儿时就被净身
者,称为"童贞",意思是"天生的纯洁"。[102]这绝非纯属语言的巧合。在明代,宦
官死了,跟和尚一样,通常不与亲属葬在一起。因为宦官在人看来"如同僧人一
般"。他们自己也把净身视为"出家之举"。[103]神圣、不朽、纯洁与世俗、必死、污
秽,在这里,很清晰地被等同了起来。中国人显然意识到了宦官的媒介作用与边
缘人的污染效应。宦官在神圣的皇帝与臣民之间充当中间人角色,即鲜明地证
明了这一点,同时也解释了为什么宫里的宦官被称为"家畜般的宦官"。三田村
泰助写道:

> 君主受命于天,因此原来的神—人关系用在了君民关系上。一道清晰
> 的界线将君民分隔两边。无论神或君主,均不可将真实面目示人;两界之间

① 原文如此。腐刑,据相关资料记载,始于夏代苗族的苍刑,夏族袭用。秦、汉时即已称腐
刑。——译者注

② 作者理解有误。这不是阉人的字面意义,但净身期间置于蚕室,实有其事。——译者注

的神秘大门永远关闭。但君主毕竟是人而非神,他只好在门背后神秘地过他的私生活。……既然普通老百姓进不了深宫伺候君主,谁可以? 没有人比家畜般的宦官更适合的了。[104]

因为宦官是最完美的奴隶,他们不仅可以中间人角色代表皇帝,还可做皇帝的替身。"君主与宦官的关系类似形与影,形影不可分离。但总是宦官被扣上邪恶的帽子而君主无可指责"。[105]由于身份的模棱两可,宦官在确认皇帝身为凡人的现实与其残酷无情时,也取代了他。不仅如此,宦官还为承认并克服三种对立——生与死、神圣与世俗、善与恶——提供了一种路径。列维—斯特劳斯曾对流行于北美温纳贝戈(Winnebago)印第安人的四种神话加以分析,指出其作用在于"首先确认生命与死亡的对立,然后克服它;否则,那种模糊状态将永远存在"。[106]对于中国的精英,宦官这个人起着一模一样的象征性作用。正如道格拉斯所指出,宗教可使它所需要的、被宣称为肮脏与污染性的物体圣化;一旦宦官的肮脏与死一般的腐坏经过确认,"宦官制度就可以神的名义建立;皇帝凭此,享受他尘世的特权。天象之中,宦者四星,在皇位之侧,帝座以西①,实在是相当自然的事情。"[107]

宦官还解决了中国精英文化中另一个深刻的矛盾,那就是男人和女人的矛盾。不能忘了,宦官最早也是最常见的作用就是监守后宫,或如土耳其人所说,"苏丹宫里的总管"。中国文化所表现出的男性对女性的模糊态度非同一般,折射出男女性别关系的深层冲突。中国文学中,抱怨不休、嫉妒猜忌、醋意大发的妻了几乎是个挥之不去的题材;凶悍强势的女人、老实受气的丈夫,同样比比皆是。实际上,明代正统历史学家将有明一代称为"惧内"之风盛起的时代。[108]这多半是男性观念的投射,因之于他们对角色不同的妇女态度上的反差:母亲需深受敬重、多加遵从,妻子则应逆来顺受、万事从夫;还有他们心目中两类理想女性形象的冲突:一类是裹着小脚的笼中玩偶,体现新儒家观念的忠贞与恭顺;另一类,是性感迷人、聪慧伶俐、性格泼辣的小妾。

这些角色类型当然都是理想化的。与所有地方一样,在古代中国,现实世界纷乱无形、无可归类。女性的行为从来就不遵闺训;可敬的母亲常常个性极强;

---

① 宦者、帝座,皆为古代星官名,同属天市垣。这里涉及宦官制度起源的一种理论:"取则天象"说。——译者注

纯洁的妻子常常逞性欲而与人淫乱。如果这些体现控制欲与性能力的个性是妾与妓女的表征，毋庸置疑，严重的性混乱与性焦虑不可避免。如果一家之主妻妾成群，他会怎么办？引用三田村泰助的话说，"稍微想一想就令人心神不宁"。不过，他对宦官作用的解释，纯粹出于后宫需要有人监护、三宫六院的贞节问题需要人来解决的角度。

在我看来，这是需要宦官存在最不重要的理由。众所周知，在中国以及古罗 页 326 马与伊斯兰世界，净身并不能使宦官不能满足他对后宫女性的性需求，尽管这些妇女的贞节是他本应保护的。前现代世界的男人，尤其是一夫多妻制下的男人，知道得很清楚：男性生殖器并非女性获得性满足必不可少的工具。因为意识到这一点，黑人比白人在伊斯兰宫廷内廷更受欢迎。主子们显然期望，如果净身不能阻断后宫看守与其妻妾的性关系，那么，非洲男人体形上的缺乏吸引力也许能。不用说，没有理由相信这种一厢情愿的想法确实起了作用。性器官畸形并非令宦官监护后宫的唯一理由。相反，他是人类中最接近于雌雄同体的生物。他的身体，作为一种两极象征，既在象征意义上承认了围绕男女性别关系产生的大部分冲突，又解决了它们。宦官们显得既是男人又是女人、既柔弱又强壮、既肮脏又纯洁、既是一个性爱对象（同性与异性恋人）又是一个无性生物、既是母亲又是妻子。尼禄与斯波莱斯的婚姻只是心理学意义上露出海面的冰山一角。值得注意的是，中国与拜占庭，都有好几位皇帝习惯上称呼养大他们的宦官为母亲。

因此之故，正是在明代，"惧内"之风盛起的同时，宦官势力也达到了顶峰。这不是偶然的。不过，中国历史上也有充分的证据显示：从很早的时候起，男女性别冲突在中国已十分普遍；也有片段资料证明：利用宦官，作为一种象征性媒介，解决围绕性别角色而发生的两极冲突，其实可以追溯到久远的年代。汉学家顾理雅①（Herrlee Creel）在他研究周代的著作中告诉我们，自有历史记载的一开始，"道德家就对女性没有说过什么好话，但他们又很喜欢谈论国王、王子被女性密谋害死的故事。评价一个男人，最难听的话之一即为'他听从妇人之言'。"[109]女性与宦官之间的象征性联系生动地出现在中国早期文学作品《诗经》中：

---

① 美国汉学家，西方汉学界研究孔子的权威。——译者注

哲夫成城，哲妇倾城。懿厥哲妇，为枭为鸱。妇有长舌，维厉之阶。乱匪降自天，生自妇人。匪教匪诲，时维妇寺①。[110]

现在，我们对拜占庭宦官政治的解释终于可以完成了。与中国一样，被圣化的罗马皇帝与臣民之间，存在一道无法架设桥梁的鸿沟。霍普金斯虽然强调了一个中间人的需要，却没有解释为什么这些中间人得是怪异的宦官、是被皇帝的臣民们斥为"蜥蜴、蟾蜍""不男不女"的人——其他各种用在他们身上的话语，不在话下。

不过，我们现在已经能够理解。没有一个畏惧上帝的平凡个体会去跨越神圣的皇帝与俗世臣民的边界。依据象征性推理这一典型的翻转逻辑，我们懂得：不是因为宦官的怪异、淫秽，他们才被选为中间人；相反，正是因为他们身为中间人，因为他们不断地跨越危险的边缘地带，他们才怪异。同样的逻辑翻转出现在世界各地的巫术指控中：与众不同的怪人被选作了替罪羊；然后，他们的反常特征被当成了他们与各种禁忌力量接触的证据。

但是，如果与被圣化的污染物接触，或者更恰当地说，如果跨越神圣与世俗的边界可以通过被认为有污染性、有危险而被圣化，那么，这种接触肯定也会赋予中间人巨大的权力。与有权力的人密切接触会赋予服侍者以权力，无论宦官与否，也无论奴隶与否；但是，这是一种附加的权力来源，一种来自超自然接触的权力。

问题尚未到此为止。在拜占庭，另有一个巨大的、被逆向越过的鸿沟。它横亘在神圣的上帝与充当天神化身的渎神者之间。拜占庭的皇帝并没有像西罗马帝国的皇帝们那样，自称是实质上的上帝。显而易见，在一个被视为上帝基督在人间的王国里，那是不可能的；但要像邓拉普那样说，"'君权神授'原则替代了'固有的神权'原则"[111]则是一个犯了时代错误的判断。拜占庭的皇帝们所自称的神性比近代欧洲君主们所自称的神性大得多。拜占庭皇帝自称为上帝在人间的副摄政。这话究竟什么意思，很难说得清楚，但是，其中之意肯定比现代欧洲君主所声称的任何权力都包含了更多真正的神性在内。皇帝是基督的化身，"真正的"、精神上的皇帝是基督。因此，一个血肉之躯的皇帝"必定是基督的实体化、基督的象征；是无形物在我们这个有形世界的实体化；通过这个象征，神性

---

① 寺：宦官。——译者注

能在天国之下表达它自己。因此，我们看到，这个国家的君主既非一个神，也非一个人；而是一个演员、一个神的小雕像。"[112]

扮演这样超凡脱俗的角色，存在一个严重的问题，这就是，始终存在亵渎的风险。更重要的是，皇帝本人跨越了将神圣、不朽与凡尘、亵渎相分隔的危险边界。上帝面前的他，如同他自己面前的宦官。这样的相似性，在帝制中国同样存在。因此，三田村泰助有关帝制中国的议论同样适用于拜占庭。他说："宦官的非人特征与其主子的非人特征是很相配的"。[113]作为一个人，拜占庭皇帝异乎寻常。他因为跨越边界、与上帝接触，立刻就变得全势全能；但也同样因为如此，他被彻底污染了。仅此一点，就足以解释拜占庭皇帝史上原本无法理解的两个方面：其一，尽管圣化的皇帝令人畏惧，臣民们依旧对他心怀轻视；其二，皇帝们屡屡被人暗杀。

页 328

所有的拜占庭皇帝都有绰号，大部分语带不恭。因为宦官们的尿裆与他们身上的味道，还有皇帝与其大宦官的连带关系，君士坦丁五世的绰号之一，也是他终其一生广为人知的一个绰号，显得加倍地意味深长：人们叫他"科普罗尼穆斯"（Copronymus），意思是"撒尿的人"。[114]更为甚者，每当冬至节，皇帝就成为人们很喜欢奚落、讽刺的对象。公元600年冬至，在一个庆祝活动中，"一个身披黑袍、头戴大蒜花冠的男人，骑一头毛驴，穿街走巷，人们朝他欢呼：毛利凯（Maurice）皇帝。"[115]当然，在任何社会，位高权重的人都是人们含沙射影的讽刺对象；但是，拜占庭的皇帝被民众冷嘲热讽的程度无人能及，这还是在一个皇帝被普遍认为坐在基督身边的社会！另外值得指出的是，这位似乎被圣化的人物常常在歌曲中以一个下流的色鬼形象出现。例如下面这首歌，说的是皇帝毛利凯的婚姻：一个老男人娶了一个年轻的公主。

> 他发现一头母牛，娇弱如花，
>
> 就像一只野公鸡，他干上了她。
>
> 他跟人生下的孩子，现在数也数不下，
>
> 好像木匠刨下一大堆刨花。
>
> 但谁也不许抱怨；他不准他们说话。
>
> 神圣的父啊，神圣的父！这多么丑陋和可怕。
>
> 狠狠教训一下他吧，或者把他的威风煞。
>
> 我把他最大的公牛奉送给你，作为祭品来杀。[116]

这可不是一般的民愤宣泄。我们看看拜占庭皇帝史上另一引人注目、阴森可怖的事实便可得知。勒内·盖尔当(René Guerdan)总结道:"109 个君主中,65 个遇刺,12 个死在修道院或监狱,3 个活活饿死,18 个被阉割、挖眼、削鼻、剁手,其余的被毒死、闷死、掐死、捅死、从柱顶上扔下来摔死或者很耻辱地吊死。"[117]这些被圣化的皇帝被杀死的过程,必定属于人类历史上最残酷的集体施虐狂故事。[118]为什么会是这样?因为他们如同被判有罪的巫师一样,被当作危险的人,必须经过折磨才能去死。与他们被杀死的方式迥然相异的是,不少绝对专制君主在宣称其神圣权威或神性时,有意在圣化过程中将自己污染。法老与他的姐妹们乱伦即为众所周知的例子。非洲布霜果(Bushong)国王的圣化仪式中,仪式性的乱伦也是很重要的一步。其中有个国王说,他是自己民族的"脏东西"。[119]

页329

更诡异的一点:皇帝与外界隔绝,可能不是因为他神圣之极,因此得退出民众视野,而是因为他污染性太强,他的臣民得从他的视野里退出。这是多么令人畏惧的认识。以这种方式亵渎人世间至高无上的人、基督的人间王国监护者,这如何可能?

大宦官把这个问题以及许多其他集中在皇帝身上的矛盾解决。由皇帝跨越神圣与世俗之间的边界而招致的污染,可以解释为肮脏的大宦官污染了他。后者因此既成为一个象征,也成为一个政治替罪羊。与中国的宦官一样,他们那异乎常人的两重性别与身为奴隶的社会边缘地位,既承认又解决了许多这类冲突。奴隶宦官——最理想的顶级奴隶——成为皇帝的化身,甚至在皇帝是基督的化身时亦如此。拜占庭的宦官还不止如此,他们的身体既承认又解决了不少深植于拜占庭身体政治的两极对立。他既是全能的,又是完全没有权力的,由此把皇帝与臣民的关系集为一身;他是神圣的,也是世俗的,由此把美妙的天国与有瑕疵的地上王国的矛盾集为一身;他既等于尘世间最强大有力、最受尊崇的人物,又不过是一个人皆鄙视、来自外国的宦官奴隶,由此把长期以来的阶级不平等,尤其是乡下的小自耕农与强取豪夺的贵族之间的不平等集为一身;他既为男性,也为女性,由此不仅使他的中间人角色总体来说更添力量,而且可能把皇帝与皇后卓尔不群的独立个性也集为一身。他比中国的宦官可能更直接地通过同样的象征性角色解决了男女之间的地位冲突,因为拜占庭的上层妇女尽管受到基督教观念的压制,但在 21 世纪以前的所有社会中,她们是享受自由最多的妇女群体。[120]

最终结果,拜占庭政治文化中最大的反讽出现了:巴塞勒斯①(Basileus)在圣化的绝对专制统治中变得与世隔绝,并非事实;事实恰好相反,是皇帝如此隔离于外,以至于他可能无法成为一个有意义的国家象征。绝对与神圣的君主,作为国家的正式象征,必须通过一个象征性的替身才能接近。与帝制中国一样,在拜占庭,真正的象征不是至高无上的皇帝,而是他的顶级奴隶:大宦官。

页330

结束这个主题之前,我们必须再看看近代英国都铎王朝的宫廷。英王的大内总管职位,俗称"涮粪郎",从表面上看,似乎与我们前面的论述既相似又相悖。戴维·斯塔基②(David Starkey)在一篇文章中,以真正一流的社会历史学分析,说明了国王的贴身仆人,特别是那些在枢密院的仆人,如何最终在王国里扮演了极其重要的政治角色。[121]因为贴身伺候国王,不离左右,涮粪郎最终控制了所有觐见国王的路径,由此获得了巨大的权力。不止如此,涮粪郎(从字面看,他不过是个伺候国王在便椅上大小便的人)还通过他与国王独一无二的亲密关系,尽管那表面上只是一个粗活,在他的圈子里获得了声望,因为人们相信,国王身体上某些蒙受神恩的力量掉在了他身上。

对我们的主题而言,挑战性的观点一望便知:涮粪郎既非奴隶也非宦官;实际上,在他被任命干这种粗活之前,他首先得是一个十分受尊敬的人。在他干这活的过程中,他那受人尊敬的地位还提升了。斯塔基写道:"在我们眼里,涮粪郎干的是最粗的活;然而他的地位却是最高的。总之,贴身伺候国王必定被看得十分的有荣耀,没有一丝一毫的有失尊严或令人羞辱。"[122]

斯塔基的分析与我们对宦官政治的解释不但不相悖,反而有助于证实它。他说得很清楚,涮粪郎解决了都铎王朝的一个重要问题:在权力授予论几乎还不存在的时代,谁来充当君主在贵族与地方要人面前的代表? 他通过斯塔基所说的"凭借亲密关系来代表"解决了这个问题。与君王本人天长日久的亲密接触,意味着涮粪郎成了"国王完完全全的另一个我"。骄矜的贵族也许不肯从被正式任命的官员手里接受国王的指令,但毫不迟疑地承认并接受了他的替身——国王的贴身仆人。

---

① 拜占庭皇帝的头衔,也代指各类君主。"巴塞勒斯"一词源于古希腊。——译者注
② 英国宪政史学家。——译者注

都铎王朝的君主并不神圣。相反,他们声称,依据神授的权利来统治。其中差异,所有那些在政治上不可小觑的臣民都十分清楚,绝不糊涂。国王其人,魅力充足。然而,魅力并非神性。无论头脑简单的农民怎样想,那些负责治理英国政府的人,尤其在贵族们中间,对这个问题没有一点歧义。神圣与世俗之间的鸿沟,国王从来没有逾越过。无论他还是他的涮粪郎,都不会遭到因跨越禁区而招致的惩罚。

页 331　　君主与臣民之间,也不存在任何无法架设桥梁的鸿沟。都铎君主们的宫廷传统与地位,与中国及拜占庭皇帝那荒唐繁复的宫廷礼仪、对外隔绝的程度,完全无法相比。无论他们有些什么缺点,都铎王朝的君主都是一群彻头彻尾的人,一群想要直接统治人民的人;他们挫败了所有的碍事者,尤其是贵族阶层。想想伊丽莎白一世。即便岁月已远、为她造的神话也多,直至今天,她依然给我们留下一个鲜活有力的印象:有血有肉、有意志力;也许保持了她的童贞,也许没有。

因此而言,涮粪郎不是君主与民众之间的中间人角色,而是一个特殊的代表:一个在君主抽不出时间或其他地方有国事需要而无法亲自到场时,充当君臣间沟通、交流的"象征性代理人"。身体象征主义,一如斯塔基所明确承认的那样,当然在这里也扮演了重要的角色;但是,在身体政治中,那正式而重大的象征性符号,始终是国王的身体,而非涮粪郎的身体。伺候国王大小便之所以成为一种象征性的荣耀,是因为它象征性地相当于保护一个人的身体政治中最容易受攻击、受伤害的一块。肮脏或污秽,在这里,从象征意义上说,完全是一种创造物。玛丽·道格拉斯给了我们一个很好的意象,说它像肥料。协助君主吃饭、穿衣、大小便,象征性地相当于哺育、庇护、保卫国家。

绝对支配的动力学

从这些案例研究中,我们懂得了什么? 纯粹从粗线条看,我们用以辨析奴隶制的标准已经得到了非常好的证明。相对于奴隶主,所有这三类奴隶,无论在与别人的关系中可能多么有权势,实际上都完全依附于主人、毫无权力。另外,所有的案例中,他们都是生来即被疏离、异化的人;不仅在血缘上疏离于其祖先,且常常被疏离于原生社群、疏离于其后代。这些精英奴隶甚至还不如普通奴隶,他们被隔离于家世谱系之外。令人惊讶的是,即便在马穆鲁克王国——常有奴隶踩着主子的尸体登上王位的国家、谱系隔离的传统、不允许将社会地位往下传的传统、只从被疏离于家国的人中招募马穆鲁克的传统，也一代代地延续、保留着。偶尔出现例外，也会让人皱眉不已。

尽管这些奴隶可能由宠爱他们的主人赐予极大的荣耀，却无一是本身值得尊敬的人。赋予某人、某动物（例如一只母牛）、或某物（例如一个图腾）以荣耀或尊严，当然都是可能的；然而，被尊敬不意味着这个人值得尊敬。实际上，精英奴隶在与他人的关系中，运用其主人的权力到什么程度，他们就被鄙视到什么程度。正是因为他们无有尊严，他们一开始就升到了他们的位置。尽管他们受尊敬，毫无疑问，他们也渴望尊严、渴望荣耀，但没有一个人有权赋予尊严、确认尊严；至少，没有权力对任何被社会看得起的人那样做。在控制着尊严与荣誉游戏规则的贵族阶层面前，精英奴隶永远都是可鄙的、不可被接纳的隔离者与外人。只有在一个人被正式地接纳与包含在内的时候；被可能与其地位同等的人视为完全同属于一个社会的时候，真正的尊严才有可能获得。精英奴隶从来就没有获得这样的地位，令人震惊的是，即便在他自己已然成为君主之时，亦如此。 页 332

最后，如果我们不去管精英奴隶所承担的职责内容，而来思考他的角色的结构性意义，我们立刻就能发现，他们与在地里干活、命运最为悲惨的奴隶是一样的。无论从经济、社会、政治、文化结构来看，他永远都处于边缘；这种边缘位置使他可能被人以种种方式利用，那些方式不可能用在真正属于那一社会的成员身上。在罗马，大庄园奴被用于彻底改造农村经济；皇帝的奴隶或被释免的奴隶则用于改变、重塑政治结构与治理社会的行政机构。把注意力放在奴隶的职责内容与他们在不同职位上的明争暗斗，将太过陷于细枝末节，而忽略了奴隶制的结构性层面。无论罗马城里的皇家奴隶与大庄园奴隶，抑或 19 世纪伊拉克的土耳其宫奴与非洲僧祇，17 世纪奥斯曼帝国里阿尔巴尼亚的大维齐尔与埃塞俄比亚的家务奴，拜占庭的大内总管与郊区的手工艺奴隶，全都一样位于社会结构的交叉口，位于他们所服侍的各个社会的文化边缘。

至此，我们为辨析奴隶制而设定的标准已得以证明，它是可行的。不过，正是在这一辩护过程中，我们已然暗示了它的局限性。这就是它的粗线条。这样的粗线条分析在历史与社会科学的任何比较领域都有其存在的价值，为此我无须道歉。重犁先行，清理地面，再把坚土翻起，继而划定边界，这都是必不可少的。一种分析变得不完美，不是因为应用了它，而是因为应用时却排斥其他的分析,因为它未能辨识出它所揭示的事物:地下的土质与地面的卵石和石块是不同的。

权力,我们已然说明,绝非一成不变;不能用它,连同其他因素,来定义一个静止、停滞的社会类型。我们必须以动态的眼光来分析它。奴隶主断言,自己对奴隶有绝对的权力,并且要求奴隶绝对服从于他。他运用权力的目标是什么?他是否还有其他的权力来源? 通过奴隶,他能够控制其他人;但是,他是否有独立的权力基础,或者足够的心理意志、强大的个性力量来控制他的奴隶? 他们是否意识到:没有奴隶,奴隶主也是没有力量的? 如果意识到了,他们接下来是否有胆量、有意志力抓住这种依赖关系的控制权? 换言之,如果没有奴隶给他提供衣食,皇帝是否也赤条条手无寸铁? 那个时候,他们是否有胆量检验自己的力量?

页 333　　所有这些,当然都取决于主奴关系得以存在的背景、奴隶主与第三方的相互作用。显然,各种可能性都有,而且范围很宽。最顶端的一头,也许可以称之为纯粹的有名有实的支配。在这里,奴隶制就是它表面上的那个样子:奴隶用于满足主人的各种目的;奴隶主有它独立的权力基础,也有第三方的支持;他能牢牢地掌控支配权,高枕无忧。大部分奴隶制都位于或接近这一头;但也有不少处于另一个极端,其中往往包括由绝对专制的奴隶主与他的大贴身奴隶形成的主奴关系。如果一个人以另一个人作为主要权力基础,或者,常常也是如此,一个人以另一个人作为他与自己的权力基础相沟通的唯一媒介时,那么,他是很难使另一个人处于被支配地位的。与外界隔离就是弱点,对信息的控制就是权力;奴隶主在主奴关系中位居下风,立刻就成为一种可能。

第十二章　奴隶制:人类寄生关系

整部作品,我谈的都是奴隶主与奴隶,我还把奴隶制称之为一种支配关系。页 334
但是,语言远不止是一种表达方式;它也塑造思想。我意图在奴隶制分析中深入
地理解、揭示内在于语言之中的思想的支配力量。为此,我付出了大量的精力剖
析奴隶制的象征层面,因为文化制度,一如人类学家早已教导我们的一样,从根
本上说,只是不说话的语言。

从一开始,我就把奴隶制解释为一种支配关系而非一种法律思想;我把它作
为一个重要的开端。但是,现在,作为一个总结性的再思考,非常有必要问一问:
我们对于奴隶制这一社会过程的理解,是否已将隐匿、累积在语言中的一层层概
念一应处理完毕?"master"这个词,依据牛津词典,有 29 层意思,集合在四个基
本题头下:"有权或有控制力的人",例如一艘商船的船长;"教师或有资格教书
的人",例如一个伟大的艺术家;"对有地位者的称谓或赞美之词",例如一个学
院的院长;在"优异、高等的"意义上做定语使用或者组成复合词,例如"master-
mind"(决策者、主谋)。哪一个经常读牛津词典的人不想当"master"? 代复一
代,美国研究奴隶制历史的主流学派,在这个国家享有盛誉的历史学家之一乌尔 页 335
里克·菲利普斯(Ulrich B.Phillips)的领导下,不仅让他们自己,也令读者深信:
黑人种族的文明化是美国奴隶制的伟大成就;在奴隶制的引导之下,黑人从野蛮
上升到文明状态。这有什么奇怪的呢? 这种离奇、荒诞的历史理论最悲哀的一
面在于它毫不掩饰,一派坦诚。如此愚蠢的结论,不仅源于他们对黑奴的后代漠
不关心,还因为他们对语言认知的因势而转、就利取义十分鲁钝。"master"一词
的含义,可以轻而易举从"有权或有控制力的人"转为"教师或有资格教书的
人";相应地,我们对奴隶种植园的理解也可以轻而易举从一种残酷的剥削与令
人屈辱的体制转为一个田园式的大学;通过它,可怜巴巴、渴望从文明的"主人"

那里学得高雅艺术的野蛮人获得教化。

我把奴隶制理解为一种支配关系，可以避免许多这样的陷阱。尽管如此，"支配"（domination）这个词，依然留有一些问题。依据词典，"domination"有"优势、影响、控制"等多重意思，更不必说还有"九重天上第四等级的天使权力"之义。支配与它的伴行词"剥削"——这两个左派标签政治中最强有力的词——侧重强调支配者或剥削者，以之作为支配或剥削关系的活动主体；被剥削者则负有更重的被动性。从被支配者的角度诠释支配关系，正如我在这本书里所采取的方法一样，能使我们的解释更趋平衡。但是，它给我们的选词用语增加了难度。

对于我所说的"支配关系"，有没有一种更好的方法重新措辞？社会生物学家的概念工具给我们提供了答案。他们对社会行为的主要分类中，有一种叫共生；共生里头，又有一种最重要的亚类，叫寄生。[1]我所说的支配关系，在社会生物学家那里，指的就是一种寄生关系。[2]我的想法，不是要通过这种相似性学习社会生物学家的理论，而是想知道，他们构建概念的方法能给我们什么启示；说得更透一些，我们只是要把社会生物学家的研究方法作为理解人类寄生现象中更为复杂的辩证法的第一步。

把奴隶制作为一种寄生关系来思考，有许多好处。寄生一词，强调的是所有这类不平等关系的不对称性；换言之，寄生虫依赖宿主的程度不一定直接表示宿主被剥削以供养寄生虫的程度。一个寄生虫可能只是部分依赖其宿主，但这种部分依赖也许足以使宿主被彻底毁掉；也有的时候，宿主完全依赖寄生虫，但这种寄生可能只会部分地影响宿主，或者可能除了些微的骚扰之外，谈不上什么影响。这种情况下，它们的关系接近于生物学家所称的偏利关系。

这种方法最重要的好处在于，它能提供一种有效的方式把依附的种种复杂页 336 面形之于概念。寄生关系的概念采用黑格尔一个晦涩难懂的哲学语言：主宰者（dominator），来暴露一个不说则隐、一说即明的现象：主宰者在支配另一个体并且令其依附于自己的过程中，也使自己成为依附者。

与此同时，支配的矛盾面也可以淋漓尽致地得以完整表达。寄生让人想到一个连续体：从微不足道的依赖、剥削到"黑格尔式"的主宰者对被主宰者的严重依赖与严重的生存威胁。各种寄生——依附与被寄生—被剥削的组合，都可以在一个连续体上排列、分等；一头，从快要发展到真正的互利开始；另一头，到完全的寄生结束。

一旦我们开始思考相互作用的双方所感受到的个人满足感,我们就将看到寄生关系中独具人类特性的诸多方面。向这个方向迈了一大步的,是社会学家阿纳托尔·拉波波特(Anatol Rapoport)。他在对人类寄生关系的理论分析中,向我们精彩地说明,虽然被寄生方的行为符合常识,即在意识到形势不利时,以脱身而出为上计;但是,寄生虫的行为却不那么容易理解。[3]

拉波波特从他的分析模型中得出两个重要结论。他的主要推论是这样的:寄生取决于交换条件;它总是形势不稳定的结果;无论通过生产还是交换,只有在个人之所得超过个人之所予的情况下,稳定的交易才会发生;凡是在个人不得不多予少得的状况下,就会出现不稳定的交易条件,并且必然以寄生关系告终;此后,有一方不仅什么也不生产,还会消费另一方的部分生产物。奴隶关系的内在不稳定,是拉波波特的重大发现之一。正当拉波波特运用理论经济学的语言讨论失衡与不平衡的时候,我也在讨论奴隶关系的紧张、冲突与辩证结构。

拉波波特模型的第二个结论推翻了人们的常识之见。那种认为"人如果够懒,做寄生虫是有好处的"说法,并不准确。寄生对于寄生虫最有利的时候,是在他与被寄生方都最不懒的时候。的确,如果悠闲度日或者无所事事是寄生虫的主要目的,他与另一方合作,获得社会最优(结合了他自己与另一个人的需要即为最优),会过得更好;换言之,放弃极度的寄生关系,转向互利关系。努力工作才能有效地维系寄生关系!美国南方的奴隶主在他们捍卫奴隶制的时候,坚持这一点,大体是对的,尽管他们没有用这样的术语来表达[4]。这当然也是不可能的。他们大错特错的地方,是同样激烈地坚持:奴隶主的勤劳寄生主义,对他们赖以寄生的奴隶以及没有奴隶的自由人最为有利。[5]有些社会的实践经验进一步佐证了拉波波特的推论,因为正是在这些奴隶主企图将有闲时间最大化的社会里,例如苏拉威西岛中部的托拉查、西非的有些富拉尼奴隶体系、美洲西北海岸所有蓄奴的印第安部落等,我们发现,奴隶主/寄生虫与奴隶/宿主之的关系正接近于(当然,尽管从来没有达到)合作与互利关系。

页337

宏观社会学层面上,寄生关系的框架,作为一个启发式的工具,同样有价值。在这个层面上,奴役关系的构成单位不是单个的奴隶主与奴隶,相反,奴隶制度被理解为作用于整个社会体系的单向度过程。自然而然,对于奴隶主文化与社会的系统性寄生化会强化奴隶主个人对奴隶的直接寄生关系。从这个意义说,奴隶会同时遭受个人与制度的双重寄生关系的折磨。

奴隶制以一个人对另一个人的暴力与永久压制开始；具有它独特的性质与辩证法；起源于对某种死亡的替代，并且靠残酷来维系。依据奴隶主所拥有的奴隶数量、他们所生活的社会类型，奴隶主及其同伙在寻求奴隶以供寄生的过程中，用以获取奴隶、役使奴隶的方式多种多样。奴隶生来即被疏离、异化，被诅咒为在社会意义上已死的人，他的存在没有任何合法性可言。奴隶的生来即被疏离、异化与隔离于族谱之外，使他成为理想的工具，一个会说话的工具，绝对任人驱使，完全孤单无依，且被连根拔起。他们在所有社会成员面前都只是通过其寄生虫而存在，那寄生虫的称号叫"主人"（master）。在这个互为主体的层面上，奴隶主依附奴隶而食，由此获得的正是那畅快的满足感：倍具尊严、享有权威、将权力凌驾于他人之上。奴隶，在这一过程中，失去所有自主权；他们蒙屈受辱、无有尊严，被迫蛰居边缘状态。

通过各种思想观念的策略，或者说意识形态的统治，奴隶主伪装、掩盖了他的依赖、他的寄生；但他竟然自相矛盾地把奴隶定义为依附者。这与那独具人类特色、将一种关系从真相的反面加以定义的伎俩一致。奴隶采取了无数的方式抵制对他的去社会化与强制劳役；其中，只有反叛这一种不是隐约、微妙的。他克服一切困难，奋力争取社会生活的稳定和可预见性，哪怕只在一定程度上有所改善也好。因为他的亲属不被法律承认，他对他们倍加珍惜；因为他被人轻贱待之，他更充满了对尊严的渴望；因为他被社会正式隔离、位居边缘，他对社会现实的感受极为敏锐；身为母亲的奴隶对孩子坚定不移的爱，在每一个蓄奴社会都得到了印证；无论在哪里，奴隶对生活的热情、对友情的诚挚都让奴隶主困惑不解；所有有奴社会中，奴隶都以生存的尊严让奴隶主否定其尊严的企图落了空。

奴隶主也从思想观念上报复奴隶。他们把奴隶模式化为一个撒谎、怯懦、懒惰的小丑，既乏勇气，也无男子汉气概。奴隶，在他主人心中，是古罗马的"小希腊儿"、中世纪伊拉克的"僧祇"、18世纪牙买加的"夸示"、美国南方的"桑博"与富拉尼的"迪美卓"（diimaajo，意为"生不出孩子的男人"）。奴隶也反击、报复。他不仅在生存空间拒绝与被贬低、羞辱的奴隶为伍，不肯承认他生来就是那样的东西；还在政治心理学的层面与奴隶主正面交锋，挑战他与奴隶主的关系。他假装他是奴隶主所期待的那个样子，满足寄生虫的荣誉至上性格。但即便就在这样的假装中，他也获得了某种胜利。他在伺候主人的同时，掩盖住了他的心思，

页338

愚弄了那个寄生虫,正如牙买加奴隶在他们最喜欢的那句谚语中说的那样:"装傻,去骗聪明人。"

牙买加的奴隶不仅看穿了奴隶主观念上的真相颠倒,还表现得仿佛他们什么都不明白。与世界上所有受压迫的民族一样,所有奴隶都在与寄生在自己身上的人打交道时戴着面具。但是,在他们自己间的言论中,无论是通过民间谚语还是偶尔通过民间文学,他们对于真相的了解与他们的真实个性流露了出来。偶尔地,一个奴隶如果感到再没有什么可以失去,他就会揭下面具,让奴隶主看得清清楚楚:彼此间的寄生性,他十分明了。18世纪,一名加拿大奴隶在回复他那心狠手辣的主人时,一针见血地道出了这一点。对着风烛残年的奴隶,主人假惺惺要给他自由,老奴愤然抗议:"主人,当我还有肉的时候,你吃我;现在,我只剩一把骨头了,你就一定要把我剔出去。"[5]

观念上的真相颠倒,是奴隶主阶级的创造;难怪他们很少有人对其真实性表示质疑。事实上,几乎所有的奴隶主都真诚地相信:他们关心奴隶、供养奴隶;是奴隶自己,用美国南方一位前奴隶主的话来说,"被养得依赖别人"。[6]然而,即便在美国南方人中,真相有时也会突破思想意识的自我蒙蔽。那场引发了美国内战的危机与随后关于如何解决"黑人问题"的讨论,将这一点表现得鲜明、突出。正如劳伦斯·弗里德曼①(Lawrence Friedman)那巧妙的解释所示,被迫审视真相的南方人意识到了他们依赖奴隶的现实,意识到了这种依赖关系的观念基础;因此,他们索性掉过头去,回避真相;最后,无可救药地陷入矛盾之中。[7]南方人所能接受的,充其量只是:他们与奴隶是一种互相依赖的关系。一个长老会牧师约翰·阿杰(John B.Adger)曾经明确地表达过这种近似于真相的看法:

> 他们[黑人]属于我们;我们也属于他们。他们在我们中间被分开,然 页339
> 后与我们混在一起:在同一个屋里吃饭、同一口泉里喝水、住在同一个院子
> 里、是同一个家庭的成员。……看看你们身边的他们——在大街上、在所有
> 这些住的地方。这个种族与我们不同,却紧紧地与我们结合在一起。他们
> 来自一片陌生的土地,被引入上帝那神秘莫测的天意,接受我们的照料,成
> 为我们国家、我们社会的成员。他们不是真正的我们,我们也不是真正的

———————————

① 美国法学家、历史学家。——译者注

他们。[8]

阿杰的态度，本身也只是半真半假，依然遭到了几乎所有奴隶主的坚决反对。在他们眼里，奴隶只不过是无可救药的寄生虫、依赖者；只能依靠奴隶制度与奴隶主"卓越的头脑"而生存，因为有奴隶主"指挥他们干活"，保证他们的幸福。除此之外，任何美化奴隶的看法，都是他们不肯接受的。[9]

观念上的自欺欺人，并非独见于美国南方奴隶主。所有有奴社会——从最原始的到最发达的——都以同样的方式颠倒真相。相比其他较为发达的有奴社会的精英，开明的罗马人更趋实用主义，也更具贵族般的坦诚；但是，总体而言，他们与其他社会的奴隶主无异。也正是因为这样，他们在奴隶主阶级中是少有的公开承认真相的一群人。不妨引用塞内加那句有名的话："有多少奴隶，就有多少敌人。"不过，将奴隶主与奴隶之间的寄生性质赤裸裸地摆出来的，是公元1世纪的老普林尼（Pliny the Elder）。因为这一点，他在自己很少有的灵感一现的时刻使自己成了历史上难得一见的奴隶主。他说：

> 我们出门，用的是别人的脚；我们认识万事万物，用的是别人的眼睛；我们与人打招呼，用的是别人的记性；我们活着不死，靠的是别人的帮助；我们留给自己干的唯一的事情，是快活。[10]

无论多么坚定地相信那种观念上的奴隶关系定义，奴隶主却无法否定一个赤裸裸的事实：奴隶在强制下干活；赏罚并用，在这种强制中必不可少。的确，鞭子抽打的，不只是奴隶的身体，还有他的灵魂。但是，所有地方的奴隶主都知道，要提高奴隶劳动的效率，激励比惩罚更有作用。善待奴隶，即为激励的一类，尽管它对奴隶主也有很多好处：受到好照应的奴隶能增进主人慷慨大度、富有尊严的好名声；强调奴隶对于主人那显而易见的"依赖"；寄生虫所渴望的父权主义也显得更加可信。奴隶虽然接受并且听凭自己受激励手段的驱使，但也正是因为这些原因，痛恨激励。爱斯基摩人的谚语总是言简意赅；其中一条，直言不讳："礼物使人成奴；鞭子使人成狗。"对此，奴隶主与奴隶双方都心照不宣。

所有有奴社会都发展出了一个宝贵的武器：无论奴隶多么奋力抗争，他永远不能作为一个真正的人被法律承认。这斗争本身，迫使奴隶感受到了其他人从未如此敏锐感受到的一种需要——需要摆脱奴役、摆脱被疏离的现实、否认社会死亡、承认他固有的尊严。

页 340

由此，这世上有了自由。奴隶制出现之前，我们称之为自由的东西，人们想也没想过。前现代世界没有奴隶的社会里，无论男人或女人，都没有也不可能把摆脱束缚视为宝贵的理念。人人所渴求的，只是稳稳当当、确确实实地把自己安放在一个有权力、有权威的网络之内。成员身份即为幸福；有归属即为存在；比任何人都能更好地显示成员身份与归属，即为领导地位。把成员身份与归属指称为某种自由，是一种语言的滥用；因为自由并非指有能力或权力做某事。别忘了那个悖论：被释免的奴隶所得与奴隶主所予，绝非同一物。哲学家们经过演绎得出了与我同样的结论。莫里斯·克兰斯顿（Maurice Cranston）朴实流畅的论述如下：

> 如果一个人没有能力做某事，他就不能做某事，这样的话属于同义语重复。但是，一个人不说他可以自由地做某事，那只是因为他拥有那样去做的权力或才能。当他说他能做某事，他可能是说，他拥有某种技能（"我会玩卡纳斯塔纸牌"）；他也可能是说，他有做某事的机会（"我可以给你送些蛋来"）。只有在他想提请人注意：不存在让他以某种方式做某事的障碍时，他才会说他可以自由地做某事。[11]

奴隶是第一批发现自己处于那种状况的人。他们必须提请人注意：他想通过自由获得他之所想；这对他至关重要。奴隶主立刻就意识到这一新价值；他们成为了第一批利用它的寄生虫般的压迫阶级。绝大部分有奴社会里，奴隶主阶级都经常利用奴隶对于自由的发现与期待；只在部分血缘社会里而且情况特殊时，以及少数最发达的现代有奴社会中，奴隶主才认为，利用奴隶对自由的渴望，将之作为首选的激励方式，不符合他们的最佳利益。在这些不同寻常的例外中，奴隶主要么借助于补偿，强调物质上的激励；要么，残酷地利用鞭子的威慑；或者，二者都用。

总之，除了很少的一部分例外，绝大部分有奴社会都将释免变成奴役过程中固有的一部分。我在分析释免的涵义以及它与奴隶制的辩证关系时，不仅探讨了那种内在的紧张关系如何得以解决，还在必要时，从纯粹的主体间层面转到了制度层面。奴隶制，我们已经看到，是一个制度性的过程；依次经历三个阶段：奴役、制度化的边缘化、免除奴役。

关于奴役，我们也已经看到，供求因素在所有的社会里都相互强化。同样地，在我们通常把释免理解为对奴役的否定这一结果时，它事实上也强化了奴隶 页341

345

主与奴隶的关系，因为它对于奴隶是一种重要的激励方式。奴隶主阶级从未在去除奴役或释免过程中遭受物质上的损失。他们要么以奴隶置换费为由，要求物质上的补偿；要么，也更多见的是，将奴隶变成另一类可能更忠诚、更得心应手的侍从；也常见，奴隶主二者兼得。奴役与释免之间，还有一种直接的双向联系：释免率经常取决于奴役的规模与弹性；与此同时，从奴隶的市场需求来看，释免的规模在一定程度上也决定了将要被奴役的人数。

哪怕就观念而言，奴隶主也不是输家。实际上，从制度上看，整个释免过程表现为一个精细复杂的礼物交换循环。交换过程中，奴隶主发现，有必要利用他们的社会与文化资源。这样，就在奴隶主个人对于奴隶的直接寄生得到保护与合法化的同时，整个社会的经济社会与文化因素都与寄生发生了关系；结果，奴役关系转化为一种制度化过程。

系统地考查寄生关系的本质，不在本书范畴之内。我只能略微提一提寄生关系的大体范围与复杂性。社会与文化体系与奴隶制搅在一起，总是要付出代价的。不过，代价的大小不一，可以从微不足道到彻底被摧垮。只要不超过一定的幅度，奴隶制兴旺繁荣，同时又不至于对社会或文化造成显著影响，是有可能的。例如，10世纪与11世纪初的英国、汉族统治下的中国就是这样；但要过了那个点，没有一个社会体系能在不发生重大变革的情况下存续。

社会经济与文化寄生关系的具体构成决定了随后会出现的奴隶社会类型。奴隶制的出现，不存在单一的、统一的过程；但这不是说，在这些表面上随意构成的寄生关系下面，没有模式可循；也不是说，我们不能解释为什么某一个有奴社会发展出了它特定的体系模式。理解这样的模式以及它们因何如此，是一个亟待将来的研究目标；到那时，我将在更加开阔的层面探讨奴隶社会的本质与动因，而不是像这本书一样，集中在它的人际层面。

就奴隶制的基本过程形成一个最终看法、理解它的内部结构与支撑它的制度模式，是我写作这本书贯穿始终的目的。然而，从头到尾，都有一个幽灵，一个概念的幽灵，在我的分析中出没。我试图在这最后一章将它驱除，然而它挥之不去。这就是自由问题。我发现，一个在西方无比令人珍惜的理念，竟然是以奴隶制的萎缩以及它被否定的必然结果而出现的。没有比这更令人不安的社会历史结论了。第一批为自由而奋斗的男女、第一批从自由这个词的本真意义上思考自己的人，是被释免的奴隶。没有奴隶制，就不会有被释免的奴隶——获得自由

页342

的人。

　　由此，一个不可思议、令人困惑的谜摆在我们面前：我们难道应该为奴隶制的成就而向它表示尊重？还是必需挑战我们对自由的理解，以及我们赋予它的价值？

附录　注释　索引

附录 A 统计方法说明

奴隶制出现于各种各样的条件下,为使本书对于奴隶制本质的陈述有统计学依据,我采用了杰出的跨文化人类学家乔治·默多克所设计的 186 个世界文化样本。经历漫长的职业生涯,默多克看得很清楚:"跨文化研究所需要的,不是大型样本,也不是代表性样本的粗略近似物,更不是从众所周知的文化中随机抽选的样本,而是基于民族的多样性与分布,精心改编的'分层'样本。"[1]

尽管我不能把所有的样本都考虑在内,在把默多克的样本哲学运用在我这一具体的探索中时,还是出现了一些颇难处理的理论与方法问题。但是,需要指出的是,默多克的样本有三个主要目标。其一,在 186 个样本中,把所有我们所知道的文化样式都呈现出来。其二,为达到第一个目标,"尽可能把所有假定由传播的历史影响所产生的相似案例,或由常见的派生现象所产生的相似案例全部"[2]清除(默多克在处理这一"高尔顿问题"时,采用了当时最先进的技术手段)。其三,挑选出来的社会,须有可靠的民族志原始数据与历史资料。

运用默多克样本的最大好处,不仅在于它是一个大学者在一个很大的研究团队的协助下花费半生精力而得来的成果,而且,其他的学者也已经用它来做具体的研究,并且将他们的编码公之于众。除此之外,默多克和他的团队也已经为所有 186 个社会提供了一个通用的民族志数据编码。[3]我已经把它添加进了我自己的编码。默多克和其他学者所提供的前 9 组数据包括好几百个变量;它们不同于那些可以列入交叉列表的其他变量。我希望在另一项目研究中这样来处理变量。但是,我在本书中所关注的只是样本本身。除了一个表格以外,运用于本书中所有的研究资料与编码,都是我自己的。

从默多克所列的 186 个社会中,我着手选择了自己的样本。默多克在他的列表中已经标示了有奴社会的子集(默多克《民族志地图》第二部分,列表71)。

默多克为"奴隶制的类型"所编制的相关变量如下：

（0）资料不全；

（1）没有奴隶制或近乎没有；

（2）奴隶制尚在萌芽或奴隶身份不遗传；

（3）有奴隶制但类型难辨；

（4）奴隶身份遗传，奴隶制具有重要社会意义。

我检索了所有列在（2）（3）（4）类中的社会。

我的第一项任务：初步搜求最容易获得的数据，包括默多克地图中列入（2）（4）的所有社会，再加上少部分（3）"有奴隶制但类型难辨"的社会。因为我的兴趣专门指向奴隶制，所以常常能获得比默多克更多的数据（默多克用的资源比较笼统，有时候无法为他提供充分的数据，让他得以明确地就某一社会编码、归类）。初步工作的结果，就是我列在附录 B 中的 66 个社会样本。

我的下一步工作，就是彻底摸熟各类民族志原始数据与历史资料，然后，拟出一个初步的问卷表。当我用一组有奴社会的子集对这份问卷表进行预测试的时候，我发现，依据我现有的材料，我很难完成它，它太过费时费力；因此，我对之作了缩减、调整。即便是这份修改过了的问卷表，也并非总能处理所有的变量。最后的版本是一个 43 项问卷表。所有这些变量中，只有一个没有分类名和序号——这唯一的例外是一个有关奴隶人口规模的问题。值得一提的是，能够回应这一问题的非常少，我最后只好删了它。旅行家与田野人类学家很少被算进来，就像历史学家不会利用期刊作者与档案文献的作者一样。有三四个社会，因为有关奴隶制的数据稀少、残缺，只有大约一半的变量可以被编码。

我设计的问题是为了对 6 个方面的信息进行归总、分类，这 6 个方面分别为：人口统计；奴役的缘起、奴役手段以及奴隶的获得；奴隶的主要用途与组织方法；奴隶的法律与社会身份；释免频次与被释免奴隶的地位；一个社会的战争频率与类型。人口统计这个方面，有一个典型问题：奴隶人口的性别比是多少？

（1）男性多于女性；

（2）大致平均；

（3）女性多于男性。

社会经济问题上，我问如下问题：孩子的身份由什么决定？我给出的选项有：

（1）如果母亲是自由人,孩子是自由人;

（2）如果父亲是自由人,孩子是自由人;

（3）只要父母有一方是自由人,孩子就是自由人;

（4）如果父母双方都是自由人,孩子是自由人;

（5）无论父母身份如何,孩子总是自由人。

最后一个例子,是有关奴役方式的一个问题:给下列 7 种奴役方式排序;序 页 347
号 1 表示最重要的奴役方式;序号 8 表示没有这种奴役方式;序号 9 表示有这种
方法,但无法排序。

接下来的任务,是用修正过的问卷表给 66 个社会编码。第一次数据编码由
3 名程序员做,然后,我对每一个社会进行再编码,确保所有的变量(除去那一个
例外)经过两次编码。在我自己的解释与第一次编码不对时,我会仔细审核数
据,做出最后决定。唯一没有经过两次编码的,是有关战争的变量。直到我的程
序员快要完成他们的工作时,我才决定把它包含进来,所以,它只经过了一次编
码,并且是我自己做的。本书没有采用由这个编码构成的统计学数据。

数据的编码在 1974 年和 1975 年完成。第一组分析于 1975 年开始,1976 年
完成。从那时候起,世界各地的学者纷纷开始研究奴隶制,尤其是美洲各地区与
非洲的奴隶制。利用日益增长、堆积如山的资料,我定期地重新编码、分析我的
材料。好在大多数情况下,新的信息只是补充了我原有的资料,因此,大部分工
作是补入原来遗失的信息,并且给它们编码。少数情况下,新的研究成果出来
后,需要重新解释某个社会的奴隶制,大幅度修正传统观点。最典型的一个例子
是洛齐。当我们第一次对这个社会进行编码时,学界对于洛齐的过去的看法,依
然由英国人类学家马克斯·格拉克曼的经典之作所主宰。诚然,我们已经发现,
格拉克曼关于洛齐传统社会的见解过于静止,也过于理想化;但是,我们依然接
受了他的观点:洛齐的奴隶制规模小,性质也较为良善。然而,1974 年以来的研
究发现,这个观点离事实远得不能再远了。一如附录 C 所示,洛齐的奴隶制不
仅规模巨大,与其他非洲奴隶制相比,也异乎寻常的残酷。幸运的是,我没有遇
到其他如此极端、需要重新解释的情况。尽管如此,现在回头来看,如果 10 年前
我们没有依据最新的研究更改我们的编码,我肯定会大吃一惊。附带说一句,重
新编码的成本不高,也是选用小样本的一大好处。

还有两点需要强调。第一,统计学分析一向被认为是一种辅助分析工具。

因此，即便我们对这些社会作了编码，我们的研究方式依然是传统的。在对66个社会进行重新编码的过程中，我完全沉潜在文献中，并且在书中正文与注释中采用描述性的、人文主义的分析风格。

第二，列在附录B与C中的社会，没有完全覆盖我的研究案例。许多研究奴隶制的专业研究在两个附录中都没有出现，例如，在迈尔耶科、皮托夫、梅亚苏、沃特森、洛夫乔伊所主编的丛书中的一些案例。南美洲西班牙语地区的不少有奴社会也没有列进来，因为它们不符合大型奴隶体系的标准。不过，他们依然为我们提供有趣的比较案例。

我在各个研究、编码与分析阶段中利用了许多研究机构，其中两个必须在此一提；如果没有它们，这项研究必然耗时更长。一是纽黑文的"人类关系区域档页 348案"（Human Relations Area Files，HRAF，以下简称"档案"）。我们利用它，作了3个主要用途。其一，为我们的初步研究提供宝贵的书目资源。利用它，我们可以直接查到66个社会中每一个社会的民族志资料。几乎任何时候，"档案"的文献目录都足以提供必要的背景材料。不过，也只有在极少数情况下，它能为我们提供有关奴隶制具体问题的全部文献信息。因此，在"档案"的核心文献目录之外，还需要跟上专门针对奴隶制研究的专业搜索。

第二与第三个用途与档案本身有关。这些档案在我预测问卷表时显示出无可比拟的价值。但也是在那个时候，我们发现了它们的局限；下一步，我只能用它们作一个用途：查找只有在"档案"中收藏并翻译过来的、原文用亚洲语言或不大为人所知的欧洲语言书写的重要民族志文献。除此之外，我还利用了它所独有、别处无法获得的民族志文献手稿。

为了对问卷表作最后的编码，我追踪到了"档案"中提及的大量一手文献，更不必说我们自己的研究团队所发表的有关奴隶制的专业文献。非常幸运，我们能够随时利用另一个重要的研究机构：哈佛大学皮博迪人类学与民族志博物馆（在我们研究的中途，它搬到了一个新地方，并且改名为"托泽图书馆"）。对于民族志与民族史比较研究，托泽图书馆无疑是世界上首屈一指的图书馆之一。它那广博的民族志文献收藏与作者、书籍、期刊报纸索引，都是无价之宝。充分利用这些卓越的研究机构，让我们节省了大量的精力与时间。

不熟悉统计学方法的读者可能会好奇：这些数据是怎么分析的？我不打算在这里开一个统计学短期课程，但想在这里大概说几句。近些年，关于计量史学,人们议论得很多。我十分支持计量史学的发展,不仅仅因为它势不可挡,还因为它补充而非威胁到了历史学与比较社会学的诠释性研究方法。

处理分类变量与定序变量的统计学技术有好几种。我用来分析经过编码的数据的手段主要包括:克拉默 V(Cramer's V),常用于评估分类变量之间的关系,V 值在 0(不相关)与 1(完美相关)之间。伽马(Gamma)与斯皮尔曼等级相关系数(Spearman's rho),用于评估定序变量的对称性相关,其值在 −1(完美负相关)至 0(不相关)再到 +1(完美正相关)之间。任何一本标准统计学初级教材都会解释这些评估方法的原理与数学基础。卡方与概率统计,来自推论统计。统计学中的纯粹学派认为,只有在所取样本属于随机样本时,卡方与概率统计才有意义。然而,社会科学中很少能找到真正的随机样本。我们通常假定,我们的样本接近随机性的要求。概率统计,评估我们所观察与测量的相关性取决于可能性的程度;更恰当地说,评估我们在样本中观察到的特定相关性适用于母体的程度。因此,如果 $p = 0.05$,意味着 100 次中有 5 次可能,观察到的相关性纯属侥幸;如果 $p = 0.005$,1000 次中,5 次可能;如果 $p = 0.5$,2 次中有 1 次可能。在哪里划定界线,取决于研究者与读者。本书中,只有在关联度达到 0.05 或以上,我才认为有统计学显著意义。换言之,每当我说关系显著,我的意思是,纯粹基于可能发生相关性的概率,至少为 5%。页 349

近年来,分析类别资料的学者又有了一种新的、强大的新技术可用,叫做对数线性模型。遗憾的是,当我在完成本书中的大部分分析时,我没有获得一个令我可以使用这项技术、提供经济资助的项目;我对这项新技术的使用方法、理论基础也还不十分自信、有把握。等到条件许可时,本书初稿业已完成。但是,在我的一个程序员石田浩的协助下,我用这项新技术重新分析了我的统计学资料。令人欣慰的是,对数线性模型技术完全支持我用较为传统的方法得出来的结论。

附录 B 默多克样本中 66 个有奴社会

序号	默多克样本编号	社会名称	所在地	大概时间
1	4	洛齐人	赞比亚西部	19 世纪晚期
2	5	拜伦多的姆班度子部落	安哥拉中西部	19 世纪晚期
3	6	费希领地上的苏库人	扎伊尔西南部	1900—1920 年
4	7	本巴人	赞比亚北部	19 世纪晚期
5	8	临近姆瓦亚、马索克的尼亚库萨人	坦桑尼亚西南部	1900—1934 年
6	10	莫罗戈罗一带的卢古鲁人	坦桑尼亚东南部	1900—1925 年
7	12	卡冬达地区的甘达人	乌干达中部	19 世纪晚期
8	14	伊兰加族的恩孔多—蒙戈人	扎伊尔西部	19 世纪晚期—1930 年
9	15	恩迪基的巴嫩子部落	喀麦隆中部	1900—1935 年
10	16	贝努埃州的蒂夫人	尼日利亚中部	1900—1920 年
11	17	伊苏—阿马的伊博人	尼日利亚东南部	1900—1935 年
*12	18	阿波美城及城郊的丰人	达荷美	19 世纪
*13	19	库马西州的阿散蒂人	加纳	19 世纪
*14	20	临近博城的门德人	塞拉利昂	20 世纪早期
*15	21	上、下塞卢姆的沃洛夫人	冈比亚	19 世纪晚期—20 世纪早期
*16	22	塞古与巴马科之间的班巴拉人	马里东南部	1800—1910 年
17	23	塔伦西人	加纳北部	1900—1934 年
*18	25	沃达比富拉尼人	尼日尔西南部	19 世纪晚期—20 世纪早期

序号	默多克样本编号	社会名称	所在地	大概时间
*19	26	扎里亚的豪萨人	尼日利亚北部	19 世纪晚期—20 世纪早期
*20	27	马萨人	乍得湖地区	19 世纪晚期
21	28	延比奥酋长国的阿赞德人	苏丹西南部	20 世纪早期
*22	29	杰贝尔马拉的富尔人	苏丹中西部	19 世纪晚期—20 世纪早期
23	30	努巴山的奥托罗人	苏丹中东部	19 世纪晚期—20 世纪早期
24	33	卡法人	埃塞俄比亚西南部	20 世纪早期
25	36	多尔博汉塔的索马里子部落	索马里北部	20 世纪早期
26	38	博戈人	红海腹地	20 世纪早期
27	39	克努齐的努比亚人	埃及苏丹	19 世纪晚期—20 世纪早期
28	40	提贝斯提山的泰达游牧民	乍得东北部	20 世纪早期
*29	41	阿哈加尔高原的图阿雷格人	阿尔及利亚南部	1850—1950 年
30	44	犹大王国的希伯来人	巴勒斯坦	公元前 620 年
31	45	巴比伦城及城郊的巴比伦人	西亚两河流域	公元前 1750 年
32	46	鲁瓦拉贝都因人	沙特阿拉伯北部	19 世纪早期
*33	49	罗马城及城郊的罗马人	意大利	公元 1 世纪早期
34	64	罕萨的布鲁绍人	达迪斯坦和克什米尔	1900—1945 年
35	65	大帐汗国的哈萨克人	土耳其	19 世纪晚期
*36	67	大凉山的保保人	中国西南	1900—1945 年
37	68	灵特姆及周边的雷布查人	中国西藏	1900—1937 年
38	70	拉克尔人	缅甸中西部	1900—1930 年
39	75	吴哥高棉人	柬埔寨	1292 年
40	81	梅纳贝的塔纳拉子部落	马达加斯加	1900—1925 年
41	85	乌卢艾族的伊班人	婆罗洲	19 世纪早期
*42	87	巴雷埃人中的托拉查子部落	西里伯斯（苏拉维西岛）	19 世纪晚期—20 世纪早期
43	104	纳普西的毛利人部落	新西兰	19 世纪早期

续表

序号	默多克样本编号	社会名称	所在地	大概时间
44	112	基昂岸族的伊富高人	菲律宾北部	19世纪早期
45	115	瑷珲区的满族人	中国满洲北部	19世纪早期
46	116	江华岛的朝鲜人	韩国西北部	19世纪晚期
47	119	吉利亚克人	西伯利亚东南	19世纪晚期
48	120	克雷马河上游的尤卡吉尔人	西伯利亚北部	19世纪晚期
49	121	驯鹿族中的楚科奇人	西伯利亚东北	19世纪晚期
50	123	乌纳拉斯卡的阿留申人	阿拉斯加西南	18世纪早期
51	131	马塞特村的汉达人	加拿大北部西北角	19世纪晚期
52	132	贝拉库拉人	不列颠哥伦比亚省中部	19世纪晚期
53	133	特瓦纳人	华盛顿州北部	19世纪中期
54	134	尤罗克人	加利福尼亚北部沿海	19世纪中期
55	138	克拉马斯人	俄勒冈州南部	19世纪中期
56	142	斯基迪族的波尼部落	南俄勒冈北部	19世纪中期
57	145	上克里克部的克里克人	佐治亚中部北端	1780—1820年
58	147	科曼切人	得克萨斯中部北端	19世纪晚期
59	153	特诺奇特兰城及城郊的阿兹特克人	墨西哥中部	16世纪早期
60	159	瓦尤人	哥伦比亚北部和委内瑞拉	20世纪早期
61	161	多米尼克国的卡利纳戈人	加勒比海东部地区	1600—1650年
62	167	卡杜阿里河的库比奥人	亚马逊西北部地区	1900—1940年
63	177	里约热内卢城及城郊的图皮南巴	巴西东部沿海地区	16世纪中期
64	181	马托格罗索南部的凯瓦人	阿根廷	19世纪晚期
65	183	阿比坡尼人	阿根廷查科	18世纪中期
66	185	特维尔切人	巴塔哥尼亚	19世纪晚期

*表示附录C中也列出来了的大型奴隶社会。

附录 C 大型奴隶体系

大型奴隶体系是指奴隶制度决定其社会结构的社会。这种决定性作用常常是经济上的,但也并不必然如此。尽管大型奴隶体系的奴隶人口必须达到一定规模,但它在社会总人口中的比例并不需要占多数。事实上,奴隶在总人口中的比例常常不到三分之一,比如美国南方、古希腊;有时候,甚至不超过 15%—20%,比如许多伊斯兰国家。需注意,静态地估计奴隶人口可能让人产生严重误解,因为在奴隶很容易转入自由人身份的社会,可能在某一个时间点上显得奴隶人口很低,而被释免的奴隶人口又很高。

有了这番提醒,我们来看如下表格:世界上各个奴隶体系奴隶人口规模的粗略估计。除了现代美洲各国与南非,大部分估计都基于一定的可靠数据的推测,其他一些通过未经人口普查的测算大致得出。表中所用资料,在最后一列显示资料来源注释序号,注释文字见全书注释部分第 528—554 页。

大型奴隶社会的 名称及所在地[1]	该社会所处的大 致时间段[2]	估计奴隶 所占比例 (百分比)	关于资料 来源的注释
欧洲			
希腊各城邦,尤其是雅典、科林斯、埃伊纳岛和希俄斯岛	公元前 5 世纪—罗马早期	30—33	1
意大利罗马	公元前 225—200 年 公元前 100 年—公元 300 年	10 30—35	2
罗马帝国	公元 1—150 年	16—20	3
西西里	公元前 150—公元 150 年	>66	4
西哥特西班牙	415—711 年	>25	5

大型奴隶社会的 名称及所在地[1]	该社会所处的大 致时间段[2]	估计奴隶 所占比例 （百分比）	关于资料 来源的注释
伊斯兰西班牙	756—1492 年	>20	6
地中海西班牙	13 世纪	>20	7
克里特岛中部	1350—1500 年	>20	8
塞浦路斯西南	1300—1500 年	>20	9
马略卡岛	14—15 世纪	>18	10
冰岛	870—950 年	>20	11
英格兰西部	9 世纪—1080 年	>20	12
大西洋诸岛			
马德拉岛	1450—1620 年	30—50	13
加那利群岛	1490—1600 年	>30	14
非洲			
阿尔及尔	1500—1770 年	>25	15
西部苏丹的早期国家[3]			
前伊斯兰时代的加纳	4 世纪—1076 年	?	—
伊斯兰时代的加纳	1076—1600 年	>30	16
马里	1200—1500 年	>30	17
塞古	1720—1861 年	>40	18
桑海	1464—1720 年	>40	19
中部苏丹各国			
达尔富尔	1600—1874 年;1898—1916 年	40	20
瓦代	19 世纪	50	21
巴吉尔米	16—19 世纪	50	22
博尔诺	1580—1890 年	40	23
加涅姆	1600—1800 年	30	24
豪萨诸城邦	1600—1800 年	30	25
西部和中部苏丹的富拉尼吉哈德诸国			

页 355

续表

大型奴隶社会的 名称及所在地[1]		该社会所处的大 致时间段[2]	估计奴隶 所占比例 （百分比）	关于资料 来源的注释
图库洛尔（Tokolor）		1750—1900 年	30—>66	26
福塔—贾隆				
基塔				
马西纳				
利普塔科				
索科托哈里发（豪萨）				
班吉				
阿达马瓦				
迪亚汉克散居群落				
撒哈拉和萨赫勒的图阿雷格人				
阿德拉尔		1800—1965 年	14	27
阿哈加尔			16—33	
艾尔（Air）			33	
奥列米登（Ioullemeden）			50	
古尔马			75	
塞内冈比亚 的沃洛夫和 塞雷尔州	沃洛夫统治时期	1300—1630 年	>30	28
	后沃洛夫时期	1630—1900 年	33	29
塞拉利昂沿海歇尔布罗岛		19 世纪	>40	30
塞拉利昂门德酋长国		19 世纪晚期	50	31
瓦伊大酋长国		1826—1890 年	75	32
		1890—1920 年	50—60	33
特米酋长国		19 世纪和 20 世纪早期	>50	34
阿散蒂与吉亚曼王国		18 和 19 世纪	33	35
达荷美		18 世纪晚期和 19 世纪	>33	36
奥约的约鲁巴帝国与约鲁巴城 邦，尤其是贝宁王国的伊费约 鲁巴城邦		1600—1836 年	33—>50	37
		18 和 19 世纪		
		1486—1897 年		

大型奴隶社会的 名称及所在地[1]	该社会所处的大 致时间段[2]	估计奴隶 所占比例 (百分比)	关于资料 来源的注释
页356 尼日尔河下游与三角洲地区的城邦及卫星城:卡拉巴里、嫩贝、邦尼、奥卡里卡、伊乔族以外的族群(尤其是阿巴族、南部的伊博人、埃菲克人)聚居地、沿海地区的伊比比奥人聚居地	18 和 19 世纪	>50	38
喀麦隆沿海的杜阿拉	19 世纪	>50	39
姆蓬圭(加蓬河)4 个小王国——格拉斯(Glass)、夸本(Quaben)、德尼(Denis)、乔治(George)	1820—1842 年 1842—1856 年	50 50—70	40
衰败时期的刚果王国	1700—1900 年	>50	41
衰败时期的安哥拉卡桑杰王国	18 世纪晚期和 19 世纪	>50	42
安哥拉内陆的绍奎(Cokwe)	1850—1900 年	>50	43
东非马塔卡(Mataka)酋长国	1800—1885 年	>50	44
赞比亚卢瓦勒酋长国	19 世纪	>50	45
洛齐国	1864—1906 年	50—75	46
东非阿拉伯—斯瓦希里奴隶体系	1820—1890 年		47
桑给巴尔	1811 年	75	
	1835 年	66	
	1844 年	80	
桑给巴尔与奔巴	19 世纪 80—90 年代	90	
蒙巴萨与马林迪克(Malindic)	1840—1885 年	80—90	48
伊默里纳(马达加斯加)	1780—1895 年	50	49
欧洲人统治的撒哈拉以南的非洲与印度洋奴隶体系			
佛得角群岛,尤其是圣地亚哥	1500—1878 年	66	50
圣多美	1506 年	66	51
	1550—1567 年	66	52
	1864 年	32	53

大型奴隶社会的 名称及所在地[1]	该社会所处的大 致时间段[2]	估计奴隶 所占比例 （百分比）	关于资料 来源的注释
葡萄牙人在安哥拉的定居点，包括自卡宾达到木萨米迪什的沿海城镇与海岛农业地区，尤其是卡曾戈、哥伦布·奥托（Colunbo Alto）、蓬戈安东戈及其周边	1830—1900 年	>75	54
葡萄牙人在莫桑比克的定居点，尤其是城市中心与赞比西亚	1750—1910 年	50—>80	55
南非	1701 年	40	56
	1750 年	53	
	1773 年	53	
	1798 年	54	57
	1820 年	41	
马斯克林群岛			
留尼汪岛	1713 年	55	58
	1735 年	88	59
	1779 年	76	60
	1825 年	72	
	1848 年	54	
毛里求斯岛	1735 年	77	61
	1767 年	80	
	1797 年	83	
	1827 年	73	
	1835 年	75	
塞舌尔	1789 年	82	62
亚洲和大洋洲			
伊拉克（西亚两河流域下游，尤其是死地）	9—10 世纪	>50	63
苏门答腊亚齐区	17 世纪	?	64

页 357

续表

大型奴隶社会的 名称及所在地[1]	该社会所处的大 致时间段[2]	估计奴隶 所占比例 （百分比）	关于资料 来源的注释
缅甸胡康河谷与三角地区	19世纪晚期—20世纪早期	>30	65
泰国	1600—1880年	25—33	66
中国西南云南省倮倮	19世纪晚期—20世纪40年代初	47	67
朝鲜			
统一的新罗	660—918年	50?	68
高丽王朝	918—1392年	>33	69
李氏朝鲜早期	15世纪初	30—37	70
首尔北部	1663年	75	71
金化郡	1672年	25	72
蔚山	1729年	50	73
	1810年	17	
西里伯斯[4]中部（托拉赫、托昂达、托帕兰德和托帕达）的托拉查部族	1900年	>50	74
班达群岛	1621—1860年	>80	75
西属加勒比地区			
埃斯帕诺拉	1560—1570年	90—92	76
西属牙买加	1600—1655年	37	77
古巴	1500—1550年	>90	78
	1550年	37	79
	1600—1606年	66	
	1650—1774年	>25	80
	1792年	31	
	1804年	36	
	1817年	36	
	1827年	41	81
	1841年	43	
	1861年	29	

页358

大型奴隶社会的 名称及所在地[1]	该社会所处的大 致时间段[2]	估计奴隶 所占比例 （百分比）	关于资料 来源的注释
巴拿马地峡的奴隶运输体系	1510—1620 年	90	82
巴拿马城	1607 年	66	83
委内瑞拉沿海与矿区,尤其是库瓦瓜与拉玛格丽塔的采珠与渔业中心、内陆的布里亚矿区	1510—1600 年	>90	84
哥伦比亚乔科省	1763 年	30	85
	1778 年	39	
	1781 年	39	
	1808 年	20	
欧洲人统治的墨西哥城乡地区,非印第安人口	1570—1650 年	50	86
曼宁地区	16 世纪 90 年代	13.5	87
荷属加勒比地区的奴隶体系			
苏里南	1790 年	91	88
	1805 年	90	
	1831 年	86	
	1850 年	77	
	1862 年	29	
库拉索岛	1700 年	30	89
	1789 年	65	90
	1816 年	47	91
	1833 年	39	
	1857 年	32	
	1862 年	29	
圣尤斯特歇斯	1786 年	53	92
	1817 年	67	
	1829 年	71	

页 359

续表

大型奴隶社会的 名称及所在地[1]	该社会所处的大 致时间段[2]	估计奴隶 所占比例 （百分比）	关于资料 来源的注释
圣马丁岛	1770 年	84	93
	1816 年	72	
博奈尔岛	1806 年	28	94
	1828 年	37	95
	1857 年	31	96
	1862 年	21	97
英属加勒比地区			
牙买加	1658 年		98
	1664 年	57	
	1673 年	53	
	1730 年	91	
	1758 年	89	
	1775 年	89	
	1800 年	88	
	1834 年	82	
巴巴多斯	1643—1645 年	24—26	99
	1673 年	61	100
	1710 年	77	
	1731 年	80	
	1768 年	80	
	1810 年	79	
	1833—1834 年	81	
安提瓜岛	1678 年	48	101
	1720 年	84	
	1756 年	90	
	1775 年	94	
	1834 年	83	

页 360

大型奴隶社会的 名称及所在地[1]	该社会所处的大 致时间段[2]	估计奴隶 所占比例 （百分比）	关于资料 来源的注释
圣基茨岛	1678 年	43	102
	1720 年	72	
	1756 年	89	
	1775 年	92	
	1834 年	91[5]	
尼维斯岛	1678 年	52	103
	1720 年	81	
	1756 年	89	
	1775 年	92	
	1834 年	81	
蒙特塞拉特	1678 年	27	104
	1720 年	69	
	1756 年	86	
	1775 年	88	
	1834 年	82	
巴布达岛	1790 年	99.9	105
安圭拉	1790 年	83—87	106
英属维京群岛	1756 年	84	107
向风群岛与南方诸岛			
多米尼克[6]	1763 年	77	108
	1773 年	83	
	1788 年	90	109
	1805 年	83	
	1832 年	80	

续表

页 361

大型奴隶社会的 名称及所在地[1]	该社会所处的大 致时间段[2]	估计奴隶 所占比例 (百分比)	关于资料 来源的注释
圣文森特岛	1763 年	83	110
	1787 年	89	
	1817 年	95	
	1834 年	95	
格林纳达	1777 年	96	111
	1817—1834 年	90	
圣卢西亚	1772 年	86	112
	1816—1818 年	92	
	1834 年	92	
多巴哥岛	1770 年	93	113
	1775 年	95	
	1820 年	98	
特立尼达	1797 年	56	114
	1802 年	69	
	1810 年	67	
	1825 年	55	
	1834 年	50	
开曼群岛	1802 年	58	115
英属洪都拉斯(伯利兹)	1745 年	71	116
	1779 年	86	
	1790 年	76	
	1816 年	72	
	1826 年	46	
	1832 年	42	
圭亚那:荷属时期,1700—1796;英属时期,1796—1834			

大型奴隶社会的名称及所在地[1]	该社会所处的大致时间段[2]	估计奴隶所占比例（百分比）	关于资料来源的注释
埃塞奎博地区	1701 年	92	117
	1767 年	90	
贝尔维塞地区	1762 年	87	118
整个英属圭亚那	1796—1800 年	86	119
	1816 年	93	120
	1832—1834 年	88	121
巴哈马群岛	1671 年	40	122
	1783 年	49	123
	1786 年	67	124
	1820 年	68	125
	1831 年	57	126
百慕大	1670 年	25	127
	1687 年	33	
	1699 年	38	
	1721 年	42	
	1731 年	43	
	1774 年	47	
	1822—1823 年	49	
	1833 年	43	
法属加勒比地区			

页 362

369

续表

大型奴隶社会的名称及所在地[1]	该社会所处的大致时间段[2]	估计奴隶所占比例（百分比）	关于资料来源的注释
马提尼克	1664 年	54	128
	1696 年	65	
	1727 年	77	
	1751 年	83	
	1784 年	86	
	1816 年	81	
	1831 年	67	
	1848 年	60	
圣多明各(海地)	1681 年	35	129
	1739 年	89	
	1754 年	90	
	1775 年	86	
	1784 年	90	
	1789 年	89	
瓜德罗普	1700 年	62	130
	1788 年	84	
	1834 年	76—83	
法属圭亚那	1665 年	33	131
	1700 年	87[7]	
	1765 年	70	
	1815 年	97	
	1820 年	94	
	1830 年	84	
丹麦属西印度群岛			

大型奴隶社会的 名称及所在地[1]		该社会所处的大 致时间段[2]	估计奴隶 所占比例 （百分比）	关于资料 来源的注释
圣托马斯		1686 年	53	132
		1691 年	59	
		1720 年	88	
		1754 年	94	
		1848 年	25	
圣克罗伊岛		1742 年	92	
		1745 年	93	
		1755 年	87	
		1848 年	97	
圣约翰		1728 年	85	
		1739 年	87	
		1787 年	92	
巴西				页 363
整个巴西		1530—1650 年[8]	>66	133
		1798 年	39	134
		1817—1818 年	50.5	
		1850 年	31	
		1864 年	17	
		1872 年	15	
主要有奴 地区	米纳斯吉拉斯	1735 年	99	135
		1749 年	99	
		1823 年	33	
		1872 年	18	
	巴伊亚	1702 年	>50	136
		1823 年	35	137
		1872 年	12	

大型奴隶社会的 名称及所在地[1]		该社会所处的大 致时间段[2]	估计奴隶 所占比例 （百分比）	关于资料 来源的注释
主要有奴 地区	伯南布哥	1580—1700 年	>66	138
		1823 年	59	
	圣埃斯皮里图	1872 年	21	
	里约热内卢	1823 年	50	
		1872 年	27	
		1823 年	33	
		1872 年	37	
美国南部				
整个南方		1690 年	c15	139
		1700 年	c22	
		1720 年	c25	
		1730 年	c24	
		1740 年	c30	
		1750 年	c38	
		1760 年	c39	
		1770 年	c40	
		1780 年	c39	
		1790 年	33.5	140
		1800 年	33	
		1810 年	33.5	
		1820 年	34	
		1830 年	33	
		1840 年	35	
		1850 年	35	
		1860 年	34	

续表

大型奴隶社会的 名称及所在地[1]	该社会所处的大 致时间段[2]	估计奴隶 所占比例 （百分比）	关于资料 来源的注释
弗吉尼亚	1715 年	24	页 364
	1756 年	41	
	1790 年	42	
	1810 年	45	
	1830 年	45	
	1860 年	40	
南卡罗来纳	1708 年	57	
	1720 年	64	
	1740 年	50	
	1790 年	43	
	1810 年	47	
	1830 年	54	
	1860 年	57	
北卡罗来纳	1790 年	26	141
	1810 年	30	
	1830 年	33	
	1860 年	33	
佐治亚	1760 年	33	
	1773 年	45	
	1790 年	35	
	1810 年	41	
	1830 年	42	
	1860 年	44	
密西西比	1810 年	55	
	1830 年	48	
	1860 年	55	
亚拉巴马	1830 年	38	
	1860 年	45	
路易斯安那	1810 年	45	
	1830 年	51	
	1860 年	47	

[1]部分生疏、偏僻的社会或地名、族群名附上了原文。——译者注

[2]大多数情况下,表中所给时间覆盖大型奴隶社会的整个时期,偶尔仅限于可以推测出来的时期。

[3]苏丹,既是位于东北非洲、与埃及南部相邻、沿红海海岸的国家名,也用来指称从撒哈拉沙漠南缘至赤道热带地区、横跨非洲大陆的北非广大区域,这里指的是后者。——译者注

[4]西里伯斯,即苏拉威西岛,印度尼西亚的大巽他群岛中的大岛之一。——译者注

[5]原文如此。查"与附录C注释相关的表"N4,圣基茨岛1834年的白人与自由有色人各自的人数缺失,
    但作者应有白人与自由有色人总数的数据,其计算依据亦因此而来。——译者注
[6]查"与附录C注释相关的表"N5,1763年和1773年的人口数据未给出。——译者注
[7]查"与附录C注释相关的表"N13,1700年的人口数据未给出。——译者注
[8]查"与附录C注释相关的表"N15,整个巴西1530—1650年的人口数据未给出。——译者注

注　释

2018 年版序

1. See Joseph C.Miller,The Bibliography of Slavery and World Slaving:Introduc-
tion to 2008 Compilation and to the Database (2018).Available at www2. vcdh. vir-
ginia.edu/bib/about.php.

2. David Brion Davis, *The Problem of Siavery in Western Culture* (Ithaca, NY:
Cornell University Press, 1966).See Orlando Patterson, "Sklaverei in global histo-
rischer Perspektive:Von der Antike bis in die Gegenwart," in *Die Sklaverei setzen wir
mit dem Tod gleich" : Sklaven in globalhistorischer Perspektive*, ed. Winfried Schmitz,
67-104(Mainz:Akademie der Wissenschaften und der Literatur;Stuttgart:Franz Stei-
ner Verlag,2017).

3. See Orlando Patterson, "Slavery" in the *Annual Review of Sociology* 3(1977):
407-449.

4. Winner of the prize for the best essay based on archival research,awarded by
the Jamaica History Teachers Association, in 1957.

5. Orlando Patterson, *The Sociology of Slavery:An Analysis of the Origins, Devel-
opment and Structure of Negro Slave Society in Jamaica* (London: McGibbon and
Kee,1967).

6. Orlando Patterson, "Slavery and Slave Revolts:A Socio-Historical Analysis of
the First Maroon War, 1655 - 1740," *Social and Economic Studies* 19 (1970):
289-325.

7. See Stephanie Smallwood,"The Politics of the Archive and History's Account-ability to the Enslaved,"*History of the Present* 6(2016):117–132.

8. On funerary practices in Jamaica, see Patterson, *The Sociology of Slavery*, 195–207. On the dehumanization suffered by slaves, see Trevor Burnard, *Mastery, Tyranny,and Desire:Thomas Thistlewood and His Slaves in the Anglo – Jamaican World* (Chapel Hill:University of North Carolina Press,2004).

9. Marion Kaplan, *Between Dignity and Despair:Jewish Life in Nazi Germany* (New York:Oxford University Press,1998),209.

10. See Susan Fiske, *Social Beings: Core Motives in Social Psychology* (Hoboken,NJ:Wiley,2004),14–28.

11. Orlando Patterson, *Slavery and Social Death:A Comparative Study* (Cam-bridge,MA:Harvard University Press,1982),5.

12. Frederick Douglass,*My Bondage and My Freedom* (New Haven:Yale Uni-versity Press,2015[1855]),140–149.

13. Patterson,*Slavery and Social Death*,Chapter 7.

14. Douglass,*My Bondage and My Freedom*,65–72,87–96.

15. Irene Fogel Weiss,"Tales from Auschwitz:Survivor Stories,"Guardian,Janu-ary 26,2015, available at www. theguardian. com/world/2015/jan/26/tales – from – auschwitz–survivor–stories.

The extreme case of"Jewish catchers"hired by the Gestapo to catch other Jews in Nazi Germany reminds one of the many plots,planned revolts,and other attempted acts of defiance by slaves betrayed by fellow slaves,as well as the use of Maroons by Jamaican slaveholders to hunt down runaway slaves.See Kaplan,*Between Dignity and Despair*,210;also Patterson,*The Sociology of Slavery*,262–264.

16. Orlando Patterson, "Liberty against the Democratic State:On the Historical and Contemporary Sources of American Distrust,"in Mark E.Warren,ed.,*Democracy and Trust* (Cambridge:Cambridge University Press,1999),175,190–191. See also Sandra Susan Smith, "Race and Trust,"in *Annual Review of Sociology* 36(2010): 453–475.

17. See Nathan Nunn and Leonard Wantchekon,"The Slave Trade and the Ori-

gins of Mistrust in Africa,"*American Economic Review* 101(2011):3321-3252.

18. International Labor Office(ILO), *Global Estimates of Modern Slavery: Forced Labour and Forced Marriage* (Geneva:ILO and Walk Free Foundation,2017).Forms of Servitude,"and Xiaolin Zhuo, "Modern Trafficking, Slavery, and Other Forms of Servitude,"*Annual Review of Sociology* 44(July 2018).

19. Judith Lewis Herman, "Introduction: Hidden in Plain Sight: Clinical Observations on Prostitution," in Melissa Farley, ed., *Prostitution, Trafficking, and Traumatic Stress*,1-14(New York:Routekege,2003).

20. Ibid.:Melissa Farely et al., "Prostitution and Trafficking in Nine Countries: An Update on Violence and Posttraumatic Stress Disorder," in *Prostitution, Trafficking,and Traumatic Stress*,33-74.

21. The Distinguished Contribution to Scholarship of the American Sociological Association,1983. That same year the work was also cowinner of the Ralph Bunche Award for the best work on pluralism of the American Political Science Association.

22. See,for example,Theda Skocpol,*States and Social Revolitions:A Comparative Analysis of France, Russia, and China* (Cambridge: Cambridge University Press, 1979).

23. See Geogre P.Murdock,*Social Structure* (New York:Macmillan,1949);Harman Niebor,*Slavery as an Industrial System:Ethnological Researches* (Rotterdam:Nijhoff,1910);Moses I.Finley, "Was Greek Civilization Based on Slave Labour?"; in Moses I. Finely, ed., *Slavery in Classical Antiquity: Views and Controversies* (Cambridge: Heffer, 1960); Moses I. Finley, *The Ancient Economy* (Berkeley: University of California Press, 1973); and Davis, *The Problem of Slavery in Western Culture*.

24. Orlando Patterson, "Making Sense of Culture,"*Annual Review of Sociology* 40(July 2014):1-30.

25. See John Bodel and Walter Scheidel,eds.,*On Human Bondage:After Slavery and Social Death*(Malden,MA:Wiley Blackwell,2017).

26. Peter Hunt, "Slaves or Serfs? Patterson on the Thetes and Hotels of Ancient Greece,"in Bodel and Scheidel, *On Human Bondage*,55;Kyle Harper, "Freedom,

Slavery, and Female Sexual Honor in Antiquity, " in Bodel and Scheidel, *On Human Bondage*, 111.

27. Davud Lewis, "Orlando Patterson, Property, and Ancient Slavery: The Definitional Problem Revisited, " in Bodel and Scheidel, *On Human Bondage*, 31-54.

28. Orlando Patterson, "Revisiting Slavery, Property, and Social Death, " in Bodel and Scheidel, *On Human Bondage*, 266-281.

29. "Property and Subordination, " the 2017 Porter-Wright Symposium on Law, Religion, and Ethics., held at Dayton School of Law, March 23-24, 2017.

30. John Bodel, "Death and Social Death in Ancient Rome, " in Bodel and Scheidel, *On Human Bondage*, 81-108.

31. Patterson, "Revisiting Slavery, Property, and Social Death, " 286-289.

32. Richard Horsley, "The Slave Systems of Classical Antiquity and Their Reluctant Recognition by Modern Scholars", in *Semeia* 83/84 (1998); John Byron, "Paul and the Background of Slavery: The Status Quaestionis in New Testament Scholarship, " *Currents in Biblical Research* 3 (2004): 116-139

33. Michael Joseph Brown, "Paul's Use of ΔΟΥΛΟΣ ΧΡΙΣΤΟΥ ΙΗΣΟΥ in Romans 1:1, " *Journal of Biblical Literature* 120 (Winner 2001): 723 - 737; Orlando Patterson, *Freedom in the Making of Western Culture* (NewYork: Basic, 1991), chaps. 17 - 19. See also Orlando Patterson, "Paul, Slavery and Freedom: Personal and Socio-Historical Reflections, " *Semeia* 83/84 (1998): 263-279.

34. For the false dichotomy, see Vincent Brown, "Social Death and Political Life in the Study of Slavery, " *American Historical Review* 114 (2009): 1231 - 1249. Examples of works that supposedly belong to this first camp are Saidiya Hartman, *Scenes of Subjection: Terror, Slavery, and Self-Making in Nineteenth-Century America* (New York: Oxford University Press, 1997); Ian Baucom, *Specters of the Atlantic: Finance Capital, Slavery, and the Philosophy of History* (Durham, NC: Duke University Press, 2005); and Stephanie Smallwood, *Saltwater Slavery: A Middle Passage from Africa to American Diaspora* (Cambridge, MA: Harvard University Press, 2008).

35. An entire section of *Slavery and Social Death* deals with the slave as an active agent: see 199-205.

36. Greg Grandin, *The Empire of Necessity: Slavery, Freedom and Deception in the New World* (New York: Picador, 2014), 174-175.

37. See Simon Gikandi, *Slavery and the Culture of Taste* (Princeton, NJ: Princeton University Press, 2014).

38. Stephanie Smallword, "The Politics of the Archive and History's Accountability to the Enslaved," *History of the Present: A Joural of Critical History* 6 (Fall 2016): 128-129.

39. See Patterson, *Slavery and Social Death*, 3-4.

40. Cited in *Slavery and Social Death*, 3-4.

41. See Patterson, *Freedom in the Making of Western Culture*.

42. Joseph Miller, *The Problem of Slavery as History: A Global Approach* (New Haven, CT: Yale University Press, 2012), ix-xii; 1-35, 70-71.

43. Daniel Little, *New Directions in the Philosophy of Social Science* (London: Rowman and Littlefield, 2016), xvi.

44. Paulin Ismard, "Écrire I'histoire de I'esclavage: Entre approche globale et perspective comparatise," in *Annales: Histoire, Sciences Sociales* 72(2017): 11, 26.

45. Miller, *The Problem of Slavery as History*, 70-72.

46. See Paul Pierson, "The Limits of Design: Explaining Institutional Origins and Change," *Governance* (October 2000): 475-499. See also Daron Acemoglu, Simon Johnson, and James Robinson, "Institutions as the Fundamental Cause of Long-Run Growth," National Bureau of Economic Research, Working Paper 10481, May 2004.

47. Daniel Goldhagen, *Hiter's Willing Executioners: Ordinary Germans and the Holocaust* (New York: Alfred A.Knopf, 1996), 168-169.

48. Claudia Card, "Genocide and Social Death," *Hypatia* 18(2003): 63.

49. Ibid

50. Mohamed Abed, "Clarifying the Concept of Genocide," *Metaphilosophy* 37 (2006): 329; Abed, "The Concept of Genocide Reconsidered," *Social Theory and Practice* 41(2005): 351-356.

51. Marion Capland, *Between Dignity and Despair: Jewish Life in Nazi Germany* (New York: Oxford University Press, 1998), 5, 9, 34-36, 150-160, 173-179,

184-200,229.

52. See Joshua Price, *Prison and Social Death* (New Brunswick, NJ: Rutgers University Press, 2015); and Lisa Guenther, *Solitary Confinement: Social Death and Its Afterlives* (Minneapolis: University of Minnesota Press, 2013).

53. For the first, see Brady Heiner, "Commentary: Social Death and the Relationship between Abolition and Reform," *Social Justice* 30(2003): 98-101; for the second, see Gabriel J. Chin, "The New Civil Death: Rethinking Punishment in the Era of Mass Conviction," *University of Pennsylvania Law Review* 160(2012): 1789-1833, and Loïc Wacquant, "From Slavery to Mass Incarceration: Rethinking the 'Race Question' in the US," *New Left Review* 13(2002): 41-60.

54. Judith Butler, *Antigone's Claim: Kinship between Life and Death* (New York: Columbia University Press, 2002), 55, 73.

55. Butler makes no reference to my own detailed reading of Antigone in "A Woman's Song: The Female Force and Ideology of Freedom in Greek Tragedy and Society," in Patterson, *Freedom in the Making of Western Culture*, chap. 7, but I've wondered what she would make of it.

56. See Birgit Schippers, *The Political Philosophy of Judith Butler* (New York: Routledge, 2014).

57. Carol Pateman, *The Sexual Contract* (Stanford (CA: Stanford University Press, 1988), 64, 206, 207. However, Pateman seems to have moved toward my view on this in a later work in which she speaks of "the fiction of separability", which assumes that persons "powers, capacities, abilities, skills, and talents" are separable from their owners' bodies and, so alienated, "can become the subject of contracts and marketed as services." See her "Self-Ownership and Property in the Person: Democratization and a Tale of Two Concepts," *Journal of Political Philosophy* 10(2002): 27.

58. See Danielle Christmas, "Auschwitz and the Plantation: Labor and Social Death in American Holocaust and Slavery Fiction," Ph. D diss., University of Illinois-Chicago, 2005; and Soyica Diggs Colbert, Robert J. Patterson, and Aida Levy-Hussen, eds., *The Psychic Hold of Slavery: Legacies in American Expressive Culture* (New Brunswick, NJ: Rutgers University Press, 2016), especially chap. 6:

GerShun Avilez, "Staging Social Death: Alienation and Embodiment in Aishah Rahman's Unfinished Women."

59. See Abdul JanMohamed, *The Death-Bound Subject: Richard Wright's Archaeology of Death* (Chapel Hill, NC: Duke University Press, 2005); Sara Kaplan, "Love and Violence/Maternity and Death: Black Feminism and the Politics of Reading(Un) representability," Black Women, Gender + Families 1(2007): 94-124; and Avilez, "Staging Social Death," 107-124.

60. See Margot Gayle Backus, "Judy Graha and the Lesbian Invocational Elegy: Testimonial and Prophetic Responses to Social Death in 'A Woman Is Talking to Death,'" *Signs* 18(1993): 815-837.

61. David Scott, "The Paradox of Freedom: An Interview with Orlando Patterson," *Small Axe* 40(2013): 98.

62. See Donette Francis, "Transcendental Cosmopolitanism: Orlando Patterson and the Novel Jamaican 1960s," *Journal of Transnational American Studies* 5 (2013): 1-14.

63. Most notably, Hartman, *Scenes of Subjection*; Saidiya Hartman, "The Dead Book Revisited," *History of the Present* 6(2016): 208-215; Smallwood, *Saltwater Slavery*; Frank B. Wilderson, *Red, White, and Black: Cinema and the Structure of U.S. Antagonisms* (Durham, NC: Duke University Press, 2010); Fred Moten, "Blackness and Nothingness(Mysticism in the Flesh)," *South Atlantic Quarterly* 112(2013): 737-780; Calvin Warren, "Black Interiority, Freedom, and the Impossibility of living," *Nineteen Century Contexts: An Interdisciplinary Journal* 38(2016): 107-121; Jared Sexton, "People-of-Color-Blindness: Notes on the Afterlife of Slavery," *Social Text* 28(2010): 31-56.

64. For a useful review of the movement and its relation to critical race theory see Victor Erik Ray, Antonia Randolph, Megan Underhill, and David Luke, "Critical Race Theory, Afro-Pessimism, and Racial Progress Narratives," *Sociology of Race and Ethnicity* 3(2017): 147-158.

65. Hartman, "The Dead Book Revisited," 208.

66. See Anne Menzel, "The Political Life of Black Infant Mortality," Ph.D diss.,

University of Washington,2014.

67. Sara – Maria Sorentino, "The Sociogeny of Social Death: Blackness, Modernity,and Its Metaphors in Orlando Patterson,"*Rhizomes* 29(2016).

68. See Orlando Patterson,"Broken Bloodlines:Gender Relations and the Crisis of Marriages and Families among Afro–Americans,"in Patterson,*Rituals of Blood: Consequences of Slavery in Two American Centuries* (New York:Civitas/Counterpoint, 1998),44(emphasis added).

69. Orlando Patterson,"Feast of Blood:Race,Religion,and Human Sacrifice in the Postbellum South,"in Patterson,*Rituals of Blood*,169–232.

70. See Orlando Patterson,"Black Americans,"in Peter H.Schuck and James Q. Wilson,*Understanding America: The Anatomy of an Exceptional Nation* (New York: Public Affairs,2008);and Orlando Patterson with Ethan Fosse,eds., *The Cultural Matrix: Understanding Black Youth* (Cambridge, MA: Harvard University Press, 2015),chaps.1 and 13. On what she describes as the"gender dilemma for black men and women,"see Shirley Hill,*Black Intimacies:A Gender Perspective on Families and Relationships* (Lanham,MD:AltaMira Press,2004),18–19 and chap.4.

71. "Introduction,"in Colbert,Patterson,and Levy–Hussen,eds. *The Psychic Hold of Slavery*,11.

72. See Avidit Acharya, Matthew Blackwell, and Maya Sen, *Deep Roots: How Slavery Still Shapes Southern Politics* (Princeton, NJ: Princeton University Press, 2018)

73. I use the term"predictive,"not in the usual sense employed in physics and attempted in economics to anticipate future outcomes,but in the manner used in evolutionary biology in which inductive models derived from known evolutionary processes and species are used to predict the existence of species unknown to the biologist,but that are later found to exist,such as the entomologist Richard Alexander's prediction of a eusocial vertebrate later discovered in the form of the naked mole rat. See Stanton Braude,"The Predictive Power of Evolutionary Biology and the Discovery of Eusociality in the Naked Mole Rat,"*Reports of the National Center for Science Education* 17(July/Aug.,1997):12–15

74. Anthony Barbieri-Low, "Becoming Almost Somebody: Manumission and its Complications in the Early Han Empire," in Bodel and Scheidel, *On Human Bondage*, 128.

75. See Patterson, *Slavery and Social Death*, 60.

76. Barbieri-Low, "Becoming Almost Somebody," 124.

导言：奴隶制的构成要素

1. *Basic Concepts in Sociology*, trans.H.P.Secher(Secaucus, N.J.: Citadel Press, 1972), p.117. This translation is a much better rendering of the original than that of Parsons and Henderson, which converts Weber's definition into a probabilistic expression of action theory: Max Weber, *The Theory of Social and Economic Organization*, ed.Talcott Parsons and A.M.Henderson(New York: Free Press, 1947), p.152.

2. See David V. I. Bell, *Power, Influence, and Authority* (New York: Oxford University Press, 1975), p.26. Bell's work is extremely enlightening, especially his discussion of influence.

3. *The Social Contract*, ed.Charles Frankel(New York: Hafner Publishing Co., 1947), bk.1, chap.3, p.8. Note how Rousseau's formulation of the concept of authority and its relation to power anticipates Weber's almost identical position.

4. *Basic Concepts in Sociology*, pp.71-83. *See also Weber's Theory of Social and Economic Organization*, pp.324-400.

5. *The Phenomenology of Mind*, trans. J. B. Baillie (London: Swan Sonnen-schein, 1910), pp.228-240.

6. *Grundrisse*, trans. Martin Nicolaus (London: Penguin and New Left Books, 1973), pp.325-326.

7. Ibid.

8. *Die Produktionsverhaltnisse im alten Orient und in der griechisch-romischen Antike*(Berlin: Deutsche Akademie der Wissenchaften, 1957), pp.158-177.

9. See the useful distinction between violence and organized force in Sorel, *Reflections on Violence*, trans.T.E.Hulme(New York: Collier Books, 1961), p.175.

10. "From Sundown to Sunup: The Making of the Black Community," in George P. Rawick, ed., *The American Slave: A Composite Autobiography* (Westport, Conn.: Greenwood Publishing Co., 1972), vol.1, p.59. Stephen Crawford arrives at the same conclusion in his quantitative analysis of the slave narratives: "Quantified Memory: A Study of the WPA and Fisk University Slave Narrative Collections" (Ph.D.diss., University of Chicago, 1980), chap.3.

11. Cited in John S. Bassett, *Slavery in the State of North Carolina* (Baltimore: Johns Hopkins University Press, 1899), pp.23−24.

12. Cover, *Justice Accused: Antislavery and Judicial Process* (New Haven: Yale University Press, 1975), p.78.

13. The Romans, it is true, were unique in promoting the idea that it was possible for a slave to exist without a master. The idea of a masterless slave was a legal concept, one that provided a means for getting around a few tricky legal problems—for example, those related to abandoned or unlawfully manumitted slaves and to the fraudulent sale of freemen (often with their own complicity)—but difficult to make sense of sociologically. As the legal historian Alan Watson observed, "The idea of a slave without a master is not an easy concept." In reality, all that being a *servus sine domino* meant was either that a potential relation of slavery existed, although the person in question—for example, the abandoned slave—was not at the time actually in a slave relationship or in a position to claim free status, or that the person was actually in a relation of slavery but was potentially a free person and could legally claim such a status. Legal technicalities aside, in actual practice all Roman slaves had at least one master. The technicalities referred to very temporary situations. Those who were illegally enslaved and could prove it had their illegal masters quickly removed (there was always a presumption in favor of freedom) and therefore ceased to be slaves; those who were corporately owned by the state (such as the *servipoenae*) would not only have been very surprised to learn that they had no masters but, had they been privy to such legal niceties, would have considered the fiction of their masterless status a grim piece of judicial humor. See W.W. Buckland, *The Roman Law of Slavery* (Cambridge: Cambridge University Press, 1908), p.2; and Watson, *The Law of Persons in the Later*

Roman Republic (Oxford : Clarendon Press, 1967) , chap.14.

14. André Bourgeot, "Rapports esclavagistes et conditions d'affranchissementchez les Imuhag," in Claude Meillassoux, ed., *L'esclavage en Afrique précoloniale* (Paris : François Maspero, 1975) , p.91.

15. Pierre Bonte, "Esclavage et relations de dépendence chez les Touareg Kel Gress," in Meillassoux, *L'esclavage en Afrique précoloniale*, p.55.

16. *Histoire de l'esclavage dans l'antiquité* (Paris : Hachette, 1879) , p.408.

17. *Contribution à une théorie sociologique de l'esclavage* (Paris : Mechelinck, 1931) , p.243.

18. *Searching for the Invisible Man : Slaves and Plantation Life in Jamaica* (Cambridge, Mass. : Harvard University Press, 1978) , pp. 367 – 384. Craton, much to his own disappointment, found that "references to external events dating back beyond present lifetimes were, in fact, remarkably absent" and that "the attempt to trace precise lineage...led to disappointment in nearly every case. At best the information was inaccurate ; at worst there was ignorance or even indifference" (pp.374–375).

19. Rawick, *The American Slave*, vol.2, pt.1, p.207.

20. Ibid., p.58.

21. Winthrop D. Jordan, *White over Black : American Attitudes toward the Negro, 1550–1812* (Baltimore : Penguin Books, 1969) , pp.45 – 48. Jordan observes that the distinction between owning and selling someone's labor as opposed to their person "was neither important nor obvious at the time" (p.48).

22. Ibid., p.56.

23. Ibid., p.94.

24. Ibid., p.97.

25. Finley, "Slavery," *Encyclopedia of the Social Sciences* (New York : Macmillan Co. and Free Press, 1968) , vol.14, pp.307–313.

26. Lévy – Bruhl, "Théorie de l'esclavage," in M. I. Finley, ed., *Slavery in Classical Antiquity* (Cambridge : W. Heffer and Sons, 1960) , pp.151–170.

27. *The Present State of the Ottoman Empire, 1668* (London : Arno Press, 1971) , p.25.

28. Plato, *Gorgias*, in Benjamin Jowett, ed. and trans., *The Dialogues of Plato* (New York: Random House, 1937), vol.2, p.543.

29. Rawick, *The American Slave*, vol.18, p.44.

30. *History of Slavery in Virginia* (Baltimore: Johns Hopkins University Press, 1902), p.28.

31. Ibid., p.34. See also Jordan, *White over Black*, pp.52-91.

32. See E. G. Pulleyblank, "The Origins and Nature of Chattel Slavery in China," *Journal of the Economic and Social History of the Orient* 1(1958):204-211.

33. For the classic comparative study of debt-servitude see Bruno Lasker, *Human Bondage in Southeast Asia* (Chapel Hill: University of North Carolina Press, 1950), esp.chap.3. On the ancient world see M.I.Finley, "La servitude pourdettes," *Revue historique de droit français et étranger* 43(1965):159-184(ser.4).

34. *Leviathan* (London: J.M.Dent & Sons, 1914), p.44.

35. Ibid., pp.44, 47.

36. "Bentham," in J. S. Mill, *Utilitarianism (and Other Essays)*, ed. Mary Warnock (London: Collins, 1962), pp.100-101.

37. *The Phenomenology of Mind*, pp.228-240.

38. Genovese, *The Political Economy of Slavery* (London: MacGibbon & Kee, 1966), p.32. Cf.David Brion Davis, *The Problem of Slavery in an Age of Revolution, 1770-1823* (Ithaca, N.Y.: Cornell University Press, 1975), pp.561-564.

39. Genovese, *The Political Economy of Slavery*, p.32. This is a paraphrase of the more radical but untenable section of Hegel's thesis.See my discussion in Chapter 3.

40. Ibid., p. 33. See Genovese's more recent discussion of the psychology of master and slave in his *The World the Slaveholders Made* (New York: Vintage Books, 1971) pt.1, pp.5-8, and pt.2.

41. I deliberately avoid getting involved with the thesis of Stanley Elkins regarding the personality of American slaves as set forth in his *Slavery: A Problem in American Institutional and Intellectual Life* (Chicago: University of Chicago Press, 1962).As already indicated, I am concerned with discussing the problem of honor relative to the political psychology of slavery, not with problems of human personality—

on which I can offer neither theoretical expertise nor relevant data.See Ann J.Lane, ed., *The Debate over Slavery:Stanley Elkins and His Critics*(Urbana:University of Illinois Press,1971).

42. *Amphitryo*, in Plautus,*The Rope and Other Plays*, ed.and trans.E.F.Watling (New York:Penguin Books,1964),p.234.

43. *The Ghost*,*in Plautus*,*The Rope and Other Plays*,pp.67-68.

44. *Rawick*,*The American Slave*, vol.2,pt.1,p.11.

45. Ibid.,pp.39-40.

46. Plautus,*The Rope and Other Plays*, pp.116-117.

47. Rawick,*The American Slave*, vol.2,pt.2,p.113.

48. *Life and Times of Frederick Douglass*(1892;reprint ed.,New York:Bonanza Books,1972),p.143.

49. Ibid.

第一章　权力的惯用语

1. Karl Marx,*Capital*(London:Lawrence & Wishart,1954),vol.1,p.80.

2. *The Prince*(London:Oxford University Press,1903),p.69;chaps.15-18 passim.

3. *Capital*, vol.1,pp.80-87.

4. Robert H.Lowie,"Some Aspects of Political Organization among the American Aborigines," *Journal of the Royal Anthropological Institute* 78（1948）:11-24.Reprinted in Ronald Cohen and John Middleton, eds., *Comparative Political Systems*(Garden City,N.Y.:Natural History Press,1967),p.73.

5. "The Social and Psychological Aspects of Chieftainship in a Primitive Tribe:The Nambikuara of Northwestern Mato Grosso," *Transactions of the New York Academy of Sciences* 7（1944）:16-32.Reprinted in Cohen and Middleton, *Comparative Political Systems*, pp.45-62.Quote on p.52.

6. See Jean Buxton,"'Clientship' among the Mandari of the Southern Sudan," *Sudan Notes and Records* 37(1957):100-110.Reprinted in Cohen and Middleton,

Comparative Political Systems, pp.229–245. See also the papers on the Tuareg by Edmond and Suzanne Bemus, Pierre Bonte, and André Bourgeot, in Claude Meillassoux, ed., *L'esclavage en Afrique précoloniale* (Paris：François Maspero, 1975). On kinship and power among the Imuhag groups see pp.85–90.

7. Marx, *Capital*, vol.1, pp.77, 82.

8. "Notes on Comparative Economics," *British Journal of Sociology* 5 (1954)：118–129. Steiner was, of course, building on the work of Marcel Mauss, who himself fully recognized the role of gift exchange as a means of ritualizing power among preindustrial peoples. See Mauss, *The Gift*, trans. Ian Cunnison (New York：W. W. Norton, 1967). I shall return to this problem in Chapter 8.

9. In his *Structural Anthropology* (Garden City, N.Y.：Doubleday, Anchor Books, 1967), Lévi–Strauss discusses the dangers of neglecting such models and, at the same time, of not recognizing their limitations. See pp.274–275.

10. "Changes in Property Relations," in *Transactions of the Third World Congress of Sociology* 1–2 (1956)：175. See also Friedmann's very useful review of the concept under "Property" in the *Dictionary of the History of Ideas* (New York：Charles Scribner's Sons, 1973), vol.3, pp.650–656. See also J. Valkhoff, "Les rapports de la propriété au XXème siècle au point de vue juridico–sociologique," in *Transactions*, p.188.

11. *The Law of Primitive Man* (New York：Atheneum, 1973), p.58.

12. See W. N. Hohfeld, *Fundamental Legal Conceptions as Applied to Judicial Reasoning and Other Essays*, ed. W. W. Cook (New Haven; Yale University Press, 1923). One of the best reassertions of Hohfeld's principles is Max Radin, "A Restatement of Hohfeld," *Harvard Law Review* 51 (1938)：1141–64.

13. For a useful review of this school of thought see G.B.J.Hughes, *Jurisprudence* (London：Butterworth & Co., 1955), pp.161–166, 344–347.

14. Alf Ross, *On Law and Justice* (London：Stevens & Sons, 1958), pp.158–160.

15. For a more detailed discussion of this issue see O. Kahn – Freund's introduction to Karl Renner, *The Institutions of Private Law and Their Social Functions* (London：Routledge & Kegan Paul, 1949).

16. For a review of ancient and modern definitions up to the 1930s see G.Landt-man, *The Origin of the Inequality of the Social Classes* (London : Routledge & Kegan Paul, 1938) , pp.228–229.

17. *History of Slavery and Serfdom* (London : Black, 1895) , p.265.

18. *Slavery as an Industrial System* (The Hague : Martinus Nijhoff, 1910) , p.6 and chap.1, passim. Nieboer concludes his lengthy discussion with an infelicitous, inaccurate, but often-quoted definition : "Slavery is the fact that one man is the property or possession of another beyond the limits of the family proper" (p.30). Cf. L. T. Hobhouse, *Morals in Evolution* (London : Chapman & Hall, 1906) , pp.282 – 283. Edward Westermarck is the major critic of this definition among the early twentieth-century comparativists, but only on the unpersuasive grounds that "the master's right of disposing of his slave is not necessarily exclusive." See his *Origin and Development of the Moral Ideas* (London : Macmillan & Co., 1906–1908) , vol.1, p.670.

19. *Report to the League of Nations Advisory Committee of Experts on Slavery*, Geneva, April 5, 1938, vol.6, p.16.

20. "Slavery as an Institution, Open and Closed Systems," in James L.Watson, ed., *Asian and African Systems of Slavery* (Oxford : Basil Blackwell, 1980) , p.809.

21. Although Finley begins with the observation that "as a commodity, the slave is property," he immediately embarks on a subtle and penetrating specification of what kind of property the slave is, a definition that identifies as the critical elements of the slave condition the "unilateral" power of the master, the "deracination" of the slave, and the master's control of the slave's "person and his personality" (which clearly implies a condition of dishonor, although Finley does not use the term). There remain some differences between his interpretation and mine, but they are largely matters of emphasis and conceptualization. M. I. Finley, *Ancient Slavery and Modern Ideology* (New York : Viking Press, 1980) , pp.73–75.

22. A similar point was made by U.B.Phillips, as Stanley Engerman has kindly reminded me. In *Life and Labor in the Old South* (Boston : Little, Brown, 1963) , p.160, Phillips opens his chapter entitled "The Peculiar Institution" as follows : "For a man to be property may seem barbaric and outrageous. But in this twentieth century

thousands of divorced husbands are legally required to pay periodic alimony to their ex-wives, and if one seeks escape from the levy upon his earnings, he may be clapped into prison until he gives adequate pledges of compliance. The woman has a property right which the law maintains. This institution of alimony has developed somewhat unawares; and so, in some degree, did Negro slavery."

23. *Jurisprudence*, p.442.

24. See, for example, Barry Hindess and Paul Q. Hirst, *Pre-Capitalist Modes of Production* (London: Routledge & Kegan Paul, 1975), pp.109-177. For a critique of these authors' theoretical views on slavery, see Orlando Patterson, "Slavery and Slave Formations," *New Left Review* 117 (1979): 49-52.

25. Wang Yi-T'ung, "Slaves and Other Comparable Social Groups during the Northern Dynasties (386-618)," *Harvard Journal of Asiatic Studies* 16 (1953): 313-314.

26. Olga Lang claims that there were as many as two million of these female and child "slaves" in China before World War II; she distinguishes them from girls sold as concubines. *Chinese Family and Society* (New Haven: Yale University Press, 1946), pp.259-260. H.D.Lamson, discussing the Mui Tsai practice during the early part of this century, writes that "economic pressure; the demand for concubines, prostitutes, and household slaves; the practice of buying a future wife for a male child at an early age when they can be secured more cheaply; and the low value set upon females, encourage the persistence of traffic in children." *Social Pathology in China* (Shanghai: Commercial Press, 1934), p.262. For a more recent discussion see James L. Watson, "Transactions in People: The Chinese Market in Slaves, Servants, and Heirs," in Watson, *Asian and African Systems of Slavery*, pp.223-250. Watson claims that in many parts of China before 1949, especially in the south, "nearly every peasant household was directly or indirectly affected by the sale of people" (p.223).

27. It is well established that early Roman fathers could sell their children into slavery. More controversial is my suggestion that it was possible to sell them into nonslave status. I arrive at this conclusion as the only satisfactory explanation of what Alan Watson calls "a strange provision" of the code of XII Tables: "If a pater sold a son

three times the son was to be *free from* the pater" (emphasis added) . To sell someone into slavery was usually a lifetime transaction. It is, of course, possible that a father who sold his son once could buy him back and then sell him a second time. But it is beyond the limits of credulity to imagine that a father would have been either willing or able to sell, repurchase, and resell his son into slavery three times. Even if we allow for the occasional existence of such paternal perversity, the practice could hardly have been so frequent that it was necessary to enact a law against it. The only reasonable explanation of this "strange provision," then, is the existence of the practice, similar to the Chinese custom, of selling children into temporary non-slave statuses. On the sale of children into slavery see Alan Watson, *Rome of the XII Tables* (Princeton, N.J.: Princeton University Press, 1975), p.44; on the "strange provision" see p.45.

28. "Sonjo Bride-Price and the Question of African ' Wife Purchase,' " in E.E. Le Clair, Jr., and H.K.Schneider, eds., *Economic Anthropology* (New York: Holt, Rinehart and Winston, 1968), pp.259-282.

29. It is significant that even in the modern world the fiction is usually dropped when dealing with degraded persons other than slaves, or with dehumanizing situations. Thus, men who employ prostitutes speak of hiring or buying not their services but their bodies. We say of a woman who sits naked before a group of gawking men in a peep show that she sells her "body"; we say of the same woman who sits nude before a group of students at an art college that she rents her "services" as a model.

A revealing development in the terminology of today's large bureaucracies is the use by personnel officers of the term "bodies" to describe employees in the organization. One increasingly hears statements such as the following: "Our biggest problem is a lack of bodies in the technical department." It is difficult to resist the conclusion that language has caught up with reality.

30. Mintz proposes that Marx was uncomfortable with the relationship between slavery and capitalism, given his conception of the role of "free" labor in capitalism. See Mintz, "The So-Called World System: Local Initiative and Local Response," *Dialectical Anthropology* 11 (1977) : 253-270. For an extremely helpful discussion of the

complexities involved in use of the terms"slave,""proletarian,"and"free labor,"see also Mintz,"Was the Plantation Slave a Proletarian?"*Review 2* (1978):81-98.

31. Michael S.Jacobs and Ralph K.Winter,Jr.,"Antitrust Principles and Collective Bargaining by Athletes: Of Superstars in Peonage," *Yale Law Journal* 81 (1971):3.

32. "So You Want to Own a Ball Club,"*Forbes*, April 1,1977,p.37. Cited in D. Stanley Eitzen and George H.Sage,*The Sociology of American Sports*(Dubuque,Iowa: Wm.C.Brown Co.,1978),p.188.

33. Jacobs and Winter,"Antitrust Principles,"p.2.

34. Dan Kowel,*The Rich Who Own Sport*(New York:Random House,1977),pp. 19-20. See also the reference to Vida Blue as "The property of Oakland through 1978,"p.134.

35. See Roger Noll,ed.,*Government and the Sports Business*(Washington,D.C.: Brookings Institution,1974),pp.3-4 and p.217,where it is observed that"because professional sports does require that employees maintain their bodies in acceptable physical condition,owners are always going to insist on having some control over players in this area."

36. Watson,*Rome of the XII Tables*,p.38.

37. *Ashanti Law and Constitution*(Oxford:Clarendon Press,1929),p.33.

38. Ibid.,p.34. It should be emphasized that Rattray was discussing colonial Ashanti during the early twentieth century.The situation was far more complex during the nineteenth century,when Ashanti was an imperial state with an advanced premodern economy.

39. I.M.Diakanoff,building on I.J.Gelb,defines the slave of early Mesopotamia as"a person entirely devoid not only of property in means of production,but also of the features of a subject of any personal rights."Diakanoff,"Slaves,Helots,and Serfs in Early Antiquity,"*Acta Antiqua Academiae Scientiarum Hungaricae T.XXII*(1974), fasc.104,p.55. See also Gelb,"From Slavery to Freedom,"in Bayerische Akademie der Wissenschaften,*Gesellschaftsklassen im Alten Zweiströmland und in den angrenzenden Gebieten* 75(Munich,1972):87-88.

40. *Stone Age Economics* (London: Tavistock Publications, 1974) , pp.92-93.

41. Land, of course, was dominant in the Roman economy, as Finley and others have shown. See M. I. Finley, ed. , *Studies in Roman Property* (Cambridge: Cambridge University Press, 1976). On the importance of slaves as a source of wealth and the relation of this source to land, see Finley, *The Ancient Economy* (Berkeley: University of California Press, 1973) , chap.3. See also Keith Hopkins, *Conquerors and Slaves* (Cambridge: Cambridge University Press, 1978) , pp.49-64, 99-118.

42. *The Law in Classical Athens* (Ithaca, N. Y. : Cornell University Press, 1978) , p.133.

43. The Oxford classicist J. Walter Jones makes this point well in *The Law and Legal Theory of the Greeks* (Oxford: Clarendon Press, 1956). He notes that there was no "technical precision" among the Greeks in the distinction between possession and ownership and that their conception of property was highly relativistic. "What was recognized…was not an absolute right but one relatively better as between the two parties, leaving open the question whether some third party might not have a title superior to that of either litigant in the particular case" (p.203). And he observes, further, that "Greek notions of ownership were nearer to those of feudal Europe or modern England than to those of Roman law" (p.214).

44. Kahn-Freund's introduction to Renner, *The Institutions of Private Law and Their Social Functions*, pp.24-25.

45. Ibid.

46. W. W. Buckland, *The Roman Law of Slavery* (Cambridge: Cambridge University Press, 1908) , p.iv.

47. In addition to the references given in note 41 see Richard Duncan-Jones, *The Economy of the Roman Empire* (Cambridge: Cambridge University Press, 1974) , pp.24-25, 272-273, 323-324. On the importance of slaves in agriculture see K. D. White, *Roman Farming* (London: Thames & Hudson, 1970) , pp.350-362, 368-376.

48. On the development of the English law of property see F. Pollock and F. W. Maitland, *The History of English Law* (Cambridge: Cambridge University Press, 1968, vol.2, bk.2, chap.4. See in particular the discussion of seisin, pp.29-80. See also A.

K. R. Kiralfy, ed., *Potter's Historical Introduction to English Law and Its Institutions* (London: Sweet & Maxwell, 1958), pt.3, chap.7.

49. M. I. Finley, "Was Greek Civilization Based on Slave Labour?" in M. I. Finley, ed., *Slavery in Classical Antiquity* (Cambridge: W. Heffer and Sons, 1960), pp. 53 – 72. More recently, Finley has observed that in both Greece and Rome the *permanent* work force on "establishments larger than the family unit, whether on the land or in the city," was composed of slaves. *Ancient Slavery and Modern Ideology*, p. 81. Although nonslave labor remained important in Italy, as Peter Garnsey has emphasized, the slave latifundia were of major importance in its economy, whereas such units were never important in Greece. Where slaves took part in agriculture, they were largely a supplementary work force, although their significance should not be underestimated. See Garnsey, "Non-slave Labour in the Roman World," paper presented at the International Conference of Economic Historians, Edinburgh, August 13 – 19, 1978. On slaves in Athenian agriculture see Michael H. Jameson, "Agriculture and Slavery in Classical Athens," *Classical Journal* 72 (1977–1978): 122–141.

50. For a discussion of the problem of status see John Crook, *Law and Life of Rome* (Ithaca, N. Y.: Cornell University Press, 1967), pp.36–37. Of course, the entire field of law relating to persons was richly developed to meet such problems. For a fuller treatment of the law of persons see Alan Watson, *The Law of Persons in the Later Roman Republic* (Oxford: Clarendon Press, 1967). See also R. W. Leage, *Roman Private Law*, ed. A M. Prichard (London: Macmillan Co., 1961), ed.3, pt.2. On the relationship between status and legal privilege see Peter Garnsey, *Social Status and Legal Privilege in the Roman Empire* (Oxford: Oxford University Press, 1970)

51. Real freedom for the Greeks meant membership by birth in the community "citizenship"—not the simple negation of slavery. See M. I. Finley, *The Ancient Greeks* (New York: Viking Press, 1964), pp.40–43.

52. See Herbert F. Jolowicz, *Historical Introduction to the Study of Roman Law* (Cambridge: Cambridge University Press, 1952), pp.272–276. See also note 54 below.

53. *Introduction to Early Roman Law* (Oxford: Oxford University Press, 1944),

vol.2. pp.159−161. See also Jolowicz,*Historical Introduction*, pp.142−144.

54. There is a continuing controversy about whether early Roman law had a relative conception of property.For a review of the literature see György Diósdi,*Ownership in Ancient and Preclassical Roman Law*(Budapest:Akàdémiai Kiadó,1970)pp.94 ff.

The traditional and most widely accepted view is that the early conception was relativistic.Strongly contesting this view are scholars such as Alan Watson andDiósdi (although these two differ on other issues).I find the arguments of Watson and Diósdi unpersuasive.This is,admittedly,a subject into which the outsider is best advised to tread warily,but since the matter rests more on clear thinking and sociological sensitivity than on specialized knowledge of the available,quite sparse data,I shall hazard a few comments.

According to Diósdi,the early expression of property was an absolute one;what was lacking was the"notion,"in legal form,of the concept.This is a strange position for a Marxist to take.He supports his position with two principal arguments.One that he claims is"irrefutable"is that the relative conception of property is incompatible with the all−embracing totality of the *patria potestas.* His argument,however,rests on a spurious conception of the nature of relative property.This form of property does not exclude the possibility of absolute power;it is distinctive,rather,in including the actuality of countervailing claims and powers in a legal thing.The essential character of the relative conception of property is its realistic assumption that all claims and powers exist with respect to other persons.This allows for the possibility of absolute power,in which case no other person has competing claims and powers in the object. Whether totally exclusive power ever exists in practice is a moot point;it is best to see it as one extreme of a network of claims,privileges,and powers,at the other end of which is total powerlessness,which may also be no more than a theoretical possibility. Patria potestas falls somewhere near the absolutist end of the continuum of relative power.Whatever the actual situation,it is certainly fallacious to argue that the idea of relative property does not contain the possibility of total power.

Diósdi's other argument is that the expression *ego—meum esse aio* in the *legis actio sacramento in rem* could not possibly imply a relativistic conception of property, as common sense clearly indicates, because "it is inconceivable that ancient Roman peasants would have understood this simple and clear declaration in such a sophisticated way." This assertion gives everything away, for as we have already seen, modern anthropological studies have made it abundantly clear that the relative conception of property prevails among contemporary preliterate peoples far less sophisticated than the early Romans. See Diósdi, *Ownership*, chaps.7–9, esp.pp.98 and 122.

55. See Raymond Monier, "La date d'apparition du 'dominium' et de la distinction juridique des 'res' en 'corporales' et 'incorporates,' " in *Studi in onore Siro Solazzi* (Naples: E.Jovene, 1948), pp.357–374.

56. Buckland, *The Roman Law of Slavery*, p.3.

57. Claude Meillassoux, "Introduction," in Meillassoux, ed., *The Development of Indigenous Trade and Markets in West Africa* (London: Oxford University Press, 1970), pp. 49 – 86. See also the introduction and case studies in Meillassoux, *L'esclavage en Afrique précoloniale* and Martin Klein and Paul E.Lovejoy, "Slavery in West Africa," in Henry A. Gemery and Jan S. Hogendorn, eds., *The Uncommon Market: Essays in the Economic History of the Atlantic Slave Trade* (New York: Academic Press, 1979), pp. 184 – 212. Philip Burnham, "Raiders and Traders in Adamawa: Slavery as a Regional System," in Watson, *Asian and African Systems of Slavery*, pp.43–72.

58. "African 'Slavery' as an Institution of Marginality," in Suzanne Miers and Igor I. Kopytoff, eds., *Slavery in Africa* (Madison: University of Wisconsin Press, 1977), p.64 and more generally pp.65–66.

59. *The Political Economy of Slavery* (London: MacGibbon & Kee, 1966), esp. pp.15–31.

60. Robert W.Fogel and Stanley L.Engerman, *Time on the Cross: The Economics of American Negro Slavery* (Boston: Little, Brown, 1974), vol.1, esp. pp.67–78, 86–106. For the more informed criticisms of this work see Paul A.David etal., *Reckoning with Slavery* (New York: Oxford University Press, 1976). See the rejoinder by Fogel and Engerman, as well as further responses from Gavin Wright, Thomas L.Haskel, D. F.Schaefer and M. D.Schmitz, Paul A. David, and P. Temin in *American Economic*

Review 69 (1979) :206 – 226. See also the final response by Fogel and Engerman, "Explaining the Relative Efficiency of Slave Agriculture in the Antebellum South: Reply," *American Economic Review* 70(1980) :672–690.

61. Contrary to common misconceptions, the free white in the South was independent, relatively well off, and sometimes politically quite militant in relation to the southern plantocracy on matters not directly relating to blacks. In several southern states secession did not result merely from a strong sense of solidarity on the part of the planter class but from their doubts about the white working class; secession was a drastic way of smothering an impending political crisis. See Michael P. Johnson, *Toward a Patriarchal Republic: The Secession of Georgia* (Baton Rouge: Louisiana State University Press, 1977) ; also Fletcher M. Green, " Democracy in the Old South," *Journal of Southern History* 12(1964) :2–23; and Jonathan M.Winer, "Planter Persistence and Social Change: Alabama, 1850 – 1870," *Journal of Interdisciplinary History* 7(1976) :235–260.

On the sociological and economic reasons for the yeoman white farmers' refusal to become involved with the cotton economy see Gavin Wright and Howard Kunreuther, "Cotton, Corn, and Risk in the Nineteenth Century," *Journal of Economic History* 25(1975) :526–551. For a useful selection of older views on the subject see Harold D.Woodman, ed., *Slavery and the Southern Economy* (New York: Harcourt, Brace & World, 1966) , pp.113–161.

A similar case is that of the notorious radicalism of the South African free – burghers, especially the trekboers during and after the period of slavery. See Richard Elphick and Hermann Giliomee, eds., *The Shaping of South African Society, 1652 – 1820* (London: Longmans, 1979) , chaps.2 and 10; and George M.Frederickson, *White Supremacy: A Comparative Study in American and South African History* (New York: Oxford University Press, 1981) , pp.33–37.

62. "Between Slavery and Freedom," *Comparative Studies in Society and History* 6(1964) :233–249.

63. See Richard S.Dunn, *Sugar and Slaves: The Rise of the Planter Class in the English West Indies, 1624 – 1713* (Chapel Hill: University of North Carolina Press,

1972), pp.67-83,96,128-130,154,165. In Barbados during the seventeenth century, "when the white servants found themselves toiling in the same field gangs with black slaves,they became wild and unruly in the extreme" (p.69).In 1647 there was an attempted white servant rebellion that resulted in the execution of eighteen of the plotters.The buildings of the planters were like fortifications "equipped with bulwarks and bastions from which they could pour scalding water upon the attacking [white] servants and slaves" (p.69). See also Ramiro Guerra y Sánchez, *Sugar and Society in the Caribbean* (New Haven: Yale University Press, 1964), pp.1-27; and Richard B. Sheridan, *Sugar and Slavery: An Economic History of the British West Indies, 1623-1775* (Lodge Hill, Barbados: Caribbean Universities Press, 1974), chap.5 and pp.128-141.

64. See Max Weber, *The Agrarian Sociology of Ancient Civilizations* (London: New Left Books, 1976), pp.310-329. The "scale of migration by the Italian poor" was, according to Keith Hopkins (p.64), "amazing"; between 80 and 8 B.C. about half of all free rural adult males migrated to the towns. See Hopkins, *Conquerors and Slaves*, pp. 64-74. On hired laborers, slavery, and farm management see White, *Roman Farming*, pp.332-383. On the Roman "myth of the peasant" (the romantic upperclass view of traditional rural life and Roman origins) and for a more complex interpretation of nonslave agricultural labor see Garnsey, "Non-slave Labour in the Roman World."

第二章　权威、疏离、异化与社会死亡

1. *Thucydides on the Nature of Power* (Cambridge, Mass.: Harvard University Press, 1970), pp.153-154.

2. *The Republic*, 9: 578 in Benjamin Jowett, ed. and trans., *The Dialogues of Plato* (New York: Random House, 1937), vol.1, pp.836-837.

3. Siegfried Lauffer, "Die Sklaverei in der griechisch-römischen Welt," in *Rapports* II, Eleventh International Congress of Historical Sciences, Stockholm, August 21-28, 1960 (Uppsala: Almquist and Wiksell, 1960), p.76.

4. Max Weber, *Basic Concepts in Sociology*, trans. H. P. Secher (Secaucus, N. J. : Citadel Press, 1972), pp. 81 – 83. For a detailed analysis of Weber's use of this concept see Reinhardt Bendix, *Max Weber: An Intellectual Portrait* (London: Methuen & Co., 1966), pt. 3.

5. G. B. J. Hughes, *Jurisprudence* (London: Butterworth & Co., 1955), pp. 161 – 166. Hans Kelsen states the issue bluntly: "Law is a coercive order." "The Pure Theory of Law," in M. P. Golding, ed., *The Nature of Law* (New York: Random House, 1966), p. 112.

6. After criticizing Weber, Fortes points to the role "played by ceremony and ritual in the confirmation of status." Drawing on the seminal work of Everett Hughes, he notes that all statuses require a "mandate from society" (Hughes's term) and adds that "ritual mobilizes incontrovertible authority behind the granting of office and status and this guarantees its legitimacy and imposes accountability for its proper exercise." "Ritual and Office in Tribal Society," in Max Gluckman, ed., *Essays on the Ritual of Social Relations* (Manchester: Manchester University Press, 1962), p. 86.

7. *The Rites of Passage*, trans. M. B. Vizdeom and G. L. Caffee (London: Routledge & Kegan Paul, 1960). For a critical assessment of this work see Max Gluckman, "Les rites de passage," in Gluckman, *Essays on the Ritual of Social Relations*, pp. 1–52.

8. Victor Turner, *The Forest of Symbols* (Ithaca, N. Y. : Cornell University Press, 1967), pp. 30–32, esp. chap. 4. For a more general and theoretical statement see his "Symbolic Studies," *Annual Review of Anthropology* 4 (1975) : 145–161.

9. Claude Meillassoux, *L'esclavage en Afrique précoloniale* (Paris: François Maspero, 1975), esp. pp. 11–26.

10. Ibid., pp. 20–21.

11. See Henri Lévy-Bruhl, "Théorie de l'esclavage," in M. I. Finley, ed., *Slavery in Classical Antiquity* (Cambridge: W. Heffer and Sons, 1960), pp. 151–169.

12. Iris Origo, " 'The Domestic Enemy' : The Eastern Slaves in Tuscany in the Fourteenth and Fifteenth Centuries," *Speculum* 30 (1955) : 321–366.

13. See Mircea Eliade, *The Sacred and the Profane* (New York: Harvest Books, 1959), pp. 20–65.

14. *Bella Coola Indians* (Toronto: University of Toronto Press, 1948) , vol. 1, p.159.

15. *The Religious System and Culture of Nias*, *Indonesia* (The Hague: Uitgeverij Excelsior, 1959) , p.45.

16. *Slavery among the Indians of North America* (Moscow: U.S.S.R. Academy of Sciences, 1941) , p.80.

17. On Ashanti, see Robert S. Rattray, *Ashanti Law and Constitution* (Oxford: Clarendon Press, 1929) , p.29. On Ur see Bernard J. Siegel, *Slavery during the Third Dynasty of Ur*, Memoirs of the American Anthropological Association, no.66(1947) , pp.1–54. Siegel, after examining the available data, asserts, "We can thus conclude that the earliest notion of ' slave' was incorporated with the idea of ' foreigner, ' " pp. 8–9. This linguistic usage persisted even when the vast majority of slaves were recruited from impoverished families. On the sources of slaves see pp.9–27.

18. On the words used for "slaves" and their sources see William L. Wassermann, *The Slave Systems of Greek and Roman Antiquity* (Philadelphia: American Philosophical Society, 1955) , pp.5 – 12. Also M. I. Finley, " Was Greek Civilization Based on Slavery?" in Finley, *Slavery in Classical Antiquity*, p.146.

19. P.R.C. Weaver, "Vicarius and Vicarianus in the Familia Caesaris, " *Journal of Roman Studies* 54(1964) :118.

20. W. W. Buckland, *The Roman Law of Slavery* (Cambridge: Cambridge University Press, 1908) , pp.291–312.

21. See Peter P. Springer, *Historische Untersuchungen zu den Sklavenfigurendes Plautus und Terenz* (*Wiesbaden: Akademie Mainz*, 1961) , p.65.

22. Lev.25:44.

23. Maimonides, *The Code: Book Twelve*, *The Book of Acquisition*, ed. Isaac Klein (New Haven: Yale University Press, 1951) , p. 809, and on the laws concerning heathen slaves, pp.264–282.

24. See Maurice Keen, *The Laws of War in the Late Middle Ages* (London: Routledge & Kegan Paul, 1965) , p.137; and David Brion Davis, *The Problem of Slavery in Western Culture* (Ithaca, N.Y.: Cornell University Press, 1966) , pp.48, 100–101.

25. Robert Roberts, *The Social Laws of the Qorân* (London: Williams & Norgate, 1925) , p.54.

26. Ali Abd Elwahed, *Contribution à une théorie sociologique de l'esclavage* (Paris: Mechelinck, 1931) , pp.139, 166–167.

27. "Slavery and Emancipation in Two Societies," in M.G.Smith, ed., *The Plural Society in the British West Indies* (Berkeley: University of California Press, 1965) , pp. 116–161.

28. "Conceptions of Slavery in the Nineteenth Century Sokoto Caliphate," paper presented at the Conference on the Ideology of Slavery in Africa, York University, Toronto, April 3–4, 1980.

29. Virginia Gutierrez de Pineda, *Organizacion social en la Guajira* (Bogota: Instituto Etnologico Nacional, 1950) : 172.

30. Carlos Bosch Garcia, *La esclavitud prehispânica entre los Aztecas* (Mexico City: Colegio de Mexico, Centro de Estudios Históricos, 1944) , p.22.

31. *Slavery in Pharaonic Egypt* (Cairo: L'Tnstitut français d'archéologie orientale, 1952) , chap.2.

32. Helmut Wiesdorf, *Bergleute und Hiittenmanner im Altertum bis zum Ausgang der romischen Republik: Ihre wirtschaftliche, soziale, und juristische Lage* (Berlin: Akademie–Verlag, 1952) , p.63.

33. E.G.Pulleyblank, "The Origins and Nature of Chattel Slavery in China," *Journal of the Economic and Social History of the Orient* 1(1958) : 204–211.

34. On Korea during the Koryo period, the major study in English is Ellen S.Unruh, "Slavery in Medieval Korea" (Ph. D. diss., Columbia University, 1978). Two useful general histories that deal with slavery during this period are Han Woo–Keun, *History of Korea* (Seoul: Eul–Yoo Publishing Co., 1970) ; and Takashi Hatada, *A History of Korea* (Santa Barbara, Calif.: ABC–Clio Press, 1969). On the Yi dynasty the major relevant studies in English are Susan S.Shin, " Land Tenure and the Agrarian Economy in Yi Dynasty Korea: 1600–1800" (Ph.D.diss., Harvard University, 1973) ; John Somerville, "Success and Failure in Eighteenth Century Ulsan: A Study in Social Mobility" (Ph.D. diss., Harvard University, 1974) ; and Edward W.Wagner, "Social

Stratification in Seventeenth–Century Korea: Some Observations from a 1663 Seoul Census Register,"in *Occasional Papers on Korea* 1(1974): 36–54. Other works, including several in Korean(translated for the author) are cited in later references.

On Russian slavery the most important work in English is that of Richard Hellie, *Slavery in Russia, 1450 – 1725* (forthcoming); see also his " Recent Soviet Historiography on Medieval and Early Modern Russian Slavery,"*Russian Review* 35 (1976): 1–32. Of special interest are two other works: George Vernadsky, "Three Notes on the Social History of Kievan Russia,"*Slavonic Review 22*(1944): 81–92; and(although it is based entirely on secondary sources) J.Thorsten Sellin,*Slavery and the Penal System*(New York: Elsevier, 1976).

35. Cited in Herbert Passin, " The Paekchŏng of Korea," *Monumenta Nipponica*12(1956–1957): 31.

36. In addition to the works by Shin and Wagner cited above see Susan S.Shin, "The Social Structure of Kùmhwa County in the Late Seventeenth Century,"in *Occasional Papers on Korea* 1(1974): 9–35.

37. Vernadsky,"Three Notes,"pp.81–82.

38. Ibid., pp.88–92.

39. Sellin,*Slavery and the Penal System*,p.121.

40. Hellie,*Slavery in Russia*, msp.XI–10.

41. Ibid., msp.XI–9.

42. Ibid., pp.XI–10–XI–11.

43. I draw heavily on several works in making these assertions, particularly Sellin,*Slavery and the Penal System*, and Michael R.Weisser,*Crime and Punishment in Early Modern Europe*(Sussex: Harvester Press, 1979).Sellin's work is itself largely an elaboration of the thesis that"the demands of the labor market shaped the penal system and determined its transformation over the years, more or less unaffected by theories of punishment in vogue." This thesis had been developed in two earlier works,those of Georg Rusche and Otto Kirchheimer,*Punishment and Social Structure* (New York: Columbia University Press, 1939); and Gustav Radbruch, "Der Ursprung des Strafrechts aus dem Stande der Unfreien,"reprinted in *Elegantiae juris criminalis*

(Basel: Verlag fur Recht und Gesellschaft, 1950). See also Sidney W. Mintz, "The Dignity of Honest Toil: A Review Article," *Comparative Studies in Society and History* 21 (1979) :558-566.

44. Cited in Sellin, *Slavery and the Penal System*, *p.*47.

45. Not all contemporary penal reformers attempted to disguise the fact that the punishment they were calling for as a replacement for the death penalty was slavery, pure and simple. Thus, the Milanese noble and penal reformer Cesare Beccaria in his influential tract, *Of Crime and Punishments*, stated bluntly that the alternative to the death penalty that he was advocating was "slavery for life." See Sellin, *Slavery and the Penal System*, pp.65-69.

46. "Mafakur: A Limbic Institution of the Margi," in Suzanne Miers and IgorI. Kopytoff, eds., *Slavery in Africa* (Madison: University of Wisconsin Press, 1977), pp. 85-102.

47. Ibid., p.100.

48. Theda Perdue, *Slavery and the Evolution of Cherokee Society, 1540 - 1866* (Knoxville: University of Tennessee Press, 1979), pp.3-18.

49. Burton Raffel, ed. and trans., *Beowulf* (New York: New American Library, 1963). All citations are from this edition.

50. Ibid., lines 1060-62.

51. Ibid., lines 2210-11.

52. Ibid., lines 2279-87.

53. For the classic statement see John Dollard, *Caste and Class in a Southern Town* (New Haven: Yale University Press, 1937).

54. For one of the best statements of this view see Edmund R. Leach, *Aspects of Castes in South India, Ceylon, and North-West Pakistan* (Cambridge: Cambridge University Press, 1960).

55. Typical of this approach is James H. Vaughan who, "following anthropological usage," defines caste as "a hereditary endogamous group who are socially differentiated by prescribed behavior." See his "Caste Systems in the Western Sudan," in Arthur Tuden and Leonard Plotnicov, eds., *Social Stratification in Africa*

（New York：Free Press, 1970）, pp. 59 – 92. See also in the same volume Jacques Maquet,"Rwanda Castes,"pp.93–124.

56. On the Margi see Vaughan's two previously cited papers："Mafakur：A Limbic Institution of the Margi,"and"Caste Systems in the Western Sudan";on the Somali see Enrico Cerulli, "II diritto consuetudinario della Somalia settentrionale（Migiurtini）,"*Somalia,scritti vari editi ed inediti* 2（1959）:1–74. On Korea see Passin,"The Paekchŏng of Korea."

57. See Robert S.Starobin,*Industrial Slavery in the Old South*（New York：Oxford University Press, 1970）; Claudia Dale Goldin, "The Economics of Urban Slavery, 1820–1860"（Ph.D.diss., University of Chicago,1972）;and Stanley L.Engerman,"A Reconsideration of Southern Economic Growth, 1770–1860,"in *Agricultural History* 49（1975）:343–361. On Jamaica see Barry Higman,*Slave Population and Economy in Jamaica, 1807–1834*（Cambridge：Cambridge University Press, 1976）, chaps.2–4,10.

58. While the vast majority of outcaste groups were despised,a few were not,among them the *enkyagu* of the Margi.

59. The Maori, *Memoirs of the Polynesian Society*,no.5（1924）,p.251.

60. Raymond Firth,*Primitive Economics of the New Zealand Maori*（Wellington, N.Z.：R.E.Owen,Government Printer,1959）,p.214.

61. Lionel Caplan,"Power and Status in South Asian Slavery,"in James L.Watson,ed.,*Asian and African Systems of Slavery*（Oxford：Basil Blackwell, 1980）, pp.177–180.

62. "The Tupinamba," in Julian H. Steward, ed., *Handbook of the South American Indians*（Washington, D. C.：Government Printing Office, 1948）, vol.3, p.120.

63. Ibid.

64. A. M. Wergeland, *Slavery in Germanic Society during the Middle Ages*（Chicago：University of Chicago Press,1916）,p.16.

65. H.R.P.Finberg, *The Agrarian History of England and Wales*（Cambridge：Cambridge University Press,1972）,p.507.

66. J.C.Miller, "Imbangala Lineage Slavery," in Miers and Kopytoff, *Slaveryin Africa*, pp.205–233.

67. Carlos Estermann, *The Ethnography of Southwestern Angola* (New York: Africana Publishing Co.,1976), pp.128–129.

68. Laura Bohannan and Paul Bohannan, *The Tiv of Central Nigeria* (London: Ethnographic Survey of Africa,1953), pt.8, pp.45–46.

69. K. Nwachukwu – Ogedengbe, "Slavery in Nineteenth Century Aboh (Nigeria)," in Miers and Kopytoff, *Slavery in Africa*, p.141.

70. Arthur Tuden, "Slavery and Social Stratification among the Ila of Central Africa," in Tuden and Plotnicov, *Social Stratification in Africa*, p.52.

71. Edmund R. Leach, *Political Systems of Highland Burma* (London: Bell, 1954), p.304.

72. N.Adriani and Albert C.Kruyt, *De Bare' e Sprekende Toradjas van Midden–Celebes* [The Bare' e–speaking Toradja of Central Celebes] (Amsterdam: Nood–Hollandsche Uitgevers Maatschappij,1951), vol.2, p.142.

73. On Jamaica see Orlando Patterson, *The Sociology of Slavery: Jamaica, 1655–1838* (Rutherford, N.J.: Fairleigh Dickinson University Press, 1969), chap. 6. On the U.S. South see Eugene D. Genovese, *Roll, Jordan, Roll* (New York: Pantheon,1974), esp.bk.2. See also the detailed discussion of the slaves' cultural life in Charles W.Joyner, "Slave Folklife on the Waccaman Neck: Antebellum Black Culture in the South Carolina Low Country" (Ph.D.diss., University of Pennsylvania, 1977), chap.3.

74. *Language and Myth* (New York: Dover Publications,1953), p.3.

75. There were, however, many peculiarly servile names, the best–known being perhaps "Rufio." This and other names suggest the national origins of the slaves, butas Gordon, Solin, and others have pointed out, it is dangerous to draw conclusions about the ethnic origins of Roman slaves on the basis of the available distribution of ethnic names. Slaves were often named for the place of purchase, which tells us nothing about their origin—a good case in point being the common slave name "Corinthus." Greek or hellenized names were often taken for cultural reasons. In an exceptional case a

captive was allowed to keep his original name, the most famous example being Sparta-cus. Whatever the new name, the overwhelming tendency was for the slave's master or superior to select it. Principally for this reason slave names "do not often take the form of nicknames derived from physical characteristics." See Mary L. Gordon, "The Na-tionality of Slaves under the Early Roman Empire," in Finley, *Slavery in Classical An-tiquity*, pp.171-211; Lily Ross Taylor, "Freedman and Freeborn in the Epitaphs of Imperial Rome," *American Journal of Philology* 82 (1961): 113-132; and, more re-cently, Heikki Solin, *Beitrage zur Kenntnis der griechischen Personennamen in Rom* (Helsinki: Societas Scientiarum Fennica, 1971).

76. Hellie, *Slavery in Russia*, mspp. XI-19-XI-27.

77. On the ancient Near East see Isaac Mendelsohn, *Slavery in the Ancient Near East* (Oxford: Oxford University Press, 1949), p.31; on China see Pulleyblank, "The Origins and Nature of Chattel Slavery in China," p.217; on Egypt see Bakir, *Slavery in Pharaonic Egypt*, pp.103-107, 114.

78. Ralph A. Austen, "Slavery among the Coastal Middle men: The Duala of the Cameroon," in Miers and Kopytoff, *Slavery in Africa*, p.312. See also K. Nwachukwu-Ogedengbe, "Slavery in Nineteenth Century Aboh (Nigeria)," in the same volume, p.140.

79. Edward Sapir and Morris Swadesh, *Native Accounts of Nootka Ethnography* (Bloomington: Indiana University Research Center in Anthropology, Folklore, and Linguistics, 1955), p.177. When a Nootka slave escaped or was ransomed, a potlatch was given for him and he was assigned a new name. Carl O. Williams, *Thraldom in Ancient Iceland* (Chicago: University of Chicago Press, 1937), pp.35-36.

80. Genovese, *Roll, Jordan, Roll*, pp.443-450. See also Newbell N. Puckett, "A-merican Negro Names," *Journal of Negro History* 23 (1938): 35-48. On the signifi-cance of name-changing upon emancipation see Ira Berlin, *Slaves without Masters* (New York: Vintage Books, 1976), pp. 51-52. On the struggle to retain African names in colonial South Carolina, the linguistic compromises worked out between mas-ters and slaves (especially in the use of African day-names), and the ultimate disap-pearance of African names with the Americanization of the slave population see Peter

H.Wood, *Black Majority: Negroes in Colonial South Carolina* (New York: Alfred A. Knopf, 1974) , pp.181–186. For an enslaved African's account of his reactions with each new master see Olaudah Equiano, *The Interesting Narrative of the Life of Olauda Equiano, or Gustavus Vasa, The African, Written by Himself* (Norwich, England: Printed and Sold by the Author, 1794) , pp.62, 87.

81. *The Black Family in Slavery and Freedom* (New York: Pantheon, 1976) , pp. 230–256.

82. William F. Sharp, *Slavery on the Spanish Frontier: The Colombian Chocó, 1680–1810* (Norman: University of Oklahoma Press, 1976) , p.114.

83. Ibid., pp.114–115.

84. Colin A. Palmer, *Slaves of the White God: Blacks in Mexico, 1570 – 1650* (Cambridge Mass.: Harvard University Press, 1976) , p.39.

85. David De Camp, "African Day–Names in Jamaica," *Language* 43 (1967) : 139–149. See also Patterson, *The Sociology of Slavery*, pp.174–181.

86. Michael Craton, *Searching for the Invisible Man: Slaves and Plantation Life in Jamaica* (Cambridge, Mass.: Harvard University Press, 1978) , p.157.

87. Ibid., p.158.

88. Higman, *Slave Population and Economy in Jamaica*, p.173.

89. My discussion here of the French Antilles relies heavily on Gabriel Debien, *Les esclaves aux Antilles françaises, XVIIe – XVIIIe siècles* (Basse – Terre, Fort – de – France: Société d'histoire de la Guadeloupe et Société d'histoire de la Martinique, 1974) , pp.71–73.

90. See Bernard Lewis, "The African Diaspora and the Civilization of Islam," in Martin L. Kilson and Robert I. Rotberg, eds., *The African Diaspora* (Cambridge, Mass.: Harvard University Press, 1976) , pp.37–56.

91. During the eighteenth century the South Carolina masters attempted to regulate slave clothing by law, but the attempt was abandoned because of a lack of interest of the masters in its enforcement. For a detailed discussion of the limited symbolic role of costume in the slave culture of South Carolina see Joyner, "Slave Folklife," pp.206–219. Joyner found no evidence to support Genovese's claim that

slaves preferred the color red. Over time the rough cotton " osnaburgs " became identified as " nigger cloth." American slaves, too, soon developed peculiar styles of dressing.See Genovese, *Roll, Jordan, Roll*, pp.550−561. In Mauritius slaves were not permitted to wear shoes.The colonists declared that doing so " was tantamount to proclaiming their emancipation" (Burton Benedict, "Slavery and Indenture in Mauritius and Seychelles, " in Watson, *Asian and African Systems of Slavery*, p.141).

92. For further discussion see Victor Ehrenberg, *The People of Aristophanes* (New York: Schocken Books, 1962), p.184.

93. We do not know when this incident, referred to by Seneca, occurred.See Seneca, *On Mercy* (Cambridge, Mass.: Harvard University Press, Loeb Classical Library, 1970), 1. 24. 1. Plautus also refers to the slaves' different style of dress although, of course, the setting is supposedly Greece. Plautus, *Amphitryo*, 114, in Plautus, *The Rope and other Plays*, ed.and trans.E.F.Watling(New York: Penguin Books, 1962), p.232.

94. There is still some controversy concerning exactly what the *abbuttum* or Babylonian slave−mark was, though it is certain that it was a mark of degradation.For a discussion of the subject see G.R.Driver and John C.Miles, eds. , *The Babylonian Laws* (Oxford: Clarendon Press, 1960), vol.1, pp.306−309, 422−423.

95. Sellin, *Slavery and the Penal System*, pp.49−50.

96. Ibid., p.120.

97. Cited in Kenneth Stampp, *The Peculiar Institution* (London: Eyre & Spottiswoode, 1964), p.185.

98. Ibid., p.205.

99. Craton, *Searching for the Invisible Man*, p.198.

100. C.R.Boxer, *The Golden Age of Brazil, 1695−1750* (Berkeley: University of California Press, 1969), p.172.

101. Kenneth Little, "The Mende Farming Household, " *Sociological Review* 40 (1948) :38.

102. A.A.Dim Delobsom, *L'empire du Mogho−Naba: Coutumes des Mossi de la-Haute−Volta* (Paris: Domat−Montchrestien, 1943), p.64.

103. On the psychoanalysis of hair and hairdressing see Charles Berg, *The Unconscious Significance of Hair* (London: Allen & Unwin, 1951). For a sympathetic critique of this work and a useful statement of the anthropological symbolism of hair see E.R.Leach, "Magical Hair, "in John Middleton, ed., *Myth and Cosmos* (Garden City, N.Y.: Natural History Press, 1967), pp.77–108. For a general study of hair and hair symbolism see Wendy Cooper, *Hair: Sex, Society, and Symbolism* (London: Aldus Books, 1971). And for a useful review of the anthropological literature on hair "as private asset and public symbol" see Raymond Firth, *Symbols: Public and Private* (Ithaca, N.Y.: Cornell University Press, 1973), pp.262–298. As important as the content in hair symbolism is the structural principle that hair shaving always implies a transitional status. I shall have more to say about this in a later chapter.

104. Raymond Breton, "Father Raymond Breton's Observation of the Island Carib: A Compilation of Ethnographic Notes Taken from Breton's Carib–French Dictionary Published in 1665, "trans.and ed.Marshall McKusick and Pierre Venn (New Haven: HRAF, 1957?), p.42 (manuscript). See also Raymond Breton and Armand de la Paix, "Relations de l'Ile de la Guadeloupe, "in Joseph Rennard, ed., *Les Caraïbes, La Guadeloupe, 1635–1656* (Paris: Librairie Generale et Internationale, 1929), pp. 45–74; Irving Rouse, "The Carib, "in Steward, *Handbook of the South American Indians*, vol.4, pp.552–553.

105. There is a vast literature on this subject. For a good overview see the papers collected in Magnus Mörner, ed., *Race and Class in Latin America* (NewYork: Columbia University Press, 1970). See also Charles Wagley, "On the Concept of Social Race in the Americas, "*Actas del XXXIII Congreso Internacional de Americanistas* 1 (1959) : 403–417; and Carl N.Degler, *Neither Black nor White: Slavery and Race Relations in Brazil and the United States* (New York: Macmillan Co., 1971). For an excellent study of the complexities of race, class, and color in a Caribbean slave society see Verena Martinez–Alier, *Marriage, Class, and Colour in Nineteenth–Century Cuba* (Cambridge: Cambridge University Press, 1974). For an interesting but flawed theory of the role of somatic perception in the development of race relations during and after slavery see Harry Hoetink, *The Two Variants of Caribbean Race Relations* (London:

Oxford University Press,1967).See also David Lowenthal,*West Indian Societies*(New York: Oxford University Press, 1972), esp. chap. 7; Florestan Fernandes, "Slaveholding Society in Brazil,"in Vera Rubin and Arthur Tuden,eds.,*Comparative Perspectives on Slavery in New World Plantation Societies* (New York: New York A-cademy of Sciences, 1977), pp. 311 – 342; and Leslie B. Rout, Jr., *The African Experience in Spanish America*(New York: Cambridge University Press,1976) , esp. chaps.5 and 12.

106. For a discussion of the social psychology of hair and hair color, and the pri-ority status of"good hair"over"good color,"see the work of the Jamaican sociologist Fernando Henriques, *Family and Colour in Jamaica* (London: MacGibbon & Kee, 1968) ,esp.chaps.1,2,13,and 14. As Henriques observes:"A dark person with good hair and features ranks above a fair person with bad [that is,African-type] hair and features"(p.55).

107. Woodville K.Marshall,ed.,*The Colthurst Journal: Journal of a Special Mag-istrate in the Islands of Barbados and St. Vincent, July 1835 – September 1838* (Millwood N.Y.: K.T.O. Press, 1977) , p. 100. Resentment of the beautiful curls of some mulatto women also existed in South Africa.

108. Ibid.

109. See Rex M.Nettleford,*Identity,Race,and Protest in Jamaica*(N.Y.: William Morrow and Co., 1972) , esp. chaps. 1,3, and 5. On Trinidad see Bridget Brereton, *Race Relations in Colonial Trinidad, 1870 – 1900* (Cambridge: Cambridge University Press,1979) , and for the modern period Selwyn D.Ryan,*Race and Nationalism in Trinidad and Tobago*(Toronto: University of Toronto Press,1972).

110. See,for example,James B. Christensen, *Double Descent among the Fanti* (New Haven: Human Relations Area Files,1954) ,p.96; and J.S.Harris,"Some As-pects of Slavery in Southeastern Nigeria,"*Journal of Negro History* 27(1942):96.

111. Meyer Fortes,*The Web of Kinship among the Tallensi*(London: Oxford Uni-versity Press,1949) ,p.25.

112. Perdue,*Slavery and the Evolution of Cherokee Society*,p.11.

113. Meyer Fortes, *The Dynamics of Clanship among the Tallensi* (London:

Oxford University Press, 1945), p.52.

114. J.C.Miller, "Imbangala Lineage Slavery, "in Miers and Kopytoff, *Slavery in Africa*, p.213.

115. Rattray, *Ashanti Law and Constitution*, pp.40–41.

116. André Bourgeot, " Rapports esclavagistes et conditions d'affranchissementchez les Imuhag," in Meillassoux, *L'esclavage en Afrique précoloniale*, pp.85, 90.

117. On the psychology of witchcraft in West Africa see M.J.Field, *Search for Security : An Ethnopsychiatrie Study of Rural Ghana*(London : Faber & Faber, 1960) .See also the classic paper of S.F.Nadel on the subject, "Witchcraft in Four African Societies : An Essay in Comparison, "*American Anthropologist* 54(1952) : 18–29.

118. *Rural Hausa : A Village and a Setting* (Cambridge : Cambridge University Press, 1972), p.42.

119. *The Cubeo : Indians of the Northwestern Amazon* (Urbana : University of Illinois Press, 1963), Illinois Studies in Anthropology, no.2, p.130.

120. *Roll, Jordan, Roll*, p.514.

121. *Journal of a West Indian Proprietor, Kept during a Residence in the Island of Jamaica*(London : 1834), p.240.

122. For the classic statement of this view see Max Weber, *The Sociology of Religion*, trans. Ephraim Fischoff (Boston : Beacon Press, 1964), esp. chaps. 1, 3, and 14. See in particular Weber's discussion of the means by which Rome, like China and other Far Eastern states, developed" more inclusive associations, especially of the political variety, "while retaining the power and significance of familial religious organizations and ancestral gods(pp.15–16) .See also Robert N.Bellah, *Beyond Belief*(New York : Harper & Row, 1970), chap.2.

123. *Untersuchungen iiber die Religion der Sklaven in Griechenland und Rom* (Wiesbaden : Akademie Mainz, 1960), vol.2, p.144.

124. Ibid. , vol.3, pp.173–195.

125. *Custom and Conflict in Africa* (Oxford : Basil Blackwell, 1955), p.125 ; also chap.5.

126. Borner, *Untersuchungen über die Religion der Sklaven*, vol.3, p.44.

127. W.K.C.Guthrie, *The Greeks and Their Gods* (Boston: Beacon Press, 1950), p.84; also chap.7.

128. Borner, *Untersuchungen über die Religion der Sklaven*, vol.1, pp.32–86.

129. For a good discussion of the saturnalia see E.O.James, *Seasonal Feasts and Festivals* (London: Thames & Hudson, 1961), pp.175–177.

130. Borner, *Untersuchungen über die Religion der Sklaven*, vol.1, pp.87–98.

131. R. H. Barrow, *Slavery in the Roman Empire* (London: Methuen & Co., 1928), p.164.

132. Ibid., p.168.

133. Borner, *Untersuchungen über die Religion der Sklaven*, vol.1, pp.110–171.

134. *Conquerors and Slaves* (Cambridge: Cambridge University Press, 1978), pp. 212–213. See also Robert E.A.Palmer, *Roman Religion and Roman Empire: Five Essays* (Philadelphia: University of Pennsylvania Press, 1974), pp.114–120.

135. Hopkins, *Conquerors and Slaves*, chap.5.

136. *Aspects of Antiquity* (New York: Viking Press, 1969), p.207.

137. For the classic analysis of the religions of salvation see Weber, *The Sociology of Religion*, chaps.9–12.

138. Early Christianity, as Weber pointed out, was essentially a religion of urban artisans "both slave and free" (ibid., p.95). See also Ernst Troeltsch, *The Social Teachings of the Christian Churches*, vol.1 (London: Macmillan & Co., 1931); A.D. Nock, *Early Gentile Christianity and Its Hellenistic Background* (New York: Harper Torchbooks, 1957); Philip Carrington, *The Early Christian Church*, vol. 1 (Cambridge: Cambridge University Press, 1957). For a good recent treatment of Constantine's conversion and its consequences see J.H.W.G.Liebeschuetz, *Continuity and Change in Roman Religion* (Oxford: Clarendon Press, 1979), pp.277–308.

139. See Ambrogio Donini, "The Myth of Salvation in Ancient Slave Society," *Science and Society* 15 (1951): 57–60. For a review of slavery in Christian thought see Davis, *The Problem of Slavery*, esp.chaps.3 and 4.

140. J.G. Davies, "Christianity: The Early Church," in R. C. Zaehner, ed., *The*

Concise Encyclopedia of Living Faiths (Boston: Beacon Press, 1959), p.56.

141. Ibid., pp.55–58.

142. For one of the best-known statements of the view that Christianity is primarily a religion built on the response to Jesus' crucifixion see John Knox, *The Death of Christ* (London: Collins, 1967). See also Christopher F. Evans, *Resurrection and the New Testament* (Naperville, Ill. : Alec R. Allenson, 1970).

143. Rom.6 : 10.

144. Undoubtedly the most probing modern analysis of Paul's ethical dualismis Maurice Goguel's *The Primitive Church*, trans. H. C. Snape (London: Allen & Unwin, 1964), pp.425–455.

145. Ibid., p.428.

146. Ibid., p.449.

147. On the chronic dualism of Saint Augustine see Karl Jaspers' brilliant critique in his *Plato and Augustine* (New York: Harvest Books, 1957), esp. pp. 109–119. Still valuable is J. N. Figgis, *The Political Aspects of St. Augustine's City of God* (London: Longmans, 1921). See my own interpretation in Orlando Patterson, *Ethnic Chauvinism: The Reactionary Impulse* (New York: Stein & Day, 1977), pp. 231–241.

148. See Weber, *The Sociology of Religion*, esp. chaps.9 and 10.

149. We need not become involved here with the spent debate on the role of the Catholic church in Latin American slavery. See Davis, *The Problem of Slavery*, pp. 223–261; also Rout, *The African Experience in Spanish America*, chap.5; Boxer, *The Golden Age of Brazil*, chaps.5–7; and Palmer, *Slaves of the White God*, chap.4, esp. the cases cited on pp.113–114.

150. See William Lou Mathieson, *British Slavery and Its Abolition* (London: Longmans, 1926), pp.109–114; Elsa V. Goveia, *Slave Society in the British Leeward Islands at the End of the Eighteenth Century* (New Haven: Yale University Press, 1965), pp. 263–310; and Patterson, *The Sociology of Slavery*, pp. 33–51. Although formally Catholic, the situation in the French Caribbean was more like that of the British islands. See Debien, *Les esclaves aux Antilles françaises*, pp.249–295.

151. *Sugar and Slaves: The Rise of the Planter Class in the English West Indies, 1624–1713* (Chapel Hill: University of North Carolina Press, 1972), p.249.

152. Albert J. Raboteau, *Slave Religion* (New York: Oxford University Press, 1980), p.141.

153. Ibid., p.149.

154. See John B. Boles, *The Great Revival, 1787–1805* (Lexington: University Press of Kentucky, 1972); also his *Religion in Antebellum Kentucky* (Lexington: University Press of Kentucky, 1976). On the ways in which Christian conscience was reconciled to bondage see H. Sheldon Smith, *In His Image, But—* (Durham, N.C.: Duke University Press, 1972).

155. Genovese, *Roll, Jordan, Roll*, p.186.

156. See Edgar T. Thompson, "God and the Southern Plantation System," in S.S. Hill, ed., *Religion and the Solid South* (Nashville, Tenn.: Abingdon Press, 1972), pp. 51–91; and James L. Peacock, "The Southern Protestant Ethic Disease," in J.K. Morland, ed., *The Not So Solid South* (Athens: University of Georgia Press, 1971).

157. *The Religion of the Slaves* (Helsinki: Finnish Academy of Science and Letters, 1976), p.139.

158. Genovese, *Roll, Jordan, Roll*, bk.2, pt.1.

159. Lawrence W. Levine, *Black Culture and Black Consciousness* (New York: Oxford University Press, 1978), chaps.1 and 3.

160. See Levine, *Black Culture and Black Consciousness*, p.33; and Raboteau, *Slave Religion*, p.250. Alho's careful study of the spirituals and slave narratives does not support the view that the Exodus myth or identification with the children of Israel were the dominant themes in the religious beliefs of slaves. See Alho, *The Religion of the Slaves*, pp.75–76.

161. Alho, *The Religion of the Slaves*, p.79.

162. Goguel, *The Primitive Church*, pp.454–455.

163. *Redemption in Black Theology* (Valley Forge, Pa.: Judson Press, 1979).

第三章　尊严与屈辱

1. J.W.Duff and A.M.Duff, eds., *Minor Latin Poets* (Cambridge, Mass.: Harvard University Press, 1934), p.4.

2. Ibid., pp.68-69, line 413.

3. Ibid., pp.42-43, line 211.

4. Ibid., line 212.

5. Ibid., pp.40-41, line 196.

6. *The Gift*, trans.Ian Cunnison(New York: W.W.Norton, 1967), p.36.

7. *The Antichrist*, in Walter Kaufmann, ed., *The Portable Nietzsche* (New York: Viking Press, 1954), p.570.

8. "Of Honor and Reputation," in *Essays Civil and Moral* (New York: Collier, 1909); Harvard Classics, vol.30, p.136.

9. Carl O.Williams, *Thraldom in Ancient Iceland* (Chicago: University of Chicago Press, 1937), pp.38-39.

10. The standard work on the subject is still the collection of essays edited by J. D.Peristiany, *Honour and Shame: The Values of Mediterranean Society* (London: Weidenfeld & Nicolson, 1965).More general in their application are the essays of Julian Pitt-Rivers on which I draw.See his "Honor," in the *Encyclopedia of the Social Sciences*, ed.2 (New York: Macmillan Co., 1968), vol.6, pp.503-511. For a recent review of the literature see John Davis, *People of the Mediterranean* (London: Routledge & Kegan Paul, 1977), pp.89-101.

11. Davis, *People of the Mediterranean*, p.98.

12. Pitt-Rivers, "Honor," p.505.

13. *Fundamental Principles of the Metaphysics of Ethics* (London: Longmans, 1959), p.14.

14. Plato, *The Republic*, VI.11. 548-549. The term "timocracy" is derived from the Greek word for honor(*timé*).It is true that Plato had Sparta in mind when speaking of timocracy and the timocratic character; however, his description not only applies

415

to ancient Athens but to the kind of culture and character we have in mind when speaking of honorific cultures or the honorific syndrome among all other peoples. According to Plato, in addition to the desire to excel, "the timocratic character has the following traits [:]...he must be more self-willed than Glaucon and rather uncultivated, though fond of music; one who will listen readily, but is nospeaker. Not having a properly educated man's consciousness of superiority to slaves, he will treat them harshly; though he will be civil to free men, and very obedient to those in authority. Ambitious for office, he will base his claims, not on any gifts of speech, but on his exploits in war and the soldierly qualities he has acquired, through his devotion to athletics and hunting. In his youth he will despise money, but the older he grows the more he will care for it, because of the touch of avarice in his nature; and besides his character is not thoroughly sound for lack of the only safeguard that can preserve it throughout life, a thoughtful and cultivated mind." From Francis M. Cornford, ed. and trans., *The Republic of Plato* (Oxford: Clarendon Press, 1941), p.266.

15. Yves d'Evreux, *Voyage dans le nord de Brésil, fait durant les années 1613 et 1614*, ed. Ferdinand Denis(Paris: A. Franck, 1864), p.46.

16. Ibid., p.56.

17. *Thraldom in Ancient Iceland*, p.163.

18. The extent and structural significance of slavery among the Germanic peoples is a controversial issue requiring further research. For the moment it is safest to say that in most areas slavery was of the domestic variety and that slaves, while used economically, were essentially a supplementary work force. The claim of some Marxist writers, such as H. Gråtopp, that a slave mode of production existed in Scandinavia during the Middle Ages, is highly questionable. What seems more reasonable is that slavery was of far greater economic significance among the Icelanders, Danes, Norwegians, and Swedes during the Viking Age(800-1300) than has been previously suspected. For the most representative of the Marxist approaches see Gråtopp, "Slavesamfunnet i Norge og birkebeinerevolusjonen," [Slave Society in Norway and the Revolution of Birkebeine] *Røde fane* 6 (1977): 1-2. For a recent synthesis see Thomas Lindkvist, *Landborna i Norden under äldre medeltid* [Tenants in the Nordic Countries

during the Early Middle Ages] (Uppsala: University of Uppsala, 1979) , pp.66–72, 129–139. See also Peter Foote and David M. Wilson, *The Viking Achievement* (London: Sidgwick & Jackson, 1970) , pp.65–78. The situation was different among the Anglo–Saxon kingdoms of England; I am convinced that slavery on a large scale existed in the southwestern states of the late Old English period.

19. A. M. Wergeland, *Slavery in Germanic Society during the Middle Ages* (Chicago: University of Chicago Press, 1916) , p.36.

20. Williams, *Thraldom in Ancient Iceland*, p.13.

21. Ibid. , p.16.

22. Ibid. , p.93.

23. Dafydd Jenkins, ed. , *Cyfraith Hywel* [Law of Hywel] (Llandysul, Wales: Gwasg Gomer, 1976) , p. 15. For a general treatment of the subject see Sir John E. Lloyd, *A History of Wales* (London: Longmans, 1911) , vol.1, chap.9.

24. H. R. P. Finberg, *The Agrarian History of England and Wales* (Cambridge: Cambridge University Press, 1972) , p.430.

25. For two excellent recent reviews of the literature on African slavery see Paul E. Lovejoy, " Indigenous African Slavery, " in Michael Craton, ed. , *Roots and Branches: Current Directions in Slave Studies, Historical Reflections* 6(1979) : 19–61; and Frederick Cooper, " The Problem of Slavery in African Studies, " *Journal of African History* 21(1979) : 103–125.

26. See Ronald Cohen, *The Kanuri of Bornu* (New York: Holt, Rinehart and Winston, 1966) ; Allan Hoben, " Social Stratification in Traditional Amhara Society, " in Arthur Tuden and Leonard Plotnicov, eds. , *Social Stratification in Africa* (New York: Free Press, 1970) , pp.197–198; and M. G. Smith, " The Hausa System of Social Status, " *Africa* 29(1959) : 239–252.

27. Tuden and Plotnicov, " Introduction" in Tuden and Plotnicov, *Social Stratification in Africa*, pp.1–29.

28. This is fully documented in all the papers collected in Ronald Cohen and John Middleton, eds. , *Comparative Political Systems* (Garden City, N. Y.: Natural History Press, 1967). See also Helen S. Codere, " Kwakiutl Society: Rank without

Class,"*American Anthropologist* 59(1957):473-486.

29. See Victor C.Uchendu, *The Igbo of Southeastern Nigeria* (New York: Holt, Rinehart and Winston,1965),esp.chaps.1,9,and 10.

30. See Claude Meillassoux, ed., *L'esclavage en Afrique précoloniale* (Paris: François Maspero,1975),p.64; and Suzanne Miers and Igor I.Kopytoff, eds., *Slavery in Africa*(Madison: University of Wisconsin Press,1977),pp.40-48.

31. John J.Grace, "Slavery and Emancipation among the Mende in Sierra Leone, 1896-1928,"in Miers and Kopytoff, *Slavery in Africa*, p.419.

32. Ibid.,p.420.

33. *Freedom in Fulani Social Life: An Introspective Ethnography* (Chicago: University of Chicago Press,1977),p.117.

34. Ibid.,pp.127-128.

35. *Ethno-conchology: A Study of Primitive Money*(Washington, D.C.: U.S. National Museum Report,1887,1889),p.331.

36. Catharine McClellan, "The Interrelations of Social Structure with Northern Tlingit Ceremonialism,"*Southwestern Journal of Anthropology* 10(1954):94.

37. Philip Drucker gives a brief description in *Indians of the Northwest Coast* (Garden City, N.Y.: Natural History Press, 1963), pp.131-143. For the classic account see Franz Boas, *The Social Organization and the Secret Societies of the Kwakiutl Indians* (Washington, D.C.: U.S. National Museum Report, 1895), pp.311-338. The standard modern account is Helen S.Codere, *Fighting with Property: A Study of Kwakiutl Potlatching and Warfare, 1792-1930*(New York: J.J.Augustin,1950). And for a dissenting view emphasizing the problem of cultural contact and change see Stuart Piddocke, "The Potlatch System of the Southern Kwakiutl: A New Perspective,"in *Southwestern Journal of Anthropology* 21(1965):244-264.

38. N.Adriani and Albert C.Kruyt, *De Bare' e Sprekende Toradjas van Midden-Celebes* [The Bare' e-speaking Toradja of Central Celebes] (Amsterdam: Nood-Hollandsche Uitgevers Maatschappij,1951),vol.2,p.96.

39. Ibid.,p.145.

40. Ibid.,p.146.

41. Ibid. ,p.143.

42. See in particular Hsien Chin Hu, "The Chinese Concepts of Face,"*American Anthropologist* 46(1944):45-64. The Chinese have two concepts of face:*mien−tzü*, which refers to status, power, and wealth; and *lien*, which refers to moral worth, honor, and integrity.To deny the latter is the greatest of insults.

43. E.G.Pulleyblank, "The Origins and Nature of Chattel Slavery in China," *Journal of the Economic and Social History of the Orient* 1(1958):204.

44. Ellen S. Unruh, "The Landowning Slave: A Korean Phenomenon," *Korean Journal* 16(1976):30.

45. Dang Trinh Ky, *Le nantissement des personnes dans l'ancien driot annamite* (Paris:Domat−Montchrestien,1933), p.45.

46. Ibid.

47. Dev Raj Chanana, *Slavery in Ancient India* (New Delhi:People's Publishing House,1960), p.54.

48. Ibid. ,p.176.

49. Ibid. ,p.69.

50. M.I. Finley, *The World of Odysseus* (London: Penguin Books, 1962), pp. 32-33,125-128,131-142.

51. M.I.Finley, "Was Greek Civilization Based on Slave Labour?" in M.I.Finley, ed., *Slavery in Classical Antiquity*(Cambridge:W.Heffer and Sons,1960), pp.53-72; Rodolfo Mondolfo, "The Greek Attitude to Manual Labor,"*Past and Present*(1952), no.2,pp.1-5.

52. *The Hellenic World:A Sociological Analysis*(New York:Harper Torch books, 1969), pp.42,49-51. While Gouldner's work was received with hostility by many classicists,few would argue with the view that honor was a central preoccupation of ancient Greek culture. See, for example, H. D. F. Kitto, *The Greeks* (London: Penguin Books,1951), pp.245-248. On Greek competitiveness see E.R.Dodds, who describes ancient Greek culture as a"shame"culture in his book, *The Greeks and the Irrational* (Berkeley:University of California Press,1951).Of special interest too is A.W.Adkins, *Merit and Responsibility: A Study in Greek Values* (Oxford: Oxford University

Press,1960).

53. "Greek Theories of Slavery from Homer to Aristotle," in Finley, *Slavery in Classical Antiquity*, p.114.

54. *Ancient Slavery and the Ideal of Man* (Cambridge, Mass.: Harvard University Press,1975),p.8.

55. Ibid.,p.19.

56. "The Murder of Slaves in Attic Law," *Classical Philology* 32 (1937): 214-215.

57. Ibid.

58. Douglas M.MacDowell, *The Law in Classical Athens* (Ithaca, N.Y.: Cornell University Press, 1978), pp. 79 – 83. On the law of homicide see pp. 109 – 122; on hubris,pp.129 – 132; and on the testimony of slaves, pp. 245 – 247. It is difficult to come to grips with the ancient Greek concept of hubris.However, insofar as it applies to slaves,we may note the case of a man called Ktesikles,who during a festival hit another man with his riding whip. A charge of impious action during a festival was brought against him.Ktesikles defended himself on the grounds that he was drunk at the time.However,the jury found against him,concluding that he had acted"from hybris,not from wine—*treating free men as slaves*," and he was condemned to death.Cited in MacDowell, *Athenian Homicide Law* (Manchester: University of Manchester Press,1963), p. 195, emphasis added. The jury's judgment is revealing in that it defines hubris as"treating free men as slaves"; hence if we are to believe that slaves could suffer hubris, we must conclude that a man could be condemned to death for treating a slave like a slave,which is an absurdity.

59. M.I.Finley, *Ancient Slavery and Modern Ideology* (New York: Viking Press, 1980),pp.93-122.

60. Victor Ehrenberg, *The People of Aristophanes* (New York: Schocken Books, 1962),p.165.

61. Ibid.,p.187.

62. Ehrenberg, *The People of Aristophanes*,p.186.

63. Finley, *Ancient Slavery and Modern Ideology*,p.107.

64. Finley's assessment of the available data on the role of slaves as governesses and nursemaids is important in itself. While I share his view that Vogt's use of these data to demonstrate humanity in master-slave relationships is misguided, Vogt's own review at least shows the importance of slaves in these roles. See Finley, *Ancient Slavery and Modern Ideology*; and Vogt, *Ancient Slavery and the Ideal of Man*, pp. 103-121.

65. I cite, with some trepidation, Philip E. Slater's analysis of the family in classical Greece, *The Glory of Hera: Greek Mythology and the Greek Family* (Boston: Beacon Press, 1968), esp. chap. 1. See also Kitto, *The Greeks*, pp. 219-236.

66. *Social Status and Legal Privilege in the Roman Empire* (Oxford: Oxford University Press, 1970).

67. Ibid., p. 234.

68. Ibid.

69. Ibid., p. 224.

70. Horace, *Epistle*, II, 156-157.

71. *Civilization and the Caesars* (Ithaca, N.Y.: Cornell University Press), p. 14.

72. Peter Garnsey, *Social Status and Legal Privilege in the Roman Empire* (Oxford: Oxford University Press, 1970), p. 1.

73. F.W. Walbank, "Polybius and Rome's Eastern Policy," *Journal of Roman Studies* 53 (1963): 1-4.

74. For a thorough analysis of changing Greek attitudes see Bettie Forte, *Rome and the Romans as Greeks Saw Them*, American Academy of Rome, Papers and Monographs 24 (1972), esp. pp. 9-12, 86-87, 219-225.

75. C.M. Bowra, "Melinno's Hymn to Rome," *Journal of Roman Studies* 47 (1957): 27-28.

76. H. Hill, "Dionysius of Halicarnassus and the Origins of Rome," *Journal of Roman Studies* 51 (1961): 89.

77. Ibid.

78. Nicholas Petrochitos, *Roman Attitudes to the Greeks* (Athens: University of Athens, 1974).

79. Ibid., pp.40-41.

80. Ibid.

81. Ibid., p.53.

82. I have discussed Roman universalism at some length in my *Ethnic Chauvinism: The Reactionary Impulse* (New York: Stein & Day, 1977), chap.2.

83. On slaves as tutors in Roman comedy see Peter P.Spranger, *Historische Untersuchungen zu den Sklavenfiguren des Plautus und Terenz* (Wiesbaden: Akademie Mainz, 1960), pp.90-91. On the significance of the servus callidus see C.Stace, "The Slaves of Plautus," *Greece and Rome* 15 (1968): 66. On the dangers of relying too heavily on this kind of data see Finley, *Ancient Slavery and Modern Ideology*, pp. 105-108.

84. Cited in R. H. Barrow, *Slavery in the Roman Empire* (London: Methuen & Co., 1928), p.42.

85. Keith Hopkins, *Conquerors and Slaves* (Cambridge: Cambridge University Press, 1978), p.112.

86. Cited in Finley, *Ancient Slavery and Modern Ideology*, p.104.

87. See Abou A.M.Zied, "Honour and Shame among the Bedouins of Egypt," in Peristiany, *Honour and Shame*, pp.245-259.

88. *Arabian Highlands* (Ithaca, N.Y.: Cornell University Press, 1952), p.373.

89. *The Arab of the Desert: A Glimpse of Badawin Life in Kuwait and Saudi Arabia* (London: Allen & Unwin, 1951), p.502.

90. "Slavery in Arabia" (Philadelphia: Institute for Israel and the Middle East of the Dropsie College for Hebrew and Cognate Learning, 1952), p.11 (manuscript).

91. *Plantation Slavery on the East Coast of Africa* (New Haven: Yale University Press, 1977), p.76.

92. Ibid., pp.77-78.

93. Ibid., pp.153-156, 182-200, 215-242.

94. See Bernard Lewis, *Race and Color in Islam* (New York: Harper Torchbooks, 1971). For a more sophisticated treatment of the problem of Islam and slavery than that offered in his earlier work, see Frederick Cooper, "Islam and Cultural

Hegemony: The Ideology of Slaveowners on the East African Coast," paper presented at the Conference on the Ideology of Slavery in Africa, York University, Toronto, April 3-4, 1980.

95. "Slaves, Fugitives, and Freedmen on the Kenya Coast, 1873-1907" (Ph.D. diss., Syracuse University, 1976), p.110.

96. Ibid., p.116.

97. Ibid., pp.137-282; Cooper, *Plantation Slavery*, pp.200-210.

98. *The World the Slaveholders Made* (New York: Vintage Books, 1971), p.131.

99. *The Waning of the Old South Civilization, 1860-1880's* (Athens: University of Georgia Press, 1968), pp.50-51.

100. James Boswell, *The Life of Samuel Johnson*, C.G.Osgood, ed. (New York: Charles Scribner's Sons, 1945), p.353.

101. *Romanticism and Nationalism in the Old South* (New Haven: Yale University Press, 1949), pp.213-216.

102. *The Militant South* (Boston: Beacon Press, 1964), pp.34-35.

103. Ibid., p.36.

104. Ibid., pp.66-71.

105. Cited in ibid., pp.66-67.

106. "The Southern Gentleman as He Saw Himself," in Willard Thorpe, ed., *A Southern Reader* (New York: Alfred A.Knopf, 1955), p.250. See also the other selections in sec.8 of this work.

107. Osterweis, *Romanticism and Nationalism*, p.213.

108. Stanley Elkins, *Slavery: A Problem in American Institutional and Intellectual Life* (Chicago: University of Chicago Press, 1959), p.82.

109. Orlando Patterson, *The Sociology of Slavery; Jamaica, 1655-1838* (Rutherford, N.J.: Fairleigh Dickinson University Press, 1969), chap.6.

110. See Claude Meillassoux's discussion of these systems in the introduction to his *The Development of Indigenous Trade and Markets in West Africa* (London: Oxford University Press, 1971).

111. For the standard account see Joseph Vogt, "The Structure of Ancient Slave

Wars,"in his *Ancient Slavery and the Ideal of Man*, pp.39-92.

112. On the revolt of the Zandj see A.Popovic,"Ali B.Muhammad et la révolte des esclaves à Basra"(Ph.D.diss.,University of Paris,1965).

113. On the early slave revolts of Jamaica see Orlando Patterson,"Slavery and Slave Revolts:A Sociohistorical Analysis of the First Maroon War,1665 - 1740," *Social and Economic Studies* 19(1970):289-325. For another interpretation of the same revolts see Mavis C.Campbell,"Marronage in Jamaica,Its Origins in the Seventeenth Century,"in Vera Rubin and Arthur Tuden,eds.,*Comparative Perspectiveson Slavery in New World Plantation Societies* (New York: New York Academy of Sciences,1977),pp.389-419. For a romantic interpretation of these revolts see Carey Robinson,*The Fighting Maroons*(Kingston,Jamaica:William Collins and Sangster, 1969).On Haiti see C.L.R.James,*The Black Jacobins*(New York: Vintage Books, 1963);Hubert Cole,*Christophe:King of Haiti*(London:Eyre & Spottiswoode,1966); and Leslie F.Manigat,"The Relationship between Marronage and Slave Revolts and Revolution in St.Dominigue Haiti"in Rubin and Tuden,*Comparative Perspectives on Slavery*, pp.420 - 438. There is a large and growing literature on slave revolts and marronage in the New World.See in particular Richard Price,ed.,*Maroon Societies*, ed.2(Baltimore:Johns Hopkins University Press,1979).(The afterword and bibliography are particularly useful.)See also Eugene D.Genovese,"Rebelliousness and Docility in the Negro Slave,"in his *Red and Black:Marxian Explorations in Southern and Afro-American History*(New York: Vintage Books,1971),pp.73-101;and his *From Rebellion to Revolution*(New York:Random House,1981).See also Gerald W. Mullin,*Flight and Rebellion*(London:Oxford University Press,1972).

114. See the very useful collection of papers on the Elkins thesis in Ann J.Lane, ed.,*The Debate over Slavery:Stanley Elkins and His Critics*(Urbana:University of Illinois Press,1971).

115. G.W.F.Hegel,*The Phenomenology of Mind*(London:Allen & Unwin,1910, 1961),pp.228-240. For references to the views of Eugene D.Genovese and David Brion Davis on this work see the Introduction,note 38. G.A.Kelly observes that"as a form of consciousness, lordship and bondage was continuously indispensable to

Hegel's dialectical deduction of the formation of subjective mind and had occupied him from his earliest attempts to construct a system." Kelly, "Notes on Hegel's Lordship and Bondage, "*Review of Metaphysics* 19(1966):781. See also Jean Hyppolite, *Genesis and Structure of Hegel's Phenomenology of Spirit*, trans. Samuel Cherniak and John Heckman(Evanston, I11. : Northwestern University Press, 1974).

116. Hegel, *The Phenomenology of Mind*, p.234.

117. *Introduction to the Reading of Hegel* (New York: Basic Books, 1969), p. 19. See also Aimé Patri, "Dialectique du maître et de l'esclave, "*Le contrat social* 5 (1961).

118. Hegel, *The Phenomenology of Mind*, p.237.

119. See in particular Karl Marx, *Economic and Philosophic Manuscripts of 1844* (Moscow: Foreign Languages Publishing House, 1961), pp. 142 – 170; and Herbert Marcuse, *Reason and Revolution* (New York: Humanities Press, 1954), p.113.

120. Hegel, *The Phenomenology of Mind*, pp.238–240.

121. It is interesting to read what a slave has to say on this matter. Solomon Northup not only cites numerous cases of masters basking in the degradation of their slaves, but gives a chilling instance of how the degradation and brutalization of the slave influenced the children of the master class. Northup's master's eldest son, a boy between ten and twelve years of age, took special delight in tormenting the dignified old slave Uncle Abram: "It is pitiable, sometimes, to see him chastising, for instance, the venerable Uncle Abram. He will call the old man to account, and if in his childish judgment it is necessary, sentence him to a certain number of lashes, which he proceeds to inflict with much gravity and deliberation. Mounted on his pony, he often rides into the field with his whip, playing the overseer, greatly to his father's delight." Solomon Northup, *Twelve Years a Slave* (Baton Rouge: Louisiana State University Press, 1968), p.201.

122. For general accounts of the larger Caribbean systems see Gabriel Debien, *Les esclaves aux Antilles françaises, XVIIe – XVI IF siècles* (Basse – Terre, Fort – de – France: Société d'histoire de la Guadaloupe et Société d'histoire de la Martinique, 1974); Patterson, *The Sociology of Slavery*; B.W.Higman, *Slave Population and Econ-*

omy in Jamaica, *1807–1834* (Cambridge:Cambridge University Press,1976) ;Jerome S.Handler and Frederick W. Lange, *Plantation Slavery in Barbados* (Cambridge, Mass.:Harvard University Press, 1978) ; Woodville K. Marshall, ed. , *The Colthurst Journal:Journal of a Special Magistrate in the Islands of Barbados and St.Vincent, July 1835–September 1838* (Millwood, N.Y.:K.T.O.Press, 1977) ; Michael Craton, *Sinews of Empire* (Garden City, N.Y.:Doubleday, Anchor Books, 1974) ; and Richard S.Dunn, *Sugar and Slaves:The Rise of the Planter Class in the English West Indies, 1624–1713* (Chapel Hill:University of North Carolina Press,1972).

There is as yet no study of the large–scale slave system of the Banda Islands.Indeed, even specialists are often not aware of the existence of slavery there.Yet the Banda slave systems were among the most advanced and destructive ever developed. The only relevant works I know are J.A.Van der Chijs, *De vestiging van het Nederlandsche gezag over de Banda–eilanden*, *1599–1621* [The Imposition of Dutch Rule over the Banda Islands] (Batavia:Albrecht & Co.,1886) ; V.I.van de Wall, "Bijdrage tot de Geschiedenis der Perkeniers,1621–1671," [Contribution to the History of the Perkeniers,1621–1671] *Tijdschrift voor Indisch Taal–*, *Land–*, *en Volkenkunde* 74 (1934) ;Bruno Lasker, *Human Bondage in Southeast Asia* (Chapel Hill:University of North Carolina Press,1950) , pp.33–34,75–76;J.C.Van Leur, *Indonesian Trade and Society* (The Hague:W.van Hoeve,1955) , pp.122–123,141–144,183,208–209;and H.W. Ponder, *In Javanese Waters* (London:Seeley, Service & Co., 1944?) , pp. 100–118.

123. This solution, however, was not available to the isolated master class of the Banda Islands.Even as the masters brutalized their slaves and regarded them as totally degraded objects, the slaves in turn held their dependent masters in utter contempt. Both groups struggled in an escalating social squalor of mutual degradation, resulting in what Lasker aptly calls "a weird exhibit in the museum of human folly" (p.34).

124. Long before the present wave of slave studies emphasized this fact, it was recognized by G.G.Johnson in her neglected classic, *Ante-Bellum North Carolina:A Social History* (Chapel Hill:University of North Carolina Press,1937) , for example, p. 522. For more recent works see John Blasingame, *The Slave Community* (New York:

Oxford University Press, 1972), pp. 184–216; E.D.Genovese, *Roll, Jordan, Roll* (New York: Pantheon, 1974), pp. 658–660, and Lawrence W. Levine, *Black Culture and Black Consciousness* (New York: Oxford University Press, 1978), pp. 121–135.

125. *The Confessions of St.Augustine*, trans. F.J.Sheed (Kansas City: Sheed, Andrews and McMeel, 1970), p.56.

第四章　从自由人到奴隶

1. On the Tupinamba see Alfred Métraux, "The Tupinamba," in Julian H.Steward, ed., *Handbook of the South American Indians* (Washington, D. C.: Government Printing Office, 1948), vol.3, pp. 118–126; on the Aztecs see Carlos Bosch Garcia, *La esclavitudprehispànica entre los Aztecas* (Mexico City: Colegio de Mexico, Centro de Estudios Histôricos, 1944), chaps.3 and 10.

2. Theda Perdue, *Slavery and the Evolution of Cherokee Society, 1540–1866* (Knoxville: University of Tennessee Press, 1979), chaps. 1 and 2; and U. P. Averkieva, *Slavery among the Indians of North America* (Moscow: U.S.S.R.Academy of Sciences, 1941), chap.7.

3. Many ancient peoples other than the Carthaginians sacrificed their prisoners of war—for example, the Etruscans, early Greeks, insular Celts, Asiatic Gauls, Scythians, and Thracians.See Mars M.Westington, *Atrocities in Roman Warfare to 133 B.C.* (Chicago: University of Chicago Libraries, 1938), pp. 12–13, 118–119; and, more recently, Pierre Ducrey, *Le traitement des prisonniers de guerre dans la Grèce antique* (Paris: Editions E.De Boccard, 1968), pp.204–206.

4. On Greek massacre see Ducrey, *Le traitement des prisonniers de guerre*, pp. 56–73, 117–130. See also W. Kendrick Pritchett, *Ancient Greek Military Practices* (Berkeley: University of California Press, 1971), pp.71, 72, and 73. On Rome see Westington, *Atrocities in Roman Warfare*, passim.On human sacrifice in Rome after 225 B.C.see Robert E. A.Palmer, *Roman Religion and Roman Empire: Five Essays* (Philadelphia: University of Pennsylvania Press, 1974), pp.154–171. I return to this subject in Chapter 8.

5. On the Nkundu see Gustave E.Hulstaert, *Le manage de Nkundo*, Memoires de l'institut royal colonial belge, no.8(1938), pp.334,335–336. On the Luvale see C.M. N.White, "Clan, Chieftainship, and Slavery in Luvale Political Organization," *Africa* 27(1957):66.

6. Bernard J.Siegel, *Slavery during the Third Dynasty of Ur*, Memoirs of the American Anthropological Association, no.66(1947), p.44.

7. Carl O.Williams, *Thraldom in Ancient Iceland*(Chicago: University of Chicago Press, 1937), p.25.

8. Gerald W.Hartwig, "Changing Forms of Servitude among the Kerebe of Tanzania," in Suzanne Miers and Igor I. Kopytoff, eds., *Slavery in Africa* (Madison: University of Wisconsin Press, 1977), p.270.

9. James H.Vaughan, "Mafakur: A Limbic Institution of the Margi," in Miers and Kopytoff, *Slavery in Africa*, p.91.

10. A. G. B. Fisher and H. J. Fisher, *Slavery and Muslim Society in Africa* (London: C.Hurst & Co., 1970), pp.34,67.

11. See Maurice Keen, *The Laws of War in the Late Middle Ages*(London: Routledge & Kegan Paul, 1965), pp.137,156.

12. "Christian Captives at 'Hard Labor' in Algiers, Sixteenth to Eighteenth Centuries," *International Journal of African Historical Studies* 13(1980):618. See also Stephen Clissold, *The Barbary Slave* (London: Paul Elek, 1977), pp. 5, 14 – 15, 102–129, 137–148.

13. Siegel, for example, asserts the traditional view that a major source of slavery during the Third Dynasty of Ur was captives of war. *Slavery during the Third Dynasty of Ur*, p.11.

14. Chou ku – Cheng, "On Chinese Slave Society," in Office of Historical Studies, *Selected Essays on Problems Concerning Periodization of the Slave System and Feudal System in Chinese History*(Peking: Joint Publishing Co., 1956), pp.61–67. (In Chinese.)

15. See, for example, Kuo Mo-jo, "A Discussion on the Society of the Chou Dynasty," in Office of Historical Studies, *Selected Essays*, pp. 85 – 100. See also Kuo

Pao-chun, "Description of Historical Facts on Various Slaves as Sacrifices in the Yin and Chou Dynasties," ibid., pp.58-60; as well as Kuo Mo-jo's response, "Tu liao Chi Yin-Chou hsuan-jen Shih-shih"[My Comments on 'Description of Historical Facts of Various Slaves as Sacrifices in the Yin and Chou Dynasties'];ibid., pp.54-58. (In Chinese.)

16. Tung Shu-yeh, "On the Issues of Periodization of Ancient Chinese History," in Office of Historical Studies, *Selected Essays*, pp.131-161. (In Chinese.)

17. Chien Po-tsan, "On the Problems Concerning the Official and Private Slaves and Maids of the Western and Eastern Han Dynasties," in Office of Historical Studies, *Selected Essays*, pp.388-418. (In Chinese.)

18. C.M.Wilbur, *Slavery in China during the Former Han Dynasty, 206 B.C.-A.D.25* (Chicago: Field Museum of Natural History, 1943).

19. Ibid., p.96.

20. C.M.Wilbur, "Industrial Slavery in China during the Former Han Dynasty (206 B.C.-A.D.25)," *Journal of Economic History* 30(1943): 59.

21. E.G.Pulleyblank, "The Origins and Nature of Chattel Slavery in China," *Journal of Economic and Social History of the Orient* 1(1958): 201, 205.

22. Wang Yi-T'ung, "Slaves and Other Comparable Social Groups during the Northern Dynasties(386-618)," *Harvard Journal of Asiatic Studies* 16(1953): 302.

23. Ibid., pp.302, 306-307.

24. *Slavery in the Ancient Near East* (Oxford: Oxford University Press, 1949), pp. 1-3.

25. V.V.Struve, "The Problem of the Genesis, Development, and Disintegration of the Slave Societies in the Ancient Orient," in I.M.Diakanoff, ed., *Ancient Mesopotamia* (Moscow: Nauka, 1969), esp.pp.20, 23-24, 29.

26. I.M.Diakanoff, "The Commune in the Ancient East as Treated in the Works of Soviet Researchers," in Stephen P. Dunn and Ethel Dunn, eds., *Introduction to Soviet Ethnography* (London: Social Science Research Station, 1974), p.519. Although Diakanoff asserts that the use of POWs in agriculture was dangerous and impractical in early Mesopotamia, he nonetheless calls this early period the "slave-owning system

of production."

27. I.I.Semenov, "The Problem of the Socioeconomic Order of the Ancient Near East," in Dunn and Dunn, *Introduction to Soviet Ethnography*, p.592. See also pp. 576–577.

28. "Prisoners of War in Early Mesopotamia," *Journal of Near Eastern Studies* 32(1973):72. See also pp.90–93.

29. See, for example, his remarks on culture shock(ibid., p.91).

30. M.Dandamayev, "Foreign Slaves on Estates of the Achaemenid Kings and Their Nobles," Proceedings of the 25th Congress of Orientalists, Moscow, 1960(Moscow: n.p., 1963), p.151.

31. *Ducrey*, Le traitement des prisonniers de guerre.

32. Ibid., pp.54–55 and passim.

33. Ibid., chap. 3. Westington also made this distinction in his discussion of ancient Rome.See his *Atrocities in Roman Warfare*, chap.7.

34. For an excellent treatment of this subject see Richard Elphick, *Kraal and Castle*(New Haven: Yale University Press, 1977), esp.pp.180–181.

35. Pritchett, *Ancient Greek Military Practices*, p.69.

36. Ibid., pp.68, 70.

37. Westington, *Atrocities in Roman Warfare*, chap.7.

38. *The Greeks*(London: Hutchinson, 1967), p.139.

39. Ibid.

40. M.I.Finley, *Ancient Slavery and Modern Ideology*(New York: Viking Press, 1980), p.72.

41. Ibid.

42. Sherburne F.Cook and Woodrow Borah, *Essays in Population History: Mexico and the Caribbean*, 2 vols. (Berkeley: University of California Press, 1971, 1974); Philip D.Curtin, "The Slave Trade and the Atlantic Basin: Intercontinental Perspectives," in Nathan Huggins, Martin Kilson, and Daniel Fox, eds., *Key Issues in the Afro-American Experience*(New York: Harcourt Brace Jovanovich, 1971); M.J.MacLeod, *Spanish Central America: A Socioeconomic History, 1520–1720* (Berkeley: Uni-

versity of California Press, 1973); C.O.Sauer, *The Early Spanish Main* (Cambridge: Cambridge University Press, 1966). Still helpful after fifty years is Ruth Kerns Barber, *Indian Labor in the Spanish Colonies* (Albuquerque: University of New Mexico Press, 1932), esp. chap. 7. Though highly journalistic in tone, there is much that is useful in L.R.Bailey, *Indian Slave Trade in the Southwest* (New York: Tower Publications, 1966). The most valuable and moving source, of course, is the classic work of Bartolemé de las Casas, *History of the Indies*, trans. and ed. Andrée Collard (New York: Harper & Row, 1971).

43. Kenneth R.Andrews, *The Spanish Caribbean: Trade and Plunder, 1530–1630* (New Haven: Yale University Press, 1978), pp.6–13.

44. Ibid., p.9.

45. Ibid., p.19.

46. The origins of the Toradja slaves are buried in myth and obscurity. The Toradjas themselves claim that the slaves were originally descended from credit bondsmen, but N.Adriani and Albert C.Kruyt, the standard ethnographers, dismiss that explanation as improbable. However, their own speculation that the slaves were originally a conquered race is equally implausible. See Adriani and Kruyt, *De Bare' e Sprekende Toradjas van Mid–den–Celebes* [The Bare' e–speaking Toradja of Central Celebes] (Amsterdam: Nood–Hollandsche Uitgevers Maatschappij, 1950), vol.1, pp.137–140.

47. Raymond Firth, *Primitive Economics of the New Zealand Maori* (Wellington, N.Z.: R.E.Owen, Government Printer, 1959), p.109.

48. See virtually all the case studies in Miers and Kopytoff, *Slavery in Africa*; and in Claude Meillassoux, ed., *L'esclavage en Afrique précoloniale* (Paris: François Maspero, 1975). On Dahomey see M. J. Herskovits, *Dahomey: An Ancient West African Kingdom* (New York: J.J.Augustin, 1938), vol.1, p.99. On Ashanti see Ivor Wilks, *Asante in the Nineteenth Century* (London: Cambridge University Press, 1975), pp. 83–85, 176–177, 679–680.

49. Averkieva, *Slavery among the Indians of North America*, pp.82–92.

50. M.I.Finley, "The Black Sea and Danubian Regions and the Slave Trade in Antiquity," *Klio* 40 (1962): 56. See also William L.Westermann, *The Slave Systems of*

Greek and Roman Antiquity (Philadelphia: American Philosophical Society, 1955),
pp.1–12. Greece of the Homeric period falls into my first group of societies.See M.I.
Finley,*The World of Odysseus*(London:Penguin Books,1962) ,pp.61–62.

51. Keith Hopkins, *Conquerors and Slaves* (Cambridge: Cambridge University
Press,1978) ,pp.102–106. 1 am not concerned here with the still controversial issue
of the role of warfare in the emergence of large–scale slavery in ancient Rome,on
which see Finley,*Ancient Slavery and Modem Ideology*, pp.82–92.

52. Max Weber's assertion that"the final offensive wars of the second century...
were in fact little more than slave raids"may have been putting the matter a little too
strongly.*The Agrarian Sociology of Ancient Civilizations* (London: New Left Books,
1976) ,p.399. Warfare continued to provide slaves throughout the period of the em-
pire,but,as William V.Harris has recently pointed out, "The relative importance of
this source declined severely after the change of external policy which took place in
the last years of Augustus' life.""Towards a Study of the Roman Slave Trade,"in J.
H.D'Arms and E.C.Kopff,eds. , "The Seaborne Commerce of Ancient Rome:Studies
in Archeology and History,"in Memoirs of the American Academy in Rome,vol.36
(1980) ,p.122. See also Finley,*Ancient Slavery and Modern Ideology*, p.128.

53. See Pierre Ducrey,*Le traitement des prisonniers de guerre*, chaps.2B,2C,
and 3B.

54. The means of enslavement of the Africans brought to the New World still
needs to be thoroughly explored. Of the Senegambian region Philip D. Curtin has
written that"at least 80 per cent...were captives."*Economic Change in Precolonial Af-
rica*(Madison:University of Wisconsin Press,1975) ,p.154. It would be wrong to as-
sume that the same held for the other areas of West Africa throughout the period of
the trade.A safer claim is that under the pressure of European demand the majority of
the slaves shipped from Africa until the early decades of the eighteenth century were
war captives.On the effect of demand for slaves by Europeans,see Karl Polanyi,*Da-
homey and the Slave Trade* (Seattle: University of Washington Press, 1966). On
Ashanti see the classic work of N.Walton Claridge,*A History of the Gold Coast and A-
shanti*(ed.1,1915;reprint ed.London:Frank Cass & Co. ,1964) ,esp.vol.1,pt.3. On

Benin see Philip A.Igabafe, "Slavery and Emancipation in Benin, 1897-1945," *Journal of African History* 16 (1975) : 409 - 429. See also James D.Graham, "The Slave Trade, Depopulation, and Human Sacrifice in Benin History," *Cahiers d'études africaines* 6(1965) : 317-334, for a dissenting, if rather forced, view. On the Yoruba see the standard work of J. F. Ade Ajayi and R. S. Smith, *Yoruba Warfare* (Ibadan: Cambridge University Press, 1964) , esp. pt. 1. On Mauritius and the other Mascarene Islands see J.M.Filliot, *La traité des esclaves vers les Mascareignes au XVIII siècle* (Paris: Orstom, 1974).

55. Colin A.Palmer writes: "It is generally acknowledged that the mortality rate of the slaves in Spanish America during the sixteenth and seventeenth centuries was quite high. As a result, the colonies depended on the slave trade to replenish their supply of slaves, rather than upon internal reproduction." *Slaves of the White God : Blacks in Mexico, 1570-1650* (Cambridge, Mass. : Harvard University Press, 1976) , p.27. See also Andrews, *The Spanish Caribbean*, pp.31-37.

56. Robert W.Fogel and Stanley L.Engerman, *Time on the Cross : The Economics of American Negro Slavery* (Boston : Little, Brown, 1974) , pp.13-29.

57. Ibid., p.23.

58. Curtin, *Economic Change in Precolonial Africa*, p.154.

59. See Mungo Park, *Travels in the Interior Districts of Africa* (London: W. Bulmer, 1799) esp.chap.12.

60. See note 54 above.

61. Charles Verlinden, *L'esclavage dans l'Europe médiévale* (Bruges: De Tempel, 1955) , vol.1, pp.62-65, 251-258, 403-418, 548-561, 615-629.

62. Ibid., vol.1, bk.2, chaps.1 and 3.

63. Ibid., vol.2, passim.

64. On early Islam see Paul G.Forand, "The Development of Military Slavery under the Abbasid Caliphs of the Ninth Century A.D. (Third Century A.H.) with Special Reference to the Reigns of Mu 'Tasim and Mu' Tadid" (Ph.D.diss., Princeton University, 1961) , chap. 2. On Muslim Spain see Verlinden, *L'esclavage dansl'Europe médiévale*, vol. 1. chap. 3. On Muslim Africa see Fisher and Fisher, *Slavery and*

Muslim Society in Africa, pp.14-36;also the articles in Meillassoux,*L'esclavageen Afrique précoloniale.*

65. The relation of manumission to the Islamic emphasis on external sources of supply and hence prisoners of war will be discussed in Chapter 8.

66. Henry A.Ormerod,*Piracy in the Ancient World*(Liverpool:University Press of Liverpool,1924),p.67.

67. "From Freedom to Slavery,"in Bayerische Akademie der Wissenschaften, *Gesellschaftsklassen im Alten Zweistromland und in den angrenzenden Gebieten* 18(Munich,1972),p.84.

68. Ormerod,*Piracy in the Ancient World*, chap.1. My thinking on piracy in the Mediterranean is based mainly on this work.On piracy there during modern times see Clissold,*The Barbary Slaves*, esp.chap.4.

69. Ormerod,*Piracy in the Ancient World*,chap.6.

70. Ibid.,chap.7. Finley cautions us not to overemphasize piracy as a source of slaves in the ancient world.See his"The Black Sea and Danubian Regions and the Slave Trade in Antiquity,"pp.57-58. Harris also deemphasizes kidnapping.See his "Towards a Study of the Roman Slave Trade,"p.124. Several scholars,however,give greater weight to kidnapping.Westermann regarded it as the major means of enslavement in the Hellenistic world. See his *The Slave Systems of Greek and Roman Antiquity*, pp.28-29. Peter P.Spranger finds that kidnapping looms large as a source of slaves in the plays of Plautus,where a common motif for a happy ending in the comedies was the successful parental search for a kidnapped child.See his *Historische Untersuchungen zu den Sklavenfiguren des Plautus und Terenz*(Wiesbaden:Akademie Mainz,1961),pp.70-72. On the Roman republic see also Westermann,*The Slave Systems of Greek and Roman Antiquity*, pp.63-69,and for slavery under the empire pp.85,126. John Crook has observed that the Augustan peace,far from stamping out *suppressio*(the Roman term for kidnapping)may well have encouraged it.See his *Law and Life of Rome*(Ithaca,N.Y.:Cornell University Press,1967),p.59. According to Marc Bloch,kidnapping by soldiers and professional bandits was a major source of slaves in the fourth century.See *Slavery and Serfdomin the Middle Ages:Selected Es-*

says, trans.William R.Beer(Berkeley：University of California Press,1975),p.2.

71. On Viking raids and kidnapping see Erik I.Bromberg,"Wales and the Medieval Slave Trade,"*Speculum* 17 (1942)：263 – 269; P. H. Sawyer, *The Age of the Vikings*(London：Edward Arnold,1962),chap.6;Gwyn Jones,*A History of the Vikings* (London：Oxford University Press, 1968), sec.3;Peter Foote and David M.Wilson, *The Viking Achievement*(London：Sidgwick & Jackson, 1970), chap.6, esp.pp.229 – 230. On thirteenth – and fourteenth – century Spain see Verlinden, *L'esclavage dans l'Europe médiévale*, vol.1, pp.258 – 268. Since all members of an enemy population were considered fair game for enslavement, the distinction between POWs and kidnapped was especially thin during the Middle Ages and even during early modern times.See, for example, Vicente Graullera Sanz,*La esclavitud en Valencia en los siglos XVI y XVII*(Valencia：Instituto Valenciano de Estudios Histôricos,1978),pp.41–45.

72. Verlinden,*L'esclavage dans l'Europe médiévale*, vol.2,bk.1,chap.3A;bk.2, chaps.1–2.

73. Sidney M. Greenfield, "Madeira and the Beginnings of New World Sugar Cane Cultivation and Plantation Slavery：A Study in Institution Building,"in Vera Rubin and Arthur Tuden, eds., *Comparative Perspectives on Slavery in New World Plantation Societies*(New York：New York Academy of Sciences, 1977), pp.536 – 552;idem, "Plantations,Sugar Cane,and Slavery,"in Michael Craton,ed.,*Roots and Branches：Current Directions in Slave Studies*,*Historical Reflections* 6(1979)：85–119.

74. Friedman,"Christian Captives,"pp.616–632;Norman R.Bennett,"Christian and Negro Slavery in Eighteenth–Century North Africa,"*Journal of African History* 1 (1960)：65–82;and Clissold,*The Barbary Slaves*, esp.chaps.1–4.

75. To repopulate their countryside,the Thais organized slave raids against the Khas and other weaker peoples.Slaves were also bought from professional Chinese raiders.See Andrew Turton,"Thai Institutions of Slavery,"in James L.Watson,ed.,*Asian and African Systems of Slavery* (Oxford：Basil Blackwell, 1980), pp. 254 – 258. Bruno Lasker lists"raids both by pirates and by professional traders"as one of the four main forms of enslavement in Southeast Asia;see his *Human Bondage in Southeast Asia*(Chapel Hill：University of North Carolina Press,1950),pp.16–21.

76. Wilbur, *Slavery in China*, pp.93,217-218.

77. Hayakawa Jiró, "The Position and Significance of the Slave System after the Taika Restoration," in Rekishi Kagaku Kyōgikai, ed., *Kodai Кокка To Doreisei* [Ancient State and Slave Systems] (Tokyo: Azekura Shobō, 1972), pp.92-108. (In Japanese.)

78. See Frederick Cooper, *Plantation Slavery on the East Coast of Africa* (New Haven: Yale University Press, 1977), esp.pp.114-136. Cooper argues that Arab masters did not themselves engage in direct trading until the late nineteenth century. Before this time agents for the Arab and Swahili owners raided and kidnapped slaves in the interior, disrupting traditional social orders in a way that further increased the supply of slaves. For a more detailed analysis see Rodger F. Morton, "Slaves, Fugitives, and Freedmen on the Kenya Coast, 1873-1907" (Ph.D.diss., Syracuse University, 1976), chap.1.

The Arabs were established along the east coast of Africa by the tenth century, and a contemporary account indicates that Arab traders from Oman were leading raids into Africa and kidnapping adults and children. For a history of the trade in slaves on the coast from ancient times see R.W.Beachey, *The Slave Trade of Eastern Africa* (New York: Harper & Row, 1976), esp.chaps.1 and 8. Joseph E.Harris states explicitly that most slaves were taken not in genuine wars, but in raids—some organized, some indiscriminate—conducted for this purpose. See his *The African Presence in Asia* (Evanston, Ill.: Northwestern University Press, 1971), pp.10-15. All the evidence from the interior of Africa suggests that most slaves were originally kidnapped or taken in small raids. This was true, for example, of the Luvale of Northern Rhodesia, on which see White, "Clan, Chieftainship, and Slavery in Luvale Political Organization," pp.58-75.

79. On the Portuguese slave trade in its African colonies during the second half of the nineteenth century see James Duffy, *A Question of Slavery* (Oxford: Clarendon Press, 1967). The American journalist Henry W.Nevinson gives a vivid contemporary account of the kidnapping of Africans by Portuguese traders in *A Modern Slavery* (New York: Schocken Books, 1968). See also William G.Clarence-Smith, *Slaves, Peasants,*

and Capitalists in Southern Angola, *1840 – 1926* (Cambridge: Cambridge University Press,1979) ,pp.64,66,68. On the South African slave trade see Anna J.Bôeseken, *Slaves and Free Blacks at the Cape*,*1658-1700*(Cape Town: Tafelberg Publishers, 1977) , pp. 1 – 2, 61 – 76; and James C. Armstrong, " The Slaves, 1652 – 1795," in Richard Elphick and Hermann Giliomee,eds.,*The Shaping of South African Society*, *1652-1820*(London: Longmans,1979) ,pp.76-84.

80. On Visigothic Spain see Verlinden,*L'esclavage dans l'Europe médiévale*,vol. 1 ,pp.78 – 79; on Spain between the thirteenth and fifteenth centuries see ibid. , pp. 277-278,426; and on sixteenth – and seventeenth – century Valencia see Sanz,*Laesclavitud en Valencia*, pp.106-113.

81. Wilbur,*Slavery in China*, p.39; Wang Yi-T' ung, "Slaves and Other Comparable Social Groups,"pp.311-312,317.

82. Wang Yi-T' ung, "Slaves and Other Comparable Social Groups,"p.307.

83. Mary Smith,*Baba of Karo*(London: Faber & Faber,1954) ,p.262. The statement is attributed to Mai-Sudan.

84. One of the most blatant such cases is that of the Darnel of Kayor,who attempted to reduce his subjects to slavery.See Claude Meillassoux,introduction to his edition of *The Development of Indigenous Trade and Markets in West Africa* (London: Oxford University Press,1971) ,pp.56-57.

85. Young women,especially in Perak,were raided in districts where the village chief was weak—for example,Kampar,Sungkei,and Pulan Tiga during the nineteenth century.These raids usually took place on the occasion of a birth or marriage of a member of the raja's family.Ostensibly they were to become attendants and wards at court,but many unmarried girls ended up as slave prostitutes.The husbands of those who were married became slaves of the raja.See W.E.Maxwell, "The Law Relating to Slavery among the Malays,"*Journal of the Straits Branch of the Royal Asiatic Society* (1890):252-253; and R.O.Winstedt,*The Malays:A Cultural History*(New York: Philosophical Library,1950) ,p.54.

86. Lasker,*Human Bondage in Southeast Asia*, p.34. See also H.W.Ponder,*In Javanese Waters*(London: Seeley,Service & Co.,1944?) ,pp.105-117.

87. Philip D.Curtin, *The Atlantic Slave Trade: A Census* (Madison: University of Wisconsin Press, 1969) , table 77, p.268.

88. Curtin, *Economic Change in Precolonial Africa*, pp.156–168.

89. Henry A.Gemery and Jan S.Hogendorn, "Elasticity of Slave Labor Supply and the Development of Slave Economies in the British Caribbean: The Seventeenth Century Experience," in Rubin and Tuden, *Comparative Perspectives on Slavery*, pp. 72–83.

90. By the early seventeenth century "panyarning" or kidnapping was well estab- lished on the west coast of Africa. The European traders of course denied this, claiming that most Africans were taken "legally," meaning as prisoners of war or bought captives.See Daniel P.Mannix and Malcolm Cowley, *Black Cargoes* (London: Longmans, 1963) , pp.42–45. For an account by a participant see Daryll Forde, ed. , *Efik Traders of Old Calabar* (London: Oxford University Press, 1956) , pp.27–65. For accounts by some of the victims see Philip D.Curtin, ed. , *Africa Remembered* (Madi- son: University of Wisconsin Press, 1967). According to Mahdi Adamu, kidnapping was second to true POWs as the source of slaves taken in the central Sudan; but apart from the fact that his evidence is weak, the area to which he refers contributed only a small fraction of the slaves for the Atlantic slave trades.See Adamu, "The Delivery of Slaves from the Central Sudan to the Bight of Benin in the Eighteenth and Nineteenth Centuries," in Henry A.Gemery and Jan S.Hogendorn, eds. , *The Uncommon Market: Essays in the Economic History of the Atlantic Slave Trade* (New York: Academic Press, 1979) , esp.pp.166–172.

91. In addition to the references given in note 79 above see Joseph C.Miller, "Some Aspects of the Commercial Organization of Slaving at Luanda, Angola: 1760–1830," in Gemery and Hogendorn, *The Uncommon Market*, pp. 77 – 106. See also Herbert S.Klein, *The Middle Passage: Comparative Studies in the Atlantic Slave Trade* (Princeton, N.J.: Princeton University Press, 1978) , pp.31–42.

92. J.D.Fage, *A History of West Africa* (Cambridge: Cambridge University Press, 1969) , p.94.

93. In addition to works cited previously, see the four papers in part one of Stan-

ley L.Engerman and Eugene D.Genovese, eds., *Race and Slavery in the Western Hemisphere: Quantitative Studies* (Princeton, N. J.: Princeton University Press, 1975); Curtin, *The Atlantic Slave Trade*; Walter Rodney, *A History of the Upper Guinea Coast, 1545 – 1800* (Oxford: Clarendon Press, 1970); Michael Mason, "Population Density and 'Slave Raiding': The Case of the Middle Belt of Nigeria," *Journal of African History* 10(1969): 551 – 564; and the chapters by Gemery and Hogendorn as well as Lovejoy and Hogendorn in Gemery and Hogendorn, *The Uncommon Market*.

94. See J.F.Ade Ajayi and Michael Crowder, eds., *A History of West Africa* (London: Longmans, 1971), chaps. 10 – 12; Claridge, *A History of the Gold Coast and Ashanti*, vol.1, pt.3; and Polanyi, *Dahomey and the Slave Trade*.

95. Forde, *Efik Traders of Old Calabar*, pp. 27 – 65. See also G. I. Jones, *The Trading States of the Oil Rivers: A Study of Political Development in Eastern Nigeria* (London: Oxford University Press, 1963), pp.33-35, 89-95.

96. K.Madhu Panikkar, *The Serpent and the Crescent* (Bombay: Asia Publishing House, 1963), chap.10.

97. Much has been written on the Yoruba presence in Cuba during the nineteenth century. The numbers of these "lucumi" slaves, as they were called, rose from 8 percent of the slaves on the sugar and coffee plantations during the period 1800 – 1820 to 34. 5 percent (the single largest group of Africans) during 1850 – 1870. See Manuel Moreno Fraginals, "Africa in Cuba: A Quantitative Analysis of the African Population in the Island of Cuba," in Rubin and Tuden, *Comparative Perspectives on Slavery*, pp.189 – 191. See also Fernando Ortiz, *La lampa afro – cubano: Los negros esclavos* (Havana: Ruis, 1916), pp.30-48; and W.R.Bascom, "The Yoruba in Cuba," *Nigeria* 39(1950): 15-24.

98. Klein, *The Middle Passage*, chaps.2-4.

99. Hartwig, "Changing Forms of Servitude among the Kerebe of Tanzania," p.270.

100. See Victor C.Uchendu, "Slaves and Slavery in Igboland, Nigeria," in Miers and Kopytoff, *Slavery in Africa*, p.125.

101. Finley, *The World of Odysseus*, p.61.

102. In the great majority of the most primitive societies, female captives were rapidly absorbed as wives, although there was variation even at this level in their treatment. Nieboer's claim that female captives ceased to be slaves as soon as they were married cannot be supported. The Tupinamba, for example, made wives of the captives they spared, but this did not negate the fact that they were slaves and could eventually be killed and eaten. See Métraux, "The Tupinamba," p. 112. Among the Cubeo, wives who were originally taken as captives (though highly valued in view of the crucial role of women in their economy) were nonetheless considered slaves. See Irving Goldman, "Tribes of the Uaupes−Caqueta Region," in Steward, *Handbook of the South American Indians*, vol.3, p.786; see also Goldman, *The Cubeo: Indians of the Northwestern Amazon* (Urbana: University of Illinois Press, 1963), Illinois Studies in Anthropology, no.2, esp.pp.53−58. The Trumai Indians of Brazil went to war mainly to capture women and thereby bolster their population, on which see R.F. Murphy and Buell Quair, *The Trumai Indians of Brazil* (New York: J.J. Augustin, 1955), p.15. The classic instance of the systematic capture of women for marriage is the pre−Columbian Caribs of the Caribbean. Although the children of these women were all free, the women themselves were regarded as slaves and were distinguished from freeborn women by the fact that only the latter wore anklets. See Irving Rouse, "The Caribs," in Steward, *Handbook of the South American Indians*, vol.4, pp.553−556. For a vivid description of a slave raid among the Hausa with its emphasis on female captives see Smith, *Baba of Karo*, pp.68−82.

103. Pierre Ducrey, *Le traitement des prisonniers de guerre*, p.112.

104. Atrocities in *Roman Warfare*, p.125.

105. William V. Harris claims that the Roman slave population was lopsidedly male, although many factors other than warfare would account for this. See his "Towards a Study of the Roman Slave Trade," pp.119−120.

106. See Speros Vryonis, Jr., "Byzantine and Turkish Societies and Their Sources of Manpower," in V. J. Parry and M. E. Yapp, eds., *War, Technology, and Society in the Middle East* (London: Oxford University Press, 1975), pp.125−152; C.E. Bosworth, "Recruitment, Muster, and Review in Medieval Islamic Armies,"

ibid., pp. 59 – 77; and David Ayalon, "The European – Asiatic Steppe: A Major Reservoir of Power for the Islamic World," Proceedings of the 25th Congress of Orientalists, Moscow, 1960 (Moscow: n.p., 1963), pp.47–52.

107. In most Islamic societies slaves were used as concubines or household help. See Reuben Levy, *The Sociology of Islam* (Cambridge: Cambridge University Press, 1931–1933), pp.105–127; and R. Brunschvig, "Abd," *Encyclopedia of Islam*, ed. 2 (Leiden: E. J. Brill, 1961), vol. 1. For a typical case see Gabriel Baer, "Slavery in Nineteenth Century Egypt," *Journal of African History* 8 (1967): 417–441. Although domestic labor and concubinage were the main uses of female slaves, they were rarely the only ones, a point emphasized by Baer. One area of the modern Islamic world where male slaves may have existed in proportionately greater numbers (though never more than women) was eighteenth – century North Africa, especially Algiers, where most slaves were Christians taken captive by pirates. For a very good discussion of these captives and their fate see Friedman, "Christian Captives," pp.616–632. See also Bennett, "Christian and Negro Slavery in Eighteenth Century North Africa," pp. 65–82.

108. 'Abd al–Muhsin Bakir, *Slavery in Pharaonic Egypt* (Cairo: L'institutfrançais d'archéologie orientale, 1952), p.65; and Gelb, "Prisoners of War in Early Mesopotamia," p.72. This shift in favor of male captives does not mean, however, that male slaves ever came to outnumber females. One conclusion that may be drawn from Gelb's own data is that even after male POWs were taken in greater numbers than female, only women were certain to be enslaved; men met a variety of fates.

109. J. A. Lencman, *Die Sklaverei im mykenischen and homerischen Griechenland* (Wiesbaden: Franz Steiner Verlag, 1966), pp.256–259.

110. K. Nwachukwu–Ogedengbe, "Slavery in Nineteenth Century Aboh (Nigeria)," in Miers and Kopytoff, *Slavery in Africa*, pp.137–139.

111. Svend E. Holsoe, "Slavery and Economic Response among the Vai," in Miers and Kopytoff, *Slavery in Africa*, pp.287–300.

112. Ralph A. Austen, "Slavery among Coastal Middlemen: The Duala of the Cameroon," in Miers and Kopytoff, *Slavery in Africa*, pp.305–329.

113. See the narratives in Curtin, *Africa Remembered*. It is significant that the one period of the African slave trade in which women and children outnumbered adult males was between 1816 and 1818, among Africans transported to Cuba. Herbert S. Klein, who reports this unusual development, finds it difficult to explain. The comparative data suggest that the real reason for the change was that these Africans were prisoners of genuine warfare rather than victims of organized kidnappers. See Klein, *The Middle Passage*, pp.222-224.

114. *The Economy of the Roman Empire: Quantitative Studies* (Cambridge: Cambridge University Press, 1974), pp.5-6. A review of newly discovered and traditional evidence suggests that the state's interest in the grain trade "extended only to fulfilling the needs of the dole and of government personnel." Lionel Casson, "The Role of the State in Rome's Grain Trade," in D'Arms and Kopff, "The Seaborne Commerce of Ancient Rome," pp.21-29.

115. Cited in Ormerod, *Piracy in the Ancient World*, p.207.

116. Forand, "The Development of Military Slavery," chap.2.

117. Ibid., p.18.

118. V.L.Ménage, "Devshirme," *Encyclopedia of Islam*, ed.2 (Leiden: E.J.Brill, 1961) vol. 2, pp. 210 - 213; Speros Vryonis, Jr., "Isidore Glabas and the Turkish Devshirme," *Speculum* 31 (1956): 433 - 443; and for the most exhaustive study, Basilike D. Papoulia, *Ursprung und Wesen der 'Knabenlese' im osmanischen Reich* (Munich: R.Oldenbourg, 1963).

119. Fisher and Fisher, *Slavery and Muslim Society in Africa*, pp.149-153.

120. Wilks, *Asante in the Nineteenth Century*, pp.63-70. On the Oyo see I. A. Akinjogbin, "The Expansion of Oyo and the Rise of Dahomey, 1600-1800," in Ajayi and Crowder, *History of West Africa*, chap.10.

121. Fisher and Fisher, *Slavery and Muslim Society in Africa*, p.151.

122. Ibid., p.150.

123. Polanyi, *Dahomey and the Slave Trade*, p.24; Akinjogbin, "The Expansion of Oyo."

124. William E. Henthom, *Korea: The Mongol Invasions* (Leiden: E. J. Brill,

1963），pp.212-213.

125. Garcia, *La esclavitudprehispdnica entre los Aztecas*, pp.35-38.

126. Cited in William Y.Adams, *Nubia：Corridor to Africa*(Princeton, N.J.；Princeton University Press, 1977)，pp.231-232,451.

127. Fisher and Fisher, *Slavery and Muslim Society in Africa*, p.153.

128. Robert S.Rattray, *Ashanti Law and Constitution* (Oxford；Clarendon Press, 1929)，pp.47-55.

129. On debt as a source of slavery among the less advanced peoples such as the Batak, the tribes of the Podang Highlands, and the interior tribes of Nias, as well as other tribes such as the Dyaks, the Buginese, the Makassarese, and those of the Lesser Sunda Islands, see G. A. Wilken, *Handleiding voor de vergelijkende volkenkunde van Nederlandsch-Indië* [Manual for the Comparative Ethnology of the Netherlands East Indies], ed.C.M.Pleyte(Leiden；E.J.Brill, 1893)，pp.421-430.

130. Debt-bondage was of course forbidden in Islamic law, but that law was neglected by the Arab rulers of the area, who simply continued the practice of the former Hindu rulers. See W.E.Maxwell, "The Law Relating to Slavery," pp.249 - 256; and Winstedt, *The Malays*, pp.54-55.

131. Mendelsohn, *Slavery in the Ancient Near East*, pp. 14 - 19, 23 - 24; and Siegel, *Slavery in the Third Dynasty of Ur*, pp. 11 - 12. So important was debt as a source of slavery in early Mesopotamia that I.I.Semenov coined the term "debt-slave mode of production relationship" to define these systems. He was certainly aware of the difficulties involved, but added that "we must reconcile ourselves to this." Unfortunately, he made no attempt to distinguish between debt-bondsmen and genuine slaves. See Semenov, "The Problem of the Socioeconomic Order of the Ancient Near East," esp. pp.588-589,598-604.

132. Although apparently against strict religious law, debt was the main source of fellow Hebrew slaves for Hebrew masters in both biblical and talmudic times(more so for males than for females). See "Slavery," in *The Jewish Encyclopedia*, pp.403—404; "Slavery," in *Encyclopedia Judaica*, pp.1656-58. A few writers deny the importance of debt as a source of Hebrew slavery, most conspicuously J.KahanaKagan in

The Three Great Systems of Jurisprudence (London: Stevens & Sons, 1955) , pp. 54 – 56. This is, however, a rather polemical work, concerned largely with an unstructured comparison of laws without reference to their social setting.

133. In Korea the influence of debt was largely indirect. Most persons became slaves to avoid the ruinous tax and corvée labor demanded by the government. See Takashi Hatada, *A History of Korea* (Santa Barbara, Calif.: ABC – Clio Press, 1969) , pp.58–67. The decline of most commoners to slavery in Kùmhwa County in the late seventeenth century was due " probably [to] impoverishment." See Susan S. Shin, " The Social Structure of Kùmhwa County in the Late Seventeenth Century," in *Occasional Papers on Korea* 1(1974) :9–35.

134. Because of the high interest rate and the fact that the debt–slave's service often could not repay even the interest, most debt–slavery became perpetual—hence genuine slavery. See Lasker, *Human Bondage in Southeast Asia*, pp. 150 – 154; and Turton, " Thai Institutions of Slavery," pp.262–272.

135. Roberta A. Dunbar, " Slavery and the Evolution of Nineteenth Century Damagaram," in Miers and Kopytofif, *Slavery in Africa*, p.162.

136. M.I.Finley, " La servitude pour dettes," *Revue historique de droit françaiset étranger* 43, ser.4, pp.159–184.

137. Douglas M.MacDowell, *The Law in Classical Athens* (Ithaca, N. Y.: Cornell University Press, 1978) , pp.79–80; and Westermann, *The Slave Systems of Greek and Roman Antiquity*, pp.4–5, 30, 44. On Hellenistic Egypt see Westermann, pp.50 51, also Iza Biezunska – Malowist, *L'esclavage dans l'Egypte gréco – romaine*, première partie: *Période ptolémaïque* (Warsaw: Polska Akademia Nauk, 1974) , vol. 1, pp. 29 – 49. As Biezunska–Malowist demonstrates, the issue of debt–slavery in Hellenistic Egypt remains extremely controversial.

138. W.W.Buckland, *The Roman Law of Slavery* (Cambridge: Cambridge University Press, 1908) , p.402.

139. Crook, *Law and Life of Rome*, pp.170–178.

140. Dang Trinh Ky, *Le nantissement des personnes dans l'ancien droit annamite* (Paris: Domat–Montchrestien, 1933) , pp.18–20; and Wilbur, *Slavery in China*, pp.

85-90.

141. Wilbur, *Slavery in China*; and Pulleyblank, "The Origins and Nature of Chattel Slavery in China," pp.206-208.

142. On classical Greece see Robert Schlaifer, "Greek Theories of Slavery from Homer to Aristotle," in M.I.Finley, ed., *Slavery in Classical Antiquity* (Cambridge: W. Heffer and Sons, 1960), p. 107; also MacDowell, *The Law in Classical Athens*, p. 256. On Ptolemaic Egypt see Biezunska-Malowist, *L'esclavage dans l'Egyptegréco-romaine*, vol.1, pp.29-49. In contrast to Rome, penal slaves were not used in the mines in Ptolemaic Egypt; see Biezunska-Malowist, p.81.

143. Buckland, *The Roman Law of Slavery*, p.403.

144. Ibid., pp.403-412; Crook, *Law and Life of Rome*, pp.272-273; and Harris, "Towards a Study of the Roman Slave Trade," p.124.

145. Tran-Van Trai, *Lafamille patriarcale annamite* (Paris: P.Lapagesse, 1942), pp.17-18.

146. Enslavement as a punishment for crime was more common in earlier times. Among the laws believed established by Ki-ja in the twelfth century B.C. was one that made enslavement the punishment for those who committed theft or adultery. See Cornelius Osgood, *The Koreans and Their Culture* (New York: Ronald Press, 1951), p. 216. During the period of the Three Kingdoms (57 B.C. to A.D. 660) the families of persons guilty of treason were enslaved. Other crimes so punished included robbery and the killing of valuable domestic animals. The number of crimes for which enslavement was the penalty decreased over the centuries; by early Yi, persons were enslaved only for armed robbery and treason.

147. Jirō, "The Position and Significance of the Slave System," pp.92-108.

148. Pulleyblank, "The Origins and Nature of Chattel Slavery in China," pp. 204-206.

149. Ibid., pp. 209 - 211. Wilbur, *Slavery in China*, pp. 72 - 85. See also Ma Cheng - feng, *Chinese Economic History* (Shanghai: Commercial Publishing Co., 1937), vol.2, pp.229-232. (In Chinese.)

150. J. Thorsten Sellin, *Slavery and the Penal System* (New York: Elselvier,

1976),chaps.3—9.

151. "Der Ursprung des Strafrechts aus dem Stande der Unfreien," cited in Sellin, *Slavery and the Penal System*, p.viii.

152. Ibid.,chaps.4—7.

153. Ibid.,chap.9.

154. J.S.Harris, "Some Aspects of Slavery in Southeastern Nigeria," *Journal of Negro History* 27(1942):40—41.

155. MacDowell, *The Law in Classical Athens*, p.256.

156. Carol P.MacCormack, "Wono:Institutionalized Dependency in Sherbro Descent Groups," in Miers and Kopytoff, *Slavery in Africa*, p.195.

157. Mannix and Cowley, *Black Cargoes*, pp.40—41.

158. Sellin, *Slavery and the Penal System*, pp.43—44,65—69.

159. Bernd Baldus, "Responses to Dependence in a Servile Group," in Miers and Kopytoff, *Slavery in Africa*, pp.439—440.

160. H.D.Lamson, *Social Pathology in China*(Shanghai:Commercial Publishing Co.,1934),pp.562—566. For a recent study of the differences in the treatment of boys and girls and the institution of child slavery in modern pre—Communist China see James L. Watson, "Transactions in People:The Chinese Market in Slaves, Servants,and Heirs," in his *Asian and African Systems of Slavery*, pp.223—250.

161. Mendelsohn, *Slavery in the Ancient Near East*, pp.5—6.

162. Harris, "Towards a Study of the Roman Slave Trade," pp.123—124. See also Westermann, *The Slave Systems of Greek and Roman Antiquity*, p.86, and, on the Greek city—states, p.6. See Biezunska—Malowist, *L'esclavage dans l'Egypte gréco—romaine*, vol.1,pp.49—50,on Hellenistic Egypt,and on Roman Egypt,vol.2(1977), pp.21—26;also R.H.Barrow, *Slavery in the Roman Empire*(London:Methuen & Co., 1928),pp.8—9.

163. On infanticide in general see Maria W.Piers, *Infanticide*(New York:W.W. Norton,1978).On primitive female infanticide see W.T.Divale and Marvin Harris, "Population,Warfare,and the Male Supremacist Complex," *American Anthropologist* 78(1976):521—538. See the ensuing controversy in the comments by L. A.

Hirschfeld, James Howe, and Bruce Levin, and by Chet Lancaster and Jane Lancaster, *American Anthropologist* 80 (1978): 110 – 117; and H. H. Norton, ibid., 665-667. On India see K. B. Pakrasi, *Female Infanticide in India* (Calcutta: Editions Indian, 1970).

164. G. R, Driver and John C. Miles, eds., *The Babylonian Laws* (Oxford: Clarendon Press, 1960), vol.1, pp.390-391.

165. Crook, *Law and Life of Rome*, p.58.

166. See his "Slavery and the Law in Muscovy," paper presented at the Third International Conference on Muscovite History, Oxford, September 1-4, 1975. Formore details see idem, "Slavery in Russia," pp.46-53(manuscript).

167. Wyatt MacGaffey, "Economic and Social Dimensions of Kongo Slavery(Zaire) ," in Miers and Kopytoff, *Slavery in Africa*, pp.246-247.

168. E. A. Thompson, "Slavery in Early Germany," in Finley, *Slavery in Classical Antiquity*, p.197.

169. Hatada, *A History of Korea*, pp.56-57. For the early Yi period see Susan S. Shin, "Changes in Labor Supply in Yi Dynasty Korea: From Hereditary to Contractual Obligation" (August 1976), p.5(manuscript).

170. Leopold von Schrenck, *Die Völker des Amur – Landes: Reisen und Forschungen im Amur-Lande in den Jahren 1854 – 1856* (St. Petersburg: Kaiserliche Akademie der Wissenschaften, 1881-1895), vol.3, p.646.

171. Harris, "Towards a Study of the Roman Slave Trade," p.124.

172. On Slavic slaves and their reputation see Verlinden, *L'esclavage dans l'Europe médiévale*, vol.1, p.213. Volume 2 (1977) of this work discusses at great length slaves of Slavic origin in Italy, the Italian colonies, and Byzantium. On the sale of fellow Slavs by Slavs see pp.132-133. The word "slave" is derived from "Slav" and came into general use throughout Europe from about the eighth century as a result of the large number of Slavic slaves. For a detailed discussion see Verlinden, vol.2, pp. 999-1010. See also Iris Origo, " ' The Domestic Enemy' : The Eastern Slaves in Tuscany in the Fourteenth and Fifteenth Centuries," *Speculum* 30(1955):326,332.

173. Bosworth, "Recruitment, Muster, and Review in Medieval Islamic Armies,"

pp.64-65. One late Ottoman source has it that the Christian population of Bosnia not only avidly accepted Islam "but requested that their children should nevertheless be eligible for the devshirme." See Ménage, "Devshirme," p.211.

174. On the Ibos, who are typical preliterates, see Harris, "Some Aspects of Slavery in South Eastern Nigeria," p.48. On Rome see Crook, *Law and Life of Rome*, p. 62. (Exceptions were made, especially in cases of marriage to elite slaves, on which see Chapter 11.) On ancient India see Dev Raj Chanana, *Slavery in Ancient India* (New Delhi: People's Publishing House, 1960), pp. 36, 94. On China see Wang Yi-T'ung, "Slaves and Other Comparable Social Groups," p. 321. On medieval Europe see Verlinden, *L'esclavage dans l'Europe médiévale*, vol.1, pp.74, 419; vol.2, p.51.

第五章　生而为奴

1. On the Mexican slave population the work of G. Aguirre Beltran is still the most valuable. See *La población negra de Mexico, 1519-1810*, ed.2 (Mexico City: Fondo de Cultura Economica, 1972). See also Luz Maria Martinez Montiel, "Integration Patterns and the Assimilation Process of Negro Slaves in Mexico," in Vera Rubin and Arthur Tuden, eds., *Comparative Perspectives on Slavery in New World Plantation Societies* (New York: New York Academy of Sciences, 1977), pp.446- 454. On Peru see Frederick P. Bowser, *The African Slave in Colonial Peru, 1524-1650* (Stanford, Calif.: Stanford University Press, 1973); also his "The Free Person of Color in Mexico City and Lima: Manumission and Opportunity, 1580-1650," in Stanley L. Engerman and Eugene D. Genovese, eds., *Race and Slavery in the Western Hemisphere: Quantitative Studies* (Princeton, N.J.: Princeton University Press, 1975), pp.331- 368. On Latin America generally see Rolando Mellafe, *Negro Slavery in Latin America* (Berkeley: University of California Press, 1975), chap.6.

I claim no originality for the distinction between biological and social reproduction. See, for example, Igor I. Kopytoff and Suzanne Miers, "Introduction," in Suzanne Miers and Igor I. Kopytoff, eds., *Slavery in Africa* (Madison: University of Wisconsin

Press,1977) ,pp.59-61.

2. For a discussion of the issues raised here, both in general terms and in the specific context of Cuba,see Jack E.Eblen, "On the Natural Increase of Slave Populations: The Example of the Cuban Population, 1775 - 1900," in Engerman and Genovese,*Race and Slavery*, pp.211-247.

3. Orlando Patterson, *The Sociology of Slavery: Jamaica, 1655 - 1838* (Rutherford,N.J.: Fairleigh Dickinson University Press,1969) , chap.4; George W. Roberts,*The Population of Jamaica*(Cambridge:Cambridge University Press,1957) , pp.30-42;Herbert S.Klein and Stanley L.Engerman, "Fertility Differentials between Slaves in the United States and the British West Indies:A Note on Lactation Practices and Their Possible Implications,"in *William and Mary Quarterly*, ser.3,35(1978): 357-374; and Robert W.Fogel and Stanley L.Engerman, "Recent Findings in the Study of Slave Demography and Family Structure,"*Sociology and Social Research* 63 (1979): 566 - 589. Detailed statistical support for my thesis that Jamaican slave women were in gynecological revolt against the system is given in Richard S.Dunn, "Two Thousand Slaves:Black Life at Mesopotamia,Jamaica,and at Mount Airy,Virginia,1760-1860,"paper presented at a symposium on New World Slavery:Comparative Perspectives,Rutgers University,May 1-2,1980.

4. Evidence on the biological reproductivity of the Roman slave population is fragmentary and does not permit anything approaching a reasonable estimate.The secondary literature on the subject is,as a result,highly contentious.See the frequently cited passages in W.D.Hooper and H.B.Ash,trans.and eds. ,*Cato and Varro:On Agriculture*(Cambridge, Mass.:Loeb Classical Library, Harvard University Press,1935) , pp.9,13-14,227-228,409. The strongest claim for natural reproduction of the slave population from the period of the republic is made by K.D.White,*Roman Farming* (London:Thames & Hudson,1970) , p.370. Against which see Keith Hopkins,*Conquerors and Slaves* (Cambridge: Cambridge University Press, 1978), pp. 102, 106nl6. See also M.I.Finley,*Ancient Slavery and Modern Ideology* (New York:Viking Press,1980) ,p.130;and William L.Westermann,*The Slave Systems of Greek and Roman Antiquity*(Philadelphia: American Philosophical Society,1955) ,pp.72,76-77,

85-86. For the classic view of the unreproductive slave of the late republican era see Max Weber, *The Agrarian Sociology of Ancient Civilizations* (London: New Left Books, 1976), pp.398-399.

5. Stanley J.Stein, *Vassouras: A Brazilian Coffee County, 1850-1900* (Cambridge, Mass.: Harvard University Press, 1957), pp.70, 155-156; and C.R.Boxer, *The Golden Age of Brazil, 1695-1750* (Berkeley: University of California Press, 1969), pp.8-9, 174-175.

6. William V.Harris, "Towards a Study of the Roman Slave Trade," in J.H. D'Arms and E.C.Kopff, eds., "The Seaborne Commerce of Ancient Rome: Studies in Archeology and History," in Memoirs of the American Academy in Rome, vol. 36 (1980), pp.118-124.

7. Patterson, *The Sociology of Slavery*, pp.145-146. See also Barry W.Higman, *Slave Population and Economy in Jamaica, 1807-1834* (Cambridge: Cambridge University Press, 1976), pp.75-76.

8. W.W.Buckland, *The Roman Law of Slavery* (Cambridge: Cambridge University Press, 1908), p. 397; and R. H. Barrow, *Slavery in the Roman Empire* (London: Methuen & Co., 1928), p.14.

9. Robert S. Rattray, *Ashanti Law and Constitution* (Oxford: Clarendon Press, 1929), pp.39-40. The same was true of other Akan groups: on the Fanti see J.M.Sarbah, *Fanti Customary Laws* (London: William Clowes & Sons, 1904), p.56.

10. John J.Grace, "Slavery and Emancipation among the Mende in Sierra Leone, 1896-1928," in Miers and Kopytoff, *Slavery in Africa*, p.421; idem, *Domestic Slavery in West Africa* (New York: Harper & Row, 1975), p.39.

11. Joseph C. Miller, "Imbangala Lineage Slavery," in Miers and Kopytoff, *Slavery in Africa*, pp.219-220.

12. Wyatt MacGaffey, "Economic and Social Dimensions of Kongo Slavery (Zaire)," in Miers and Kopytoff, *Slavery in Africa*, p.246.

13. Kalervo Oberg, "Crime and Punishment in Tlingit Society," *American Anthropologist* 36(1934): 149.

14. Ronald Olson, *Social Structure and Social Life of the Tlingit in Alaska*

(Berkeley：University of California Press,1967) ,p.55.

15. T. F. Mclllwraith, *The Bella Coola Indians* (Toronto: University of Toronto Press,1948) ,vol.1,p.161.

16. Virginia Gutierrez de Pineda, *Organización social en la Guajira* (Bogotá: Instituto Etnologico Nacional,1950) ,pp.144-145.

17. Enrico Cerulli, "Testi di diritto consuetudinario dei Somali Marrëhân," *Somalia,scritii vari editi ed inediii* 2(1959) :83.

18. Enrico Cerulli, "II diritto consuetudinario della Somalia Settentrionale(Migiurtini) ,"*Somalia,scritti vari editi ed inediti* 2(1959) :22.

19. Ibid.,p.21.

20. James H.Vaughan, "Mafakur: A Limbic Institution of the Margi," in Miers and Kopytoff, *Slavery in Africa*, p.89.

21. Ibid.,p.97.

22. J.S.Harris, "Some Aspects of Slavery in Southeastern Nigeria," *Journal of Negro History* 27(1942) :48 nl5.

23. M.I.Finley, *The World of Odysseus*(London:Penguin Books,1962) ,p.67.

24. *The Law and Legal Theory of the Greeks* (Oxford: Clarendon Press,1956) , p.282.

25. Jeffrey R.Brackett, *The Negro in Maryland*(Baltimore: N.Murray,Publication Agent,Johns Hopkins University, 1889) , pp. 32 - 33. An act of 1664 stated that children of free women and slaves should be slaves" as their fathers were." In 1681, however,such children were again allowed to be free although the owner of the slave and the clergyman who performed the parents' marriage were fined. In 1715 whites were forbidden to marry slaves.

Brackett,like other commentators,was puzzled by the Somali rule and commented: "There must have then been no free blacks in the colony—or we are left to reason that children followed the condition of the father instead of the mother,entirely contrary to custom,as we find it later" (p.33) .We know,however,that there were free blacks in Maryland at that time.It is possible that the children of female slaves by free men continued to be slaves and that the law's main concern was with the children of free or indentured white women by black slaves. Were this the case, the rule of status inheritance in Maryland between 1664 and 1681 would have been Chinese. The Roman rule held, however, only when it served the slaveholders' interests. Thus in 1794 a male slave petitioned for freedom in the county court, on the grounds that his great-grandmother, Hannah Allen, was "a white, Scotch woman." The county court granted the petitioner his freedom on the basis of the Roman rule. His owner, however, appealed; in 1798 the general court reversed the county court and returned the petitioner to slavery. No reason was given for the decision. See Helen T. Catterall and James J. Hayden, eds., *Judicial Cases concerning American Slavery and the Negro* (New York: Octagon Books, 1968), vol. 4, p. 55. Compare the response of the Bermuda court to a similar petition discussed in note 68 below.

26. A. Leon Higginbotham, Jr., *In the Matter of Color, Race, and the American Legal Process: The Colonial Period* (New York: Oxford University Press, 1980), pp. 44, 128.

27. In both cases the children were freed only after reaching their majority, and they had to be baptized Christians. The baptismal requirement was neglected in South Africa, and in both areas the Somali rule had become a dead issue by the 1690s. On the French Antilles see Leo Elisabeth, "The French Antilles," D. W. Cohen and Jack P. Greene, eds., *Neither Slave nor Free* (Baltimore: Johns Hopkins University Press, 1972), pp.139-140. On South Africa see Anna J. Böeseken, *Slaves and Free Blacks at the Cape, 1658-1700* (Cape Town: Tafelberg Publishers, 1977), pp.44-60, 80-97.

28. Stephen Baier and Paul E. Lovejoy, "The Tuareg of the Central Sudan," in Miers and Kopytoff, *Slavery in Africa*, p.400.

29. "Esclavage et relations de dépendence chez les Touareg Kel Gress," in Claude Meillassoux, ed., *L'esclavage en Afrique précoloniale* (Paris: François Maspero, 1975), p.53.

30. On which see André Bourgeot, "Rapports esclavagistes et conditions d'affrancissement chez les Imuhag," in Meillassoux, *L'esclavage en Afrique précoloniale*, p.90.

31. G. P. Murdock, *Africa: Its Peoples and Their Culture History* (New York:

McGraw-Hill,1959),pp.408-409.

32. Buckland,*The Roman Law of Slavery*,p.398.

33. Ibid.

34. Ibid.,pp.398,412-III.

35. Ibid.,pp.400-401.

36. Dev Raj Chanana,*Slavery in Ancient India*(New Delhi：People's Publishing House,1960),p.98.

37. "Plato and Greek Slavery,"*Mind*, April 1939,p.186.

38. Ibid.,p.196.

39. A. M. Wergeland, *Slavery in Germanic Society during the Middle Ages* (Chicago：University of Chicago Press,1916),pp.19-34.

40. Ibid.,p.155.

41. Carl O. Williams, *Thraldom in Ancient Iceland* (Chicago：University of Chicago Press,1937),p.130.

42. Ibid.,p.108.

43. A.R.Williams,ed.,*Llyfr Iorwerth* [The Book of Iorwerth] (Cardiff：University of Wales Press,1960),p.68,par.102. (In Welsh.)

44. Ibid.,p.122,par.101,line 18.

45. Gearóid MacNiocaill,*Ireland before the Vikings*(Dublin：Gill and MacMillan, 1972),p.9.

46. Hayakawa Jirõ,"The Position and Significance of the Slave System after the Taika Restoration," in Rekishi Kagaku Kyõgikai, ed., *Kodai Кокка To Doreisei* [Ancient State and Slave Systems] (Tokyo：Azekura Shobõ,1972),pp.92-108. (In Japanese.)

47. Niida Noboru,*Chũgoku hõseishi Кенкyǔ* [A Study of Chinese Legal History] (Tokyo：Tokyo University Press,1962).(In Japanese.)I draw heavily on this work in the following pages.

48. See also Wang Yi-T'ung,"Slaves and Other Comparable Social Groups during the Northern Dynasties (386 - 618)," *Harvard Journal of Asiatic Studies* 16 (1953)：327-329.

49. Ibid., p.330.

50. Ibid.

51. See Byung–Sak Ku, *Hanguk Sahoe Popchesa Tuksu Yongu* [A Study on the History of Law in Korea] (Seoul: Tongo Ch'ulp'ansa, 1968), pp.100–103. (In Korean.)

52. N.Adriani and Albert C. Kruyt, *De Bare' e Sprekende Toradjas van Mid–den–Celebes* [The Bare'e–speaking Toradja of Central Celebes] (Amsterdam: Nood–Hollandsche Uitgevers Maatschappij, 1950), vol. 1, pp. 139–141; Maurice Bloch, "Modes of Production and Slavery in Madagascar: Two Case Studies," in James L.Watson, ed., *Asian and African Systems of Slavery* (Oxford: Basil Blackwell, 1980), p.108.

53. Charles Verlinden, *L'esclavage dans l'Europe médiévale* (Bruges: De Tempel, 1955), vol.1, p.73.

54. Iris Origo, "'The Domestic Enemy': The Eastern Slaves in Tuscany in the Fourteenth and Fifteenth Centuries," *Speculum* 30(1955):344.

55. Higginbotham, *In the Matter of Color*, p.159.

56. G.R.Driver and John C.Miles, eds., *The Babylonian Laws* (Oxford: Clarendon Press, 1960), vol.1, pp.226–227, 253–256, 332–333, 350–356; and Isaac Mendelsohn, *Slavery in the Ancient Near East* (Oxford: Oxford University Press, 1949), p.104.

57. Mendelsohn, *Slavery in the Ancient Near East*, p.104.

58. For citations in the Qoran on this subject see A.J.Wensinck, *A Handbook of Early Mohammedan Tradition* (Leiden: E.J.Brill, 1927), pp.141–143. See also Robert Roberts, *The Social Laws of the Qorân* (London: Williams & Norgate, 1925), pp. 10–11, 59–60. On the capacity of Tuareg women to take slave spouses see Edmond Bernus and Suzanne Bernus, "L'évolution de la condition servilechez les Touaregs sahéliens," in Meillassoux, *L'esclavage en Afrique précoloniale*, p.34.

59. Joan Dyste Lind, "The Ending of Slavery in Sweden: Social Structure and Decision Making," *Scandinavian Studies* 50(1978):68.

60. Verlinden, *L'esclavage dans l'Europe médiévale*, vol.1, p.274.

61. Mellafe, *Negro Slavery in Latin America*, pp. 111–123; Colin A. Palmer,

Slaves of the White God: *Blacks in Mexico*, *1570-1650*(Cambridge, Mass.: Harvard U-niversity Press, 1976), p.62; and Bowser, "The Free Person of Color," pp.331-363.

62. On Jamaica see Edward Brathwaite, *The Development of Creole Society in Ja-maica*(Oxford: Clarendon Press, 1971), pp.169-175. On the eastern Caribbean see Elsa V. Goveia, *Slave Society in the British Leeward Islands at the End of the Eighteenth Century*(New Haven: Yale University Press, 1965), pp.215-232.

63. Carol P. MacCormack, "Wono: Institutionalized Dependency in Sherbro De-scent Groups," in Miers and Kopytoff, *Slavery in Africa*, p.185.

64. Ibid., p.198.

65. Arthur Tuden, "Slavery and Stratification among the Iia of Central Africa," in Arthur Tuden and Leonard Plotnicov, eds., *Social Stratification in Africa* (New York: Free Press, 1970), pp.47-58.

66. Martin A. Klein, "Servitude among the Wolof and Sereer of Senegambia," in Miers and Kopytoff, *Slavery in Africa*, pp.344-345.

67. Cyril O. Packwood, *Chained on the Rock*: *Slavery in Bermuda* (New York: Eliseo Torres and Sons, 1975), pp.56-57.

68. Marc Bloch, *Slavery and Serfdom in the Middle Ages*: *Selected Essays*, trans. William R. Beer (Berkeley: University of California Press, 1975), pp. 38 - 40. Serfs were normally required to marry serfs belonging to their lord. In exceptional cases mar-riage with the serf of another master was permitted, but usually only after the payment of a fee. Such unions were referred to as "formariage." As in Bermuda, complications developed where the serfs in formariage had an uneven number of children. The prac-tice continued in France down to 1789. It is not clear when Bermuda changed to the Roman rule, although this must have happened some time during the eighteenth cen-tury. In 1791 a black successfully petitioned the governor for her freedom on the grounds that she was descended from a white woman in spite of the fact that she was "herself remarkably black" (Packwood, *Chained on the Rock*, pp.174-175).

69. Brooke Low, *The Natives of Borneo*, ed. H. Ling Roth (London: Anthropological Institute of Great Britain and Ireland, 1892-1893), p.33.

第六章　奴隶的获得

1. Claude Meillassoux,"Introduction,"in Claude Meillassoux,ed., *The Develop-ment of Indigenous Trade and Markets in West Africa* (London: Oxford University Press, 1971), p. 53. See also Meillassoux, " Le commerce précolonial et la développement de l'esclavage à Gübu du Sahel (Mali)," ibid., pp. 182 - 195; Emmanuel Terray, "Commerce précolonial et organization social chez les Dida de Côte d'Ivoire,"ibid.,pp.145-152;and Philip D.Curtin, "Pre-colonial Trading Net-works and Traders:The Diakhanké,"ibid.,pp.228-239.

2. Meillassoux,"Introduction,"pp.60-61.

3. Ibid.,pp.61-62.

4. Stuart Piggot,*Ancient Europe:From the Beginnings of Agriculture to Classical Antiquity*(Chicago:Aldine,1965),p.172.

5. Cyril Fox,*A Find of the Early Iron Age from Llyn Cerrig Bach*,Anglessey:In-terim Report(Cardiif:National Museum of Wales,1945).

6. U.P.Averkieva,*Slavery among the Indians of North America*(Moscow:U.S.S.R.Academy of Sciences, 1941), pp.79-81. Frances Knapp and R.L.Childe tell us that the Flatheads of British Columbia formed a large proportion of bought slaves a-mong the Tlingits of southeastern Alaska.*The Thlinkets of Southeastern Alaska*(Chica-go:Stone and Kimball,1896),p.43.

7. For the best recent work on the largely neglected Indian Ocean slave trade see R.W.Beachey,*The Slave Trade of Eastern Africa*(New York:Harper & Row,1976). Useful too is his volume entitled *A Collection of Documents on the Slave Trade of East-ern Africa*(New York:Barnes & Noble Books,n.d.).Also of value is Joseph E.Harris, *The African Presence in Asia:Consequences of the East African Slave Trade* (Evanston, Ill.:Northwestern University Press, 1971). In addition, I have drawn on the following:Frederick Cooper,*Plantation Slavery on the East Coast of Africa*(New Ha-ven:Yale University Press,1977),esp.chaps.1 and 4;Rodger Morton, "Slaves,Fugi-tives and Freedmen on the Kenya Coast,1873-1907" (Ph.D.diss.,Syracuse Universi-

ty,1976),and Moses D.E.Nwulia,*Britain and Slavery in East Africa* (Washington,D. C.:Three Continents Press,1975).

8. Beachey,*The Slave Trade of Eastern Africa*, p.2.

9. Ibid.,pp.2–4. For other periods see also Frank M.Snowden,Jr.,*Blacks in Antiquity*(Cambridge, Mass.:Harvard University Press, Belknap Press, 1970), pp.19, 127,184–185.

10. Beachey,*The Slave Trade of Eastern Africa*, pp.260–262. It need hardly be emphasized that these are very rough estimates based on data of widely varying reliability.

11. M.I.Finley,"The Black Sea and Danubian Regions and the Slave Trade in Antiquity,"*Klio* 40(1962):51–59.

12. William V.Harris, "Towards a Study of the Roman Slave Trade," in J.D. D'Arms and E.C.Kopff,eds.,"The Seaborne Commerce of Ancient Rome:Studies in Archeology and History," in Memoirs of the American Academy in Rome, vol.36 (1980),pp.117–140.

13. The major authority on slave trading in medieval and early modern Europe is Charles Verlinden,*L'esclavage dans l'Europe médiévale* (Bruges:De Tempel, 1955, 1975),vols.1 and 2.

14. Ibid.,vol.1,pp.320–370.

15. Ibid.,vol.2. See also J.H.Galloway, "The Mediterranean Sugar Industry," *Geographical Review* 67(1977):177–194,esp.pp.188–190.

16. Erik I. Bromberg, "Wales and the Medieval Slave Trade," *Speculum* 17 (1942):263–269;B.G.Charles,*Old Norse Relations with Wales*(Cardiff:University of Wales Press,1934);Gwyn Jones,*A History of the Vikings*(London:Oxford University Press,1968), pt.3; P.H.Sawyer, *The Age of the Vikings* (London:Edward Arnold, 1962),esp.chaps.6–9;Peter Foote and David M.Wilson,*The Viking Achievement* (London:Sidgwick & Jackson,1970),esp.chaps.2,6,7;Eric Oxenstierna,*The Norsemen*(Greenwich,Conn.:Graphic Society Publishers,1965),esp.pp.92–94;Johannes Brondsted,*The Vikings*(London:Penguin Books,1960),pp.24–69. On Scandinavian slavery see note 24.

17. Cited in Foote and Wilson, *The Viking Achievement*, p.67.

18. Oxenstierna, *The Norsemen*, p.160.

19. Jones, *A History of the Vikings*, p.148.

20. For detailed discussions of the archeological and other evidence in Birka, Hedeby, Kaupang, and other towns see Sawyer, *The Age of the Vikings*, chap.8; and Foote and Wilson, *The Viking Achievement*, chap.6.

21. Sawyer, *The Age of the Vikings*, p.186. See also the remarks in Eric Oxenstierna, *The World of the Norsemen* (London: Weidenfeld & Nicolson, 1967), pp. 136–137.

22. Oxenstierna, *The Norsemen*, p.294.

23. For the best treatments in English see Sawyer, *The Age of the Vikings*, chap. 7; and Jones, *A History of the Vikings*, pt.3.

24. On slavery in Scandinavia see Carl O. Williams, *Thraldom in Ancient Iceland* (Chicago: University of Chicago Press, 1937); Joan Dyste Lind, "The Ending of Slavery in Sweden: Social Structure and Decision Making," *Scandinavian Studies* 50 (1978): 57 – 71; and Foote and Wilson, *The Viking Achievement*, chap. 2. A good recent account in Swedish is Thomas Lindkvist, *Landborna i Norden under aldremedeltid* [Tenants in the Nordic Countries during the Early Middle Ages] (Uppsala: University of Uppsala, 1979), chap. 5. Compare Perry Anderson, *Passages from Antiquity to Feudalism* (London: Verso, 1978), pp. 173 – 181. For a useful review of the literature see Thomas Lindkvist, "Swedish Medieval Society: Previous Research and Recent Developments," *Scandinavian Journal of History* 4 (1979): 253–268.

25. Sawyer, *The Age of the Vikings*, pp.97–98. For a somewhat more critical view of the numismatic and archeological evidence see Foote and Wilson, *The Viking Achievement*, chap.6. Another useful assessment is Jones, *A History of the Vikings*, pp. 3–10.

26. There is a vast literature on the Viking ships. Acknowledged as the best account in English is Sawyer, *The Age of the Vikings*, chap.4. For a more recent review see Foote and Wilson, *The Viking Achievement*, chap.7. See also Jones, *A History of the Vikings*, pp. 182 – 195 (for bibliography, p. 183 n2). Useful for its excellent

graphics is Oxenstierna, *The Norsemen.*

27. J.C.Russell, *Late Ancient and Medieval Populations* (Philadelphia: American Philosophical Society, 1958), pp.71-131.

28. F. M. Maitland, *Domesday Book and Beyond* (Cambridge: Cambridge University Press, 1897; reprint ed., 1960); and Georges Duby, *Rural Economy and Country Life in the Medieval West* (Columbia: University of South Carolina Press, 1968), pp.37-39.

29. Jones, *A History of the Vikings*, chap.5, esp.p.279; and Lindkvist, *Landborna i Norden*, pp.129-139. On this decline of the European population in the early tenth century and for a good general summary of medieval demographic estimates see B.H. Slicher Van Bath, *The Agrarian History of Western Europe* (London: Edward Arnold, 1963), pp.77-78.

30. This estimate of 1 percent is based on the experience of the U.S. South during most of the eighteenth century. The annual forced immigration of slaves to meet the needs of the masters beyond the natural reproduction of the slave population was approximately 1 percent of the total slave population until about 1790. Between 1790 and 1807, when the slave population grew at an unusually high rate in anticipation of abolition of the trade, the annual forced immigration rose to approximately 1. 9 percent of the total slave population. For these estimates I am grateful to Robert W.Fogel, who provided them in a personal communication.

31. *Economic Change in Precolonial Africa* (Madison: University of Wisconsin-Press, 1975), p.66.

32. A. G. B. Fisher and H. J. Fisher, *Slavery and Muslim Society in Africa* (London: C.Hurst & Co., 1970), p.60.

33. Curtin, *Economic Change in Precolonial Africa*, p.156.

34. "The Trans-Saharan Slave Trade: A Tentative Census," in Henry A.Gemery and Jan S.Hogendorn, eds., *The Uncommon Market: Essays in the Economic History of the Atlantic Slave Trade* (New York: Academic Press, 1979), pp.23-76.

35. Cited in Jonathan Derrick, *Africa's Slaves Today* (New York: SchockenBooks, 1975), p.24 and chap.2 generally.

36. Robin Maugham, *The Slaves of Timbuktu* (London: Sphere Books, 1967) , p. 12. This work provides several vivid eyewitness accounts of Timbuktu and other slave-trading centers during December 1958. See also Derrick, *Africa's Slaves Today*, chap.6.

37. Curtin, *Economic Change in Precolonial Africa*, pp.153-156.

38. There are several good general histories of the Atlantic slave trade: Daniel P. Mannix and Malcolm Cowley, *Black Cargoes* (London: Longmans, 1963) ; Basil Davidson, *Black Mother* (London: Victor Gollancz, 1961) ; and James Pope-Hennessy, *Sins of the Fathers* (New York: Capricorn Books, 1969).Eric Williams' classic study of the economic roots of the trade is still essential reading: *Capitalism and Slavery* (New York: Capricorn Books, 1966).Also still useful are C.M.Macinnes, *England and Slavery* (London: Arrowsmith, 1934) ; and W. E. Ward, *The Royal Navy and the Slavers* (New York: Schocken Books, 1970).For two excellent short surveys see Christopher Fyfe, "The Dynamics of African Dispersal: The Transatlantic Slave Trade, "in Martin L. Kilson and Robert I. Rotberg, eds., *The African Diaspora* (Cambridge, Mass.: Harvard University Press, 1976) , pp. 57 - 74; and Philip D. Curtin, "The Atlantic Slave Trade, 1600-1800, "in J.F.Ade Ajayi and Michael Crowder, eds., *A History of West Africa* (London: Longmans, 1971) , pp.302-330. See also the special issue of *Revue française d'histoire d'outre mer*, nos.226-227(1975).

Until recently the major gaps in the literature on the history of the trade have been with regard to Dutch and Scandinavian participation, but these are now being rapidly filled.See, on the Dutch trade, James Postma, "The Dutch Participation in the African Slave Trade: Slaving on the Guinea Coast, 1675 - 1795 " (Ph. D. diss., University of Michigan, 1970).For a summary see Postma's, "The Origin of African Slaves: The Dutch Activities on the Guinea Coast, 1674 - 1795, " in Stanley L. Engerman and Eugene D.Genovese, eds., *Race and Slavery in the Western Hemisphere*: *Quantitative Studies* (Princeton, N. J.: Princeton University Press, 1975) , pp. 33 - 41. See also P.C.Emmer, "The History of the Dutch Slave Trade: A Bibliographical Survey, " *Journal of Economic History* 32 (1972): 728-747; and E. Vanden Boogart and P.C.Emmer, "The Dutch Participation in the Atlantic Slave Trade, "in Gemery and Hogendorn, *The Uncommon Market*, pp.353-375. On the Scandinavian slave trade see S. E. Green - Pedersen, "The Scope and Structure of the Danish Negro Slave Trade,"*Scandinavian Economic History Review* 19 (1971) : 149-197. For more specialized studies see note 39.

39. *The Atlantic Slave Trade*: *A Census* (Madison: University of Wisconsin Press, 1969) and his "Measuring the Atlantic Slave Trade," in Engerman and Genovese, *Race and Slavery*, pp.107-128. For important recent advances see, in the same volume, Roger Anstey, "The Volume and Profitability of the British Slave Trade, 1761-1807,"pp.3-31; E.Philip Le Veen, "A Quantitative Analysis of the Impact of British Suppression Policies on the Volume of the Nineteenth Century Atlantic Slave Trade,"pp.51-81; K.G.Davies, "The Living and the Dead: White Mortality in West Africa, 1684-1732,"pp.83-98; and the very insightful "Comment" of George Shipperson, pp.99-106.

For the most ambitious cliometric studies since Curtin's *Census* see Herbert S. Klein, *The Middle Passage*: *Comparative Studies in the Atlantic Slave Trade* (Princeton, N. J.: Princeton University Press, 1978) ; Gemery and Hogendorn, *The Uncommon Market*; D.Eltis, "The Export of Slaves from Africa.1820-1843,"*Journal of Economic History* 37 (1977) :409-433; Richard N.Bean, *The British Trans-Atlantic Slave Trade, 1650 - 1775* (New York: Arno Press, 1975) ; Jean Mettas and Serge Daget, eds., *Repertoire des expéditions négrières françaises au XVIII siècle* (Paris: Société français d'histoire d'outre-mer, 1978) ; and Robert Louis Stein, *The French Slave Trade in the Eighteenth Century*: *An Old Regime Business* (Madison: University of Wisconsin Press, 1979).For a review of more recent work by Stein, Klein, and others, see Orlando Patterson, "Recent Studies in Caribbean Slavery and the Slave Trade," *Latin American Research Renew* 17 (1982).

40. See Chapter 5, note 3. See also Robert W. Fogel, Stanley L. Engerman, Stephen C.Crawford, J.F.Olson, and Richard H.Steckel, "Why the U.S. Slave Population Grew So Rapidly: Fertility, Mortality, and Household Structure," 1975 (mimeographed).

41. Klein, *The Middle Passage*, pp.65-67, 194-199, 240-241; and Stein, *The*

French Slave Trade, pp.96−101,194−195,205−206.

42. Bean, *The British Trans−Atlantic Slave Trade*, chap.4, esp.fig.4−1 and appendixes A and B.

43. Ibid., p.122.

44. Ibid., p. 73. For an economic model using fishery as an analogy see R. P. Thomas and Richard N.Bean, "The Fishers of Men:The Profits of the Slave Trade," *Journal of Economic History* 34(1974) :885−894. For another econometric approach which, however, stops short of claiming that the trade was good for Africa demographically, see Henry A.Gemery and Jan S.Hogendorn, "The Atlantic Slave Trade:A Tentative Model," *Journal of African History* 15(1974) :223−246. A much stronger critique of Bean is implicit in the paper by these two authors cited in note 46. Curtin, in *The Atlantic Slave Trade*, asserted that for Africa "the net demographic effect of the three Atlantic migrations was population growth, not decline" (p.271), but he has backed away from this position in later works.

45. Philip D.Curtin, "The African Diaspora," in Michael Craton, ed., *Rootsand Branches:Current Directions in Slave Studies, Historical Reflections* 6(1979) :15.

46. Henry A. Gemery and Jan S. Hogendorn, "The Economic Costs of West African Participation in the Atlantic Slave Trade," in Gemery and Hogendorn, *The Uncommon Market*, pp. 143 − 161. See also, in the same volume, Joseph C. Miller, "Some Aspects of the Commercial Organization of Slaving at Luanda, Angola: 1760−1830," pp. 77 − 106; Mahdi Adamu, "The Delivery of Slaves from the Central Sudan to the Bight of Benin in the Eighteenth and Nineteenth Centuries," pp. 163−180 and James Postma, "Mortality in the Dutch Slave Trade, 1675−1795," pp. 239−260. For a balanced study of the effects of the slave trade in one area of West Africa, and a good review of previous work on the subject, see Michael Mason, "Population Density and ' Slave Raiding' :The Case of the Middle Belt of Nigeria," *Journal of African History* 10(1969) :551 − 564. In more general terms see Walter Rodney, "African Slavery and Other Forms of Social Oppression on the Upper Guinea Coast in the Context of the Atlantic Slave Trade," *Journal of African History* 7 (1966): 431 − 443; idem, *How Europe Underdeveloped Africa* (London and Dares − Salaam:

Bogle–L'Ouverture Publications and Tanzania Publishing House, 1972); idem, *A History of the Upper Guinea Coast, 1545–1800* (Oxford: Clarendon Press, 1970); idem, "Slavery and Underdevelopment," in Craton, *Roots and Branches*, pp.275–286. See my commentary on this article, ibid., pp.287–292. See also J.D.Fage, "Slavery and the Slave Trade in the Context of West African History," *Journal of African History* 10 (1964): 393–404. For a review of these problems emphasizing both the academic and the ideological issues involved see Curtin, "The African Diaspora," pp.1–17, esp.pp. 11–16.

47. See Harris, "Towards a Study of the Roman Slave Trade," pp.125–126.

48. Robert W.Fogel and Stanley L.Engerman, *Time on the Cross: The Economics of American Negro Slavery* (Boston: Little, Brown, 1974), vol.1, pp.44–58. These figures have been strongly contested; see Paul A.David et al., *Reckoning with Slavery* (New York: Oxford University Press, 1976).

49. For the strongest advocate of the slave–breeding thesis see Richard Sutch, "The Breeding of Slaves for Sale and the Westward Expansion of Slavery, 1850–1860," in Engerman and Genovese, *Race and Slavery*, pp.173–210. For a critique of the breeding thesis see Fogel and Engerman, *Time on the Cross*, vol.1, pp.78–86; and for a sharper, more detailed critique aimed specifically at Sutch see Robert W.Fogel, Stanley L.Engerman, Richard H.Steckel, and Stephen C.Crawford, *The Demography of American Negro Slavery*, chap.3 (manuscript).

50. *The Destruction of Brazilian Slavery, 1850–1888* (Berkeley: University of California Press, 1972), p.47.

51. Ibid., p.65.

52. Klein, *The Middle Passage*, chap.5.

53. See Bancroft, *Slave Trading in the Old South* (New York: Frederick Ungar, 1959).

54. See D. Eltis, "The Traffic in Slaves between the British West Indian Colonies, 1807–1833," *Economic History Review*, ser.2, 25 (1972), no.1.

55. Barry W. Higman, *Slave Population and Economy in Jamaica, 1807–1834* (Cambridge: Cambridge University Press, 1976), pp.45–68.

56. For a good recent study see Jack Goody and S.J.Tambiah, *Bridewealth and Dowry* (Cambridge:Cambridge University Press,1973) ,pp.2—47.

57. See,for example,M.J.Herskovits,*Dahomey:An Ancient West African Kingdom* (New York:J.J.Augustin,1938) ,vol.1,chaps.16 and 17.

58. Victor C.Uchendu, "Slaves and Slavery in Igboland, Nigeria," in Suzanne Miers and Igor I.Kopytoff, eds., *Slavery in Africa* (Madison: University of Wisconsin Press,1977) ,p.125.

59. Ralph A.Austen, "Slavery among Coastal Middlemen:The Duala of the Cameroon," in Miers and Kopytoff, *Slavery in Africa*, p.311.

60. Kenneth Little, *The Mende of Sierra Leone* (London: Routledge & Kegan Paul,1951) ,p.37.

61. Stephen Baier and Paul E.Lovejoy, "The Tuareg of the Central Sudan," in Miers and Kopytoff, *Slavery in Africa*, p.400.

62. Martin A.Klein, "Servitude among the Wolof and Sereer of Senegambia," in Miers and Kopytoff, *Slavery in Africa*, p.345.

63. Gustave E.Hulstaert, *Le manage de Nkundo*, Memoirs de l'Institut Royal Colonial Beige,no.8(1938) ,pp.147—148.

64. On the ancient Near East see Isaac Mendelsohn, *Slavery in the Ancient Near East* (Oxford: Oxford University Press, 1949), p. 4; on ancient India, Der Raj Chanana, *Slavery in Ancient India* (New Delhi:People's Publishing House,1960) ,pp. 21,35,37;and on pharaonic Egypt, Abd al−Muhsin Baklı, *Slavery in Pharaonic Egypt* (Cairo:L'institut français d'archéologie orientale,1952) ,pp.13,70. On the legal complexities in Roman law of the *servi dotales*(slaves who were part of a woman's dowry) see W.W.Buckland, *The Roman Law of Slavery* (Cambridge: Cambridge University Press,1908) ,pp.262—265. On medieval Europe see Iris Origo, " ' The Domestic Enemy ' :The Eastern Slaves in Tuscany in the Fourteenth and Fifteenth Centuries," *Speculum* 30(1955) :324. In the Caribbean the relatively few white women tended to outlive their spouses,with the result that widows were often extremely wealthy and much sought after by aspiring, "interested" white men of lesser means.To "marry and bury" became a common term,although women benefited more than men.See the entry of

February 12, 1802, in *Lady Nugent's Journal of Her Residence in Jamaica from 1801-1805*, ed.Philip Wright(Kingston: Institute of Jamaica, 1966), pp.58-59. On Brazil see Gilberto Freyre, *The Masters and the Slaves* (New York: Alfred A.Knopf, 1964), p.320. On the U.S.South see the account of the master class in U.B.Phillips, *Life and Labor in the Old South*(Boston: Little, Brown, 1963), chaps.12-14. See also Clement Eaton, *The Growth of Southern Civilization, 1790-1860*(New York: Harper Torchbooks, 1963), p.187.

65. John Crook, *Law and Life of Rome*(Ithaca, N. Y. : Cornell University Press, 1967), p.61.

66. Williams, *Thraldom in Ancient Iceland*, p.33.

67. Karl Polanyi, Conrad M.Arensberg, and Harry W.Pearson, eds., *Trade and Market in the Early Empires* (Chicago: Gateway, Henry Regnery Co., 1971), p. 350. See also pp.264-266.

68. Mendelsohn, *Slavery in the Ancient Near East*, p.41.

69. Brune Lasker, *Human Bondage in Southeast Asia*(Chapel Hill: University of North Carolina Press, 1950), p.53.

70. Little, *The Mende of Sierra Leone*, p.37.

71. Fisher and Fisher, *Slavery and Muslim Society in Africa*, pp.158-159.

72. Ibid., pp.156-158.

73. The most recent and thorough treatment of this subject is Marilyn Gerriets, "Money and Clientship in Ancient Irish Law" (Ph. D diss., University of Toronto, 1978), chap.3, esp.pp.67-72; on the equivalent values see p.95.

74. Ibid., pp.67-72.

75. Nerys Wyn Patterson, personal communication.

76. Williams, *Thraldom in Ancient Iceland*, pp.34-35.

77. Oxenstierna, *The Norsemen*, p.93.

78. Lasker, *Human Bondage in Southeast Asia*, p.45.

79. Fisher and Fisher, *Slavery and Muslim Society in Africa*, pp.164-165. For amore detailed statement of the horse value of slaves and other equivalences in the Saharan slave market see Austen, "The Trans-Saharan Slave Trade," pp.69-71.

80. Lasker, *Human Bondage in Southeast Asia*, p.45.

81. The standard works on the links between Mediterranean slavery and slave trading with New World slavery and the Atlantic slave trade are Charles Verlinden, "Les origines coloniales de la civilisation atlantique: Antécédents et types de structure," *Journal of World History* 1 (1953): 378 – 398; and his *The Beginnings of Modern Colonization* (Ithaca, N.Y.: Cornell University Press, 1970).

82. For the classic labor of love in this scholarly tradition see Fernand Braudel, *La Méditerranée et le monde méditerranéen à l'époque de Philippe II*, 2 vols. (Paris: Librairie Armand Colin, 1966).

第七章　奴役状态

1. Susan Treggiari, "The Freedmen of Cicero," *Greece and Rome* 16 (1969):202.

2. Ibid., p.196. For a broader treatment of the reasons for manumission in Rome see Treggiari, *Roman Freedmen during the Late Republic* (Oxford: Clarendon Press, 1969), pp.1-20. On the ancient world more generally see M.I.Finley, *Ancient Slavery and Modern Ideology* (New York: Viking Press, 1980), chap.3.

3. See in particular Paul E.Lovejoy and Stephen Baier, "The Desert-Side Economy of the Central Sudan," *International Journal of African Historical Studies* 8 (1975):555-581; Martin A.Klein and Paul E.Lovejoy, "Slavery in West Africa," in Henry A.Gemery and Jan S.Hogendorn, eds., *The Uncommon Market: Essays in the Economic History of the Atlantic Slave Trade* (New York: Academic Press, 1979), pp. 181-212; and M.G.Smith, *The Economy of Hausa Communities of Zaria* (London: Her Majesty's Stationery Office, 1955). For an interpretation that departs somewhat from Smith's see Jan S.Hogendorn, "The Economics of Slave Use on Two 'Plantations' in the Zaria Emirate of the Sokoto Caliphate," *International Journal of African Historical Studies* 10 (1977):369-383.

4. John J.Grace, "Slavery and Emancipation among the Mende in Sierra Leone, 1896-1928," in Suzanne Miers and Igor I.Kopytoff, eds., *Slavery in Africa* (Madison:

University of Wisconsin Press, 1977), p.422; idem, *Domestic Slavery in West Africa* (New York: Harper & Row, 1975), pp.14, 4L Among the more advanced pre-European states, however, such slaves were sometimes sold under special circumstances, especially as a form of punishment. See Hogendorn, "The Economics of Slave Use," pp.379-380.

5. William W. Westermann, *The Slave Systems of Greek and Roman Antiquity* (Philadelphia: American Philosophical Society, 1955), pp.86-87. For a discussion of the attitude of the state toward locally born slaves, and the reasons for its laws respecting this group during Ptolemaic times, see Iza Biezunska-Malowist, *L'esclavagedans l'Egypte gréco-romaine, première partie: Période ptolémaïque* (Warsaw: Polska Akademia Nauk, 1974), chap.3.

6. On Tuareg color values and racial attitudes toward their slaves see Johannes Nicolaisen, *Ecology and Culture of the Pastoral Tuareg* (Copenhagen: National Museum of Copenhagen, 1963), p.16. The Ahaggar word *Ibenharen* refers to the racial origin of their Negro slaves and is often used as a term of abuse.

7. Bernard Lewis, *Race and Color in Islam* (New York: Harper Torchbooks, 1971); idem, "The African Diaspora and the Civilization of Islam," in Martin L. Kilson and Robert I. Rotberg, eds., *The African Diaspora* (Cambridge, Mass.: Harvard University Press, 1976), pp.37-56.

8. This contempt led to the custom of many of the rajas raiding their own villages, as discussed in Chapter 4. See John M. Gullick, *Indigenous Political Systems of Western Malaya* (London: Athlone Press, 1958), pp.102-104; and L. R. Wheeler, *The Modern Malay* (London: Allen & Unwin, 1928), p.99.

9. Until the middle of the eighth century southern barbarians and the border and tribal peoples were "looked on as not quite human." See E. G. Pulleyblank, "The Origins and Nature of Chattel Slavery in China," *Journal of Economic and Social History of the Orient* 1(1958):209. During the period of the Northern dynasties the Liao people of the northern part of present-day Szechuan were a major source of slaves. See Wang Yi-Tung, "Slaves and Other Comparable Social Groupsduring the Northern Dynasties (386-618)," *Harvard Journal of Asiatic Studies* 16(1953): 306-

308. Eunuchs, who came to play a vital role in Chinese imperial politics, were largely recruited from alien races; see Taisuke Mitamura, *Chinese Eunuchs: The Structure of Intimate Politics* (Rutland, Vt.: Charles E. Tuttle Co., 1970). Having made these observations, I should emphasize that the typical Chinese slave was Chinese, given the penal origin of most slaves. There is no evidence that any ethnic or racial group became identified with slavery. What C.P. Fitzgerald wrote of Chinese culture as a whole applies equally to those who are descendants of slaves: "The apparent identity of type, and the real identity of culture over an area so vast and so definitely divided in climate and configuration, is the outstanding achievement of Chinese civilization." *China: A Short Cultural History* (London: Cresset Press, 1965), p.10.

10. Although Mongoloid in most respects, the Lolos have certain distinctive somatic traits that readily distinguish them from their Han Chinese slaves. These include "dark skin, hooked nose, and big ear lobes." For a discussion of relations between black Lolo masters and their white Lolo and Han slaves see Yueh-hwa Lin, *Liang-shan I-chia* [The Lolo of Liang-shan] (Shanghai: Commercial Press, 1947), chap.7.

11. Carl O. Williams, *Thraldom in Ancient Iceland* (Chicago: University of Chicago Press, 1937), p.74. See also Peter Foote and David M. Wilson, *The Viking Achievement* (London: Sidgwick & Jackson, 1970), pp.65, 75–76.

12. Williams, *Thraldom in Ancient Iceland*, pp.74–75. This story, of course, suggests more an ideology of innate slavishness and innate nobility than of association between these "virtues" and a given racial type. More likely, both views were held. Ideally they would be in harmony, as in the case of the noble blond king or swarthy slave; where they were not, the innately endowed qualities held sway. As Foote and Wilson observe, "Scandinavians decidedly favoured the postulate that heredity accounts for most things" (*The Viking Achievement*, p.77).

13. See K.J. Dover, *Greek Homosexuality* (New York: Vintage Books, 1980), pp. 68–73, 78–81; and A.N. Sherwin White, *Racial Prejudice in Imperial Rome* (Cambridge: Cambridge University Press, 1967). On the racial aspect of Greco-Roman attitudes to slaves of whatever race see the recent remarks of Finley, *Ancient Slavery and*

Modern Ideology, p.118.

14. Snowden states that "the Greeks and Romans developed no doctrines of white superiority," and that "the intense color prejudice of the modern world was lacking." *Blacks in Antiquity* (Cambridge, Mass.: Harvard University Press, Belknap Press, 1970), pp.182–183. However, Snowden seems to be unaware of some of the subtler aspects of the sociology of racial and ethnic relations. One of these is that the absence of an articulated doctrine of racial superiority does not necessarily imply behavioral tolerance in the relations between peoples of somatically different groups. It is sometimes the case that a forcefully articulated denial of racial prejudice and a formal ideology of racial tolerance go hand in hand with behavioral prejudice. (Brazil is a well-known example.) More subtle, but no less pervasive and vicious in their social consequences, are the color values of middle-class, brown and light-skinned West Indians. In their formal ideology these individuals not only condemn racial and color prejudice but present themselves to the world as models of racial and color harmony. In actual practice, this group until recently was highly sensitive to the most minute color gradations and practiced color prejudice on a massive scale. See Orlando Patterson, "Toward a Future That Has No Past: The Fate of Blacks in the Americas," in *Public Interest* 27(1972): 25–62; Fernando Henriques, *Family and Colour in Jamaica* (London: MacGibbon & Kee, 1968); and Rex M. Nettleford, *Identity, Race, and Protest in Jamaica* (New York: William Morrow and Co., 1972), pp.19–37. On color values in Cuban slave society see Verena Martinez-Alier, *Marriage, Class, and Colour in Nineteenth-century Cuba* (London: Cambridge University Press, 1974), esp.chap.5.

15. There is nothing amusing or tolerant about Juvenal's remarks, as Snowden suggests in *Black in Antiquity*, p.194. Juvenal was implying more than the fact that there would be more mulattoes were it not for abortion when he wrote in his thoroughly nasty sixth satire on women (*Satirae* VI.598–601): "For if she chose to distend and torture her womb with leaping boys, you would perhaps be the father of an Ethiopian and before long, a swarthy heir would fill the chief place in your will, a fellow you would not like to meet in the morning." Juvenal clearly equates blacks with the grotesque and the criminal, for in the previous satire he speaks scornfully of wine

being served by"the bony hand of a black Moor,one whom you would not like to meet in the middle of the night,while you are driving through the tombs on the steep Latin way"(ibid.,V.54-55).

16. One's response to artistic objects is,of course,subjective.Certainly a few of the artistic representations of Negroes by Greco-Roman artists are not only beautiful in themselves but suggest an appreciation of negroid beauty by artists(for example, the popular janiform vases with their conjoined heads of a black woman and a white woman);but most of them are hideous and implicitly racist in their perspective(for example,the detail of a black woman dancing between a maenad and asatyr on a fourth-century B.C.askos).See Jean Vercoutter,Jean Leclant,Frank M.Snowden,Jr., and Jehan Desanges,*The Image of the Black in Western* (NewYork:William Morrow and Co.,1976),vol.1,plates 193 and 220. Snowden's comments on the dancing black woman(p.176)are simply incomprehensible.

17. David Ayalon,"The Muslim City and the Mamlūk Military Aristocracy,"in Ayalon,ed.,*Studies on the Mamlūks of Egypt*(London:Variorum Reprints,1977).pp. vii,314. C. E. Bosworth suggests that in many parts of the Islamic world"white - skinned Europeans were prized even more highly than Turks.""Recruitment,Muster, and Review in Medieval Islamic Armies,"V.J.Parry and M.E.Yapp,eds.*War,Technology,and Society in the Middle East*(London:Oxford University Press,1975),p. 66. On Muslim Spain see Pierre Guichard,*Structures Sociales"Orientales"et"Occidentales"dans L'espagne Musalmane*(Paris:Mouton,1977),pp.77-80,122-124.See also V.L.Ménage."Devshirme,"*Encyclopedia of Islam*,ed.2(Leiden:E.J.Brill.1965). vol.2,pp.210-213.

18. The homosexual use of slaves remained an important aspect of Islamic slavery right down to modern times. It was particularly common among elite masters and high-status slaves.See Paul Rycaut,*The Present State of the Ottomen Empire*,1668 (London:Arno Press,1971),pp.33-35. The practice was almost the norm among the Mamlūks,on which see David Ayalon,*L'esclavage du mamelouk* (Jerusalem:Oriental Notes and Studies,1951),p.14. In the Jebala area of Morocco,where homosexuality was common,so-called boy-markets were to be found as late as the early part of this

century, when Carleton S. Coon studied the area. While the market el Had Ikanen of Ktama was notorious, similar boy-markets existed in other parts of the Jebala, especially among the Benzi Zerwali tribesmen. See Coon's *Tribes of the Rif* (Cambridge, Mass.: Peabody Museum of American Archeology and Ethnology, 1931), pp. 110 -111.

19. Gabriel Baer, in his study of slavery in nineteenth-century Egypt, classified slaves according to their color and sex. At the top of the hierarchy of female slaves were Greek and Circassian girls; "second best" were the Abyssinians; and at the bottom were blacks, some of whom were eunuchs. "Slavery in Nineteenth Century Egypt," *Journal of African History* 3(1967):417-441. For a more detailed analysis of the relative prices of slaves of different races in the Muslim market see Ralph A. Austen, "The Trans-Saharan Slave Trade: A Tentative Census," in Gemery and Hogendorn, *The Uncommon Market*, pp.69-71.

20. Africans, however, were used in a wide variety of roles in India including those of soldier, statesman, and confidant. In the thirteenth-century sultanate of Delhi, Queen Raziya became so intimate with her Habshi slave Jalal-ud-din Yagut that the queen's father and other offended aristocrats killed him. The most famous African in India's history was Malik Ambar, an Ethiopian who was trained and promoted by Genghis Khan and later led the Indian counterassault against the Mogul armies. At his death he was regent-general of the Deccanis kingdom. See Joseph E. Harris, *The African Presence in Asia: Consequences of the East African Slave Trade* (Evanston, Ill. :Northwestern University Press, 1971), esp. chap.7. In Ottoman Turkey the chief eunuch, or "Head of the Blessed Chamber," was usually a Negro. See C. Orhonly, "Khāsī," *Encyclopedia of Islam*, ed.2 (Leiden: E. J. Brill, 1978), vol.4, pp. 1087-93. References to black slaves in China go back to the fourth century A.D. These "K' unlun" slaves, as they were called, were "very popular," especially in T' ang times. See C.M. Wilbur, *Slavery in China during the Former Han Dynasty, 206 B.C. to A.D. 25.* (Chicago: Field Museum of Natural History, 1943), p.93.

21. One of the spiciest scandals in Jonsonian England was the affair of the Duchess of Queensberry with her black protégé and former slave, Soubise. Soubise later be-

came the most sensational Don Juan in the bedrooms of upper-class British ladies. For his naughty excesses the duchess eventually packed him off to India, where he founded a riding school. Black servants were de rigeur among the royal and noble families of eighteenth - century England and, according to James Walvin, "became so common among the aristocracy that the Duke of Dorset, whose family had employed them for the past 200 years, abandoned the practice in favor of Chinese servants." See Walvin, *Black and White: The Negro and English Society, 1555-1945* (London: Allen Lane, Penguin Press, 1973), pp.53-56. See also the portrait by Mignard of the Duchess of Portsmouth with her black page, reproduced in Walvin, *Black and White*, facing p.83.

22. "Théorie de l'esclavage," in M. I. Finley, ed., *Slavery in Classical Antiquity* (Cambridge: W. Heffer and Sons, 1960), pp.151-169.

23. Lin, *Liang-shan I-chia*, pp.81-82. This reluctance to enslave fellow ethnics is true of other primitive Asian tribes (for example, the Gilyak), but the opposite is the case among the advanced Asian civilizations. On the Gilyaks' "abhorrence" ofen do servitude see Leopold von Schrenck, *Die Völker des Amur-Landes: Reisen und Forschungen im Amur-Lande in den Jahren 1854-1856* (St. Petersburg: Kaiserliche Akademie der Wissenschaften, 1881-1895), vol.3, p.646.

24. Svend E. Holsoe, "Slavery and Economic Response among the Vai," in Miers and Kopytoff, *Slavery in Africa*, p.290.

25. There were, however, client relationships between different groups of Tuareg. Furthermore, it is not entirely true that fellow Tuaregs were never enslaved. L. Cabot Briggs mentions the case of Moussa ag Amastan, who was leader of the Ahaggar from 1905 to 1921 and had as one of his numerous concubines a Tuareg slave girl whom he had acquired during a raid into the Niger Bend country. Briggs further observes that "although the case was exceptional, it was by no means unique." "The Tuareg," in Briggs, *The Living Races of the Sahara Desert* (Cambridge, Mass.: Peabody Museum of American Archeology and Ethnology, 1958), p.98.

26. This we would expect from the fact that crime is an important source of slaves in such societies, for example the Ibes. Even where slaves are procured primarily

through warfare, slavery remains intraethnic, since most such wars are "internal" or within the tribe or language group. Typical of the small – scale intraethnic slavery arising from interclan warfare are the precontact Cherokees. See the recent study of slavery among this group by Theda Perdue, *Slavery and the Evolution of Cherokee Society, 1540–1866* (Knoxville: University of Tennessee Press, 1979) , pp.6–18. After white contact, however, the Cherokees rapidly adopted the practice of plantation slavery, using black slaves.

27. Kalervo Oberg, *The Social Economy of the Tlingit Indians* (Seattle: University of Washington Press, 1973) , p.84.

28. Alison Burford, *Craftsmen in Greek and Roman Society* (Ithaca, N.Y.: Cornell University Press, 1972) .

29. Ibid.See also M.I.Finley, *The Ancient Economy* (Berkeley: University of California Press, 1973) , esp. chaps. 1, 2, 5, 6; and William L. Westermann, "Industrial Slavery in Roman Italy," *Journal of Economic History* 2(1942) : 149–163.

30. "The Contributions of Slaves to and Their Influence upon the Culture of Early Islam" (Ph.D.diss., Princeton University, 1942) , p.i.

31. Lynn White, Jr., *Medieval Technology and Social Change* (Oxford: Clarendon Press, 1962) , p.116.

32. See, for example, Arthur Tuden and Leonard Plotnicov, eds., *Social Stratification in Africa* (New York: Free Press, 1970) , pp.15–18, 59–92.

33. Orlando Patterson, *The Sociology of Slavery: Jamaica, 1655 – 1838* (Rutherford, N.J.: Fairleigh Dickinson University Press, 1969) , pp. 15–51. On the Caribbean slave societies generally see L. J. Ragatz, "Absentee Landlordism in the British Caribbean, 1750–1833," *Agricultural History* 5(1931) : 7–26. For a more e-quivocal view see Douglas Hall, "Absentee Proprietorship in the British West Indies to about 1850," *Jamaican Historical Review* 4(1964) : 15–35. Supporting Hall's view that absenteeism varied in its impact is Richard B. Sheridan, in his *Sugar and Slavery: An Economic History of the British West Indies, 1623–1775* (Lodge Hill, Barbados: Caribbean Universities Press, 1974) , pp. 385 – 387. The reservations of Hall and Sheridan relate more to the personal qualities of absentees and locals than to the

structural effects of absenteeism. I remain firmly convinced that absenteeism was an unmitigated disaster for slaves insofar as their material treatment was concerned. By way of contrast see Eugene D. Genovese's discussion of the relative absence of the problem in the U.S. slave South, with the exception of the local absenteeism of the Mississippi Valley. *Roll, Jordan, Roll* (New York: Pantheon, 1974), pp. 10 – 13. See also Genovese's *The World the Slaveholders Made* (New York: Vintage Books, 1971), pp. 28–31, 42–14, 77–79. On the French Caribbean see Gabriel Debien, *Lesesclaves aux Antilles françaises, XVIIe–XVIIIe Siècles* (Basse–Terre, Fort–de–France: Société d'histoire de la Guadaloupe et Société d'histoire de la Martinique, 1974), p. 493; and his *Plantations et esclaves à Saint–Dominque*, University of Dakar Publications of the History Section, no. 3 (1963), pp. 9 – 15, 49 – 55. On Cuba see Franklin W. Knight, *Slave Society in Cuba during the Nineteenth Century* (Madison: University of Wisconsin Press, 1970), p. 69.

On the whole, absenteeism was more of the internal form in South America; that is, owners lived in the more desirable urban centers away from their plantations, where this happened the results were often, though not always, deleterious for the slaves. A detailed discussion of the effects of local absenteeism in the Chocô area of Colombia is given in William F. Sharp, *Slavery on the Spanish Frontier: The Colombian Chocó, 1680–1810* (Norman: University of Oklahoma Press, 1976), pp. 24, 123, 131–132. On Brazil see C. R. Boxer, *Salvador de Sa and the Struggle for Brazil and Angola* (London: Athlone Press, 1952), pp. 14–15.

Absenteeism is only one of several factors accounting for the brutal treatment of slaves, so I am not suggesting that there is a perfect correlation between the two variables. A great deal depends on the interaction of other (usually economic) variables. Thus, the presence of planters in the Vassouras region of Brazil in no way worked in favor of the slaves, on which see Stanley J. Stein, *Vassouras: A Brazilian Coffee County, 1850–1900* (Cambridge, Mass.: Harvard University Press, 1957), esp. chaps. 5–7.

34. On the Somali see Ioan M. Lewis, *Peoples of the Horn of Africa* (London: International African Institute, 1955), pp. 126 – 128. Until quite recently there were many

slave villages owned by various pastoral Arab tribes in Saudi Arabia, Yemen, and the Hadramaut. These villages specialized in agriculture, especially date growing. See Sylvia Bailes, "Slavery in Arabia" (Philadelphia: Institute for Israel and the Middle East of the Dropsie College for Hebrew and Cognate Learning, 1952), p.5 (manuscript); and Carleton S.Coon, *Caravan: The Story of the Middle East* (New York: Holt, 1951), p.161. Regarding this practice among the Manchu, Owen Lattimore in his classic study suggests that such absenteeism was an outgrowth of military colonization during the period of conquest and expansion. Chinese slaves were placed on large farms, which the Manchus lacked the skill to manage. The disadvantage for the Manchus, according to Lattimore, was that "it encouraged thewealthy, especially those who had become successful in official careers, to become absentee landlords." Eventually the lands were usurped by descendants of the slaves. Lattimore, *Manchuria: Cradle of Conflict* (New York: Macmillan, 1935), p.180.

35. E.A.Thompson, "Slavery in Early Germany," in Finley, *Slavery in Classical Antiquity*, pp.18, 26–28.

36. Lovejoy and Baier, "The Desert–Side Economy of the Central Sudan," pp. 551–581.

37. Robert S. Rattray, *Ashanti Law and Constitution* (Oxford: Clarendon Press, 1929), p.229.

38. Carol P. MacCormack, "Wono: Institutionalized Dependency in Sherbro Descent Groups," in Miers and Kopytoff, *Slavery in Africa*, pp.189–190.

39. Kenneth Little, *The Mende of Sierra Leone* (London: Routledge & KeganPaul, 1951), p.83.

40. Polly Hill, "From Slavery to Freedom: The Case of Farm Slavery in Nigerian Hausaland," *Comparative Studies in Society and History* 18 (1976): 395–426; and Hogendorn, "The Economics of Slave Use," pp.369–383.

41. I.M.Diakanoff, "The Commune in the Ancient East as Treated in the Works of Soviet Researchers," in Stephen P. Dunn and Ethel Dunn, eds., *Introduction to Soviet Ethnography* (London: Social Science Research Station, 1974), pp. 521–522. See also M. Dandamayev, "Foreign Slaves on the Estates of the Achaemenid

Kings and Their Nobles,"Proceedings of the 25th Congress of Orientalists, Moscow, 1960(Moscow: n. p. , 1963) , pp. 147 – 154. Many scholars strongly dispute the claim that these tenant farmers in the ancient Near East can be called slaves. See, in particular, I. J. Gelb, " From Freedom to Slavery," in Bayerische Akademie der Wissenschaften, *Gesellschaftsklassen im Alten Zweistromland und in den angrenzenden Gebieten*, 18(Munich, 1972).

42. For examples see, on the Kerebe, Gerald W. Hartwig, " Changing Forms of Servitude among the Kerebe of Tanzania," in Miers and Kopytoff, *Slavery in Africa*, pp. 266–267. On the Mende, see Little, *The Mende of Sierra Leone*, p. 39. On ancient India, Dev Raj Chanana, *Slavery in Ancient India* (New Delhi: People's Publishing House, 1960) , p. 32. On the ancient Near East, Bernard Siegel, *Slavery during the Third Dynasty of Ur*, Memoirs of the American Anthropological Association, no. 66 (1947) , p. 40; Isaac Mendelsohn, *Slavery in the Ancient Near East* (Oxford: Oxford University Press, 1949) , p. 67; *Jewish Encyclopedia* (New York: Funk & Wagnalls, 1905) , vol. 11, p. 406. On ancient Greece, Douglas M. MacDowell, *The Law in Classical Athens* (Ithaca, N. Y. : Cornell University Press, 1978) , p. 80, also pp. 133 – 137. On Rome, John Crook, *Law and Life of Rome* (Ithaca, N. Y. : Cornell University Press, 1967) , pp. 188 – 189; and W. W. Buckland, *The Roman Law of Slavery* (Cambridge: Cambridge University Press, 1908) , chaps. 8–10. On Visigothic Spain see P. D. King, *Law and Society in the Visigothic Kingdom* (Cambridge: Cambridge University Press, 1972) , p. 170; and Charles Verlinden, *L'esclavage dans l'Europemédiévale* (Bruges: De Tempel, 1955) , vol. 1, p. 88. On Islamic law in general see R. Brunschvig, " Abd, " *Encyclopedia of Islam*, ed. 2 (Leiden: E. J. Brill, 1960) , vol. 1, pp. 28–29. On the United States see John C. Hurd, *The Law of Freedom and Bondage in the United States* (Boston: Little, Brown, 1858) ; W. E. Moore, " Slave Law and Social Structure," *Journal of Negro History* 26 (1941): 171 – 202; Kenneth Stampp, *The Peculiar Institution* (London: Eyre & Spottiswoode, 1964) , chap. 5; on the Caribbean, E. V. Goveia, *Slave Society in the British Leeward Islands at the End of the Eighteenth Century* (New Haven: Yale University Press, 1965) , chap. 3.

43. Ellen S. Unruh, " The Landowning Slave: A Korean Phenomenon," *Korean*

Journal 16(1976):31.

44. Unruh's strictures deserve the greatest attention. Normally I would have no problem accepting her thesis that the Korean case is exceptional. It is not my aim to set forth generalizations that admit no exceptions, for such phenomena are not to be found even in the physical universe. Having said this, however, I must nonetheless point out certain aspects of the Koryŏ period that lend a rather different interpretation to what Unruh calls "the landowning slave, a Korean phenomenon."

Following the Mongol invasions and occupation in the thirteenth century, and the marauding of both Japanese and dissident internal agents, there was a great expansion of private agricultural estates and increasing ambiguity in the countryside between slave status and free status. What suffered most were the precise definitions of base and honorable status. Moreover, there were radical changes in the land−tenure system at this time: private ownership of land and expropriation of both crown lands and peasant holdings by the growing nobility were rampant. Many peasant landholders became slaves and attached themselves to lords to avoid murderous taxes, ruinous military service, and the devastation of bandits. This, then, was a period of transition which saw a large segment of the peasant class descending into slavery. It is understandable that for a while they would continue to hold formal claims to their land; but in actuality these claims meant nothing, and it was only a matter of time before even the formal claims were lost to the rapacious absenteelords. Seen in these terms, it is doubtful that Korea is after all an exception. In addition to Unruh see William E. Henthorn, *Korea: The Mongol Invasions* (Leiden: E. J. Brill, 1963); and Han Woo−Keun, *History of Korea* (Seoul: Eul − Yoo Publishing Co., 1970), p. 181. On the early Yi period see Byung−Sak Ku, *Hanguk Sahoe Popchesa Titksu Yongu* [A Study on the History of Law in Korea] (Seoul: Tongo Chu'lp'ansa, 1968), chap. 4. (In Korean.)

45. "Slavery and the Law in Muscovy," paper presented at the Third International Conference on Muscovite History, Oxford, September 1−4, 1975. See also Hellie's more recent *Slavery in Russia, 1450−1725* (forthcoming).

46. Ruth Pike, "Sevillian Society in the Sixteenth Century: Slaves and Freedmen," *Hispanic American Historical Review* 47 (1967): 353 − 356. A similar fear of

black competition in the U. S. South resulted in monopolization of the most highly skilled jobs by working-class whites. See Ira Berlin, *Slaves without Masters* (NewYork： Vintage Books, 1976), pp.60, 229–233, 240–241, 349–351.

47. On Visigothic Spain, for example, see Verlinden, *L'esclavage dans l'Europemédiévale*, vol.1, pp. 88 – 89. The issue presented many complex conceptual and sociological problems, which I take up in the next chapter.

48. Crook, *Law and Life of Rome*, p.189. The issue of what principles, if any, determined the disposal of the peculium upon manumission in ancient Rome is still controversial.

49. Robert Schlaifer, " Greek Theories of Slavery from Homer to Aristotle, " in Finley, *Slavery in Classical Antiquity*, p.111, presents the benign view of the laws. I personally have read the translation of the laws by Augustus Merriam and they do impress me as benign：see his" Law Code of the Kretan Gortyna, " *American Journal of Archeology* 1(1885)：324–350；2(1886)：24–45. However, I have been warned by an eminent specialist that even the translation of these laws remains ambiguous, to say nothing of their sociological interpretation. The claim that Gortyna was a specially humane case of advanced slavery must therefore be viewed, for the time being, with caution, perhaps even with skepticism.

50. *Ashanti Law and Constitution*, pp. 40 – 41. Note, however, that the Ashanti case is not without its problems. Ivor Wilks presents an interpretation of Ashanti slavery that is much less " domestic " and far more " commercial " than Rattray's. See Wilks, *Asante in the Nineteenth Century* (Cambridge：Cambridge University Press, 1975).

51. *Ashanti* (Oxford：Clarendon Press, 1923), p.230.

52. Ibid., pp.43–44.

53. Ibid.

54. Varro, *The Agriculture*, I, 17. 5, in W. D. Hooper and H. B. Ash, trans. andeds., *Cato and Varro：On Agriculture* (Cambridge, Mass.：Loeb Classical Library, Harvard University Press, 1935), p.227.

55. David Brion Davis, *The Problem of Slavery in Western Culture* (Ithaca, N. Y.：

Cornell University Press, 1966), pp.104-105.

56. See the theoretical discussions and illustrative case studies in R.F.Winch and L.W.Goodman, eds., *Selected Studies in Marriage and the Family* (New York : Holt, Rinehart and Winston, 1968). Among the traditional Dahomeans sixteen different kinds of marriage were recognized.See M.J.Herskovits, *Dahomey : An Ancient West African Kingdom* (New York : J.J.Augustin, 1938), vol.1.

57. "Slavery and Emancipation among the Mende," in Miers and Kopytoff, *Slavery in Africa*, p.421. This disruption of the union of slaves may have been unusual even for the Mende and was true of *some* masters only during the unsettled period that Grace studied.

58. Brunschvig, "Abd," p.27.

59. Ibid., p.29.

60. Enrico Cerulli, "II diritto consuetudinario della Somalia settentrionale (Migiurtini) ," in *Somalia, scritti vari editi ed inediti 2*(1959) : 21.

61. Rattray, *Ashanti Law and Constitution*, p.38.

62. Once again a distinction must be made between the traditional domestic slavery described by Rattray and the more complex situation during the nineteenth century described by Wilks.The Ashanti laws at that time may well have been the same for houseborn slaves, but different for trade slaves and those working in the mines.

63. G.R.Driver and John C.Miles, eds., *The Babylonian Laws* (Oxford : Clarendon Press.1960), vol.1, p.47.

64. Mendelsohn, *Slavery in the Ancient Near East*, pp.40-41.

65. Siegel, *Slavery during the Third Dynasty of Ur*, p.40.

66. For a detailed discussion of this problem during the T' ang dynasty see Niida Noburu, *Chūgoku hōseishi Kenkyū* [A Study of Chinese Legal History] (Tokyo : Tokyo University Press, 1962), pp.100-113. (In Japanese.)

67. Westermann, *Slave Systems of Greek and Roman Antiquity*, p.23.

68. R.H.Barrow, *Slavery in the Roman Empire* (London : Methuen & Co., 1928), p.158.

69. H. R. P. Finberg, *The Agrarian History of England and Wales* (Cambridge: Cambridge University Press, 1972), p.435.

70. Marc Bloch, *Slavery and Serfdom in the Middle Ages: Selected Essays*, trans. William R. Beer (Berkeley: University of California Press, 1975), p.14.

71. This is discussed at great length by Verlinden for both France and the Iberian peninsula. See in particular his *L'esclavage dans l'Europe médiévale*, vol.1, pp. 30–42. On the church's role in medieval Italy, as well as the unions of slaves, see ibid., vol.2 (1977), pp.80–96, 192–207, 526.

72. See Stephen C. Crawford, "Quantified Memory: A Study of the WPA and Fisk University Slave Narrative Collection" (Ph. D. diss., University of Chicago, 1980), chaps.5 and 6.

73. The hacienda region of Cordoba in Veracruz, Mexico, was typical of the non-plantation areas of Latin America, on which see Cathy Duke, "The Family in Eigh-teenth–Century Plantation Society in Mexico," in Vera Rubin and Arthur Tudens, eds., *Comparative Perspectives on Slavery in New World Plantation Societies* (New York: New York Academy of Sciences, 1977), vol.292, pp.226 – 258. On the Jesuit haciendas of colonial Peru, "families were rarely divided" although the system was harsh and highly regimented; see Nicholas P. Cushner, "Slave Mortality and Repro-duction on Jesuit Haciendas in Colonial Peru," *Hispanic American Historical Review* 55 (1975): 177–199 (quote on p.189). The Jesuits kept slave families intact for eco-nomic rather than humanitarian reasons and were often more inhuman masters than their lay counterparts. There is evidence that Jesuit hacienda owners in Cordoba, Ar-gentina, engaged in deliberate slave breeding in the middle of the eighteenth century; see Rolando Mellafe, *Negro Slavery in Latin America* (Berkeley: University of California Press, 1975), pp.140 – 141. On the instability of slave unions in the ad-vanced plantation areas of Latin America, see Stanley J. Stein, *Vassouras*, pp. 155 – 157; and Manuel Moreno Fraginals, *The Sugarmill: The Socioeconomic Complex of Sugar in Cuba* (New York: Monthly Review Press, 1976), pp.142–143.

74. Bailes, "Slavery in Arabia," p.7.

75. Virginia Gutierrez de Pineda, *Organization social en la Guajira* (Bogota: Insti-

tute Etnologico Nacional,1950),p.142.

76. Ivan Veniaminov, *Zapiski ob ostrovakh Unalashkinskago otdiela* [Notes on the Islands of the Unalaska District] (St. Petersburg: Izdano Izhdiveniem Rossiisko-Amerikanskoi Kompanii,1840),vol.2,p.85.

77. Ronald Olson, *Social Structure and Social Life of the Tlingit in Alaska* (Berkeley:University of California Press,1967),p.53.

78. Aurel Krause,*The Tlingit Indians*, trans.Erna Gunther(Seattle:University of Washington Press,1956),p.159.

79. Ibid.,p.280.

80. *The Social Organization and the Secret Societies of the Kwakiutl Indians* (Washington,D.C.:U.S.National Museum Report,1895-1897),p.664.

81. U.P.Averkieva,*Slavery among the Indians of North America*(Moscow:U.S.S. R.Academy of Science, 1941), p. 101. See also Oberg, *The Social Economy of the Tlingit Indians*, pp.116-128.

82. Herrlee G.Creel,*The Birth of China*(New York:Frederick Ungar,1937),pp. 204-216. See also Kuo Mo-jo, "Nu-li-chih shih-tai" [The Period of Slave Systems];and idem,"Tu liao Chi Yin-Chou hsuan-jen Shih-shih" [My Comments on "Descriptions of Historical Facts on Various Slaves as Sacrifices in the Yin and Chou Dynasties "], both in Office of Historical Studies, *Selected Essays on Problemsconcerning Periodization of Slave Systems and Feudal Systems in China*(Peking:Joint Publishing Co.,1956),pp.1-58. (In Chinese.)

83. Hayakawa Jirô,"The Position and Significance of the Slave System after the Taika Restoration," in Rekishi Kagaku Kyōgikai, ed., *Kodaii Кокка То Doreisei* [Ancient State and Slave Systems] (Tokyo:Azekura Shobō,1972),pp.92-108. (In Japanese.)

84. On human sacrifice in early and later Ur and in early dynastic Egypt see Jack Finegan,*Archeological History of the Ancient Middle East*(Boulder,Colo.:Westview Press,1979),pp.32,53,189. All over Asia and southern European Russia there is evidence of widespread human sacrifice between the seventh century B.C.and the ninth century A.D.See Ivan Lopatin,*The Cult of the Dead among the Natives of the A-*

mur Basin(The Hague:Mouton,1960),pp.103-104.

85. The Eurasiatic Scythians were typical. See Anatoli M. Khazanov, "Okharaktere rablov ladeniia u skifor"[On the Character of Slavery among the Scythians],in *Vestnik drevnie istorii* 119(1972):159-170.

86. Johannes Brondsted, *The Vikings* (London: Penguin Books, 1960), pp. 301-305. On the sacrifice of slaves to the gods see pp.284-285.

87. Carlos Bosch Garcia,*La esclavitudprehispânica entre los Aztecas*(Mexico City: Colegio de Mexico,Centro de Estudios Históricos,1944),pp.40-49.

88. Herskovits,*Dahomey*, pp.50-56.

89. James H.Vaughan, "Mafakur:A Limbic Institution of the Margi,"in Miers and Kopytoff,*Slavery in Africa*, p.98.

90. Rattray,*Ashanti Law and Constitution*, p.38. Ivor Wilks has argued strongly (and understandably) that during the nineteenth century a great deal of what was called human sacrifice by Europeans was really capital punishment.While this is no doubt true,it does not alter the fact that there was indeed human sacrifice during this and previous periods,though on a scale much smaller than that claimed by the missionaries and other contemporary commentators.See Wilks,*Asante in the Nineteenth Century*, pp.592-599.

91. Bruno Lasker,*Human Bondage in Southeast Asia*(Chapel Hill:University of North Carolina Press,1 950),p.287;and Andrew Turton, "Thai Institutions of Slavery,"in James L.Watson, ed.,*Asian and African Systems of Slavery* (Oxford: Basil Blackwell,1980),p.270.

92. S. W. Baron, *The Social and Religious History of the Jews* (New York: Columbia University Press,1937),vol.1,p.59.

93. Bloch,*Slavery and Serfdom in the Middle Ages*,pp.14,35;Churchill Babington,*The Influence of Christianity in Promoting the Abolition of Slavery in Europe* (Cambridge: Cambridge University Press, 1846), p.57; and Verlinden, *L'esclavagedans l'Europe médiévale*,vol.1,p.296.

94. Iris Origo,"'The Domestic Enemy':The Eastern Slaves in Tuscany in the Fourteenth and Fifteenth Centuries,"*Speculum* 30(1955):340.

95. Glenn R.Morrow, "The Murder of Slaves in Attic Law," *Classical Philology* 32(1937): 224-225. See also Douglas MacDowell, *Athenian Homicide Law* (Manchester: Manchester University Press, 1963), p.21.

96. Buckland, *The Roman Law of Slavery*, pp.36-38.

97. Verlinden, *L'esclavage dans l'Europe médiévale*, vol.1, pp.466-467.

98. Cited in Morrow, "The Murder of Slaves in Attic Law," p.313.

99. J.R.Dickson, *The Arab of the Desert: A Glimpse of Badawin Life in Kuwait and Saudi Arabia*(London: Allen & Unwin, 1951), p.504.

100. Williams, *Thraldom in Ancient Iceland*, p.111.

101. Schlaifer, "Greek Theories of Slavery," p.108.

102. See, for example, the case of the Sherbro of Sierra Leone, among whom it is held that any human blood spilled in violence defiles the land. MacCormack, "Wono," pp.188-189.

103. Morrow, "The Murder of Slaves in Attic Law," p.214.

104. See MacDowell, *Athenian Homicide Law*, pp.20-21, for a thorough review of the complexities involved.

105. Morrow, "The Murder of Slaves in Attic Law," p.223.

106. E.Grace, "Status Distinctions in the Draconian Law," *Eirene*(1973): 18.

107. Ibid., p.23.

108. Ibid., pp.23-24.

109. On the meaning and prevalence of torture in Greco-Roman slavery see Finley, *Ancient Slavery and Modern Ideology*, pp.94-95.

110. Buckland, *The Roman Law of Slavery*, pp.31-36.

111. Ibid., p.32, table 8. 3.

112. Barrow, *Slavery in the Roman Empire*, p.46.

113. J.S.Boston, *The Igala Kingdom*(Ibadan: Oxford University Press, 1968), pp.162-175.

114. Lewis, *Peoples of the Horn of Africa*, p.126.

115. W.E.Maxwell, "The Law Relating to Slavery among the Malays," *Journal of the Straits Branch of the Royal Asiatic Society*, no.22(1890): 259,273.

116. Verlinden, *L'esclavage dans l'Europe médiévale*, vol.1, pp.81–82.

117. Ibid., pp.460–461.

118. For example, on the Somali see Cerulli, "Il diritto consuetudinario," p.22.

119. Williams, *Thraldom in Ancient Iceland*, pp.103–104.

120. Verlinden, *L'esclavage dans l'Europe médiévale*, vol.1, p.90.

121. Rattray, *Ashanti Law and Constitution*, p.44.

122. James B.Christensen, *Double Descent among the Fanti* (New Haven: Human Relations Area Files, 1954), p.39.

123. For a detailed discussion of the many legal problems created by such transactions in Roman society see Buckland, *The Roman Law of Slavery*, chaps.6–9.

124. Crook, *Law and Life of Rome*, p.189.

125. Buckland, *The Roman Law of Slavery*, pp.159, 163.

126. Orlando Patterson, "Slavery and Slave Revolts: A Sociohistorical Analysis of the First Maroon War, 1665 – 1740," *Social and Economic Studies* 19 (1970): 289–325.

127. On Iceland see Williams, *Thraldom in Ancient Iceland*, pp.109–110; on Norway see Foote and Wilson, *The Viking Achievement*, p.70.

128. Maxwell, "The Law Relating to Slavery," p.297; see also R.O.Winstedt, *The Malays: A Cultural History* (New York: Philosophical Library, 1950), p.101.

129. On the Ashanti see Rattray, *Ashanti Law and Constitution*, p.42. On the Nyinba see Nancy E.Levine, "Opposition and Independence: Demographic andEconomic Perspectives on Nyinba Slavery," in Watson, *Asian and African Systems of Slavery*, pp.205–206.

130. A.Cameron, "Inscriptions Relating to Sacral Manumission and Confession," *Harvard Theological Review* 22(1939): 165.

131. Westermann, *The Slave Systems of Greek and Roman Antiquity*, p.155.

132. Cited in Babington, *The Influence of Christianity*, pp.57–58.

133. Origo, "The Domestic Enemy,'" pp.350–351.

134. Maxwell, "The Law Relating to Slavery," p.291.

135. MacCormack, "Wono," p.189.

136. A.M.Wergeland, *Slavery in Germanic Society during the Middle Ages* (Chicago: University of Chicago Press, 1916), p.61.

137. Origo, " ' The Domestic Enemy, ' " pp.349–350.

138. Robert S. Rattray, *Ashanti Proverbs* (Oxford: Clarendon Press, 1929), pp. 41–42.

139. On ancient Rome see Barrow, *Slavery in the Roman Empire*, pp.59–60. On the Colombian Chocó see Sharp, *Slavery on the Spanish Frontier*, pp.138–139.

140. On the Tuareg practice see André Bourgeot, "Rapports esclavagistes et conditions d'affranchissement chez les Imuhag, " in Claude Meillassoux, *L'esclavageen Afrique précoloniale* (Paris: François Maspero, 1975), pp.85–86.

141. Martin A.Klein, "Servitude among the Wolof and Sereer of Senegambia, " in Miers and Kopytoff, *Slavery in Africa*, p.347.

142. Bailes, "Slavery in Arabia, " p.8.

143. Bourgeot, "Rapports esclavagistes, " p.86.

144. N.Adriani and Albert C.Kruyt, *De Bare' e Sprekende Toradjas van Mid-den- Celebes* [The Bare' e – speaking Toradja of Central Celebes] (Amsterdam: Nood–Hollandsche Uitgevers Maatschappij, 1950), vol.1, pp.233–234.

145. Arthur Tuden, "Slavery and Social Stratification among the Ila of Central Africa, " in Tuden and Plotnicov, *Social Stratification in Africa*, p.57.

146. Crawford, "Quantified Memory, " p.77 and chap.3 generally.

147. Ibid. , chaps.5 and 6.

148. Ibid. , pp.82–85.

149. Ibid. , pp.62, 146, 179, 187.

150. Ibid. , p.227.

151. Cited in Chanana, *Slavery in Ancient India*, p.57.

152. Ibid. , p.56.

153. Ibid.

154. *A Diary from Dixie* (Boston: Houghton Mifflin Co. , 1949).

155. "We Wear the Mask, " in Jay David, ed. , *Black Defiance* (New York: William Morrow and Co. , 1972), p.63.

第八章 释免的含义和方式

1. I use the term *manumission* to connote the legal release of an individual from slavery either by the master or by a superior authority, such as the state. Manumission constituted the means of release for almost all ex-slaves. While some running away and rebellion occurred, in the vast majority of slaveholding societies in significant numbers of slaves were released by these means.

In no way do I mean to slight the importance of rebellion and other forms of resistance by slaves. I have discussed these issues elsewhere and shall return to them in a later work. See Orlando Patterson, "Slavery and Slave Revolts: A Sociohistorical Analysis of the First Maroon War, 1665 – 1740," *Social and Economic Studies* 19 (1970):289-325.

2. See the detailed discussion in W.W. Buckland, *The Roman Law of Slavery* (Cambridge: Cambridge University Press, 1908), pp.714-723.

3. Ibid., p.714.

4. Ibid., p.715.

5. For a review of the main issues see Raymond Firth, *Symbols: Public and Private* (Ithaca, N.Y.: Cornell University Press, 1973), pp.368-381.

6. Marcel Mauss, *The Gift*, trans. Ian Cullison (New York: W.W. Norton, 1967), pp.3-5.

7. Marshall Sahlins, *Stone Age Economics* (London: Tavistock Publications, 1974), p.220.

8. Mauss, *The Gift*, p.63.

9. Sahlins, *Stone Age Economics*, pp.149-183.

10. Firth, *Symbols*, pp.381-382.

11. See the more detailed statement in his and Henry Hubert's, *Sacrifice: Its Nature and Function*, trans. W.D. Hall (Chicago: University of Chicago Press, 1964). For recent developments in the anthropological study of sacrifice see M.F.C. Bourdillon, ed., *Sacrifice* (New York: Academic Press, 1980).

12. Mauss, *The Gift*, p.13.

13. Ibid., p.14.

14. Wyatt MacGaffey, "Economic and Social Dimensions of Kongo Slavery (Zaire)," in Suzanne Miers and Igor I. Kopytoff, eds., *Slavery in Africa* (Madison: University of Wisconsin Press, 1977), p.244.

15. Among many North American Indian tribes the captive who escaped and returned to his tribe was treated with utter contempt and regarded as socially dead. This was particularly true of militaristic tribes, such as the Iroquois and the Haida. See W. C. Macleod, "Debtor and Chattel Slavery in Aboriginal North America," *American Anthropologist* 27 (1925):378.

16. Gerald W. Hartwig, "Changing Forms of Servitude among the Kerebe of Tanzania," in Miers and Kopytoff, *Slavery in Africa*, p.271.

17. Liebeschuetz, *Continuity and Change in Roman Religion* (Oxford: Clarendon Press, 1979), pp.70–72. For a more detailed discussion of the traditional Larescult see Robert E. A. Palmer, *Roman Religion and Roman Empire: Five Essays* (Philadelphia: University of Pennsylvania Press, 1974), pp.114–120. On the prominent role of freedmen in the Lares cult see Franz Borner, *Untersuchungen über die Religion der Sklaven in Griechenland und Rom* (Wiesbaden: Akademie Mainz, 1957), vol.1, pp. 32–36. See also Keith Hopkins, *Conquerors and Slaves* (Cambridge: Cambridge University Press, 1978), pp.211–215.

18. Peter Foote and David M. Wilson, *The Viking Achievement* (London: Sidgwick & Jackson, 1970), p.73.

19. Dev Raj Chanana, *Slavery in Ancient India* (New Delhi: People's Publishing House, 1960), pp.80, 116–117.

20. *Slavery in Germanic Society during the Middle Ages* (Chicago: University of Chicago Press, 1916), p.150. See also Carl O. Williams, *Thraldom in Ancient Iceland* (Chicago: University of Chicago Press, 1937), pp.129–130.

21. "The Manumission of Slaves in Colonial Brazil: Bahia, 1684 – 1745," *Hispanic American Historical Review* 54 (1974):619.

22. Ira Berlin, *Slaves without Masters* (New York: Vintage Books, 1976), p.149.

23. Wergeland, *Slavery in Germanic Society*, pp.115–116.

24. Ibid., pp.133–134.

25. Ibid., p.157.

26. G.R.Driver and John C.Miles, eds., *The Babylonian Laws*(Oxford: Clarendon Press, 1960), vol.1, p.226.

27. Examples of selective testamentary manumission among seventeeth-century Mexican masters are given in Colin A. Palmer, *Slaves of the White God: Blacksin Mexico, 1570–1650*(Cambridge, Mass.: Harvard University Press, 1976), p.174.

28. Williams, *Thraldom in Ancient Iceland*, pp.13–14.

29. A.Playfair, *The Garos*(London: David Nutt, 1909); and W.W.Hunter, "Garo Hills," in his *Imperial Gazetteer of India*(London: Trubner, 1885), vol.5, p.30.

30. N.Adriani and Albert C.Kruyt, *De Bare' e Sprekende Toradjas van Mid-den-Celebes* [The Bare' e-speaking Toradjas of Central Celebes] (Amsterdam: Nood - Hollandsche Uitgevers Maatschappij, 1950), vol. 3, pp. 201, 261, 505, 523. Compare the practice of the Goldi, in which a wife lies with her husband's corpse or on his grave as a substitute for previous human sacrifice. Ivan Lopatin, *The Cult of the Dead among the Natives of the Amur Basin*(The Hague: Mouton and Co., 1960), p.103.

31. Aurel Krause, *The Tlingit Indians*, trans.Erna Gunther(Seattle: University of Washington Press, 1956), pp.112, 153, 161; and Kalervo Oberg, *The Social Economy of the Tlingit Indians*(Seattle: University of Washington Press, 1973), p.34.

32. U.P.Averkieva, *Slavery among the Indians of North America*(Moscow: U.S.S.R.Academy of Sciences, 1941), p.112.

33. Philip Drucker, *The Northern and Central Nootkan Tribes*(Washington, D.C.: Government Printing Office, 1951), p.47.

34. Carlos Bosch Garcia, *La esclavitud prehispdnica entre los Aztecas* (Mexico City: Colegio de Mexico, Centro de Estudios Históricos, 1944), pp.71–72.

35. Martin A.Klein, "Servitude among the Wolof and Sereer of Senegambia," in Miers and Kopytoff, *Slavery in Africa*, p.348.

36. David Daube, "Two Early Patterns of Manumission," *Journal of Roman*

Studies 36(1946) :59 ,73. See also Buckland ,*The Roman Law of Slavery* , p.443.

37. Buckland ,*The Roman Law of Slavery* , p.443.

38. Palmer ,*Roman Religion and Roman Empire* , pp.157–158.

39. R.H.Barrow ,*Slavery in the Roman Empire*(London : Methuen & Co. ,1928) , p.175.

40. " The Economics of Human Sacrifice, " *African Economic Review* 11 (1975) :8.

41. Richard Hellie , *Slavery in Russia , 1450 – 1725* (forthcoming) , chap.5 , pp. 27–30. It is significant that for some favored slaves enslavement ended legally with the death of the master.

42. Robert N. Bellah , *Beyond Belief* (New York : Harper & Row, 1970) , pp. 20–39. For the classic sociological treatment of this problem see Max Weber ,*The Sociology of Religion* , trans.Ephraim Fischoff(Boston : Beacon Press ,1964) , esp.chaps. 9–12 ,15–16.

43. Churchill Babington ,*The Influence of Christianity in Promoting the Abolition of Slavery in Europe*(Cambridge : Cambridge University Press ,1846) , pp.47–48.

44. Ibid. , pp.76–77. For a good discussion of this development and possible ulterior motives for the new view of manumission see Marc Bloch , " How and Why Ancient Slavery Came to an End, "in his *Slavery and Serfdom in the Middle Ages : Selected Essays* , trans.William R.Beer(Berkeley : University of California Press ,1975) , pp.14–15.

45. Joan Dyste Lind , " The Ending of Slavery in Sweden : Social Structure and Decision Making, " *Scandinavian Studies* 50 (1978) :65 – 66. On Norway and other parts of Scandinavia see Foote and Wilson, *The Viking Achievement* , pp.71 – 72. On the pagan practice of burying slaves alive with their dead master or sacrificing them on the occasion of his death see Gwyn Jones ,*A History of the Vikings*(London : Oxford University Press, 1968) , p. 149 ; and for the most convenient translation of Ibn Fadlan's celebrated account of a mortuary sacrifice of a slave girl see ibid. , pp. 425–430. Eric Oxenstierna has suggested that this ceremony may have been the wedding of a slave girl to her master , which the Arab traveler confused with a sacrifice!

If there is any truth to this hypothesis, it certainly lends strong support to my thesis that manumission and sacrifice were closely related. See his *The Norsemen* (Greenwich, Conn.: Graphic Society Publishers, 1965), pp.108–109.

46. 1 Cor.7:11.

47. A.J.Wensinck, *A Handbook of Early Mohammadan Tradition* (Leiden: E.J. Brill, 1927), p.142.

48. Robert Roberts, *The Social Laws of the Qorân* (London: Williams & Norgate, 1925), p.59.

49. R.Brunschvig, " Abd, " *Encyclopedia of Islam* (Leiden: E.J.Brill, 1961), vol. 1, p.15.

50. This holds only for the Migiurtini group. The Marrehan follow the usual Islamic practice of freeing the child of a slave concubine. See Enrico Cerulli, "Testi didiritto consuetudinario dei Somali Marrēhân," *Somalia, scritti editi ed inediti 2* (1959):83.

51. Muslim Spain and the nineteenth–century Adamawa of the northern Cameroons are typical. See Pierre Guichard, *Structures sociales" orientales" et" occidentales" dans l'Espagne musulmane* (Paris: Mouton, 1977), pp.77–80, 122–124; and Philip Burnham, "Raiders and Traders in Adamawa: Slavery as a Regional System," in James L.Watson, ed., *Asian and African Systems of Slavery* (Oxford: Basil Blackwell, 1980), p.48.

52. Barbara Isaacman and Allen Isaacman, "Slavery and Social Stratification among the Sena of Mozambique," in Miers and Kopytoff, *Slavery in Africa*, p.111.

53. Leopold von Schrenck, *Die Völker des Amur – Landes* (St. Petersburg: Kaiserliche Akademie der Wissenschaften, 1881–1895).

54. Driver and Miles, *The Babylonian Laws*, vol.1, pp.305–306; and Isaac Mendelsohn, *Slavery in the Ancient Near East* (Oxford: Oxford University Press, 1949), pp. 50–52.

55. *Conquerors and Slaves*, pp.166–171.

56. William L.Westermann, "Two Studies in Athenian Manumission," *Journal of Near Eastern Studies* 5(1946):101. See also K.J.Dover, *Greek Homosexuality* (New

York:Vintage Books,1980),pp.153-179.

57. Buckland,*The Roman Law of Slavery*,p.609.

58. On Jamaica see Edward Brathwaite,*The Development of Creole Society in Ja-maica*(Oxford:Clarendon Press,1971),pp.167-175. On the eastern Caribbean see Elsa V. Goveia, *Slave Society in the British Leeward Islands at the End of the Eighteenth Century*(New Haven:Yale University Press,1965),pp.215-221. On the French Caribbean see Leo Elisabeth,"The French Antilles,"in D.W.Cohen and Jack P.Greene,eds., *Neither Slave nor Free*(Baltimore:Johns Hopkins University Press,1972), pp. 134 - 171; and Gabriel Debien, *Les esclaves aux Antilles françaises, XVIIe - XVIIIe siècles* (Basse - Terre, Fort - de - France: Société d'histoire de la Guadeloupe et Société d'histoire de la Martinique,1974),pp.369-391. On South Af-rica see Anna J.Böeseken, *Slaves and Free Blacks at the Cape, 1658 - 1700*(Cape Town:Tafelberg Publishers,1977),pp.77-79. For evidence that strongly questions the traditional view that most concubines and their progeny were freed in Latin Ameri-ca see Schwartz,"The Manumission of Slaves in Colonial Brazil,"pp.621-622. It has recently been shown for Buenos Aires that economic factors largely explain the higher incidence of female manumissions;see Lyman L.Johnson,"Manumission in Coloniai Buenos Aires, 1776 - 1810," *Hispanic American Historical Review* 59 (1979):263, 276-277.

59. Roberts,*The Social Laws of the Qorân*,p.50.

60. Edmund R. Leach, *Political Systems of Highland Burma* (London: Bell, 1954),p.305.

61. Lev Iâkovlevich Schtemberg, *Giliâki, orochi, gol'dy, negidal'tsy, aïny: stat' i imaterialy* [The Gilyak, Orochi, Goldi, Negidal, Ainu: Articles and Materials] (Kha-barovsk:Dal'giz,1933).

62. K. Nwachukwu - Ogedengbe, " Slavery in Nineteenth Century Aboh (Nigeria) ,"in Miers and Kopytoff,*Slavery in Africa*, p.151.

63. Foote and Wilson,*The Viking Achievement*, p.72.

64. Mendelsohn,*Slavery in the Ancient Near East*, p.81. On legal aspects of the process see Driver and Miles,*The Babylonian Laws*, vol.1,pp.227-228.

65. Wergeland, *Slavery in Germanic Society*, p.114.

66. Wang Yi-T'ung, "Slaves and Other Comparable Social Groups during the Northern Dynasties (386 – 618)," *Harvard Journal of Asiatic Studies* 16 (1953): 360–362.

67. On the medieval Germans see Wergeland, *Slavery in Germanic Society*, p. 133–134; on the Somali see Enrico Cerulli, "Il diritto consuetudinario della Somalia settentrionale(Migiurtini) ," *Somalia, scritti vari editi ed inediti* 2(1959):23.

68. "Two Early Patterns of Manumission," p.63; see also pp.72–73.

69. Buckland, *The Roman Law of Slavery*, pp.449–451.

70. Westermann, "Two Studies in Athenian Manumission," p.96.

71. Buckland, *The Roman Law of Slavery*, pp. 441 – 442, 451 – 452; Susan Treggiari suggests that this was the oldest form of Roman manumission, but I disagree (for reasons already given). See Treggiari, *Roman Freedmen during the Late Republic* (Oxford: Clarendon Press, 1969), p.24.

72. Mauss, *The Gift*, p.66.

73. On Greece see Westermann, "Two Studies in Athenian Manumission." Most authors rank manumissio vindicta second in frequency to manumissio testamento in ancient Rome, but Treggiari reverses this order. See her *Roman Freedmen during the Late Republic*, p.31.

74. Bömer, *Untersuchungen über die Religion der Sklaven*, vol.2, p.120.

75. Ibid., pp.13–14.

76. William W. Westermann, *The Slave Systems of Greek and Roman Antiquity* (Philadelphia: American Philosophical Society, 1955) , p.35.

77. F. Sokolowski, "The Real Meaning of Sacral Manumission," *Harvard Theological Review* 47(1954) :p.173.

78. *Untersuchungen über die Religion der Sklaven*, vol.2, p.15.

79. Mendelsohn, *Slavery in the Ancient Near East*, p.104.

80. On Visigothic Spain see Charles Verlinden, *L'esclavage dans l'Europemédiévale*(Bruges: De Tempel, 1955) , vol.1, p.83. More generally on Europe see Bloch, *Slavery and Serfdom in the Middle Ages*, pp.12–14.

81. The pagoda slaves of Burma were outcastes and considered extremely unclean.Their descendants,unlike those of other kinds of slaves,suffered great stigma. James G.Scott, *The Burman*: *His Life and Notions* (London: Macmillan, 1912), pp. 428-429.

82. W.R.G.Horton, "The Osu System of Slavery in a Northern Ibo Village - Group,"*Africa* 26(1956) :311-335; and Victor C.Uchendu, "Slaves and Slavery in Igboland,Nigeria,"in Miers and Kopytoff,*Slavery in Africa*, p.130.

83. The view of Mary Douglas on the symbolism of purity and pollution is extremely suggestive in explaining the peculiar aversion to cult slaves.See the discussion in chapter 11.

84. Borner,*Untersuchungen iiber die Religion der Sklaven*,vol.2,p.120.

85. Ibid.,vol.1,p.22.

86. Hopkins,*Conquerors and Slaves*,p.144.

87. Ibid.,pp.146,158,163.

88. Buckland,*The Roman Law of Slavery*, pp.444-447.

89. Ibid.,pp.554-555.

90. Verlinden,*L'esclavage dans l'Europe médiévale*,p.300.

91. Brunschvig,"Abd,"p.30.

第九章　被释免奴隶的身份与地位

1. For discussions of the wala relationship see Reuben Levy,*The Sociology of Islam* (Cambridge: Cambridge University Press, 1931 - 1933), pp. 114 - 116; Brunschvig, "Abd,"*Encyclopedia of Islam* (Leiden:E.J.Brill,1961) ,vol.1,pp.30—31;David Ayalon,*L'esclavage du mamelouk*(Jerusalem:Oriental Notes and Studies, 1951) ,esp.p.34;idem,"Preliminary Remarks on the Mameluk Military Institution in Islam,"in V.J.Parry and M.E.Yapp,eds.,*War*,*Technology*,*and Society in the Middle East* (London: Oxford University Press, 1975), pp. 44 - 57. The term *Mawla* is frequently used in Arabic to describe both ex-master and freedman.It also has several other meanings not all related and sometimes not made clear by the context.This is a

complex and confusing subject best left to expert Arabists. For an excellent discussion of the semantic problems posed by the term and of the sociological status of the freedman in Islamic history see Daniel Pipes, "Mawlas: Freed Slaves and Converts in Early Islam," *Slavery and Abolition* 1(1980):132−177. For more details see Chapter 11.

2. See Thomas Wiedemann, *Greek and Roman Slavery*(Baltimore: Johns Hopkins University Press,1981), pp.41−49 for a discussion and translation of typical Greek cases.

3. William L. Westermann, "Two Studies in Athenian Manumission," *Journal of Near Eastern Studies* 5(1946):92−104; and Keith Hopkins, *Conquerors and Slaves* (Cambridge: Cambridge University Press, 1978), chap.3. For a succinct comparison of Greece and Rome see M.I.Finley, *Ancient Slavery and Modern Ideology*(New York: Viking Press,1980), pp.97−98.

4. This discussion of the patron−freedman relationship is based mainly on Susan Treggiari, *Roman Freedmen during the Late Republic* (Oxford: Clarendon Press, 1969), pp.68−81. On the legal complexities of this relationship see W.W.Buckland, *The Roman Law of Slavery* (Cambridge: Cambridge University Press, 1908), esp, chaps.11−14. Freedmen during the imperial period are discussed in chapter 11, where more references are given. For a useful collection of translated Latin sources see Wiedemann, *Greek and Roman Slavery*, pp.50−60.

5. Treggiari, *Roman Freedmen during the Late Republic*, p.75.

6. Ibid., p.81.

7. These are thoroughly documented in Verlinden, *L'esclavage dans l'Europemédiévale*(Bruges: De Tempel, 1955, 1977), vols.. 1 and 2. See also Marc Bloch, *Slavery and Serfdom in the Middle Ages: Selected Essays*, trans. William R. Beer (Berkeley: University of California Press,1975), pp.14−19.

8. Thomas Lindkvist, *Landborna i Nor den under aldre medeltid* [Tenants in the Nordic Countries during the Early Middle Ages] (Uppsala: University of Uppsala, 1979), esp. pp. 133−136. See also Joan Dyste Lind, "The Ending of Slavery in Sweden: Social Structure and Decision Making" *Scandinavian Studies* 50(1978): esp. 65−67; and Peter Foote and David M. Wilson, *The Viking Achievement*(London: Sidg-

wick & Jackson,1970),pp.71-74.

9. Foote and Wilson,*The Viking Achievement*, p.74.

10. Harry Hoetink,"Surinam and Curacao,"in D.W.Cohen and Jack P.Greene, eds.,*Neither Slave nor Free*(Baltimore:Johns Hopkins University Press,1972),p.68.

11. Frederick P.Bowser, "Colonial Spanish America,"in Cohen and Greene, *Neither Slave nor Free*, pp.23-24.

12. Ibid.

13. A.J.R.Russell-Wood,"Colonial Brazil,"in Cohen and Greene,*Neither Slave nor Free*, pp.91-92.

14. Lyman L.Johnson, "Manumission in Colonial Buenos Aires,1776-1810," *Hispanic American Historical Review* 59(1979):table 1,pp.262,273.

15. "The Manumission of Slaves in Colonial Brazil:Bahia, 1684 - 1745," *Hispanic American Historical Review* 54(1974):632-633.

16. Anna J.Böeseken, *Slaves and Free Blacks at the Cape, 1658 - 1700* (Cape Town:Tafelberg Publishers,1977),pp.82-84.

17. Richard Elphick and Robert Shell,"Intergroup Relations:Khoikhoi,Settlers, Slaves,and Free Blacks,1652-1795,"in Richard Elphick and Hermann Giliomee, eds.,*The Shaping of South African Society, 1652 - 1820*(London:Longmans,1979). pp.141-142.

18. Ibid.

19. *Slaves without Masters*(New York:Vintage Books,1976),p.53.

20. Henry W.Farnam,*Chapters in the History of Social Legislation in the United States to 1860*(Washington,D.C.:Carnegie Institution of Washington,1938),p.206.

21. Berlin,*Slaves without Masters*, pp.149-151.

22. Ibid.,p.224.

23. This is particularly well illustrated by variations in the significance of manumission among different groups of Tuaregs. See, for example, André Bourgeot, "Rapports esclavagistes et conditions d'affranchissement chez les Imuhag,"in Claude Meillassoux,ed.,*L'esclavage en l'Afrique précoloniale*(Paris:FrançoisMaspero,1975), pp.92-93.

24. Barbara Isaacman and Allen Isaacman, "Slavery and Social Stratification among the Sena of Mozambique," in Suzanne Miers and Igor I.Kopytoff, eds., *Slavery in Africa* (Wisconsin:University of Wisconsin Press,1977), p.111.

25. "Slavery among Coastal Middlemen:The Duala of the Cameroon," in Miers and Kopytoff, *Slavery in Africa*, pp.312-313.

26. Igor I.Kopytoff and Suzanne Miers, "African 'Slavery' as an Institution of Marginality," in Miers and Kopytoff, *Slavery in Africa*, pp.18-29.

27. Ibid., p.20. In the light of this unambiguous statement, the criticism recently leveled at Kopytoff and Miers by Martin A.Klein and Paul E.Lovejoy—that emphasis on "'assimilationist' tendencies misrepresents the condition of many slaves in the past"—is manifestly unfair. A careful reading of the case studies in Miers and Kopytoff's excellent volume, including the fine pieces by Klein and Lovejoy themselves, reveals that the criticism is not deserved by any of the contributors either.For the criticism in question see Klein and Lovejoy, "Slavery in West Africa," in Henry A.Gemery and Jan S.Hogendorn, *The Uncommon Market:Essays in the Economic History of the Atlantic Slave Trade* (New York:Academic Press,1979), pp.181-182.

28. *Les Bambara du Ségou et du Kaarta* (Paris:La Rose,1924).

29. Hilliard d'Auberteuil, *Considerations sur l'état présent de la colonie françaisede St.Dominigue* (Paris:n.p., 1976-1977), vol.2, p.73. Cited in Gwendolyn Mildo Hall, "Saint Domingue," in Cohen and Greene, *Neither Slave nor Free*, p.184.

30. *Roman Freedmen during the Late Republic*, pp.36-68.

31. Ibid., pp.61,65. See also Finley, *Ancient Slavery and Modern Ideology*, pp.97-98.

32. Wang Yi-T'ung, "Slaves and Other Comparable Groups during the Northern Dynasties(386-618)," *Harvard Journal of Asiatic Studies* 16(1953):329.

33. Jacob J. Rabinowitz, "Manumission of Slaves in Roman Law and Oriental Law," *Journal of Near Eastern Studies* 19(1960):42-45.

34. Ernst Levy, "Captivus Redemptus," *Classical Philology* 38(1943):176.

35. *Slavery during the Third Dynasty of Ur*, Memoirs of the American Anthropological Association, no.66,1947, p.4.

36. *Slavery in Ancient India* (New Delhi: People's Publishing House, 1960), p.113.

37. M. I. Finley, "The Servile Statuses of Ancient Greece," *Revue internationaledes droits de l'antiquité* 7(1960):165-189;idem, "Between Slavery and Freedom," *Comparative Studies in Society and History* 6 (1964):233-249; Rodolfo Mondolfo, "The Greek Attitude to Manual Labor," *Past and Present* no.2 (1952): 1-5; Alison Burford, *Craftsmen in Greek and Roman Society* (Ithaca, N.Y.: Cornell University Press, 1972); W. L. Westermann, "Slavery and the Elements of Freedom in Ancient Greece," *Quarterly Bulletin of the Polish Institute of Arts and Sciences* 2 (1943):1-14; idem, "The Freedmen and the Slaves of God," *Proceedings of the American Philosophical Society* 92 (1948): 55 - 64; and Hopkins, *Conquerors and Slaves*, pp.133-171.

38. On Latin America see Bowser, "Colonial Spanish America," p.50; and C.R. Boxer, *The Golden Age of Brazil, 1695 - 1750* (Berkeley: University of California Press, 1969), pp.1-2. On South African attitudes see Isobel E. Edwards, *Towards Emancipation: A Study of South African Slavery* (Cardiff: Gomerian Press, 1942), pp. 15, 18. Reinforcing attitudes of disdain for manual or skilled labor was the high level of mobility and egalitarianism among whites in eighteenth-century South Africa, on which see Hermann Giliomee and Richard Elphick, "The Structure of European Domination at the Cape, 1652-1820," in Elphick and Giliomee, *The Shaping of South African Society*, pp.376-378.

39. On Lima see Frederick P. Bowser, "The Free Person of Color in Mexico City and Lima: Manumission and Opportunity, 1580-1650," in Stanley Engerman and Eugene D. Genovese, eds., *Race and Slavery in the Western Hemisphere: Quantitative Studies* (Princeton, N.J.: Princeton University Press, 1975), p.356. On Buenos Aires see Johnson, "Manumission in Colonial Buenos Aires," p.286 nl6. Note, however, that the ownership of skilled slaves by whites of slender means was equally important as an explanation of the ability of skilled slaves to become master craftsmen. On the role of the eastern slaves in the development of early Cape architecture in South Africa see Elphick and Shell, "Intergroup Relations," p.453.

40. "Slave and Citizen:The South African Case,"*Race* 10(1973):25-46. See also George M.Frederickson,*White Supremacy:A Comparative Study in Americanand South African History*(New York:Oxford University Press,1981),chap.2.

41. See in particular Giliomee and Elphick,"The Structure of European Domination at the Cape"; and Greenstein, "Slave and Citizen." Compare Frederick P. Bowser,*The African Slave in Colonial Peru,1524-1650*(Stanford,Calif.:Stanford University Press, 1973); and Colin A. Palmer, *Slaves of the White God:Blacks in Mexico,1570-1650*(Cambridge,Mass.:Harvard University Press,1976),chaps.2-3.

42. James C.Armstrong, "The Slaves,1652-1795," in Elphick and Giliomee, *The Shaping of South African Society*, esp.pp.90-98. Cf.Caio Prado,Jr.,*The Colonial Background of Modern Brazil* (Berkeley:University of California Press, 1967); and Florestan Fernandes,"Slaveholding Society in Brazil,"in Vera Rubin andArthur Tuden,eds.,*Comparative Perspectives on Slavery in New World PlantationSocieties*(New York:New York Academy of Sciences,1977),pp.311-342.

43. Armstrong,"The Slaves,"p.88;cf.George W.Roberts,*The Population of Jamaica*(Cambridge:Cambridge University Press,1957),pp.29-42.

44. Elphick and Shell, "Intergroup Relations," pp.135-145; and Böeseken, *Slaves and Free Blacks at the Cape*, pp.77-97.

45. See,in particular,Sheila Patterson, "Some Speculations on the Status and Role of the Free People of Colour in the Western Cape,"in Meyer Fortes,ed.,*Studies in African Social Anthropology*(New York:Academic Press,1975),pp.160-205;and the classic interpretation by I.D.MacCrone,*Race Attitudes in South Africa:Historical, Experimental, and Psychological Studies* (Johannesburg:Witwatersrand University Press,1965).But contrast Giliomee and Elphick,"The Structure of European Domination at the Cape,"pp.363-365,and the discussion on the U.S.South that follows.

46. For details see Elphick and Shell,"Intergroup Relations,"pp.145-155;and Böeseken,*Slaves and Free Blacks at the Cape*, pp.77-78.

47. Bowser,"The Free Person of Color,"p.334.

48. Elphick and Shell,"Intergroup Relations,"pp.152-155.

49. Johnson,"Manumission in Colonial Buenos Aires,"pp.265-266,271-272;

and Elphick and Shell, "Intergroup Relations," p.139.

50. It is only fair to note that in South Africa almost all free persons were exclu-ded from participating in the administration of the Dutch East India Company.

51. Bowser, "The Free Person of Color," p.354.

52. Elphick and Shell, "Intergroup Relations," p.146.

53. I find it difficult to follow Hoetink's discussion in its entirety, but I agree with this part of the argument. See his "Surinam and Curacao," pp.79–82.

54. Elsa V.Goveia, *Slave Society in the British Leeward Islands at the End of the Eighteenth Century* (New Haven: Yale University Press, 1965), pp.215–229. On Suri-nam see Hoetink, "Surinam and Curacao," pp.80–81; on Barbados see Jerome S. Handler and Arnold A.Sio, "Barbados," p.233; on the French Antilles see Elisabeth, "The French Antilles," p.166; on Jamaica see Douglas Hall, "Jamaica," pp.203–204, all in Cohen and Greene, *Neither Slave nor Free.* On the Mascarene Islands see Burton Benedict, "Slavery and Indenture in Mauritius and Seychelles," in JamesL. Watson, ed., *Asian and African Systems of Slavery* (Oxford: Basil Blackwell, 1980), pp.135–138. On the Banda Islands see Bruno Lasker, *Human Bondage in Southeast Asia* (Chapel Hill: University of North Carolina Press, 1950), pp.34, 75. And for a useful if rather too colorful account see H.W.Ponder, *In Javanese Waters* (London: Seeley, Service & Co., 1944?), pp.100–137.

55. *Slaves without Masters*, p.xiii.

56. Ibid., p.188.

57. Eugene D.Genovese, "The Slave States of North America," in Cohen and Greene, *Neither Slave nor Free*, p.259; and Robert W.Fogel and Stanley L.Engerman, *Time on the Cross: The Economics of American Negro Slavery* (Boston: Little, Brown, 1974), vol.1, p.37.

58. W.J.Cash, *The Mind of the South* (New York: Vintage Books, 1960), p.118.

59. Ibid., p.59.

60. For two of the most detailed examinations of slavery and sexuality see Win-throp D.Jordan, *White over Black: American Attitudes toward the Negro, 1550–1812* (Baltimore: Penguin Books, 1969), pp.136–178; and Earl E. Thorpe, *Eros and*

Freedom in Southern Life and Thought (Durham, N. C. : Seeman Printery, 1967) . On the explosiveness of the issue, especially during the Civil War, see Forrest G. Wood's discussion of the miscegenation controversy of 1864 in his *Black Scare: The Racist Response to Emancipation and Reconstruction* (Berkeley : University of California Press, 1968) , pp.53-79.

第十章　释免模式

1. *Conquerors and Slaves* (Cambridge : Cambridge University Press, 1978) , p.166.

2. See for example Lyman L. Johnson, "Manumission in Colonial Buenos Aires, 1776 - 1810 ," *Hispanic American Historical Review* 59 (1979) : 262, table 1 ; and Richard Elphick and Robert Shell, "Intergroup Relations : Khoikhoi, Settlers, Slaves, and Free Blacks, 1652-1795 ," in Richard Elphick and Hermann Giliomee, eds. , *The Shaping of South African Society, 1652 - 1820* (London : Longmans, 1979) , pp. 137-138.

3. See Stephen Clissold, *The Barbary Slaves* (London : Paul Elek, 1977) , pp. 42-44. Muslim women who had sexual relations with their slaves faced the death penalty, yet the practice was not uncommon. Marriage to freed apostates was permitted (see pp.44-46) .

4. On ancient Greece see the speech by a supporter of Demosthenes attacking Stephanos for disgracing his citizenship by marrying Neaira, a freedwoman and former slave prostitute, in Thomas Wiedemann, *Greek and Roman Slavery* (Baltimore : Johns Hopkins University Press, 1981) , pp. 45 - 46. See also W. L. Westermann, *The Slave Systems of Greek and Roman Antiquity* (Philadelphia : American Philosophical Society, 1955) , pp.13-14. On Rome see Joel Schmidt, *Vie et mort des esclaves dans la Rome antique* (Paris : Editions Albin Michel, 1973) , pp. 57 - 58. On Valencia see Vicente Graullera Sanz, *La esclavitud en Valencia en los siglos XVI y XVII* (Valen-cia : Instituto valenciano de estudios historicos, 1978) , pp.147, 159.

5. Elphick and Shell, "Intergroup Relations, " p.127.

6. Hopkins, *Conquerors and Slaves*, p. 139 ; and Johnson, " Manumission in

Colonial Buenos Aires,"pp.275－276. In Brazil Stuart B.Schwartz claims that"men and women paid for freedom in exact proportion to their numbers."See his"The Manumission of Slaves in Colonial Brazil: Bahia, 1684 － 1745," *Hispanic American Historical Review* 54(1974) :624－625. On South Africa see Elphick and Shell, "Intergroup Relations,"pp.137,144;figs.4. 1,4. 4.

7. See Chapter 5.

8. "Manumission in Colonial Buenos Aires,"p.276.

9. Alan Fisher,"Chattel Slavery in the Ottoman Empire," *Slavery and Abolition* 1 (1980) :37－38. See also Halil Inalcik, ' Ghulām: Ottoman Period," *Encyclopedia of Islam*, ed.2,p.1090.

10. Schwartz, "The Manumission of Slaves in Colonial Brazil," pp. 618－619; Johnson,"Manumission in Colonial Buenos Aires," pp. 269－270; and Elphick and Shell,"Intergroup Relations,"pp.136－138.

11. Ira Berlin, *Slaves without Masters* (New York: Vintage Books, 1976) , pp. 152 － 153. In Westmoreland parish, Jamaica, this seems to have been true of blackslaves(as opposed to those of mixed blood) whose average age at manumission was forty－two years.For a Jamaican of the early nineteenth century this was very old. See Barry W.Higman, *Slave Population and Economy in Jamaica,1807－1834* (Cambridge: Cambridge University Press,1976) ,p.178.

12. On republican Rome see Susan Treggiari, *Roman Freedmen during the Late Republic* (Oxford: Clarendon Press, 1969) , p.35. On imperial Rome and Delphi see Hopkins, *Conquerors and Slaves*, pp.127,149－152.

13. In the period 201 B.C.－153 B.C.the average price of a boy slave was 235 drachmas,whereas that of a girl was 160 drachmas;by the period 53 B.C.to 1 B.C.a boy sold for 330 drachmas,while a girl's price was 333. See Hopkins, *Conquerors and Slaves*, p.159,table 111. 3.

14. ' Ghulām," *Encyclopedia of Islam*, vol.3,pp.1079－91.

15. Charles Verlinden, *L'esclavage dans l'Europe médiévale* (Bruges: De Tempel, 1955) ,vol.1,pp.460－461.

16. David Ayalon,"The European－Asiatic Steppe: A Major Reservoir of Power

for the Islamic World, " Proceedings of the 25th Congress of Orientalists, Moscow, 1960(Moscow:n.p. ,1963) ,pp.47-52.

17. Elphick and Shell, "Intergroup Relations, " p.144.

18. In his highly romantic treatment of the subject Gilberto Freyre claims that in Brazil slaves from Muslim Africa were" culturally superior" to" the great majority of the white colonists" and that the women were eagerly sought as friends, concubines, and housekeepers. *The Masters and the Slaves* (New York : Alfred A. Knopf, 1964) , pp. 264-271.

19. Johnson, "Manumission in Colonial Buenos Aires, "pp.265-266,271-272.

20. Elphick and Shell, "Intergroup Relations, " p.139.

21. Schwartz, "The Manumission of Slaves in Colonial Brazil, " pp.612,618.

22. Higman, *Slave Population and Economy in Jamaica*, p.176.

23. Ibid. , pp.177-178.

24. "The Free Person of Color in Mexico City and Lima: Manumission and Opportunity, 1580-1650, " in Stanley L.Engerman and Eugene D.Genovese, eds. , *Race and Slavery in the Western Hemisphere: Quantitative Studies* (Princeton, N.J. : Princeton University Press, 1975) , p.334.

25. Higman, *Slave Population and Economy in Jamaica*, p.77.

26. Elphick and Shell, "Intergroup Relations, " pp.143-144.

27. See Michael H. Jameson, "Agriculture and Slavery in Classical Athens, " *Classical Journal 12*(1977-1978) :134-135.

28. Treggiari, *Roman Freedmen during the Late Republic*, p.36.

29. C.M.Wilbur, *Slavery in China during the Former Han Dynasty, 206 B.C.-A. D.25*(Chicago:Field Museum of Natural History, 1943) , pp.240-252.

30. "Ghulām, " pp.1079-91.

31. I draw here on Verlinden, *L'esclavage dans l'Europe médiévale*, vol.1, pp. 61-101; and P.D.King, *Law and Society in the Visigothic Kingdom*(Cambridge: Cambridge University Press, 1972) , pp.159-183.

32. King, *Law and Society*, p.163.

33. *L'esclavage dans l'Europe médiévale*, vol.1, p.84.

34. Based on William F. Sharp, *Slavery on the Spanish Frontier: The Colombian Chocô, 1680−1810* (Norman: University of Oklahoma Press, 1976), pp.142−146.

35. On the domestic slaves see ibid., pp.137−138. Slaves in the other mining areas of Latin America did not fare as well as those in the Colombian Chocó. In both the gold−mining area of Minas Gerais and the diamond district of Brazil, mortality rates were horrendously high. Even there, however, slaves were allowed to mine in their spare time; they seized opportunities for stealing the ore, with the result that some of them were able to be manumitted. See C. R. Boxer, *The Golden Age of Brazil, 1690−1750* (Berkeley: University of California Press, 1969), pp.177, 217−218.

36. Personal communication from Professor F. M. Cross of the Harvard Semitic Museum, who kindly discussed and translated the critical passages from the papyrus.

37. Verlinden, *L'esclavage dans l'Europe médiévale*, vol.1, p.84. On the church's role in the late empire see pp.31−42.

38. Iris Origo, " The Domestic Enemy ' : The Eastern Slaves in Tuscany in the Fourteenth and Fifteenth Centuries, "*Speculum* 30(1955): 327−328.

39. On thirteenth − century Spain see Verlinden, *L'esclavage dans l'Europemédiévale*, vol.1, p.303. On sixteenth−and seventeenth−century Valencia see Sanz, *La esclavitud en Valencia*, p.132.

40. On which see Verlinden, *L'esclavage dans l'Europe médiévale*, vol.2(1977), pp.254−255.

41. " How and Why Ancient Slavery Came to an End, " in Marc Bloch, ed., *Slavery and Serfdom in the Middle Ages: Selected Essays*, trans. William R. Beer (Berkeley: University of California Press, 1975), p.15.

42. See Joan Dyste Lind, " The Ending of Slavery in Sweden: Social Structure and Decision Making, "*Scandinavian Studies* 50(1978): 66−69.

43. Verlinden, *L'esclavage dans l'Europe médiévale*, vol.2, pp.540−549.

44. In Brazil there was " no coherent body of Church doctrine or ecclesiastical statute that regulated slavery, " and the issue of manumission was largely neglected by the church. See Schwartz, " The Manumission of Slaves in Colonial Brazil, " pp. 610−611. Johnson states the matter even more bluntly: " The colonial societies of

Latin America tolerated manumission, but the process was not encouraged actively by either Church or State." "Manumission in Colonial Buenos Aires," p.261.

45. Elphick and Shell, "Intergroup Relations," p.122.

46. Ibid.

47. I draw on Clissold, *The Barbary Slaves*, esp.pp.86–101; Ellen G.Friedman, "Christian Captives at 'Hard Labor' in Algiers, Sixteenth to Eighteenth Centuries," *International Journal of African Historical Studies* 13(1980):616–632; and Norman R.Bennett, "Christian and Negro Slavery in Eighteenth – Century North Africa," *Journal of African History* 1(1960):65–82.

48. Friedman, in "Christian Captives," suggests that these tales were grossly exaggerated; so does Bennett in "Christian and Negro Slavery." But Clissold's account in *The Barbary Slaves* suggests that even by the standards of the age conditions were quite brutal for the mass of slaves.

49. There were variations. Morocco relied least on the Renegades; Tunis was totally dependent on them during the eighteenth century. See Clissold, *The Barbary Slaves*, p.100.

50. Ibid., pp.91–92.

51. Hopkins, *Conquerors and Slaves*, p.148. See also Westermann, *Slave Systems of Greek and Roman Antiquity*, pp.11,23.

52. Bernard Lewis, *Race and Color in Islam* (New York·Harper Torchbooks, 1971), passim.

53. Although freedmen were ideologically assimilated into their former masters' lineages in West Africa and, compared to other areas, relatively well treated, it is significant that large numbers of them flocked to the quarters of the invading Europeans when they made their grab for Africa at the end of the nineteenth century, on which see Martin A.Klein and Paul R.Lovejoy, "Slavery in West Africa," in Henry A. Gemery and Jan S.Hogendom, eds., *The Uncommon Market: Essays in the Economic History of the Atlantic Slave Trade*(New York: Academic Press, 1979).

54. C.M.N.White, "Clan, Chieftainship, and Slavery in Luvale Political Organization," *Africa* 27(1957):71–72.

55. Wyatt MacGaffey, "Economic and Social Dimensions of Kongo Slavery (Zaire)," in Suzanne Miers and Igor I.Kopytoff, eds., *Slavery in Africa* (Madison: University of Wisconsin Press, 1977), p.244.

56. J.C. Mitchell, *The Yao Village* (Manchester: Manchester University Press, 1956), p.72; and Edward Alpers, "Trade, State, and Society among the Yao in the Nineteenth Century," *Journal of African History* 10(1969):410-414.

57. Maurice Bloch, "Modes of Production and Slavery in Madagascar: Two Case Studies," in James L.Watson, ed., *Asian and African Systems of Slavery* (Oxford: Basil Blackwell, 1980), p.108.

58. Plutarch, *Pericles*, 37. 3

59. On this group of societies see Claude Meillassoux, ed., *L'esclavage en Afrique précoloniale* (Paris: François Maspero, 1975); and idem, *The Development of Indigenous Trade and Markets in West Africa* (London: Oxford University Press, 1971), esp.his introduction, and chaps.5 and 7. See also Jean Bazin, "War and Servitude in Segou," *Economy and Society* 3 (1974): 107 - 143; Klein and Lovejoy, "Slavery in West Africa," pp.181-212; Paul E.Lovejoy, "Indigenous African Slavery," in Michael Craton, ed., *Roots and Branches, Current Directions in Slave Studies: Historical Reflections* 6(1979): esp.pp.39-43; Polly Hill, "From Slavery to Freedom: The Case of Farm Slavery in Nigerian Hausaland," *Comparative Studies in Society and History* 18(1976):395-426; and M.G.Smith, "Slavery and Emancipation in Two Societies," in M.G.Smith, ed., *The Plural Society in the British West Indies* (Berkeley: University of California Press, 1965), pp.116-161.

On slavery, warfare, and manumission in early Islam see Paul G.Forand, "The Development of Military Slavery under the Abbasid Caliphs of the Ninth Century A.D. (Third Century A.H.) with Special Reference to the Reigns of Mu 'Tasim and Mu' Tadid" (Ph.D.diss., Princeton University, 1961), esp.chaps.3 and 5; Samuel S.Haas, "The Contributions of Slaves to and Their Influence upon the Culture of Early Islam" (Ph.D.diss., Princeton University, 1942), esp.chap.2; David Ayalon, *L'esclavage du mamelouk* (Jerusalem: Oriental Notes and Studies, 1951); P.M.Holt, "The Position and Power of the Mamlūk Sultan," *Bulletin of the School of Orientaland African*

Studies 38 (1975): pt. 2; and " Djaysh," *Encyclopedia of Islam*, ed. 2, vol. 2, pp. 504-511.

On fourteenth - and fifteenth - century Crete see Verlinden, *L'esclavage dansl'Europe médiévale*, vol. 2, pp. 826 - 832, 876 - 878; on Sardinia see ibid., pp. 343-346,353-358.

60. See the references cited in Chapter 9, note 37. In addition, on the low level of manumission at Laurium see Siegfried Lauffer, *Die Bergwerkssklaven von Laureion* (Wiesbaden: Akademie Mainz, 1956).

61. Verlinden, *L'esclavage dans l'Europe médiévale*, vol. 1, pp. 524-526.

62. Franklin W. Knight, " Cuba," in D. W. Cohen and Jack P. Greene, eds., *Neither Slave nor Free* (Baltimore: Johns Hopkins University Press, 1972), pp. 278-308.

63. "Slavery, Incentives, and Manumission: A Theoretical Model," *Journal of Political Economy* 83(1975): 923-933.

64. A. Zimmem, " Was Greek Civilization Based on Slave Labor?" *Sociological Review* 2(1909): 1-19, 159-176.

65. Robert W. Fogel and Stanley L. Engerman, *Time on the Cross: The Economics of American Negro Slavery* (Boston: Little, Brown, 1974), esp. pp. 148 - 155, 240 - 246. The authors observe that manumission existed as a kind of "long-run reward" but that the slave's chance of receiving it was "quite low." In 1850 the manumission rate was 0. 45 per 1,000 slaves(see p.150).For further details see Stephen C. Crawford, " Quantified Memory: A Study of the WPA and Fisk University Slave Narrative Collection" (Ph.D.diss., University of Chicago, 1980), chaps. 2 and 3.

66. The argument suffers from the limitations of all monocausal explanations: a number of other variables both independently and interactively may undermine the relationship between the price of capital and the period of time it takes the slave to buy his freedom. A still more basic criticism may be made, however. The length of time a slave takes to redeem himself is a very poor index of the overall volume of manumission in any of the societies with which we are concerned. In most of them the bought slave is at such a tremendous disadvantage that he rarely is able to buy his freedom.

He may, in addition, be reluctant to purchase his freedom before he is socially compe-tent. Legal and cultural variation in the amount of time considered proper before a slave may be manumitted plays havoc with economic calculation like Findlay's.

One could try to improve the usefulness of the model by confining it to locally born male slaves working in skilled or semiskilled occupations in the urban sectors, all other things remaining equal. But even with this restriction the model fails. The price of freedom varies directly and positively with the purchase price of slaves. In the class of societies to which I have confined the model, masters had little or no control over the supply of slaves. Furthermore, many social and cultural factors influenced the manu-mission rate—religion, the sex ratio, the kind of political system, to name a few.

Perhaps the biggest problem with Findlay's model is his "assumption that slaves [were] not able to borrow for the purchase of their freedom." He cites the case of an Athenian prostitute (mentioned by Westermann) who borrowed money from her clients, then adds, incredibly, that "her case, however, must be exceptional." In truth, in all these societies, whether Greek or Roman or Spanish American, there were well-developed institutions that enabled slaves to borrow funds to purchase their free-dom.

67. "Quantified Memory," p.88.

68. On the Caribbean see Sidney W. Mintz, *Caribbean Transformations* (Chicago: Aldine Publishing Co., 1974), chap.7.

69. *Neither Black nor White: Slavery and Race Relations in Brazil and the United States* (New York: Macmillan Co., 1971), p.45.

70. "Surinam and Curacao," in Cohen and Greene, *Neither Slave nor Free*, pp. 79-80.

71. See Knight, "Cuba," esp.pp.284-285. Cf. Herbert S. Klein, *Slavery in the A-mericas: A Comparative Study of Virginia and Cuba* (Chicago: University of Chicago Press, 1967), esp.pp.63-65, 194-201. Klein does not suggest any marked decrease in the manumission rate but does support the view that there was growing opposition to the high rate.

72. Verlinden, *L'esclavage dans l'Europe médiévale*, vol.1, p.61.

73. For references see Chapter 11.

74. See Chapter 4.

75. See Han Woo-Keun, *History of Korea* (Seoul: Eul-Yoo Publishing Co., 1970), p.129; and William E.Henthorn, *A History of Korea* (New York: Free Press, 1971), p.89.

76. William E.Henthorn, *Korea: The Mongol Invasions* (Leiden: E.J.Brill, 1963), pp.113,175,213-214.

77. See Byung-Sak Ku, *Hanguk Sahoe Popchasa Tüksu Yôngu* [A Study on the History of Law in Korea] (Seoul: Tongo Ch'ulp'ansa, 1968). (In Korean.)

78. The standard work is Hiraki Mokoto, *Nobi Chongyanggo: yimjinran - chungranhurül chungsimüro* [A Study of Manumission of Slaves during and after the Japanese Invasion of 1592: 1592-1670] (Seoul: National University, 1967). (In Korean.)

79. "Changes in Labor Supply in Yi Dynasty Korea: From Hereditary to Contractual Obligation," August 1976, pp.17-18 (manuscript).

80. *See* Leslie B. Rout, Jr., *The African Experience in Spanish America* (New York: Cambridge University Press, 1976), pp. 75 - 77. There were also black freedmen, on which see Peter Gerhard, "A Black Conquistador in Mexico," *Hispanic American Historical Review* 58(1978):451-459.

81. "Colonial Spanish America," in Cohen and Greene, *Neither Slave nor Free*, p.20. For more on Peru see Louis Millones, "Gente negra en el Peru: Esclavos y conquistadores," *América indigena* 31(1971); also for more details see Bowser, *The African Slave in Colonial Peru, 1524-1650* (Stanford, Calif.: Stanford University Press, 1973). On Chile, and for one of the most dramatic cases of freedom gained through distinction in the conquest, see Rolando Mellafe, *La introducción de la es-clavitud negra en Chile: Tráfico y rutas* (Santiago: University of Chile, 1959), pp.49-50.

82. Degler, *Neither Black nor White*, p.76.

83. In the Dutch-Portuguese war for Brazil most of the Luso-Brazilian forces consisted of "mulattoes, Negroes, Amerindians, and half-breeds of various kinds," and C.R.Boxer adds that "the natural chagrin of the Dutch at the loss of north-east Brazil

was greatly increased by their realization that they had been defeated by what was in great part a coloured army." See Boxer, *Four Centuries of Portuguese Expansion, 1415-1825* (Johannesburg: Witwatersrand University Press, 1963) , pp.51-52.

84. *Neither Black nor White*, pp.76-77.

85. For a review of the role of blacks and mulattoes in southern South America see Rout, *The African Experience in Spanish America*, pp.167-172.

86. Kenneth R.Andrews, *The Spanish Caribbean: Trade and Plunder, 1530-1630* (New Haven: Yale University Press, 1978) , p.36.

87. Klein, *Slavery in the Americas*, pp.200-201.

88. Johnson, "Manumission in Colonial Buenos Aires," pp.278-279.

89. Ibid. , p.278n * * * .

90. *The African Experience in Spanish America*, p.181.

91. See S.A.G.Taylor, *The Western Design: An Account of Cromwell's Expedition to the Caribbean* (Kingston: Institute of Jamaica and the Jamaica Historical Society, 1965) , pp.98-102. Most of these blacks would form the nucleus of the Maroons, who were to remain an independent force in Jamaica throughout the period of slavery and long afterward. See Orlando Patterson, "Slavery and Slave Revolts: A Sociohistorical Analysis of the First Maroon War, 1665 – 1740," *Social and Economic Studies* 19 (1970) :289-325.

92. *Slaves in Red Coats: The British West India Regiments, 1795-1815* (New Haven: Yale University Press, 1979) , p. vii. Most of what follows on the Caribbean is based on Buckley's work.

93. Ibid. , p.79.

94. For a good study of the military role of blacks in the seventeenth-century United States see Benjamin Quarles, "The Colonial Militia and Negro Manpower," *Mississippi Valley Historical Review* 45(1959) :643-652. See also Lorenzo J.Greene, *The Negro in Colonial New England* (New York: Atheneum, 1968) , pp.126-127. Blacks were used in the army and obtained their freedom by this means for a much longer period in Louisiana than in New England, on which see Roland McConnell, *Negro Troops in Antebellum Louisiana* (Baton Rouge: Louisiana State University Press, 1968) ; see

also Berlin, *Slaves without Masters*, pp.112-130.

95. The standard work is Benjamin Quarles, *The Negro in the American Revolution*(Chapel Hill: University of North Carolina Press, 1960). See also Berlin, *Slaves without Masters*, pp.15-50; and Jack D.Foner, *Blacks and the Military in American History*(New York: Praeger Publishers, 1974), pp.3-19.

96. Cited in Foner, *Blacks and the Military*, p.6.

97. Ibid., pp.20-31. See also Frank A.Cassell, "Slaves of the Chesapeake Bay Area and the War of 1812," *Journal of Negro History* 57(1972): 144-155. Cassell claims that between three thousand and five thousand slaves fled from Virginia and Maryland in 1813 and 1814 and that the slaves always "saw the British as being benevolent" (p.152).

98. See instead Benjamin Quarles, *The Negro in the Civil War*(Boston: Little, Brown, 1953); and, more recently, James M.McPherson, *The Negro's Civil War* (New York: Vintage Books, 1965).

99. Berlin, *Slaves without Masters*, p.33.

100. "Slavery as an Institution: Open and Closed Systems," in Watson, *Asian and African Systems of Slavery*, p.9.

101. Daniel Bell, "The Public Household: On 'Fiscal Sociology' and the Liberal Society," *Public Interest* 37(1974): 29-68. 1 use the term more in the older sense of "an arena for the conflict of political forces in the society," in which common needs are defined, justified, and met.

第十一章　顶级奴隶

1. G.W.F.Hegel, *The Phenomenology of Mind*(London: Allen & Unwin, 1949), p.69.

2. James D.Dunlap, *The Office of the Grand Chamberlain in the Later Roman and Byzantine Empires*(New York: Macmillan Co., 1924), pp.166-167.

3. On Korea see William E.Henthom, *A History of Korea*(New York: Free Press, 1971), p.112. On Russia see Richard Hellie, "Muscovite Slavery in Comparative Per-

spective," *Russian History* 6(1979):133-209. For a more detailed discussion, especially of the role of slaves in the army, see Hellie's forthcoming work, *Slavery in Russia, 1450-1725*, chap.13.

4. The two major sources on which I draw for this part of the discussion are P.R. C.Weaver, *Familia Caesaris: A Social Study of the Emperor's Freedmen and Slaves* (Cambridge: Cambridge University Press, 1972); Gérard Boulvert, *Domestique et fonctionnaire sous le haut empire romain: La condition de l'affranchi et de l'es-clave du prince*, Les belles lettres, annales littéraires de l'université de Besançon, vol. 151 (1974).Although somewhat dated, A.M.Duff, *Freedmen in the Early Roman Empire* (Oxford: Clarendon Press, 1928) is still useful.

5. Weaver, *Familia Caesaris*, p. 17. See also Boulvert, *Domestique et fonctionnaire*, pp.1-8,200-209.

6. See Boulvert, *Domestique et fonctionnaire*, pt.1, chap.2.

7. Duff, *Freedmen in the Early Roman Empire*, p.153. On exclusion of the fiscus from military service see Boulvert, *Domestique et fonctionnaire*, pp.230-231.

8. Duff, *Freedmen in the Early Roman Empire*, p.159.

9. "Some Considerations Relating to Property Rights in Man," *Journal of Economic History* 33(1973):43-65. In a personal communication Engerman wondered just how far it was possible or desirable to cut down on the maintenance costs of administrative slaves. The question is an important one, but I have not been able to find any data on which to base a response.

10. E.C.Welskopf, *Die Produktionsverhaltnisse im alten Orient und in der griechisch-römischen Antike* (Berlin: Deutsche Akademie der Wissenschaften, 1957), pp. 121-156.

11. Weaver, *Familia Caesaris*, p.178.

12. Ibid., p.205. For a detailed discussion see Boulvert, *Domestique et fonctionnaire*, pp.84-109,180-197.

13. "The Freedmen of Cicero," *Greece and Rome* 16(1969):95. See also her *Roman Freedmen during the Late Republic* (Oxford: Clarendon Press, 1969), pp. 142-153.

14. For a discussion see Donald Earl, *The Moral and Political Tradition of Rome* (London: Thames & Hudson, 1967), esp. pp. 15-17.

15. Ibid., pp. 81-82.

16. Ibid.

17. Ibid., pp. 12-13, 44-58.

18. Ibid., p. 81 (emphasis added). Tacitus, *Germania*, 20. 2, cited by Earl.

19. Duff, *Freedmen in the Early Roman Empire*, p. 151.

20. Petronius, *The Satyricon*, trans. W. Arrowsmith (Ann Arbor: University of Michigan Press, 1959), pp. 25-79.

21. Ibid., p. 27 (Petronius, *Sat.* 29).

22. Ibid., p. 30 (Petronius, *Sat.* 32).

23. See for example D. Iunii Iuvenalis, *Satirae*, trans. J.D. Lewis (London: Trubner & Co., 1882).

24. Tacitus, *Hist.* 5. 9. Cited in Duff, *Freedmen in the Early Roman Empire*, p. 173. On the attitude of other authors see Boulvert, *Domestique et fonctionnaire*, pp. 231-232.

25. For a detailed discussion of what he calls the "sociological inferiority of freedmen" see Boulvert, *Domestique et fonctionnaire*, pp. 231-256.

26. Peter Garnsey, *Social Status and Legal Privilege in the Roman Empire* (Oxford: Oxford University Press, 1970), p. 122 (emphasis added).

27. Duff, *Freedmen in the Early Roman Empire*, p. 180.

28. Ibid., pp. 173-186, summarizes.

29. In this regard the case of Claudius is perhaps the most instructive. See Vincent M. Scramuzza, *The Emperor Claudius* (Cambridge, Mass.: Harvard University Press, 1940), esp. pp. 35-50, 85-89.

30. The term *Ghulām* (singular; plural *ghilmdn*) means literally a young man or boy, and by extension a servant—usually, but not necessarily, a slave or freedman with strong ties of personal loyalty to his master. See "Ghulām," *Encyclopedia of Islam*, ed. 2 (Leiden: E.J. Brill, 1965), vol. 2, pp. 1079-91.

31. Concerning military slavery in the Islamic world I have drawn primarily on

Daniel Pipes, "From Mawla to Mamlūk: The Origins of Islamic Military Slavery" (Ph. D.diss., Harvard University, 1978). This is a first-rate piece of scholarship marred only by the author's insistence that elite military slavery was unique to Islamic civilization, what he calls the "Islamicate." Pipes concedes that slaves were recruited from outside and trained for the military in other parts of the world, and he is also aware of the role of administrative slaves elsewhere. What he insists on is the uniqueness of the combination of qualities that specified a professional regiment of soldiers occupying high status and power in a society. Pipes is not necessarily wrong, but makes too much of the distinctiveness. This leads him into an empty kind of schematism that is unfortunate in the way it prompts the author to make wholly insupportable assertions. Typical of such statements is this one: "Government slaves cannot build up a power base of their own and almost never threaten their masters; military slaves, however, can develop such a base from their own corps and with it they stand up to the ruler" (p. 25). The familia Caesaris and, as we shall see later, the corps of eunuchs in Byzantium did exactly this for several centuries.

I have also drawn heavily on Paul G. Forand, "The Development of Military Slavery under the Abbasid Caliphs of the Ninth Century A.D. (Third Century A.H.) with Special Reference to the Reigns of Mu'Tasim and Mu'Tadid" (Ph.D.diss., Princeton University, 1961), which is a sound work though less sociologically sophisticated than that of Pipes. The most prolific and, on the Mamlūks, the most authoritative author is David Ayalon: I have drawn principally on the following of his works: *Studies on the Mamlūks of Egypt* (London: Variorum Reprints, 1977); *L'esclavage du mamelouk* (Jerusalem: Oriental Notes and Studies, 1951); *Gunpowder and Firearms in the Mamlūk Kingdom* (London: Vallentine, Mitchell, 1956); "The European-Asiatic Steppe: A Major Reservoir of Power for the Islamic World," Proceedings of the 25th Congress of Orientalists, Moscow, 1960 (Moscow: n.p., 1963), pp.47–52. Also valuable is P. M. Holt's "The Position and Power of the Mamlūk Sultan," *Bulletin of the School of Oriental and African Studies* 38, pt.2 (1975): 237–249. The best short review of the military in the Islamic world must surely be the series of articles under "Djaysh" in the *Encyclopedia of Islam*, ed.2, vol.2, pp.504–509. Of special value also are the papers in V.J.Parry and M.E.Yapp, eds., *War, Technology, and Society in the Middle East* (London: Oxford University Press, 1975). On the janissaries the standard work is now Basilike D. Papoulia, *Ursprung und Wesen der 'Knabenlese' im osmanischen Reich* (Munich: R. Oldenbourg, 1963). Important in its own right is V. L. Ménage, "Some Notes on the Devshirme," *Bulletin of the School of Oriental and African Studies* 29 (1966): 64–78.

32. According to Pipes, persons of slave origin directed Islamic governments in over fifty cases, including two female ex-slave rulers. "From Mawla to Mamlūk," pp. 38, 253.

33. Paul Rycaut, *The Present State of the Ottoman Empire, 1668* (London: Arno Press, 1971), p.8.

34. *The Ottoman Empire* (New York: Praeger Publishers, 1973), p.87. It is significant that most specialists on the janissaries, including Papoulia, concur that they were genuine slaves (although there is disagreement on whether and when they ceased to be slaves). Pipes confronts the issue directly and concludes that they remained genuine slaves as long as they were under the control of their masters. He notes that the reluctance of historians of Islam to call the ghilmān slaves springs from their mistaken assumption that slavery implies low status. See his "From Mawla to Mamlūk," pp. 25–39.

35. *Encyclopedia of Islam*, ed.2, vol.2, p.1090.

36. *History of the Ottoman Empire and Modern Turkey* (Cambridge: Cambridge University Press, 1976), p.166.

37. Manpower shortages and reliance on the conquered peoples of the periphery and semiperiphery of the central Islamic lands to meet these manpower needs is a continuous theme in the history of the major Islamic states. See Samuel S. Haas, "The Contributions of Slaves to and Their Influence upon the Culture of Early Islam" (Ph. D. diss., Princeton University, 1942), chap.2, which deals with warfare. See also Ayalon, "The European-Asiatic Steppe"; idem, *Studies on the Mamlūks of Egypt*, chaps. 2–5; Speros Vryonis, Jr., "Byzantine and Turkish Societies and Their Sources of Manpower," in Parry and Yapp, *War, Technology, and Society in the Middle East*, pp.

125−152.

38. Forand,"The Development of Military Slavery,"pp.5−15.

39. For a geographic delineation see ibid.,pp.21−22.

40. Ibid.,pp.27−29.

41. Ibn Khaldun,*An Arab Philosophy of History*, trans.Charles Issawi(London：John Murray,1950),p.57.

42. Cited in David Ayalon,"Preliminary Remarks on the Mamlūk Military Institution in Islam,"in Parry and Yapp,*War*,*Technology*,*and Society in the Middle East*, p.49. Emphasis added.

43. Ibid.

44. Ibid.,p.50.

45. "Ghulām,iii：India,"*Encyclopedia of Islam*, ed.2,vol.2,p.1085.

46. Paul Wittek, "Devshirme and Shari' a,"in Stanford Shaw, ed., "Selected Readings on Ottoman History" (Cambridge, Mass.：Harvard University Library, 1965),vol.2,pp.645−653(manuscript).

47. Papoulia,*Ursprung und Wesen*, p.1；see also p.116. The translation of this particular passage is by Ménage,"Some Notes on the Devshirme,"p.64. See also idem,"Devshirme,"*Encyclopedia of Islam*, ed.2,vol.2,pp.210−213.

48. Wittek,"Devshirme and Shari' a,"p.645.

49. C.E.Bosworth, "Ghulām,ii：Persia,"*Encyclopedia of Islam*, ed.2,vol.2,p.1083. Daniel Pipes notes："Being outsiders also increases their susceptibility to being molded；the owner can isolate foreigners by eliminating any ties outside his household and by forcing them to depend entirely on the small world of the master and his fellow slaves."*From Mawla to Mamlūk*, p.21.

50. On eunuchism see Ayalon, "Preliminary Remarks," pp. 50 − 51. See also "Khasi,"*Encyclopedia of Islam*, ed.2(Leiden：E.J.Brill,1978),vol.4,pp.1087−93.

51. Ayalon calls the Mamlūk aristocracy of Egypt"a one generation nobility only, all its members having been born in the steppe and being Muslims of the first generation."*Studies on the Mamlūks of Egypt*, p.313.

52. On what R.C.Repp calls"the vexed problem of the status in law"of the janis-

saries, see Papoulia, *Ursprung und Wesen*, pp. 4 – 10, where she argues that the passing-out ceremony did involve a form of manumission; in contrast see Ménage, "Some Notes on the Devshirme." See also, in support of Ménage, R.C.Repp, "A Further Note on the Devshirme," *Bulletin of the School of Oriental and African Studies* 31 (1968):137–139.

53. Repp, "A Further Note on the Devshirme," pp.138–139.

54. Ibid.

55. Pipes, *From Mawla to Mamlūk*, p.31.

56. Ibid., pp.35–36.

57. *Oriental Despotism* (New Haven: Yale University Press, 1957), p.356.

58. See Richard Millant, *Les eunuques: A travers les ages* (Paris: Vigot Frères, 1908), esp. chaps. 4 and 5; and Dunlap, *Office of the Grand Chamberlain*, pp. 166–167.

59. *Chinese Eunuchs: The Structure of Intimate Politics* (Rutland Vt.: Charles E. Tuttle Co., 1970), pp.152,160; and for more on their role on the fall of the Han dynasty see C. P. Fitzgerald, *China: A Short Cultural History* (London: Cresset Press, 1965), pp.250–255.

60. Mitamura, *Chinese Eunuchs*, p.11; and Fitzgerald, *China*, pp.305,468–474.

61. The prohibition, however, was hardly a strong one, since Muhammad himself accepted a eunuch as a slave. Cengiz Orhonlu, "Khasi," *Encyclopedia of Islam*, ed.2, vol.4, p.1089.

62. Ayalon, "Preliminary Remarks," pp.50–51.

63. Orhonlu, "Khasi."

64. Ibid., pp.1091–93. Eunuchs were used in Islamic lands until modern times. See Otto Meinardus, "The Upper Egyptian Practice of the Making of Eunuchs in the Eighteenth and Nineteenth Century," *Zeitschriftfür Ethnologie* 94(1969):47–58.

65. Ethiopian eunuchs are mentioned in many ancient texts, including the Bible. On the celebrated Ethiopian eunuch baptized by Philip see Frank M.Snowden, Jr., *Blacks in Antiquity* (Cambridge, Mass.: Harvard University Press, Belknap Press, 1970), pp.204,206–207. On the eunuch governor of Sidam, and a good general ac-

count of the use of and trade in eunuchs in northeast Africa and the Middle East, see R.W.Beachey, *The Slave Trade of Eastern Africa* (New York: Harper & Row, 1976) , pp.169–174.

66. A. G. B. Fisher and H. J. Fisher, *Slavery and Muslim Society in Africa* (London: C.Hurst & Co. , 1970) , p.143.

67. S.F. Nadel, *A Black Byzantium* (London: Oxford University Press, 1942) , p.107.

68. Fisher and Fisher, *Slavery and Muslim Society in Africa*, p.147.

69. Ibid. , pp.145–147.

70. Beachey, *The Slave Trade of Eastern Africa*, p.170.

71. Fisher and Fisher, *Slavery and Muslim Society in Africa*, p.148.

72. J.S.Boston, *The Igala Kingdom* (Ibadan: Oxford University Press, 1968) , pp. 163–175, 197–236. Political eunuchism was also well developed among the Yoruba, although this was partly due to direct Muslim influence, on which see Natalia B. Kochakova, "Yoruba City–States (at the Turn of the Nineteenth Century) , "in H.J.M. Claessen and Peter Skalnik , eds. , *The Early State* (New York: Mouton, 1978) , p.506.

73. For the development of the grand chamberlain's position I have drawn mainly on Dunlap, *Office of the Grand Chamberlain*, chaps.1–3.

74. Ibid. , p.180.

75. *Conquerors and Slaves* (Cambridge: Cambridge University Press, 1978) , p.172.

76. Ibid. , pp.180–181.

77. *China*, p.251.

78. *Conquerors and Slaves*, p.187.

79. Ibid. , p.191.

80. *Byzantine Civilization* (London: E.Arnold, 1933) , p.187.

81. Wittfogel, *Oriental Despotism*, p.357.

82. See Evelyne Patlagean, *Pauvreté economique et pauvreté sociale à Byzance*, *4e–7e siècles* (Paris: Mouton, 1977) , p.285.

83. S.N. Eisenstadt, *The Political Systems of Empires* (New York: Free Press,

1963）,pp.133-149.

84. Ibid. ,pp.285-286.

85. Hopkins, *Conquerors and Slaves*, pp.193-196.

86. Cited in Louis L. Gray, "Eunuchs," *Encyclopedia of Religion and Ethics* (New York:Charles Scribner's Sons,[1908-1927]）,vol.5,p.582.

87. For a review of the modem medical literature,see Hopkins, *Conquerors and Slaves*, pp.193-194.

88. Mitamura, *Chinese Eunuchs*, pp.36-38.

89. Orhonlu,"Khasi,"pp.1089-90.

90. Ibid.

91. Hopkins, *Conquerors and Slaves*,p.195.

92. Mary Douglas, *Purity and Danger*(London:Routledge & Kegan Paul,1966）, p.40.

93. Ibid. ,p.96.

94. Ibid.

95. Ibid. ,chap.7. Quotation on p.128.

96. Ibid. ,quotation on p.159;chap.10 passim.

97. Edmund R. Leach, "Genesis as Myth," in John Middleton, ed., *Myth and Cosmos*(Garden City,N.Y.:Natural History Press,1967）,pp.1-13.

98. Ibid. ,p.4.

99. Mitamura, *Chinese Eunuchs*, p.42.

100. Ibid. ,p.57.

101. Ibid. ,p.47.

102. Ibid. ,p.37.

103. Ibid. ,p.127.

104. Ibid. ,p.48.

105. Ibid. ,p.50.

106. Claude Lévi-Strauss, "Four Winnebago Myths:A Structural Sketch," in Middleton, *Myth and Cosmos*, p.24.

107. Mitamura, *Chinese Eunuchs*, pp.48-49.

108. Ibid.,pp.88-95.

109. Herrlee G.Creel,*The Birth of China*(New York:Frederick Ungar,1937),p.287.

110. Ibid.,pp.287-288.

111. Dunlap,*Office of the Grand Chamberlain*,p.178.

112. René Guerdan,*Byzantium:Its Triumphs and Tragedy*(New York:Capricorn Books,1962),p.18.

113. Mitamura,*Chinese Eunuchs*,p.52.

114. Guerdan,*Byzantium*,p.28.

115. H.W.Haussing,*A History of Byzantine Civilization*(New York:Praeger Publishers,1971),p.126.

116. Ibid.

117. Guerdan,*Byzantium*,p.135.

118. See,for example,ibid.,p.39.

119. Cited in Douglas,*Purity and Danger*,pp.159-160.

120. Guerdan,*Byzantium*,pp.34-38.

121. "Representation through Intimacy:A Study of the Symbolism of Monarchy and Court Office in Early Modern England,"in loan M.Lewis,ed.,*Symbols and Sentiments*(New York:Academic Press,1977),pp.187-224.

122. Ibid.,p.212.

第十二章　奴隶制:人类寄生关系

1. The social biologist Edward O. Wilson writes: "*Symbiosis* is defined in the sense usually employed by American biologists,to include all categories of close and protracted interactions between individuals of different species,rather than in the narrower European sense of an exclusively beneficial interaction.Accordingly,three principal kinds of symbiosis can be recognized:parasitism,in which one partner benefits as the other suffers;commensalism,in which one partner benefits and the other is not affected either way;and mutualism,in which both species benefit." *The Insect Societies*

(Cambridge, Mass.: Harvard University Press, 1971), p.389.

2. Ibid., pp.349-377.

3. Anatol Rapoport, *Fights, Games, and Debates* (Ann Arbor: University of Michigan Press, 1960), pp.62-71. The following is a summary of the analysis in, as far as possible, plain English.

The model is a simple Ricardo type with the usual stylized assumptions: only two producers, X and Y, seeking to maximize their utilities both through their own production and through exchange of products with each other. There are two important assumptions: (1) The terms of exchange are fixed (by custom, law, contract, agreement of any sort). Each producer must exchange a part of his product, q, and keep the remaining fraction, p (so that $p = 1—q$). (2) The terms of exchange are equal. The first producer exchanges q portion of his product x, and the second producer exchanges q portion of his product y. Given the usual assumptions about utility (declining marginal utility of increased consumption and constant marginal disutility, β, of increased work) Rapoport's model derives the production levels (x, y) under different "terms of trade" (p, q). Parasitism is the outcome where either $x = 0$ and $y > 0$, or $y = 0$ and $x > 0$, such that one producer receives a portion of the other's product while producing nothing himself.

Rapoport shows that equilibrium exists only at the "balance point" defined by the intersection of the following two equations:

$px + qy = p/\beta—1, qx+py = p/\beta—1$

However, p must be greater than β (the parameter of "laziness") or else the system is not feasible—that is, no one will produce anything.

Rapoport's central observation is that the balance point may be either stable or unstable. In the stable case, $X's$ optimal production line is steeper than Y's. This is the situation of commensalism, or stable economic exchange. Neither individual can exploit the other; any change in production will return to balance.

In the unstable case, Y's optimal production line is steeper. One producer will find it advantageous to produce nothing and simply consume a portion of the other's product—parasitism. Rapoport argues that stability occurs only if p is greater than q

(if you keep more than you give), whereas instability, culminating in parasitism, always results when q is greater than p. Parasitism, in other words, is a function of the terms of exchange.

For the case of slavery perhaps the most problematic of Rapoport's assumptions is not that exchange is fixed, but rather that exchange is equal. My colleague John Padgett, however, has shown that Rapoport's analysis still holds, even with relaxation of this constraint (by allowing $px = py$). The conditions for stability in this case become $px + py > 1$, and the conditions for parasitism become $px + py < 1$. As before, the system is feasible only if $px > \beta x$ and $py > \beta y$.

This qualification should be borne in mind when considering the three most important conclusions that Rapoport draws form his analysis:

"1. In the stable case, both parties are better off at the social optimum than they are at the (stable) point of balance.

2. In the unstable case, the host is always better off at the social optimum.

3. The parasite would be better off at the social optimum if β were greater than a certain critical value, but he is better off as a parasite if β is smaller than this critical value."

Although Rapoport's key *analytic* finding concerns the terms of trade and its relation to the conditions of stability versus instability, his most important substantive finding, and the one that is most relevant here, is the third conclusion listed above. Parasitism pays only when β, the parameter of laziness, is minimized, never when it is maximized.

It is important to emphasize that the social optimum is not necessarily the same thing as the attainment of the joint maximum product measured in standard economic terms. The problem of reconciling the two has long been a major concern of liberal economic commentators, and the issue has always been closely linked with debate over the relative merits of forced and "free" labor. A recent paper by Stanley Engerman is highly relevant: see "Coerced and Free Labor: Property Rights and the Development of the Labor Force," paper presented at the Conference on the Evolution of the Right to Property, June 16–20, 1980. Engerman observes, for example, that "the exercise of

521

freedom of choice by individuals need not lead to the maximization of conventionally measured economic outputs.Individuals with freedom of choice as to work input and occupations may not produce as much as those compelled workers to whom such choices are precluded.If it is the aim of "society" to increase the output of conventionally measured goods, it does not follow that this would be achieved with free, rather than compelled, labor" (mimeographed, p.5). This cogent observation is of relevance not only to students of slavery but to social scientists who are studying the development process in the Third World.

Returning to Rapoport's model, while it has carried us beyond biological parasitism in taking into consideration the uniquely human variable of utility, its limitations should also be noted.It is clearly of most value for the analysis of slavery where the slaveholder's main concern is with the extraction of a material surplus from the slave. While this was the case in most of the advanced slave systems of the world, we have seen that it was not true even of a number of these systems—andcertainly not true of most small−scale slaveholding societies.The model is inappropriate in those societies where the slaveholder seeks mainly to extract from the slave such intangibles as loyalty, sexual gratification, honor, and even love. A purely economic model of parasitism not only neglects the important ideological and symbolic aspects of the parasitic relation but, more seriously, it can be highly misleading when uncritically applied to the extraction of noneconomic gains.

Take, for cxample, the classic case of the slave concubine.The slaveholder invariably demands and usually gets both sexual gratification and love.In return hegenerally gives protection, material support, and sometimes prestige.In Rapoport's model, assuming the right balance of utilities, the relationship becomes symbiotic and stable.A more extreme case would be one in which the slave concubine is obliged to support herself, say by hiring out as a weaver or a prostitute.At the sametime, she is hopelessly in love with the master and enthralled by his prestige.The master gives nothing in return; he offers no love; he takes sexual gratification and aportion of her earnings as well.Nonetheless the slave is so enraptured that what she gives is not a loss.It is, in fact, a positive utility which may be so great that it more than compensates for the disutility of enslavement.Both holder and slave gain from the relationship which, in Rapoport's terms, as well as those of social biology, becomes one of mutualism.Our moral sensibilities are strongly offended by such aconclusion and we remain inclined to view such a master as a parasite.

Human beings are social animals, and to the extent that they are, the social biologist's conception of parasitism is appropriate.They are also economic men and women, and to this extent the utility model of Rapoport is appropriate.But they are, above all, moral persons.In this last respect neither of the above perspectives is appropriate.As moral creatures we rightly pass judgment on others' actions independent of their own conception of their utilities.The master remains a moral parasite, however well he treats his slave; the slave remains a parasitized victim, however much he or she enjoys thralldom.

4. The relevance of this discussion to the recent debate on the economics of slavery should be obvious.See Paul A.David et al., *Reckoning with Slavery* (New York: Oxford University Press, 1976) ; Robert W.Fogel and Stanley L.Engerman, *Time on the Cross: The Economics of American Negro Slavery* (Boston: Little, Brown, 1974) , chaps.5 and 6; idem, "Explaining the Relative Efficiency of Slave Agriculture in the Antebellum South: A Reply," *American Economic Review* 67 (1977): 275 – 296; Thomas L.Haskel, "Explaining the Relative Efficiency of Slave Labor in the Antebellum South: A Reply to Fogel and Engerman," *American Economic Review* 69(1979): 206–207; D.F.Schaefer and M.D.Schmitz, "The Relative Efficiency of Slave Agriculture: A Comment," *American Economic Review* 69(1979): 208–212; Paul A. David and Peter Temin, "Explaining the Relative Efficiency of Slave Agriculture in the Antebellum South: Comment," *American Economic Review* 69 (1979): 213–218; Gavin Wright, " The Efficiency of Slavery: Another Interpretation," *American Economic Review* 69(1979): 219–226; Robert W.Fogel and Stanley L.Engerman, "Explaining the Relative Efficiency of Slave Agriculture in the Antebellum South: Reply," *American Economic Review* 70(1980) :672–690.

Fogel and Engerman have persuasively demonstrated that the slaves were forced to work much harder than they would have done had they been free.They have also explained why their extraordinary level of effort has for so long been misinterpreted by both liberal and conservative commentators, as well as proslavery and antislavery debaters; the fact that "the fundamental form of exploitation of slavelabor was through speed-up (increased intensity per hour) rather than through an increase in the number of clock-time hours per year" (see Fogel and Engerman, "Explaining the Relative Efficiency of Slave Agriculture: A Reply"). Fogel and Engerman have also demonstrated how, and why, the parasitism of the slaveholder class involved hard work on their part. Idle planters, they have shown, constituted a "distinct minority" of the planter class. Confusion on this issue has been due to the fact that during the last decades of slavery one of the major problems facing the parasitic class was how to provide efficient management especially on the large plantations. "Far from being cavalier fops," they write, "the leading planters were, on the whole, a highly self-conscious class of entrepreneurs who generally approached their governmental responsibilities with deliberation and gravity—a manner which accorded with their self-image" (see Fogel and Engerman, *Time on the Cross*, vol.1, pp.200-202).

A good part, though certainly not all, of the heat surrounding the debate over *Time on the Cross* was largely semantic. We are not only ambivalent about the term "master," as I indicated earlier, but in capitalist America the term "efficient" has positive moral overtones, even among liberal and left-wing economists. Hence any reference to "efficient masters" was bound to be explosive. It is interesting to contemplate what would have been the response had Fogel and Engerman said the same thing but referred not to "efficient masters" but to "zealous parasites."

5. The issue of the extent to which the parasitism of the slaveholder class adversely influenced free nonslaveholding southerners and the overall economic development of the South is still controversial. See Stanley L. Engerman, "A Reconsideration of Southern Economic Growth, 1770-1860," *Agricultural History* 49 (1975): 343-361. See also the other papers in this issue of the journal, especially those of Eugene D. Genovese and Harold D. Woodman. An earlier special number of this journal on "The Structure of the Cotton Economy of the Antebellum South" is also valuable; see *Agricultural History* 44 (1970). Of particular importance in this issue is the highly

suggestive paper by William N. Parker, " Slavery and Southern Economic Development:An Hypothesis and Some Evidence,"pp.115-125. See also the related paper by Stanley L.Engerman, "The Antebellum South:What Probably Was and What Should Have Been,"pp.127-142. A convenient though now slightly dated summary of these issues may be found in Harold D.Woodman,ed.,*Slavery and the Southern Economy*(New York:Harcourt,Brace & World,1966).On past debate over the effects of slavery on the nonslaveholder see pp. 113 - 161, and on the relationship between slavery and the economic development of the South,see pp.179-233.

The work of Claudia Dale Goldin on the economics of urban slavery is also highly relevant to both the problem of southern economic development and the degree to which the slave system influenced the free nonslaveholding southern population.See her"Economics of Urban Slavery:1820-1860" (Ph.D.diss., University of Chicago, 1972).On the first issue Goldin concludes that"slavery and Southern cities were not incompatible during the period 1820-1860"and that in general"the growth in the demand for urban slave services appears to have been strong" (p.111).The southern slave system,she concludes,"was extremely flexible,and it is in the cities that this flexibility is most apparent" (p.116).On the second issue,the effect of the system on nonslaveholders,Goldin is less positive,but in general she is of the opinion that the slave system had an adverse effect on the interests of free nonfarm,working-class whites.Slave labor kept wages low and slaves were used as " scabs" to break up strikes: " The slaveowners were numerous and powerful, and they passed laws protecting slave labor from the encroachments of free white labor" (p.31).Ironically, the planter class was so successful in controlling the wage of sections of the white urban working class that by the 1850s it had become cheaper to employ them than to continue using slaves,especially when the rising prices of slaves and of slave hire rates were taken into account.The resulting movement of slaves from the cities to the rural areas did not mean the decline of urban slavery.Rather,"it was far more a function of the availability of low cost substitute labor" (pp.112-113).

The relationship between slavery,the exploitation of the free nonslaveholder,and economic development has not been explored with anything approaching the same depth in other areas of the Americas or Africa.For discussions of the issues with re-spect to the English－speaking Caribbean see George L.Beckford, *Persistent Poverty* (New York：Oxford University Press,1972)；Clive Thomas,*Dependence and Transfor-mation：The Economics of the Transition to Socialism* (New York：Monthly Review Press,1974)；Walter Rodney,"Slavery and Underdevelopment,"in Michael Craton, ed.,*Roots and Branches：Current Directions in Slave Studies,Historical Reflections* 6 (1979)：279－286;and my"Commentary"on this paper in ibid.,pp.287－292.

For an examination of these relationships in the case of Puerto Rico,see Sidney W.Mintz,*Caribbean Transformation*(Chicago：Aldine,1974),chaps.3 and 4. And for an even stronger statement of the effects of the expanding slave system of nineteenth－century Puerto Rico on"free"labor and Puerto Rican development in gen-eral,see Francisco Scarano,"Slavery and Free Labor in the Puerto Rican Sugar Econ-omy,1815－1873,"in Vera Rubin and Arthur Tuden,eds.,*Comparative Perspectives on Slavery in New World Plantation Societies*(New York：New York Academy of Sci-ences,1977),pp.553－563.

On Cuba see Manuel Moreno Fraginals,*The Sugarmill*(New York：Monthly Re-view Press,1976),pp.17－30,131－153. On Brazil see Florestan Fernandes,"Slave-holding Society in Brazil,"in Rubin and Tuden,*Comparative Perspectives on Slavery*, pp.311 － 342;Stanley J.Stein, *Vassouras：A Brazilian Coffee County, 1850 － 1900* (Cambridge,Mass.：Harvard University Press,1957),esp.chap.5;Robert Conrad,*The Destruction of Brazilian Slavery,1850－1888*(Berkeley：University of California Press, 1972),esp.chap.3;Celso Furtado,"The Slavery Economy of Tropical Agriculture in Sixteenth－and Seventeenth－Century Brazil,"in Eugene D.Genovese,ed.,*The Slave Economics*(New York：John Wiley & Sons,1973),pp.9－22.

6. Cited in Robin W.Winks,*The Blacks in Canada：A History*(Montreal：McGill University Press,1971),p.53.

7. Joseph E. Brown in the Jackson (Mississippi) *Daily Clarion*, June 20, 1867. Cited in Lawrence J.Friedman,*The White Savage：Racial Fantasies in the Post-bellum South*(Englewood Cliffs,N.J.：Prentice-Hall,1970),p.24.

8. *The White Savage*,pp.21－36.

9. Cited in ibid., p.25.

10. Ibid., p.31.

11. Pliny the Elder, *Natural History*, 28, 14. Cited in Thomas Wiedemann, *Greek and Roman Slavery* (Baltimore: Johns Hopkins University Press, 1981), p.73.

12. *Freedom* (New York: Basic Books, 1953), p.19.

13. This problem is usually expressed in terms of the dependence of society on slavery. I treat the issue instead as one of systemic invasion by a parasitic slave institution. The conceptual difference is important, but the basic idea is the same. See Orlando Patterson, "Slavery and Slave Formations," *New Left Review* 117 (1979): esp. pp.47-67. See also Carl N.Degler, "Note: Starr on Slavery," *Journal of Economic History* 19 (1959): 271-277; and M.I.Finley, "Was Greek Civilization Based on Slave Labour?" in M.I.Finley, ed., *Slavery in Classical Antiquity* (Cambridge: W.Heffer and Sons, 1960), pp.53-72.

Related to this issue are Marxian attempts to define a "slave mode of production," on which see Perry Anderson, *Passages from Antiquity to Feudalism* (London: Verso, 1978), chap.1; Barry Hindess and Paul Q.Hirst, *Pre-Capitalist Modes of Production* (London: Routledge & Kegan Paul, 1975), pp.109-177; R.A.Padgug, "Problems in the Theory of Slavery and Slave Society," *Science and Society* 40 (1976): 3-27; and Martin A.Klein and Paul E.Lovejoy, "Slavery in West Africa," in Henry A.Gemery and Jan S.Hogendorn, eds., *The Uncommon Market: Essays in the Economic History of the Atlantic Slave Trade* (New York: Academic Press, 1979), esp. pp. 207-212. I consider all attempts to formulate a slave mode of production theoretically misguided, for reasons partially adumbrated in my "Slavery and Slave Formations," esp.pp.47-55. See also Claude Meillassoux, *L'esclavage en Afriqueprécoloniale* (Paris: François Maspero, 1975), Introduction, esp.pp.18-25.

附录 A:统计方法说明

1. G.P.Murdock and D.R.White, "Standard Cross-Cultural Sample," *Ethnology* 8 (1969): 329.

2. Ibid.

3. G. P. Murdock, "Ethnographie Atlas: A Summary," *Ethnology* 6 (1967): 109-236.

附录 C:大型奴隶体系

1. M.I.Finley, "Was Greek Civilization Based on Slave Labour?" in M.I.Finley, ed., *Slavery in Classical Antiquity*(Cambridge:W.Heffer and Sons,1960), pp.58-59; and Antony Andrews, *The Greeks*(London:Hutchinson,1967), p.135.

2. Keith Hopkins, *Conquerors and Slaves* (Cambridge: Cambridge University Press,1978), p.68; and M.I.Finley, *Ancient Slavery and Modern Ideology*(NewYork: Viking Press,1980), p.80.

3. William V. Harris, "Towards a Study of the Roman Slave Trade," in J. H. D'Arms and E.C.Kopff, eds., "The Seaborne Commerce of Ancient Rome: Studiesin Archeology and History," in Memoirs of the American Academy of Rome, vol. 36 (1980), p.118.

4. Francis M.Crawford, *Southern Italy and Sicily and the Rulers of the South* (London:Macmillan & Co.,1905), p.293. See also M.I.Finley, *Ancient Sicily*(New-York:Viking Press,1968), pp.137-147,162.

5. Inferred from Charles Verlinden, *L'esclavage dans l'Europe médiévale* (Bruges: De Tempel,1955), vol.1, pp.62,82,85; and from P.D.King, *Law and Society in the Visigothic Kingdom* (Cambridge: Cambridge University Press, 1972), esp. pp. 160-162. King notes that the smallest churches had ten slaves and considered themselves "pauperrima" (poverty-stricken). Larger churches "numbered their slaves in hundreds or thousands" (p.160n3).

6. Inferred from Verlinden, *L'esclavage dans l'Europe médiévale*, pp.181-188.

7. Inferred from ibid.,pp.278-289.

8. Inferred from ibid.,vol.2(1977), pp.876-884; and from J.H.Galloway, "The Mediterranean Sugar Industry," *Geographical Review* 67(1977):figs.1 and 2;p.190.

9. Inferred from Verlinden, *L'esclavage dans l'Europe médiévale*, vol. 2, pp.

884－892；and from Galloway，"The Mediterranean Sugar Industry，"figs.1 and 2；p.190.

10. Calculated in Verlinden，*L'esclavage dans l'Europe médiévale*，vol.2，p.351. I have rounded off Verlinden's figure of 17. 94 percent.He emphasizes the fact that this is a very conservative minimum estimate.In all probability，slaves constituted well over a quarter of the total Majorcan population，especially in the rural areas.

11. Slaves would have been most in demand during the period of colonization and settlement，roughly 870－930，during which period it was estimated that some twenty thousand persons went to Iceland.See Peter Foote and David M.Wilson，*The Viking A-chievement*（London：Sidgwick ＆ Jackson，1970），pp.52－53. The period of settlement was scarcely more than one and a half human generations when late ninth－and tenth－century demographic conditions are considered. The mean population would hardly have been greater than ten thousand，and Carl O.Williams has estimated that the slave population at any one time during the period of settlement was about two thousand.See his *Thraldom in Ancient Iceland*（Chicago：University of Chicago Press，1937），p.36. Hence the slave population was at least 20 percent of the total and certainly much greater during the first half of the colonization.

12. According to the Domesday statistics，on which see F.W.Maitland，*Domesday Book and Beyond*（Cambridge：Cambridge University Press，1897；reprinted.，1960），9 percent of the entire British population were slaves in 1086. However，in the western counties the proportion rose to over 20 percent：Gloucestershire's slave population was 24 percent，and Cornwall's 21. At this time slavery was already long on the decline，hence during the Anglo－Saxon and late old English period，when these regions were either autonomous states or nearly so，slaves must have accounted for well over a third of the total population in many of them（especially in Gloucestershire，where Bristol thrived as one of the major slave marts of the western European world）.

13. Inferred from Sidney M. Greenfield，"Madeira and the Beginnings of New World Sugar Cane Cultivation and Plantation Slavery：A Study in Institution Build-ing，"in Vera Rubin and Arthur Tuden，eds.，*Comparative Perspectives on Slavery in New World Plantation Societies*（New York：New York Academy of Sciences，1977），

pp.536−552; and from T. Bentley Duncan, *The Atlantic Islands: Madeira, the Azores, and Cabo Verde in Seventeenth Century Commerce and Navigation* (Chicago: University of Chicago Press, 1972).

14. Inferred from Juan de Abreau de Galindo, *The History of the Discovery of the Canary Islands* (London: Dodsley and Durham, 1764).

15. While all the Barbary states came to rely on slaving and slavery during this period, Algiers alone developed a large−scale dependence on the institution. In 1580 between twenty−five thousand and thirty−five thousand persons in a total population of one hundred thousand were slaves. While this ratio rose and fell during the twoand a half centuries of Barbary slavery, it was apparently the average for the entire period. See Stephen Clissold, *The Barbary Slaves* (London: Paul Elek, 1977), p.53. For an excellent analysis of the vital economic and sociopolitical role of slavery see Ellen G. Friedman, "Christian Captives at 'Hard Labor' in Algiers, Sixteenth to Eighteenth Centuries," *International Journal of African Historical Studies* 13 (1980): 616 − 632. Although not classified as large−scale slavery, Morocco's heavy dependence on military and administrative slaves makes it a marginal case, on which see Allan R. Meyers, "The Abid L−Buhari: Slave Soldiers and Statecraft in Morocco, 1672−1790" (Ph.D.diss., Cornell University, 1974).

16. Inferred from Nehemia Levtzion, "The Early States of the Western Sudan to 1500," in J. F. Ade Ajayi and Michael Crowder, eds., *A History of West Africa* (London: Longmans, 1971), vol.1, pp.114−151, esp.pp.139−140; and from Paul E. Lovejoy, "Indigenous African Slavery," in Michael Craton, ed., *Roots and Branches, Current Directions in Slave Studies: Historical Reflections* 6(1979): 28−29.

17. Inferred from Levtzion, "The Early States of the Western Sudan"; from Lovejoy, "Indigenous African Slavery"; and from A. G. B. Fisher and H. J. Fisher, *Slavery and Muslim Society in Africa* (London: C. Hurst & Co., 1970), pp.101−102, 137, 139.

18. Inferred from Jean Bazin, "War and Servitude in Segou," *Economy and Society* 3(1974): 107−143.

19. Inferred from J. O. Hunwick, "Religion and State in the Songhay Empire, 1464−1591," in loan M. Lewis, ed., *Islam in Africa* (London: Oxford University Press,

1966），pp.296-315；from J.P.Olivier de Sardan,"Captifs ruraux et esclavesimpérieux du Songhay," in Meillassoux, *L'esclavage en Afrique précoloniale* (Paris：François Maspero,1975）, pp.99-134；and from Lovejoy,"Indigenous African Slavery,"pp. 28-29.

20. Inferred from R.S.O'Fahey,"Slavery and the Slave Trade in Dār Fūr," *Journal of African History* 14(1973)：29-43；and from Fisher and Fisher,*Slavery and Muslim Society in Africa*, passim.

21. Inferred from Fisher and Fisher,*Slavery and Muslim Society in Africa*, pp. 34-35 and passim；and stated in Lovejoy,"Indigenous African Slavery,"p.41.

22. Ibid.

23. Inferred from E.A.Ayandele,"Observations on Some Social and Economic Aspects of Slavery in Pre-Colonial Nigeria,"*Nigerian Journal of Economic and Social Studies* 9(1967)：329-338；from Ronald Cohen,"Slavery among the Kanuri," in *Slavery in Africa*, special suppl.*Transaction*(January/February 1967)：48-50；from R.A.Adeleye,"Hausaland and Borno,1600-1800,"in Ajayi and Crowder,*History of West Africa*, vol.1, pp.568-579；from Lovejoy,"Indigenous African Slavery,"pp. 29-30；and from Fisher and Fisher,*Slavery and Muslim Society in Africa*, p.59 and passim.

24. Inferred from Fisher and Fisher,*Slavery and Muslim Society in Africa*, passim.

25. Inferred from Adeleye,"Hausaland and Borno,"esp.pp.595-596.

26. For some light on the complicated ethnohistory of the Fulani and their explosive imperialist drive in the mid-eighteenth century until the European invasion at the end of the nineteenth century see G.P.Murdock,*Africa：Its Peoples and Their Culture History*(New York：McGraw-Hill,1950), pp.413-421；Levtzion,"The Early States of the Western Sudan," pp.128-131；Joseph P.Smaldone, *Warfare in the Sokoto Caliphate*(Cambridge：Cambridge University Press,1977), esp.chaps.1,2,8,9；Ayandele,"Observations in Pre-Colonial Northern Nigeria"；Fisher and Fisher, *Slavery and Muslim Society in Africa*, pp.9-13 and passim；Martin A.Klein and Paul E.Lovejoy,"Slavery in West Africa," in Henry A.Gemery and Jan S.Hogendorn, eds., *The*

Uncommon Market: *Essays in the Economic History of the Atlantic Slave Trade* (New York: Academic Press, 1979), pp.181−212; and Lovejoy, "Indigenous African Slavery," esp.pp.37−43.

On Masina see M. Johnson, " The Economic Foundations of an Islamic Theocracy: The Case of Masina," *Journal of African History* 17(1976): 481−495. No figures are cited, but the implication is clear that slaves were well over a third of the population; see in particular pp.486, 488−491.

The Jakhanke are a diaspora Islamic clerical subgroup of Fulanis living in semi-autonomous communities all over Senegambia. The main town, Touba, in Fouta Jaalo, had a slave population of 60 percent in the late nineteenth century. See Lamin O. Sanneh, *The Jakhanke* (London: International African Institute, 1979), esp.pp.219−240; and Philip D. Curtin, *Economic Change in Precolonial Africa* (Madison: University of Wisconsin Press, 1975), pp.79−80. Curtin cites estimates for the entire Senegambia region that range from 20 percent to over 75 percent(p.36).

For more specific estimates see, on the Sokoto caliphate, Allan R. Meyers, "Slavery in the Hausa−Fulani Emirates," in D. F. McCall and Norman R. Bennett, eds., *Aspects of West African Islam*, Boston University Papers on Africa, no.5, Boston (1971), pp.176−177; an estimate of one−third to one−half of the population is given. On the emirate of Zaria, M. G. Smith claims that 50 percent of the population were slaves in the late nineteenth century; see his" Slavery and Emancipation in Two Societies," in M. G. Smith, ed., *The Plural Society in the British West Indies* (Berkeley: University of California Press, 1965), pp.116−161. On Fouta−Djalon see M. S. Baldé, "L'esclavage et la guerre sainte au Fouta−Jalon," in Meillassoux, *L'esclavage en Afrique précoloniale*, pp.183−220. Baldé cautiously claims that it is impossible to say today whether the slave population was more than 50 percent of the total, but he did find that in 1954−1955 a quarter of all persons in the area were decendants of slaves. This is usually indicative of a former slave population of over 50 percent, as Meillassoux' own analysis of similar data for Gumbu indicates, on which see Claude Meillassoux, " Etat et conditions des esclaves à Gumbu (Mali) au XIX siècle," in Meillassoux, *L'esclavage en Afrique précoloniale*, p.225. For Adamawa, the most recent study claims that the ratio ranged from 50 percent to 66 percent, on which see Philip Burnham, "Raiders and Traders in Adamawa: Slavery as a Regional System," in James L.Watson, ed., *Asian and African Systems of Slavery* (Oxford: Basil Blackwell, 1980), p.48.

27. All these figures are from Claude Bataillon et al., *Nomades et nomadisme au Sahara* (Paris: UNESCO, 1965), p. 31, and are cited in Jonathan Derrick, *Africa's Slaves Today* (New York: Schocken Books, 1975), p. 37. However, Johannes Nicolaisen, a leading authority on the Tuareg, gives a much lower figure for the Air region (see Derrick, p.37 nl5). It should be emphasized, however, that this disagreement refers to the situation in the 1960s! There is no argument regarding the near-total dependence on slaves and ex-slaves among nineteenth-and early twentieth-century Tuaregs, among whom we can safely assume slave ratios ranging from 33 to over 75 percent. See the chapters by Edmond and Suzanne Bernus, Pierre Bonte, and André Bourgeot in Meillassoux, *L'esclavage en Afrique précoloniale*, pp.27-97. See also Johannes Nicolaisen, "Slavery among the Tuareg of the Sahara," *KUML* (1957): 107-113; Stephen Baier and Paul E.Lovejoy, "The Tuareg of the Central Sudan," in Suzanne Miers and Igor I.Kopytoff, eds., *Slavery in Africa* (Madison: University of Wisconsin Press, 1977), pp.391-411.

28. For the early period we have no estimates, but the states from medieval times were predatory systems centered on slave raiding and trading. See Curtin, *Economic Change in Precolonial Africa*; and Martin A.Klein, "Servitude among the Wolof and Sereer of Senegambia," in Miers and Kopytoff, *Slavery in Africa*, esp.pp.337-343.

29. Klein, "Servitude among the Wolof and Sereer of Senegambia," pp.337-339.

30. Carol P.MacCormack, "Wono: Institutionalized Dependency in Sherbro Descent Groups," in Miers and Kopytoff, *Slavery in Africa*, p.192.

31. John J.Grace, "Slavery and Emancipation among the Mende in Sierra Leone, 1896-1928," in Miers and Kopytoff, *Slavery in Africa*, p.418. Other estimates place the percentage of Mende slaves somewhat lower. For a discussion of available statistics on the various tribes of Sierra Leone see John J.Grace, *Domestic Slavery in West Africa* (New York: Harper & Row, 1975), pp.169-172; and Kenneth C.Wylie, "Innovation

and Change in Mende Chieftaincy, 1880 – 1896," *Journal of African History* 10 (1969):295–308.

32. Svend E.Holsoe, "Slavery and Economic Response among the Vai," in Miers and Kopytoff, *Slavery in Africa*, p.294.

33. Grace, *Domestic Slavery in West Africa*, p.172.

34. Inferred from Grace, who states that the Mende population at this time was about 50 percent slaves; he also clearly indicates that the Temme proportion was higher.See his *Domestic Slavery in West Africa*, pp.169–172; and his "Slavery and Emancipation among the Mende," p.418. See also Kenneth C.Wylie, "The Slave Trade in Nineteenth Century Temneland and the British Sphere of Influence," *African Studies Review* 16(1973):203–217.

35. Ivor Wilks states that the slave plantation region around Kumasi in the early nineteenth century constituted a third of the entire population of Kumasi and its rural environs.In the mining regions of Ashanti during the nineteenth century the proportion would have been greater, since there was a taboo on gold mining by free persons; in other regions it would have been lower.In the Gyaman client kingdom the proportion would have been generally higher than the 33–percent average.See Wilks, *Asante in the Nineteenth Century* (Cambridge: Cambridge University Press, 1975), esp. pp. 93–94,177–179,435–436. On the Gyaman see Emmanuel Terray, "La captivité dans le royaume abron du Gyaman," in Meillassoux, *L'esclavage en Afrique précoloniale*, pp.389–453.

According to A. Norman Klein, there are two different interpretations of the nature and socioeconomic scale of slavery among the Ashanti.See his "The Two Asantes: Competing Interpretations of 'Slavery' in Akan–Asante Culture and Society," in Paul E.Lovejoy, ed., *The Ideology of Slavery in Africa* (Beverly Hills, Calif.: Sage Publications, 1981), pp.149–167. Klein claims that the British anthropologists Robert S.Rattray and Meyer Fortes have interpreted the institution as a highly integrated, socially important, but economically insignificant process, whereas Wilks sees it as a dynamic, economically significant process during the nineteenth century, the major basis for class formation in Ashanti society.

I think the contrast is exaggerated. Rattray and Fortes were writing about Ashanti slavery during the second quarter of the twentieth century and later, when the institution had already been officially "abolished" by the British and was rapidly waning. Wilks writes of slavery at the height of its development during the nineteenth century. Furthermore, the anthropologists were concerned with the cultural aspects of the institution rather than with its economic and structural significance. These cultural patterns were in all likelihood similar to those that existed during the nineteenth century. It is a sociological truism that the economic aspects and significance of an institution change much faster than its cultural aspects. The two sets of interpretations, then, far from being competing, are actually complementary.

36. In the early twentieth century, when large-scale slavery was already on the decline, 31 percent of the population in the Porto Novo region were slaves. See C. N. Newburg, "An Early Enquiry into Slavery and Captivity in Dahomey," *Zaire* 14 (1960):57. According to M. J. Heskovits, slaves constituted "the basic labor supply of Dahomey"; see Herskovits, *Dahomey: An Ancient West African Kingdom* (NewYork: J. J. Augustin, 1938), vol.1, p.99. Implicit in Karl Polanyi's analysis is a large-scale economy that could not have had less than a third of its population inslavery; see his *Dahomey and the Slave Trade* (Seattle: University of Washington Press, 1966), esp. pp.33-59. See also Robin Law, "Royal Monopoly and Private Enterprise in the Atlantic Trade: The Case of Dahomey," *Journal of African History* 18(1977):555-577; Catherine Coquery-Vidrovitch, "De la traité des esclaves à l'exportation de l'huile de palme et des palmistes au Dahomey: XIXe siècle," in Claude Meillassoux, ed., *The Development of Indigenous Trade and Markets in West Africa* (London: Oxford University Press, 1971), pp.107-123.

37. On the Yorubas generally see E. A. Oroge, "The Institution of Slavery in Yorubaland with Particular Reference to the Nineteenth Century" (Ph. D. diss., University of Birmingham, 1971). On the Oyo see Robin Law, *The Oyo Empire* (Oxford: Clarendon Press, 1977), esp. pp.205-207. Although Philip Igbafe cites no figures, amajority slave population is implicit in the British strategy of a general declaration of emancipation to induce the Benin population back to the city after the invasion; see

Igbafe, "Slavery and Emancipation in Benin, 1897–1945," *Journal of African History* 16(1975):409–429. See also James D.Graham, "The Slave Trade, Depopulation, and Human Sacrifice in Benin History," *Cahiers d'études africaines* 6(1965):317–334; and Babatunde Agiri, "Slavery in Yoruba Society in the Nineteenth Century," in Paul E.Lovejoy, ed., *The Ideology of Slavery in Africa* (Beverly Hills, Calif.:Sage Publications, 1981), pp.123–148. According to one official report, the slave population was "more than the indigenous people" of Ibadan in 1877 (ibid., p.136).

38. G.I.Jones, speaking of all these states, asserts that the unskilled laborers who were "mainly agriculturalists" were slaves during the eighteenth and early nineteenth centuries.See his *Trading States of the Oil Rivers:A Study of Political Development in Eastern Nigeria* (London:Oxford University Press, 1963), pp.12–13. It is stated explicitly for the Aboh(Abna) that the slave population was over 50 percent, on which see K.Nwachukwu–Ogedengbe, "Slavery in Nineteenth Century Aboh(Nigeria)," in Miers and Kopytoff, *Slavery in Africa*, p.141. On old Calabar and other states of the Oil Rivers, Jones in his discussion of the Egbo secret society states that slaves constituted "the largest section of the community"; see his "Political Organization of Old Calabar," in Daryll Forde, ed., *Efik Traders of Old Calabar* (London: Oxford University Press, 1956), p.145; also pp.134–135, 145–148. See also E. A. Alagoa, "Long–Distance Trade and States in the Niger Delta," *Journal of African History* 11 (1970):319–329; and idem, "Nineteenth Century Revolutions in the Eastern Delta States and Calabar," *Journal of the Historical Society of Nigeria* 5(1971):565–574.

39. Ralph A.Austen, "Slavery among Coastal Middlemen:The Duala of the Cameroon," in Miers and Kopytoff, *Slavery in Africa*, p.321.

40. K.David Patterson, "The Vanishing Mpongwe:European Contact and Demographic Change in the Gabon River," *Journal of African History* 16(1975):224–225; also pp.226–227.

41. Jan Vansina, *Kingdoms of the Savanna* (Madison:University of Wisconsin Press, 1968), pp.189–197. Vansina states that between 1720 and 1780 "most of the inhabitants in the Mbanza or in the village seem to have been domestic slaves who were carefully distinguished from 'slaves for export'" (p.192).

42. Inferred from Joseph C. Miller, "Imbangala Lineage Slavery," in Miers and Kopytoff, *Slavery in Africa*, pp.205−233; and clearly implied in Vansina, *Kingdoms of the Savanna*, esp.pp.199−203.

43. Inferred from Joseph C. Miller, "Cokwe Trade and Conquest," in Richard Gray and David Birmingham, eds., *Pre−Colonial African Trade : Essays on Trade in Central and East Africa before 1900* (London : Oxford University Press, 1970) , pp. 175−201.

44. Implied in Edward A. Alpers, "Trade, State, and Society among the Yao in the Nineteenth Century," *Journal of African History* 10 (1969) : 405 − 420. This estimate depends on whether one defines the children of slave wives as slaves. They clearly were, as they were in nearly all matrilineal societies. The estimate is also confined to towns and villages under the direct control of the Matakas.

45. C. M. N. White, "Clan, Chieftainship, and Slavery in Luvale Political Organization," *Africa* 27(1957) : 59−75. The same caveat applies here as in the case of the Yao in note 44; that is, I refer only to villages under the direct control of the chiefs. The estimate of over 50 percent is inferred from White's statement that he knew of one village that included twenty−two slaves. From Alpers and Vansina and from ethnographers of the region it is known that the average village had about forty persons, with fifty being considered the maximum for a village among the Yao. See Alpers, "Trade, State, and Society among the Yao," p.409.

46. Eugene Hermitte, in "An Economic History of Barotseland, 1800−1940" (Ph. D. diss., Northwestern University, 1973) gives an estimate of between 25 and 50 percent, but this is based mainly on oral tradition (p.214). The more reliable historical evidence indicates a slave population ratio of between 50 and 75 percent. In one year, 1906, some 30,000 slaves were freed in a total population estimated at 85,000—and this at a time when slavery was already on the decline. For a more recent account of this large−scale slave system see William G. Clarence−Smith, "Slaves, Commoners, and Landlords in Bulozi, c. 1875 − 1906," *Journal of African History* 20 (1979) : 219−234, esp.p.228.

47. Frederick Cooper, *Plantation Slavery on the East Coast of Africa* (New

Haven:Yale University Press,1977),table 2. 2,p.56;p.70.

48. Ibid.,p.88. For statistical data on slaves in 1897 after the formal abolition of slavery on the Kenya Coast,see Rodger F.Morton,"Slaves,Fugitives,and Freedmen on the Kenya Coast, 1873 – 1907" (Ph. D. diss., Syracuse University, 1976), pp. 398–406.

49. Maurice Bloch,"Modes of Production and Slavery in Madagascar:Two Case Studies,"in Watson,*Asian and African Systems of Slavery*, p.10.

50. This estimate refers mainly to the nineteenth century and is derived as follows.In 1916,thirty–six years after the abolition of slavery,of a total population of 149,793 persons whites made up 4 percent,blacks 36 percent,and mulattoes 60 percent.Assuming roughly the same proportion during the last decades of slavery,and assuming further that nearly all the blacks and about half the mulattoes were slaves,I arrive at an estimate of approximately 66 percent slaves during this period.The proportion of slaves would have been higher in earlier periods.For the 1916 data see G.R. Prothero, ed., *The Formation of the Portuguese Colonial Empire* (London: His Majesty's Stationery Office, 1920), pp. 5 – 6. On the historical demography of the islands from 1580 to 1960 see Duncan,*The Atlantic Islands*, p.255. Although Duncan gives no breakdown of these figures by race and slave/free status,his statements in the text clearly imply a huge slave population. See in particular pp. 19 – 22 and 234–238. A massive majority of slaves is also implied in Greenfield,"Plantations, Sugar Cane,and Slavery"in Craton,*Roots and Branches*, pp.111–114.

51. The most thorough analysis of the racial composition of the São Tomé population is to be found in Luis Ivens Ferraz,"The Creole of São Tomé,"*African Studies* 37 (1978):3–68. In 1506 there were one thousand citizens and two thousand slaves. This does not include eight hundred Jewish children,the remainder of some two thousand who had been removed from their parents under the Inquisition and sent to São Tomé to help settle the island with whites.Their mortality rate was so high that their influence on the white population of the island was negligible.

52. According to Ferraz,São Tomé reached its peak of prosperity between 1550 and 1567(ibid.).The slave population would therefore have increased beyond the 66

percent of the earlier period. At the same time, the manumission rate began to increase substantially during this and later periods, so it is unlikely that the slave population went beyond 75 percent(ibid., pp.17−18). Between 1567 and 1644 the São Tomé e-conomy went into steep decline. In 1586 there was a sweeping revolt of the slave popu-lation, resulting in the exodus of a substantial number of Portuguese. The decline of the economy and the growing rate of manumission resulted in both a steady decline in the proportion of the population that were slaves and the rise of a free population that was overwhelmingly black or mulatto.

53. In spite of its long period of economic decline and stagnation, São Tomé re-mained a large−scale slave system; slavery was not abolished until 1876. According to Almada Negreiros, in 1864 there were 7,710 freeborn persons, 1,073 libertos, and 4,075 slaves; see *Historia Ethnographica da Ilha de S. Thome* (Lisbon: José Bastos, 1895), p.44.

54. No precise figures are available, but it is well attested that these were areas in which the small white minorities were served by a mass of African slaves. The Por-tuguese "abolition" of slavery in its African colonies in 1869 was meaningless. As Henry W. Nevinson, the best of the contemporary chroniclers, points out, the difference between slave and contracted laborer was "no more than legal cant"; see *A Modern Slavery*(New York: Schocken Books, 1968; 1st ed., 1906), p.37. In his vivid descrip-tion of a slave plantation in the interior of Luanda, Nevinson estimates a total of two hundred slaves supervised by a handful of white and near−white overseers, a ratio of at least nine slaves to each overseer. Since there were more free persons in the towns, I have estimated an average of over 75 percent for the slave population. I exclude here the large native African population that lived outside the economic settlements of the Portuguese. For a major modern treatment see James Duffy, *A Question of Slavery*(Ox-ford: Clarendon Press, 1967), esp. chaps. 2, 4, 7. In an analysis of the Cazengo area David Birmingham finds that in 1895 the subcolony had 131 villages occupied by 7,115 bonded, nonslave Africans and 3,798 slaves working on twenty−eight coffee plan-tations "owned or managed by ninety−six expatriates." See "The Coffee Barons of Cazengo," *Journal of African History* 19(1978):529. In his study of the entire south-

ern Angola region William G.Clarence-Smith states that"slavery was the dominant form of labor relations in the colonial nucleus of southern Angola from 1840 to 1878" and remained"predominant"between 1879 and 1911. See *Slaves,Peasants,and Capitalists in Southern Angola, 1840 - 1926* (Cambridge: Cambridge University Press, 1979) ,p.32. He gives the following estimates of the slave population of the colonial nucleus:600 slaves in 1854;2,500 in 1864;3,000 to 4,000 in the late 1870s;and about 10,000 in 1913(ibid.,pp.33-34).

55. In the early 1800s the Portuguese colony of Mozambique had"a population of a few hundred Europeans and half-castes,the same number of free Africans,and about 5,000 slaves." R.W.Beachey, *The Slave Trade of Eastern Africa* (New York: Harper & Row,1976) ,p.12. A report to the British Foreign Office in 1875 stated that the capital had a total population of eight hundred Portuguese and mixed persons and five thousand Negroes.It was further stated that more than half the Negroes were either slaves or libertos,with little real difference existing between the two categories.See Duffy,*A Question of Slavery*, p.68. On the notorious *prazeros*, the estate owners of Zambézia,see pp.40-41,54,130-138. For a more detailed study of this bizarre and ultimately unsuccessful attempt at large-scale plantation slavery,see Allen Isaacman, *Mozambique: The Africanization of a European Institution, the Zambesi Prazos, 1750-1902*(Madison:University of Wisconsin Press,1972).

56. James C.Armstrong,"The Slaves,1652-1795,"in Richard Elphick and Hermann Giliomee, eds., *The Shaping of South African Society* (London: Longmans, 1979) ,table 3.6,p.96.

57. Hermann Giliomee and Richard Elphick,"The Structure of European Domination at the Cape,1652-1820,"in Elphick and Giliomee,*The Shaping of South African Society*, table 10.1,p.360. Note that this table excludes Khoikhoi and Bastaards. In 1711 there were 1,693 European freeburghers,63 free blacks,and 1,771 slaves in Cape Colony;in 1820 there were 42,975 freeburghers,1,932 free blacks,and 31,779 slaves.There were also 26,975 Khoikhoi and Bastaards.

58. André Scherer, *Histoire de la Réunion* (Paris: Presses Universitaires de France,1964) ,p.15.

59. Ibid., pp.17, 26.

60. Ibid., pp.62-63. There were 580 whites and 4,494 slaves in 1735; in 1779 the count was 6,464 whites, 465 freedmen, and 22,611 slaves. In 1848, when slavery was abolished, there was a total population of 110,000 of whom fewer than 60,000 were slaves.

61. P.J.Barnwell and A.Toussaint, *A Short History of Mauritius* (London: Longmans, 1949), table 1, appendix 3. In 1735 there were 648 slaves and 190 whites; by 1767 this had increased to 15,027 slaves, 587 freedmen, and 3,163 whites; when slavery was abolished in 1835, there were 76,774 slaves in a total population of 101,469 persons.

62. British Information Services, *Mauritius and Seychelles* (London: Government Printing Office, 1964), p.3. In 1789, at the height of this micro slave system, there were 69 persons of French ancestry, 3 soldiers, 32 free colored persons, and 487 slaves. Slavery also existed on a substantial scale in the small dependencies of Mauritius, but it is not possible to make any estimates. See, however, Robert Scott, *Limuria: The Lesser Dependencies of Mauritius* (London: Oxford University Press, 1961), esp. pp.107-135.

63. Iraq during the ninth and tenth centuries was a large-scale slave system in spite of the fact that slaves constituted a majority only in the canal region of lower Iraq and the marsh areas of Al Batiha. However, slaves dominated the army and the administration of the caliphate. Without military and administrative slavery the Abbasid caliphate would simply not have been possible during this period. We know that the majority of the population must have been slaves in the areas of lower Mesopotamia specified above, since a harsh gang system was the norm there, with bands of slaves ranging in size from five hundred to five thousand. There was also a high level of local absenteeism among owners and a mass migration of the nonslave population to the urban areas.

I base these remarks on the most thorough study to date of the Zandj and their revolt of 868-883. See A.Popovic, "Ali B.Muhammad et la révolte des esclaves à Basra (Ph.D.diss., University of Paris, 1965). The greatest concentration of slaves was quite probably at Al Mukhtara in the canal region;this city became the capital of the Zandj rebel state(ibid.,p.66).

While the large-scale slave economy of lower Iraq was based on the use of African slaves,the country's military and administrative structure used mainly Turkish slaves.See Paul G.Forand,"The Development of Military Slavery under the Abbasid Caliphs of the Ninth Century A.D.(Third Century A.H.)with Special Reference to the Reigns of Mu 'Tasim and Mu'Tadid"(Ph.D.diss.,Princeton University,1961).

Almost all the major Islamic states relied to some extent on military and administrative slaves,but except for Muslim Spain the dependence was most complete in ninth-century Iraq.Furthermore,none of the other states experienced the same convergence of large-scale sectoral reliance on agricultural slave labor and of military-administrative slavery in the capital.See Daniel Pipes,"From Mawla to Mamlūk:The Origins of Islamic Military Slavery"(Ph.D.diss.,Harvard University,1978).See also the articles under"Djaysh"and"Ghulām"in the *Encyclopedia of Islam*, ed.2,vol.2,esp.pp.504-511;and the articles in V.J.Parry and M.E.Yapp,eds.,*War,Technology,and Society in the Middle East*(London:Oxford University Press,1975).

64. In the late seventeenth century the Atjehnese relied entirely on imported slaves,mainly Indians from the Coromandel coast,to cultivate their rice.Slaves also did all the deep-sea fishing and gold mining.Clearly,they constituted a substantial proportion of the working population,but no estimates are possible.For a summary of the available data and bibliography see Bruno Lasker,*Human Bondage in Southeast Asia*(Chapel Hill:University of North Carolina Press,1950),pp.27-28.

65. Ibid.,p.46. Based on a 1925 report included in *Documents of the Sixth Assembly*,*League of Nations*(Geneva,1925),vol.6.

66. This frequently cited estimate was given by J.B.Pallegoix,*Description du royaume Thai ou Siam,1854*(Paris:La Mission de Siam,1854).For an evaluation of this and other estimates see Andrew Turton, "Thai Institutions of Slavery," in Watson,*Asian and African Systems of Slavery*, pp.274-277. See also Lasker,*Human Bondage in Southeast Asia*, pp.56-59 and appendix A.

67. Alan Winnington, *The Slaves of the Cool Mountain* (London: Lawrence &

Wishart, 1959), p.32. This estimate refers to the 1940s, when Winnington visited the Norsus and made the first careful on-the-spot study of the group. Although there was a significant level of slavery among the Norsus long before the end of the nineteenth century, the scale and frequency of slave raids increased during and after the Chinese revolution of 1911. As late as 1948, thousands of Han Chinese were still being taken into slavery by the "Nor" or "black-boned" noble class of Norsus. The total population of the Norsus in the 1940s was 56,294, of whom 3,000 were nobles, 26,458 were slaves, and 26,836 were serfs or common nonslave bondsmen.

68. According to Takashi Hatada, "One can safely conclude that all of Silla's agricultural population were slaves." *A History of Korea* (Santa Barbara, Calif.: ABC-Clio Press, 1969), p.30. Hatada infers this from the literary materials, and his statement seems highly questionable.

69. No hard data are available for the Koryo period. Nevertheless, all the literary evidence suggests that the slave population was much greater during the Koryo than in subsequent periods when more reliable data existed. At the earliest date of the later periods, the slave population has been estimated at 33 percent of the total (see note 70). An estimate of between 30 and 33 percent was suggested by Ellen Salem in a conversation with me. Her subsequent work, the only major study of Koryo slavery in English, generally supports this estimate. "Slavery in Medieval Korea" (Ph.D. diss., Columbia University, 1978).

70. Sudo Yoshiyuki, "Korai makki Yori Chosen Shoki ni itaru dohi no kenkyū" [A Study of Slavery from the End of the Koryo Period to the Early Yi Dynasty], *Rekishigaku кепкyū* 9(1939): 14. (In Japanese.) During the fifteenth century large-scale slave ownership was apparently concentrated in the southern and central provinces of Korea, on which see Susan S.Shin, "Changes in Labor Supply in Yi Dynasty Korea: From Hereditary to Contractual Obligations" (August 1976), p.8 (manuscript). The proportion of the population enslaved was again on the increase during the fifteenth century, especially state-owned slaves (ibid., pp.9-17).

71. Edward W. Wagner, "Social Stratification in Seventeenth-Century Korea; Some Observations from a 1663 Seoul Census Register," in *Occasional Papers on*

Korea 1(1974):54. Wagner writes:"The slave population of this small section of Korea already was over 50 percent of the households and over 75 percent of the total in-resident recorded population of about 2,400. Every indication points to the conclusion that this high percentage was climbing still higher in 1663."This high percentage was not typical of Korea as a whole.Closer to the norm was Kùmhwa county,on which see note 72.

72. Susan S.Shin,"The Social Structure of Kùmhwa County in the Late Seventeenth Century,"in *Occasional Papers on Korea* 1(1974):25.

73. Shin,"Changes in Labor Supply in Yi Dynasty Korea,"pp.20-21. The massive decline in the slave population during the eighteenth century in three coastal districts of Ulsan is typical of changes in the country as a whole.By the latter half of the century,large-scale slavery in Korea had come to an end(although the institution was not to be formally abolished until the Japanese occupation during the first decade of the twentieth century).

74. N.Adriani and Albert C.Kruyt, *De Bare' e Sprekende Toradjas van Mid-den-Celebes* [The Bare' e-speaking Toradja of Central Celebes] (Amsterdam: Nood-Hollandsche Uitgevers Maatschappij,1950), vol.1, p.138. Not all tribes with slave standings had such high percentages,but the evidence certainly indicates that in all these tribes slaves constituted well over a third of the group.

75. In the early seventeenth century,just prior to the Dutch conquest,the Banda Islands had a total population of 15,000,of whom a third were slaves and other very poor persons.See J.C.Van Leur,*Indonesian Trade and Society*(The Hague:W.van Hoeve,1955), p.210. For the best short account in English of the indigenous social structure see pp.141-144. By 1621 the entire population had been either butchered by the Dutch or forced to flee the islands,in what is without doubt one of the most brutal episodes in European imperial history.The land was then parceled out to what H.W.Ponder calls"a few score families"of Dutchmen and repeopled by slaves brought in from outside.Each"Perkenier,"as the plantation owners were called,lived with his family and"hundreds of slaves"in what amounted to fortified camps.Clearly,the free population of owners was outnumbered at least ten to one in this vicious system,which

had only one counterpart: the Caribbean slave systems of about the same era. Slavery was abolished in Indonesia in 1860. The fact that the abolition created a severe labor crisis indicates that the freedman group was only a negligible proportion of the slave population. Ponder, *In Javanese Waters* (London: Seeley, Service & Co., 1944?), pp. 100–118. For the standard work on the Dutch conquest and on the pre-European Bandas, see Jacobus A. Van der Chijs, *De vestiging van het Nederlandsche gezag over de Banda-eilanden (1599–1621)* [The Imposition of Dutch Rule over the Banda Islands] (Batavia: Albrecht & Co., 1886).

76. Kenneth R. Andrews, *The Spanish Caribbean: Trade and Plunder, 1536–1630* (New Haven: Yale University Press, 1978), pp. 14–15. Slaves outnumbered free persons in Espanola from as early as 1520. By 1525 the Spanish population began to decline precipitously, as settlers moved to the more lucrative areas on the mainland. There were between 1,000 and 2,000 free persons in 1570 and, ten years earlier, between 12,000 and 20,000 slaves. By the early decades of the seventeenth century Espanola ceased to be a large-scale slave system and became an economic backwater of the Spanish imperial system. The white and free mulatto populations began to grow in relation to the slaves, and by the 1630s a peasant-type economy—partly pastoral, partly tobacco oriented—emerged. In 1606 the total population had declined to 10,805, of which 89 percent were slaves. After this the slave proportion declined rapidly. In 1750, slaves constituted 14 percent of an estimated total population of 125,000; in 1789, they made up 20 percent of a total of 152,000; and in 1821, about the same percentage in a much reduced population. See Franklyn J. Franco, *Los negros y los mulatosy la nación Dominicana* (Santo Domingo: Editora Nacional, 1969), pp. 48–49, 67, 72; and Pedro A. Perez Cabral, *La communidad mulata* (Caracas: Grafica Americana, 1967), pp. 106–107.

77. There were very few slaves in Jamaica during the sixteenth century, unlike Espanola. However, as the large-scale slave system of Espanola rapidly declined, the proportion of slaves in Jamaica increased during the last half-century or so of Spanish rule in the island. The free population always remained in the majority, and the economy was of the agro-pastoral type found in other areas of the Caribbean. Yet the de-

pendence on slaves reached levels that justify Jamaica's classification as a large-scale slave system.In 1611 the total population was 1,510, of whom 558 were slaves; see Andrews, *The Spanish Caribbean*, p.223. By 1655, the year of British capture, the total population had increased to 2,500. For an account of Jamaica under the Spaniards see Francisco Morales Padron, *Jamaica Espanola* (Seville: La Escuela de Estudios Hispano-Americano de Sevilla, 1952); and for a critical appraisal of this work see J.P.Jacobs, "The Spanish Period of Jamaican History," *Jamaican Historical Review* 111 (1957):79-93.

78. Cuba was a large-scale slave society from its very beginnings until abolition in 1887. However, the kind of slave system changed drastically from one period to another. From discovery to about 1530, the large Indian population was subjected to a murderous form of enslavement in the mines and on the fields. With the decline of the Indian population, there was a shift to black slavery. The agro-pastoral slave system that evolved and lasted until the last quarter of the eighteenth century was undeniably different from the plantation system of the British islands, but it was nonetheless large-scale slavery. Like all such systems, it was both brutal and degrading for those exploited. From the last quarter of the eighteenth century until 1880, Cuba was a large-scale plantation slave system.

79. In 1550 there were 322 free whites, 1,000 free Indians, and 800 black and Indian slaves in Cuba(Andrews, *The Spanish Caribbean*, p.16). By 1606 there were "some 20,000" black slaves in Cuba, on which see Herbert S.Klein, *Slavery in the Americas: A Comparative Study of Virginia and Cuba* (Chicago: University of Chicago Press, 1967), p.142. In Havana the slaves outnumbered the free by a ratio of three to one in 1600, according to Andrews, *The Spanish Caribbean*, p.20. Since 65 percent of the total Cuban population lived in or around Havana at the time, the estimate may hold for the island as a whole. See Philip S.Foner, *A History of Cuba* (New York: International Publishers, 1962), p.34.

80. When the first census of Cuba was taken in 1774, of the total population of 171,620 persons, 44,333 were slaves(25. 8 percent); 96,440 were white free persons; and 30,847 were colored free persons. We know, however, that this is at or near the low-

est point in the proportion of the population enslaved after the decline in the nineteenth century.Thus,we may estimate the average proportion during this period at between 25 and 33 percent of the total.See Klein,*Slavery in the Americas*, table 2,p.202.

81. Ibid.

82. This was one of the most savage and deadly slave systems of all time.Between 1500 and 1540 the great majority of the slaves were Indians;after this they were mainly blacks.In the entire provinces of Panama and Veragua there were only four hundred households of Spaniards outside the capital.See Andrews,*The Spanish Caribbean*, pp. 18-22. For more on Indian slavery in Panama and Central America generally during this period see Murdo J.MacLeod,*Spanish Central America:A Socioeconomic History, 1520-1720*(Berkeley:University of California Press,1973),pp.46-63.

83. Andrews,*The Spanish Caribbean*, p. 35. In a total population of 5, 591 persons there were 3,721 slaves and 1,870 free persons.

84. Ibid.,pp.26-27,33-34.

85. William F. Sharp, *Slavery on the Spanish Frontier: The Colombian Chocó, 1680-1810*(Norman:University of Oklahoma Press,1976),table 7,p.199. The total population of the Chocó in 1763 was 13,963 persons;in 1808 it had increased to 25, 000. For Colombia as a whole the proportion of enslaved persons was much smaller than for the Chocó.In 1779 there were only 53,788 slaves(6. 7 percent)in a total population of 800,000,excluding Indians.See Jaime Jaramillo Uribe,"Esclavos y se-nores en la sociedad Colombiana del siglo XVIII,"*Anuario colombiano dehistoria social y de la cultura*, 1(1963):7.

86. If the Indian population is included,slaves at their highest level constituted only 2 percent of the total Mexican population. However, it is best to see Mexico during this period as having two parallel economies—one centered on the urban,plan-tation,and mining areas;the other tributary,and of a hacienda type.Black slave labor dominated the first, Indian serf labor the second. The first sector was a large-scale slave system in every sense of the term.See Colin A.Palmer,*Slaves of the White God: Blacks in Mexico, 1570-1650*(Cambridge, Mass.:Harvard University Press,1976), esp.chaps.2 and 3. See also Sherburne F.Cook and Woodrow Borah,*Essays in Popula-*

tion History: *Mexico and the Caribbean* (Berkeley: University of California Press, 1974), vol.2, pp.180-269. And for the major work on the black population of Mexico see G. Aguirre Beltran, *La población negra de Mexico, 1519 - 1810*, ed. 2 (Mexico City: Fondo de Cultura Económica, 1972). There were approximately 20,000 slaves in 1553;20,570 in 1570, including 2,000 runaways; and 80,000 in 1645.

87. Palmer, *Slaves of the White God*, table 14, p.80. There were 7,547 persons working in the mines, of whom 1,022 were slaves, 4,610 "free Indians," 1,619 repartimiento Indians, and 296 owners.

88. *Encyclopaedic van nederlandsch West-Indie* (Leiden: E.J.Brill, 1914-1917), p.665. The total population in 1790 was 58,000; it reached a peak of 64,602 in 1805, then declined to 52,963 in 1862.

89. There were over two thousand slaves in Curaçao at this time. The total white population in the early eighteenth century was upward of four thousand, of whom over half were Sephardic Jews. See Johan Hartog, *Curacao*: *From Colonial Dependence to Autonomy* (Aruba: De Wit, 1968), pp.129-134.

90. In 1789 there were 3,964 Europeans, 2,776 freedmen, and 12,804 slaves in Curaçao(Hartog, *Curacao*, p.134).

91. Ibid., p.179. The total population of Curaçao in 1816 was 12,840 persons; by 1862 it had increased to 19,129.

92. *Encyclopaedie van nederlandsch West - Indie*, p.627. The total population of Saint Eustatius in 1786 was 7,600 persons; it fell to 2,591 in 1817, and again to 2, 273 persons in 1829.

93. Ibid., p. 631. The total population of Saint Martin in 1770 was 4, 159 persons; in 1816 it had fallen to 3,559 persons.

94. Johan Hartog, *Geschiedenis van de Nederlandse Antillen*: *Bonaire*: *Van Indianen Tot Treristen* [History of the Netherlands Antilles: Bonaire] (Aruba: De Wit, 1957), p.108. Bonaire, in spite of its small size, was very much a large-scale slave system measured in terms of its dependence on slave labor for essential tasks. In the total population of 1,309 persons there were 364 slaves.

95. Ibid., p.159. There were 1,476 persons in the island at this time, of whom 90

were whites, 839 freed persons, and 547 slaves.

96. Ibid., p.161.

97. Ibid. The total population at the abolition of slavery was 3,103 persons.

98. Material on Jamaica in Appendix C and in Table N1 at the end of the Notes section is based on the following: Orlando Patterson, *The Sociology of Slavery*: *Jamaica, 1655–1838* (Rutherford, N.J.: Fairleigh Dickinson University Press, 1969), table 1, p.95; George W. Roberts, *The Population of Jamaica* (Cambridge: Cambridge University Press, 1957), pp.33, 36, 39, esp. tables 4, 5, 6; Douglas Hall, "Jamaica," in D. W. Cohen and Jack P. Greene, eds., *Neither Slave nor Free* (Baltimore: Johns Hopkins University Press, 1972), table 6 – 1, p. 194; Sheila Dunker, "The Free Coloured and the Fight for Civil Rights in Jamaica, 1800–1830" (master's thesis, University of London, 1960), p.9. The figures of 20,000 for the white population and 46,200 for the free nonwhite population in 1834 are my own rough approximations. Before 1758 there was a small free nonwhite population, but its numbers were negligible.

99. Jerome S. Handler and Frederick W. Lange, *Plantation Slavery in Barbados* (Cambridge, Mass.: Harvard University Press, 1978), p.15. The white population at this time was estimated at between 18,300 and 18,600 persons, and the black population between 5,680 and 6,400.

100. Estimates for the years 1673–1731 are taken from Richard B. Sheridan, *The Development of Plantations to 1750* (Lodge Hill, Barbados: Caribbean University Press, 1970), table 3, p.29; otherwise Appendix C and Table N2 are based on Jerome S. Handler and Arnold A. Sio, "Barbados," in Cohen and Greene, *Neither Slave nor Free*, table 7–1, pp.218–219.

101. The sources for Appendix C and Table N3 are Richard B. Sheridan, *Sugar and Slavery: An Economic History of the British West Indies 1623–1775* (Lodge Hill, Barbados: Caribbean University Press, 1974), table 8. 1, p.150; Douglas Hall, *Five of the Leewards, 1834–1870* (Lodge Hill, Barbados: Caribbean University Press, 1971), table 1, p.8; Elsa V. Goveia, *Slave Society in the British Leeward Islands at the End of the Eighteenth Century* (New Haven: Yale University Press, 1965), chap.4 passim.

102. Sources for the material on the Leeward Islands in Appendix C and Table

N4 are as in note 101.

103. See note 102.

104. See note 102.

105. See note 102.

106. See note 102.

107. Sheridan, *Sugar and Slavery*, p.150 fn. The nine British Virgin Islands at this time were Tortola, Spanish Town, Jost Van Dyke, Peter's Island, Camains, Scrub Island, Guanna, Beef Island, and Thatch Island. The 1756 total population comprised 1,184 whites and 6,121 slaves. The majority were in Tortola, which had 465 whites and 3,864 slaves, and in Spanish Town, which had 396 whites and 1,204 slaves.

108. Ibid.; Higman, "The Slave Population of the British Caribbean." There is little reliable information.

109. The source for Appendix C and Table N5 is John Davy, *The West Indies before and since Emancipation* (London: W.& F.G.Cash, 1854), p.499.

110. The sources for Appendix C and Table N6 are Sheridan, *Sugar and Slavery*, p.458; and George W.Roberts, "Movements in Slave Population of the Caribbean during the Period of Slave Registration," in Rubin and Tuden, *Comparative Perspectives on Slavery*, p.149, table 1. Inasmuch as I could find no estimate of the white population during the nineteenth century before the census of 1844, I took the average annual decline of the white population between 1787 and 1844 and on this basis calculated the probable size in 1817 and 1834. These estimates exclude the Carib population.

111. Sheridan, *Sugar and Slavery*, p.458. For the nineteenth century, Grenada followed the pattern of the other Windward Islands except that its white population declined more precipitously and its free colored population was above the norm for the British Caribbean—approximately 10 percent of the total population. On the nineteenth-century slave population see Roberts, "Movements in Slave Population."

112. Appendix C and Table N7 are based on Davy, *The West Indies before and since Emancipation*, p.277; and Roberts, "Movements in Slave Population," p.149.

113. Sheridan, *Sugar and Slavery*, p.457. In 1770 the total population was 3,402 persons; it climbed to 9,034 by 1775 and reached a peak of 15,313 in 1820,

after which it began to decline slowly.See also Barry W.Higman, "The Slave Popula-
tions of the British Caribbean: Some Nineteenth Century Variations, " in Samuel Proc-
tor, ed., *Eighteenth Century Florida and the Caribbean* (Gainesville: University Presses
of Florida, 1976), pp, 67–70.

114. The sources for Appendix C and Table N8 are James Millette, *The Genesis of
Crown Colony Government, Trinidad, 1783–1810* (Trinidad: Moko Enterprises, 1970),
table 9: Carlton R. Ottley, *Slavery Days in Trinidad* (Trinidad: Published by the
Author, 1974), appendix 2, p. 152; and Donald Wood, *Trinidad in Transition*
(London: Oxford University Press, 1968), p.32.

115. *Cayman Island: Colonial Annual Report* (London: His Majesty's Stationery
Office, 1946), p.8. In 1802 there were 933 persons in Cayman, of whom 545 were
slaves.

116. O.Nigel Boland, "Slavery in Belize, " *Journal of Belizean Affairs* 6(1978):
7, table 1. The slave population rose from 120 in 1745 to its highest level of 3,000 in
1779. It declined to 2,742 in 1816 and again to 1,783 in 1832.

117. R. T. Smith, *British Guiana* (London: Oxford University Press, 1962), p.
21. In 1701 there were 800 slaves and 67 Europeans in the area.The slave population
grew to 3,986 in 1767. There is no good estimate of the European population, but it is
certain that the proportion of Europeans did not increase.

118. Ibid., p.19. There was a total population of 4,423.

119. Henry G.Dalton, *The History of British Guiana* (London: Longmans, 1855),
vol.1, pp.254,256. At the end of the eighteenth century there were 50,000 to 60,000
slaves in the colony and between 8,000 and 10,000 free persons.

120. Ibid., p. 239. In 1816 there were 77, 163 slaves in Demerara and
Essequibo, and 24,549 slaves in Berbice.The total free population of the colony was
approximately 8,000 persons.

121. Ibid., p.412. On the eve of abolition there were 82,824 slaves and approxi-
mately 11,000 free persons in the colony.

122. Michael Craton, *A History of the Bahamas* (London: Collins, 1962), p.
189. There were 443 slaves in 1671, "comprising 40 percent of the total population."

123. Ibid., p.166. Craton gives a total 1783 population of 4,058, of whom 2,336 were Negroes. In 1789, however, approximately 500 blacks were free (p.187). So the slave population must have been about 2,000 in 1783.

124. Ibid. The total population in 1786 was 8,957, of whom 2,948 were whites and approximately 400 were free blacks. This estimate of the free black population is also based on the figure of 500 for 1789.

125. Ibid., appendix D, table A, p.306, gives a total population of 16,000 in 1820. The average slave population between 1819 and 1822 was 10,908, on which see Higman, "The Slave Populations of the British Caribbean," p.67.

126. Craton gives a slave population of 9,268 for 1831. The total black population was 12,259, of whom 2,991 were free. He implies a total population of 16,345 (see pp.187 and 306), hence a slave proportion of approximately 57 percent.

127. Appendix C and Table N9 are based on Cyril O. Packwood, *Chained on the Rock: Slavery in Bermuda* (New York: Eliseo Torres and Sons, 1975), pp.7, 33–34, 73–82.

128. Appendix C and Table N10 are based on Leo Elisabeth, "The French Antilles," in Cohen and Greene, *Neither Slave nor Free*, pp.148–151.

129. Appendix C and Table N11 are based on Sheridan, *The Development of Plantations*, table 6, p.49; Elisabeth, "The French Antilles," pp.146–151; and Philip D. Curtin, *The Atlantic Slave Trade: A Census* (Madison: University of Wisconsin Press, 1969), table 19, p.78.

130. The source of Appendix C and Table N12 is Alexandre Moreau de Jonnès, *Recherches statistiques sur l'esclavage coloniale* (Paris: Bourgogne et Martinet, 1842), p.19.

131. Appendix C and Table N13 are based on Pierre Dupon-Gonin, *La Guyane française* (Geneva: Librairie Droz, 1970), pp.48–53; and Arthur Dangoise, *Notes, essais et études sur la Guyane française* (Paris: Librairie Générale et Internationale, 1923), p.41.

132. The sources for Appendix C and Table 14 are Waldemar Westergaard, *The Danish West Indies under Company Rule, 1671–1754* (New York: Macmillan Co.,

1917), pp.318-319; and S.E.Green-Pedersen, "The Scope and Structure of the Danish Negro Slave Trade," *Scandinavian Economic History Review* 19(1971):149-177.

133. There are no reliable statistics on Brazil before the end of the eighteenth century. All the available nonquantitative data, plus the few scraps of statistical information, strongly suggest that during the sixteenth century and the first half of the seventeenth century Brazil was a large-scale slave-based plantation system, the New World prototype of the Caribbean slave systems. At the end of the sixteenth century Brazil was the world's largest producer of sugar, with a slave population estimated at between 13,000 and 15,000. See Frederick Mauro, *Le Portugal et l'Atlantique au XVIIe siècle*(Paris: Ecole Pratique des Hautes Etudes, 1960), p.179; Caio Prado, Jr., *The Colonial Background of Modem Brazil*(Berkeley: University of California Press, 1967); and Gilberto Freyre, *The Masters and the Slaves*(New York: Alfred A. Knopf, 1964), esp.chap.1.

134. Appendix C and Table N15 are based on Robert Conrad, *The Destruction of Brazilian Slavery, 1850-1888*(Berkeley: University of California Press, 1972), table 1, p.283; and Stanley J.Stein, *Vassouras: A Brazilian Coffee County, 1850-1900*(Cambridge, Mass.: Harvard University Press, 1957), pp.294-296.

135. Appendix C and Table N16 were calculated from C.R.Boxer, *The Golden Age of Brazil, 1695-1750*(Berkeley: University of California Press, 1969), appendix 4, pp.341-346; and Stein, *Vassouras*, p.296.

136. Boxer, *The Golden Age of Brazil*, p.2.

137. Stein, *Vassouras*, p.296.

138. The estimates for the sixteenth and seventeenth centuries are based on sources given in note 133. Calculations for 1823 and 1872 are from Stein, *Vassouras*, p.296.

139. Robert W.Fogel and Stanley L.Engerman, *Time on the Cross: The Economics of American Negro Slavery*(Boston: Little, Brown, 1974), vol.1, pp.20-29, esp.figs.4 and 7. There are few hard data on the United States before the census of 1790. The black population of Virginia in 1700, almost all slaves, was approximately 16,000, and the total slave population of all the colonies was only about 27,000. The slave

population in 1740 had grown to about 200,000 persons, and by 1780 it had passed the half-million mark. For more detailed figures on the colonial period see Stella H. Sutherland, *Population Distribution in Colonial America* (New York: Columbia University Press, 1936), pp.169-170.

140. The sources for Appendix C and Table N17 on the U.S.South are the following: Harold D. Woodman, ed., *Slavery and the Southern Economy* (New York: Harcourt, Brace & World, 1966), p.13, table 1; and U.S.Department of Commerce, Bureau of the Census, *Historical Statistics of the United States, Colonial Times to 1970, Bicentennial Edition* (Washington, D. C.: Government Printing Office, 1975), pt.1, ser.A 172-194, p.22.

141. Appendix C and Table N18 were derived from Woodman, *Slavery and the Southern Economy*, p.13, table 2; and Bureau of the Census, *Historical Statistics of the United States, Colonial Times to 1970*, p.22.

In 1715 Virginia had a white population of 72,000 and a slave population of 23,000; in 1756 these went up to 173,316 and 120,156 respectively. The white population of Georgia in 1760 was 6,000 and of blacks, 3,000; the respective figures for 1773 were 18,000 and 15,000. Mississippi in 1798 had a white population of 5,000 and a slave population of 3,500. Sources for these figures are John Hope Franklin, *From Slavery to Freedom* (New York: Alfred A.Knopf, 1963), pp.72,75,83; and for Mississippi: Charles S.Sydnor, *Slavery in Mississippi* (Baton Rouge: Louisiana State University Press, 1966), p. vii. South Carolina had a total population of 9,580 in 1708, of whom 4,080 were whites, 4,100 were black slaves, and 1,400 were Indian slaves. In 1720 the free population was 6,525 and slaves numbered 11,828; in 1740 the white population had increased to an estimated 20,000 persons, and slaves were also about 20,000. For data on South Carolina see Peter H.Wood, *Black Majority: Negroes in Colonial South Carolina* (New York: Alfred A.Knopf, 1974), p.144, table 1, and p.152, table 4. For estimates on the distribution of the slaves in the South by county and state during the revolutionary period see Sutherland, *Population Distribution in Colonial America*, pp.174-178,202,209,216-217,240,260.

与附录 C 注释相关的表

表 N1　牙买加的人口,1658—1834 年

年份	白人	奴隶	自由的非白人	合计
1658	4,500	1,400	—	5,900
1664	6,000	8,000	—	14,000
1673	8,564	9,504	—	18,068
1730	7,658	74,525	—	82,183
1758	17,900	176,900	3,500	198,300
1775	18,700	192,800	4,500	216,000
1800	30,000	300,000	10,000	340,000
1834	20,000	310,000	46,200	376,200

表 N2　巴巴多斯的人口,1673—1834

年份	白人	奴隶	自由的非白人	合计
1673	21,309	33,184	—	54,493
1683	17,187	46,602	—	63,789
1710	12,525	41,970	—	54,495
1731	16,113	65,000	—	81,113
1748	15,192	47,025	107	62,324
1768	16,139	66,379	448	82,966
1786	16,167	62,115	833	79,115
1810	15,517	69,110	2,526	87,153
1825	14,630	78,096	4,524	97,250
1833—1834	12,797	80,861	6,584	100,242

表 N3　安提瓜的人口,1678—1834

年份	白人	奴隶	自由的非白人	合计
1678	2,308	2,172	—	4,480
1708	2,909	12,943	—	15,852
1720	3,652	19,186	—	22,838
1745	3,538	27,892	—	31,430
1756	3,435	31,428	—	34,863
1775	2,590	37,808	—	40,398
1817	2,100	31,500	2,200	35,800
1834	2,000	29,100	4,000	35,100

表 N4　背风群岛(除安提瓜以外)的人口,1678—1834

年份	圣基茨	尼维斯	蒙特塞拉特	巴布达	安圭拉
1678					
白人	1,897	3,521	2,682	——	——
奴隶	1,436	3,860	492	——	——
1708					
白人	1,670	1,104	——	——	——
奴隶	3,258	5,689	——	——	——
1720					
白人	2,800	1,343	1,688	——	——
奴隶	7,321	5,689	3,772	——	——
1745					
白人	2,377	857	1,117	——	——
奴隶	19,174	6,511	5,945	——	——
1756					
白人	2,783	1,118	1,430	——	——
奴隶	21,891	8,380	8,853	——	——
1775					
白人	1,900	1,000	1,314	——	——
奴隶	23,462	11,000	9,834	——	——
1790					
白人	1,912	——	——	2	300-400

年份	圣基茨	尼维斯	蒙特塞拉特	巴布达	安圭拉
奴隶	20,455	——	——	290	2,000
1812					
白人	1,600	500	400	——	
奴隶	19,800	9,200	6,500	600	——
自由有色人	1,900	600	400		
1834					
白人	——	400	300		
奴隶	19,700	8,800	5,000	500	
自由有色人	——	1,700	800		

表 N5 多米尼克的人口,1788—1832

年份	白人	自由有色人	奴隶	合计
1788	1,236	445	14,967	16,648
1805	1,594	2,822	22,083	26,499
1832	791	4,077	19,255	24,123

表 N6 圣文森特的人口,1763—1834

年份	白人	奴隶	合计
1763	695	3,430	4,125
1787	1,450	11,853	13,303
1817	1,360	25,218	26,578
1834	1,369	22,997	24,305

表 N7 圣卢西亚的人口,1772—1834

年份	白人	奴隶	合计
1772	2,198	13,278	15,476
1816—1818	1,478	16,285	17,763
1834	1,206	13,348	14,554

表 N8　特立尼达的人口,1777—1834

年份	白人	自由有色人	奴隶	印第安人	合计
1777	340	870	200	——	1,410
1797	2,151	4,474	10,009	1,082	17,716
1802	2,261	5,275	19,709	1,232	28,477
1810	2,495	6,264	20,821	1,683	31,263
1825	3,214	15,003	23,230	727	42,174
1834	3,632	18,724	22,359	——	44,715

表 N9　百慕大的人口,1622—1833

年份	白人	奴隶	自由黑人	合计
1622	—	—	—	1,200
1629	2,500	300—400	—	2,800—2,900
1670	6,000	2,000	—	8,000
1687	5,333—6,000	2,667—3,000	—	8,000—9,000
1691	1,971	1,971	—	6,302
1699	2,247	2,247	—	5,862
1701	2,000	2,000	—	4,000
1702	—	—	—	6,000
1721	4,850	3,514	—	8,364
1731	4,353	3,248	—	7,601
1774	5,632	5,023	—	10,655
1799	—	4,846	—	—
1822—1823	4,648	5,242	722	10,612
1832	4,181	3,608	1,068	8,857
1833	4,297	4,277	1,286	9,860

表 N10　马提尼克的人口,1664—1848

年份	白人	奴隶	自由黑人	合计
1664	2,681	2,704	16	5,401
1696	6,435	13,126	505	20,066
1700	6,597	14,225	507	21,329

续表

年份	白人	奴隶	自由黑人	合计
1715	8,735	26,865	1,209	36,629
1727	10,959	40,403	1,304	52,666
1731	11,957	46,062	1,204	59,233
1734	12,705	53,080	810	66,595
1738	14,969	47,778	1,295	74,042
1751	12,068	65,909	1,413	79,386
1764	11,634	68,395	1,864	81,875
1776	11,619	71,268	2,892	85,779
1784	10.150	79,198	3,472	92,220
1789	10.636	83,414	5,235	96,158
1802	9.826	75,584	6,578	91,988
1816	9.298	80,800	9,364	99,462
1826	9,937	81,142	10,786	101,865
1831	9,362	86,499	14,055	109,916
1835	9,000	78,076	29,955	116,031
1848	9,490	67,447	36,420	113,357

表 N11   圣多明各的人口,1681—1789

年份	白人	奴隶	自由黑人	合计
1681	4,336	2,312	—	6,648
1690	—	—	—	10,250
1703	—	—	500	—
1715	—	—	1,500	—
1739	11,540	117,411	35,88	132,539
1754	14,253	172,188	4,911	191,352
1775	32,650	249,098	7,055	288,803
1784	20,229	298,079	13,257	331,565
1788	29,717	409,528	21,848	455,093
1789	30,831	434,429	24,848	490,108

表 N12　瓜德罗普的人口,1700—1834

年份	白人	奴隶	自由黑人	合计
1700	3,825	6,725	325	10,875
1788	13,466	85,461	3,044	101,971
1834	10,000—15,000	96,684	10,000—15,000	116,684—126,684

表 N13　法属圭亚那的人口,1665—1830(不包括殖民地区域少量的印第安人)

年份	白人	奴隶	自由黑人	合计
1665	848	420	—	1,265
1700	—	—	—	2,000
1765	2,400	5,700	—	8,100
1815	100	15,000	300	15,400
1820	1,004	13,153	1,733	15,890
1830	—	19,100	—	22,666

表 N14　丹麦西印度群岛的人口,1686—1848

年份	白人	奴隶	自由黑人	合计
圣托马斯				
1686	300	333	—	633
1691	389	555	—	944
1720	565	4,187	—	4,752
1754	228	3,481	—	3709
1775	—	3,979	500	—
1792	—	4,279	—	—
1803	—	5,968	—	—
1835	—	—	—	14,022
1848	—	3,500	—	14,000
圣克罗伊				
1742	174	1,906	—	2,080
1745	224	2,905	—	3,129
1755	1,323	8,897	—	10,220
1792	—	22,420	—	—

年份	白人	奴隶	自由黑人	合计
1803	—	27,161	—	—
1835	—	—	—	26,681
1848	—	26,000	—	—
圣约翰				
1728	123	677	—	800
1739	208	1,414	—	1,622
1775	—	2,355	—	—
1787	167	2,200	16	2,383
1803	—	2,598	—	—
1848	—	2,500	—	—

表 N15　巴西的人口,1798—1872

年份	白人	自由有色人	印第安人	自由人合计	奴隶	合计
1798	1,010,000	406,000	250,000	1,666,000	1,282,000	3,248,000
1817—1818	1,043,000	585,500	259,400	1,887,900	1,930,000	3,817,000
1850	—	—	—	5,520,000	2,500,000	8,020,000
1864	—	—	200,000	8,530,000	1,715,000	10,245,000
1872	—	—	—	8,419,672	1,510,806	9,930,478

表 N16　米纳斯吉拉斯的人口,1735—1872

年份	自由人	奴隶	合计
1735	1,420	96,541	97,961
1740	680	94,632	95,313
1745	903	95,366	96,269
1749	755	88,196	88,951
1823	425,000	215,000	640,000
1872	1,669,276	370,459	2,039,735

表 N17　美国南方的人口,1790—1860

年份	总人口 (粗略数)	黑人 人口总数	奴隶 人口总数	黑人中 奴隶所占 百分比	总人口中 奴隶所占 百分比
1790	1,961,000	689,784	657,327	95	33.5
1800	2,622,000	918,336	857,097	93	33
1810	3,461,000	1,268,637	1,160,977	91.5	33.5
1820	4,419,000	1,642,672	1,508,692	92	34
1830	5,708,000	2,161,885	1,908,384	88	33
1840	6,951,000	2,641,977	2,427,986	92	35
1850	8,983,000	3,352,198	3,116,629	93	35
1860	11,138,000	4,097,111	3,838,765	94	34

表 N18　几个主要蓄奴州的人口,1790—1860

州	1790		1810		1830		1860	
	总人口	奴隶占 百分比	总人口	奴隶占 百分比	总人口	奴隶占 百分比	总人口	奴隶占 百分比
弗吉尼亚	692,000	42	878,000	45	1,044,000	45	1,220,000	40
南卡罗来纳	249,000	43	415,000	47	581,000	54	704,000	57
北卡罗来纳	394,000	26	556,000	30	738,000	33	993,000	33
佐治亚	83,000	35	252,000	41	517,000	42	1,057,000	44
密西西比	—	—	31,000	55	137,000	48	791,000	55
亚拉巴马	—	—	—	—	310,000	38	964,000	45
路易斯安那	—	—	77,000	45	216,000	51	708,000	47

索　引

说明:

1. 索引中的页码是本书英文版页码,英文版页码标在中文译本边口处。

2. 索引中的条目与正文内容对应。英文版索引中,有少部分条目系用英文解释非英文用词,中文译本在正文中已直接译为中文,为避免混淆,这类条目,也略去。

3. 索引中包含大量归纳性条目,其目的是为读者提供阅读导引,但在正文中查不出完全对应的词。

A

页 484

Aba mbatoea(slave manners) 奴隶的举止 85

Abandonment, enslavement through, 因被遗弃而被奴役 105,129—130

Abbasid caliphate 阿拔斯王朝: slave armies 奴隶军队 123; absentee slave owners 在外奴隶主 181;Mamluk freedmen 马穆鲁克被释免的奴隶 310

Abd al—Muhsin Bakir 阿布德·穆赫辛·贝吉尔 42

Abd Elwahed, Ali 阿比德·埃瓦赫德,阿里 5,41

Aboh(Nigeria)阿博人(尼日利亚): rituals of enslavement 奴役仪式 53,55; concubinal manumission 纳妾释免 230;manumission by adoption 收养释免 233

Abolition of slavery 奴隶制的废除 73; in

Europe 在欧洲 44;in Cuba 在古巴 283;in U.S.在美国 293

Abolition of slave trade 奴隶贸易的废除 165,286

Absenteeism 在外奴隶主: and social recognition 社会承认 100;and treatment of slaves 奴隶待遇 180—181

Achaemenid empire(Persia) 阿契美尼德王朝(波斯)110,315

Acquisition, mode 奴隶的获得模式: and master—slave relationship 与主奴关系 174; and manumission rate 与释免率 267

Adamawa(Fulani slave center) 阿达马瓦(富拉尼奴隶中心)123

Adams, Victoria 亚当斯,维多利亚 12

Adger, John B.阿杰,约翰 339

Adonke(slave)阿当可(奴隶)40

Adoption 收养:in kin-based societies, 血缘社

563

会中的收养 63—65；between redeemed men and God 上帝与被救赎的奴隶之间 70；and child exposure 与遗弃儿童 129,130；manumission by 收养释免 232—234,338；rites 收养仪式 234；slave assimilation by 通过收养接纳奴隶 279

Adriani,N.阿德里亚尼 85,203

Adultery 通奸 128,188

Africa 非洲：marital transactions 婚姻交易 24；marks of servitude 奴役标示 60；slaves as money 奴隶用作货币 168；slaves of the court 宫奴 174；treatment of slaves 奴隶待遇 199；sacrifice of slaves 奴隶祭品 224；eunuchs 宦官 316

Aficans 非洲人：stereotypes 模式化印象 114；in slave trade 奴隶贸易中的非洲人 118,119—120,122,159—164；racism toward 对非洲人的种族歧视 177；manumission 释免 267,278

Age 年龄：and loss of honor 与丧失尊严 83,88；and manumission 与释免 264,266—267

Agricultural slavery 农业奴隶制 282

Ainu(Japan)阿依努人（日本）230；self-enslavement 自卖为奴 131

Air(Niger)艾尔（尼日尔）157

Akan-speaking groups 说阿坎语的族群 135—136,197

Aleut(Alaska)阿留申人（阿拉斯加）191

Alexander the Great 亚历山大大帝 116

Alexandria 亚历山大里亚 150

Algeria 阿尔及利亚 157

Algiers 阿尔及尔：enslavement by ransom 为赎金而被奴役 107；piracy 海盗 117；manumission rate 释免率 277

Alho,Ollie 阿尔霍，奥利 74,75

Allridge,T.S.奥尔里奇 83

al-Mahdi(caliph)哈里发马赫迪 310—311

al-Malik al-Sahih 阿斯－萨利赫·阿尤布 308

al-Muhallabi(governor)总督穆哈拉比 311

American Revolution 美国革命 292,293

Americas 美洲：capitalistic slave systems 资本主义奴隶体系 33；marks of servitude 奴役标示 61,62；enslavement of Indians 奴役印第安人 112；enslavement of war captives 奴役战俘 114；enslavement of Africans 奴役非洲人 118,122；slave trade 奴隶贸易 118—119,120,159—164；status inheritance patterns 身份继承模式 138,144；internal slave trade 境内奴隶贸易 165—166；absentee slave owners 在外奴隶主 181；slave unions 奴隶婚姻 189；concubinal manumission 纳妾释免 231；wala relationship 效忠关系 246；freedman status 被释免奴隶的地位 249—250；ethnicity and manumission 族裔与释免 268；manumission rate 释免率 278,289   页 485

Amhara(Ethiopia)埃塞俄比亚的阿姆哈拉 82

Amphitryon(Plautus)普劳图斯的《安菲特律翁》12

Andrews,Anthony 安德鲁斯，安东尼 112

Andrews,Kenneth 安德鲁斯，肯尼思 113

Anglesey,Wales 威尔士安格尔西岛 149

Anglo-Saxons 盎格鲁－撒克逊人：notions of property 财产观念 30；social and moral role of slaves 奴隶的社会与伦理角色 47—48；rituals of enslavement 奴役仪式 52；nature of honor 尊严的实质 82；slave trade 奴隶贸易 152

Angola 安哥拉 160

Animal sacrifice 动物祭品 22,223

Anstey,Roger 安斯蒂，罗杰 162

Antilles 安的列斯群岛 244

Antonius Pius(emperor of Rome)安东尼·皮乌斯(罗马皇帝)192

Apollo(Greek god)阿波罗(希腊神)67—68

Arabs 阿拉伯人:racism 种族主义 41,93,176,178,268;and honor 与尊严 92,93;economics and slavery 经济与奴隶制 93;enslavement of fellow Arabs 奴役阿拉伯同胞 93;piracy 海盗 116,117;slave tribute to 向阿拉伯人贡奉奴隶 124;debt-slavery 债务奴役 125;slave trade 奴隶贸易 150;absenteeism of slave owners 在外奴隶主 180,181;killing of slaves 杀害奴隶 190,196;postmortem manumission 死后释免 227;incidence of manumission 释免的发生 268;manumission rate 释免率 277;ghilmān and 与古拉姆 308;dependence on slaves 对奴隶的依赖 310

Arakan(Burma)若开邦(缅甸)118

Arawaks(Jamaica)阿拉瓦克人(牙买加)113

Ardra(West Africa)阿德勒(西非)123

Argentina,Buenos Aires 阿根廷,布宜诺斯艾利斯 245

Armenians 阿米尼亚 152

Arrowsmith,W.阿罗史密斯 306

Art 艺术 178

Artisan class 手工业阶级 254—255

Ashanti(Ghana)阿散蒂(加纳):personalistic idiom of power 权力的人格主义惯用语 27—28;slaves as foreigners 外国奴隶 40;marks of servitude 奴役标示 58,59,61;fictive kinship system 拟亲属制度 63—64;nature of honor 尊严的实质 82;enslavement methods 奴役手段 119,123;debt-slavery 债务奴役 124;status inheritance pattern 身份继承模式 135—137,139—140,188;

tenant slaves 租佃奴隶 181;slave peculium 奴隶特有产 185;slave marriage 奴隶婚姻 187;bride-price 聘金 188;killing of slaves 杀害奴隶 191;crimes of slaves 奴隶犯罪 197;self-defense 自我防卫 200;granting of sanctuary 庇护的给予 201;change of master 更换主人 202;manumission 释免 232;freedman status 被释免奴隶的身份与地位 250,251;manumission rate 释免率 271,274,280;house-born slaves 家生奴

Asia 亚洲:child exposure 遗弃儿童 129;slave trade 奴隶贸易 150;technologies from 从亚洲引进的技术 180;slaves from 来自亚洲的奴隶 268

Assyria 亚述 315

Athens 雅典:enslavement methods 奴役手段 111,113,115—116;debt-slavery 债务奴役 125;status inheritance pattern 身份继承模式 140;mining 矿业 181;marriage 婚姻 189;killing of slaves 杀害奴隶 192;slave as witness 奴隶作证人 194;homicide laws 凶杀法 194—195;treatment of slaves 奴隶的待遇 198;granting of sanctuary 给予庇护 201;concubinal manumission 纳妾释免 231;collusive manumission 合谋释免 236,237,242;freedman status 被释免奴隶的身份与地位 254;manumission rate 释免率 281,282

Athletes,professional 职业运动员 24—26

Atlantic slave trade 大西洋奴隶贸易 159—164,165,286;volume 贸易规模 150;organization 贸易组织 162—163

Atli(character in Icelandic saga)阿特利(冰岛史诗中的人物)79

Atonement 神人和合 70

Attractiveness,physical 外形吸引 177

Attucks,Crispus 阿特克斯,克里斯珀斯 292

Augustine,Saint 圣奥古斯丁 72,101

Augustus(emperor of Rome)奥古斯都(罗马皇帝)69,215,303,304,310

Austen,Ralph A.奥斯滕,拉尔夫 159,248

Authoritarianism 权威主义 85,96

Authority 权威:sources 来源 2,36—37;as symbolic control 象征性控制 8—9,36—38;acquisition 权威的获得 36;in quasi-filial kin systems 准孝忠亲缘体系中的权威 65;religion and 宗教与权威 73,74,75,76

Averkieva,U.P.阿维尔基耶娃 40

Ayalon,David 阿亚隆,戴维 311

Azores(Portugal)亚速尔群岛(葡萄牙)117

Aztec Indians(Mexico)阿兹特克印第安人(墨西哥):sources of slavery 奴隶制的原因 42;treatment of prisoners 战俘的待遇 106—107;slave tribute 奴隶贡奉 123;killing of slaves 杀害奴隶 191;postmortem manumission 死后释免 222,227;manumission rate 释免率

B

Babylonia 巴比伦王朝:prisoners of war 战俘 109—110;child exposure 遗弃儿童 130;status inheritance pattern 身份继承模式 145;slaves as dowry 奴隶用作嫁妆 167;slave unions 奴隶婚姻 188;manumission 释免 218,230,234,238;manumission rate 释免率 271

Bacon,Francis 培根,弗朗西斯 78—79

Baghdad 巴格达 299,316

Bagirmi(Chad)巴吉尔米(乍得):slaves as tribute 奴隶用作贡奉 124;slaves as money 奴隶用作货币 169;eunuchs 宦官 316

Bagnes(penal slavery)巴涅(刑罚奴役)44,45

Bahia(Brazil)巴伊亚(巴西)245,267

Bailes,Sylvia 拜莱斯,西尔维亚 93

Balkan peoples 巴尔干各民族 152

Ballagh,James Curtis 巴拉格,詹姆斯·柯蒂斯 9

Baltic Sea 波罗的海 154

Bambara(Mali)班巴拉(马里)249,271

Banausic skills 工匠技能 255

Bancroft,Frederick 班克罗夫特,弗里德里克 166

Banda Islands(Indonesia)班达群岛(印度尼西亚):honor and recognition 尊严与认可 99,100;kidnapping 绑架 118;slave plantations 奴隶种植园 181;concubinal manumission 纳妾释免 231;freedman status 被释免奴隶的身份与地位 257;manumission rate 释免率 274,285

Baqt(truce)停战协议 124

Barbados(British Caribbean)巴巴多斯(英属加勒比海地区):marks of servitude 奴役标示 61—62;freedman status 被释免奴隶的身份和地位 257;manumission rate 释免率 275

Barbary states(North Africa)柏柏里国家(北非):pirates 海盗 117;prostitution 卖淫 263;manumission rate 释免率 277

Barber,Millie 巴伯,米利耶 12

Barrow,R.H.巴罗:on enslavement by birth 论生而为奴 134;on Roman marriage 论罗马人的婚姻 189;on Roman manumission 论罗马的奴隶释免 223,224

Basil,Saint,圣巴西尔 321,332

Batak(Indonesia)巴塔克人(印度尼西亚)124

Batavia 巴达维亚 276

页 486

Batomba（Nigeria）巴托玛巴人（尼日利亚）129

Beachey,R.W.比奇 150

Bean,Richard Nelson 比恩,理查德·纳尔逊 164

Bedouins(Sinai)贝都因人（西奈）194

Beja(Arab custom)贝雅（阿拉伯习俗）203

Bell,Daniel 贝尔,丹尼尔 296

Bella Coola Indians（northwest coast of America）贝拉库拉印第安人（美洲西北）：social death 社会死亡 39；status inheritance pattern 身份继承模式 136 manumission rate 释免率 271

Bellah,Robert N.贝拉,罗伯特 224—225

Bemba(Zambia)本巴（赞比亚）：marks of servitude 奴役标示 58；manumission rate 释免率 271

Benghazi(North Africa)班加西（北非）157

Benin(Nigeria)贝宁（尼日利亚）129

Beowulf《贝奥武甫》47—48

Berlin,Ira 伯林,艾拉：on master/ex-slave relationship 论奴隶主与前奴隶的关系 246,259,260；on manumission in U.S.论美国的奴隶释免 293

Bermuda 百慕大 147

Best,Elsdon 贝斯特,埃尔斯登 51

Bhujissa(freeman)被释免的奴隶 216

Birka(Finland)比尔卡（芬兰）154

页 487　Birma(attendant to king)伯马（伺候国王的奴隶）137

Birth, enslavement by 生而为奴 105,106,114,115,132—147,170

Birth defects 先天缺陷 129

Birth rates 出生率 162

Black Americans 美国黑人 112,259,296；military role 军事作用 291—292

Black Sea area 黑海地区 116；slave trade 奴隶贸易 150—152,153

Bloch,Marc 布洛克,马克 189,276

Bloch,Maurice 布洛克,莫里斯 280

Boas,Franz 博厄斯,弗朗茨 191

Böeseken A.J.,布塞肯,安娜 245

Bömer,Franz 博莫尔,弗朗茨：on religious lives of slaves 论奴隶的宗教生活 66；on Apollo as defender of slaves 论奴隶的保护神阿波罗 67,68；on sacral manumission 论神圣释免 67,237,238；on Roman cults 论罗马人的宗教崇拜 69

Bond servants 债务奴 26

Bonte,Pierre 邦特,皮埃尔 139

Book of Poetry(Chinese)《诗经》（汉语）326

Borgou(Nigeria)博尔古（尼日利亚）129

Bornu(Nigeria)博尔（尼日利亚）：nature of honor 尊严的实质 82；enslavement for tribute 因贡奉而被奴役 123；status inheritance pattern 身份继承模式 137；slave trade 奴隶贸易 157；eunuchs 宦官 316

Bosongo(bride-payment)博桑果（聘礼）167

Bosworth,C.E.博斯沃思 312

Boulvert 博尔弗特 303

Bourgeot,André 布尔若,安德列 203,204

Bowser,Frederick P.鲍泽,弗雷德里克 269

Brahmins 婆罗门 51

Branding 烙印 59

Brazil 巴西：enslavement methods 奴役手段 120；slave population 奴隶人口 133,285 status inheritance pattern 身份继承模式 146；slave trade 奴隶贸易 163,286；internal slave trade 内部奴隶贸易 165—166；slave unions 奴隶婚姻 189,190；treatment of slaves 奴隶待遇 198；manumission 释免 217,245,268,269；wala relationship 效忠关

567

系 244;freedman status 被释免奴隶的身份与地位 244;reenslavement 再度奴役 245;manumission rate 释免率 273,286,289—290

Breton,Raymond 布雷顿,雷蒙 60

Bride-price 聘金 24;and status inheritance 与身份继承 137,138,139;slaves as 作为聘金的奴隶 166—167; in lineage - based societies 宗族社会中的聘金 187,188

Bridewealth marriage 礼聘婚姻 166—167

Bristol(England) 布里斯托(英国)154

British Caribbean 英属加勒比海地区:slave naming rituals 奴隶命名仪式 58;religion and slavery 宗教与奴隶制 72—73;status inheritance pattern 身份继承模式 146;slave unions 奴隶婚姻 190;concubinal manumission 纳妾释免 231;wala relationship 效忠关系 245;freedman status 被释免奴隶的身份与地位 255,257;manumission rate 释免率 255,273,285,291

Brumalia festivals 冬至节 328

Bryndhild(Icelandic princess)布伦希尔德(冰岛公主)220

Buckland,W.W.巴克兰:on slavery and Roman law,论奴隶制与罗马法 29;on debtors in Rome 论罗马的债务人 125;on birth as cause of slavery 论生而为奴 134,139;on manumission 论释免 210—211,223,236,239

Buckley,Roger Norman 巴克利,罗杰·诺曼 291—292

Buddhism,and honor 佛教与尊严 86

Buddhist period (India) 佛教时期(印度): nature of honor 尊严的实质 86;status inheritance pattern 身份继承模式 140;treatment of slaves 奴隶待遇 207;freedman status 被释免奴隶的身份与地位 253;manumission rate 释免率 281

Buenos Aires 布宜诺斯艾利斯 245;freedman status 被释免奴隶的身份与地位 255,256;manumission rates 释免率 256,273,278,290;incidence of manumission 释免的发生 266,267,268

Bulgarians 保加利亚人 152

Burial of slaves,with masters 奴隶为主人殉葬 220

Burma 缅甸 118;marks of servitude 奴役标示 60;enslavement by kidnapping 被绑架为奴 117;slave as money 奴隶用作货币 168,169;manumission 释免 238;

Bursa(Turkey)布尔萨(土耳其)266

Bushong kings (Africa) 布霜果国王 (非洲)329

Butler,Isaiah 巴特勒,以赛亚 6

Byzantium 拜占庭 174;eunuchs 宦官 299,314—331;emperors 皇帝 327—328,330,331;upper - class women 上层妇女 329;craftsmen 手工业者 332

C

Caesar,Julius,恺撒,尤利乌斯 115,305

Calabar province(Nigeria)卡拉巴尔省(尼日利亚)119

Callicles (character in *Gorgias*) 加里克里斯(《高尔吉亚》中的人物)8

Callinago Caribs(Lesser Antilles)加勒比加里纳戈(小安的列斯群岛)60,271

Callistus 卡利斯图斯 301,307

Camerinus,Sulpicius 卡麦里努斯,苏尔比基乌斯 307,308

Camus,Albert 加缪,阿尔贝 204

Canada 加拿大 338

Canary Islands(Spain)加那利群岛（西班牙）117,152

Cannibalism 食人习俗 屠杀 52,81,107

Cape

Colony(South Africa)开普殖民地(南非)276

Cape Town (South Africa) 开普敦（南非）: under Dutch 荷兰人统治下 255,263,269; manumission rate 释免率 256,269;prostitution 卖淫 263

Cape Verde Islands(Portugal)佛得角群岛(葡萄牙)117,285

Capital 资本 2,23

Capital crimes 死刑罪 45

Capitalism 资本主义 21,33

Capital punishment 死刑惩罚 126,128

Captivus(slave)俘虏(奴隶)40

Cardiff(Wales)加的夫(威尔士)154

页 488　Caribbean 加勒比海地区: migration of free labor from 自由劳动力从该地区的迁移 34; rituals of enslavement 奴役仪式 54; marks of servitude 奴役标示 59,60,61;religion and slavery 宗教与奴隶制 72—73; slave stereotypes 奴隶的模式化印象 96; senseof honor 尊严感 97, 99, 100; absenteeism of planters 种植园主的在外习惯 100; enslavement practices 奴役习俗 113,114;slave trade 奴隶贸易 160—162; internal slave trade 内部奴隶贸易 166; treatment of slaves 奴隶待遇 198;incidence of manumission 释免的发生 219,267,268, 290,291;freedman status 被释免奴隶的身份和地位 249,259;slave revolts 奴隶反叛 259;slaves in warfare 战争中的奴隶 291

Cartas(letters of manumission)卡塔斯(释免书)217

Carthaginians 迦太基人 107

Cash,W.J.卡什,威尔伯 261

Casirer,Ernst 卡西雷尔,厄内斯特 55

Caste,and concept of slavery 种姓与奴隶制的概念 48—51

Catholic Church 天主教堂: dualism 二元论 72,74,75—76; conversion techniques 改宗手段 72—73

Caucasians 高加索人 178

Celts(England)凯尔特人(英格兰): status inheritance pattern 身份继承模式 141;slave trade 奴隶贸易 149,152,154,156

Chanana,Dev Raj 查纳纳,德夫·拉杰 253

Cherokee Indians (southeastern North America)切罗基印第安人（北美东南）: liminal incorporation of slavery, 奴役的临界接纳 46—47; group identity 集体认同 47; fictive kin system 拟亲属制度 63;treatment of prisoners 战俘的待遇 107

Chesnut,Mary Boykin 切斯纳特,玛丽·博伊金 208

Chien(ignoble status)贱 86,127

Chien Po-tsan 翦伯赞 108

Childrearing patterns 抚育模式 85,88

Children 儿童:of prisoners 囚犯的孩子 9;sale of 买卖儿童 23—24,129—130;of slaves 奴隶的孩子 63—64,65;as tribute 进贡用的儿童 123; manumission 释免 145—146, 267,269;of concubines 奴妾的孩子 187, 229,279—280

China 中国:children of prisoners 囚犯的孩子 9;sale of nonslave persons 非奴隶人口买卖 23—24, 125, 130; extrusive conception of slavery 挤出型奴隶制概念 42; and penal system 刑罚制度 43,44,127; rituals of enslavement 奴役仪式 55;marks of servitude 奴役的标示 58,59,60;prisoners of war 战

俘 107—108,110;kidnapping 绑架 117;exposure and sale of infants 婴儿的遗弃与买卖 129;self-enslavement 自卖为奴 130;status inheritance pattern 身份继承模式 141—144,145;slaves of court 宫奴 174;racial preference in slaves 对奴隶的种族偏好 176,178;slave unions 奴隶婚姻 188—189;killing of slaves 杀害奴隶 191;self-defense 自我防卫 200;concubinal manumission 纳妾释免 229;political manumission 政治释免 235;freedman status 被释免奴隶的身份与地位 241,252;manumission rate 释免率 281;eunuchs 宦官 299,314—331;free women 自由女性 325,326;social system 社会体系 341

Chinese law 中国法律:enslavement of families of condemned persons 罪犯家属连坐为奴 127;concubinage, and inheritance patterns 纳妾,及身份继承模式 142—143

Chocó(Colombia)乔科(哥伦比亚):change of master 更换主人 202;incidence of manumission 释免的发生 270;manumission rate 释免率 270,273,278

Chou dynasty(China)中国周代 326

Chou ku-Cheng 周谷城 108

Christ,Jesus 基督,耶稣 70;symbolic meaning of crucifixion 耶稣受难的象征意义 71,74,75,227;and obedience 与服从 76

Christianity 基督教义:conflict of good and evil 善与恶的冲突 47;conversions to 改宗基督教 70,72;salvation 得救 70—71,72;dualism 二元论 72,74,75—76;Fundamentalist 基要主义者 73—74;marital and family conditions 婚姻与家庭状况 189;granting of sanctuary 庇护的给予 201;testamentary manumission 遗嘱释免 222,225,

227;and frequency of manumission 释免频次 226,275—276

Christians 基督徒:connotation of 基督徒的涵义 7;enslavement of fellow Christians 奴役基督徒同胞 41;enslavement of Muslims 奴役穆斯林 117;status inheritance patterns 身份继承模式 145;sale of 基督徒的买卖 189;manumission 释免 275,277

Christian Spain 基督教西班牙:piracy 海盗 116;status inheritance pattern 身份继承模式 141;slave trade 奴隶贸易 152;freedman status 被释免奴隶的身份与地位 243

Chrysostom,Saint John 克里索斯托,圣约翰 225

Chungnyol(king of Korea)忠烈王(高丽国王)42

Cicero 西塞罗:on honorable prestige 论声望 89,90;treatment of his slaves 对待其奴隶 174,304

Cimbrian wars 辛布里战争 123

Citizenship 公民身份:to manumitted slaves 赋予被释免奴隶 exposure of children 遗弃儿童 30—31,243,252,253

Civil War 美国内战 25,292—293,338

Clan 宗族 47

Claudius(emperor of Rome)克劳狄乌斯(罗马皇帝)301,306,307

Clifton,Peter 克利夫顿,彼得 6

Clissold,Stephen 克利索尔德,斯蒂芬 277

Clothing 衣着:as mark of servitude 奴役标示 58

Coartacion(installment plan)分期赎买 270,283

Cohabitation,and slave status 同居与奴隶的身份 140

Coins,English and Frankish 英格兰和法兰克

的钱币 156

Collusive litigation,manumission by 通过合谋起诉而释免 236—237

Colthurst,John 考特赫斯特,约翰 62

Columbus,Christopher 哥伦布,克里斯托弗 113

Comedy 喜剧:Greek 希腊喜剧 87;Roman 罗马喜剧 91

Commensalism 偏利关系 335

Commodus(emperor of Rome)康茂德(罗马皇帝)307

Concubinal manumission 纳妾释免 228—232,239,251,261

Concubines 妾:sale of 妾的买卖 23—24,129;sexual exploitation 性剥削 50;fictive daughters 干女儿 64;in kin-based societies 血缘社会中的妾 64;and status inheritance 身份继承 142,145,146;children of 妾的孩子 187,229,251,279—280;treatment 妾的待遇 190;male 男宠 263;parasitic relationship 寄生关系 455

Conditions of slavery 奴役状态:master-slave relationship 主奴关系 172—173,205;slave and community 奴隶与社会 172;master and community 奴隶主与社会 172—173;in work force 劳动力 173—174,206;mode of acquisition and 与奴隶的获得方式 174,175—176;and residence of slave 与奴隶的住所 174—175;characteristics of slave and,奴隶的个性 176—179;skills of slaves and 奴隶的技能 179—180;and size of slave population 奴隶人口的规模 180—181,198—199;and mode of subsistence 生存方式 181,186;peculium and 特有产 182—186,192,193;and marriage 婚姻 186—190;killing of slaves 杀害奴隶 190—193;

crimes against slaves 对奴隶犯罪 193—196,206;crimes against one another 对他人犯罪 196—197;legal restraints 法律限制 198—199;self-defense 自我防卫 200—202;granting of sanctuary 庇护的给予 201—202;change of masters 更换主人 202—205;in familia Caesaris 恺撒的家奴们 303

Conrad,Robert 康瑞德,罗伯特 165

Consecration,in sacral manumission 神庙释免中的托付圣职 237

Constantine(emperor of Rome)君士坦丁(罗马皇帝)189

Contractual manumission 契约释免 238—239

Cooper,Frederick 库珀,弗里德里克 93

Corinth 科林斯 237

Cosmological dualism 宇宙二元论 224,225

Council of Dort 多特会议 276

Council of Epaone 埃巴奥纳会议 192

Cover,Robert M.科弗,罗伯特 4

Crafts 手工业 255

Cranston,Maurice 克兰斯顿,莫里斯 340

Craton,Michael 克拉通,迈克尔 6,57

Crawford,Stephen C.克劳福德,斯蒂芬·C 206

Creel,Herrlee 顾理雅 326

Cretans 克里特人 116

Crete 克里特:means of enslavement 奴役方式 114;status inheritance pattern 身份继承模式 138;slave trade 奴隶贸易 152;slave peculium 奴隶特有产 185;manumission 释免 282

Crimea 克里米亚 152

Crimes 犯罪:against slaves 对奴隶犯罪 193—196,206;slave against slave 奴隶对奴隶犯罪 196—197

页 489

Criminals 罪犯 9,86

Critias 克里底亚 112

Cronia ritual, in Greece 希腊的克洛尼亚庆典 67

Cross, F.M. 克罗斯, 弗兰克 275

Crucifixion of Christ 基督受难: symbolic interpretations 象征性解释 71,74,75; Paul's interpretation 保罗的解释 227

Cuba 古巴: branding of slaves 奴隶烙印 59; enslavement methods 奴役手段 120; mortality and fertility rates 死亡率与生育率 133; status inheritance pattern 身份继承模式 146; treatment of slaves 奴隶待遇 198; incidence of manumission 释免的发生 267, 270; manumission rate 释免率 283, 287, 290; abolition of slavery 奴隶制的废除 283

Cubeo Indians(Amazon) 库比欧印第安人(亚马逊): fictive kinship system 拟亲属制度 64—65; manumission rate 释免率 271

Cults 崇拜: Lares 拉瑞斯神 68, 69, 215—216; Jupiter Libertas 朱庇特·利柏耳塔斯 69; imperial 帝王崇拜 69,70

Cultural differences, and master-slave relationship 文化差异与主奴关系 178

Culture 文化 37; slavery and 奴隶制与文化 84—85

Cumal(female slave) 库玛(女奴) 168,169

Curacao(West Indies) 库拉索岛(西印度群岛): freedman status 被释免奴隶的身份与地位 254; manumission rate 释免率 275, 278,284,287

Curtin, Philip D. 柯廷, 菲利普: on Islam and trade in West Africa 论西非的伊斯兰教与贸易 119,157; on volume of slave trade 论奴隶贸易的规模 157, 158, 160; on economics of slave trade 论奴隶贸易的经济学 164

Cyprus 塞浦路斯 114,152

Cyril of Alexandria, Saint 亚历山大的西里尔 225

D

Dahomey(West Africa) 达荷美(西非): kidnapping 绑架 119; bride-payment 聘金给付 166; royal slave plantations 皇家奴隶种植园 181; killing of slaves 杀害奴隶 191; manumission rate 释免率 274

Dalles slave mart, 达勒斯奴隶集市 149

Dandamayev 丹达马耶夫 110

Danes 丹麦人: raids on 抢劫 154; economics of slavery 奴隶制经济 169

Dasa(word for slave) 达萨(表示奴隶的词) 86

Daube, David 道贝, 戴维 222—223,235—236

Davis, John 戴维斯, 约翰 70,80

Death 死亡: prospect of 前景 5; slavery as substitute for 以奴役替代死亡 26,44,45,337; of master 奴隶主的死亡 224,226

Debt-servitude 债务劳役: difference from slavery 与奴隶制的区别 9,86,124—126; heredity factor 遗传因素 9—10; and sale of labor 劳动力的出卖 9,25; honorable status 体面身份 86

Degler, Carl N. 戴格勒, 卡尔 286,289—290

Degradation 羞辱、屈辱: in kin-based societies 血缘社会中 64,81,83; punishment and 惩罚与屈辱 93—94

Delobsom, A.A.Dim 德罗布索姆, 蒂姆 60

Delos(North America) 北美的提洛岛 149

Delphic manumission records 德尔斐释免记录: sacral manumissions 神庙释免 68,237, 238; concubinal manumission 纳妾释免 230—231; freedom at expense of children 以

页 490

孩子为代价的自由 262—263；analysis 对该记录的分析 265；freedom at death of master 主人死时获得自由 267

Dependency on slaves 对奴隶的依赖：for childrearing 为了孩子的抚育 88；for independence of master 为了奴隶主的独立 97—98；for power 为了权力 310；camouflage of 对依赖的掩盖、伪装 337，338—339

Deracination 连根拔起 7—8，309—310，311

Destitution，and social death 穷困与社会死亡 41，42

Deterior condicio（low-status inheritance）身份继承的地位从低原则 142，143，144，281

Devshirme（tribute of children）血贡（贡奉儿童）123，311—312

Diakonoff，I.M.迪亚科诺夫 109，181

Dickson，Harold H.P.迪克森，哈罗德 93

Dignitas（honor）尊严 89，91

Dignity 自尊 100—101

Diimaajo（Fulani slave term），迪美卓（富拉尼人对奴隶的称呼）338

Diocletian（emperor of Rome）戴克里先（罗马皇帝）317

Dnieper River 第聂伯河 154

Dokladnoe（registered slaves）注册奴 183—184

Domestic slavery 家庭奴隶制 82—83.

Domination 支配：and power 与权力 1，2，332—333；dependency relationship in 支配中的依附关系 2，336；and honor 与尊严 331—332；and human parasitism 与人类寄生关系 334—335

Dominium，doctrine of 自物权理论 30—32，311

Donini，Ambrosio 多尼尼，安布罗西奥 70

Douglas，Mary 道格拉斯，玛丽 322、323，325，331

Douglass，Frederick 道格拉斯，弗里德里克 13

Doulos（slavery）奴隶制（希腊语词）40

Dowry payment 嫁妆 166—167

Drake，Sir Francis 德雷克，弗朗西斯爵士 290

Driver，G.R.德赖弗 218，230

Duala（Cameroon）杜阿拉（喀麦隆）：rituals of enslavement 奴役仪式 55；methods of enslavement 奴役手段 122；bridewealth 聘礼 166；freedman status 被释免奴隶的身份与地位 248

Dublin 都柏林 154

Ducrey，Pierre 杜克雷，皮埃尔 110，121

Duff，A.M.达夫 301，305

Duke，Antera 杜克，安提拉 119

Dunbar，Paul Lawrence 邓巴，保罗·劳伦斯 208

Duncan-Jones，Richard 邓肯—琼斯，理查德 122—123

Dunlap，James D.邓拉普，詹姆斯 317，327

Dunn，Richard S.邓恩，理查德 72

Dutch 荷兰 289；treatment of slaves 奴隶待遇 99；enslavement methods 奴役手段 111，117，118；slave trade 奴隶贸易 160；freedman status 被释免奴隶的身份与地位 254，257；manumission rate 释免率 278，284，285

Dutch Caribbean 荷属加勒比海地区：concubinal manumission 纳妾释免 231；wala relationship 效忠关系 244

Dutch East India Company 荷属东印度公司 246，255，263，269

Dutch Reformed Church 荷兰改革派教会 276

E

Earl，Donald 厄尔，唐纳德 304

East Africa 东非:degradation and punishment of slaves 对奴隶的羞辱与惩罚 93—94;piracy 海盗 117;enslavement for tribute 因贡奉而被奴役 123;slave trade 奴隶贸易 150,159;slaves as money 奴隶用作货币 168;slave plantations 奴隶种植园 181;change of master 更换主人 202.

East Indies 东印度群岛 99

Eaton,Clement 伊顿,克莱蒙 94

Economic conditions 经济状况:role of slaves 奴隶的作用 81—82,83,87,93;burden of slaves 奴隶的负担 99;of freedmen 被释免奴隶的经济状况 253—255,259;and manumission rate 与释免率 259,279,281—287,295;demand for slaves 对奴隶的需求 270;and familia Caesaris 恺撒的家奴们 302—303

Egypt 埃及:internal source of slavery 奴役的内部原因 42;rituals of enslavement 奴役仪式 55;marks of servitude 奴役标示 59,60;sexual bias in enslavement 奴役中的性别偏见 121;stave tribute 奴隶贡奉 123;penal stavery 刑罚奴役 126;slave trade 奴隶贸易 150,157;slaves as dowry 作嫁妆的奴隶 167;sale of house slaves 家奴的买卖 175;treatment of slaves 奴隶待遇 178;concubinal manumission 纳妾释免 230;freedman status 被释免奴隶的身份与地位 253;eunuchs 宦官 316;prisoners of war 战俘 403

Egypt,Ophelia Settle 埃吉普特,奥菲丽亚·塞特尔 8

Ehrenberg,Victor,埃伦伯格,维克多 88

Eisenstadt,S.N.艾森施塔特 319—320

Eliade,Mireca 埃利亚德,米尔恰 39

Elite slaves 精英奴隶:and definition of slavery 与奴隶制的概念 14,299,306,309,315,331,333;factors in recruitment 征募精英奴隶中的因素 310,311—312;honor and 尊严与精英奴隶 310,311,313,331—332

Elizabeth I(queen of England)伊丽莎白一世(英国女王)331

Elkins,Stanley 埃尔金斯,斯坦利 96

Elphick,Richard 埃尔菲克,理查德 273;and somatic theory of manumission 与释免的体细胞理论 268;on religion and manumission 论宗教与释免 276

Emperor,Byzantine 拜占庭皇帝:worship of 皇帝崇拜 69,70;power 权力 317—319;divine right 神授权利 327—328,329;assassination 暗杀 328—329

Endogamy 内婚制 280—281

Engerman,Stanley L.斯坦利,恩格曼 162,163,273;on interregional movement of slaves in South 论美国南方奴隶的跨地区迁移 165;on economics of slavery in Rome 论罗马的奴隶制经济 302,454

England 英国:law of property 财产法 30;enslavement of Europeans 对欧洲人的奴役 44;nature of honor 尊严的实质 82;slave trade 奴隶贸易 156,160;slave population 奴隶人口 157;racial preference in slaves 对奴隶的种族偏好 178;killing of slaves 杀害奴隶 190;manumission ritual 释免仪式 217;and American Revolution 美国革命 292;Groom of the Stool 涮粪郎 330;Tudor monarchs 都铎王朝的君主 330—331;social system 社会体系 341

Enslavement 奴役:rituals 仪式 8—9,38,51—62,128;transitional phases 转型阶段 38,293;marks 奴役标示 51—62;divine 神圣奴役 71—72;of fellow ethnics 奴役同胞 3,

页 491

107,118,276;by capture in warfare 因在战争中被俘而沦为奴隶 105,106—115,119—120,170;by kidnapping 被绑架而沦为奴隶 105,115—122;for tribute or tax payment 因被当作贡品或税款而为奴 105,122—124,125;through debt 因债为奴 105,124—126;through abandonment 因被遗弃而沦为奴隶 105,129—130;through sale of children 因儿童买卖而沦为奴隶 105;self-enslavement 自卖为奴 105,130—131;by birth 生而为奴 105,106,114,115,132—147,170;of mass populations 对大规模人口的奴役 110—112;and demand for slaves 对奴隶的需求 116;sexual bias 性别偏好 120—122,129;as punishment 作为惩罚的奴役 126—129,288;through bride and dowry payment 作为聘礼、嫁妆而被奴役 166—167;slaves as money 奴隶用作货币 167—171;means and master-slave relationship 奴役手段与主奴关系 175—176;link to manumission 奴役与释免的关联 340—341

Equiano 埃基亚诺 122

Eskimos 爱斯基摩人 340

Ethiopians 埃塞俄比亚人：marks of servitude 奴役标示 58;nature of honor 尊严的实质 82;treatment 待遇 177;incidence of manumission 释免的发生 268;eunuchs 宦官 316,332

Ethnic factors 族群因素：and master-slave relationship 与主奴关系 178,199;enslavement of fellow ethnics 奴役同胞 179;in crimes against slaves 对奴隶犯罪 195—196;in manumission rates 释免率 267—268;in recruitment of elite slaves 招募精英 310

Ethnographic Atlas《民族志地图》48—49

Eunuchs 宦官：treatment 待遇 174;castration 阉割 312,315,317,321,324;role 宦官的角色或作用 315,316,324,325—326;genealogical isolation 隔绝于血统世系之外 319—320,331;low esteem 低贱 320—321;stereotypes 模式化印象 320—322;symbolism of pollution 污染的象征主义 322—323,325,327,331;body symbolism 身体象征主义 324;relationship with monarch 与君主的关系 325;sexual relations 性关系 326

Europe 欧洲：forms of slavery 奴役形式 44;branding of slaves 奴隶烙印 59;timocratic culture 荣誉至上的文化 95;and Indians in the Americas 与美洲的印第安人 112;enslavement by kidnapping 通过绑架奴役 116;slave trade 奴隶贸易 114,149,152—157;internal kidnapping 境内绑架 117;penal slavery 刑罚奴役 127;rituals of enslavement 奴役仪式 128;demand for slaves 对奴隶的需求 178;technologies of skilled slaves 有技能的奴隶的技术 180;slave marriage 奴隶婚姻 189;killing of slaves 杀害奴隶 192;manumission 释免 230;freedman status 被释免奴隶的身份与地位 250;incidence of manumission 释免的发生 268;manumission rate 释免率 275,278,288

Evreux,Father 埃夫勒神父 81

Excommunication 逐出教会 192

Exposure of children 遗弃儿童 129—130

Ex-slaves 前奴隶或被释免的奴隶：Jamaican 牙买加人 2,6;American 美国人 6,8,12

F

Fage,J.D.费奇 119

Familia Caesaris 恺撒的家奴们 248,319;divisions 家奴的分类 300—301; power structure 权力结构 301,305,307,314;economics 使用奴隶的经济学 302—303;recruitment of slaves 奴隶的招募 303,310

Fanti(Akan group)芳蒂族(阿坎人)197

Fatimids(Egypt)法蒂玛(埃及)316

Felix(governor of Judea)菲利克斯(犹大总督)306

Fezzan(Libya)费赞(利比亚)157

Fictive kinship systems 拟亲属制度 62—65; power relations 权力关系 19,33;naming ceremonies 命名仪式 55;adoptive and quasi-filial 收养与准效忠 63,65

Finberg,H.R.P.芬伯格 82

Findlay,Robert 芬德利,罗纳德 283—284

Finland,Gulf of 芬兰湾 154

Finley,Moses 芬利,摩西:on outsider status of slaves 论奴隶的外来人身份 7;on slaves as property 论作为财产的奴隶 21,34;on fear and love in worship 论宗教活动中的惧与爱 70;on significance of slavery in Greece 论奴隶制在希腊的重要性 87,88,93;on acceptance of Messenians by Greeks 论希腊人接受美塞尼亚人 112;on kidnapping 论绑架 120

Firth,Raymond 弗思,雷蒙德 37,51,212,213

Fishing communities 渔业社会 84,186

Fitzgerald,C.P.费子智 318

Flood,Curt 弗拉德,科特 25

Florence(ltaly)弗洛伦萨(意大利)296

Fogel,Robert W.福格尔,罗伯特 162,163,273;on interregional movement of slaves 论奴隶的跨地区迁移 165

Foote,Peter 富特,彼得 200

Force,and power 暴力与权力 18,303

Fortes,Meyer 福特,迈耶 37,63

France 法国 45,289;penal slavery 刑罚奴役 44,128;branding of galley slaves 摇桨奴的烙印 59;enslavement of war captives 奴役战俘 114;slave trade 奴隶贸易 152,160; racial preference in slaves 对奴隶的种族偏好 178;slave unions 奴隶婚姻 190; freedman status 被释免奴隶的身份与地位 243

Franklin,John Hope 富兰克林,约翰·霍普 95

Franks 法兰克人 217—218

Freedman status 被释免奴隶的身份与地位: dangers 风险 94,261;pardoned criminals 被赦免的罪犯 126;and ex-master relationship 与前主人的关系 240—247, 252,260;and sex of slave 奴隶的性别 240, 251,260—261; in lineage-based societies 在宗族社会 241,251; in Islamic societies 在伊斯兰社会 241—242,252;and occupation 与职业 242,254—255; freedman's estate 被释免奴隶的财产 242; citizenship 被释免奴隶的公民身份 243, 252,253;legal guardianship 合法的监护权 246;political-legal aspects 政治—法律方面 247,256,294;prestige ranking 声望等级 247,294;stigmatization 污名化 247,251, 252,253,257,294;dependency ties 依赖关系 247,249,250,253,294;mobility 流动性 248—249;integration 融入 249,251,252, 294;and race 与种族 249—250,251,254, 256,257,259,278,294; mode of manumission and 与释免模式 250,256;and type of slaveholding society 与有奴社会的类型 250—261;social aspects 社会因素 250;economic aspects 经济因素 253—255,

259；level of skills and 与技能水平 254—255；percentage in total population 在总人口中所占比例 258,259

Freedom 自由：domain，自由的范畴 14,341—342；Western and non-Western concept 西方与非西方的自由概念 27；spiritual 精神上的自由 71；honor and 尊严与自由 94；slave awareness of 奴隶的自由意识 98,340

French Antilles 法属安的列斯群岛 57—58,138,230,231,257

French Caribbean 法属加勒比海地区：slave naming rituals 奴隶命名仪式 57—58；status inheritance pattern 身份继承模式 138；manumission 释免 219；concubinal manumission 纳妾释免 230,231；freedman status 被释免奴隶的身份与地位 249,255,257；manumission rate 释免率 285

French West Indies 法属西印度群岛 219,249

Frials（Norse Word for free）自由（挪威语）216

Friedman，Ellen 弗里德曼，埃伦 107

页493　Friedman，Lawrence J. 弗里德曼，劳伦斯 338

Friedmann，W.B. 弗里德曼 20

Frostathing laws《弗罗斯塔法》216

Fullrettisord（insult）侮辱 82

Fundamentalism 基要主义 73—75,76,260

G

Gaetisson，Thorkel 格提松，托基尔 177

Gaius 盖乌斯 139,193,304

Galba（emperor of Rome）加尔巴（罗马皇帝）307

Galley slaves 摇桨奴 44,45,59

Gandu（Hausa slaves）甘都奴（豪萨人的奴隶）64

Garnsey，Peter 加恩西，彼得 89,306

Garos（India）加罗人（印度）221

Gauls 高卢人 223

Geirmund（character in Icelandic saga）戈尔蒙德（冰岛史诗中的人物）79

Gelb，I.J. 盖尔布，伊格纳斯 109,115

Gelon（of Syracuse）叙拉古的革隆 111

Gemery，Henry 格梅里，亨利 119,162,164

Genoa 热那亚 276

Genocide 大屠杀 112

Genovese，Eugene 吉诺维斯，尤金 162；on master-slave relationship 论主奴关系 11,65；on slavery in U.S.South 论美国南方的奴隶制 33,73,74,94,296

Georgia 佐治亚 73,94

Germanic peoples 日耳曼各民族：rituals of enslavement 奴役仪式 52；marks of servitude 奴役标示 60；nature of honor 尊严的实质 81；economic role of slaves 奴隶的经济作用 81—82；status inheritance patterns 身份继承模式 140,141；tenant settlements 租来的移民定居者 181；crimes against slaves 对奴隶的犯罪 194；manumission ritual 释免仪式 217,218；manumission by adoption 收养释免 234；political manumission 政治释免 235

Germany 德国 130

Gerriets，Marilyn 格里茨，玛丽莲 168

Gewaltverhaltnis（power relationship）权力关系 36

Ghilmān 古拉姆：honor 尊严 308,309,313；power 权力 308—309,314；recruitment 征募 308；deracination 连根拔起 311；loyalty 忠诚 312；eunuchs 宦官 312—313；homosexuality 同性恋 312

Ghost.The（Plautus）普劳图斯的《鬼魂》12

Gia-Long code（Vietnam）《皇越律例》（越

南)86

Gibson,Grace 吉布森,格蕾丝 12

Gift exchange theory 礼物交换理论: complexities 复杂性 212;cycle 循环 213; balance 平衡 213—214;in manumission 释免中的礼物交换 211—218,236—237, 243,294;in human parasitism 人类寄生关系中的礼物交换 341

Gilyaks(Siberia) 吉利亚克人(西伯利亚): marks of servitude 奴役标示 58; manumission by adoption 收养释免 233

Gluckman,Max 格拉克曼,马克斯 67,347

Goajiros(Venezuela) 瓜希罗人(委内瑞拉): internal process of slavery 奴役的内部过程 38—39,41—42;penal slavery 刑罚奴役 126;status inheritance pattern 身份继承模式 13/;killing of slaves 杀害奴隶,191; manumission rate 释免率 271,280

Goguel,Maurice 戈盖尔,莫里斯 71

Goldman,Irving 戈尔德曼,欧文 64

Gondola(Nigeria) 贡多拉(尼日利亚)137

Gorgias(Plato) 柏拉图《高尔吉亚》8

Gortyna(Crete) 戈提那(希腊克里特岛): debt-slavery 债务奴役 125;sanction of peculium 特有产的给予 185;granting of sanctuary 庇护的给予 201

Gotland(Baltic Sea) 哥得兰岛(波罗的海)154

Gouldner,Alvin 古尔德纳,阿尔文 87

Governesses 女家庭教师 88

Grace,E.格拉斯 194

Grace,J.J.格雷斯 83,187

Graeca fides(uncreditworthiness) 不值得信任 90

Graeculus(worthlessness) 小希腊儿 91, 96,338

Gray,Robert F.格雷,罗伯特 24

Greek law 古希腊法律:property 财产 29; slave's legal standing 奴隶的法律地位 87

Greeks 希腊人:master-slave relationship 主奴关系 4—5;ownership and property 所有权与财产 29;socioeconomic dependence on slavery 社会经济对于奴隶制的依赖 30; enslavement of fellow Greeks 对希腊同胞的奴役 30,179;citizenship 公民身份 30; slave markets 奴隶市场 40;marks of servitude 奴役标示 58;slavery and religion 奴隶制与宗教 66—67,68;honor and value systems 尊严与价值体系 86—87,89; courts and public opinion 法庭与公众意见 87;treatment of slaves 奴隶待遇 87—88, 174,175,177;status of women 妇女的地位 88;honor and punishment 尊严与惩罚 90; Roman conception of 罗马人对希腊人的看法 90—91;prisoners of war 战俘 107,110; enslavement of population 奴役人口 111; enslavement of war captives 奴役战俘 113, 114;enslavement by kidnapping 被绑架为奴 115,121;killing of slaves 杀害奴隶 121;debt-slavery 债务奴役 125;penal slavery 刑罚奴役 126,128;exposure of children 遗弃儿童 129;slave trade 奴隶贸易 152;craftsmen 手工业者 179,180,254—255;slave peculium 奴隶特有产 184,263; crimes against slaves 对奴隶的犯罪 194, 195;granting of sanctuary 庇护的给予 201; manumission ritual 释免仪式 218;testamentary manumission 遗嘱释免 227,237;concubinal manumission 纳妾释免 230—231; manumission by adoption 收养释免 234;political manumission 政治释免 235;collusive manumission 合谋释免 236,237;sacral manumission 神庙释免 237,238；freedman status 被释免奴隶的身份与地位 241—242,254；prostitution 卖淫 263；incidence of manumission 释免的发生 268；manumission rate 释免率 269,274,281,282—283,284,288,296；military slaves 奴隶军人 288

页494　Greenstein,Lewis J.格林斯坦,路易斯 255

Gregory the Great,Saint 圣格雷戈里 225

Gregory of Tours 图尔的格雷戈里 201

Groom of the Stool 涮粪郎 330

Grundrisse(Marx) 马克思《政治经济学批判的基础》2

Guadaloupe(Mexico) 瓜德罗普(墨西哥) 275,481

Guerdan,Rene 盖尔当,勒内 328

Guinea(West Africa) 几内亚(西非)：enslavement methods 奴役手段 119,120,123；slave trade 奴隶贸易 160

Guthrie,W.K.C.格思里 68

Gutman,Herbert G.古特曼,赫伯特 56

Guzz(Turkish tribe) 土耳其库兹部落 123

H

Haas,Samuel S.哈斯,萨缪尔 180

Hacienda-type farms 大种植园 255

Hadrian(emperor of Rome) 哈德良(罗马皇帝) 140

Hagar(biblical character) 夏甲(圣经人物) 230

Haida(northwest coast of America) 海达人(美洲西北海岸)：status inheritance pattern 身份继承模式 136

Hair 头发：mystical associations 神秘的联系 60；type 发式 61

Haitian slave revolt 海地奴隶起义 291

Hammurabi,laws of 汉谟拉比法典 188,230

Hanafis(Muslim legal school) 哈乃斐(穆斯林法学派)：paternity 父亲身份 228；manumission 释免 239

Han dynasties(China) 中国汉代：prisoners of war 战俘 108—109；penal slavery 刑罚奴役 127；status inheritance pattern 身份继承模式 141；racism 种族主义 176；freedmen 被释免的奴隶 250；eunuchs 宦官 315,318；social system 社会体系 341

Hardy P.哈迪 311

Harris,William V.哈里斯,威廉 130

Hausa(Nigeria) 豪萨(尼日利亚)：nonslaveholders 不拥有奴隶的人 36；fictive kinship system 拟亲属制度 64；nature of honor 尊严的实质 82；manumission rate 释免率 271

Head,the 头：in enslavement rituals 奴役仪式中的头 52—53,54,216；shorn 剃头 60—61,128,215；in manumission rituals 释免仪式中的头 215,216,218

Hebrew Law 希伯来法律：intrusive conception of slavery 侵入型奴隶制概念 40—41；killing of slaves 杀害奴隶 192

Hebrews(Palestine) 希伯来人(巴勒斯坦)：intrusiveness of slavery 侵入型奴隶制 40—41；enslavement practices 奴役习俗 41,125,275；killing of slaves 杀害奴隶 192；manumission rate 释免率 271,275

Hedeby(Scandinavia) 海泽比(斯堪的纳维亚) 154

Hedonism 享乐主义 261

Hegel.Georg 黑格尔：on contradictions to total power 论绝对权力的矛盾 2；on political-psychological aspects of slavery 论奴隶制的政治心理层面 11；on dialectics of slavery 论奴隶制的辩证法 97—101；on limits 论边界 299；ondependence of dominator 论支配者的依赖 336

Helius(emperor of Rome)海利乌斯(罗马皇帝)307,308

Hellenistic Egypt 希腊化的埃及:marks of servitude 奴役标示 59;penal slavery 刑罚奴役 126

Hellenistic Greece 希腊化时代的希腊:debt-slavery 债务奴役 125;granting of sanctuary 庇护的给予 201

Hellie, Richard 赫利,理查德 1, 43, 44, 130,183

Helotry 黑劳士制 112

Hereditary servitude 继承性劳役 9—10

Hereditary slavery 继承性奴隶制 84,279;race and 与种族 277—278;warfare and 与战争 289

Heritage,and natal alienation 继承与生来即被疏离 5—6

Heshima(尊敬,斯瓦西里语)93

Hesiodic Greece 赫西俄德时代的希腊 125

Higginbotham, A. Leon 希金博特姆,A.利昂 138

Higginson,T.W.希金森 75

Higman,Barry 西格曼,巴里 269,273

Hill,Polly 希尔,波莉 64

Hispaniola 伊斯帕尼奥拉岛 113

Hjor(Norwegian king)约尔(挪威国王)177

Hobbes,Thomas 霍布斯,托马斯 10,80

Hoebel,E.Adamson 赫贝尔,E.亚当森 20

Hoetink,Harry 霍伊廷克,哈里 244,256,287

Hogendorn,Jan 霍根多恩,简 119,162,164

Hohfeld,W.N.霍菲尔德 20,22

Homeric Greece 荷马时代的希腊:enslavement practices 奴役习俗 120;status inheritance pattern 身份继承模式 138

Homosexuality 同性恋 231,232

Honor 尊严:and power,与权力 10—11,13,78,79,84,87;sense of 尊严感 10,82,92;loss and dishonor 丧失与被剥夺 10—12,78,83,85,96,97;and submission 与屈从 77,78,95;reputation and 与声名 79,80,81,83,93;among tribal peoples 各部落民族中的尊严 81—85;of aged slaves 老年奴隶的尊严 83, 88; among advanced premodern peoples 前现代发达民族中的尊严 86—94;of criminals 罪犯的尊严 86;and privilege 与特权 89;and punishment 与惩罚 89—90,128;与自由 and freedom 94;in U.S.South 在美国南方 94—97;and chivalry 与骑士 95,97;of master 奴隶主的尊严 96;and recognition 与承认 99—100;caliphs and 哈里发与尊严 308—311

Honor payment 尊严赔偿 82

Hopkins,Keith 霍普金斯,基思 265;on Augustan Lares cult 论奥古斯都·拉瑞斯崇拜 69;on slavery and wealth in Rome 论罗马的奴隶制与财富 92;on Delphic manumissions 论德尔斐的释免 230—231,238,262—263;on race and manumission 论种族与释免 277—278;on eunuchs in Byzantine power structure 论拜占庭权力结构中的宦官 315,317,318,319,320,322,327

Horace 贺拉斯 89,252

Household slaves 家奴:selling 买卖 175;manumission 释免 232,270—271

Hsuiung-nu(China)匈奴(中国)108

Hughes,G.B.J.休斯 22

Human parasitism 人类寄生关系 81,334—342;as relation of domination 作为支配关系的寄生 173,334—339;variables 变量 206;personal satisfaction in 其中的个人满足 336;mutualism 互利主义 336—337,

页 495

338;institutional aspects 其制度层面 337,341;gift exchange theory 礼物交换理论 341;on systemic level 其制度层面 341;Rapoport's theory 拉波波特的理论 336

Human sacrifice 人祭: alternative to enslavement 对奴役的替代 107;in postmortem manumission 死后释免中的人祭 220—228;principle of gift exchange 礼物交换原理 221,224,227;substitution of animals 动物替代 221,223;at death of of master 主人死时的人祭 203—204

Hundley, Daniel R.亨德利,丹尼尔·R.95—96

Hunter-gatherer societies 采猎社会 18

Hymn to Rome(Melinno)《颂诗:罗马篇》(麦宁诺)90

I

Iban(Borneo)伊班(婆罗洲半岛):status inheritance pattern 身份继承模式 147;freedman status 被释免奴隶的身份与地位 271

Iberian Peninsula 伊比利亚半岛:enslavement of warcaptives 奴役战俘 114;slave trade 奴隶贸易 160

Ibn Fenârî 伊本·法拉里 313

Ibn Khaldun 伊本·赫勒敦 310

Ibn Xurdâdhbih 伊本·祖达比 123

Ibos(Nigeria)伊博人(尼日利亚):marks of servitude 奴役标示 58;nature of honor 尊严的实质 83;enslavement practices 奴役习俗 120,126,128;status inheritance pattern 身份继承模式 137;slaves as bride payment 奴隶用作聘礼 166;concubinal manumission 纳妾释免 230;manumission of Osu 伊博人神庙奴隶"奥苏"的释免 238;manumission rate 释免率 271

Ibrāhīm Pasha 易卜拉欣·帕夏 313

Iceland 冰岛:rituals of enslavement 奴役仪式 55;nalure of honor 尊严的实质 79,81;ransom and warfare 索取赎金与战争 107;status inheritance pattern 身份继承模式 141;slave trade 奴隶贸易 152,157;bride-payment 聘金给付 167;slaves as money 奴隶用作货币 168,169;racial ideal 种族观念 177;crimes against slaves 对奴隶的犯罪 194;crimes of slaves 奴隶犯罪 196—197,200;self-defense 自我防卫 200;postmortem manumission 死后释免 220

Idonei(skilled slaves)有技能的高等奴隶 270

Igala kingdom(West Africa)伊加拉王国(西非)195,316

Igbo-speaking groups(Niger)说伊博语的民族(尼日尔)233

Ila(Central Africa)伊拉人(中非):rituals of enslavement 奴役仪式 53;marks of servitude 奴役标示 60;status inheritance pattern 身份继承模式 147;change of master 更换主人 203—204;freedman status 被释免奴隶的身份与地位 251

Iliad(Homer)荷马《伊利亚特》121,230

Imbangala(Angola)因班加拉(安哥拉):rituals of enslavement 奴役仪式 53;fictive kinship system 拟亲属制度 63;status inheritance pattern 身份继承模式 136;concubinal manumission 纳妾释免 232;manumission rate 释免率 280

Imerina(Madagascar)伊梅里纳(马达加斯加)280

Immigration/emigration rates 移民率 132,

Imperial China 帝制中国 24,43

Imuhag(Tuareg group)伊姆哈(图阿雷格人):fictive kinship system 拟亲属制度 64;change of master 更换主人 203

Inalcik，Halil 伊纳利克，哈利勒 308—309

Incentive payment 激励性报酬 283—284

Incest 乱伦 329

Indentured servants 契约佣 9，25，183

India 印度：caste in 种姓制度 49；marks of servitude 奴役标示 60；nature of honor 尊严的实质 80，86；status inheritance pattern 身份继承模式 140；Mauryan period 孔雀王朝时期 140；slaves as dowry 奴隶用作嫁妆 167；racial preference in slaves 对奴隶的种族偏好 178，311；treatment of slaves 奴隶待遇 207；manumission ritual 释免仪式 216；postmortem manumission 死后释免 221；concubinal manumission 纳妾释免 230；freedman status 被释免奴隶的身份与地位 253；manumission rate 释免率 281；eunuchs 宦官 320

Indian Ocean area 印度洋地区：奴隶贸易 slave trade 150，151；

Ingram，J.K.英格拉姆 21

Initiation ceremonies 导入仪式 53—54，191

Institutional process 体制性过程 13；enslavement of "free" persons 奴役自由人 105—131；enslavement by birth 生而为奴 132—147；acquisition of slaves 奴隶的获得 148—171

Interbreeding 杂育 134，135，137

Intermarriage 混合婚姻 137—138；slave and free 奴隶与自由人的婚姻 64；and status inheritance pattern 身份继承规则 137—138，142；slave assimilation by 奴隶通过混合婚姻而被接纳 279

Interregional movement，of slaves 奴隶的跨地区迁移 165，166

Intisap（tacit relationship）心照不宣的关系 309

Iranians 伊朗人 310

Iraq 伊拉克：treatment of slaves 奴隶待遇 174；tenant slaves 租佃奴隶；slave unions 奴隶婚姻 187；killing of slaves 杀害奴隶 190；freedman status 被释免奴隶的身份与地位 248；manumission rate 释免率 274；palace slaves 宫奴 332

Ireland 爱尔兰：Viking raids 维京人的袭击 116；status inheritance pattern 身份继承模式 141；slave trade 奴隶贸易 152，154，156；slaves as money 奴隶用作货币 168—169

Islam 伊斯兰教：rationalization of slavery 奴隶制的合理化 72；social inferiority of slaves 奴隶在社会上低人一等 93；equality of slaves under God 奴隶在神前平等 93；sense of honor 尊严感 97；enslavement of Christians 奴役基督徒 117，196；enslavement of fellow Muslims 奴役穆斯林同胞 118，276；and slave trade 奴隶贸易 150，154，157；testamentary manumission 遗嘱释免 222；postmortem manumission 死后释免 227；and manumission rate 释免率 276—277

Islamic law 伊斯兰法：intrusive conception of social death 侵入型社会死亡概念 41；enslavement of coreligionists 奴役同一宗教的信徒 41，118；enslavement for debt 因债为奴 125；penal slavery 刑罚奴役 128；concubinage 纳妾制度 145；status inheritance 身份继承 145；marriage 婚姻 187，188；change of master 更换主人 204—205

Islamic societies 伊斯兰社会：economic dependence，经济依附 11；marks of servitude 奴役标示 58；honor 尊严 92—94；ransom and slaves 索取赎金与奴隶 107；

页 496

enslavement of war captives 奴役战俘 114—115;internal kidnapping 境内绑架 117—118;sexual bias in enslavement 奴役中的性别偏好 121;tribute in slaves 奴隶作为贡奉 123;debt-slavery 债务奴役 124—125;penal slavery 刑罚奴役 128;social reproduction 社会再生产 133;status inheritance patterns 身份继承模式 138—139,145;and slave trade 奴隶贸易 150, 157;household slaves 家奴 174;racism 种族主义 176,178;skilled slaves 有技能的奴隶 180;slave unions 奴隶婚姻 187,188;crimes against slaves 对奴隶的犯罪 195—196;crimes of slaves 奴隶犯罪 196;treatment of slaves 奴隶待遇 199;change of master 更换主人 202—203,204;testamentary manumission 遗嘱释免 222, 239;postmortem manumission 死后释免 227;concubinal manumission 纳妾释免 228,229,230,231,239;manumission by adoption 收养释免 232;political manumission 政治释免 235;contractual manumission 契约释免 239;freedman status 被释免奴隶的身份与地位 241,250,252;ethnicity and manumission 族群因素与释免 268;manumission rate 释免率 272,276—277,278, 282,288;military slaves 军事奴隶 288;elite slaves 精英奴隶 299,308—314,315,316, 321,326

Israelites 以色列人 75

Istanbul 伊斯坦布尔 266

Italian colonies 意大利殖民地:enslavement of war captives 奴役战俘 114;slave trade 奴隶贸易 152;slave plantations 奴隶种植园 181

Italy 意大利:penal slavery 刑罚奴役 128; killing of slaves 杀害奴隶 192;freedman status 被释免奴隶的身份与地位 243;manumission rate 释免率 274,296

Izard,Michel 伊扎尔,米歇尔 38

Izgoi(aliens)外国人 43

J

Jahore(Malay)柔佛(马来亚)200

Jamaica 牙买加:postemancipation 废除奴隶制之后 2—3,5—6;slave naming rituals 奴隶命名仪式 57;kin terms 亲属称呼 65;religion and slavery 宗教与奴隶制 72;enslavement practices 奴役习俗 113,120;reproductive and mortality rates 人口再生产与死亡率 133;slave population 奴隶人口 133,134;status inheritance pattern 身份继承模式 146;internal slave trade 境内奴隶贸易 165—166;absentee slave owners 在外奴隶主 180;slave unions 奴隶婚姻 187; concubinal manumission 纳妾释免 231;incidence of manumission 释免的发生 269; manumission rate 释免率 273,291; parasitism 寄生 338

Janissaries 土耳其禁卫军:natal alienation 生来即被疏离 8,311—312;recruitment 禁卫军的招募 123,308,310,311—312;race 种族 248;manumission 释免 313;honor 尊严 314

Japan 日本:enslavement by kidnapping 被绑架为奴 117;penal slavery 刑罚奴役 127; self-enslavement 自卖为奴 130,131;status inheritance pattern 身份继承模式 141; killing of slaves 杀害奴隶 191;invasion of Korea 侵入朝鲜 289

Jefferson,Thomas 杰斐逊,托马斯 95

Jelgobi(Upper Volta)贾尔戈比(上沃尔特)83

Jews 犹太人 40,145,196; in slave trade 在奴隶贸易中 152; manumission rates 释免率 275—276

Jihad(warfare)圣战 115

Johnson,Lyman L. 约翰逊,莱曼 264,273; on manumission in Buenos Aires 论布宜诺斯艾利斯的释免 266,268,290

Johnson,Samuel 约翰逊,萨缪尔 94

Jones,J.Walter 琼斯,J.沃尔特 138

Jordan,Winthrop D. 乔丹,温斯罗普 6—7

Judaism 犹太教: law and judgment ethic 法律与审判伦理 71; secular and sacred slaves 世俗与神圣奴隶 72; manumission 释免 275

Judgment,ethic of 审判伦理 71,74,75

Jurisprudence 法理学: Anglo-American 英美法学 20,21; rights and duties 权利与义务 20—21,22; and law 与法律 23,36

Justification in Paul's theology 保罗神学中的称义 70

Justinian(emperor of Rome)查士丁尼(罗马皇帝)231,239

Jutland(Denmark)日德兰半岛(丹麦)244

Juvenal 尤维纳利斯 91,178

K

Kachin(Burma)卡钦人(缅甸): rituals of enslavement 奴役仪式 54,55; manumission by adoption 收养释免 233

Kafur(Muslim leader)卡富尔(穆斯林领袖)316

Kahn-Freund,Otto 卡恩-弗罗因德,奥托 29

Kallikratidas 卡利拉提达斯 111

Kano(Nigeria)卡诺(尼日利亚)157

Kant,Immanuel 康德,伊曼努尔 80

Karebe(Africa)卡勒比(非洲)230

Kasenje(Angola)卡桑杰(安哥拉)53

Kassi tribe(northwest coast of America)卡西部落(美洲西北海岸)84

Katorshniki(slaves)罪犯(俄语,指官奴)59

Kel Ahaggar(Tuareg group)凯尔阿哈加尔(图阿雷格族)139

Kel Gress(Tuareg group)凯尔格雷斯(图阿雷格族)4,139

Kentucky 肯塔基 59

Kenya(East Africa)肯尼亚: racism and slavery 种族主义与奴隶制 93; runaways and recapture 逃跑与捉回 94; enslavement by kidnapping 被绑架为奴 117

Kerebe(Tanzania)克罗比(坦桑尼亚): ransom of slaves 用奴隶索取赎金 107; enslavement practices 奴役习俗 120; release ceremony 释免仪式 215

Keynes,Lord 凯恩斯爵士 262

Khoikhoi(South Africa)科伊科伊人(南非)111

Kidnapping,enslavement by 被绑架为奴 115—122

Killing of slaves 杀害奴隶: legal sanctions 法律许可 190—193; correlates 各种关联 193; by third parties 被第三方杀死 193—194; by slaves 被奴隶杀死 196

Kin-based societies 以血缘为基础的社会: naming ceremonies 命名仪式 55; fictive kinship 拟亲属关系 62—65; adoption 收养 63—64,233; sexual exploitation 性剥削 64—65,232; religious institutions 宗教机构 66—76; enslavement methods 奴役手段 113; treatment of slaves 奴隶待遇 174; sex ratio of slaves 奴隶中的性别比 199; manumission ritual 释免仪式 215; concubinal manumission 纳妾释免 228,232

页 497

Kitab（payment method）基塔布（支付方式）239

Klein，Herbert S.克莱因，赫伯特 162，165

Kojève，Alexandre 科耶夫，亚历山大 98，99

Kongmin Wang（Korean ruler）恭愍王（朝鲜统治者）143

Kongo 刚果：self-enslavement 自卖为奴 130；slave lineages 奴隶血统 136；manumission ceremony 释免仪式 215；manumission rate 释免率 280

Kopytoff，Igor 伊戈尔，科皮托夫 33，248，296

Koran《可兰经》41，203，235，239

Korea 朝鲜：context of slavery 奴隶制的背景 39，42；occupational castes 职业种姓 49，50，86；prisoners of war 战俘 108；enslavement by kidnapping 被绑架为奴 117；enslavement for tribute 因贡奉而被奴役 123；under Mongols 在蒙古人统治下 123，288；debt-slavery 债务奴役 125；penal slavery 刑罚奴役 126—127；self-enslavement 自卖为奴 130；status inheritance pattern 身份继承模式 143；slave estates 奴隶的财产 181；slave peculium 奴隶的特有产 183，184；ownership of land 土地所有权 183，184；self-defense 自我防卫 200；political manumission 政治释免 235；freedman status 被释免奴隶的身份与地位 252，253；manumission rate 释免率 271，274，278，285，287，288—289；reenslavement 再度奴役 287，289；decline of slavery 奴隶制的衰落 289；under Sejong and Sejo 世宗与世祖统治时期 289；elite slaves 精英奴隶 299

Koryo period（Korea）高丽时期（朝鲜）：context of slavery 奴隶制的背景 39，42；moral connotations of slavery 奴隶制的伦理

涵义 42；status inheritance pattern 身份继承模式 143；slave estates 奴隶的财富 181；slave peculium 奴隶的特有产 183

Kruyt，Albert C.克鲁伊特，艾伯特 85，203

Kuka market（Chad）库卡市场（乍得）169

Kul（elite slave）库尔（精英奴隶）308

Kungahälla（Sweden）孔加哈拉（瑞典）156

Kuo Mo-jo 郭沫若 108

Kush（North Africa）古实（北非）123

Kuwait 科威特 93

Kwakiutl Indians（northwest coast of America）夸扣特尔族印第安人（美洲西北海岸）：social death 社会死亡 39—40；killing of slaves 杀害奴隶 191

Kwanyama（Angola）奥万博人（安哥拉）53

Kwararafa kingdom（Nigeria）夸拉拉法王国（尼日利亚）123

Ky，Dang Trinh 邓郑基 86

L

Laberius（Roman writer）拉贝利乌斯（罗马作家）77

Labor，free：in slave societies 奴隶社会中的自由劳动力 33—34

Lactation practices 哺乳习俗 133，162

Land 土地：in peculium 特有产中的土地 182，183；in lineage-based societies 宗族社会中的土地 241

Langobards（Germanic group）伦巴第人（日耳曼民族）217

Lares cult 拉瑞斯崇拜 68，69，215—216

Large-scale slave systems 大型奴隶体系 353—364

La Tene culture（Celtic group）凯尔特的拉坦诺文化 149

Latifundia slaves 大庄园奴隶：free farmers and

与自耕农 34；degradation of 其屈辱 64；cults 崇拜 68—69；demand for 对大庄园奴隶的需求 116；manumission 释免 282,284

Latin America 拉丁美洲：naming rituals 命名仪式 56—57；branding of runaways，给逃奴烙印 59；sense of honor 尊严感 97；change of master 更换主人 202；concubinal manumission 纳妾释免 231；conditional manumission 有条件释免 245；freedman status 被释免奴隶的身份与地位，254,255；incidence of manumission 释免的发生 266,267, 269；manumission rates 释免率 272,284

Lauffer,Siegfried 劳佛，西格弗里德 36

Laurium mines (Athens) 劳里厄姆银矿（雅典）181,187,198,282

Law 法律：slave versus indentured servant 奴隶与契约佣的区别 9；conceptions of property 财产/财产权观念 21, 28—32；slave as person 具有法律人格的奴隶 22—23；confusion with jurisprudence 法律与法学混为一谈 23；dominium 自物权 30—32；and tradition 法律与传统 36；criminal as slave 罪犯与奴隶同类 43；courts and public opinion 法庭与公众意见 87；婚姻 186—190；murder of slaves 对奴隶的谋杀 190—193；crimes against slaves 对奴隶的犯罪 193—196；crimes of slaves 奴隶犯罪 196—197；treatment of slaves 奴隶待遇 198—199；slave as active agent 主动采取行动的奴隶 199—205；and manumission 与释免 210—211,222—223,228；freedman and 被释免的奴隶与法律 244；wala relationship 效忠关系 244,252

Leach,Edmund 爱德蒙,利奇 323

Leadership 首领地位 18

Leeward Islands 背风群岛 275,478

Lencman,J.A.连克曼 121

Lesbos (Greece) 莱斯博斯岛（希腊）111

Lesser Antilles 小安的列斯群岛 60

Leviathan (Hobbes) 霍布斯《利维坦》10

Lévi-Bruhl, Henri 列维-布吕尔,亨利 7,38,178

Levine,Lawrence W.莱文,劳伦斯 74

Lévi-Strauss,Claude 列维-斯特劳斯,克劳德 18,19,323,325

Levy, Ernst 列维,恩斯特 253

Lewis,Monk 蒙克,刘易斯 65

Liang ("good" status) 良（"良民"身份）86

Liberation beer 自由啤酒 218

Libya 利比亚 157

Liebeschuetz,J.H.W.李卜舒尔茨 216

Lima (Peru) 利马（秘鲁）245,256,289

Liminal incorporation 临界接纳 45—51,293

Lind,Joan Dyste 林德,琼·迪斯特 145

Lindkvist,Thomas 林克韦斯特,托马斯 243

Little,Kenneth 利特尔,肯尼思 181

Ljufvina (Russian princess) 柳甫维娜（俄国公主）177

Lolos (China) 倮倮（中国）：marks of servitude 奴役标示 58；racism 种族主义 176；treatment of slaves 奴隶待遇 178；freedman status 被释免奴隶的身份与地位 250；manumission rate 释免率 271

Lombards (Italy) 伦巴第人（意大利）：status inheritance pattern 身份继承模式 141,144；granting of sanctuary 庇护的给予 202

Lovejoy,Paul 保罗,拉夫乔伊 41

Low,Brooke 洛,布鲁克 147

Lowie,Robert 洛伊,罗伯特 18

Lozis (Zambia) 洛兹斯人（赞比亚）：marks of servitude 奴役标示 58；manumission rate 释

免率 271；slave population 奴隶人口 347

Lundstedt, Anders V.伦德斯泰特, 安德斯 20

Luvale(Zambia)卢瓦里人(赞比亚)：ransom and warfare 赎金与战争 107；manumission rate 释免率 280

M

MacDowell, Douglas M.麦克道威尔, 道格拉斯 29

Machiavelli, Niccolo 马基雅维利, 尼科洛 18

Mcllwraith, Thomas F.麦基雷思, 托马斯 39

页 499　Madagascar 马达加斯加 136, 144

Madeira Islands 马德拉群岛 285；source of slaves 奴隶的来源 116—117；manumission rate 释免率 274, 285

Magrizi(Arab geographer)马格里齐(阿拉伯地理学家)124

Mahabharata(Hindu epic)印度史诗《摩诃婆罗多》320

Mahomet, Sultan, 穆罕默德, 苏丹 308

Maimonides 迈蒙尼德 41

Majorca 马霍卡：manumission rate 释免率 274

Mälar(Mälaren), Lake 梅拉伦湖 154

Malay 马来亚：injury to slaves 伤害奴隶 196；self-defense in 奴隶自我防卫 200；granting of sanctuary 庇护的给予 201 internal kidnapping 境内绑架 117, 118；debt-slavery 债务奴役 124；racism 种族主义 176；crimes against slaves 对奴隶的犯罪 195—196

Male concubinage and prostitution 男宠与男妓 263

Mali 马里 249, 271

Mālikī(Muslim legal school)马利基派(穆斯林法学派)188

Malindi(Kenya)马林迪(肯尼亚)94

Malinowski, Bronislaw 马林诺夫斯基, 布罗尼斯拉夫 211—212

Mamluk kingdom(Egypt)马穆鲁克王国(埃及)308, 310

Mamluks 马穆鲁克：status inheritance pattern 身份继承模式 145, 312, 314, 331；freedmen 被释免的马穆鲁克 248, 310—311；favored status 受宠的地位 299；recruitment methods 征募手段 310；honor 尊严 313

Mana(power)玛纳(权力)51

Manchu 满族(中国)在外奴隶主 180, manumission rate 释免率 271

Manning, Patrick 曼宁, 帕特里克 162

Manumission censu 监察官释免 219, 235, 236

Manumission 释免：sacral 神圣释免 67—68, 237—238；of penal slaves 刑罚奴隶的释免 127；and social consequences 社会后果 132, 133；meaning 释免的含义 209—214, 340—341；conceptual problem 概念问题 211；gift-exchange theory 礼物交换理论 211—214, 215, 217, 218, 243, 294；origins 起源 214, 340；release ceremonies 免除奴役的仪式 214—219, 237；modes of release 免除奴役的方式 219—239, 294；postmortem 死后释免 219—228；testamentary 遗嘱释免 222—223, 225—226, 227, 237, 239；concubinal 纳妾释免 228—232, 239, 251, 261, 282；by marriage 通过婚姻获释免 228, 252；by adoption 通过收养获释免 232—234, 238；political 政治释免 234—236, 287；by collusive litigation 合谋起诉释免 236—237；skills of slave and 有技能的奴隶与释免 242, 254—255；conditional and unconditional 有条件与无条件的释免 245—246；selective 选择性释免 246；somatic theory 体细胞理论

268—269；incentives 激励 285；military 军事释免 287，289—293；mass 大规模释免 288，289，290，292；of janissaries 土耳其禁卫军的释免 313

Manumission rates 释免率：and demand for slaves 与奴隶需求 132，281—282；of children 儿童的释免率 145—146，267，269；and size of slave population 与奴隶人口的规模 255；and freedman status in society 与被释免奴隶在社会中的身份与地位 256，257，277—278，294，295—296；and economic conditions 与经济状况 259，279，281—287，295；variables 有关释免的各种变量 262—263，264，272—277，278—279，295；gender and 与性别 263—264，279；parenthood and 与父母 263，264；race and 与种族 264，268，272，273，277—278；age and 与年龄 264，266—267；form of manumission and 与释免的形式 264；level of skills and 与技能水平 264—266，270；means of acquisition and 与奴隶获得方式 267；ethnicity and 与族裔 267—268；rural versus urban 农村与城市的区别 269—271，274，282—284；societal 社会的 271—278，294—295；from Murdock's world sample 默多克世界样本中的释免率 271—272；level of miscegenation and 混合婚姻的水平与释免率 272—273；in modern slave societies 在现代奴隶社会 273；religion and 与宗教 273—277，282；in large-scale societies 在大型奴隶社会 274—275；domestic assimilation and 与内部接纳 279；in lineage-and kin-based societies 在宗族与血缘社会 279—280；与 domestic exclusiveness 内部排斥 280—281；incentive payment and 与激励性报酬 283—284；in plantation

systems 在种植园体系 284—285，286；military affairs and 军事事务与释免率 287—293，295

Manumissio vindicta 执杖释免 236，238，239

Maori（New Zealand）毛利人（新西兰）：pollution norms 污染观念 51；enslavement of war captives 奴役战俘 113；manumission rate 释免率 271

Margi（Nigeria）马尔吉人（尼日利亚）：liminal incorporation 临界接纳 45—46；occupational castes 职业种姓 49；ransom and warfare 赎金与战争 107；status inheritance pattern 身份继承模式 137；killing of slaves 杀害奴隶，191

Marks of servitude 奴役标示 51—62，128，215

Marriage 婚姻：and caste stratification 与种姓分层 49；to slaves 与奴隶的婚姻 131；bride and dowry payments 聘礼与嫁妆 166—167，187，188；and treatment of slaves 婚姻与奴隶待遇 189—190；religious sanction 宗教许可 189；manumission by 通过婚姻被释免 228，229，252；endogamous 内婚 280—281

Martinique 马提尼克 275

Marx，Karl 马克思，卡尔：on power and domination 论权力与支配 2—3；on forms of social life 论社会生活的型态 17，20；on concealment of power in capitalism 论资本主义中权力的掩盖 18，19；on wage labor versus wage slave 论工资劳动力与工资奴隶的区别 25；on freedom through work and labor 论通过工作与劳动产生的自由意识 98，99；on equal exchange 论平等交换 213

Maryland：status inheritance pattern 身份继承模式 138；manumission pattern 释免模式 292

页 500

Mascarene Islands(Indian Ocean) 马斯克林群岛(印度洋): enslavement of war captives 奴役战俘 114;slave plantations 奴隶种植园 181;concubinal manumission 纳妾释免 231;freedman status 被释免奴隶的身份与地位 257; manumission rate 释免率 274,285

Massacre 大屠杀 106,107,120

Master 奴隶主: change of 更换奴隶主 201,202—205;death of 奴隶主的死亡 224,226;defined 定义 334—335

Master-slave relationship 主奴关系:and domination 与支配 2,336;maintenance 维持 3—4,205;intimacy 主奴关系的亲密 12;personal relations 个人关系 12, 13; and power 与权力 18—19; symbolic control 符号控制 37;private and public determinants 独立性决定因素与公共性决定因素 172;intrinsic factors 固有的各种因素 173—181;human variables 其中人的因素 206;after manumission 释免之后的主奴关系 240—247;in freedman status 主奴关系对被释免奴隶的地位的影响 247,249,250,253,294;with elite slaves 主奴关系与精英奴隶 307,308;versus patron-client relationship 与庇护关系的区别 309—310.

Materialism, and slavery 物质主义与奴隶制 11,19

Matrilineal circumvention 母系规避 279—280

Matrilineal societies 母系社会:adoption 收养 63—64;status inheritance patterns 身份继承模式 136,138,139,185;marriage 婚姻 187;manumission 释免 229,272—273,279—280;freedmen 被释免的奴隶 241,251

Mauritania(West Africa) 毛里塔尼亚(西非)159

Mauritius(Mascarene Islands) 毛里求斯(马斯克林群岛):enslavement of war captives 奴役战俘 114;freedman status 被释免奴隶的身份与地位 257

Maurya period(India) 孔雀王朝(印度)140

Mauss, Marcel 莫斯,马塞尔 211;on honor 论尊严 78;on ideology of prestation 论奉礼观念 212—214;on manumission rituals 论释免仪式 218,236—237

Mawali(freeman)被释免的奴隶 310,311

Mbanza Manteke(Kongo) 姆班扎曼特克(刚果):status inheritance pattern 身份继承模式 136;release ceremony 免除奴役仪式 215

Mecca 麦加 150

Medieval period social death 中世纪时期:社会死亡 39;pagans as enemies 异教徒敌人 41;rituals of enslavement 奴役仪式 52;branding of slaves 给奴隶烙印 59,kidnapping 绑架 116;slave trade 奴隶贸易 152—157;killing of slaves 杀害奴隶 192;manumission 释免 230;freedman status 被释免奴隶的身份与地位 243, 250;incidence of manumission 释免的发生 268;manumission rates 释免率 275,278,282,284,285,288,296

Medina(Saudi Arabia) 麦地那(沙特阿拉伯)150

Mediterranean area 地中海地区:enslavement practices 奴役习俗 114, 115, 116, 117;child exposure 遗弃儿童 129;slave trade 奴隶贸易 150—152, 154, 157—158, 160, 170—171; slave plantations 奴隶种植园 181;freedman status 被释免奴隶的身份与地位 243

Meillassoux，Claude 梅亚苏，克劳德 33，38，148—149

Ménage，V.L.梅纳热，维克多 313

Mende（Sierre Leone）门德人（塞拉利昂）：marks of servitude 奴役标示 59；nature of honor 尊严的实质 83；old slaves 老年奴隶 88；status inheritance pattern 身份继承模式 136；bridewealth 聘礼 167；slaves as money 奴隶用作货币 168；household slaves 家奴 175；tenant slaves 租佃奴隶 181；slave unions 奴隶婚姻 187；concubinal manumission 纳妾释免 230；freedman status 被释免奴隶的身份与地位 248；manumission rate 释免率 271

Mendelsohn，Isaac 门德尔松，伊萨克 109，234

Mepone（change of master）觅棚（更换主人）203

Merina（Madagascar）梅里纳（马达加斯加）：status inheritance pattern 身份继承模式 136，144，280；manumission rate 释免率 274，280—281

Mesopotamia 美索不达米亚（西亚两河流域）299；slaves as foreigners 外国奴隶 40，42；sources of slaves 奴隶的来源 44 marks of servitude 奴役标示 62；sense of honor 尊严感 97；prisoners of war 战俘 107，109—110；piracy 海盗 115；sexual bias in enslavement 奴役中的性别偏好 121；debt−slavery 债务奴役 125；sale of slaves 买卖奴隶 175；slave unions 奴隶婚姻 187；concubinal manumission 纳妾释免 230，manumission by adoption 收养释免 234；temple slavery 神庙奴隶制 238；freedman status 被释免奴隶的身份与地位 253

Metics 定居外邦人 281，302

Métraux，Alfred 梅特罗，艾尔弗莱德 52

Mexico 墨西哥：naming rituals 命名仪式 56—57；social reproduction 社会再生产 133；status inheritance pattern 身份继承模式 146；manumission 释免 245，275，hacienda farms 255 大种植园农场

Middle Ages 中世纪：abolishment of slavery 奴隶制的废除 44；penal slavery 刑罚奴役 44，127—128；rise of Protestantism 新教的兴起 72；enslavement methods 奴役手段 114；church 教会 189，201；concubinal manumission 纳妾释免 231；wala relationship 效忠关系 243；freedmen and descendants 被释免的奴隶及其后代 249；manumission rates 释免率 282

Middle East 中东：slave trade 奴隶贸易 150；change of master 更换主人 202；manumission modes 释免方式 228

Miers，Suzanne 迈尔斯，苏赞尼 33，248，296

Migiurtini Somali（Somalia）马吉尔廷的索马里人（索马里）137

Miles，J.C.迈尔斯 230

Military capacity 军事能力 33

Military manumission 军事释免 287，289—293

Military slavery 军事奴隶制：origins，起源 39—40；manumission and 与释免 288—293

Mill，John Stuart 密尔，约翰·斯图加特 10

Miller，J.C.米勒 136

Minas Gerais（Brazil）米纳斯吉纳（巴西）483；branding of slaves 奴隶的烙印 59；internal slave trade 境内奴隶贸易 165；manumission rate 释免率 289—290

Ming dynasty（China）中国明代：eunuchs 宦官 315，324，325；role of free women 自由妇女的角色 325，326

Mining areas 矿区：manumission rate 释免率

页 501

270,289—290

Mintz,Sidney W.明茨,西德尼 25

Miscegenation 混合婚姻 61,146,255,261; and manumission rate 与释免率 261, 272—273

Mitamura,Taisuke 三田村泰助 315,324,325

Mitchell,J.C.米切尔,詹姆斯 280

Mithras cult 弥特剌斯崇拜 69

Moluccas(Spice Islands)摩鹿加(香料群岛)231

Mombasa(Kenya)蒙巴萨(肯尼亚)94

Money,slaves as 奴隶用作货币 167—171

Mongols 蒙古人 123,288

Monteil,Charles V.蒙泰伊,查尔斯 249

Moors 摩尔人 145,152

Moral connotations of slavery 奴隶制的伦理含义 42,47—48

Moral responsibility of slave 奴隶的伦理责任 22

Moramachi period(Japan)室町时代(日本)117

Morocco(North Africa)摩洛哥(北非):piracy 海盗 117;slave trade 奴隶贸易 157;manumission rate 释免率 277

Morrow,G.R.莫罗 87,140,192,194

Mortality rates 死亡率:and enslavement practices 奴役习俗 132,133;in slave trade 奴隶贸易中的死亡率 159,162,163

Morton,Roger F.莫顿,罗杰 93

Mossi(West Africa)莫西人(西非)60

Mother-surrogates 替代母亲 50

Moyd,Olin P.摩伊德,奥林 75

Mozambique 莫桑比克 160,228

Muhammad(prophet)穆罕默德(先知)227, 232,316

Muhammad-el-Fadhl(ruler of Bagirmi)穆罕默德·埃尔·法德勒(巴吉尔米的统治者)316

Muhammad Kurra 穆罕默德·库拉 316

Mui-tsai institution 妹仔制度 129

Mükâtebe system 免除奴役制度 266

Mulattoes 黑白混血儿 61,62,268

Murad(Turkish leader)穆拉德(土耳其君主)316

Murdock,George P.默多克,乔治 139,345

Murdock world sample 默多克世界样本 199, 271,272,350—352

Muscovy 莫斯科公国 43—44

Muslim Spain 穆斯林西班牙:enslavement of war captives 奴役战俘 114;slave trade 奴隶贸易 152,154;tenant slaves 租佃奴隶 181; manumission rate 释免率 274

Muslim traders 穆斯林贸易商 154,159,168

Mutilations 残害身体 59

Mutualism 互利 336—337

N

Nagaoundere(Cameroon)纳冈代雷(喀麦隆)274

Namath,Joe 纳马斯,乔 24

Names 姓名:servile 奴隶用名 55;in kin-based societies 在血缘社会里 55;surnames 姓 56—58;following manumission 获释免后的姓名 56;African 非洲人的姓名 56;of saints 圣徒的姓名 57—58;features denoted 特征显示 58;of slave wives 奴隶妻子的姓名 189

Naming ceremonies 命名仪式 53,54—55

Narcissus 那尔齐苏斯 301,307

Natal alienation 生来即被疏离:and heritage of ancestors 对祖先的继承 5—6;use of term 用词 7—8;perpetual nature 永久的性质 9;

flexibility 弹性 32；symbolization 符号化 38；of native populations 原住民的生来即被疏离 111；janissaries and 土耳其禁卫军 311—312

Natality, restoration of 出生权与血亲关系的恢复 235

Ndembu (Angola) 恩登布人（安哥拉）37

Ndizogu (Nigeria) 恩地祖古（尼日利亚）138

Near East 近东：rituals of enslavement 奴役仪式 55；marks of servitude 奴役标示 58—59；prisoners of war 战俘 107,110；piracy 海盗 115；penal slavery 刑罚奴役 126；exposure and sale of infants 婴儿的遗弃与买卖 129；status inheritance patterns 身份继承模式 144—146；slave trade 奴隶贸易 150；slaves as dowry 奴隶用作嫁妆 167；slaves as money 奴隶用作货币 168；tenant slavery 租佃奴隶制 181；slave peculium 奴隶的特有产 184；killing of slaves 杀害奴隶,191

Near East (continued) 近东（续）：concubinal manumission 纳妾释免 231；freedman status 被释免奴隶的身份与地位 241,253；manumission rate 释免率 284

Negroes 黑人：prejudice against 对黑人的歧视 176,179,250；free 自由黑人 259

Nepal 尼泊尔：slavery and caste 奴隶制与种姓 51；granting of sanctuary 庇护的给予 201

Nero (emperor of Rome) 尼禄（罗马皇帝）307,308,317,326

Netherlands 荷兰 44

New England 新英格兰 278

New York 纽约 138

Nias (Indonesia) 尼亚斯（印度尼西亚）39

Nicomedes of Bithynia 比提尼亚的尼科米迪斯 123

Nieboer, H.J. 涅伯尔：on defining slavery 论奴隶制的定义 21；and treatment of slaves 论奴隶的待遇 181

Nietzsche, Friedrich Wilhelm 尼采，弗里德里希·威廉 78

Nigeria 尼日利亚：nature of honor 尊严的实质 82,97；internal kidnapping 境内绑架 117—118；treatment of slaves 奴隶待遇 175；political eunuchs 政治宦官 316

Nikaya, Majjhima《中部》207

Nkundu (Zaire) 恩孔杜人（扎伊尔）：ransom and prisoners 赎金与战俘 107；slaves through bridewealth 通过聘礼而来的奴隶 167；concubinal manumission 纳妾释免 230；manumission rate 释免率 271

Noburu, Niida 仁井田陞 141

Nonslave persons 非奴隶：sale of 非奴隶的买卖 23—26；work ethic in large-scale slave systems 大型奴隶体系中的工作伦理 33—34

Nootka (northwest coast of America) 努特卡人（美洲西北海岸）：rituals of enslavement 奴役仪式 55；postmortem manumission 死后释免 222

Nordic peoples 北欧民族：slave trade 奴隶贸易 154；freedman status 被释免奴隶的身份与地位 243—244

Norsemen 诺斯人 140,156

North Africa 北非：enslavement of war captives 奴役战俘 107,114；Barbary pirates 巴巴里海盗 117；slave trade 奴隶贸易 157

North America, southeastern 北美东南 107

Northern dynasties (China) 中国北朝：prisoners of war 战俘 109, freedman status 被释免奴隶的身份与地位,252

页 502

Northwest coast Indians 美洲西北海岸印第安人：marks of servitude 奴役标示 60；hereditary slavery 继承性奴役 84；treatment of prisoners 战俘待遇 107；enslavement of war captives 奴役战俘 113；status inheritance patterns 身份继承模式 136；slave trade 奴隶贸易 149，156；killing of slaves 杀害奴隶 191；potlatch ceremony 夸富宴 214，222；sacrifice and manumission 祭祀与释免 221—222；manumission by adoption 收养释免 234；parasitism 寄生关系 337

Norway 挪威：nature of honor 尊严的实质 82；slave trade 奴隶贸易 152，154；acquisition of slaves 奴隶的获得 157；self-defense in 自我防卫 200；manumission ritual 释免仪式 216；wala relationship 效忠关系 244；freedman status 被释免奴隶的身份与地位 249

Nubians 努比亚人 123—124

Nursemaids 保姆 50，88

Nwachukwu-Ogedengbe,K.K.恩瓦舒库-奥盖登贝 233

Nyinba(Nepal)尼因巴人(尼泊尔)201

O

Obedience,ethic of 服从的伦理 74,76

Obsequium(claims on freedmen)毕恭毕敬(对被释免奴隶的要求)242

Odysseus 奥德修斯 87,121

Odyssey(Homer)荷马《奥德赛》121,230

Oikogeneis(house-born slave)家生奴 175

Okigwi(Nigeria)奥基圭(尼日利亚)138

Olivecrona,Karl 奥利弗洛纳,卡尔 20

Operae(claims on freedmen)干活(对被释免奴隶的要求)242,244,283

Oriental societies 东方社会：inheritable slave status 非继承的奴隶身份 9；sense of honor 尊严感 86；prisoners of war 战俘 107；penal slavery 刑罚奴役 126—127；exposure of infants 遗弃婴儿 129；slave estates 奴隶财富 181；treatment of slaves 奴隶待遇 199

Origo,Iris 奥里戈,伊里斯 201

Ormerod,Henry 奥默罗德,亨利 115,116

Ornaments 饰物,as marks of servitude 作为奴役的标示 58

Osterweis,Rollin G.奥斯特维斯,罗林 94—95

Osu(Ibo cult slaves)奥苏(伊博人神庙的奴隶)238

Otho(emperor of Rome)奥托(罗马皇帝)307

Ottoman Empire 奥斯曼帝国：piracy 海盗 117；enslavement for tribute 因贡奉而被奴役 123；recruitment of slaves 奴隶的召募 248,312；elite slaves 精英奴隶 299；janissaries 禁卫军 308—309,313，

Ottoman Turks 奥斯曼土耳其 178

Outcastes 贱民 48—50

Outsider status 外来人身份 7

Ownership 所有权：concepts 概念 20；and property 与财产 21—22,28；absolute 绝对所有权 28,29—30,31—32

Oxenstierna,Eric 乌克森谢纳,埃里克 169

Oyo(Nigeria)奥约(尼日利亚)123

P

Paekchŏng(Korean outcastes)白丁(朝鲜贱民)50

Paganism 异教 41,47,226,227—228

Palaestra(character in*The Rope*)帕莱斯特拉(《绳索》中人物)12

Palatine slavery 宫奴制度 14

Palestine 巴勒斯坦 175

页 503

Pallas 帕拉斯 301,307

Panama, treatment of slaves 巴拿马奴隶待遇 113

Papoulia, Basilike 波普里亚,巴斯利克 311—312

Paramonē(down payment) 首付、分期付款 238,239,282

Pardos(of mixed parentage) 帕尔多(父母为不同种族的混血儿)269

Parenthood, and manumission 父母与释免 263—264

Pascal, Blaise 帕斯卡尔,布莱兹 78

Pastoral societies 畜牧社会:master-slave relationship 主奴关系 174—175, 180; manumission rate 释免率 277

Paternalism 父权主义 93—94,339

Patrilineal societies 父权社会: status inheritance patterns 身份继承模式 137, 138,139; peculium 特有产 186; freedmen 被释免奴隶 241,251; manumission rate 释免率 279

Paul(apostle) 使徒保罗 70,71,306; on redeemed man and God 论上帝与被救赎的奴隶 70,76; on Christ's crucifixion 论基督的受难 71, 74, 75; on manumission 论释免 227

Pawning of persons 人的典卖 124,125

Peculium 特有产:defined 定义 182—184; disposal of 特有产的处置 184—185,210; recognition of 特有产的承认 185—186,192; and crimes of slaves 与奴隶犯罪 197; and level of skills 与奴隶的技能水平 254,266, 267; prostitution and 与奴隶卖淫 263; and manumission rates 与释免率 270,283

Peloponnesian wars 伯罗奔尼撒战争 114, 115,288

Penal slavery 刑罚奴役:as source of slaves 奴隶的来源 44,126—129; manumission and 与释免 127

Penal systems 刑罚体系 43

Peons 以劳偿债的苦工 25,26

Perak(Malay):slave raids 霹雳邦(马来亚):抢劫奴隶 118; debt-slavery 债务奴隶制 125

Perdue, Theda 帕杜,西达 46—47

Persian Gulf 波斯湾 150

Persians 波斯人:enslavement patterns 奴役模式 110; elite slaves 精英奴隶 299,315,316

Persian wars 波斯战争 115,288

Personal characteristics 人的个性 85,87; and master-slave relationship 与主奴关系 176,177

Personal relations, levels 人际关系水平 12,13

Peru 秘鲁:slave populations 奴隶人口 133; freedman status 被释免奴隶的身份与地位 245,255,256,289

Peter the Great 彼得大帝 43

Petrochitos, Nicholas 帕特罗提图斯,尼古拉斯 90

Petronius 佩特罗尼乌斯 305—306

Phaniscus(character in The Ghost) 法尼斯库斯(《鬼魂》中的人物)12

Pharaonic Egypt 法老时代的埃及: internal source of slavery 奴隶制的内部起源 42; rituals of enslavement 奴役仪式 55; marks of servitude 奴役标示 60; slaves as dowry 奴隶用作嫁妆 167; concubinal manumission 纳妾释免 230; freedman status 被释免奴隶的身份与地位 253; prisoners of war 战俘 403

Philby, Harry St. John Briger 菲尔比,哈里·圣·约翰·布里格 92—93

Phillips,U.B.菲利普斯,乌尔里克 335

Pipes,Daniel 派普斯,丹尼尔 314

Pitt-Rivers, Julian 皮特-里弗斯,朱利安 79,80

Plantation slavery 种植园奴隶制 46;initiating rituals 导入仪式 54;economic success 经济 成功 93;stereotypes of slaves 奴隶的模式 化印象 96;enslavement methods 奴役手段 116,117; treatment of slaves 奴隶待遇 173—174,181,190;manumission rate 释免 率 284—285

Plato 柏拉图 8;on recognition of power 论权 力的承认 35;on honor and pride 论尊严与 自豪 81,90;on inheritance status 论身份的 继承 140;on timocratic character 论荣誉至 上性格

Plautus 普劳图斯 12,40

Pliny the Elder 老普林尼 339

Polanyi,Karl 卡尔·波兰尼 168

Political eunuchism 宦官政治:power relation-ships 权力关系 315;in Byzantium 拜占庭 的宦官政治 315, 317—319, 321—330, 331;in China 中国 315—316,318,327;in Persia 波斯 315,316;in Turkey 土耳其 316;in Africa 非洲 316;sociological aspect 其社会学方面 319—320;in Tudor court 都 铎宫廷 330—331

Political manumission 政治释免 234—236,287

Pollution theory 污染理论, with cult slaves 与 神庙奴隶 322—323,325,327,331

Popo(West Africa)波波(西非)123

Population decline 人口衰减, and slave trade 与奴隶贸易 157.

Portuguese 葡萄牙人:kidnapping by 绑架 117,119;slave trade 奴隶贸易 150,160,

163;manumission rate 释免率 289

Postmortem manumission 死后释免 219—228

Poteidaians(Greece)波提泰亚人(希腊)111

Potestas(authority)权力、权威 188,189

Potlatch ceremony 夸富宴 191;honor aspect 与 尊严 84,220;prestation in 夸富宴上的奉 礼 14;manumission aspect 仪式上的释 免 222

Poverty 贫困:and debt-servitude 与债务劳役 124—126;and sale of children 与儿童买卖 129,130;and self-enslavement 与自卖为奴 130—131

Power 权力:relationships 权力关系 I,2,26, 307,308,332;honor and 与尊严 10—11, 13,78,79,84,87;and property concept 财 产权概念 17—21;ritualization 仪式化 19; personalistic idiom 人格主义惯用语 18—19,27—28,32,33;materialistic idiom 物质 主义惯用语 19,28—32;origins 起源 26, need for recognition 对承认的需要 35;arro-gance of 权力的傲慢 36;symbols 符号 37; and total domination 与彻底的支配 332—333

Powerlessness 无有权力 2,4,5,306

Prestation 奉礼 212—213,214,215

Prestige ranking 声望等级 247

Price of slaves 奴隶价格 163—164, 166, 168,283

Prisoners of war 战俘:criminal status 罪犯的 地位 42,43;and slave status 与奴隶身份 43;as source of slaves 作为奴隶的来源 44, 106,107—115,119—120,170; alternatives to enslavement 奴役的替代方式 106—107; treatment 战俘待遇 106,108—109;ransom and exchange 赎金与交换 107;as source of income 作为收入来源 107—108;

impressment 烙印 109, in kin – based societies 血缘社会中的战俘 113; in large-scale systems 大型奴隶体系中的战俘 113—114; sexual bias 性别偏好 121—122

Private slaves 私奴 43

Property 财产/财产权: concept of 概念 17—21; Roman conception 罗马人的财产/财产权观念 21,28—32; Anglo-American conception 英美人的财产/财产权观念 21,22; and slavery 与奴隶制 21—27,28; legal aspects 法律方面 28—32; absolute 绝对财产权 29,32; feudal notions 封建的财产权观念 30

Prostitutes 妓女 129

Prostitution 卖淫 177,263

Protestantism 新教 72,73,74

Pubic hair,shorn 当众剃发 60,62

Public slaves,branding 官奴的烙印 59

Puerto Rico 波多黎各 187

Pulaaku(stereotype ideal) 普拉库 模式化的理想类型 84

Pulleyblank,E.G. 蒲立本 86,108,127

Punic wars 布匿战争 288

Punishment 惩罚: threat of 惩罚的威胁 3; forms 惩罚形式 59; and preservation of honor 与尊严的保全 89—90,128; and degradation 与羞辱 93—94; enslavement as 以奴役作为惩罚 126—129; as social control 与社会控制 206,285; incentives versus 激励与惩罚的区分 339—340

Purity and Danger(Douglas) 道格拉斯的《洁净与危险》322

Q

Quashee(slave term) 夸示(奴隶称呼) 91,338

R

Rabinowitz,Jacob 拉比诺维茨,雅各布 253

Raboteau,Albert 拉伯图,埃尔伯特 73,74

Race 种族: and slave status 与奴隶身份 58,61,254; and range of color 与各种肤色 61; and master-slave relationship 与主奴关系 176~179; and manumission rates 与释免率 264,268,272,273,294; and recruitment of elite slaves 与精英奴隶的招募 310

Racism 种族主义 41,177—178

Radbruch,Gustav 拉德布鲁赫,古斯塔夫 128

Ransom 赎金 107,125,130,178

Rape 强奸 82,193,206

Rapoport,Anatol 拉波波特,阿纳托尔 336

Rattray,Robert S. 拉特雷,罗伯特 27—28,136,185

Rawick,George P. 拉维克,乔治 3

Rebel,The(Camus) 加缪的《反叛》204

Reconciliation 和好 70

Redemption 救赎 70,75; rituals 仪式 214—219

Red Sea area 红海地区 116,150

Reenslavement 再度奴役: to a god 成为上帝的奴隶 72; and retaliation 与报复 94; from freedman status 被释免奴隶再度为奴 241,245; economic conditions and 经济状况与再度奴役 287; warfare and 战事与再度奴役 289,292

Religion and symbolism 宗教与象征主义: and intrusiveconception of slavery 与侵入型奴隶制概念 43—44,45; in slavery and manumission 在奴役和释免中 66—68; cults 崇拜 68—69; emperor worship 皇帝崇拜 69,70; salvation and redemption 得救与救赎 70,72,75; Christ's crucifixion 基督受难

71,74,75,227;Catholic dualism 天主教的二元论 72,74,75—76;conversion techniques 改宗的手段 72—73,276—277;fundamentalism 基要主义 73—75,76,260;in enslavement practices 奴役习俗中的 93,107;and slave marriage 与奴隶婚姻 189;and killing of slaves 与杀害奴隶,192;and testamentary manumission 与遗嘱释免 222,224,226;and freedman status 被释免奴隶的身份与地位,260;and manumission rate 与释免率 273—277,282;in eunuchism 宦官现象中的 323,325

页505

Renegades 摄政王 277

Renner,Karl 伦纳,卡尔 29

Repp,R.C.雷普 313

Reproduction 再生产:rates 再生产率 3;as wealth 作为财富 33;biological and social 生理再生产与社会再生产 132—135,170

Residence of slave, and master – slave relationship 奴隶住所与主奴关系 174—175

Reunion(Mascarene Islands) 留尼汪(马斯克林群岛)257

Reward 奖励:reinforcement 强化 3;freedom as 作为奖励的自由 269—270,340;treatment as 奖励待遇 339

Rhodes(Greece) 罗德岛(希腊)152

Rice,symbolism of 米的象征意义 216

Richard II(character from Shakespeare) 理查二世(莎士比亚戏剧中的人物)78

Riesman,Paul 里斯曼,保罗 83—84

Rights, in jurisprudence 法理学中的权利 20—21,22

Rigspula《里格叙事诗》177

Rigveda《梨俱吠陀》86

Rio de Janeiro 里约热内卢 165

Rites of passage 通过仪式 53,216

Ritual(s) 仪式:of enslavement 奴役仪式 8—9,38,51—62;as symbolic control 作为象征性控制 37;religious 宗教仪式 66—76;of initiation 导入仪式 53—54,191;of gift exchange 礼物交换仪式 212—213,236—237;of adoption 收养仪式 234

Rodrigues(Mascarene Islands)罗德里格斯(马斯克林群岛)257

Roman Empire 罗马帝国 70,76,122,144,152,224,225

Roman law 罗马法:property 财产 28—30,32;role of slavery 奴隶制的作用 29;doctrine of dominium 自物权理论 30—32,311;intrusive conception of slave 侵入型奴隶概念 40;asylum for slaves 奴隶避难所 69;principle of privilege 特权原则 89,195;exposure of children 遗弃儿童 130;status inheritance 身份继承 139;marriage 婚姻 189;Twelve Tables 十二铜表法 195,222;postliminium 权利恢复 215—216

Romans 罗马人:social alienation of slaves 奴隶的社会疏离 7;conception of ownership and property 所有权与财产权观念 21,22,28—30,31—32;sale of children 买卖儿童 24;nonslave persons 非奴隶 24,26,36;socioeconomic order 社会经济秩序 28—30;and manumission 与释免 30—31,58,127,210,211,215,219,229,231;free laborers 自由劳动者 34;etymology of "slave", "奴隶"的词源 40;rituals of enslavement 奴役仪式 54,55,58;Greek slaves 希腊奴隶 55,89,90,91,92,174;manumission rate 释免率 58,271,274,282,283,284,288,296;and religion 与宗教 66—67,68—70,74,76;nature of honor 尊严的实质 77,88—

89,92,304,306；value of punishment 惩罚的价值 89—90；attitude toward Greeks, 对希腊人的态度 90,91；enslavement of war captives 奴役战俘 107,113；enslavement of populations 对原住民人口的奴役 111—112；enslavement by kidnapping 被绑架为奴 116,121；killing of slaves 杀害奴隶 121,192；economy 经济 122—123 debt-slavery 债务奴役 125；penal slavery 刑罚奴役 126,127,128；political manumission 政治释免 127,219,235—236,249,253；child exposure 遗弃儿童 130；slave populations 奴隶人口 133—134；status inheritance pattern 身份继承模式 139—141,142,143,144,146；slave trade 奴隶贸易 152；internal trade 境内贸易 164—165；slaves as dowry 奴隶用作嫁妆 167；Greek tutors 希腊教师 174；slaves living apart 奴隶与主人分开住 175；racial differences 种族差异 177—178；skilled slaves 有技能的奴隶 180；slave peculium 奴隶的特有产 184,263；slave unions 奴隶婚姻 187,189；crimes against slaves 对奴隶的犯罪 195；crimes of slaves 奴隶犯罪 196,197,241；granting of sanctuary 庇护的给予 201；change of master 更换主人 202；freedman status 被释免奴隶的身份与地位，216,241,242,243,248,249,252,253,305,306,307—308；testamentary manumission 遗嘱释免 222—223,224,227,238—239；concubinal manumission 纳妾释免 231；manumission by adoption 收养释免 234；collusive manumission 合谋释免 236；reenslavement 再度奴役 241；wala relationship 效忠关系 242,243,252,253；incidence of manumission 释免的发生 267,269；military slaves 军事奴隶 288；familia Caesaris 恺撒的家奴们 299,300—308,319；upper class 上层阶级 304；imperial slaves 皇家奴隶 332；parasitic nature of slaveholding 蓄奴的寄生实质 339

Roman Spain 罗马人治下的西班牙 288

Rope, The(Plautus) 普劳图斯《绳索》12

Ross, Alf 罗斯，阿尔夫 20,21

Rousseau, Jean Jacques 卢梭，让-雅克 2

Rout, Leslie 劳特，莱斯莉 290

Royal families 皇室家族 141

Royal slaves 皇家奴隶 195

Ruffin, Thomas 拉芬，托马斯 3—4

Runaways 逃奴 59,94,270

Runciman, Steven 朗西曼，斯蒂文 319

Rural slaves 农村地区的奴隶 242；manumission rate 释免率 269—270,282,284—285

Russell, J.C.拉塞尔，乔赛亚 156—157

Russia 俄国：context of slavery 奴隶制的背景 39,42,44；means of enslavement 奴役手段 42—43,45；rituals of enslavement 奴役仪式 55；marks of servitude 奴役标示 59,60；penal slavery 刑罚奴役 128；self-enslavement 自卖为奴 130；slave trade 奴隶贸易 152；slave peculium 奴隶的特有产 183；elite slaves 精英奴隶 299

Russian Orthodox Church 俄国东正教会 43—44

Rustici(agricultural slaves)农业奴隶 270

Ryan, T.C.赖恩 224

Rycaut, Paul 瑞考特，保罗 308

S

页 506

Sab group(Somali outcastes)萨布（索马里贱民）49,50,137,195

Sacral manumission 神庙释免 237—238

Safawid dynasty(Persia)萨非王朝(波斯)316

Sahara 撒哈拉:master-slave relationship 主奴关系 36;enslavement of war captives 奴役战俘 114;slave trade routes 奴隶贸易路线 157—160;manumission 释免 282

Sahel 萨赫勒 252,277,282

Sahlins, Marshall 萨林,马歇尔 19,28,212,213

Saint Domingue(Hispaniola)圣多明戈 249—250,275,481

Sale of children 买卖儿童 129

Sale of nonslave persons 买卖非奴隶 23—26

Sale of slaves 买卖奴隶 23,175

Salvation 得救:religions of 宗教 70;as reenslavement to a god 得救即为在神前再度为奴 72;and manumission 与释免 225

Samas(sun-god)太阳神萨玛斯 218

Sambo ideology 桑博的观念形象 91,96,207,338

Sanctuary 庇护 201—202

Sangir(Indonesia)桑给尔岛(印度尼西亚)118

Santiago(Cape Verde)圣地亚哥(佛得角)274,285

Santiago del Cobre(Cuba)圣地亚哥埃尔科夫(古巴)290

Sao Paulo 圣保罗:demand for slaves,对奴隶的需求 165;manumission rate 释免率 290

Sao Tome(West Africa):manumission rate,圣多美(西非):释免率 274

Saracens(Spain)撒拉森(西班牙)145,152

Sardinia 撒丁岛 152,282

Sarhed(honor payment)82

Saria(holy law)舍利阿(神圣律法)312

Saudi Arabia 沙特阿拉伯:honor in 尊严 92—93;slave trade 奴隶贸易 159;change of master 更换主人 202—203,204

Sawyer,P.H.索耶,彼得 154,156

Scandinavians 斯堪的纳维亚人(北欧人):law and authority relationships 法律与权威的关系 36;slave trade 奴隶贸易 152—153,154—156,160;slave population 奴隶人口 157;slave stereotypes 奴隶的模式化形象 176—177;manumission ritual 释免仪式 217;manumission by adoption 收养释免 233;freedman status 被释免奴隶的身份与地位 243—244,245;manumission rate 释免率 278

Schlaifer,Robert 施莱佛,罗伯特 87

Schrenck,Leopold von 施伦克,利奥波德·冯 229—230

Schternberg,Lev 史坦伯格,列夫 233

Self-blame 自责 12

Self-defense 自我防卫 200—202

Self-enslavement 自卖为奴 130—131

Sellin,J.Thorsten 塞林,索斯藤 127

Semenov,I.I.谢苗诺夫 109

Sena(Mozambique)塞纳人(莫桑比克):concubinal manumission 纳妾释免 228;sexual exploitation 性剥削 230;freedman status 被释免奴隶的身份与地位 247

Seneca 塞内加 92,339

Senegambia(West Africa)塞内冈比亚(西非):enslavement by warfare 通过战争而奴役人 119;status inheritance pattern 身份继承模式 147;slave trade 奴隶贸易 160;manumission 释免 268

Separation,fear of 对分离的畏惧 6

Sereer(Gambia)change of master 塞雷尔人(冈比亚):更换主 202;postmortem manumission 死后释免 222

Serfs 农奴 25,26,128

Servitude 奴仆：term 用词 7；hereditary 继承性 9—10；voluntary 自愿 27—28

Servus vicarius（slave of a slave）奴隶的奴隶 184

Sex ratios 性别比率：in slave populations 奴隶人口中的性别比率 199；and freedman's acceptance 与被释免奴隶的被接纳 250；and manumission 与释免 255

Sexual behavior 性行为：of wives of slaves 奴隶妻子的性行为 6；and caste 与种姓 49；adultery 通奸 128,188；in master-slave relationship 主奴关系中的性行为 173；legal sanctions 法律许可 187—190；extramarital 婚外性行为 228；of eunuchs 宦官的性行为 326

Sexual bias 性别偏好：in enslavement practices 奴役习俗中的性别偏好 120—122,129；in treatment of slaves 奴隶待遇中的性别偏好 179；in manumission 释免中的性别偏好 228—232,239；and freedman status 与被释免奴隶的身份与地位 240,251

Sexual exploitation 性剥削：of concubines 对妾的性剥削 50,229,230；in kin-based societies，血缘社会中的性剥削 64—65,232；rape 强奸 82,193,206；in developed slave systems 发达奴隶体系中的性剥削 85,88；and marriage 与婚姻 189；legal restraints 法律限制 200；and manumission 与释免 229,230,232；sanction of 对性剥削的许可 260—261

Sexual values, and freedman status 性观念与被释免奴隶的身份与地位,259,260,261

Seychelles（Indian Ocean）塞舌尔群岛（印度洋）,257

Shakespeare, William 莎士比亚,威廉 78

Sharp, William F. 夏普,威廉 273

Shaw, Stanford 肖,斯坦福 309

Shell, Robert 谢尔,罗伯特 268,273,276

Sherbro（Sierre Leone）歇尔布罗（塞拉利昂）：punishment of slaves 对奴隶的惩罚 128；status inheritance pattern 身份继承模式 146—147；tenant slaves 租佃奴隶 181；granting of sanctuary 庇护的给予 202

Shild（Danish hero）希尔德（丹麦英雄）47

Shin, Susan 沈苏珊 42,289

Shorn head 剃光头 60—61,128,215

Siberia 西伯利亚：penal slavery 刑罚奴役 128；self-enslavement 自卖为奴 131

Sicilians（Italy）西西里岛人（意大利）：enslavement of 对西西里岛人的奴役 111；slave trade 奴隶贸易 152；tenant slaves 租佃奴隶 181；manumission rate 释免率 274,276

Sidam province（Ethiopia）锡达莫省（埃塞俄比亚）316

Siegel, Bernard J. 西格尔,伯纳德 188,253

Sirqu（Babylonia）瑟求（巴比伦王国）145

Sjaelland（Denmark）西兰岛（丹麦）244

Skills, level of 技能水平：and master-slave relationship 与主奴关系 179—180；and freedman status 与被释免奴隶的身份与地位 254—255；and manumission 与释免 264—266,267,269,270

Slave 奴隶：origin of term 词源 40,156,250；stereotypes 模式化形象 338

Slave markets 奴隶市场 40

Slave populations 奴隶人口：mass enslavement 大规模奴役 110—112；biological reproduction 生理再生产 132；social reproduction 社会再生产 132；birth/death rates 出生率与死亡率 132,133；decline 衰减 133；and demand for slaves 与对奴隶的需

页 507

求 157；size，and treatment of slaves 规模与奴隶待遇 180，198—199，206；sex ratios 性别比率 199；type，and manumission 奴隶人口的类型与释免 255；and freedman status 与被释免奴隶的身份与地位 259—260；of large-scale slave systems 大型奴隶体系的奴隶人口 353—364

Slave raids 奴隶抢劫 281，282

Slave revolts 奴隶暴动 259—260，291

Slavery 奴隶制：constituent elements 构成要素 1—14；defining 定义 13，21；internal relations 内部关系 17—101，296；ownership concept 所有权概念 21—27；idoms of power and 与权力的惯用语 27—32；contradictions 矛盾 32—34，296；terms for 奴隶制的术语 40；and culture 与文化 84—85；and timocracy 与荣誉至上 94—95；dialectics 辩证法 97—101；institutional process 体制性过程 104—171；versus debt-servitude 奴隶制与债务劳役的区别 124；condition of 奴役状态 172—208；as relation of domination 支配关系 334—335；as relation of parasitism 寄生关系 335—336

Slave status 奴隶身份与地位：need for new persons，对新奴隶的需求 3；outsider 外来人 7；inheritability 可继承性 9；with adoption 与收养 233；permanent 永久性 280；in warfare 战争中的奴隶身份 291—292

Slave trade 奴隶贸易 113；internal means 内部方式 118—119，164—166；external means 外部方式 148—164；intra-African 非洲人内部的奴隶贸易 149，156，160；medieval European 中世纪欧洲 149，152—157；volume 规模 150，152，156—157，159，160；Indian Ocean 印度洋 150—151；Black Sea 黑海 150—152，153；Mediterranean 地中海 150—152，154，157—158，160，170—171；routes 贸易路线 152—154，157—158，159；Saharan 撒哈拉 157—159，160；Atlantic 大西洋 159—164，165，286；mortality rates 死亡率 159，162，163；demography 人口统计学 160，162；price of slaves 奴隶价格 163—164；interregional 跨地区奴隶贸易 165，166，286；abolition 奴隶贸易的废除 165，286

Slavs 斯拉夫人：Viking raids on 维京人的劫掠 116；self-enslavement 自卖为奴 131；trading 贸易 155，156；origin of term"斯拉夫"一词的源起 250；manumission 释免 268

Smith，M.G.史密斯 41

Snowden，Frank M.，Jr.斯诺登，弗兰克 177

Social alienation 社会疏离 7

Social death 社会死亡：conceptions 观念 38；intrusive and extrusive modes 侵入与挤出模式 39—45；as liminal state 临界状态 46；irrevocability 不可恢复 215

Social relations，of slaves 奴隶的社会关系 6

Sodomy 鸡奸 263

Sokolowski，F.索科洛夫斯基 237

Sokoto（Nigeria）索科托（尼日利亚）：enslavement for tribute 因贡奉而被奴役 123；treatment of slaves 奴隶待遇 199；manumission rate 释免率 274

Solon 梭伦 125

Somali（Somalia）索马里人（索马里）：occupational castes 职业种姓 49；marks of servitude 奴役标示 60；honor among 索马里人中的尊严 84；status inheritance pattern 身份继承模式 137—138，141；absentee slave owners 在外奴隶主 180；slave unions 奴隶婚姻 188；crimes against slaves 对奴隶

犯罪 195;manumission patterns 释免模式 228,235,249;freedman status 被释免奴隶的身份与地位 249;manumission rate 释免率 271

Somaliland(East Africa)索马里兰(东非)150

Somatic theory of manumission 释免的体细胞理论 268—269

Sorel,Georges 索列尔,乔治 3

Sosia(character in *Amphitryon*)索奇亚(安菲特律翁》中的人物)12

South Africa 南非:enslavement methods 奴役手段 111,117,119;status inheritance patterns 身份继承模式 138;slave trade 奴隶贸易 160;tenant slaves 租佃奴隶 181;manumission 释免 231,232;freedman status 被释免奴隶的身份与地位 245,246,254,255,256;architecture 南非工匠 255;racism 种族主义 256;incidence of manumission 释免的发生 263,266,268,269;manumission rate 释免率 273,276,285

South America 南美:marks of servitude 奴役标示 60

South Carolina 南卡罗来纳:treatment of slaves 奴隶待遇 6;master-slave relationship 主奴关系 12;slave naming rituals 奴隶命名仪式 56,57,58;branding of slaves 奴隶烙印 59;status inheritance pattern 身份继承模式 144;freedman status 被释免奴隶的身份与地位 246

Southeast Asia 东南亚:caste in 种姓制度 49;enslavement by kidnapping 被绑架为奴 117

Spain 西班牙:enslavement of Europeans 奴役欧洲人 44;enslavement of war captives 奴役战俘 114;piracy 海盗 116;penal slavery 刑罚奴役 128;status inheritance patterns 身份继承模式 141,144,145—146;slave trade 奴隶贸易 152,154,160;tenant slaves 租佃奴隶 181;slave peculium 奴隶的特有产 184,192—193;killing of slaves 杀害奴隶 192;crimes against slaves 对奴隶犯罪 196;crimes of slaves 奴隶犯罪 197;change of master 更换主人 202;contractual manumission 契约释免 239;freedman status 被释免奴隶的身份与地位 243;manumission rate 释免率 270,274,283,284,288

Spanish Caribbean 西属加勒比海地区:decline of slave population 奴隶人口的衰减 113;enslavement methods 奴役手段 114,120;manumission 释免 290

Sparta 斯巴达:enslavement of Athenians 对雅典人的奴役 111;helotry 黑牢士制 112

Spores 斯波莱斯 317,326

Sports,professional 职业体育 24—26,

Starkey,David 斯塔基,戴维 330,331

Starr,Chester G.斯塔尔,切斯特 89

Statistical methods 统计学方法 345—349

Status inheritance patterns 身份继承模式 113,170;and social reproduction patterns 与社会再生产模式 134—135,170;Ashanti pattern 阿散蒂模式 135—137;of nonslaves 非奴隶的身份继承模式 136;Somali pattern 索马里模式 137—138,141;Tuareg pattern 图阿雷格模式 136,138—139,145;Roman pattern 罗马模式 139—141,143,146;Chinese pattern 中国模式 141—144,145;Near East pattern 近东模式 144—146;Sherbro pattern 歇尔布罗模式 146—147;with adoption 通过收养的身份继承 233;race and 与种族 277—278;ghilmān and 与古拉姆 312.

Stearns,Robert E.斯特恩斯,罗伯特 84

Steiner,Franz 斯坦纳,弗朗兹 19

页 508

Stigma, of slavery 奴役的污迹、羞辱 247，251，252，253，257，294

Structuralism 结构主义 323

Struve, V.V.斯特鲁维 109

Submission 听命、屈从 77，78，95

Sub—Saharan Africa 撒哈拉以南的非洲：nature of honor 尊严的实质 82；enslavement of war captives 奴役战俘 114；incidence of manumission 释免的发生 268

Subsistence mode 生存模式：and treatment of slaves 与奴隶的待遇 181；and peculium 与特有产 186

Sudan 苏丹：marks of servitude 奴役标示 58；internal kidnapping 境内绑架 117；slave trade 奴隶贸易 149，169；treatment of slaves 奴隶待遇 175；freedman status 被释免奴隶的身份与地位 252；manumission rate 释免率 277，282

Suetonius 苏埃托尼乌斯 307

Sugar plantations 甘蔗种植园 116，117

Sulayman Khan (sultan) 苏莱曼可汗（苏丹）313

Sumer 苏美尔 109

Surinam(South America) 苏里南（南美洲）：freedman status 被释免奴隶的身份与地位 255，257；manumission rate 释免率 275，278，285，287

Suzuki, Peter 苏祖基，彼得 39

Swansea(Wales)斯旺西（威尔士）154

页 509　Sweden 瑞典：status inheritance pattern 身份继承模式 140，145；slave trade 奴隶贸易 154，156；testamentary manumission 遗嘱释免 226；concubinal manumission 纳妾释免 230；manumission rate 释免率 276

Symbiosis 共生 335

Symbolic control, authority as 以符号控制为

权威 36—38

Syria 叙利亚 316

Syrus, Pubilius 叙鲁斯，普布里乌斯 77—78

T

Taboos 禁忌 129

Tacitus 塔西佗 305，306

Tallensi (Ghana) 伦西人（加纳）：fictive kinship system 拟亲属制度 63；manumission rate 释免率 271

Tandojai(guardian of the dead)坦多加（守护死者的人）221

T'ang dynasiy(China)中国唐代 315

Tapu(Maori laws)塔普（毛利人的法）51

Tattoos 文身 58—59

Tax payment, enslavement for 因纳税而为奴 122—125

Temple slavery 神庙奴隶制 49，237—238

Terence 泰伦提乌斯 40

Testamentary manumission 遗嘱释免 237，239；origins 遗嘱释免的起源 222—223；salvation and 得救与遗嘱释免 225—226，227

Thailand；enslavement by kidnapping 泰国：被绑架奴役 117；debt-slavery 债务奴役 125；king's slaves 国王的奴隶 174；killing of slaves 杀害奴隶，191—192

Theodore (archbishop of Canterbury) 西奥多（坎特伯雷大助教）192

Third Dynasty of Ur 乌尔第三王朝：slaves as foreigners 作为外国人的奴隶 40；sources of slaves 奴隶的来源 44；ransom and warfare 赎金与战争 107；slave unions 奴隶婚姻 188；freedman status 被释免奴隶的身份与地位 253

Thirteenth Amendment 美国宪法第十三条修

正案 25

Thucydides 修昔底斯 35

Timocracy 荣誉至上 94—97,100；

Tiv(Nigeria)蒂夫族(尼日利亚)：rituals of enslavement 奴役仪式 53；manumission rate 释免率 271

Tlingit(northwest coast of America)特林吉特人(美洲西北海岸)：marks of servitude 奴役标示 58；potlatch ceremony 夸富宴 84,191,222；status inheritance pattern 身份继承模式 136；skills,and treatment 技能与待遇 179；sacrifice of slaves 奴隶祭品 191,222；manumission 释免 222

To Anda'e tribe(Toradja group)图安达人(托拉查族)85

To Lage tribe(Toradja group)图拉赫人(托拉查族)85,144

To Pebato(Toradja group)图皮巴图人(托拉查族)85

Toradja(Celebes)托拉查(西里伯斯)：rituals of enslavement 奴役仪式 54；nature of honor 尊严的实质 84—85；sources of slaves 奴隶的来源 113；status inheritance pattern 身份继承模式 144；treatment of slaves 奴隶待遇 176；change of master 更换主人 203；manumission 释免 221,271；sacrifice of slaves 奴隶祭品 221；manumission rate 释免率 274；parasitism 寄生 337

Towara(Bedouin tribe)托瓦拉(贝都因人部落)194

Trachalio(character in The Rope)特拉克利奥(《绳索》中人物)12

Tradition,and law 传统与法律 36—37

Treggiari,Susan 特雷贾里,苏珊 174,242,243,252,304

Tribute,enslavement as 作为贡奉而被奴役

122—124

Trimalchio 特利马尔奇奥 305—306

Tripoli(North Africa)的黎波里(北非)277

Tsimshian(northwest coast of America)茨姆锡安人(美洲西北海岸)136

Ts'ui Tao-ku 崔道固 252

Tuaregs(Algeria)图阿雷格人(阿尔及利亚)：master-slave relationship 主奴关系 4,46；status inheritance pattern 身份继承模式 136,138—139,145；bridewealth 聘礼 167；racism 种族主义 176,178—179；tenant slaves 租佃奴隶 181；change of master 更换主 203；manumission 释免 271

Tuden,Arthur 涂登,阿瑟 147

Tudor Court 都铎宫廷 330—331

Tung Shu-yeh 童书业 108

Tunis 突尼斯城 277

Tunisia 突尼斯 157

Tupinamba(Brazil)图皮南巴(巴西)：rituals of enslavement 奴役仪式 52；nature of honor 尊严的实质 81；treatment of prisoners 战俘的待遇 106—107；manumission rate 释免率 271

Turks 土耳其人：enslavement for tax payment 为缴税而被奴役 123；selfenslavement 自卖为奴 131；slave trade 奴隶贸易 152；racial differences 种族差异 178；incidence of manumission 释免的发生 268,283；eunuchs and slaves 宦官与奴隶 316,332

Turner,Victor 特纳,维克多 37

Tuscany(Italy)托斯卡纳(意大利)：social death 社会死亡 39；status inheritance pattern 身份继承模式 144granting of sanctuary 庇护的给予 202

Tutors,Greek 希腊教师 91,174

Twelve Tables,Laws of《十二铜表法》195,222

Twins 双胞胎 129

U

Ugaritic manumission 乌加里特人的释免 218

Ui Neill(Irish royal family)乌伊尼尔(爱尔兰王室)141

Ukodei(adopted slave)乌卡德(被收养的奴隶)233

Uktena(mythical beast)乌克特纳(神话中的野兽)47

Unruh,Ellen 昂鲁,埃伦 183

Urban slaves 城市奴隶 254;manumission rate 释免率 269—270,282

U. S. South 美国南方: incidence of manumission 释免的发生 3,267;sexual unions and marriage 性结合与婚姻 6,190;black and white servitude 黑人与白人仆役 6—7;economics of slavery 奴隶制经济 11,33,65,190;servile personality 奴性人格 12;free laborers 自由劳动者 34;nonslaveholders 没有奴隶的人 36;caste concept 种姓概念 48;surnames of slaves 奴隶的姓 56;kin terms 亲属称呼 65;religion and slavery 宗教与奴隶制 73—75,260;free persons and slaves 自由人与奴隶 88,94;honor and slavery 尊严与奴隶制 94—97;European influence 欧洲人的影响 95;Sambo ideology 桑博的观念形象 96,207,338;slave trade 奴隶贸易 160;internal slave trade 境内奴隶贸易 165—166;treatment of slaves 奴隶待遇 206—208;manumission rate 释免率 217,255,273,284,285,286,292—293,295;manumission as control 以释免为控制方式 217,232,285;wala reiationship 效忠关系 245,246,260;selective manumission 选择性释免 246—

247;freedman status 被释免奴隶的身份与地位, 255, 256, 259, 260, 261; hostility to manumission 对释免的敌意

U.S. South (continued) 美国南方(续) 255, 259; artisans 手艺人 255, 256; miscegenation 混合婚姻 255, 261; demographic mix 人口学上的混合 259;exploitation of slave women 对女奴的剥削 260, 261; abolition of slavery 奴隶制的废除 285, 286; military manumission 军事释免 292—293; "achievements" of slavery 奴隶制的"成就"335;parasitism 寄生 336—337

V

Vai(West Africa)瓦伊人(西非): sexual bias in enslavement 奴役中的性别偏好 122; internal warfare 内战 178; manumission pattern 释免模式 280

Valencia(Spain)瓦伦西亚(西班牙)263

Valgard 伏尔加德 154

Van Gennep, Arnold 范根纳普,阿诺德 37,322

Varro 瓦罗 186,187

Vaughan,James H.沃恩,詹姆斯 45—46,137

Vebjorn(character in Icelandic saga)韦布琼(冰岛史诗中的人物)79

Vediovis,cult of 维迪奥维斯崇拜 223

Venice 威尼斯 296

Verbal abuse 言语伤害 193

Verlinden,Charles 维尔林登,查尔斯 192,270,276

Vespasian(emperor of Rome)维斯帕先(罗马皇帝)307

Vietnam 越南: slavery versus debt – servitude 奴役与债务劳役的区别 86,125,126; killing of slaves 杀害奴隶 191—192;

self-defense 自我防卫 200;concubinal manumission 纳妾释免 230;freedman status 被释免奴隶的身份与地位 252

Vikings(Europe)维京人(欧洲):enslavement by kidnapping 被绑架为奴 116;slave trade 奴隶贸易 152—153,154—155;ships 维京人的船只 156;killing of slaves 杀害奴隶 191

Violence 暴力:and domination 与支配 2,3;and master-slave relationship 与主奴关系 3—4;in self-hatred 自恨中的暴力 12

Virginia 弗吉尼亚:indentured servants versus slaves 契约佣与奴隶的区别 9;status inheritance pattern 身份继承模式 138;manumission 释免 292

Virtus(moral integrity)美德 304—305

Visigothic Spain 西哥特西班牙:status inheritance pattern 身份继承模式 141,144,145—146;slave trade 奴隶贸易 152;slave estates 奴隶的财富 181;privileged slaves 有特权的奴隶 196;crimes of slaves 奴隶犯罪 197;freedman status 被释免奴隶的身份与地位 243;incidence of manumission 释免的发生 270;manumission rate 释免率 274,288

Vitellius(emperor of Rome)维泰利乌斯(罗马皇帝)307

Vogt,Joseph 福格特,约瑟夫 87

Volga River 伏尔加河 154

Voluntary servitude 自愿劳役 27—28

W

Wadai(Chad)瓦达伊(乍得)124

Wagner,Edward 瓦格纳,爱德华 42

Wala relationship 效忠关系 241—247,251,294;and freedman status 与被释免奴隶的

身份与地位 243,244,250,253,257,311;intersocietal variations 社会间的差异 244;legal enforcement 法律强制力 244,252;absence 不存在效忠关系 260

Wali(Aswan)瓦里(阿斯旺)124

Wallon,Henri 沃伦,亨利 4—5

Wang Yi-T'ung 王伊同 143

Warfare 战争:as source of slaves 作为奴隶的来源 106—115,119—120,170;logistics 后勤 106;for wife recruiting 为了找老婆 107;atrocities 战争暴行 120,212;manumission and 释免与战争 287,289—293;slaves in 战争中的奴隶 290—291

Water,symbolism 水的象征意义 216,218

Watson,James L.沃森,詹姆斯 21,296

Wealth 财富 2,28,33

Weaver,P.R.C.韦弗 40,300,303—304

Weber,Max 韦伯,马克斯 1,2,36—37

Welsh,nature of honor 威尔士人 尊严的实质 82

Welskopf,Elisabeth 威尔斯考普夫,伊丽莎白 3,303

Wergeland,Agnes 韦格兰,昂内斯 217,218

West Africa 西非:slaves as wealth 以奴隶为财富 33;slave trade 奴隶贸易 114,119,128,148—149,156,157,160,164;selection of slaves 选择奴隶 122;penal slavery 刑罚奴役 128;slave peculium 奴隶特有产 185

Westermann,William 维特斯曼,威廉 189

Westington,Mars M.威斯汀敦,马尔斯· 121

Westrup,C.W.维斯特鲁普 31

Whipping 鞭打 3—4,12,56,94,128

Wife recruiting 召老婆 107

Wilbur,C.M.韦慕庭 108,127

Williams,Carl O.威廉斯,卡尔 81

Wilson,David 威尔逊,戴维 200

Winnebago Indians(North America)温纳贝戈印第安人(北美)325

Witchcraft 巫术 64,327

Wittek,Paul 维特克,保罗 312

Wittfogel,Karl L.魏復古 315,319

页 511　Wodaabe Fulani(Niger)沃达比富拉尼(尼日尔)271

Wolof(Gambia)沃洛夫(冈比亚):status inheritance pattern 身份继承模式 147;bride-wealth 聘礼 167;change of master 更换主人 202:sacrifice of slaves 奴隶祭品 222,228;manumission rate 释免率 271

Women 妇女:in U.S.South 美国南方妇女 261;in Byzantium 拜占庭妇女 325,326,329;in China 中国妇女 325,326

Wood,Peter 伍德,彼得 56

Woodhead,A.Geoffrey 伍德黑德,杰弗里 35

Worthy Park plantation(Jamaica)沃斯帕克种植园(牙买加)6,57,59

Wrigley,Philip K.里格利,菲利普 25—26

X

Xurasanians(free Iranians)生来自由的伊朗人 310

Y

Yangban(aristocrats)两班(贵族)86

Yao(East Africa)亚奥人(东非):stigma of slavery 奴役的污迹 251,slave status 奴隶的身份地位 280

Yi dynasty(Korea)李氏王朝(朝鲜):context of slavery 奴隶制的背景 39,42;self-enslavement 自卖为奴 130;stalus inheriiance pattern 身份继承模式 143;slave estates 奴隶财富 181

Yoruba(Nigeria)约鲁巴人(尼日利亚):marks of servitude 奴役标示 59;enslavement 奴役 120:slaves as money,奴隶用作货币 168

Yuan period(China)中国元代 142,59

Z

Zandj(Iraq)僧祇(伊拉克):freedman status 被释免奴隶的身份与地位,248,250,299;marginality 边缘地位 332;stereotype 模式化印象 299,338

Zanzibar 桑给巴尔:inferior slave status 低下的奴隶身份 93,94;enslavement by kidnapping 被绑架为奴 117;slave trade 奴隶贸易 150;manumission rate 释免率 274;elite slaves 精英奴隶 316

Zimmern,A.齐梅恩 283

后　记

　　2018 年 12 月，我到了波士顿那个常被翻译为"剑桥"（Cambridge）的地方：坎布里奇，哈佛大学所在地；访学之余，着手《社会死亡》的翻译。第一次读到这本书，是在 2014 年，当时，我还在南京大学做博士后，研究方向正从政治学转向历史学，更具体地说，正转向美国政治史、非裔美国人史。美国南方"特有的制度"（peculiar institution）——奴隶制——当然是我重点关注的题域。开卷不久，就被"社会死亡"穿透性的解释力所吸引。"社会死亡"是人类社会所有非人化现象与制度的实质，并不限于奴役与奴隶制。这样的概念，不正是我一直在寻找的吗？我研究美国的种族主义奴隶制，绝非仅仅为了揭示以"自由""平等""共和"等为政治理念的国家和社会因何要坚持任何一个"自己"都不愿身陷其中的制度，而是希望通过这个极端案例，刨出每个人内心所可能隐藏的恶魔、每个社会所可能挥之不去的骄傲和难以剪除的迫害性劣根。

　　时隔数年，我终于可以在作者——奥兰多·帕特森——的帮助下，开始翻译并且更深地理解这本书。初到哈佛，他领我参观社会学系。每到一处，工作人员和他的同事都起身向他致敬。我感受到的，不仅是礼节，还有他的学术威望。奥兰多当然是平易近人的，为我的翻译也提供了无限大的便利。一开始，几乎是每周一次，我们在他的办公室见面，讨论他这本书的写作缘起、写作过程，以及书中一些比较复杂的表达或者我理解不透之处。当然，彼此也都分享人生经历、所见所闻。因为他，我才知道哈佛最有名的图书馆 Widener Library 藏有许多小书房。小书房的门，对着图书馆成排成排的书；窗外，则是哈佛校园的绿地。来图书馆借书的读者，若不经人提示，也许很难想到，走廊一侧、书架对面，那一扇扇的门背后，是教授们写书的世界。小书房数量有限，只有贡献卓越的教授才能拥有。奥兰多的那间，大约 3 米见方，除了四壁的书，中间就一个书桌，还紧贴着窗，书

608

桌斜对面一个小沙发。奥兰多告诉我,他有很多作品就是在这里完成的;我与他关于《社会死亡》的讨论,也有时候在这里进行。2019 年 10 月,当我快要离开哈佛的时候,我告诉他,翻译大体完成了。他有些吃惊,随即说了一句:"This is remarkable!"。

我幸好选在哈佛翻译这本书,它丰富的图书资源解决了所有译者都可能担心的问题:碰到不懂的词,去哪里查。奥兰多在《社会死亡》第八章"释免的含义与方式"中提到了"挪威最古老的《弗罗斯塔法》",《弗罗斯塔法》的英文写法是"Frostathing",这个词的翻译让我大费周章。

我首先查知网工具书总库,没有;再查北大法意,也没有;接着,求助于《不列颠百科全书》《大美百科全书》,都没有。看起来,我只好在了解这个词的构成后,再自己给出一个恰当的译法。我在怀德纳图书馆(Widener Library)找到一本书:《挪威最早的法律》(*The Earliest Norwegian Law*:*Being the Gulathing Law and Frostathing Law*)。如获至宝,我立刻检索"Frostathing"的由来,查出来这样一句话:"挪威最古老的法律即 Gula 与 Frosta 的法律(The oldest Norwegian Laws,those of Gula and Frosta),可以追溯到中世纪挪威的文化"。显然,"Frostathing"由两个词合成:一个是 Frosta,另一个是 thing。那么,Frosta 指什么? 依据西方法制史,一部法律的命名往往依据人名、王朝、时间或地名,我推测,最大的可能有两个,要么是人名,要么是地名。查知网工具书总库,果然,Frosta 是一个地名,《世界地名翻译大辞典》将它译作"弗罗斯塔";接下来回到《挪威最早的法律》,又查到一段话:"这部法律在 Frosta 半岛召开的一次立法会议上制定,……参加者人数众多,超过四百人。其中四百人来自行政辖区 Trondelaw;他们是 thingmen"。这段话让我喜出望外。首先,Frosta 是地名确定无疑,它是一个半岛。其次,Frostathing 这个词的另一部分在这里出现了:thing。

thing 是什么? 它显然不是我们通常理解的"某事或某物"的意思。不妨先查 thingmen 的解释。在线打开 Webster Dictionary。答案出来了。它首先说明,thingmen 是 thingman 的复数。这是理所当然。man 的复数为 men;四百人当然是 men。紧接着,它解释道:"斯堪的纳维亚立法或司法机构的成员(a member of a Scandinavian legislative or judicial assembly)"。好了,这段话中的"thingmen",显然是立法者的意思,一帮做事的人,这"事"指的是立法。由此,"Frostathing"的译法已呼之欲出——《弗罗斯塔法》。猛然间,我想到了一战结束之后 1919

年在德国中部小镇魏玛制定的《魏玛宪法》。它也是一群立法者(包括政治家、社会学家马克斯·韦伯)汇聚魏玛而制定出的法律,并且以立法之地命名。

像这样的例子还有不少。可以说,没有强大的资源库的佐助,《社会死亡》这部涉及面十分宽广的书,是不容易翻译出来的。我还拜访了哈佛大学的费正清东亚研究中心,因为书中提到了中国与朝鲜的奴隶制度,奥伦多所引用的中外文资料,我有时需要核对。由此,我要感谢哈佛大学众多工作人员予以我的帮助,至今还记得一个风和日丽的下午,历时一个半小时,怀德纳图书馆的馆员手把手地教我如何高效、全面地检索和利用他们的馆藏。

环顾四周,身边都是我想深深致谢的人。杨美艳编辑,在百忙之中,义无反顾地支持我的翻译。如果没有她,这本书的出版,也是我的"非人化研究"的重要一步,很难有这么快。谭君久教授,令我深感人生幸运的博士导师,也一直在关注、关怀我对这部书的翻译,激励我对学术心存敬畏。谭老师有一句话,我始终记在心里。他说:"瞧不起翻译是要不得的;忽视翻译的艰难,随意下手也是要不得的"。这"两个要不得",既是对翻译的肯定,也是对译者的提醒。还有阎照祥教授,对我进入历史学领域从事科研与教学有提携之恩!阎老师的课堂,总是"人满为患"。他不会制作泡泡糖(PPT),也从来不拿讲稿,但他授课的精彩,听过的人都不会忘记。同样需要郑重感谢的,还有河南大学历史文化学院的领导与同仁,若非他们对学术的重视,这部译作的出版难以想象。除了这些师友,我的家人、学生,可爱的正则、伟婷、王慧等,也都是我想献上一捧黄玫瑰的人。愿你们安康、如意、幸福!感谢你们一路陪伴!这就是我对你们说的全部的话。

梅祖蓉

2023 年 4 月 10 日